Estratégias e Técnicas Argumentativas para Prova Oral, Discursivas e Peça

Coordenadores
Cleopas Isaias
Bruno Zanotti

Alison Rocha

Estratégias e Técnicas Argumentativas para Prova Oral, Discursivas e Peça

DIREITO ADMINISTRATIVO • DIREITO CONSTITUCIONAL • DIREITO PENAL • DIREITO PROCESSUAL PENAL • DIREITOS HUMANOS • LEIS PENAIS ESPECIAIS

4ª edição | revista atualizada ampliada

2023

EDITORA JusPODIVM
www.editorajuspodivm.com.br

EDITORA *Jus*PODIVM
www.editorajuspodivm.com.br

Rua Canuto Saraiva, 131 – Mooca – CEP: 03113-010 – São Paulo – São Paulo
Tel: (11) 3582.5757
• Contato: https://www.editorajuspodivm.com.br/central-de-relacionamento

Diagramação: Futura *(rogerio@futuraeditoracao.com)*

Capa: Ana Caquetti

Participação especial: Nathália Ribeiro Leite Silva

R672p Rocha, Alison.
Prova Oral para Delegado de Polícia / Alison Rocha – 4. ed., rev., atual. e ampl. - São Paulo: Editora JusPodivm, 2023.
688 p.

Inclui Bibliografia.
ISBN 978-85-442-4065-6.

1. Provas de seleção. 2. Método de estudo. I. Rocha, Alison. II. Título.

CDD 341.33312

BIBLIOTECÁRIA RESPONSÁVEL

Ana Carolina Ribeiro Mois – CRB7 – RJ 007348/0

AGRADECIMENTOS

Inicialmente, a Deus, por me conceder sabedoria de seu trono e abençoar-me com essa vida maravilhosa.

À minha esposa, Luma Falcão, que alicerça a minha vida e me apoia em todos os momentos, e aos meus filhos, João Victor Coutinho Costa, Daniel Falcão Costa e Mateus Falcão Costa, fontes da minha inspiração.

À toda minha família, com destaque especial à minha falecida mãe, Sônia Maria da Rocha, e à minha irmã, Andréa Maria da Rocha Costa, por seus conhecimentos que me auxiliam, bem como os(as) queridos(as) alunos(as) e seguidores, por fazerem parte da minha trajetória profissional e pela confiança nos meus ensinamentos.

Juntos até a aprovação!

APRESENTAÇÃO

O cargo de Delegado de Polícia Civil cresce, cada vez mais, em importância social e na própria administração da Justiça Penal, o que traz como consequência a criação de muitas vagas e a necessária realização de novos concursos para provimento dessas vagas, além da crescente valorização salarial do cargo. Basta uma rápida olhada nos meios de comunicação especializados para se constatar a enorme quantidade de novos concursos sendo realizados ou planejados para os próximos anos (até 2019 estavam previstos pelo menos 19 certames).

Como Delegados de Polícia, autores e professores, inclusive de cursos preparatórios para o concurso de Delegado de Polícia, percebemos que os concursandos buscam, em diversos livros – normalmente genéricos (acadêmicos ou voltados a quaisquer concursos) –, o conhecimento para a sua aprovação. Contudo, esse estudo pulverizado dificulta, com frequência, o processo de preparação e o próprio rendimento. Seja porque os livros dizem mais do que seria adequado à preparação do candidato, seja porque eles tratam os temas de forma superficial. Em síntese: o aluno não dispunha, até então, de livros que trabalhassem, na medida certa, do conteúdo, das estratégias e de todas as etapas do concurso de Delegado de Polícia.

Foi diante dessa constatação que tivemos a ideia, ainda em 2014, de criarmos a coleção *Vou Ser Delegado*, na qual pudéssemos reunir todo o material necessário e suficiente para a aprovação do candidato ao tão desejado cargo de Delegado de Polícia. A proposta foi prontamente aceita pela Editora Juspodivm, com a certeza de que contribuirá com o sucesso e a realização do sonho de milhares de pessoas.

A coleção contemplará todos os livros que o candidato precisa para sua aprovação, desde a etapa preambular, passando pela discursiva e de peça prática, até a prova oral, já exigida em alguns concursos de Delegado.

Portanto, acreditamos que esta coleção será uma importante fonte de materiais estratégicos que está sendo colocada à disposição dos futuros Delegados de Polícia. Busque sempre o selo caracterizador da coleção na capa dos melhores livros e tenha em mãos o instrumento que será o diferencial na sua aprovação.

Aproveite-a! E repita sempre: *Vou Ser Delegado*!

Sugestões e críticas são sempre bem-vindas! Ajude-nos a aprimorar ainda mais a coleção.

Bons estudos!

São Luís/MA e Vitória/ES, 25 de junho de 2019.

CLEOPAS ISAÍAS SANTOS

cleopas1st@yahoo.com.br

BRUNO TAUFNER ZANOTTI

btzanotti@gmail.com

NOTA DO AUTOR

Sinto-me grato e honrado, mais uma vez, por contribuir, com minha experiência e conhecimento, **nessa 4ª edição,** com todos os profissionais do direito, assim como para os concurseiros(as) que se dedicam em buscar a realização do sonho em ser aprovado(a) para o cargo de Delegado de Polícia, o primeiro garantidor da legalidade e da justiça.

Temos como novidades, nesta referida edição, as **principais mudanças legislativas e jurisprudenciais do STF e STJ** até sobre os temas potenciais recorrentes nas provas de concurso da carreira jurídica, bem como os **"temas quentes"**, com destaque para pontos importantes ligados à temática.

Contando ainda com **novas questões** de prova oral simulada e do último concurso de **Delegado da PF 2022; SP; MS; MG etc.**, como também com o **MODELO CAVEIRÃO** focado na estruturação de peças, com nova estrutura e **novas questões discursivas** com sugestão de resposta e espelho pontuado, com diversas dicas de planejamento, controle de tempo e linhas.

Oportuno mencionar que este livro continua com uma abordagem impecável, recheada de novidades, como os detalhes da minha segunda prova oral, **vídeo com minha avaliação da prova oral** de Delegado da PF, com ênfase sobre estratégias e técnicas argumentativas.

Ademais, vale destacar que a presente obra está totalmente atualizada, contendo **500 questões de provas orais comentadas com enriquecedora complementação**, demonstrando ponta a ponta como o candidato deve se comportar e responder adequadamente. Para tanto, traz esquemas, exemplos e quadros esquemáticos, úteis **como fonte de consulta para os estudos não apenas da prova oral, mas de provas objetivas e discursivas**, totalmente atualizada diante da doutrina, da jurisprudência, das súmulas (STF/STJ) e das legislações pátrias.

Destaca-se que o presente trabalho está pautado na minha **experiência de 22 anos em concursos públicos**, assim como no exercício de **12 anos** de docência e **11 anos** na função de Delegado de Polícia.

Esta obra irá acelerar e potencializar sua chance de ser aprovado(a), sendo inseparável para aquele(a) que busca ocupar o cargo de Delegado de Polícia, ou seja, é um verdadeiro "**livro de cabeceira**".

SOBRE AUTORIA e COORDENAÇÃO

Autor

Alison Rocha

Aprovado e nomeado para Delegado do Espírito Santo e Santa Catarina.

Delegado de Polícia de carreira há 11 anos.

Aprovado para Delegado da Polícia Federal 2019 e para os concursos de Investigador e Oficial de Cartório da PCERJ, Agente Federal de Execução Penal, PRF, dentre outros.

Natural do Rio de Janeiro.

Graduado em Direito pela UNIGRANRIO/RJ.

Especialização em Direito Penal e Processo Penal pela UCB.

Professor de Direito Penal e Leis Extravagantes em diversos cursos preparatórios.

Palestrante sobre motivação e emocional, técnicas de organização e memorização para concursos.

Criador do site Método Aprovação em Concursos, Curso SEREI DELTA, Mentoria e do Edital Codificado para Concursos.

Autor de obras jurídicas e de estudos estratégicos das bancas CEBRASPE, FCC e FGV.

Coordenadores

Cleopas Isaias Santos

Doutorando em Direito Constitucional pelo IDP. Mestre em Ciências Criminais pela PUCRS. Especialista em Dogmática Penal Alemã pela Georg-August Universität Göttingen (Alemanha). Especialista em Direito Penal Econômico e Europeu pela Universidade de Coimbra (Portugal). Pós-Graduado em Ciências Criminais pela Universidade Estácio de Sá. Professor Efetivo de Processo Penal da Universidade Estadual do Maranhão – UEMA. Ex-Professor na Pós-Graduação da Escola Superior do Ministério Público do Estado do Maranhão – ESMPMA. Ex-Professor na Escola Superior da Magistratura do Estado do Maranhão – ESMAM. Ex-Professor na Fundação Escola Superior da Defensoria Pública do Estado do Rio Grande do Sul – FESDEP. Professor na Academia de Polícia Civil do Maranhão – ACADEPOL. Autor de diversos capítulos de livros e artigos em periódicos especializados, nacionais e estrangeiros. Coordenador do Instituto Brasileiro de Ciências Criminais – IBCCRIM no Maranhão. Parecerista do Boletim do Instituto Brasileiro de Processo Penal – IBRASPP. Parecerista da Revista de Estudos Criminais – REC. Parecerista da Revista Brasileira de Direito Processual Penal – RBDPP. Conferencista em congressos nacionais e internacionais. Articulista da coluna semanal "Atividade Policial: entre constitucionalismo e democracia", no site emporiododireito.com.br. Ex-Escrivão de Polícia Civil. Ex-Escrivão de Polícia Federal. Ex-Presidente da Associação dos Delegados de Polícia do Estado do Maranhão. Professor do Curso Preparatório para Concurso Supremo TV. Delegado de Polícia Civil no Estado do Maranhão.

Bruno Taufner Zanotti

Doutorando e mestre em Direitos e Garantias Fundamentais pela Faculdade de Direito de Vitória (FDV). Especialista em Direito Público pela FDV. Delegado da Polícia Civil do Estado do Espírito Santo. Professor dos Cursos de Pós-Graduação *Lato Sensu* da Escola Superior do Ministério Público e da FGV-RJ, além de ministrar aulas em cursos preparatórios para concursos públicos. Cofundador do site www.pensodireito.com.br e colunista do site www.delegados.com.br.

E-mail: brunozanotti@pensodireito.com.br

Sumário

PARTE

I

MINHA PRIMEIRA PROVA ORAL, UM BREVE RELATO

Sem delongas, fiquei bastante feliz e ao mesmo tempo apreensivo quando percebi que faria minha primeira prova oral, mesmo sendo professor de direito penal e já tendo experiência como Delegado de Polícia no Estado do ES. Nesse contexto, comecei a me preparar efetivamente no início de dezembro, ou seja, seria mais um ano sem Natal e Ano Novo, pois minha prova estava agendada para a manhã do dia 12 de janeiro de 2015.

Então, já comprei as passagens aéreas e organizei o local de minha estada. Pois bem, o processo de estudo foi muito estratégico, até porque estava conduzindo o treinamento de vários alunos, inclusive o que veio a ser o primeiro colocado do concurso, destarte, a responsabilidade aumentava.

Agora, imagine você em Florianópolis/SC, **a 36º C, mar azul, trancado, estudando?** Ninguém merece, mas meu objetivo estava acima de qualquer desejo naquele momento, eu estava completamente focado em conquistar mais uma etapa do concurso, "não podia perder o jogo àquela altura do campeonato", uma vez que pensava em tudo que já havia caminhado até ali, previsão de gastos e planos futuros... Isso me dava força para prosseguir e vencer.

Por fim, chegou o grande dia. Coloquei meu melhor terno e pedi a Deus que desse tudo certo. Quando estava na sala de espera vi uns colegas suando e percebi que o nervosismo era normal em decorrência da conjuntura.

Fizemos o sorteio e fui o primeiro a me dirigir ao auditório para ser sabatinado, e lá chegando sorteei os temas que desenvolveria, desloquei-me ao púlpito, cumprimentei os examinadores da banca, após ser cumprimentado, e, pasmem, havia sorteado o tema "Poder Constituinte", ligado à disciplina de direito constitucional, é claro.

A primeira pergunta foi a seguinte: "Candidato: Qual é o poder constituinte em Angola, na África?". Bom, parei e olhando nos olhos do examinador, respondi (...). Meu rascunho mental estava flamejando, percebi que estava acertando, pelo menos achei que sim (...).

EMOÇÕES DA MINHA SEGUNDA PROVA ORAL

Como já é sabido, eu participei da prova oral de Delegado da PC/SC, no dia 12 de janeiro de 2015. Sem dúvida, foi uma experiência incrível.

Recentemente, participei da minha segunda prova oral, pasmem, para o cargo de **Delegado da PF**, o cargo mais almejado na área de segurança pública pelos estudantes no geral.

Sem falsa modéstia, não pretendia chegar tão longe nesse concurso, haja vista ter feito a prova objetiva, discursiva e peça apenas com o propósito de acompanhar meus alunos e aprimorar meu método de estudos para concursos; quem me conhece sabe disso.

SEGREDOS DA MINHA PREPARAÇÃO

Pois bem, como exposto nas páginas seguintes sobre **técnicas estratégicas de estudos para prova oral**, minha preparação seguiu exatamente o que desenvolvi para estudar na minha primeira prova oral e que passei a ensinar aos alunos e leitores, mas com adaptações, em decorrência do perfil da banca examinadora, CEBRASPE (antiga CESPE/UnB), responsável pela organização.

Quais adaptações?

Explicarei melhor a seguir, na parte em que evidencio **os modelos atuais de prova oral aplicados nos concursos nacionais.**

De qualquer modo, ao abrir o treinamento para simulação de prova oral com foco para Delegado da PF, deparei-me com 58 alunos inscritos e ávidos por conhecimento. Acredito que este fator tenha sido um diferencial para que conseguisse me aproximar bastante da realidade da supracitada banca. Detalhe: tínhamos pouco mais de um mês para o dia da prova.

Basicamente, por meio de pesquisas de temas "badalados" e de repercussão no STF e STJ, dentro do perfil do cargo de Delegado da PF e da CEBRASPE, formatamos os simulados com material escrito, que abordava casos hipotéticos seguidos de perguntas pontuais.

Essas simulações eram realizadas por Skype, com espelho de correções, e **ajudaram muito a sedimentar o conhecimento, corrigir vícios de linguagem e postura e ajudaram a controlar da melhor forma o emocional** na hora da efetiva sabatina.

Só chamo atenção para que o candidato tenha cuidado nas simulações. **Aconselho que sejam acompanhadas por um profissional**, em decorrência de o aluno não saber mensurar o nível de profundidade das perguntas, bem como se afastar das características da banca, acabando, desta forma, por se prejudicar.

COMO FOI O DIA DA PROVA ORAL DE DPF

Sem querer simplificar, foi tudo normal, pois já estava no hotel em Brasília com o terno e gravata separados. Além disso, dormi por volta de uma hora da manhã do dia 01 de dezembro de 2018, pois precisava estar no local de prova até as 08:00 horas.

Lembro como se fosse hoje. Fui **convocado para o primeiro turno do primeiro dia**, já que a prova oral ocorreria pela manhã e à tarde do dia 01 e manhã e à tarde do dia 02 de dezembro de 2018.

Havia, aproximadamente, noventa candidatos no auditório, onde fomos orientados a aguardar.

Por fim, os fiscais da banca precisavam de voluntários para sortear a numeração dos malotes lacrados em que constavam as questões confeccionadas pelos examinadores da banca.

Assim, eu me prontifiquei a sortear os malotes naquele momento. Logo em seguida, foram fornecidas orientações, mostrados os malotes lacrados, sendo apresentada uma sacola em que estavam os números de cada malote. Parei e pedi a Deus que desse tudo certo. A partir daí retirei o número 02. Pronto; já sabíamos qual seria o malote do primeiro turno de sábado. Em seguida foram escolhidos os demais.

A título de esclarecimento importa dizer que cada malote possuía formulações de questões distintas para a prova oral.

Detalhe: no auditório, observei que muitos aparentavam certo grau de nervosismo. Ainda tínhamos que esperar, visto que havia 40 examinadores divididos em 10 salas, com 4 deles em cada sala, que se deslocavam a cada dez candidatos para as salas que já estavam vagas após a realização da prova.

COMO FOI MINHA AVALIAÇÃO NA PROVA ORAL DE DPF

Bom, sou suspeito para falar. De qualquer jeito, tentarei ser o mais técnico e profissional possível.

Como destaquei anteriormente, estava no auditório aguardando após o sorteio dos malotes lacrados que estavam com as questões. Logo depois, fui convidado a compor o número dos dez próximos candidatos a serem sabatinados. Pronto, fomos chamados e nos deslocamos até a sala para a realização da prova oral (cada candidato em uma, é claro).

Ao chegar à porta, a fiscal pediu para que aguardasse um pouco; em menos de 1 minuto falou para que entrasse.

Quais foram minhas primeiras impressões

A casa caiu... E agora, quem poderá me socorrer?

Rsrs, não, nada disso, sentia-me extremamente preparado.

Olhei à frente, percebi que havia à direita uma jovem (marcadora do tempo), à esquerda outra jovem, com a câmera para registrar a prova, e à minha frente os quatros examinadores bem alinhados, com notebooks à mesa e alguns papéis. Em ato contínuo, eles me cumprimentaram e perguntaram se gostaria de seguir a ordem das questões.

Após cumprimentá-los, pensei rápido e respondi que seguiria a ordem. Com o comando deles, logo me sentei, virei a folha com as questões e comecei a ler, com o tempo sendo marcado.

Lembrando que tínhamos **20 minutos** para responder as questões atreladas a cada disciplina. Com isso, o candidato poderia administrar a distribuição do seu tempo para as **quatro disciplinas** conforme sua conveniência e necessidade.

Guarde isso: o tempo voa. É sério; passa muito rápido.

Oportuno destacar que fui sabatinado na seguinte ordem: **Direito Administrativo, Penal, Constitucional e Processo Penal**.

Então, li para o examinador o caso hipotético de Direito Administrativo e a primeira pergunta, iniciando minha resposta. No entanto, o examinador me interrompeu sem motivo aparente por várias vezes. O início foi tenso. Não sei o motivo. Parecia que o "cara" não gostava de mim, *hehe*.

A partir daí meu emocional ficou alterado. Embora possua vasta experiência, sofri para voltar à minha zona de conforto e equilíbrio. No geral, **estava bem-preparado e segui lendo e respondendo às perguntas e indagações dos respectivos examinadores.**

No entanto, para minha surpresa, a nota preliminar ficou em 11.64. Depois de recorrer, cravou em **12.50,** do total de 16 pontos divididos aritmeticamente entre as retromencionadas disciplinas.

Para que meu leitor tenha uma noção real, **disponibilizei o vídeo da minha prova.** Aconselho que **complemente com a leitura das questões da prova oral** de DPF/18 e 19 comentadas nesta obra.

Infelizmente, o início do vídeo em que sou sabatinado, sobre a disciplina de Direito Administrativo foi corrompido, com áudio muito baixo, e o mesmo problema aconteceu em Processo Penal, mas foram **aproveitadas as partes de Direito Penal e Constitucional**, dando uma boa noção de como funciona a temida prova oral.

QUAIS FORAM MINHAS IMPRESSÕES DA PROVA ORAL DE DPF (POR TRÁS DOS BASTIDORES)

Levando-se em consideração minha experiência de já ter sabatinado mais de **600 alunos**, com **100% de aprovação**, bem como de ter participado de **duas provas orais para Delegado** e de já ter **acompanhado mais de 20 outras provas orais de diversas carreiras**, digo com propriedade que, hoje, temos **dois modelos de prova oral**.

O primeiro é empregado pela banca CEBRASPE em seus concursos de carreiras jurídicas (Juiz, Promotor, Defensor Público, Delegado de Polícia e Procurador).

O segundo modelo é aplicado pelo restante das instituições e bancas nacionais.

Gostaria de salientar que a prova oral de Delegado da PF seguiu o modelo "Cespiano", por esta banca ter organizado o concurso.

Em síntese, passo a enfatizar as principais características entre os referidos modelos:

No primeiro, a citada banca trabalha com a confecção de situações hipotéticas (casos) e/ou perguntas abrangendo o conteúdo do edital.

Essas questões/perguntas são confeccionadas e organizadas, em uma folha de avaliação, por professores contratados sigilosamente pela banca, que são postas em malotes lacrados, que serão sorteados no dia da prova para se definir o turno e o dia.

O citado sorteio é realizado por um dos candidatos que se disponibilizar no auditório.

Depois de sorteado o malote, este é levado à sala e deslacrado na presença do primeiro candidato a ser sabatinado. As folhas com as questões são retiradas para que, após a apresentação realizada pelos examinadores da prova oral, o candidato se sente e comece a ler os textos e responder as perguntas constantes na folha, assim como as intervenções dos membros da banca.

Oportuno reiterar que **as questões são formuladas por profissionais contratados previamente pela banca CEBRASPE e em cada malote há suas respectivas questões, variando os níveis e assuntos por disciplina.**

Ademais, como exemplo, na prova oral de DPF **tivemos 40 examinadores**, que são autoridades como: delegados da PF, juízes etc. Destaquei anteriormente que havia quatro examinadores por sala, com um total de dez salas preparadas para atender um candidato por vez.

NOVIDADES!

A **primeira novidade** que destaco foi **a possibilidade do candidato ler em voz alta ou não**. Veja fragmento do edital de 2021:

(...)3.9 A prova oral terá duração de, no máximo, 20 minutos – sendo 5 minutos para cada área da matéria. Nesse tempo, o candidato deverá ler **(silenciosamente ou em voz alta)** e responder às questões que lhe forem entregues por escrito, bem como responder às arguições da banca examinadora.

Na minha prova oral, em 2018, a leitura da questão **tinha que ser em voz alta**. Acredito ter sido um avanço essa mudança, dando a opção de escolha para o(a) candidato(a).

A **segunda novidade** está atrelada ao **número reduzido de examinadores para sabatinar**. Consoante alguns alunos, parece que eram dois por disciplina, em salas distintas, mas todos os candidatos passavam pelos mesmos docentes para serem sabatinados com as mesmas questões.

Acredito que foi um avanço, dessa forma, preserva-se mais a isonomia nas avaliações. Acho que devem ter lido a 3ª edição do meu livro hehehe...

Quanto ao **segundo modelo** aplicado nas provas orais de Delegado da Polícia Civil de MG, SC, RJ, SP etc., o candidato fica na antessala, depois é chamado para o auditório ou sala onde será realizado o sorteio dos "pontos" da prova oral, para então ser avaliado.

Este modelo se diferencia do primeiro pelo aspecto de haver "pontos" que são sorteados, como exemplo: "Disciplina – Legislação Especial Penal. Ponto sorteado: Lei nº 10.826/03". Em regra, esses pontos estão previstos no conteúdo programático do edital.

Observe que **não há perguntas pré-determinadas ou registradas**. O examinador poderá realizar livremente as perguntas ligadas ao tema.

Um detalhe que observei foi que, normalmente, são mantidos os pontos por turno, ou seja, pela manhã vários candidatos sorteiam os mesmos assuntos disponibilizados pela banca; enquanto no turno vespertino passam a ser outros, sempre dentro de uma margem de assuntos.

Por fim, as bancas compostas pelas autoridades sabatinadoras variam pouco neste segundo modelo. Em regra, são mantidas as duplas ou grupos selecionados de três ou quatro profissionais.

Destarte, pela experiência que vivenciei, afirmo que, por incrível que pareça, o **segundo modelo é menos desproporcional, fere menos a isonomia** quanto à avaliação e à valoração da nota dos candidatos participantes da prova oral. Fato este facilmente ratificado, **por estatística**, pelo levantamento das notas atribuídas aos candidatos nas últimas provas orais de Delegado PC/RS, MS, AP, MG etc.

Em suma, **quanto maior o número de profissionais para sabatinar os candidatos, maior será a variação das notas atribuídas.**

Professor, qual seria o principal motivo?

Antes de adentrar no tema, quero deixar claro que avaliei **26 recursos** de candidatos que participaram do modelo de prova oral de DPF, inclusive com a mesma banca que me sabatinou, e saltou aos meus olhos que, em **relação ao conteúdo jurídico**, a maioria das notas dos candidatos se aproximava. Este não seria um fator, como regra, de tantas variações das notas; isto pode ser ratificado tendo como referência o segundo modelo aplicado nas provas orais de delegado do RS, MG, AP etc.

O problema está **na quantidade de professores/examinadores/autoridades** que participam como sabatinadores da prova oral. Infere-se que nem todos detenham a expertise para diferenciar os critérios de avaliação (domínio do conteúdo jurídico; articulação do raciocínio; capacidade de argumentação), causando uma grande variação na atribuição das notas.

Destaco que para poder sabatinar um candidato é preciso construir experiência, adquirir bagagem, porquanto ser professor ou ter uma titulação não é suficiente. A responsabilidade é muito grande e há muitos detalhes peculiares.

Deixo claro que não podemos reputar a culpa ao profissional que fora convidado para sabatinar, mas, sim, ao **amadorismo da banca em suas contratações e à feitura de um calendário apertado, de dois dias, para centenas de candidatos serem arguidos.**

NOVIDADE!

Observei que a prova oral organizada pela banca FUNDATEC para Delegado da PC/RS-2019 apresentou uma novidade interessante, haja vista que depois do ponto sorteado, o candidato foi sabatinado de forma introdutória por 05 (cinco) minutos, para depois o restante do tempo ser utilizado pela Banca Examinadora para a arguição do candidato, não podendo ultrapassar o tempo limite de 15 (quinze) minutos.

Destarte, achei positiva essa complementação para avaliar o candidato, permitindo-lhe que viesse a fazer um planejamento dialógico do ponto sorteado, abrangendo com qualidade o conteúdo ora avaliado.

Observe na íntegra a previsão exposta no **Edital nº 14/19:**

> 4.4. Após o sorteio das Bancas Examinadoras e do ponto da Prova Oral nos termos dos subitens 4.1, 4.2 e 4.3, o candidato será conduzido à sala de prova, e discorrerá, de forma abrangente, sobre o ponto sorteado, pelo **tempo de 05 (cinco) minutos**.
>
> O restante do tempo será utilizado pela Banca Examinadora para a arguição do candidato, não podendo ultrapassar o **tempo limite de 15 (quinze) minutos**. À critério da Banca Examinadora, as perguntas poderão ser direcionadas ao candidato por apenas um dos examinadores ou por ambos.
>
> 4.5. Após a arguição referente ao ponto da primeira disciplina, o candidato retornará para a sala de espera, local em que será realizado o sorteio do ponto da segunda disciplina, obedecendo-se ao mesmo procedimento dos subitens 4.1 a 4.4. deste Edital.

CRENÇAS E MITOS SOBRE A PROVA ORAL

Como professor e estudante, sempre ouvi muitas coisas, principalmente referente à fase mais temida de qualquer concurso, a prova oral. Pois bem, já ouvi, por exemplo, que o candidato não deveria cumprimentar os membros da banca, bem como não deveria se render perante uma pergunta difícil e dizer: "Excelência, no momento não me recordo" ou gesticular na hora da sabatina. Neste contexto, digo que há muitas falácias de navegantes de primeira viagem, que criam seus fantasmas e os propagam como verdades absolutas.

Com a experiência de quem já foi sabatinado, já fez curso para sabatinar e já sabatinou centenas de alunos, farei uma lista desmistificando aquilo que o candidato acredita ser verdade.

Preparado?

1. A vestimenta que eu usar pode me prejudicar na prova oral?

Eu mesmo me peguei pensando: usar uma gravata vermelha-fosca pode me prejudicar na prova oral?

Bom, o ideal é que o candidato use, no dia da prova oral, uma veste com cores sóbrias, sem extravagâncias, mas caso esteja com uma veste chamativa, isso, por si só, não irá reprová-lo, até porque nos editais não é explicitado detalhes sobre o tema.

Vejamos: "Os candidatos do sexo masculino deverão comparecer trajados de terno e gravata e as candidatas do sexo feminino deverão usar calça social, saia ou vestido, blusa social, sapato ou sandália" (item 3 do edital de delegado SP).

2. Posso cumprimentar os examinadores?

Sim. O ideal é você esperar ser cumprimentado, logo em seguida saudando-os, olhe um a um seguido de um bom dia, boa tarde ou boa noite, nada muito pessoal, como abraços ou aperto de mão, eles não são seus amigos, são doutrinadores, professores, autoridades, e estão ali para avaliá-lo. Outro detalhe importante, entre no local da sabatina com postura, olhando firme para a frente, sem demonstrar nervosismo. Não tenha dúvida que já será observado nos mínimos detalhes.

3. Devo chamar o membro da banca de Excelência?

Lógico, como destaquei em epígrafe, normalmente, os membros que compõem a banca são procuradores, advogados, defensores públicos, juízes, promotores e delegados, cujo tratamento protocolar adequado a ser dispensado é "Excelência".

Vejamos: "(...) devendo-lhe ser dispensado o mesmo tratamento protocolar que recebem os magistrados, os membros da Defensoria Pública e do Ministério Público e os advogados" (art. 3º da lei nº 12.830/13). Inclusive, tome cuidado, pois o uso do pronome de tratamento é avaliado na prova oral no quesito "uso correto do vernáculo".

4. Faço a prova oral em pé ou sentado?

Depende de cada estado, pois no RJ é sentado, em SC é em pé, ou seja, fica a critério da comissão de professores. Estrategicamente, o candidato deve saber com antecedência para simular o mais próximo da realidade e evitar surpresas no dia da prova.

5. Na prova oral poderei realizar consultas?

Como regra, não, mas se tiver previsão no edital, poderá, sim. Por exemplo, em SP e no RJ são permitidas consultas de códigos ou legislações esparsas, não comentados ou anotados, que serão fornecidos pela Academia de Polícia na hora da sabatina (Item 12.111 do último edital em 2022). No entanto, nos demais estados não há consultas à legislação (veja o guia na página 34 da obra).

6. Posso gesticular na hora que estiver respondendo a arguição do membro da banca?

Interessante este assunto, percebemos que não há um consenso entre os profissionais do ramo em relação ao candidato ficar igual a um robô ou realizar gestos em suas respostas.

Nesta senda, levando-se em conta a minha prova oral e diversos alunos que treinei e passaram, digo com propriedade que pode sim gesticular no momento de suas respostas, mas mantenha a proporcionalidade, aja de forma sincronizada, sem excessos, não vá derrubar o púlpito, bater no examinador ou ficar coçando o nariz.

7. Quando não souber a resposta, o que devo fazer?

Boa pergunta. Acredito que milhões de concurseiros já foram reprovados por causa da crença ou mito de não poder dizer ao examinador que **não se recorda do conteúdo**. Óbvio que se o candidato se recordar do assunto, mesmo que genericamente, deve explanar o que for possível, demonstrando conhecimento. Embora não seja o ideal, ficará claro que você estudou.

Deixo claro que as orientações que farei a seguir estão atreladas ao **segundo modelo de prova oral**, ou seja, aquele em que o candidato sorteia determinados pontos para ser sabatinado. Para o modelo de prova oral da CEBRASPE, por já existir o preestabelecimento das perguntas e notas em uma folha de avaliação, caso o candidato não responda, ficará com o decréscimo da pontuação.

Pois bem, preste atenção. Vamos raciocinar. Podemos nos esquecer da matéria por diversos motivos, como: não ter estudado o suficiente, ter "dado um branco" pelo nervosismo, não conseguir se expressar corretamente etc.

Ressalte-se que o membro da banca não sabe o que se passa na cabeça do candidato, então, a mantença da postura é fundamental. Olho no olho, cabeça erguida, pois o membro da banca fará mais de uma pergunta. Normalmente, a primeira é a pior. Chamo-a de Mike Tyson (uma pancada para testar o emocional), porquanto não será avaliado apenas seu conhecimento jurídico, como também serão avaliados a articulação do raciocínio, a capacidade de argumentação e o uso correto do vernáculo.

Portanto, digo que se você não souber o ponto sabatinado, **não tente enrolar o examinador; isso sim poderá reprová-lo**.

Seja honesto, jogue limpo, diga: "**por mais que eu tenha estudado, não me recordo**".

Deste modo, mantenha a postura e espere a próxima pergunta, que dará certo.

Lembre-se de que o examinador é um ser humano, ele sente raiva, desconforto, por isso você não deve demonstrar arrogância, ser insistente. Na verdade, mantenha uma postura tranquila, seja humilde, traga o membro da banca para o seu lado.

Por que digo isso?

Aconteceu na minha prova oral, o examinador de Direito Administrativo perguntou sobre: **Quais seriam os deveres do poder concedente na prestação de serviço público?**

Lembro-me que fiquei nervoso, comecei tentando enrolar e ele disse que não havia respondido. Parei, refiz meu rascunho mental e citei a fiscalização como exemplo, entre outros detalhes. Logo em seguida, ele me perguntou: **Qual seria o prazo para o poder concedente concluir o processo administrativo em decorrência da intervenção na concessão?**

Nesse momento, gelei, percebi que estava perdendo o jogo, parei e pensei: Fui bem na primeira sabatina em Direito Constitucional, estou na segunda, depois terei mais duas, processo e direito penal, mas meu subconsciente gritava dizendo: responda, SÃO TRINTA DIAS. Não sei de onde vinha essa informação, só sei que não saía da minha cabeça.

Por fim, decidi voltar para o jogo e disse que não me recordava do tema, o sabatinador se deu por satisfeito. Ainda bem que não arrisquei, pesquisando depois, li que o prazo seria de até cento e oitenta dias (Lei 8.987/95, art.33, § 2º).

Moral da história: **Na dúvida, reconheça suas limitações e admita. Melhor do que arriscar e correr o risco de errar e ainda ficar reprovado.** Detalhe: vários alunos deixaram de responder e **nenhum foi reprovado**, foi assim em SC, SP, DF e MG.

Como já disse, os que não obtiveram êxito tentaram debater com o membro da banca, estendendo demasiadamente a sabatina, ocasionando a perda do jogo. Não custa lembrar que os "donos da festa" são eles, ali somos apenas convidados para prestigiá-los.

8. Se não entender certa expressão na sabatina, posso pedir um sinônimo para o membro da banca?

Sempre enfatizo com meus alunos sobre isso: não tente carregar o mundo nas costas, porque ele pesa muito. Ou seja, por mais que você estude, sempre aparecerá algo novo, uma expressão diferente, não dá para dominar tudo.

Assim, como estratégia e técnica argumentativa você deve sim pedir ajuda ao examinador da prova oral, isso não irá prejudicar você, pelo contrário.

Exemplo:

O examinador pergunta:

CANDIDATO:

"O que é crime oco?" **(Delegado MS/18)**

RESPOSTA ADEQUADA:

Pressuponha-se que você não saiba, e **pergunte ao examinador se poderia dar um sinônimo ou um exemplo**. Ele pode negar, pela razão de que se falar, dará a resposta, como também pode tentar ajudar, dizendo que a expressão "oco" remete a um crime que não tem reflexos no direito penal. Agora ficou fácil.

"Crime impossível (...)".

Oportuno destacar que se você souber levar, o examinador até ajuda nas respostas. Mostre humildade e confiança, faça da sua prova oral um diálogo jurídico. O ambiente ficará confortável, a atmosfera leve e harmônica, tudo dará certo.

9. Quem escolhe o tema é o examinador?

Não, as provas orais serão realizadas pelas respectivas bancas examinadoras, em sessão pública, com uso de microfone, e consistirão na arguição ou na exposição sobre o ponto sorteado, sobre o qual o candidato será obrigatoriamente arguido.

10. O examinador pode desviar ou extrapolar o ponto sorteado pelo candidato?

Infelizmente sim, isso aconteceu comigo, pois sorteei "**princípios do serviço público**" e fui sabatinado com outro tema ligado ao serviço público. Caso o examinador extrapole, fugindo do tema do edital e o candidato seja reprovado, como a prova oral é gravada em vídeo, obrigatoriamente a banca terá que disponibilizar para a confecção do recurso administrativo ou até perito judicial.

11. Posso fazer a prova de barba ou bigode?

Bom, o ideal é que se apresente de forma que transpareça boa aparência. Nada impede que vá com barba ou bigode, desde que aparados.

12. Tenho cabelos longos, como faço?

Para as mulheres, aconselho que façam um coque no cabelo, pois está arriscado o examinador se distrair com eles soltos.

13. Devo fazer a prova oral com máscara devido à COVID?

Nas últimas provas orais, os examinadores têm exigido sim, não só nas dependências, mas também na hora da sabatina.

TÉCNICAS ESTRATÉGICAS DE ESTUDOS PARA PROVA ORAL (TEEPO)

Esse tópico é muito importante, só quero deixar claro que não tenho o intuito de enxugar o tema, muito menos ser o senhor da verdade, minha intenção é explicitar as estratégias que funcionaram comigo e com meus alunos. Por isso, para facilitar o aprendizado irei fazer perguntas e respostas com base na **TEEPO**.

1. Como devo organizar meus estudos para prova oral?

Primeiramente, observe os assuntos mais cobrados por disciplina, a partir daí você fará seu plano de estudo direcionado, focado nesses pontos.

Interessante que os temas mais cobrados nas provas preambulares objetivas e nas discursivas **são praticamente os mesmos da prova oral**, com temperamentos, como: aprofundamento na natureza jurídica dos institutos, bem assim nas teorias e posicionamentos jurisprudenciais. Observe os gráficos subsecutivos:

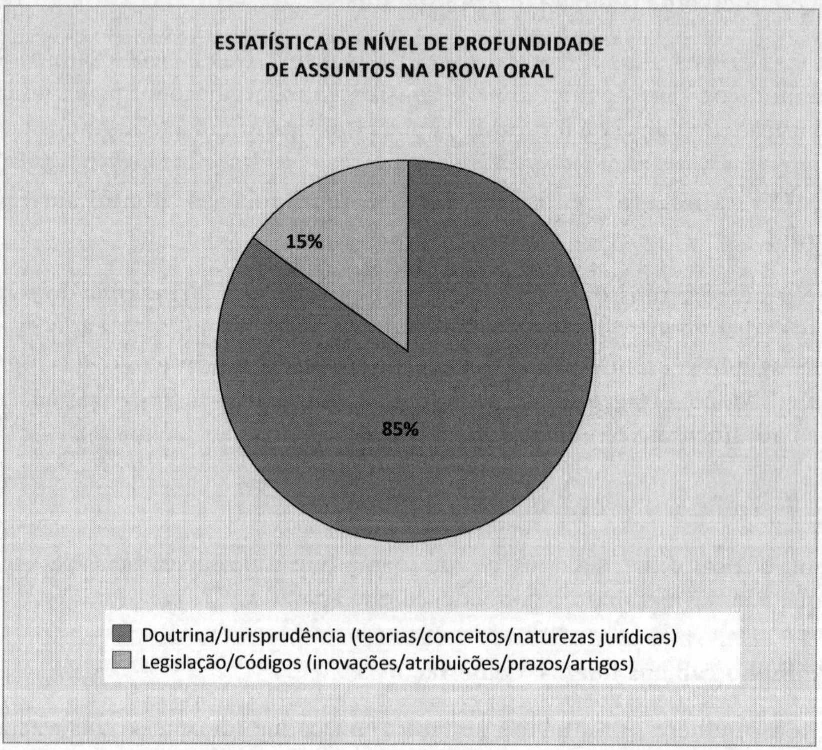

Estatísticas dos assuntos mais cobrados por disciplina

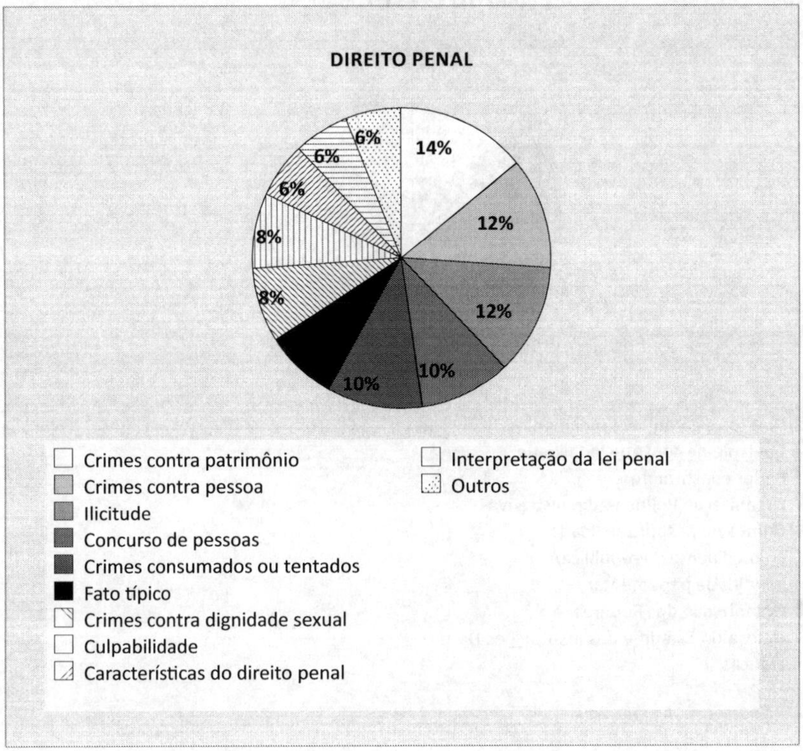

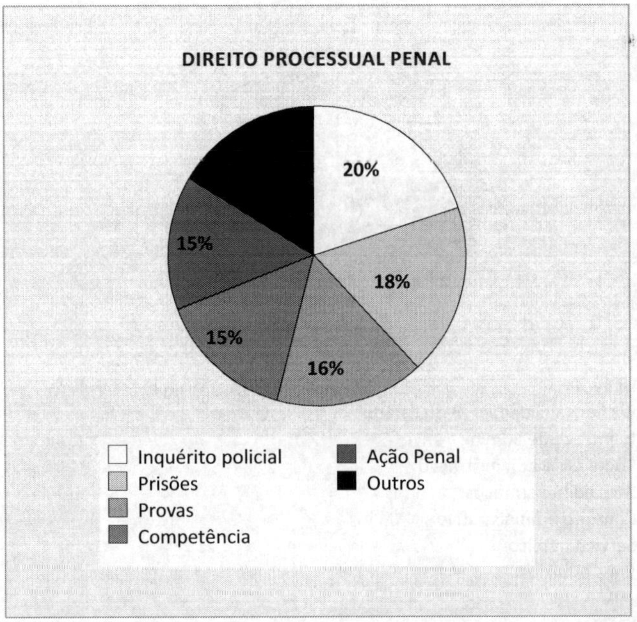

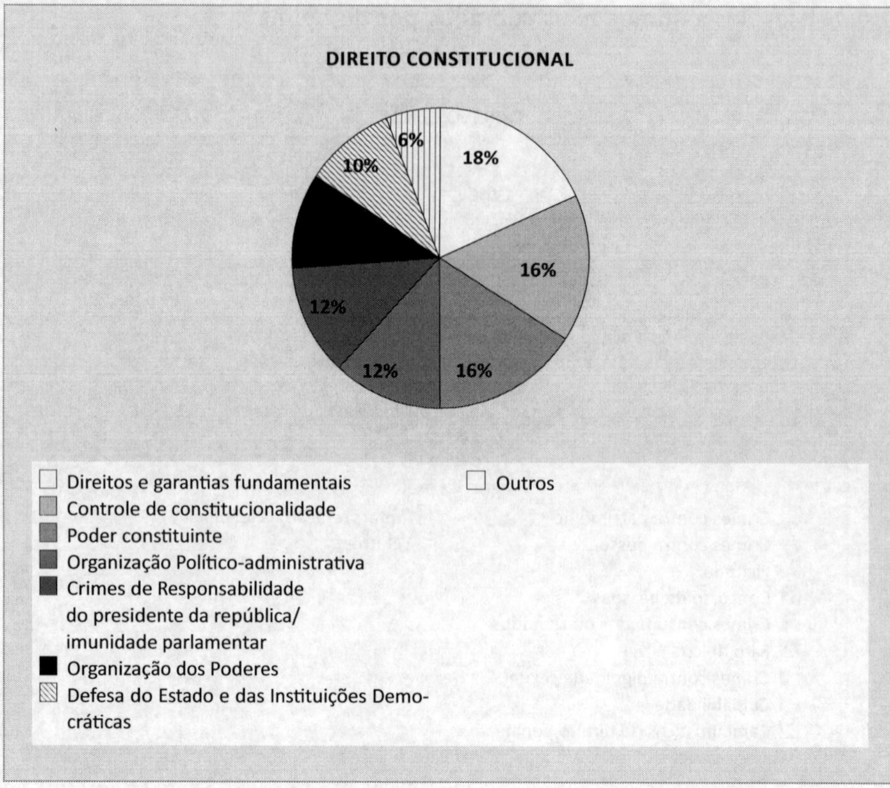
DIREITO CONSTITUCIONAL
18%
16%
16%
12%
12%
10%
6%
Direitos e garantias fundamentais
Controle de constitucionalidade
Poder constituinte
Organização Político-administrativa
Crimes de Responsabilidade do presidente da república/ imunidade parlamentar
Organização dos Poderes
Defesa do Estado e das Instituições Democráticas
Outros

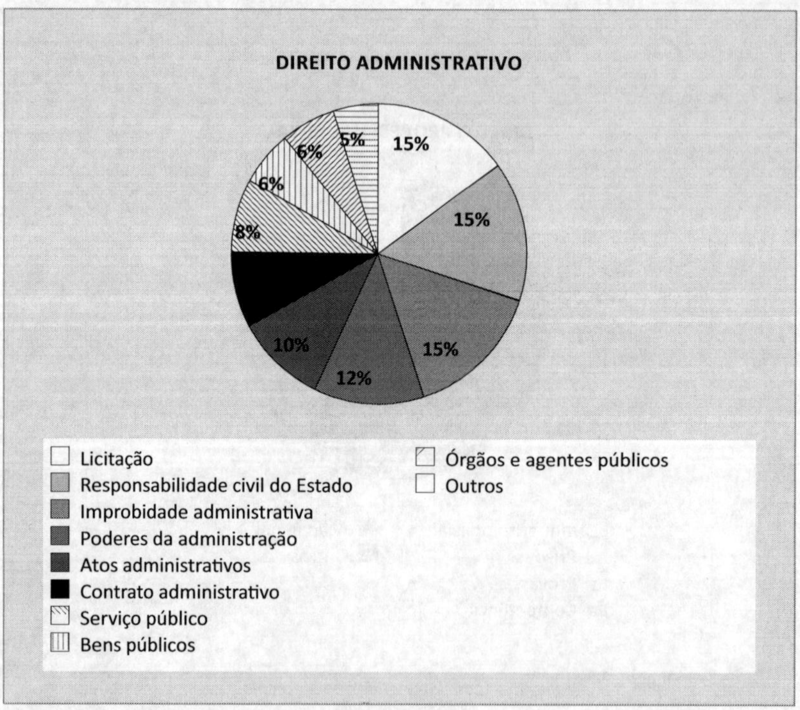
DIREITO ADMINISTRATIVO
15%
15%
15%
12%
10%
8%
6%
6%
5%
Licitação
Responsabilidade civil do Estado
Improbidade administrativa
Poderes da administração
Atos administrativos
Contrato administrativo
Serviço público
Bens públicos
Órgãos e agentes públicos
Outros

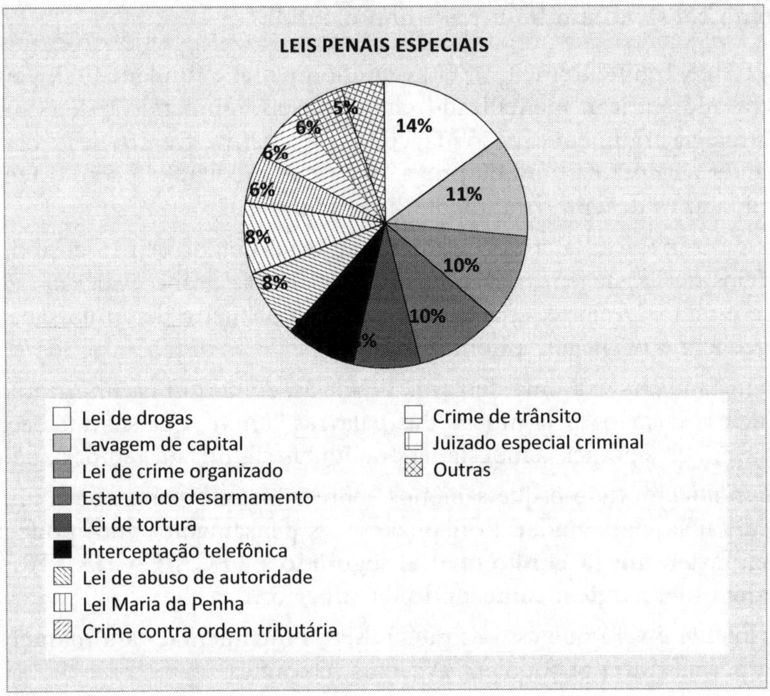

Com base referencial nas estatísticas esposadas em epígrafe, faça um plano de estudo com alicerce na **Tabela de Organização para Prova Oral (TOPO)**. Desta forma, realize a sua organização semanal. Por exemplo: Uma disciplina por dia, intercalando com as demais durante a semana. Em regra, nos concursos de Delegado de Polícia são quatro disciplinas cobradas nesta fase, ficando mais fácil de administrar (Veja a TOPO ao final do livro).

2. Qual o melhor método de fixação do conteúdo?

Alguns utilizam espelho para simular a sabatina, outros falam em voz alta, mas o método que me ajudou bastante foi a **TB** (**Técnica do Bilhete**), haja vista **estudar transformando questões em perguntas com respostas**, logo depois ler por **três vezes**, mentalizar a pergunta e responder silenciosamente a primeira vez, na segunda e terceira simulando a sabatina, evitando engasgos, mantendo o tom de voz razoável e a postura correta.

Neste viés, quando você perceber que a sua evolução está boa, combine com um colega, seja parente ou do seu grupo de estudos, pelo menos uma vez na semana uma sabatina, com direito a sorteio e avaliação.

Caso tenha dificuldade de se deslocar, realize as suas simulações pelo *Skype*, ajuda bastante. Utilize esse método, que funcionará muito bem.

Destarte, em decorrência do processo de repetição, a fixação da matéria passa a ser uma questao de tempo, quanto mais você praticar mantendo a organização, mais rápido irá amadurecer e ganhar confiança. Lembre-se: "**a prática leva à perfeição**".

3. Como construo um bom rascunho mental?

Bom, treine, treine, treine (...). O rascunho mental é fundamental, para construir um você terá que praticar, mentalizando as respostas, alinhando o seu conhecimento com uma estratégia argumentativa sólida, concisa e objetiva. Dentro deste contexto, você terá que manter a calma na hora da prova, não fique preocupado com o tempo, no geral, os examinadores deixam o candidato bem à vontade.

Antes de começar a falar você já terá que ter montado seu rascunho para evitar gaguejos, vícios de linguagem ou repetições de palavras desnecessárias, que irá deflagrar seu nervosismo. Destarte, quando você ouvir a primeira pergunta sabatinada pare e pense, perceberá que chegou a hora.

Neste instante, haverá uma descarga de ideias, como numa *Brainstorming* (é uma expressão inglesa formada pela junção das palavras "*brain*", que significa cérebro, intelecto, e "*storm*", que significa tempestade, que juntas significam tempestade cerebral).

Neste momento, tudo o que sabemos sobre o assunto passa como um filme pela nossa cabeça. Então, para ajudar a organizar esses pensamentos você pode seguir uma dica infalível: **façam um rascunho mental seguindo a TÉCNICA DA PIRÂMIDE, ou seja, em ordem hierárquica, começando da superior**.

Experimente e verá que essa estratégia será fundamental para manter a concisão da resposta, permeando por todos os aspectos relevantes.

TÉCNICA DA PIRÂMIDE PARA PROVA ORAL

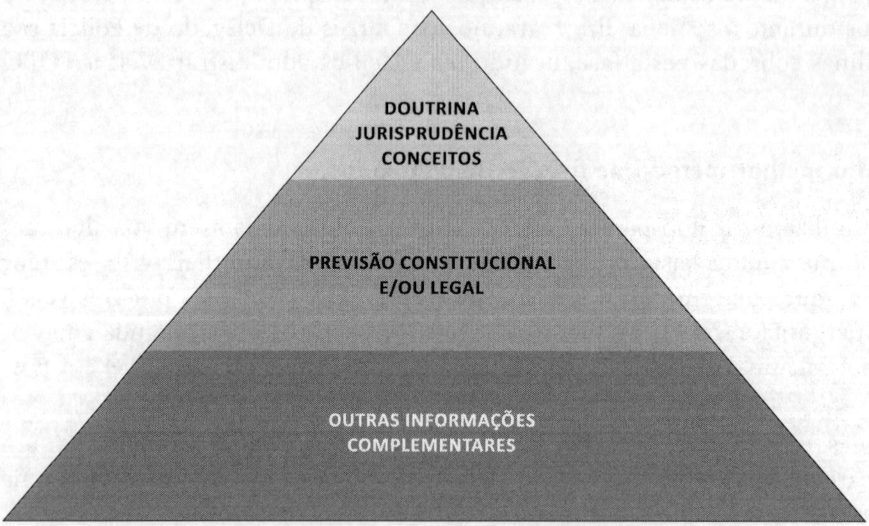

Imagine a primeira pergunta do membro da banca:

CANDIDATO:

O que é roubo por aproximação? (Delegado MS/18)

Antes de você começar a falar, **pare e pense** por **uns dez a quinze segundos**, termine de organizar seu rascunho mental conjugado com a técnica da Pirâmide de duas formas:

RESPOSTA ADEQUADA:

1.º. Responda indo direto ao ponto, mas sempre utilizando a argumentação jurídica adequada como introdução. Exemplo: Excelência, em uma apertada síntese, a doutrina conceitua roubo por aproximação como sinônimo de roubo impróprio, previsto no §1º do art. 157 do CPB.

2.º. Aqui, você poderá abranger mais o instituto do roubo. Exemplo: Excelência, no ordenamento jurídico pátrio, temos os crimes de roubo próprio, roubo próprio com violência imprópria, roubo majorado e roubo impróprio cuja doutrina também intitula como roubo por aproximação. Destaca-se que este crime está tipificado no art. 157, §1º, do Código Penal.

ATENÇÃO!

Cuidado, em regra, quando estiver sendo sabatinado não precisa citar nome de ministro, turma de tribunal, doutrinador, página da doutrina etc. Já falei, se o examinador quiser irá perguntar, não precisa se empolgar. No entanto, caso queira e esteja confiante pode mencionar o número de súmulas em geral ou vinculantes (só não esqueça o conteúdo delas), assim como as leis e artigos dos dispositivos.

IMPORTANTE!

Lembre-se de na hora da prova oral não inventar. Faça o básico, atenha-se ao argumento objetivo, uma vez que quanto mais você falar, mais chances de errar terá, bem como poderá deixar brechas para o examinador explorar e acabar deixando você mais nervoso e prejudicá-lo.

4. Como faço para conseguir passar na prova oral?

Primeira coisa, estude, ponha em prática as orientações acima, depois mostre ao examinador que você está ali para realizar um sonho e não mostrar que sabe mais do que ele. Não se esqueça, tenha o examinador ao seu lado, caso ele demonstre arrogância não ceda, mantenha-se firme, humilde, o jogo é dele.

Outro detalhe que pode fazer a diferença: quando se deparar com uma pergunta que tenha várias correntes, teorias ou princípios, apegue-se a que seja adotada, como regra, no ordenamento jurídico pátrio, ou seja, em tese, a majoritária. Como exceção, você pode citar a teoria minoritária, se o membro da banca a defende em seu livro, neste caso, passa a ser conveniente a explicitação.

Exemplo:

CANDIDATO:

Quais são as teorias do crime impossível? **(Delegado MS/18 e RS/19)**

RESPOSTA ADEQUADA:

"Excelência, em uma síntese, **entre outras**, a teoria adotada no CPB, é a objetiva temperada ou moderada, já que (...)".

Perceba que **estrategicamente você conseguiu responder à pergunta sem se desgastar**, caso o examinador queira saber mais, ele irá perguntar, não precisa você se antecipar, jogue o jogo.

Detalhe, **deixar de responder uma ou duas perguntas não irá reprová-lo, mas tentar enganar, enrolar o examinador pode sim ser motivo de reprovação.** Prova cabal disso são as inúmeras provas orais de delegado que já assisti (RJ/SP/SC etc.) e presenciei candidatos travarem, não responderem três, quatro perguntas no conjunto e passarem por se comportarem com honestidade, mantendo a postura e um diálogo aberto com o sabatinador, dizendo que não se recordava do tema.

Só chamo atenção para o modelo de prova oral aplicado pela Cebraspe, que adota um padrão de perguntas já selecionadas e diagramadas em uma folha de avaliação. Explicarei melhor adiante.

Além disso, as regras nos editais, como exemplo, para Delegado de SP são seis disciplinas (Penal, Processo Penal, Leis Especiais, Direito Constitucional, Administrativo e Humanos), valendo de zero a cem pontos cada disciplina, das notas atribuídas pelos examinadores, ainda, será aprovado o candidato que obtiver nota 50,0 (pontos) em cada disciplina.

No geral, **80% dos concursos de delegado de polícia seguem uma divisão aritmética**, ocasionando a possibilidade do candidato até mesmo zerar em uma das disciplinas e na média não reprovar, posto que não há exigência de pontuação mínima por matéria; salvo RJ e SP, onde há pontuação mínima por disciplina.

O QUE DEVO OU NÃO FAZER NA PROVA ORAL

O que você DEVE fazer:

1. Seja impessoal, aja com sinceridade, seja honesto com o examinador;
2. Introduza sua arguição com a expressão "Excelência";
3. Usar termos chaves nas questões com respostas longas para encurtá-las, como: "Em que pese polêmica do tema; Em síntese; Em que pese a celeuma" (...);

4. Para perguntas que há diversas correntes, princípios ou teorias usar termos, como: "entre outras (os)" ou "entre os diversos (...)";

5. Cite, se lembrar, leis e artigos pertinentes à pergunta. Caso não se lembre, não arrisque, fale a inteligência do dispositivo, isso será suficiente.

O que você NÃO deve fazer:

1. Usar os verbos em primeira pessoa: "Eu acho", "Eu acredito" (...);
2. Destacar nome de doutrinador, salvo se for um dos membros da banca;
3. Destacar nome de ministro, salvo se for um dos membros da banca;
4. Citar página de doutrinas ou turmas dos tribunais superiores, salvo se um dos membros da banca for o doutrinador ou fizer parte da turma;
5. Tentar enrolar o examinador (lembre-se de que ele é um ser humano, ou seja, ninguém gosta de ser enganado);
6. Responder o que não foi perguntado ou resistir em dizer que "não se recorda do tema".

IMPORTANTE:

Sempre faça **um estudo do perfil e estatísticas de obras e artigos dos membros da banca**, porquanto seus nomes são, normalmente, publicados em Diários Oficiais, **isso ajudará você a traçar a melhor estratégia** para as sabatinas na prova oral, antecipando surpresas e conquistando o examinador por sua dedicação.

Agora chegou a hora! Vamos praticar?

Guia de critérios de avalição de provas orais para delegados

GUIA DE PROVA ORAL DE DELEGADOS DE POLÍCIA								
ESTADO	BANCAS*	ANO	DISCIPLINAS	CONSULTA	CRITÉRIOS	TEMPO DE ARGUIÇÃO	CLASSIFICAÇÃO	APROVAÇÃO
Mato Grosso do Sul	FAPEC	2022	Poderá abordar Direito Penal, Direito Processual Penal, Direito Constitucional, Direito Administrativo, Direitos	Não se admite	Será valorada de 0 (zero) a 100 (cem) pontos e calculada pela média entre as notas aferidas pela Comissão o quantitativo de seus membros	O candidato será sabatinado em, no máximo, 60 (sessenta) minutos	Eliminatório e classificatório;	Se obtiver pontuação igual ou superior a 70 (setenta) pontos, calculada com base na somatória das pontuações atribuídas por matéria avaliada.
Mato Grosso	CESPE	2017	Direito Penal, Processual Penal, Constitucional e Legislação Complementar	Não se admite consulta a legislação	São quatro disciplinas, o conjunto valerá 10,00 pontos	Até 20 minutos	Eliminatório e classificatório	Se obtiver na média aritmética da soma das notas, nota não inferior a 5,00 pontos
Distrito Federal	FUNIVERSA	2016	Direito Penal, Processual Penal, Administrativo e Constitucional	Não se admite consulta a legislação	São quatro disciplinas, o conjunto valerá 40,00 pontos	Até 20 minutos por disciplina	Eliminatório e classificatório	Se obtiver nota não inferior a 24,00 pontos

GUIA DE PROVA ORAL DE DELEGADOS DE POLÍCIA								
ESTADO	**BANCAS***	**ANO**	**DISCIPLINAS**	**CONSULTA**	**CRITÉRIOS**	**TEMPO DE ARGUIÇÃO**	**CLASSIFICAÇÃO**	**APROVAÇÃO**
São Paulo	VUNESP	2022	Direito Penal, Direito Processual Penal, Legislação Especial, Direito Constitucional, Direitos Humanos e Direito Administrativo	**Admite-se consulta a legislação**	Nota de 0 (zero) a 100 (cem) pontos	No máximo 30 minutos para todas as disciplinas	Eliminatório e classificatório	Considerando-se aprovado aquele que obtiver nota mínima de 50 (cinquenta) pontos em cada uma e, no total, média de 50% (cinquenta por cento) ou mais
RORAIMA	VUNESP	2022	Direito Constitucional, Direito Penal, Direito Processual Penal, e Legislação Complementar	**Demais informações a respeito da prova oral constarão de edital de convocação para essa fase**	A prova oral valerá em seu conjunto 20,00 (vinte) pontos	Duração de até 20 minutos, tempo em que o candidato deverá responder as arguições das bancas examinadoras	Eliminatório e classificatório	Será eliminado o candidato que obtiver nota inferior a 10,00 (dez) pontos na prova oral ou que não comparecer para a realização da prova
Santa Catarina	ACAFE	2015	Direito Penal, Processual Penal, Administrativo e Constitucional	Não se admite consulta a legislação	São quatro disciplinas, a pontuação será atribuída por cada um dos três examinadores na escala de 0 (zero) a 10 (dez) pontos	Máximo de 30 minutos para todas as disciplinas	Eliminatório	Se obtiver nota igual ou superior a 5 (cinco), calculada com base na média aritmética das notas que lhe forem atribuídas por cada membro da banca examinadora

GUIA DE PROVA ORAL DE DELEGADOS DE POLÍCIA								
ESTADO	**BANCAS***	**ANO**	**DISCIPLINAS**	**CONSULTA**	**CRITÉRIOS**	**TEMPO DE ARGUIÇÃO**	**CLASSIFICAÇÃO**	**APROVAÇÃO**
Rondônia	FUNCAB	2014	Direito Penal, Processual Penal, Administrativo e Constitucional	Não se admite consulta a legislação	São quatro disciplinas, a nota variará de 0,0 (zero) a 100,0 (cem) pontos, que somados e divididos por 03 (três) será a média obtida	Máximo de 20 minutos para todas as disciplinas	Eliminatório e classificatório	Se obtiver no mínimo 50,0 pontos
Pará**	UEPA	2013	Direito Penal, Processual Penal, Administrativo e Constitucional	Não se admite consulta a legislação	São quatro disciplinas, sendo atribuído valor máximo de 10 (dez) pontos	Máximo de 30 minutos para todas as disciplinas	Eliminatório e classificatório	Se obtiver no mínimo a nota 7,0
Rio de Janeiro	CESBRAS-PE* *banca própria dos delegados do RJ	2022	Direito Penal, Processual Penal, Administrativo, Constitucional, Civil e Medicina Legal	**Admite-se consulta a legislação**	São seis disciplinas, cada disciplina valerá 100 pontos	Mínimo de 10 (dez) minutos por disciplina	Eliminatório e classificatório	Se obtiver nota igual ou superior a 50 pontos, em cada uma das disciplinas
Federal (União)	**CEBRAS-PE**	**2021**	Direito Penal, Processual Penal, Administrativo e Constitucional	Não se admite consulta a legislação	São quatro disciplinas, o conjunto valerá 16 pontos, atribuindo-lhe nota na escala de 0 (zero) a 4 (quatro)	Os examinadores irão dispor de até 20 (vinte) minutos para a arguição do candidato, englobando todas as disciplinas de avaliação	Eliminatório e classificatório	Se obtiver na média aritmética da soma das notas não inferior a 8,00 pontos

GUIA DE PROVA ORAL DE DELEGADOS DE POLÍCIA								
ESTADO	BANCAS*	ANO	DISCIPLINAS	CONSULTA	CRITÉRIOS	TEMPO DE ARGUIÇÃO	CLASSIFICAÇÃO	APROVAÇÃO
Minas Gerais	FUMARC	2022	Direito Penal, Processual Penal, Administrativo e Constitucional	Não se admite consulta a legislação	São quatro disciplinas. O conjunto valerá 40 pontos	Cada Examinador será responsável por arguir cada candidato sobre uma das matérias , durante, no máximo, 20 (vinte) minutos.	Eliminatório e classificatório	Será considerado aprovado o candidato que obtiver o mínimo de 60% (sessenta por cento) dos pontos, no somatório total das 04 (quatro) matérias. O candidato que obtiver nota inferior ao equivalente a 20% (vinte por cento) dos pontos, em qualquer uma das matérias a que se refere o item 4.3.3, será considerado reprovado, ainda que no somatório final da nota, obtenha índice igual ou superior a 60% (sessenta por cento) das respostas corretas.
Amapá	FCC	2018	Direito Penal e Processual Penal	Não se admite consulta a legislação	São duas disciplinas, a pontuação será atribuída por casa um dos três examinadores na escala de 0 (zero) a 10 (dez) pontos	Máximo de 15 minutos por disciplina	Eliminatório e classificatório	Se obtiver a média aritmética da soma das notas não inferior a 50% da pontuação

GUIA DE PROVA ORAL DE DELEGADOS DE POLÍCIA								
ESTADO	BANCAS*	ANO	DISCIPLINAS	CONSULTA	CRITÉRIOS	TEMPO DE ARGUIÇÃO	CLASSIFICAÇÃO	APROVAÇÃO
Rio Grande do Sul	IBDH	2019	Direito Penal e Processual Penal	Não se admite consulta a legislação	São duas disciplinas; a nota será resultado da média aritmética, considerando até a segunda casa decimal, sem arredondamento de nota da matéria	Discorrerá, de forma abrangente, sobre o ponto sorteado, pelo tempo de 05 (cinco) minutos. O restante do tempo será utilizado pela Banca Examinadora para a arguição do candidato, não podendo ultrapassar o tempo limite de 15 (quinze) minutos.	Classificatório	Se obtiver a nota de 0 (zero) a 10 (dez)
Sergipe***	CEBRASPE	2019	Direito Penal, Processual Penal, Constitucional e Administrativo	Não se admite consulta a legislação	São quatro disciplinas. O conjunto valerá 16 pontos, atribuindo-se nota na escala de 0 (zero) a 4 (quatro)	Os examinadores irão dispor de até 20 (vinte) minutos para a arguição do candidato, englobando todas as disciplinas de avaliação	Eliminatório e classificatório	Se obtiver na média aritmética da soma das notas não inferior a 8,00 pontos

GUIA DE PROVA ORAL DE DELEGADOS DE POLÍCIA								
ESTADO	BANCAS*	ANO	DISCIPLINAS	CONSULTA	CRITÉRIOS	TEMPO DE ARGUIÇÃO	CLASSIFICAÇÃO	APROVAÇÃO
RONDÔ-NIA	CEBRASPE	2022	Direito Administrativo Direito Constitucional Direito Penal e Direito Processual Penal Legislação Penal e Processual Pena Extravagante	Não se admite consulta a legislação	Valerá em seu conjunto 100,00 pontos	O tempo de duração da prova oral não deverá ultrapassar 30 minutos	Eliminatório e classificatório	Será eliminado o candidato que obtiver nota na prova oral inferior a 50,00 pontos ou que não comparecer para a realização da prova
Espírito Santo	CEBRASPE	2022	Direito Constitucional, Direito Penal, Direito Processual Penal e Legislação Extravagante	Não se admite consulta a legislação	Valerá em seu conjunto 10,00 pontos	A prova oral terá duração de até 20 minutos, tempo em que o candidato deverá ler e responder às perguntas que lhe forem entregues por escrito, bem como responder às arguições da banca examinadora.	Eliminatório e classificatório	Será eliminado o candidato que obtiver nota na prova oral inferior a 5,00 pontos ou que não comparecer para a realização da prova.

*As bancas compostas pelos examinadores responsáveis pela prova oral, normalmente, são contratadas pela própria instituição, ficando ao encargo deles a avalição dos candidatos. Essa composição pode variar entre 2 até 6 membros.

Tabela de Organização de Estudo para Prova Oral (TOPO)

TABELA DE ORGANIZAÇÃO DE ESTUDO PARA PROVA ORAL DE DELEGADO (TOPO)							
	Segunda	**Terça**	**Quarta**	**Quinta**	**Sexta**	**Sábado**	**Domingo**
1ª Semana	**GRUPO A** D. Penal – crime contra patrimônio	**GRUPO B** D. Processual Penal – IP	**GRUPO C** D. Constitucional – direitos e garantias fundamentais	**GRUPO D** D. Administrativo – poderes da administração pública	**GRUPO A** D. Penal – crime contra vida	**GRUPO B** D. Processual Penal – Prisões	**Simular prova oral**
2ª Semana	**GRUPO C** D. Constitucional – Imunidade Parlamentar	**GRUPO D** D. Processual Penal – Competência	**GRUPO A** D. Penal – crime contra a administração pública	**Continue com a intercalação dos grupos até o dia que anteceder a prova.**			
3ª Semana							
4ª Semana							
5ª Semana							
6ª Semana							
7ª Semana							
8ª Semana							
9ª Semana							

TABELA DE ORGANIZAÇÃO DE ESTUDO PARA PROVA ORAL DE DELEGADO (TOPO)							
	Segunda	Terça	Quarta	Quinta	Sexta	Sábado	Domingo
10ª Semana							
11ª Semana							
12ª Semana							

- ✓ Preencha os espaços acima com suas ocupações diárias;
- ✓ Organize seu tempo para estudar com os espaços que permanecerem em branco;
- ✓ Tente conciliar matérias parecidas e use cores diferentes para cada uma hora do preenchimento;
- ✓ Tenha o estudo como um compromisso, quando estiver estudando desligue tudo (celular / Facebook / Instagram/ Twitter / Skype/ WhatsApp etc.)
- ✓ Após a leitura de determinada disciplina, reserve um tempo para resolução de provas anteriores, se possível, com questões comentadas e pelo menos uma vez na semana faça um simulado de toda a matéria;
- ✓ Deixe pelo menos um dia da semana para seu lazer.

PARTE

II

DIREITO ADMINISTRATIVO

1. AGENTES E ÓRGÃOS PÚBLICOS

CANDIDATO:

Policiais podem fazer greve? **(Delegado MG/18)**

RESPOSTA ADEQUADA:

Excelência, o STF cristalizou entendimento de que o exercício do direito de greve, sob qualquer forma ou modalidade, **é vedado** aos policiais civis e a todos os servidores públicos que atuem diretamente na área de segurança pública.

COMPLEMENTAÇÃO DA RESPOSTA:

O STF entendeu que o exercício de greve **é vedado** a todas as carreiras policiais previstas no art. 144, ou seja, **não podem fazer greve os integrantes** da:

1) Polícia Federal;
2) Polícia Rodoviária Federal;
3) Polícia Ferroviária Federal;
4) Polícia Civil; e
5) Polícia Militar e do Corpo de Bombeiros militar.

ATENÇÃO:

É importante salientar que o STF exarou que, ao decidir que os policiais civis não possuem direito de greve**, não estava aplicando** o art. 142, § 3º, IV, da CF/88 **por analogia** a eles. Deste modo, entendeu que a greve é proibida por força dos princípios-constitucionais que regem os órgãos de segurança pública.

Outras informações *sine qua non* sobre o tema:

1. É obrigatória a participação do Poder Público em mediação instaurada pelos órgãos classistas das carreiras de segurança pública, nos termos do art. 165 do CPC, para vocalização dos interesses da categoria. STF. Plenário. ARE 654432/GO (repercussão geral - Info 860).

2. A administração pública **deve proceder ao desconto dos dias de paralisação** decorrentes do exercício do direito de greve pelos servidores públicos, em virtude da suspensão do vínculo funcional que dela decorre. **É permitida a compensação** em caso de acordo. **O desconto será, contudo, incabível se ficar demonstrado que a greve foi provocada por conduta ilícita do Poder Público.** STF. Plenário. RE 693456/RJ (repercussão geral – Info 845).

3. A justiça comum, federal ou estadual, é competente para julgar a **abusividade de greve de servidores públicos celetistas** da Administração pública direta, autarquias e fundações públicas. STF. Plenário. RE 846854/SP (repercussão geral – Info 871).

Neste sentido, a Justiça Comum **é sempre competente** para julgar causa relacionada ao direito de greve de servidor público da Administração **direta, autárquica e fundacional, pouco importando se se trata de celetista ou estatutário.**

No entanto, se a greve for de **empregados públicos de empresa pública ou sociedade de economia mista**, a **competência será da Justiça do Trabalho.**

CANDIDATO:

Há nepotismo para nomeação de cargos públicos de natureza política? **(Delegado MS/18)**

RESPOSTA ADEQUADA:

Excelência, em regra, a proibição da Súmula Vinculante 13 não se aplica para cargos públicos de natureza política. No entanto, o STF entende que poderá ficar caracterizado o nepotismo mesmo em se tratando de cargo político caso fique demonstrada a inequívoca falta de razoabilidade na nomeação por manifesta ausência de qualificação técnica ou inidoneidade moral do nomeado.

COMPLEMENTAÇÃO DA RESPOSTA:

A jurisprudência do STF, em regra, tem excepcionado a regra sumulada e garantido a permanência de parentes de autoridades públicas em cargos políticos, sob o fundamento de que tal prática não configura nepotismo. **Exceção:** poderá ficar caracterizado o nepotismo mesmo em se tratando de cargo político caso fique demonstrada a **inequívoca falta de razoabilidade na nomeação por manifesta ausência de qualificação técnica** ou **inidoneidade moral do nomeado.** STF. 2ª Turma. Rcl 22339 AgR/SP (Info 914).

SV 13-STF: "A nomeação de cônjuge, companheiro ou parente em linha reta, colateral ou por afinidade, até o terceiro grau, inclusive, da autoridade nomeante ou de servidor da mesma pessoa jurídica, investido em cargo de direção, chefia ou assessoramento, para o exercício de cargo em comissão ou de confiança, ou, ainda, de função gratificada na Administração Pública direta e indireta, em qualquer dos Poderes da União, dos Estados, do Distrito Federal e dos municípios, compreendido o ajuste mediante designações recíprocas, viola a Constituição Federal".

Vejamos outros assuntos sobre nepotismo:

Não há nepotismo na nomeação de servidor para ocupar o cargo de assessor de controle externo do Tribunal de Contas mesmo que seu tio (parente em linha colateral de 3º grau) já exerça o cargo de assessor-chefe de gabinete de determinado Conselheiro, especialmente pelo fato de que o cargo do referido tio não tem qualquer poder legal de nomeação do sobrinho.

A incompatibilidade da prática enunciada na SV 13 com o art. 37 da CF/88 **não decorre diretamente da existência de relação de parentesco** entre pessoa designada e agente político ou servidor público, mas de **presunção de que a escolha** para ocupar cargo de direção, chefia ou assessoramento tenha sido direcionada à pessoa com relação de parentesco com quem **tenha potencial de interferir no processo de seleção**. STF. 2ª Turma. Rcl 18564/SP (Info 815).

A Constituição do Estado do Espírito Santo prevê, em seu art. 32, VI, que é "vedado ao servidor público servir sob a direção imediata de cônjuge ou parente até segundo grau civil". Foi proposta uma ADI contra esta norma.

O STF julgou a norma constitucional, mas decidiu dar interpretação conforme a Constituição, no sentido de o dispositivo ser válido somente quando incidir sobre os cargos de provimento em comissão, função gratificada, cargos de direção e assessoramento. Em outras palavras, o **STF afirmou que essa vedação não pode alcançar os servidores admitidos mediante prévia aprovação em concurso público**, ocupantes de cargo de provimento efetivo, haja vista que isso poderia inibir o próprio provimento desses cargos, violando, dessa forma, o art. 37, I e II, da CF/88, que garante o livre acesso aos cargos, funções e empregos públicos aos aprovados em concurso público. STF. Plenário. ADI 524/ES (Info 786).

CANDIDATO:

Quais são os critérios objetivos para a ocorrência do nepotismo? **(Delegado/Simulado 2022)**

RESPOSTA ADEQUADA:

Excelência, o STF (Rcl 18564) definiu quatro critérios objetivos nos quais haverá nepotismo:

1) ajuste mediante designações recíprocas, quando inexistente a relação de parentesco entre a autoridade nomeante e o ocupante do cargo de provimento em comissão ou função comissionada;

2) relação de parentesco entre a pessoa nomeada e a autoridade nomeante;

3) relação de parentesco entre a pessoa nomeada e o ocupante de cargo de direção, chefia ou assessoramento a quem estiver subordinada; e

4) relação de parentesco entre a pessoa nomeada e a autoridade que exerce ascendência hierárquica ou funcional sobre a autoridade nomeante.

COMPLEMENTAÇÃO DA RESPOSTA:

A Lei 14.230/21 introduziu inúmeras alterações na Lei 8.429/92 (Lei de Improbidade Administrativa), dentre essas, destaca-se a **previsão expressa do nepotismo**, em sua forma **simples e a modalidade cruzada**, como ato de improbidade administrativa que atenta contra os princípios da Administração Pública (Art. 11, XI, da LIA). Vejamos:

> Art. 11 – Constitui ato de improbidade administrativa que atenta contra os princípios da administração pública a ação ou omissão dolosa que viole os deveres de honestidade, de imparcialidade e de legalidade, caracterizada por uma das seguintes condutas:
>
> (...)
>
> XI– nomear cônjuge, companheiro ou parente em linha reta, colateral ou por afinidade, até o terceiro grau, inclusive, da autoridade nomeante ou de servidor da mesma pessoa jurídica investido em cargo de direção, chefia ou assessoramento, para o exercício de cargo em comissão ou de confiança ou, ainda, de função gratificada na administração pública direta e indireta em qualquer dos Poderes da União, dos Estados, do Distrito Federal e dos Municípios, compreendido o ajuste mediante **designações recíprocas (nepotismo cruzado)**.

CANDIDATO:

O que é Teoria do Fato Consumado? **(Delegado PF/13)**

RESPOSTA ADEQUADA:

Excelência, o STJ entende que "nesta teoria, as situações jurídicas consolidadas pelo decurso do tempo, amparadas por decisão judicial, não devem ser desconstituídas, em razão do princípio da segurança jurídica e da estabilidade das relações sociais".[1]

COMPLEMENTAÇÃO DA RESPOSTA:

Ademais, o STF entendeu que "a posse ou o exercício em cargo público por força de decisão judicial de caráter provisório não implica a manutenção, em definitivo, do candidato que não atende a exigência de prévia aprovação em concurso público (CF, art. 37, II), valor constitucional que prepondera sobre o interesse individual do candidato, que não pode invocar, na hipótese, o princípio da proteção da confiança legítima, pois conhece a precariedade da medida judicial".[2]

A Corte Especial do STJ firmou entendimento:

> A "teoria do fato consumado" não pode ser aplicada para consolidar remoção de servidor público destinada a acompanhamento de cônjuge, em hipótese que não se adéqua à legalidade estrita, ainda que tal situação haja perdurado por vários anos em virtude de decisão liminar não confirmada por ocasião do julgamento de mérito.[3]

1. STJ, REsp 709.934- RJ (2004/0175944-8), Rel. Min. HUMBERTO MARTINS, Segunda Turma, julgado em 21/06/2007.
2. STF, RE 608482/RN, rel. Min. Teori Zavascki, Plenário, julgado em 7.8.2014.
3. STJ- Corte Especial, EREsp 1.157.628-RJ, Rel. Min. Raul Araújo, por maioria, julgado em 7/12/2016, DJe 15/2/2017. INFORMATIVO Nº 598.

CANDIDATO:

Fale sobre as Teorias Subjetiva, Objetiva e Eclética do Órgão Público. **(Delegado SC/15)**

RESPOSTA ADEQUADA:

Excelência, a teoria do órgão que atualmente é a adotada no sistema jurídico. Foram formuladas algumas teorias sobre a natureza do órgão, as quais, de acordo com a doutrina[4], são:

1ª **Teoria subjetiva:** sujeita à existência do órgão a dos Agentes Públicos, assim. Tal pensamento não se coaduna com a realidade, pois segundo ela desaparecendo o funcionário, não há órgão.

2ª **Teoria objetiva:** vê no órgão um conjunto de atribuições, que seriam as unidades funcionais da organização administrativa, inconfundível com os Agentes. De acordo com esta teoria que se prende à unidade funcional descartando a importância do funcionário, que é verdadeiro instrumento e sem o qual se instrumentaliza a vontade das pessoas jurídicas.

3ª **Teoria eclética:** não rechaça qualquer dos dois elementos, reconhecendo os círculos de competência e a representação dos agentes. Por isso, recebe críticas conforme as duas anteriores pelos mesmos motivos.

COMPLEMENTAÇÃO DA RESPOSTA:

Percebam que a pergunta foi específica, não dá para falar de uma ou outra teoria, o examinador quer saber das "teorias sobre a natureza do órgão", assim, a resposta acima atende objetivamente à pergunta, mas para fazer o diferencial, pode fechar a sua narrativa com chave de ouro se fizer uma complementação para demonstrar seu amplo conhecimento sobre o tema e impressionar o examinador.

Com essa proposta, trago uma dica valiosa: após discorrer sobre o tema, é importante contextualizá-lo, por exemplo, sobre qual é a teoria adotada pelo ordenamento.

Assim, você poderia dizer:

Diante do exposto, preleciona o ilustre doutrinador Alexandre Mazza[5]: "Também conhecida como **Teoria do órgão**, tem como idealizador o alemão Otto Gierke (1841-1921), que se baseou na noção de **imputação volitiva**. Otto comparou o Estado ao corpo humano, onde cada repartição estatal funciona como uma parte do todo, semelhante aos órgãos do corpo humano, daí criou-se o termo "órgão" público. Destarte a "personalidade, no corpo, assim como no Estado, é um atributo do todo, não das

4. MEIRELLES, apud FILHO, 2007, p. 12-13.

5. MAZZA, Alexandre, 2014. Manual de Direito Administrativo. [S.l.: s.n.].

partes. Por isso os órgãos públicos não são pessoas, mas partes integrantes da pessoa estatal". (Grifo no original).

Com esse desfecho, o candidato não apenas atendeu ao pedido da banca, como demonstrou dominar o assunto.

CANDIDATO:

Qual a diferença entre o "agente de fato" e o "usurpador"? **(Delegado/Simulado 2022)**

RESPOSTA ADEQUADA:

Excelência, o conceito de **funcionário de fato** (agente público de fato ou agente putativo) deriva da constatação, no plano do Direito Administrativo, de um vício de competência na formação do ato administrativo praticado pelo agente. O vício de competência surge da **investidura irregular**, o que é diferente – perceba – de uma **investidura inexistente**, característica típica do **usurpador de função pública,** que ainda será considerado crime do art. 328 do CP.

A doutrina entende que, **na usurpação de função pública**, o ato administrativo é simplesmente **inexistente** (é ato imperfeito e não chega a, sequer, iniciar seu ciclo de formação, não satisfazendo qualquer requisito previsto em lei para tanto), enquanto que, pela teoria da aparência, o ato administrativo praticado pelo funcionário de fato **existe** e é relativamente válido em relação ao particular (é ato perfeito, tendo passado pelo seu ciclo de formação, satisfazendo os requisitos previstos em lei – ou seja, competência, finalidade, forma, objeto e motivo –, embora de forma defeituosa no aspecto da competência).

Veja-se, nesse trilhar de percepção, que o ato praticado por **funcionário de fato** pode **gerar a responsabilização objetiva do Estado** lastreada no art. 37, § 6º, da Constituição Federal de 1988.

COMPLEMENTAÇÃO DA RESPOSTA:

E é em virtude dessa condição – de que o agente público, ainda que putativo, é a própria vontade do Estado, nos termos da Teoria do Órgão – que ao particular de boa-fé, apesar de internamente nulos os atos praticados pelo ente da Administração Pública, conservam-se perfeitamente os efeitos daqueles atos.

Em resumo:

Ato administrativo praticado pelo usurpador de função pública: IMPERFEITO, logo INEXISTENTE, não gerando, em regra, efeitos para o particular;

Ato administrativo praticado por funcionário de fato: PERFEITO e INVÁLIDO (podendo ser nulo ou anulável, a depender da possibilidade de convalidação do ato), gerando, porém, EFEITOS VÁLIDOS para o particular de boa-fé.

A usurpação de função pública é crime previsto no art. 328 do Código Penal, inserido no Capítulo II ("crimes praticados por particular contra a Administração em geral"), do Título XI ("crimes praticados contra a Administração Pública").

O referido tipo penal é descrito nos seguintes termos:

"Usurpação de função pública

Art. 328 – Usurpar o exercício de função pública:

Pena – detenção, de três meses a dois anos, e multa.

Parágrafo único – Se do fato o agente aufere vantagem:

Pena – reclusão, de dois a cinco anos, e multa". (grifado)

2. ATOS ADMINISTRATIVOS

CANDIDATO:

Considere a seguinte situação hipotética: O prazo de vigência de um contrato de prestação de serviço continuado foi prorrogado cinco dias após o término de sua vigência pelo diretor-geral de órgão do Poder Executivo Federal, sob o fundamento de que já havia prévia manifestação de interesse da administração pública na formalização desse instrumento.

Considerando a situação hipotética apresentada, responda, justificadamente, aos seguintes questionamentos.

1. Há amparo jurídico para o ato praticado? 2. O referido ato pode ser convalidado para a produção dos efeitos pretendidos? **(Delegado PF/19)**

RESPOSTA ADEQUADA:

1. Excelência, não há amparo jurídico para o ato praticado, porquanto a assinatura dos respectivos termos de aditamento deve ser promovida até o término da vigência contratual, considerando que transposta a data final de sua vigência, o contrato é considerado extinto, sendo juridicamente incabível a prorrogação ou a continuidade da sua execução. Deste modo, a prorrogação do contrato administrativo só é possível mediante formalização do respectivo termo aditivo, antes que ocorra o término do prazo de vigência do ajuste, não podendo ocorrer nenhum lapso temporal.
2. Excelência, o STJ[6] afirmou entendimento exatamente neste sentido, pois afigura-se juridicamente impossível, tanto a possibilidade de convalidação de ato administrativo que visa formalizar termo aditivo ao contrato findo, como de dar a essa prestação de serviço a conotação de contrato verbal. Devendo, pois, ser encarado como contratação irregular.

6. STJ, REsp 1111084-RJ, Rel. Min. MAURO CAMPBELL MARQUES, 2ª Turma, julgado 02/06/2015.

COMPLEMENTAÇÃO DA RESPOSTA:

A doutrina assim também se posiciona: A expiração do prazo de vigência, sem prorrogação, opera de pleno direito a extinção do ajuste, exigindo novo contrato para continuação das obras, serviços ou compras anteriormente contratados. O contrato extinto não se prorroga, nem se renova: é refeito e formalizado em novo instrumento, inteiramente desvinculado do anterior[7].

A convalidação seria possível, mas o pressuposto essencial para que a convalidação se constitua é de que a nulidade ocorrida seja relativa, haja vista que nem todos os vícios do ato administrativo são sanáveis. O instituto da convalidação foi acolhido expressamente pelo ordenamento jurídico pátrio no art. 55 da Lei n.º 9.784/1999, que tem a seguinte redação: Art. 55. Em decisão na qual se evidencie não acarretarem lesão ao interesse público nem prejuízo a terceiros, os atos que apresentarem defeitos sanáveis poderão ser convalidados pela própria Administração.

Fundamenta-se tal possibilidade no fato de que, convalidar um ato administrativo contaminado por um vício passível de correção, desde que presentes os requisitos legais, será a concretização do princípio da segurança jurídica, em busca da materialização do princípio da legalidade.

CANDIDATO:

Quais são os requisitos de validade do ato administrativo e possível convalidação? **(Delegado/Simulado 19)**

RESPOSTA ADEQUADA:

Excelência, no que concerne à doutrina, os elementos ou requisitos dos atos são: competência, finalidade, forma, motivo e objeto. Define-se o primeiro elemento como aquele atribuído por lei ou pela CF ao servidor público para exercer suas funções; o segundo se resume pelo alcance ao interesse público; o terceiro é o revestimento exteriorizado do ato administrativo; o quarto é a situação de fato ou de direito que autoriza ou determina a prática de um ato administrativo e o objeto consiste no efeito jurídico imediato que o ato administrativo produz.

Nesta testilha, prevalece na doutrina que **apenas a competência** que **não seja exclusiva ou relacionada à matéria** e **à forma**, desde que **não seja essencial à prática do ato**, poderá ser convalidada dos atos anuláveis que tenham vícios sanáveis de menor gravidade.

CANDIDATO:

Quais são as formas de convalidação do ato administrativo? **(Delegado/ Simulado 2019)**

7. MEIRELLES, Hely Lopes, Licitação e Contrato Administrativo, Editora Malheiros, 12ª ed., São Paulo 1999, p. 214.

RESPOSTA ADEQUADA:

Excelência, a doutrina define que "um ato administrativo, entretanto, embora dotado de ilegalidade, pode ser mantido pela Administração Pública, através da utilização do instituto da sanatória. As modalidades de saneamento do ato administrativo são: **convalidação, ratificação e conversão. A convalidação** é o ato administrativo que suprime um defeito de ato administrativo anteriormente editado, retroagindo seus efeitos a partir da data da edição do ato administrativo convalidado. **A ratificação** é o ato por meio do qual é expurgado ou corrigido um defeito relativo à competência, declarando-se sua validade desde o momento em que foi editado. Não podem ser ratificados atos cuja competência para edição é de competência exclusiva de autoridades indicadas na Constituição Federal. **Conversão** é o ato editado com aproveitamento de elementos válidos de outro ato primitivamente dotado de ilegalidade, para a mesma finalidade deste, com retroação dos seus efeitos ao momento da edição do ato original".[8]

A 1ª Turma do STJ aprovou nova súmula 633-STJ: "A Lei 9.784/99, especialmente no que diz respeito ao prazo decadencial para revisão de atos administrativos no âmbito da administração pública federal, pode ser aplicada de forma subsidiária aos Estados e municípios se inexistente norma local e específica regulando a matéria".

CANDIDATO:

Quais são os elementos ou requisitos do ato administrativo? **(Delegado MG/11 e SP/15)**

RESPOSTA ADEQUADA:

Excelência, de acordo com a doutrina majoritária os requisitos do ato administrativo são: Competência, Forma, Finalidade, Motivo e Objeto[9]. Nestes termos, a Competência, Finalidade e Forma, em tese, são vinculadas, no entanto, o Motivo e Objeto são em regra discricionários, podendo ser vinculados.

COMPLEMENTAÇÃO DA RESPOSTA:

Quem estuda sabe o quanto é difícil se lembrar de todos os conteúdos necessários, mas existem esquemas de memorização, utilizando a técnica mnemônica, que vou trazer aqui para que você nunca mais se esqueça, quando se tratar dos requisitos dos atos administrativos. Guarde isso:

8. DI PIETRO, Maria Sylvia Zanella. Direito administrativo. 6.ed. São Paulo: Atlas, 1996.
9. MEIRELLES, 2007, p. 151.

COM FO FI M OB	
COMPETÊNCIA	poder legal conferido por lei ao agente público para prática do ato.
FORMA	exteriorização do ato administrativo.
FINALIDADE	bem jurídico objetivado pelo ato; é vinculado.
MOTIVO	situação de fato e de direito que motiva ou exige a prática do ato.
OBJETO	é o conteúdo do ato, que produz alteração na ordem jurídica.

É importante o candidato não confundir os requisitos com os atributos do ato administrativo. A doutrina[10] assim distingue:

> Atributos são qualidades ou características dos atos administrativos. Enquanto os requisitos dos atos administrativos constituem condições que devem ser observadas para sua válida edição, os atributos podem ser entendidos como as características inerentes aos atos administrativos.

Os **atributos** dos atos administrativos descritos pelos principais autores são:

P A T I	
PRESUNÇÃO DE LEGITIMIDADE	os atos são legítimos e verdadeiros até que se prove o contrário;
AUTOEXECUTORIEDADE	A própria Administração pode executar seus atos, sem a necessidade de recorrer ao Poder Judiciário; Nem todos os atos têm autoexecutoriedade. No caso da multa, por exemplo, se o particular não pagar, a Administração não pode obrigá-lo a fazer isso sem recorrer ao Judiciário.
TIPICIDADE	O ato deve corresponder a figuras previamente definidas pela lei como aptas a produzir determinados efeitos, ou seja, para cada finalidade buscada pela Administração, há uma espécie distinta de ato. Nem todos os doutrinadores colocam a tipicidade no rol de atributos dos atos administrativos. De qualquer forma, é importante ressaltar que esta propriedade reveste somente os atos unilaterais, pois no caso de atos bilaterais, como um contrato, por exemplo, a Administração não pode impor sua vontade.
IMPERATIVIDADE	É a propriedade de a Administração impor seus atos, independentemente da vontade dos particulares.

Está comprovado que a memória humana armazena conteúdos com mais facilidade quando associados a esquemas, gráficos, símbolos palavras ou frases relacionadas com o assunto que se pretende assimilar. Utilizar esse método como recurso promove uma rápida e eficiente associação de ideias, permitindo uma melhor assimilação e fixação do conteúdo.

10. ALEXANDRINO; PAULO, 2013, p. 494.

CANDIDATO:

Todo ato administrativo é autoexecutável? **(Delegado SP/15)**

RESPOSTA ADEQUADA:

Excelência, nem todos os atos administrativos são autoexecutórios.

A doutrina[11] afirma que "a autoexecutoriedade jamais afasta a apreciação judicial do ato; apenas dispensa a administração de obter ordem judicial prévia para poder praticá-lo".

Neste sentido, temos que a autoexecutoriedade é o atributo que permite que alguns atos sejam praticados sem que haja necessidade de ordem judicial prévia, inclusive mediante o uso de força, quando for preciso.

Sabe-se que a autoexecutoriedade se subdivide em exigibilidade e executoriedade, e será aplicada em duas situações: nas hipóteses previstas em lei, ou quando, mesmo não expressa em lei, a situação de urgência a exija.

Este atributo permite que a Administração, tendo como diretrizes a proporcionalidade e a razoabilidade, e na defesa dos interesses da sociedade, aplique sanções, confisque alimentos impróprios para consumo, interdite estabelecimento comercial que tenha infringido normas sanitárias, entre outros.

COMPLEMENTAÇÃO DA RESPOSTA:

Para complementar a resposta o candidato poderá citar algumas passagens doutrinárias, obviamente não precisa citar, em regra, o doutrinador nem o texto *ipsis litteris*, apenas dar a ideia central do que cada um compreende sobre o tema.

Neste sentido, prescreve Maria Sylvia Zanella Di Pietro em sua obra: "A Administração pode autoexecutar as suas decisões, com meios coercitivos próprios".[12]

Sobre o tema também preleciona Carvalhinho:[13]

> "A autoexecutoriedade tem como fundamento jurídico a necessidade de salvaguardar com rapidez e eficiência o interesse público, o que não ocorreria se a cada momento tivesse que submeter suas decisões ao crivo do Judiciário. Além do mais, nada justificaria tal submissão, uma vez que assim como o Judiciário tem a seu cargo uma das funções estatais – a função jurisdicional –, a Administração também tem a incumbência de exercer função estatal – a função administrativa".

CANDIDATO:

Diferencie ato discricionário e vinculado. **(Delegado SP/2020)**

11. ALEXANDRINO; PAULO, Ob. Cit., p. 497.
12. PIETRO, 2011, p. 203.
13. FILHO, 2012, p. 121.

RESPOSTA ADEQUADA:

Excelência, **ato administrativo vinculado** é aquele que contém todos os seus elementos constitutivos vinculados à lei, não existindo, dessa forma, qualquer subjetivismo ou valoração do administrador, mas apenas a averiguação da conformidade do ato com a lei.

Por sua vez, é **discricionário o ato** quando a lei confere liberdade ao administrador para que ele proceda a avaliação da conduta a ser adotada segundo critérios de conveniência e oportunidade, mas nunca se afastando da finalidade do ato, o interesse público.

COMPLEMENTAÇÃO DA RESPOSTA:

A valoração incidirá sobre dois elementos constitutivos do ato administrativo, **o motivo e o objeto**, autorizando o administrador a escolher dentre as várias possibilidades que lhe são conferidas aquela que melhor corresponda no caso concreto ao desejo da lei.

Da mesma forma que a lei confere ao administrador público o ato discricionário, **é indispensável que também imponha limites à sua liberdade de opção**. Portanto, o administrador deverá observar estritamente a lei quanto aos limites impostos.

Atuar além dos limites legais resulta na prática de um ato arbitrário, sempre ilegítimo e inválido. Quando eivado de vícios, o ato vinculado poderá ser anulado pela Administração Pública ou pelo Judiciário. Enquanto o ato discricionário será revogado pela Administração Pública quando houver conveniência e oportunidade.

Os elementos vinculados de um ato administrativo são sempre a **competência, a finalidade e a forma.**

CANDIDATO:

Qual a diferença da Revogação e Anulação do ato administrativo? **(Delegado SP/2020)**

RESPOSTA ADEQUADA:

Excelência, a **revogação** é a forma de desfazer **um ato válido, legítimo, mas que não é mais conveniente, útil ou oportuno**. Como é um ato perfeito, que não mais interessa à Administração Pública, só por ela pode ser revogado, não cabendo ao Judiciário fazê-lo, exceto no exercício de sua atividade secundária administrativa, ou seja, só pode revogar seus próprios atos administrativos. Assim, seus efeitos são proativos, **"ex nunc"**, sendo válidas todas as situações atingidas antes da revogação. Se a revogação é total, nomeia-se ab-rogação; se parcial, chama-se derrogação.

Enquanto a **anulação** é um **ato nulo** quando afronta a lei, quando foi produzido com alguma ilegalidade. **Pode ser declarada pela própria Administração Pública**, no exercício de sua autotutela, ou **pelo Judiciário**. Opera efeitos retroativos, **"ex tunc"**, como se nunca tivesse existido, exceto em relação a terceiros de boa-fé. Entre as partes, não gera direitos ou obrigações, não constitui situações jurídicas definitivas, nem admite convalidação.

COMPLEMENTAÇÃO DA RESPOSTA:

5 hipóteses de atos administrativos que não admitem revogação:

1) Atos que já exauriram os seus efeitos

Se não são mais necessários, não precisam continuar existindo, né? Sendo assim, eles são **naturalmente revogados** ("somem tacitamente" do ordenamento jurídico). É o caso de algum benefício, como o pagamento de um prêmio, uma licença ou férias. Se a pessoa já recebeu o que tinha de receber e como a revogação é prospectiva, "*ex nunc*", só desfaz o ato dali para frente, então, não tem como haver revogação se o ato já não provocar mais efeitos.

2) Atos vinculados

Um ato vinculado tem como característica possuir um único motivo objetivamente descrito na lei para sua existência. Além disso, atos vinculados não deixam espaço para juízo de oportunidade e conveniência. Consequentemente, não pode haver revogação de ato vinculado, porque o processo de revogação é discricionário, sempre refletindo um juízo de oportunidade e conveniência.

3) Atos que geram direitos adquiridos

Como afirma o art. 5º, XXXVI, da **Constituição**, nem mesmo uma lei pode revogar atos prejudicando o direito adquirido.

O art. 53 da Lei 9.784/1999 também deixa isso bem claro:

"A Administração deve anular seus próprios atos, quando eivados de vício de legalidade, e pode revogá-los por motivo de conveniência ou oportunidade, respeitados os direitos adquiridos."

A única exceção a isso seriam os direitos adquiridos decorrentes do ato viciado, mas aí também não haveria revogação, pois seria uma anulação.

4) Atos integrativos

São atos que fazem parte de um procedimento administrativo, ou seja, integram uma sucessão ordenada de atos encadeados com vistas à prática de um ato final. Assim, a cada ato praticado, passa-se a uma nova etapa do procedimento, ocorrendo a preclusão administrativa da etapa anterior. Lembrando que preclusão, para o direito administrativo, significa a **impossibilidade de voltar a uma etapa anterior de um procedimento para "rediscutir" as decisões que nela foram tomadas.** Assim, não caberia revogação, porque não é possível "rediscutir" a conveniência do ato praticado no procedimento.

5) Meros atos administrativos

A Prof.ª Maria Sylvia Di Pietro define que "a revogação não pode atingir os meros atos administrativos, como certidões, atestados, **votos**, porque os efeitos deles decorrentes são estabelecidos pela lei".

No entanto, fica mais fácil lembrar isso tendo em mente que meros atos administrativos são puramente declaratórios. **Dessa forma, não podem ser revogados, porque eles se limitam a declarar que uma situação existe ou não existe, sendo descabido "revogar a realidade".**

3. BENS PÚBLICOS

CANDIDATO:

Considere a seguinte situação hipotética: determinado Estado da Federação concedeu a um particular o título de propriedade de um lote de domínio da União, localizado entre as faixas de fronteira. Tendo sido o respectivo título cartorário formalizado em janeiro de 2016. A partir dessa situação hipotética responda de forma justificada, com base na legislação pertinente e na jurisprudência dos tribunais superiores, os seguintes questionamentos: **(Delegado PF/18)**

1. Existe prazo prescricional para a União reaver esse bem?
2. Qual é a natureza da faixa de fronteira? Esse local é considerado área de titularidade pública?
3. Sendo a área de fronteira uma área de interesse da segurança nacional, qual é o órgão competente para propor critérios de utilização dessa faixa?

RESPOSTA ADEQUADA:

Excelência, em se tratando de bem da União, é imprescritível, não incide a prescrição sobre bens públicos. Sendo a imprescritibilidade absoluta e tendo assento constitucional nos arts. 183, § 3º e 191, parágrafo único, da Constituição Federal.

Quanto à validade, aduz a Lei 4.947/1966, art. 5º, § 1º:

> É o Poder Executivo autorizado a ratificar as alienações e concessões de terras já feitas pelos Estados na Faixa de Fronteiras, se entender que se coadunam com os objetivos do Estatuto da Terra.

Não há que se falar em direito de reaver o bem, porquanto se existe bem particular dentro da faixa de fronteira, a titularidade não pode ser de particular, ou seja, não lhe pertence o domínio do bem, somente a posse.

A natureza jurídica da faixa de fronteira é **bem de uso especial da União**, bem do domínio indisponível da União, afetada a serviço público federal relevante, de defesa do país contra o inimigo externo, bem serviente ou instrumental.

Consoante teor da **Súmula 477 STF**: "As concessões de terras devolutas situadas na faixa de fronteira, feitas pelos Estados, autorizam, apenas o uso, permanecendo o domínio com a União, ainda que se mantenha inerte ou tolerante, em relação aos possuidores".

O órgão competente para propor critérios de utilização dessa faixa, com respaldo na CF/1988, art. 91, § 1º, III, c/c Lei 8183/91, art. 1º:

> O **Conselho de Defesa Nacional** (CDN), órgão de Consulta do Presidente da República nos assuntos relacionados com a soberania nacional e a defesa do estado democrático, tem sua organização e funcionamento disciplinados nesta lei. (...) c) propor os critérios e condições de utilização das áreas indispensáveis à segurança do território nacional e opinar sobre seu efetivo uso, **especialmente na faixa de fronteira** e nas relacionadas com a preservação e a exploração dos recursos naturais de qualquer tipo (...).

COMPLEMENTAÇÃO DA RESPOSTA:

O STF e o STJ firmaram posição concluindo que, em se tratando de bem de titularidade da União localizado em faixa de fronteira, a sua cessão por estado-membro revela uma venda a *non domino*, de modo que esse negócio jurídico se encontra eivado de nulidade absoluta. Por consequência, não incide prazo prescricional, pois o transcurso do tempo não autoriza a prescrição aquisitiva de bens públicos por particulares, nem se presta a convalidar atos nulos de transferência de domínio praticados ilegalmente, nos termos das Súmulas 340 e 477 do STF e do art. 183, § 3º, da CF/1988. (STJ, REsp 1352230/PR, e STF, ARE 985118 Agr/PR)

A Súmula 477 do STF já tratava desse tema ("As concessões de terras devolutas situadas na faixa de fronteira, feitas pelos estados, autorizam, apenas, o uso, permanecendo o domínio com a União, ainda que se mantenha inerte ou tolerante, em relação aos possuidores"), de modo que os tribunais enfrentaram reiteradamente essa questão, consolidando a compreensão de que essa transferência é nula e não passível de convalidação.

Apesar de a Lei 13.178/2015 pretender regularizar e ratificar os registros imobiliários dos imóveis rurais decorrentes de alienação e concessão de terras devolutas expedidos pelos estados situados naquela faixa, entende-se que, sob o prisma dessa legislação, não poderia haver impugnação na esfera administrativa ou judicial por parte de órgão ou pessoa da administração federal, e o registro teria que ser efetuado até a data da publicação da lei em 23/10/2015. (José dos Santos Carvalho Filho. *Manual de Direito Administrativo*. 30. ed. São Paulo: Atlas, 2016, p. 1.285)

A faixa de fronteira é uma área de 150 km de largura, paralela à linha divisória terrestre do território nacional, considerada fundamental para a defesa do território nacional (art. 20, § 2º, da CF/1988). Isso não quer dizer que todas as terras situadas na faixa de fronteira sejam públicas e de propriedade da União; a Constituição faz referência às terras devolutas. Existem terras particulares nessa faixa, que ficam sujeitas a uma série de restrições estabelecidas em lei, em benefício da segurança nacional (Lei n.º 6.634/79). (Maria Sylvia Zanella Di Pietro. Direito Administrativo. 29. ed., Rio de Janeiro: Ed. Forense, 2016, pág. 873).

CANDIDATO:

O que se entende por "domínio eminente"? **(Delegado DF/16)**

RESPOSTA ADEQUADA:

Excelência, conceitua-se domínio eminente como o poder geral do Estado quanto a tudo que esteja nas suas linhas territoriais, em virtude da sua soberania, como exemplo, bens públicos, privados e não sujeitos ao regime normal da propriedade.

COMPLEMENTAÇÃO DA RESPOSTA:

Perceba a preponderância do assunto a seguir.

O que é domínio público?

"É o poder de dominação ou de regulamentação que o Estado exerce sobre os bens do seu patrimônio (bens públicos), ou sobre os bens do patrimônio privado – bens particulares de interesse público – ou sobre as coisas inapropriáveis individualmente, mas de fruição geral da coletividade – *res nullius*. Neste sentido amplo e genérico o domínio público abrange não só os bens das pessoas jurídicas de Direito Público interno como as demais coisas que, por sua utilidade coletiva, merecem a proteção do Poder Público, tais como as águas, as jazidas, as florestas, a fauna, o espaço aéreo e as que interessam ao patrimônio histórico e artístico nacional"[14].

Qual a diferença entre domínio eminente e patrimonial?

De um lado, um poder político, superior a tudo, chamado domínio eminente, que autoriza as limitações impostas pelo Estado ao exercício de direitos em todo território nacional, e, de outro lado, um poder sobre os bens de que é proprietário ou simples administrador, conhecido como domínio patrimonial, exercido sobre os bens públicos[15].

CANDIDATO:

O que são bens de uso comum e o que os difere dos dominicais? **(Delegado RO/14 - SP/15 – MS/2022)**

RESPOSTA ADEQUADA:

Excelência, quanto à conceituação e citação de exemplos desses institutos, temos:

Os **bens de uso comum** são aqueles destinados ao uso indistinto de toda a população. Como exemplo, citamos: mar, rio, rua, praça, estradas, parques.

14. MEIRELLES, Ob. Cit., p. 433.
15. SCHIESARI, Nelson. Direito Administrativo: Coletânea Atualização Jurídica. 1. ed., São Paulo: Hemeron, 1975, p. 97.

Já os **bens dominicais** não estão destinados nem a uma finalidade comum (não estão afetados) e nem a uma especial. **Exemplo:** Terras devolutas, que "são todas aquelas que, pertencentes ao domínio público de qualquer das entidades estatais, não se acham utilizadas pelo Poder Público, nem destinadas a fins administrativos específicos".[16]

Diante disso, podemos dizer que as diferenças entre eles é que os bens de uso comum são afetados (têm destinação), e por isso, inalienáveis; já os bens dominicais não são afetados, e por tal razão são alienáveis.

COMPLEMENTAÇÃO DA RESPOSTA:

A resposta acima está clara e objetiva, mas o candidato pode complementar:

Destarte, observamos que tanto o bem de uso especial ou bem de uso comum do povo, uma vez desafetado, passará a ser classificado como bem dominial, e consequentemente, estará passível de alienação.

O atual Código Civil estabelece que os bens públicos de uso comum do povo e os de uso especial são inalienáveis, se assim conservarem a sua qualificação, na forma que a lei determinar (art. 100), enquanto os bens dominicais, ao contrário, por não estarem afetados a um fim público podem ser alienados (CC, art. 101).

CANDIDATO:

Os bens dominiais estão sujeitos à prescrição? Podem ser usucapidos? **(Delegado MS/2022)**

RESPOSTA ADEQUADA:

Excelência, os bens públicos, sejam eles imóveis urbanos ou rurais, de quaisquer categorias, são imprescritíveis. Portanto, não são passíveis de aquisição por usucapião, consoante o que estabelece o Código Civil[17] e entendimentos jurisprudenciais[18], uma vez que usucapião é modalidade de prescrição aquisitiva.

A vedação constitucional à usucapião dos bens públicos tem por fim assegurar uma proteção especial a esta espécie de bens.

COMPLEMENTAÇÃO DA RESPOSTA:

Para incrementar a explanação o candidato, nesta hipótese, pode fazer um paralelo entre inalienabilidade e imprescritibilidade, e ainda, citar dispositivos constitucionais em que se encontram abrigados os temas:

Ao contrário da inalienabilidade, a imprescritibilidade é absoluta e tem assento constitucional nos artigos 183, § 3º e 191, parágrafo único, da Constituição Federal.

16. MEIRELLES, Ob. Cit., 2007, p. 549.
17. BRASIL, Lei 10406, 2002, art. 102.
18. STF, Súmula, 340.

CANDIDATO:

O que são Bens Públicos Acidentais? Qual a diferença entre afetação e desafetação? **(Delegado PA/13 e SP/15)**

RESPOSTA ADEQUADA:

Excelência, tais bens têm natureza acidental, porquanto antes de se tornarem públicos eram bens privados, e por esta razão necessitam de ato ou fato que nitidamente os incorporem ao domínio público patrimonial.

A afetação tem o condão de definir a utilização do bem público, e é de suma importância para a caracterização do bem como alienável ou inalienável.

Assim, quando determinado bem está sendo utilizado para uma finalidade pública, diz-se que está afetado a determinado fim público. Temos como exemplo uma praça, bem de uso comum do povo, considerada um bem afetado; um prédio em que funcione uma repartição pública é um bem de uso especial, afetado ao fim público.

Do contrário, quando o bem não está sendo utilizado para qualquer fim público, diz-se que está desafetado, seja um imóvel pertencente a um ente público que não esteja sendo utilizado para qualquer fim ou uma viatura oficial considerada inservível.

COMPLEMENTAÇÃO DA RESPOSTA:

O candidato pode ampliar o discurso demonstrando os reflexos decorrentes do instituto da afetação, de acordo com a seguinte informação:

A doutrina[19] aduz que "a afetação tem relevante importância para se examinar a inalienabilidade do bem público. Isso porque é pacífico na doutrina que os bens públicos afetados (que possuem uma destinação pública específica) não podem, enquanto permanecerem nessa situação, ser alienados. Assim, os bens de uso comum do povo e os bens de uso especial, enquanto destinados, respectivamente, ao uso geral do povo e a fins administrativos especiais, não são suscetíveis de alienação".

Do contrário, "caso os bens de uso comum do povo e os bens de uso especial venham a ser desafetados, isso é, venham a perder sua finalidade pública específica, converter-se-ão em bens dominicais, e, como tais, poderão ser alienados".

Em suma, a afetação consiste em conferir ao bem público uma destinação. Desafetação (desconsagração) consiste em retirar do bem aquela destinação anteriormente conferida a ele.

CANDIDATO:

A quem cabe a iniciativa para desafetar o bem? **(Delegado SP/15)**

19. ALEXANDRINO; PAULO, Ob. Cit., pp. 993-994.

RESPOSTA ADEQUADA:

Excelência, a competência para afetar ou desafetar o bem é do ente público que possui seu domínio.

Logo, a afetação de imóvel pertencente, por exemplo, ao Município não poderá ser efetivada diretamente pelo Estado ou pela União, visto que um ente não pode interferir na esfera do outro, cabendo tão somente a cada qual dirimir questões correlatas aos bens sob a sua jurisdição.

COMPLEMENTAÇÃO DA RESPOSTA:

Notem que se o candidato expuser a resposta se limitando ao que já foi dito, cumpriu o objetivo com eficiência, pois fez da maneira certa o que deveria ser feito. Contudo, se quiser ir além, o que significa superar o óbvio, poderá aditar à sua fala:

Isto posto, conclui-se que as operações de afetação e desafetação são da competência única e exclusiva da pessoa política proprietária do bem, a quem também se reconhece a competência exclusiva de dizer "se" e "quando" um bem que integra seu patrimônio poderá ser afetado ou desafetado.

Há muito a competência e os procedimentos da afetação e desafetação de um bem público são objeto de controvérsias, porquanto ainda que pertença ao Poder Público tal prerrogativa, discute-se sob qual forma se daria o procedimento.

A doutrina[20] entende que os bens, sejam eles de qualquer natureza, sofrem alteração em sua finalidade por decisão administrativa, mas independentemente de atos, uma vez que antes de qualquer coisa, "constituem fatos administrativos, ou seja, acontecimentos ocorridos na atividade administrativa independentemente da forma com que se apresentam. Embora alguns autores entendam a necessidade de haver ato administrativo para consumar-se a afetação ou a desafetação (...) O fato administrativo tanto pode ocorrer mediante a prática do ato administrativo formal, como através de fato jurídico de diversa natureza".

CANDIDATO:

Os bens da PETROBRAS são públicos? **(Delegado SC/15)**

RESPOSTA ADEQUADA:

Excelência, a regra do art. 98 do Código Civil é cristalina quando dispõe que bens públicos são os pertencentes às pessoas jurídicas de direito público interno, sendo os demais considerados particulares. Neste sentido, a Petrobras é uma sociedade de economia mista consoante disposição legal[21], assim, seus bens são classificados como particulares.

20. FILHO, 2006, pp. 947-948.

21. BRASIL, Lei 6.404, 1976, art. 1º.

Contudo, tanto na doutrina quanto na jurisprudência há conflito sobre a natureza dos bens das pessoas jurídicas de direito privado. Assim, parte entende ser particular e outra, dependendo da destinação, pode ser público, caso esteja vinculado à prestação de serviço público.

COMPLEMENTAÇÃO DA RESPOSTA:

Atente-se à concisão dos argumentos, seguindo a linha de raciocínio da pirâmide explicada em capítulo próprio.

Transcrição da previsão legal no CC/02:

> Art. 98. São públicos os bens do domínio nacional pertencentes às pessoas jurídicas de direito público interno; todos os outros são particulares, seja qual for a pessoa a que pertencerem.

Importante que mesmo tendo respondido objetivamente à pergunta da banca, que o candidato saiba dos posicionamentos jurisprudenciais e doutrinários acerca do tema.

Em mandados de segurança impetrados pelo Banco do Brasil contra decisões do Tribunal de Contas da União, que determinaram fosse instaurado procedimento de tomada de contas especial visando à apuração de danos a seus próprios cofres, o entendimento do STF é de que os bens e direitos das sociedades de economia mista não são bens públicos, mas bens privados inconfundíveis com os bens do Estado, não incidindo, desse modo, o art. 71, II, da CF, que fixa a competência do TCU para julgar as contas dos responsáveis por dinheiros, bens e valores públicos.

Por outro lado, não há consenso na doutrina sobre o assunto.

Trazemos lição da doutrinadora Maria Sylvia Zanella Di Pietro[22], que afirma:

> No entanto, tais pessoas nunca se sujeitam inteiramente ao direito privado. O seu regime jurídico é híbrido, porque, sob muitos aspectos, elas se submetem ao direito público, tendo em vista especialmente, a necessidade de fazer prevalecer a vontade do ente estatal, que as criou para atingir determinado fim de interesse público.
>
> Sendo o interesse público indisponível e sempre predominante sobre o particular, a adoção pura e simples de regime jurídico privado seria inaceitável, porque retiraria das entidades da Administração Indireta determinadas prerrogativas que lhe são permitidas precisamente para lhes permitir a consecução dos seus fins.

Celso Antônio Bandeira de Mello[23], dissertando sobre a peculiaridade de regime das estatais, leciona que as empresas públicas e as sociedades de economia mista, sejam exploradoras de atividade econômica ou prestadoras de serviço público, estão sujeitas à fiscalização dos Tribunais de Contas, inclusive no que diz respeito aos seus bens, tendo em vista o disposto no art. 71, II, III e IV.

A Jurisprudência vem se posicionando diferentemente do entendimento de que bens públicos são apenas os que pertencem a pessoas jurídicas de direito público

22. PIETRO, 2007, p. 395.
23. MELLO, 2001, pp. 161-162.

interno e que todos os demais são apenas particulares, seja qual for a pessoa a que pertencerem.

Neste sentido temos decisão do STJ[24]:

RECURSO ESPECIAL Nº 1.653.998 - PE (2017/0030364-7) RELATOR: MINISTRO MARCO AURÉLIO BELLIZZE PROCESSO CIVIL. AÇÃO DE USUCAPIÃO ESPECIAL URBANO. IMÓVEL VINCULADO AO SISTEMA FINANCEIRO DA HABITAÇÃO. NATUREZA ILÍCITA E PRECÁRIA DA POSSE. PRESCRIÇÃO AQUISITIVA NÃO CONFIGURADA. IMPROVIMENTO DO APELO. (...) 4. **Não obstante se trate de empresa pública, com personalidade jurídica de direito privado, a Caixa Econômica Federal, ao atuar como agente financeiro dos programas oficiais de habitação e órgão de execução da política habitacional, explora serviço público, de relevante função social, regulamentado por normas especiais previstas na Lei 4.380/64. 5. O imóvel da Caixa Econômica Federal vinculado ao Sistema Financeiro de Habitação, porque afetado à prestação de serviço público, deve ser tratado como bem público, sendo, pois, imprescritível.** (...)

No julgamento do recurso especial mencionado, proposto em face de ação de usucapião de imóvel vinculado ao SFH e de titularidade da Caixa Econômica Federal (CEF), o Tribunal entendeu que os imóveis vinculados ao Sistema Financeiro de Habitação (SFH), por sua ligação com a prestação de serviço público, **não estão sujeitos à usucapião**, ou seja, também deve receber o tratamento de bem público aquele cujo titular é pessoa jurídica de direito privado prestadora de serviço público, quando o bem estiver vinculado à prestação desse serviço.

4. IMPROBIDADE ADMINISTRATIVA

CANDIDATO:

O novo texto da Lei de Improbidade Administrativa, com as alterações inseridas pela Lei 14.230/2021, pode ser aplicado retroativamente? **(Delegado/ Simulado 2022)**

RESPOSTA ADEQUADA:

Excelência, o STF firmou entendimento de que **não pode** ser aplicado a casos não intencionais (culposos) nos quais houve condenações definitivas e processos em fase de execução das penas.

O Tribunal também entendeu que o **novo regime prescricional** previsto na lei **não é retroativo** e que os prazos passam a contar a partir de 26/10/2021, data de publicação da norma.

Prevaleceu o entendimento do relator, Ministro Alexandre de Moraes, de que a LIA está no âmbito do direito administrativo sancionador e não do direito penal. Portanto, a nova norma, **mesmo sendo mais benéfica para o réu, não retroage** nesses casos. Os ministros entenderam que a nova lei **somente se aplica** a **atos culposos praticados na vigência da norma anterior** se **a ação ainda não tiver decisão definitiva**.

24. STJ, REsp 1.653.998 – PE, Rel. Min. MARCO AURÉLIO BELLIZZE, Terceira Turma, julgado em 24/02/2017.

COMPLEMENTAÇÃO DA RESPOSTA:

As teses de repercussão geral fixadas pela Excelsa Corte (ARE 843989) **foram as seguintes:**

1) É necessária a comprovação de responsabilidade subjetiva para a tipificação dos atos de improbidade administrativa, exigindo-se nos artigos 9º, 10 e 11 da LIA a presença do elemento subjetivo dolo;

2) A norma benéfica da Lei 14.230/2021, revogação da modalidade culposa do ato de improbidade administrativa, é irretroativa, em virtude do artigo 5º, inciso XXXVI, da Constituição Federal, não tendo incidência em relação à eficácia da coisa julgada; tampouco durante o processo de execução das penas e seus incidentes;

3) A nova Lei 14.230/2021 aplica-se aos atos de improbidade administrativa culposos praticados na vigência do texto anterior, porém sem condenação transitada em julgado, em virtude da revogação expressa do tipo culposo, devendo o juízo competente analisar eventual dolo por parte do agente;

4) O novo regime prescricional previsto na Lei 14.230/2021 é irretroativo, aplicando-se os novos marcos temporais a partir da publicação da lei.

CANDIDATO:

Considere a seguinte situação hipotética: Determinado delegado da polícia federal, durante um encontro na casa de amigos, ou seja, em sua vida privada, fez uso de arma funcional, proferiu ameaças e efetuou disparos, o que ocasionou lesão grave em duas pessoas. Em razão disso, o delegado foi demitido do cargo, por improbidade administrativa, sem haver sentença criminal condenatória. (Delegado PF/2021)

A partir dessa situação hipotética, responda, de forma fundamentada e com base no entendimento do STJ, se a decisão administrativa tem amparo legal e jurisprudencial.

RESPOSTA ADEQUADA:

Excelência, é sabido que constitui ato de improbidade administrativa a ação ou omissão dolosa que atente contra os princípios da administração pública e que viole os deveres de honestidade, de imparcialidade e de legalidade. Ademais, o delegado de polícia federal deve obediência aos princípios retromencionados, vez que sua atividade se destina ao interesse público.

> **Destaca-se que o** STJ **entende que há independência entre as instâncias administrativa, civil e penal,** salvo **se verificada absolvição criminal por inexistência do fato ou negativa de autoria. No entanto,** a **inexistência de sentença condenatória não afasta a condenação por ato de improbidade administrativa. Além disso, a demissão é adequada quando decorrente da prática de ato de improbidade administrativa, estando em consonância com a razoabilidade.**

COMPLEMENTAÇÃO DA RESPOSTA:

(...) 2. A tese de que os fatos imputados ao impetrante teriam sido praticados em sua vida privada (e por isso seriam impassíveis de punição na seara funcional) foi devidamente examinada pela autoridade impetrada, que conclui que o **uso de arma da corporação pelo impetrante para o fim de praticar ilícitos dolosos na vida privada é uso que tem relação com as atribuições do cargo de Policial Rodoviário Federal**. Incursionar em tais razões importaria adentrar ao mérito administrativo, o que é vedado no controle jurisdicional das decisões proferidas em sede de Processo Administrativo Disciplinar.

3. **A alegação de que não houve justificativa para a capitulação da conduta como improbidade administrativa não procede**, uma vez que o parecer e relatório adotados como razão de decidir pela autoridade impetrada consignam que a condição de Policial Rodoviário Federal (com o treinamento recebido) impunha ao servidor agir em defesa do interesse público, e não utilizar das vantagens decorrentes da condição de Policial em confronto provocado com particular desarmado, o que se considerou - fundamentadamente - que viola o dever de lealdade, gerando prejuízo à imagem da instituição.

4. O impetrante não respondeu apenas por o uso indevido de arma da corporação fora do horário de expediente, conduta à qual a Portaria MJ n. 1534/02 comina a penalidade de suspensão, mas sim pela prática de improbidade administrativa, uma vez que **a conduta a ele imputada não se cingiu ao uso indevido da arma, mas incluiu ameaças verbais, luta corporal, disparos e danos graves e permanentes à vítima**. A avaliação da gravidade da infração efetuada em sede de Processo Administrativo Disciplinar, se não ultrapassa a esfera do proporcional e do razoável, não se sujeita à revisão judicial.

5. Agravo interno não provido. (AgInt no MS 24.039/DF, Rel. Ministro BENEDITO GONÇALVES, PRIMEIRA SEÇÃO, julgado em 14/11/2018, DJe 12/12/2018) XI – O Superior Tribunal de Justiça tem reiteradamente afirmado a **independência entre as instâncias** administrativa, civil e penal, salvo se verificada absolvição criminal por inexistência do fato ou negativa de autoria. Dessa forma, **o arquivamento de inquérito policial motivado por atipicidade criminal da conduta não afasta a condenação por ato de improbidade administrativa**. (REsp 1693167/CE, Rel. Ministra REGINA HELENA COSTA, PRIMEIRA TURMA, julgado em 04/12/2018, DJe 12/12/2018)

6. A Administração Pública, deparando-se com situações nas quais a conduta do investigado se amolda às hipóteses de **demissão** ou cassação de aposentadoria, **não dispõe de discricionariedade para aplicar pena menos gravosa**, por tratar-se de **ato vinculado**. (MS 14.938/DF, Rel. Ministro LEOPOLDO DE ARRUDA RAPOSO (DESEMBARGADOR CONVOCADO DO TJ/PE), TERCEIRA SEÇÃO, julgado em 09/09/2015, DJe 02/10/2015)

NOVIDADE LEGISLATIVA!

Non bis in idem e o abrandamento do princípio da independência das instâncias

Os atos de improbidade administrativa podem gerar reflexos nas esferas penal, civil e administrativa. Nesse sentido, a nova lei se preocupou com o fenômeno da multiplicidade das instâncias, prevendo que as sanções da lei de improbidade **não podem ser cumuladas** com as sanções da Lei Anticorrupção (Lei 12.843/13), trazendo expressamente a menção ao princípio non bis in idem, de forma inédita na legislação extrapenal (artigo 12, § 7º).

Além disso, a nova lei fixou que, em **caso de absolvição pelos mesmos fatos na esfera penal, deve ser extinta a ação de improbidade** (artigo 21, § 4º). Interessante notar que a nova disposição foi além do que dispõem os artigos 935 do Código Civil de 2002 e 126 da Lei nº 8.112/90 e artigos 66 e 67, III, do Código de Processo Penal, que preveem a comunicação de efeitos entre as esferas penal e civil apenas em caso de absolvição por demonstração de inexistência do fato ou da autoria. Agora, **mesmo a absolvição na esfera penal por insuficiência de provas,** deve levar **à extinção da ação civil de improbidade administrativa**, o que deverá conduzir a uma revisão do posicionamento do STJ a respeito do alcance do princípio da independência das instâncias.

CANDIDATO:

Mesmo que o ato de improbidade tenha sido praticado em mandato anterior, se o indivíduo for condenado, a suspensão dos direitos políticos pode ser aplicada para que ele perca o mandato atual? **(Delegado/ Simulado 2019)**

RESPOSTA ADEQUADA:

Excelência, de acordo com entendimento do STF[25], a pena de suspensão dos direitos políticos por ato de improbidade administrativa alcança qualquer mandato eletivo que esteja sendo ocupado à época do trânsito em julgado da condenação. Uma vez que o pleno exercício dos direitos políticos é pressuposto para o exercício da atividade parlamentar, determinada a suspensão de tais direitos, é evidente que essa suspensão alcança qualquer mandato eletivo que esteja sendo ocupado à época do trânsito em julgado da sentença condenatória.

É descabido restringir a aludida suspensão ao mandato que serviu de instrumento para a prática da conduta ilícita. Diante do escopo da Lei de Improbidade Administrativa de extirpar da Administração Pública os condenados por atos ímprobos, a suspensão dos direitos políticos abrange qualquer atividade que o agente esteja exercendo ao tempo da condenação irrecorrível pelo tempo que imposta a pena.

COMPLEMENTAÇÃO DA RESPOSTA:

O ministro Francisco Falcão, que inaugurou a divergência, afirmou que a perda de cargo é aplicável à função exercida pelo agente público no momento do trânsito em julgado da ação, pois, segundo ele, a sanção, prevista no artigo 12 da Lei 8.429/1992, visa a afetar o vínculo jurídico que o agente mantém com a administração pública, seja qual for sua natureza, uma vez que a improbidade não está ligada ao cargo, mas à atuação na administração pública.

25. STJ, EREsp 1701967/RS, 1ª Seção, Rel. para acórdão Min. Francisco Falcão, julgado em 09/09/2020.

Observou ainda que essa questão tem sido amplamente discutida no STJ, e a Segunda Turma possui jurisprudência firme no sentido de que a sanção de perda da função pública pretende extirpar da administração aquele que exibiu inidoneidade (ou inabilitação) moral e desvio ético para o exercício do cargo – o que **abrange qualquer atividade que o agente esteja exercendo ao tempo do trânsito em julgado** (REsp 924.439). "Quem exerce um cargo público e, se aproveitando da função pública, se locupleta do poder que exerce sobre essa atividade, merece ser punido com rigor. Assim, qualquer que seja a atividade que o agente esteja exercendo no tempo da condenação irrecorrível, ele deve ser afastado", afirmou.

No caso em tela, dois servidores foram condenados pelo TRF4 por improbidade administrativa, por terem utilizado indevidamente um veículo oficial da Polícia Federal, armas e munições da corporação em atividades desvinculadas do exercício profissional, atentando contra os deveres de honestidade e lealdade, bem como os princípios da legalidade e da moralidade.

Além de utilizarem o veículo da corporação para ir a um evento sem relação com a missão que cumpriam, na volta para o hotel onde estavam hospedados, os policiais federais fizeram vários disparos que atingiram uma residência e mataram uma criança. Um dos condenados perdeu o cargo de policial federal. O outro foi aprovado em concurso para a Defensoria Pública antes do trânsito em julgado da ação, e a ele foi aplicado o novo entendimento firmado pelo STJ.

CANDIDATO:

Considere a seguinte situação hipotética: A Polícia Federal realizou uma operação de investigação de esquema de corrupção por fraude em licitações ocorrida em órgão público federal, com suposta participação direta do presidente da comissão licitatória do órgão e de um particular. Essa operação ensejou uma investigação junto ao Tribunal de Contas da União (TCU), quanto à participação do agente público na fraude, e a propositura de ação civil pública para análise judicial dos atos de improbidade possivelmente perpetrados pelo agente público e pelo particular. Após o ajuizamento da referida ação, o agente público foi condenado pelo TCU a ressarcir o erário, em razão de se ter comprovado o dano decorrente de sua participação nos fatos ilícitos investigados. **(Delegado PF/18)**

Considerando essa situação hipotética e o entendimento dominante do STJ, responda, de forma justificada, aos seguintes questionamentos.

1. Como é classificado o litisconsórcio no caso de inclusão do agente público e do particular conjuntamente no polo passivo da ação civil pública para apuração de improbidade?
2. Nessa situação, poderia ser aplicado, por analogia, o instituto da transação em sede de ação civil pública para apuração de improbidade?
3. A situação configuraria *bis in idem*, considerando-se que os fatos também foram apurados e que houve condenação no âmbito do TCU? Qual a solução a ser dada nessas circunstâncias?

RESPOSTA ADEQUADA:

Excelência, o STJ reiteradamente assinala que **não há litisconsórcio passivo necessário** entre o agente público e os particulares beneficiados com os atos de improbidade. O STJ tem a compreensão de que o litisconsórcio passivo nas ações de improbidade administrativa **é simples e facultativo**, isto é, não há litisconsórcio necessário, nem unitário.

Já para o processamento do particular, torna-se necessária a inclusão também do agente público no polo passivo da ação civil pública de improbidade, de modo que nesta situação em específico o litisconsórcio seria necessário. Inviável o manejo da ação civil de improbidade exclusivamente contra o particular, sem a concomitante presença de agente público no polo passivo da demanda.

Com a atual redação exposta pela Lei 14.230/2021 passou a ser permitida a celebração de acordo de não persecução cível (art. 17-B, da Lei Federal nº 8.429/1992).

Existe previsão na própria lei de improbidade consignando que a aplicação de suas sanções **não depende** da aprovação ou rejeição das contas pelo Tribunal ou Conselho de Contas (art. 21, II, da Lei Federal nº 8.429/1992). A solução a ser dada consiste no abatimento do valor que já foi executado (baseado no título extrajudicial do TCU).

COMPLEMENTAÇÃO DA RESPOSTA:

2) DIREITO ADMINISTRATIVO. POSSIBILIDADE DE DUPLA CONDENAÇÃO AO RESSARCIMENTO AO ERÁRIO PELO MESMO FATO. **Não configura** *bis in idem* a coexistência de título executivo extrajudicial (acórdão do TCU) e sentença condenatória em ação civil pública de improbidade administrativa que determinam o ressarcimento ao erário e se referem ao mesmo fato, desde que seja observada a dedução do valor da obrigação que primeiramente foi executada no momento da execução do título remanescente.

Conforme sedimentada jurisprudência do STJ, nos casos em que fica demonstrada a existência de prejuízo ao erário, a sanção de ressarcimento, prevista no art. 12 da Lei n.º 8.429/92, é imperiosa, constituindo consequência necessária do reconhecimento da improbidade administrativa (AgRg no AREsp 606.352-SP, Segunda Turma, DJe 10/2/2016; REsp 1.376.481-RN, Segunda Turma, DJe 22/10/2015).

Ademais, as instâncias judicial e administrativa **não se confundem**, razão pela qual a fiscalização do TCU não inibe a propositura da ação civil pública. Assim, é possível a formação de dois títulos executivos, devendo ser observada a devida dedução do valor da obrigação que primeiramente foi executada no momento da execução do título remanescente. Precedente citado do STJ: REsp 1.135.858-TO, Segunda Turma, DJe 5/10/2009. Precedente citado do STF: MS 26.969-DF, Primeira Turma, DJe 12/12/2014. (REsp 1.413.674/SE, Rel. para o acórdão Ministro Benedito Gonçalves, julgado em 17/5/2016).

CANDIDATO:

É constitucional previsão de foro por prerrogativa de função para as ações de improbidade praticadas por agentes políticos? **(Delegado SP/19)**

RESPOSTA ADEQUADA:

Excelência, a referida **previsão seria inconstitucional**, porquanto o Supremo Tribunal Federal cristalizou entendimento de que o foro por prerrogativa de função é previsto pela Constituição Federal, com ponderações, apenas para as infrações penais comuns, **não podendo** ser estendido para ações de improbidade administrativa, que têm natureza civil.

Neste viés, a jurisprudência dos tribunais superiores consolidou-se pela impossibilidade de haver previsão de foro por prerrogativa de função para ação de improbidade administrativa perpetrada por agente político (exemplo: Prefeito/Governador) não se aplica o princípio da simetria com o centro. No entanto, **há uma exceção para Presidente da República** que goza de imunidade diretamente da CF/88 (art. 85, V).

COMPLEMENTAÇÃO DA RESPOSTA:

Validade da previsão de foro por prerrogativa de função para atos ímprobos praticados por agentes políticos.

Em 24/12/2002, foi editada a Lei nº 10.628, que acrescentou o § 2º ao art. 84 do CPP, prevendo foro por prerrogativa de função para as ações de improbidade. Veja: "Art. 84. A competência pela prerrogativa de função é do Supremo Tribunal Federal, do Superior Tribunal de Justiça, dos Tribunais Regionais Federais e Tribunais de Justiça dos Estados e do Distrito Federal, relativamente às pessoas que devam responder perante eles por crimes comuns e de responsabilidade. (...) § 2º A ação de improbidade, de que trata a Lei nº 8.429, de 2 de junho de 1992, será proposta perante o tribunal competente para processar e julgar criminalmente o funcionário ou autoridade na hipótese de prerrogativa de foro em razão do exercício de função pública, observado o disposto no § 1º".

Diante dessa alteração legislativa, foi proposta a ADI 2797 contra a Lei nº 10.628/2002 e o **STF julgou inconstitucional** o referido § 2º do art. 84 do CPP, decisão proferida em 15/09/2005.

O Supremo decidiu que: "no plano federal, as hipóteses de competência cível ou criminal dos tribunais da União são as previstas na Constituição da República ou dela implicitamente decorrentes. (...) Quanto aos Tribunais locais, a Constituição Federal — salvo as hipóteses dos seus arts. 29, X e 96, III —, reservou explicitamente às Constituições dos Estados-membros a definição da competência dos seus tribunais, o que afasta a possibilidade de ser ela alterada por lei federal ordinária." STF. Plenário. ADI 2797, Rel. Min. Sepúlveda Pertence, julgado em 15/09/2005.

Não existe foro por prerrogativa de função em ação de improbidade administrativa proposta contra agente político. O foro por prerrogativa de função é previsto pela Constituição Federal apenas para as infrações penais comuns, **não podendo** ser estendido para ações de improbidade administrativa, que têm natureza civil. STF. Plenário. Pet 3240/DF, Rel. para acórdão Min. Roberto Barroso, julgado em 10/05/2018.

CANDIDATO:

Para caracterização de improbidade administrativa prescinde de dolo? **(Delegado/Simulado 2022)**

RESPOSTA ADEQUADA:

De acordo com o art. 1º, § 1º e o art. 17-C, § 1º, Lei 8.429/92**, com a alteração promovida pela** Lei 14.**230/21, será ato de improbidade** apenas a conduta dolosa. **Assim, a resposta à pergunta é negativa, pois é imprescindível o dolo para que uma conduta seja considerada como improbidade administrativa.**

COMPLEMENTAÇÃO DA RESPOSTA:

Professor, mas o que seria dolo?

Concursando(a), a própria lei responde essa pergunta no **art. 1º, § 2º**: é a **vontade livre e consciente** de enriquecer ilicitamente, lesar o erário ou violar princípio administrativo, não bastando a voluntariedade do agente.

Fique atento(a), pois, anteriormente, o ato de "lesão ao erário" poderia ser punido mediante mera culpa. Agora, **todas as condutas** (enriquecimento ilícito, lesão ao erário e violação de princípios administrativos) **dependem de dolo** do agente para que seja caracterizada a improbidade administrativa.

A **Lei 14.230/21** trouxe também a necessidade de caracterização de um **especial fim de agir**, para que o agente possa ser punido por improbidade.

Assim, além da comprovação do **dolo (elemento subjetivo)**, haverá **ato ímprobo apenas** se ficar comprovado, na conduta funcional do agente público, o **fim** de **obter proveito ou benefício indevido (especial fim de agir)** para si ou para outra pessoa ou entidade, na forma do **art. 11, §§ 1º e 2º, Lei 8.429/92**.

Todavia, na forma do **art. 17, § 16**, **Lei 8.429/92**, a **qualquer** momento, se o magistrado identificar a existência de **ilegalidades ou de irregularidades administrativas** a serem sanadas **sem** que estejam presentes **todos** os requisitos para a imposição das **sanções** aos agentes incluídos no polo passivo da demanda (por exemplo, quando não comprovado o **dolo**) ele poderá, em decisão motivada, **converter** a ação de improbidade administrativa em **ação civil pública (Lei 7.347/85)**.

ATENÇÃO!

A mera **ilegalidade** na conduta, **isoladamente considerada**, **não** tem o condão de caracterizar o ato como de improbidade administrativa, na forma do **art. 17-C, § 1º, Lei 8.429/92**.

CANDIDATO:

Qual é o prazo prescricional para a propositura de ações de improbidade administrativa? **(Delegado MS/2022)**

RESPOSTA ADEQUADA:

Excelência, anteriormente, o prazo prescricional variava de acordo com o agente público que tinha praticado o ato. Todavia, **a Lei 14.230/21 alterou essa lógica, trazendo um prazo único, sendo que a ação para a aplicação das sanções prescreverá em 8 (oito) anos.**

COMPLEMENTAÇÃO DA RESPOSTA:

E quando se inicia a contagem deste prazo?

Concursando(a), o prazo é contado **a partir da ocorrência do fato** ou, no caso de infrações permanentes, **do dia em que cessou a permanência.**

TEMA POTENCIAL!

Professor, aplica-se a prescrição intercorrente nas ações judiciais por ato de improbidade?

Concurseiro(a), a prescrição intercorrente ocorre **após o início de uma ação judicial**, isto é, no seu curso. Trata-se do "**vencimento**" do prazo quanto à possibilidade de se condenar um agente por um ato de improbidade. Se o prazo for ultrapassado, o processo é arquivado.

Exemplo: depois de ajuizada a ação, a sentença demora mais do que oito anos para ser prolatada. Nesse caso, aplicando-se a prescrição intercorrente, a pretensão sancionatória estaria **fulminada** pela prescrição.

Combatente, o novo **art. 23, § 8º, Lei 8.429/92**, afirma que **deverá** ser reconhecida a **prescrição intercorrente** da pretensão sancionadora (de ofício ou a requerimento da parte interessada) quando, entre os marcos interruptivos da prescrição, venha a transcorrer o prazo de **4 anos.**

Exemplo: Marcos cometeu ato de improbidade em 01/01/2022 e a ação judicial referente foi ajuizada em 01/01/2023. Até 02/01/2027, ainda não havia sido prolatada a sentença. Nesse caso, ocorreu a **prescrição intercorrente**, pois, de acordo com o **art. 23, § 5º, Lei 8.429/92**, uma vez interrompido, o prazo prescricional recomeçará a correr do dia da interrupção pela **metade** do prazo previsto (8 anos).

TEMA QUENTE

Como o STF se posiciona quanto à prescrição nos atos de improbidade?

Concursando(a), apesar da determinação legal de que a ação por ato de improbidade irá prescrever em 8 (oito) anos, o **STF**, conforme noticiado no **Informativo nº 910**, afirma que, em casos de atos **dolosos** de improbidade administrativa causadores de **prejuízo** aos cofres públicos, não haverá a aplicação do lapso temporal, isto é, os atos serão **imprescritíveis.**

Ademais, o **STJ** editou enunciado em sua Súmula afirmando que são **imprescritíveis** as ações indenizatórias por **danos morais e materiais** decorrentes de **atos de**

perseguição política com violação de direitos fundamentais ocorridas durante o regime militar. Trata-se do **Enunciado nº 647 da Súmula do STJ.**

Mas há hipótese de prescrição nas ações de ressarcimento de danos provocados à Administração (Fazenda Pública)?

Grande guerreiro(a), afirma o **STF** que será **prescritível** a ação de **reparação de danos em prejuízo do Poder Público**, quando estes danos forem oriundos de um **ilícito civil**, a exemplo de um acidente de trânsito.

Ademais, o **STF**, conforme noticiado no **Informativo nº 983**, afirmou que é **prescritível** a pretensão de ressarcimento ao erário, fundada em decisão do **Tribunal de Contas**. Isso porque a análise feita pela Corte de Contas **não é subjetiva**, ou seja, **não se verifica** se ocorreu ato doloso de improbidade, havendo, **apenas**, análise da **regularidade** na aplicação de valores.

CANDIDATO:

Existe alguma medida cautelar prevista na Lei de Improbidade? **(Delegado SC/15)**

RESPOSTA ADEQUADA:

Excelência, com base no disposto na L. 8.429/92[26], que dispõe sobre atos de improbidade, constam as seguintes medidas de natureza cautelar:

1. O **afastamento do agente público do exercício** do cargo, emprego ou função, quando necessário à instrução processual (Art. 20, §§ 1º e 2º);
2. Poderá ser formulado, em caráter antecedente ou incidente, pedido de **indisponibilidade de bens** dos réus, a fim de garantir a integral recomposição do erário ou do acréscimo patrimonial resultante de enriquecimento ilícito (Art. 16, *caput*);
3. A investigação, na indisponibilidade de bens, o exame e o bloqueio de bens, contas bancárias e aplicações mantidas pelo indicado no exterior (Art. 16, § 2º).

COMPLEMENTAÇÃO DA RESPOSTA:

Vejamos pontos importantes do art.16:

§ 3º O pedido de **indisponibilidade de bens** a que se refere o **caput** deste artigo **apenas será deferido mediante a demonstração no caso concreto de perigo de dano irreparável ou de risco ao resultado** útil do processo, desde que o juiz se convença da probabilidade da ocorrência dos atos descritos na petição inicial com fundamento nos respectivos elementos de instrução, após a oitiva do réu em 5 (cinco) dias. (Incluído pela Lei nº 14.230, de 2021)

(...)

§ 7º A **indisponibilidade de bens** de terceiro **dependerá da demonstração da sua efetiva concorrência** para os atos ilícitos apurados ou, quando se tratar de pessoa jurídica, da instauração de incidente de

26. BRASIL, L. 8429, 1992, artigos 7º, 16, caput e § 2º.

desconsideração da personalidade jurídica, a ser processado na forma da lei processual. (Incluído pela Lei nº 14.230, de 2021)

TEMA QUENTE!

É possível ou não a indisponibilidade de bem de família nas ações de improbidade administrativa?

Concurseiro(a), a resposta é **depende**:

1) Se o bem de família foi adquirido de forma lícita: **não é possível** a indisponibilidade do bem.
2) Se o bem de família foi adquirido com vantagem patrimonial indevida mediante ato de improbidade administrativa que causa enriquecimento ilícito: **será possível a indisponibilidade.**

TEMA POTENCIAL!

Guerreiro(a), ainda quanto a **indisponibilidade de bens,** a **Lei de Improbidade Administrativa**, considerando a necessidade de subsistência do acusado, **vetou** a decretação de indisponibilidade de bens da quantia de **até 40 salários mínimos** depositados em conta corrente, em caderneta de poupança ou em outras aplicações financeiras **(art. 16, § 13, da LIA)**.

CANDIDATO:

O que significa improbidade administrativa? **(Delegado SP/15 e MS/18)**

RESPOSTA ADEQUADA:

Excelência, a improbidade administrativa é a conceituação técnica de corrupção administrativa, que envolve desvirtuamento e desrespeito à ordem jurídica e ao Estado Democrático de Direito, caracterizados por agentes que objetivando a obtenção de vantagens patrimoniais por enriquecimento ilícito, dano ao erário e afronta os princípios da Administração Pública, por meio da conduta nociva de ocupantes funções e cargos públicos.

COMPLEMENTAÇÃO DA RESPOSTA:

Neste sentido, a Lei 8.429/92, prevê as seguintes modalidades de atos de improbidade: enriquecimento ilícito (art. 9º); dano ao erário (art. 10); e, afronta aos princípios da Administração Pública (art. 11).

TEMA QUENTE!

Na redação anterior da **Lei 8.429/92 (art. 10-A)**, considerava-se como **conduta ímproba própria**, a ação ou omissão que objetivasse conceder, aplicar ou manter benefício afeto ao **ISS (Imposto sobre Serviços)**, em desconformidade com os ditames da **LC 116/03**, legislação que cuida deste tributo municipal.

Esse artigo foi **revogado**!

Ah, Professor, então não há mais improbidade referente a esta conduta?

A concessão, manutenção ou aplicação de benefício tributário de maneira ilegal, afeto ao ISS, **continua sendo ato de improbidade**. Todavia, **não** será uma conduta ímproba **isolada**, ou seja, **própria**! Agora, essa conduta pode caracterizar um ato de **lesão ao erário**, conforme o rol do **art. 10, XXII, Lei 8.429/92**.

CANDIDATO:

Em relação ao foro por prerrogativa de função dos políticos, estes respondem por ato de improbidade? **(Delegado PF/13 e DF/16)**

RESPOSTA ADEQUADA:

Excelência, prevalece no STJ[27] que "os Agentes Políticos sujeitos a crime de responsabilidade, ressalvados os atos ímprobos cometidos pelo Presidente da República (art. 86 da CF) e pelos Ministros do Supremo Tribunal Federal, não são imunes às sanções por ato de improbidade previstas no art. 37, § 4º da CF".

COMPLEMENTAÇÃO DA RESPOSTA:

Por fim, "os agentes políticos municipais se submetem aos ditames da Lei de Improbidade Administrativa, sem prejuízo da responsabilização política e criminal estabelecida no Decreto-Lei 201/1967"[28].

O STF, por unanimidade (Pet 3.923/SP), na mesma linha do STJ, já reafirmou que "Agentes Políticos" estão sujeitos à "dupla normatividade em matéria de improbidade, com objetivos distintos", ou seja, a Lei 1.079/50 sobre Crime de Responsabilidade, bem como a Lei 8.429/92 de Improbidade Administrativa, sem caracterizar *bis in idem*.

CANDIDATO:

Em qual momento ocorre a perda da função pública e/ou a suspensão dos direitos políticos em razão da condenação por improbidade? **(Delegado SP/15)**

RESPOSTA ADEQUADA:

Excelência, segundo regramentos Constitucionais e da Lei de Improbidade Administrativa[29], a perda da função pública e a suspensão dos direitos políticos só se efetivam após o trânsito em julgado da sentença condenatória.

27. STJ, REsp 1191613/MG, Rel. Min. BENEDITO GONÇALVES, PRIMEIRA TURMA, julgado em 19/03/2015, DJe 17/04/2015.

28. AgRg no REsp 1425191/CE, Rel. Ministro MAURO CAMPBELL MARQUES, SEGUNDA TURMA, julgado em 10/03/2015, DJe 16/03/2015.

29. BRASIL, Lei 8.429, 1992, art. 20 c/c CF, art. 15, V e art. 37, § 4º.

No entanto, o STJ cristalizou que envolvendo agente político, a decisão do juiz de primeiro grau se limitará à imposição de penalidades patrimoniais, sendo vedada a aplicação das sanções de suspensão dos direitos políticos e de perda do cargo do réu.

COMPLEMENTAÇÃO DA RESPOSTA:

Segue o entendimento da Corte[30]:

A ação de improbidade administrativa proposta contra agente político que tenha foro por prerrogativa de função é processada e julgada pelo juiz de primeiro grau, limitada à imposição de penalidades patrimoniais e vedada a aplicação das sanções de suspensão dos direitos políticos e de perda do cargo do réu.

Ainda, o STJ[31] decidiu que "a aplicação da pena de demissão por improbidade administrativa **não é exclusividade** do Judiciário, sendo passível a sua incidência no âmbito do processo administrativo disciplinar".

Transcrições legais:

Lei nº 8.429/92, Art. 20. A perda da função pública e a suspensão dos direitos políticos **só se efetivam com o trânsito em julgado da sentença condenatória.**

CF, Art. 15. É vedada a cassação de direitos políticos, cuja perda ou suspensão só se dará nos casos de: V – improbidade administrativa, nos termos do art. 37, § 4º.

CF, Art. 37 (...) § 4º – Os atos de improbidade administrativa importarão a suspensão dos direitos políticos, a perda da função pública, a indisponibilidade dos bens e o ressarcimento ao erário, na forma e gradação previstas em lei, sem prejuízo da ação penal cabível.

Ainda, para enriquecer o aprendizado, destaco um ponto polêmico entre a **LIA e a Lei da Ficha Limpa**. Vejamos:

Observa-se patente antinomia entre os textos da LIA e da Lei da Ficha Limpa, uma vez que a primeira dispõe de forma cristalina em seu **art. 20** que "A perda da função pública e a suspensão dos direitos políticos só se efetivam com o trânsito em julgado da sentença condenatória".

A Lei da Ficha Limpa, a seu turno, determina que são inelegíveis "os que forem condenados à suspensão dos direitos políticos, em decisão transitada em julgado ou proferida por órgão colegiado, por ato doloso de improbidade administrativa", ou seja, a Lei da Ficha Limpa dispensa a necessidade do trânsito em julgado para a efetivação da pena de suspensão dos direitos políticos.

Diante dessa contradição, vem ocorrendo questionamento sobre a solução prática ao caso concreto.

Contudo, há que ser considerado que, salvo na esfera penal, em todas as outras esferas a propagada presunção de inocência é relativa. Neste sentido, o fato de a Lei da

30. STJ, REsp 1138173/RN, Rel. Ministro HUMBERTO MARTINS, SEGUNDA TURMA, julgado em 23/06/2015, DJe 30/06/2015.

31. STJ, MS 17537/DF, Rel. Ministro ARNALDO ESTEVES LIMA, Rel. para o Acórdão Min. MAURO CAMPBELL MARQUES, PRIMEIRA SEÇÃO, julgado em 11/03/2015, DJe 09/06/2015.

Ficha Limpa autorizar um colegiado de magistrados considerarem culpado o condenado em segunda instância e executar provisoriamente a sentença sem o trânsito em julgado da mesma não fere em absoluto a Constituição da República, visto que a Lei da Ficha Limpa é uma lei do direito eleitoral, na qual a presunção de inocência não é absoluta.

Não ocorre, portanto, nenhum descumprimento legal, além da perseguição da busca da verdade é formal. Portanto, considerando todos os aspectos processuais envolvidos (autoria, circunstâncias, provas, indícios, contexto, meios executórios do ilícito, ilegalidade, imoralidade) não há vedação constitucional de que o colegiado de segunda instância se decida pela condenação e execução provisória do acórdão, antes que o mesmo transite em julgado.

A grande verdade é que com relação à improbidade administrativa, diante da regra de que a sentença de condenação somente produzirá efeitos após transitada em julgado, acaba provocando uma expectativa frustrada por parte dos eleitores. Isso porque na prática, diante do cabimento de recursos na ação judicial, os quais têm o chamado efeito suspensivo, enquanto couber a interposição destes, o político mesmo condenado na instância anterior permanece no cargo em exercício e até mesmo concorre às eleições. Tal situação imprime uma sensação de impunidade, uma vez que muitas vezes a demora no julgamento permite certas condições que agridem moralmente o senso comum, ainda que não seja ilegal.

CANDIDATO:

Qual a diferença entre moralidade e improbidade administrativa? **(Delegado SP/15)**

RESPOSTA ADEQUADA:

Excelência, visto a ausência de um conceito legal de improbidade administrativa, boa parte dos doutrinadores procura formular um conceito que melhor reflita o objetivo das normas constitucionais e infraconstitucionais.

1ª Corrente[32] – Conforme entendimento desta corrente, a moralidade é um conceito mais amplo que o de probidade, visto que esta seria um gênero em que a espécie é a moralidade. Porquanto a probidade administrativa é um subprincípio do princípio da moralidade dotado de contorno próprio, provido de função instrumentalizadora da moralidade, por meio da Lei nº 8.429/92.

2ª Corrente[33] – A segunda é a que prevalece, entendendo justamente o contrário, que a probidade é um conceito mais amplo que o de moralidade, pois submete os atos administrativos à observância de todo o ordenamento jurídico, o que inclui toda a ordem de princípios, e não apenas o princípio da moralidade. Tendo em vista o fato de que a Lei 8.429/92 prevê outros atos de improbidade administrativa além da afronta à

32. MARTINS JÚNIOR, 2002, pp. 103, 106-109.

33. PIETRO, pp. 805-806.

moralidade. Assim, compreende-se que ato imoral é um ato ímprobo, mas nem todo ato de improbidade administrativa significa afronta ao princípio da moralidade.

3ª Corrente[34] – De acordo com essa corrente, defensora da inexistência de diferença semântica entre o significado das expressões moralidade e probidade e que essas expressões podem ser utilizadas para o mesmo fim, a moralidade e a probidade correspondem ao mesmo conceito, considerando que a CF/88 menciona a moralidade como um princípio da Administração Pública (art. 37, *caput*) e a improbidade é o desrespeito a esse princípio (art. 37, § 4º).

COMPLEMENTAÇÃO DA RESPOSTA:

O melhor entendimento é o exposto pela **2ª corrente**, sendo possível dizer que a probidade é um gênero, do qual moralidade é espécie. A improbidade irá englobar não apenas os atos desonestos ou imorais, mas também os atos ilegais.

Se um agente público causar dano ao Erário, mediante ação culposa, por exemplo, não estará presente o componente moral, mas ainda assim responderá pela prática de ato de improbidade administrativa.

CANDIDATO:

Quais as categorias ou modalidades de atos ímprobos e suas consequências (sanções)? **(Delegado/ Simulado 2022)**

RESPOSTA ADEQUADA:

Excelência, consoante a Lei de improbidade, temos o enriquecimento ilícito quando o agente auferir, mediante a prática de ato doloso, qualquer tipo de vantagem patrimonial indevida em razão do exercício de cargo, de mandato, de função, de emprego ou de atividade nas entidades; causa lesão ao erário qualquer ação ou omissão dolosa, que enseje, efetiva e comprovadamente, perda patrimonial, desvio, apropriação, malbaratamento ou dilapidação dos bens ou haveres das entidades; atentar contra os princípios da administração pública. As respectivas sanções estão expostas no art.12, incisos I, II e III da referida legislação.

COMPLEMENTAÇÃO DA RESPOSTA:

Professor, a concessão irregular de benefício tributário ainda é ato de improbidade?

Concurseiro(a), ligue-se nesse **tema quente!**

Na redação anterior da **Lei 8.429/92 (art. 10-A)**, considerava-se como **conduta ímproba própria**, a ação ou omissão que objetivasse conceder, aplicar ou manter

34. CARVALHO FILHO, 2007. p. 927.

benefício afeto ao **ISS (Imposto sobre Serviços),** em desconformidade com os ditames da **LC 116/03**, legislação que cuida deste tributo municipal.

Esse artigo foi **revogado**!

Ah Professor, então não há mais improbidade referente a esta conduta?

Cuidado, combatente! A concessão, manutenção ou aplicação de benefício tributário de maneira ilegal, afeto ao ISS, **continua sendo ato de improbidade**. Todavia, **não** será uma conduta ímproba **isolada**, ou seja, **própria**! Agora, essa conduta pode caracterizar um ato de **lesão ao erário**, conforme o rol do **art. 10, XXII, Lei 8.429/92.**

Mas qual a diferença?

Se liga no "pulo do gato", guerreiro(a)! Em primeiro lugar, essa conduta **apenas** poderá ser caracterizada como ímproba se comprovado o **dolo** do agente que concedeu o benefício, bem como o **especial fim de agir** caracterizado no fim de **obter proveito ou benefício indevido**, tudo de acordo com o **art. 1º, § 1º, art. 11, §§ 1º e 2º** e **art. 17-C, § 1º**, trazidos pela **Lei 14.230/21.**

Ademais, é **necessária** a comprovação de que ocorreu **perda patrimonial** com a referida concessão, manutenção ou aplicação do benefício fiscal em contrariedade à **LC 116/03**, conforme a nova redação do **art. 10,** ***caput*****, Lei 8.429/92.**

IMPORTANTE!

Guerreiro(a), agora, para que um **atentado contra os princípios da Administração Pública** seja considerado improbidade **(art. 11, Lei 8.429/92)**, **exige-se** a comprovação de que ocorreu um **dano relevante**.

Isso porque a **Lei 14.230/21** acrescentou o **§4º** ao **art. 11**, Os atos de improbidade de que trata este artigo exigem lesividade relevante ao bem jurídico tutelado para serem passíveis de sancionamento e independem do reconhecimento da produção de danos ao erário e de enriquecimento ilícito dos agentes públicos. (Incluído pela Lei nº 14.230, de 2021)

Ademais, é **imprescindível** que haja indicação das normas constitucionais, legais ou infralegais, violadas, tudo conforme o **art. 11, § 3º, Lei 8.429/92.**

Vejamos o **quadro esquemático:**

SANÇÕES	ENRIQUECIMENTO ILÍCITO	LESÃO AO ERÁRIO	ATENTAR CONTRA OS PRINCÍPIOS DA ADMINISTRAÇÃO PÚBLICA
Perda de bens ou valores acrescidos ilicitamente ao patrimônio	Sim	Se houver, sim	**Não há previsão**
Perda da função	Sim	Sim	**Não há previsão**
Ressarcimento do dano	Se houver, sim	Sim	**Não há previsão**
Susp Suspensão dos direitos políticos	Até **14 anos**	Até **12 anos**	**Não há previsão**

Proibição de contratar com o poder público ou receber benefícios fiscais ou creditícios	Até **14 anos**	Até **12 anos**	Até **4 anos**
Multa	Val Valor do acréscimo patrimonial	Valor do **dano**	Até **24 (vinte e quatro) vezes** o valor da remuneração percebida pelo agente
Atenção 1: as sanções serão executadas **apenas após** o trânsito em julgado da sentença.			
Atenção 2: no caso de **atos de menor ofensa aos bens jurídicos** tutelados por esta Lei, a **sanção limitar-se-á** à aplicação de **multa**, sem prejuízo do ressarcimento do dano e da perda dos valores obtidos, quando for o caso.			
Exemplos: frustrar licitude de licitação de forma a acarretar efetiva perda patrimonial é ato de **lesão ao erário**; perceber vantagem econômica para intermediar a liberação de verba pública é ato de **enriquecimento ilícito**; frustrar o caráter concorrencial de concurso público é ato que **atenta contra os princípios administrativos.**			

TEMAS QUENTES!

1) Divergências interpretativas não configuram ato de improbidade

A lei passa a prever de forma expressa no **§ 8º do artigo 1º** que "**não configura** ato de improbidade a ação ou omissão decorrente de **divergência interpretativa da lei, baseada em jurisprudência, ainda que não pacificada, mesmo que não venha** a ser posteriormente prevalecente nas decisões dos órgãos de controle ou dos tribunais do Poder Judiciário". Trata-se de mais um mecanismo que busca evitar o denominado "apagão das canetas": cenário em que o gestor público, receoso dos riscos jurídicos da tomada de uma decisão, deixa de praticar o ato administrativo, ainda que amparado em parecer legal e movido somente pelo interesse público.

2) Delimitação do conceito de agente público por extensão e necessidade de comprovação de dolo também do agente por extensão

A antiga Lei de Improbidade (Lei nº 8.429/92) previa em seu **artigo 2º** que era considerado "agente público o agente político, o servidor público e todo aquele que exerce, ainda que transitoriamente ou sem remuneração, por eleição, nomeação, designação, contratação ou qualquer outra forma de investidura ou vínculo, mandato, cargo, emprego ou função nas entidades referidas no artigo 1º daquela lei".

Esse conceito permanece inalterado com a nova lei. No entanto, foi dada nova redação ao **artigo 3º** para constar expressamente que as disposições da Lei de Improbidade são aplicáveis, no que couber, "àquele que, mesmo não sendo agente público, induza ou concorra dolosamente para a prática do ato de improbidade". Mais uma vez, a lei se preocupou em deixar expressa a necessidade de comprovação de dolo também para fins de equiparação de agente público.

3) Ampliação da responsabilidade sucessória

Previa o **artigo 8º da antiga lei** que "o sucessor ou o herdeiro daquele que causar dano ao erário ou que se enriquecer ilicitamente estão sujeitos apenas à obrigação de repará-lo".

A redação desse dispositivo permanece inalterada. No entanto, foi incluído o **artigo 8º-A**, para **ampliar a responsabilidade sucessória** também na hipótese de "**alteração contratual, de transformação, de incorporação, de fusão ou de cisão societária**". Nestes casos, "a responsabilidade da sucessora será restrita à obrigação de reparação integral do dano causado, até o limite do patrimônio transferido, não lhe sendo aplicáveis as demais sanções previstas na lei decorrentes de atos e de fatos ocorridos antes da data da fusão ou da incorporação, exceto no caso de simulação ou de evidente intuito de fraude, devidamente comprovados".

CANDIDATO:

Qual a natureza jurídica do Acordo de não persecução cível na lei de improbidade? **(Delegado/ Simulado 2022)**

RESPOSTA ADEQUADA:

Excelência, a doutrina define que o novel ANPC tem a natureza de **negócio jurídico bilateral**, figurando de um lado o Ministério Público, único legitimado, e do outro, os investigados pelas práticas tidas como ímprobas (pessoas, físicas ou jurídicas), devidamente assistidas por suas defesas técnicas (advogados ou defensores públicos), inaugurando um novo modelo de solução dessas controvérsias.

COMPLEMENTAÇÃO DA RESPOSTA:

O assunto recebeu nova roupagem com o advento da Lei 14.230, de 25 de outubro de 2021, que mais uma vez reformou a lei de Improbidade Administrativa, e estabeleceu os parâmetros para essa celebração, nos termos seguintes:

> Art. 17-B. O Ministério Público poderá, conforme as circunstâncias do caso concreto, celebrar acordo de não persecução civil, desde que dele advenham, ao menos, os seguintes resultados:
>
> I - o integral ressarcimento do dano.
>
> II - a reversão à pessoa jurídica lesada da vantagem indevida obtida, ainda que oriunda de agentes privados.
>
> § 1º A celebração do acordo a que se refere o caput deste artigo dependerá, cumulativamente:
>
> I - da oitiva do ente federativo lesado, em momento anterior ou posterior à propositura da ação;
>
> II - de aprovação, no prazo de até 60 (sessenta) dias, pelo órgão do Ministério Público competente para apreciar as promoções de arquivamento de inquéritos civis, se anterior ao ajuizamento da ação;
>
> III - de homologação judicial, independentemente de o acordo ocorrer antes ou depois do ajuizamento da ação de improbidade administrativa.

§ 2º Em qualquer caso, a celebração do acordo a que se refere o caput deste artigo considerará a personalidade do agente, a natureza, as circunstâncias, a gravidade e a repercussão social do ato de improbidade, bem como as vantagens, para o interesse público, da rápida solução do caso.

§ 3º Para fins de apuração do valor do dano a ser ressarcido, deverá ser realizada a oitiva do Tribunal de Contas competente, que se manifestará, com indicação dos parâmetros utilizados, no prazo de 90 (noventa) dias.

§ 4º O acordo a que se refere o caput deste artigo poderá ser celebrado no curso da investigação de apuração do ilícito, no curso da ação de improbidade ou no momento da execução da sentença condenatória.

§ 5º As negociações para a celebração do acordo a que se refere o caput deste artigo ocorrerão entre o Ministério Público, de um lado, e, de outro, o investigado ou demandado e o seu defensor.

§ 6º O acordo a que se refere o caput deste artigo poderá contemplar a adoção de mecanismos e procedimentos internos de integridade, de auditoria e de incentivo à denúncia de irregularidades e a aplicação efetiva de códigos de ética e de conduta no âmbito da pessoa jurídica, se for o caso, bem como de outras medidas em favor do interesse público e de boas práticas administrativas.

TEMA QUENTE!

Não é cabível discutir no acordo a perda da função pública e a suspensão dos direitos políticos, por ser totalmente inconciliáveis com o ANPC. Essas sanções só podem produzir efeitos com o trânsito em julgado da sentença judicial condenatória. Destarte, o Ministério Público não pode exigir a confissão da prática do ato de improbidade, como condição para a celebração do acordo de não persecução cível, por não ter previsão legal e não lhe caber inovar no ordenamento jurídico, pois a Constituição Federal não lhe atribuiu essa competência legislativa suplementar.

JURISPRUDÊNCIA ATUAL!

Em julgamento encerrado em 31/08/2022 (ADI 7043), o Supremo Tribunal Federal decidiu que **entes públicos** que tenham sofrido **prejuízos** em razão de **atos de improbidade também estão autorizados** a propor **ação e celebrar acordos de não persecução civil em relação a esses atos**. Por maioria de votos, o Plenário **declarou inválidos** dispositivos da Lei 14.230/2021, que **conferiam ao Ministério Público (MP) legitimidade exclusiva** para a **propositura das ações** por improbidade.

A maioria do colegiado acompanhou o voto do relator, ministro Alexandre de Moraes, entendendo que a Constituição Federal prevê a legitimidade ativa concorrente entre o Ministério Público e os entes públicos lesados para ajuizar esse tipo de ação. Para o ministro, a supressão dessa legitimidade fere a lógica constitucional de proteção ao patrimônio público.

Ainda de acordo com a decisão, a administração pública **fica autorizada**, e não obrigada, a **representar judicialmente o agente que tenha cometido ato de improbidade**, desde que norma local (estadual ou municipal) disponha sobre essa possibilidade.

Acompanharam esse entendimento os ministros André Mendonça, Edson Fachin, Luís Roberto Barroso, Rosa Weber, Ricardo Lewandowski, Cármen Lúcia e Luiz Fux, presidente do STF.

Ao votar na sessão, Fux ressaltou que os titulares do direito têm legitimação ordinária para defesa do seu patrimônio, sem prejuízo das hipóteses de legitimação extraordinária, que é o caso do MP quando promove ação de improbidade para pleitear um direito alheio.

5. INTERVENÇÃO DO ESTADO NA PROPRIEDADE

CANDIDATO:

Quais são os efeitos do Tombamento? Há indenização? **(Delegado SC/15)**

RESPOSTA ADEQUADA:

Excelência, o tombamento é a forma de intervenção na propriedade pela qual o Poder Público procura proteger o patrimônio cultural brasileiro. Do ato de tombamento resultam alguns efeitos de grande importância no que toca ao uso e à alienação do bem tombado.

É vedado ao proprietário, ou ao titular de eventual direito de uso, destruir, demolir ou mutilar o bem tombado (móveis, imóveis, bens materiais e imateriais, bens públicos ou privados). Da mesma forma, somente lhe é autorizado reparar, pintar ou restaurar o bem com prévia autorização especial do Poder Público, objetivando conservar o bem tombado para mantê-lo dentro de suas características culturais. O proprietário somente será isento de custear a manutenção do imóvel quando provada a ausência de condições financeiras. Há restrições também para a vizinhança do prédio tombado.

Quanto à indenizabilidade, por representar uma restrição administrativa que apenas obriga o proprietário a manter o bem tombado dentro de suas características para a proteção do patrimônio cultural, não gera qualquer dever indenizatório para o Poder Público, e isso porque nenhum prejuízo patrimonial é causado ao dono do bem. Somente se o proprietário comprovar que o ato de tombamento lhe causou prejuízo, o que não é a regra, é que fará jus à indenização.

COMPLEMENTAÇÃO DA RESPOSTA:

O candidato pode demonstrar que está atualizado sobre o tema citando as alterações trazidas pelo CPC de 2015:

Sobre o tombamento, o CPC de 2015 trouxe importantes alterações, principalmente no que se refere ao direito de preferência.

Destacamos que dentre as mudanças instituídas pelo atual CPC[35], em seu art. 1.072, I, revogou expressamente o art. 22 do Decreto-Lei 25/37, que versava sobre o direito de preferência na alienação do bem tombado.

35. BRASIL, Lei nº 13.105, 2015, artigos 889, 892 e 1072.

Além disso, temos:

Art. 889. Serão cientificados da alienação judicial, com pelo menos 5 (cinco) dias de antecedência:

(...)

VIII – a União, o Estado e o Município, no caso de alienação de bem tombado.

Art. 892. (...)

§ 3º No caso de leilão de bem tombado, a União, os Estados e os Municípios terão, nessa ordem, o direito de preferência na arrematação, em igualdade de oferta.

Ressalte-se que o CPC não extinguiu por completo o direito de preferência dos entes públicos quando da alienação do bem tombado, mas restringiu essa prerrogativa apenas às alienações judiciais.

CANDIDATO:

A desapropriação é forma originária de aquisição de propriedade? **(Delegado MG/11)**

RESPOSTA ADEQUADA:

Excelência, sim, porque surge da vontade do Poder Público, que mediante o pagamento justo e prévio de indenização em dinheiro não vincula em nada o proprietário anterior. É, portanto, causa autônoma, que gera por força própria, o título constitutivo da propriedade. Tal afirmação se justifica por inexistir nexo causal entre o passado, o estado jurídico anterior, e a situação atual.

Para sua efetivação será adotado procedimento administrativo pelo qual o Poder Público ou seus delegados mediante prévia declaração de necessidade pública, utilidade pública ou interesse social, impõe ao proprietário a perda de um bem; é a prevalência do interesse público sobre o particular a fim de atender necessidades coletivas.

COMPLEMENTAÇÃO DA RESPOSTA:

Neste sentido, temos posicionamento doutrinário, segundo aduz o ilustre Celso Antônio Bandeira de Mello[36]:

> "Dizer-se que a desapropriação 'é forma originária de aquisição de propriedade significa que ela é, por si mesma, suficiente para instaurar a propriedade em favor do Poder Público, independentemente de qualquer vinculação com o título jurídico anterior ao proprietário (...)'.

CANDIDATO:

Quais são os efeitos da requisição administrativa? Há indenização? **(Delegado SC/15)**

36. MELLO, 2007, pp. 831-832.

RESPOSTA ADEQUADA:

Excelência, a requisição administrativa é a modalidade de intervenção estatal por meio da qual o Estado utiliza bens móveis, imóveis e serviços particulares em situação de perigo público iminente, e tem previsão constitucional no art. 5º, XXV.[37]

Verificada a situação de perigo público iminente, a requisição pode ser imediatamente decretada. Significa, pois, que o ato administrativo que a formaliza é autoexecutório e não depende de qualquer decisão do Judiciário. É esse ato administrativo, que institui a atuação interventiva sob a modalidade de requisição.

A indenização pelo uso dos bens e serviços alcançados pela requisição é condicionada: o proprietário somente fará jus à **indenização se a atividade estatal lhe tiver provocado danos**. Inexistindo danos, nenhuma indenização será devida. O princípio neste caso é o mesmo aplicável às servidões administrativas.

COMPLEMENTAÇÃO DA RESPOSTA:

Previsão constitucional:

> Art. 5º (...), XXV – no caso de iminente perigo público, a autoridade competente poderá usar de propriedade particular, assegurada ao proprietário indenização ulterior, se houver dano;

Importante o candidato frisar que a indenização, caso devida, será ulterior, tendo em vista que por se tratar de situação de urgência a motivação que gera a requisição é naturalmente incompatível com o processo prévio de apuração do quantum indenizatório, que costuma ser moroso.

Dentro desta temática, farei uma explanação sobre "ocupação temporária e limitação administrativa", a fim de que o candidato não confunda os institutos.

Segundo descreve a doutrina,[38]ocupação se divide em duas modalidades, sendo:

> "Uma delas é a ocupação temporária para obras públicas vinculadas ao processo de desapropriação (...). A outra é a ocupação temporária para as demais obras e para os serviços públicos em geral, sem qualquer vínculo com o processo de desapropriação executado pelo Estado".

Consoante orientação doutrinária[39]:

> "No caso das limitações administrativas, o Poder Público não pretende levar a cabo qualquer obra ou serviço público. Pretende, ao contrário, condicionar as propriedades à verdadeira função social que delas é exigida, ainda que em detrimento dos interesses individuais dos proprietários. Decorrem elas do *ius imperii* do Estado, que, como bem observa HELY LOPES MEIRELLES, tem o domínio eminente e potencial sobre todos os bens do seu território, que forma que, mesmo sem extinguir o direito do particular, tem o poder de adequá-lo coercitivamente aos interesses da coletividade".

Daí conclui-se que, a principal diferença entre ambos os institutos é que na ocupação o Poder Público se utiliza do bem, temporariamente, consoante previsão

37. BRASIL, Constituição Federal, Art. 5º, XXV.
38. FILHO, Ob. Cit., 2006, p. 656.
39. FILHO, Ob. Cit., 2006, p. 658.

constitucional no art. 136, II, nas hipóteses de calamidade pública, ressalvado o dever de indenizar em caso de danos e custos decorrentes, ulteriormente.

Já no caso de limitação administrativa o objetivo é dar ao bem a verdadeira função social exigida por lei. Ocorre nas hipóteses de limitar o gabarito (altura) quando da construção de prédios ou mesmo quando da criação de áreas ambientais. No entanto, o proprietário não perde a titularidade do imóvel, mas ficará impedido de nele construir.

NOVIDADE JURISPRUDENCIAL!

1) O STF decidiu (ADI 6362/DF) que os entes federativos podem decretar a **requisição administrativa de bens e serviços para enfrentar a Covid-19** sem necessidade de autorização do Ministério da Saúde. **Não se exige** autorização do Ministério da Saúde para que os Estados-membros, Distrito Federal e Municípios decretem a requisição administrativa prevista no art. 3º, *caput*, VII e § 7º, III, da Lei nº 13.979/2020, no exercício de suas competências constitucionais.

2) À luz da decisão do STF (ADI 3454/DF), a **requisição administrativa** "para atendimento de necessidades coletivas, urgentes e transitórias, decorrentes de situações de perigo iminente, de calamidade pública ou de irrupção de epidemias" – prevista na Lei Orgânica do Sistema Único de Saúde (Lei nº 8.080/1990) – **não recai sobre bens e/ou serviços públicos de outro ente federativo.**

3) O STF entendeu (ACO 3463 MC-Ref/SP) ser **incabível a requisição administrativa**, pela União, de **bens insumos contratados por unidade federativa e destinados à execução do plano local de imunização**, cujos pagamentos já foram empenhados.

A requisição administrativa **não pode** se voltar contra bem ou serviço de outro ente federativo. Isso para que não haja indevida interferência na autonomia de um sobre outro.

6. PRINCÍPIOS

CANDIDATO:

Há prevalência do direito público sobre o privado? **(Delegado SC/15)**

RESPOSTA ADEQUADA:

Excelência, segundo entendimento doutrinário[40] sobre o tema, pelo princípio da Supremacia do Interesse Público, segundo o qual a Administração pauta todos os seus atos e decisões, sabe-se que o interesse público tem supremacia sobre os individuais.

40. PIETRO, 2006, p. 69.

Como exemplo, temos: as cláusulas exorbitantes nos contratos; a intervenção da propriedade pelo tombamento, pela desapropriação, pela requisição administrativa.

COMPLEMENTAÇÃO DA RESPOSTA:

Segundo entendimento doutrinário sobre o tema, trazemos a lição de Maria Sylvia Zanella Di Pietro:[41]

> "As normas de direito público, embora protejam reflexamente o interesse individual, tem o objetivo primordial de atender ao interesse público, ao bem-estar coletivo. Além disso, pode-se dizer que o direito público somente começou a se desenvolver quando, depois de superados o primado do Direito Civil (que durou muitos séculos) e o individualismo que tomou conta dos vários setores da ciência, inclusive a do Direito, substituiu-se a ideia do homem com fim único do direito (própria do individualismo) pelo princípio que hoje serve de fundamento para todo o direito público e que vincula a Administração em todas as suas decisões: o de que os interesses públicos tem supremacia sobre os individuais".

Os princípios constitucionais podem ser positivados ou não positivados. Os positivados são aqueles previstos expressamente no texto constitucional; os não positivados não estão escritos no texto, mas dele podem ser diretamente deduzidos.

PRINCÍPIOS DA ADMINISTRAÇÃO PÚBLICA	
EXPLÍCITOS OU POSITIVADOS NA CF/88	**IMPLÍCITOS OU NÃO POSITIVADOS NA CF/88**
Legalidade: enquanto os particulares podem fazer tudo o que a lei não proíbe, a Administração pode fazer somente o que a lei permite, isto é, todas suas ações devem estar estritamente baseadas nos dispositivos legais.	**Supremacia do Interesse Público:** os interesses da coletividade devem prevalecer sobre os interesses particulares.
Impessoalidade: a Administração deve tratar todos com isonomia e imparcialidade, jamais beneficiando ou prejudicando nenhum particular com base nos interesses pessoais do administrador. Em outras palavras, o agir da Administração não se confunde com a figura do administrador.	**Indisponibilidade:** os agentes públicos não podem renunciar aos interesses e direitos da Administração Pública.
Moralidade: os agentes públicos devem apresentar uma conduta ética e adequada, não conforme suas perspectivas pessoais, mas de acordo com os conceitos e valores éticos existentes no grupo social.	**Razoabilidade e Proporcionalidade:** os atos do Poder Público devem ser realizados em um grau adequado, razoável e sensato, evitando o uso de medidas abusivas, desproporcionais ou desnecessárias.
Publicidade: os atos da Administração devem ser do conhecimento de todos, sendo necessária a publicação deles em veículos oficiais.	**Autotutela:** a Administração deve controlar seus próprios atos, anulando-os, quando eivados de vícios de legalidade, ou revogando-os, por motivo de conveniência ou oportunidade, respeitados os direitos adquiridos. (SÚMULAS: 346 e 473 do STF)

41. PIETRO, 2006, p. 69.

<table>
<tr><th colspan="2">PRINCÍPIOS DA ADMINISTRAÇÃO PÚBLICA</th></tr>
<tr><th>EXPLÍCITOS OU POSITIVADOS NA CF/88</th><th>IMPLÍCITOS OU NÃO POSITIVADOS NA CF/88</th></tr>
<tr><td rowspan="4">Eficiência: os agentes públicos devem desempenhar suas atividades com rapidez, presteza, perfeição e rendimento. Além disso, este princípio também se refere ao modo de organização e estruturação da Administração Pública, deixando de lado o modelo de burocracia "cega" para buscar cada vez mais uma administração gerencial.</td><td>Segurança Jurídica: é vedada a aplicação retroativa de nova interpretação de lei no âmbito da Administração Pública.</td></tr>
<tr><td>Continuidade do Serviço Público: em virtude de sua grande relevância para a sociedade, os serviços públicos devem ter um caráter contínuo.</td></tr>
<tr><td>Motivação: a Administração deve expor de forma clara e explícita as fundamentações de seus atos, isto é, suas razões de fato e de direito.</td></tr>
<tr><td>Especialidade: cada órgão e entidade da Administração Pública deve trabalhar somente em seu campo de atuação, definido em lei, não podendo um órgão exercer atividade estranha à sua missão legalmente constituída.</td></tr>
</table>

Use o processo mnemônico "LIMPE" para decorar as primeiras letras dos princípios do art. 37 da CF/88.

7. LICITAÇÕES

CANDIDATO*:

Considere a seguinte situação hipotética: A Polícia Federal iniciou procedimento administrativo com a finalidade de realizar reforma no prédio do laboratório de perícias genéticas e forenses. Na primeira fase, foi elaborado por uma empresa projeto executivo relativo a esse serviço, que, dada a sua natureza singular, demandaria conhecimentos técnicos e de notória especialização.

Em um segundo momento, houve licitação e foi contratada uma construtora para a realização do serviço a partir do projeto executivo elaborado na primeira fase. A construtora, durante a fase de execução da obra, constatou a necessidade de adequação do projeto executivo, para melhor atender à finalidade pública, o que, por consequência, acarretaria um aumento no valor contratado, em razão de acréscimo do objeto do contrato. **(Delegado Federal/19)**

Com relação a essa situação hipotética, responda, de forma justificada, à luz da Lei de Licitações e Contratos, aos seguintes questionamentos.

1. A elaboração de projeto executivo na primeira fase do procedimento administrativo configura hipótese legal de licitação dispensada, dispensável ou inexigível?
2. Quais são as hipóteses e as condições para se permitir a alteração unilateral de contrato de serviços de engenharia?

3. Viabilizada tal alteração unilateral, cabe, ainda, à construtora requerer o reajuste e(ou) a revisão do valor do contrato?

RESPOSTA ADEQUADA:

Excelência, a hipótese narrada constitui caso de inexigibilidade de licitação, porque gravita em torno da necessidade de contratação de serviços técnicos especializados de natureza singular, os quais serão executados por profissionais de notória especialização, sendo certo que, na previsão legal da inexigibilidade, existe referência ao dispositivo legal que versa sobre a elaboração do projeto executivo.

A possibilidade de alteração unilateral do contrato representa cláusula exorbitante, podendo ser exigida mesmo sem que haja previsão expressa no termo convencionado entre as partes, nos casos previstos na lei de licitações, dentre os quais se enquadra a hipótese de necessidade de adequação do projeto executivo. Não obstante, a mencionada possibilidade depende do atendimento de algumas condições, a exemplo da formalização de aditamento, capaz de restabelecer o equilíbrio econômico-financeiro.

Diante do advento da alteração unilateral, que constitui fato superveniente, que não era dotado de certeza ao tempo da pactuação, caberá à empresa contratada pugnar pela revisão do contrato, uma vez que essa é a forma de alteração de contrato administrativo decorrente de fatos que não poderiam ser previstos. Diferentemente, o reajuste já é fixado pelas partes quando da contratação, para neutralizar um fato certo, que é a inflação.

COMPLEMENTAÇÃO DA RESPOSTA:

(* A presente questão foi comentada pela professora Nathália Ribeiro Leite Silva, mestra em Direito Público pela Universidade Federal do Estado de Alagoas, com participação especial.)

Cumpre destacar que se encontra em trâmite o Projeto de Lei nº 4253/2020, que visa à modernização da Lei de Licitações e Contratos, estando em fase de envio à sanção. Portanto, fique atento quando for estudar o tema para verificar se houve alteração do assunto abordado.

As hipóteses de alteração unilateral do contrato são previstas no art. 65, I da Lei n.º 8.666/1993, sendo elas:

a) Quando houver modificação do projeto ou das especificações, para melhor adequação técnica aos seus objetivos;
b) Quando necessária a modificação do valor contratual em decorrência de acréscimo ou diminuição quantitativa de seu objeto, nos limites permitidos pela lei.

No caso do enunciado, restou consignado que a alteração acarretou acréscimo no objeto do contrato, tratando-se, portanto, de alteração quantitativa, e não somente qualitativa. Demais disso, em se tratando de reforma em prédio público, o percentual máximo de alteração seria de 50% (cinquenta por cento), consoante § 1º do mesmo art. 65 referido.

A alteração unilateral demanda o preenchimento de alguns requisitos, consoante consignado no "PADRÃO DE RESPOSTA" divulgado pela banca examinadora com relação à referida questão:

a) Que haja adequada motivação com base no interesse público que justifique a medida;

b) Que seja respeitada a natureza do contrato, no que diz respeito ao seu objeto;

c) Que seja respeitado o direito do contratado à manutenção do equilíbrio econômico-financeiro inicialmente pactuado;

d) Com relação à alteração quantitativa, ainda deve ser respeitado o limite imposto pelo parágrafo primeiro do art. 65.

INOVAÇÃO LEGISLATIVA!

Destaca-se que a **nova Lei de Licitações** (Lei nº 14.133/2021) substitui a antiga Lei Geral, 8.666/1993, bem como a Lei do Pregão, 10.520/2002, e o Regime Diferenciado de Contratação (RDC, 12.462/2011). Contudo, mesmo que publicada em 1º abril de 2021, a nova lei conviverá ainda com as outras leis supramencionadas por expressa previsão no seu artigo 191, o prazo de dois anos – **até abril de 2023** – para a revogação das normas anteriores.

Destarte, nesse período, a Administração Pública poderá optar pela aplicação de algum dos regimes vigentes, seja o da Lei nº 8.666/93 ou o da Lei nº 14.133/21, devendo tal escolha constar expressamente no edital, **sendo vedada** a combinação entre as duas leis.

Oportuno mencionar que a Lei n. 14.133/21 **revogou** de imediato a **parte criminal da Lei nº 8.666/1993, prevista nos artigos 89 a 108**. Foi criado um capítulo novo no Código Penal para tratar sobre o tema (Dos Crimes em Licitações e Contratos Administrativos).

CANDIDATO:

Quais as características básicas da concorrência? **(Delegado SP/15)**

RESPOSTA ADEQUADA:

Excelência, a concorrência é modalidade licitatória que se realiza com ampla publicidade, para assegurar a participação de quaisquer interessados que preencham os requisitos previstos no edital convocatório.

Configura-se como a espécie apropriada para os contratos de grande vulto, grande valor, não se exigindo registro prévio ou cadastro dos interessados, cumprindo que satisfaçam as condições prescritas em edital, que deve ser publicado com, no mínimo, trinta dias de intervalo entre a publicação e o recebimento das propostas. Caso seja adotado um certame de acordo com os tipos, como os de menor preço, técnica e preço e melhor técnica, esse intervalo mínimo é dilatado para quarenta e cinco dias.

A concorrência é a modalidade obrigatória em razão de determinados limites, tendo valores estimados para contratação segundo a Lei 8.666/93[42], para obras e serviços de engenharia acima de R$ 1.500.000,00, e para compras e serviços acima de R$ 650.000,00.

Contudo, independentemente do valor, a lei prevê que a modalidade concorrência deve ser adotada nos seguintes casos: na compra de bens imóveis; nas alienações de bens imóveis para as quais não tenha sido adotada a modalidade leilão; nas concessões de direito real de uso, serviço ou obra pública; nas licitações internacionais; para os registros de preços; e, para as contratações em que seja adotado o regime de empreitada integral.

COMPLEMENTAÇÃO DA RESPOSTA:

Cumpre destacar que se encontra em trâmite o Projeto de Lei nº 4253/2020, que visa à modernização da Lei de Licitações e Contratos, estando em fase de envio à sanção. Portanto, fique atento quando for estudar o tema para verificar se houve alteração do assunto abordado.

Consoante previsão do art. 19 da Lei 8.666/93, caso a aquisição dos bens públicos tenha sido derivada de procedimentos judiciais ou de dação em pagamento, esses poderão ser alienados por ato da autoridade competente, também por meio de leilão, e não somente pela concorrência.

Quanto aos bens imóveis que foram adquiridos por outras formas (compra, permuta etc.), é obrigatória a utilização da concorrência.

Na concessão de serviço público será utilizada a concorrência como modalidade de licitação, de acordo com a Lei 8.987/95.

INOVAÇÃO LEGISLATIVA!

Destaca-se que a **nova Lei de Licitações** (Lei nº 14.133/2021) substitui a antiga Lei Geral, 8.666/1993, bem como a Lei do Pregão, 10.520/2002, e o Regime Diferenciado de Contratação (RDC, 12.462/2011). Contudo, mesmo que publicada em 1º abril de 2021, a nova lei conviverá ainda com as outras leis supramencionadas por expressa previsão no seu artigo 191, o prazo de dois anos – **até abril de 2023** – para a revogação das normas anteriores.

Destarte, nesse período, a Administração Pública poderá optar pela aplicação de algum dos regimes vigentes, seja o da Lei nº 8.666/93 ou o da Lei nº 14.133/21, devendo tal escolha constar expressamente no edital, **sendo vedada** a combinação entre as duas leis.

Oportuno mencionar que a Lei n. 14.133/21 **revogou** de imediato a **parte criminal da Lei nº 8.666/1993, prevista nos artigos 89 a 108**. Todavia, foi criado um capítulo novo no Código Penal para tratar sobre o tema (Dos Crimes em Licitações e Contratos Administrativos).

42. BRASIL, Lei nº 8.666, 1993, artigo 23, I e II, c.

CANDIDATO:

O governo federal instituiu uma nova modalidade de licitação, o Regime Diferenciado de Contratações – RDC, a fim de ampliar a eficiência nas contratações públicas e competitividade, promover a troca de experiências e tecnologia e incentivar a inovação tecnológica. Fale sobre isso. **(Delegado SC/15)**

RESPOSTA ADEQUADA:

Excelência, acredita-se que o sistema antigo de licitações previstos pelas Leis 8.666/93 e 10.520/02 é considerado longo, lento e complexo devido ao excesso de burocracia, que ainda dificulta o controle e favorece a corrupção.

Os defensores desse novo modelo acreditam que o RDC representa um avanço no modelo tradicional de licitações, possibilita a contratação integrada de obras, redução de tempo do processo e minimizou o custo dos projetos por adotar o critério de inversão de fases, entre outras mudanças: a definição do vencedor se dá pelo menor preço quando os concorrentes apresentam suas propostas e ofertas por meio de lances públicos, os concorrentes não têm acesso ao orçamento da obra, e só há um único prazo recursal de cinco dias úteis no fim da fase de habilitação.

COMPLEMENTAÇÃO DA RESPOSTA:

Cumpre destacar que se encontra em trâmite o Projeto de Lei nº 4253/2020, que visa à modernização da Lei de Licitações e Contratos, estando em fase de envio à sanção. Portanto, fique atento quando for estudar o tema para verificar se houve alteração do assunto abordado.

O RDC instituído pela Lei 12.462/2011[43] e alterado pela Lei 13.243/2016.[44]

Nesta senda, o Regime Diferenciado de Contratação (RDC), previsto na Lei 12.462/2011, poderá ser utilizado para as licitações e contratos necessários à realização:

1. Copa das Confederações de 2013;
2. Copa do Mundo de 2014;
3. Jogos Olímpicos e Paraolímpicos de 2016;
4. Obras de infraestrutura e dos serviços para os aeroportos das capitais dos Estados distantes até 350 km das cidades sedes dos eventos acima;
5. Ações do PAC;
6. Obras e serviços de engenharia no âmbito do SUS;
7. Obras e serviços de engenharia no âmbito dos sistemas públicos de ensino, pesquisa, ciência e tecnologia;

---

43. BRASIL, Lei 12462, 2011.
44. BRASIL, Lei 13.243, 2016.

8. Obras e serviços de engenharia, relacionadas a melhorias na mobilidade urbana ou ampliação de infraestrutura logística;
9. Obras e serviços de engenharia para estabelecimentos penais e unidades de atendimento socioeducativo;
10. Ações no âmbito da segurança pública;
11. Contratos de locação sob medida (locação sob encomenda*) (art. 47-A).

Oportuno destacar que a Lei 13.243/2016 amplia novamente o âmbito de incidência do RDC para incluir o inciso X:

> Art. 1º É instituído o Regime Diferenciado de Contratações Públicas (RDC), aplicável exclusivamente às licitações e contratos necessários à realização:
>
> (...)
>
> X – das ações em órgãos e entidades dedicados à ciência, à tecnologia e à inovação.

*Locação sob encomenda, conhecida também por "locação sob medida ou *built to suit*" que se entende por:

Um negócio jurídico por meio do qual um investidor aceita adquirir um bem e nele fazer uma construção ou uma reforma substancial de acordo com as necessidades e especificações do futuro locatário, alugando o imóvel para o locatário que encomendou o bem, geralmente por um longo prazo, recebendo como contraprestação aluguéis que remuneram não apenas o uso do bem, mas também os investimentos que foram feitos.

É uma espécie de locação na qual o bem locado foi construído ou reformado pelo futuro locador de acordo com as exigências e parâmetros feitos pelo futuro locatário.

INOVAÇÃO LEGISLATIVA!

Destaca-se que a **nova Lei de Licitações** (Lei nº 14.133/2021) substitui a antiga Lei Geral, 8.666/1993, bem como a Lei do Pregão, 10.520/2002, e o Regime Diferenciado de Contratação (RDC, 12.462/2011). Contudo, mesmo que publicada em 1º abril de 2021, a nova lei conviverá ainda com as outras leis supramencionadas por expressa previsão no seu artigo 191, o prazo de dois anos – **até abril de 2023** – para a revogação das normas anteriores.

Destarte, nesse período, a Administração Pública poderá optar pela aplicação de algum dos regimes vigentes, seja o da Lei nº 8.666/93 ou o da Lei nº 14.133/21, devendo tal escolha constar expressamente no edital, **sendo vedada** a combinação entre as duas leis.

Oportuno mencionar que a Lei n. 14.133/21 **revogou** de imediato a **parte criminal da Lei nº 8.666/1993, prevista nos artigos 89 a 108**. Todavia, foi criado um capítulo novo no Código Penal para tratar sobre o tema (Dos Crimes em Licitações e Contratos Administrativos).

CANDIDATO:

O que se entende por "diálogo competitivo"? **(Delegado/ Simulado 2022)**

RESPOSTA ADEQUADA:

Excelência, é uma nova modalidade de licitações, estabelecida pela Lei nº 14.133/21. Trata-se de uma modalidade em que a administração pública **realiza diálogos com os licitantes previamente selecionados** para, através de critérios objetivos, escolher a melhor solução. Nesse caso, é um tipo de licitação que visa à contratação de serviços ou a compra de produtos técnicos.

COMPLEMENTAÇÃO DA RESPOSTA:

A Nova Lei de Licitações, a Lei no 14.133/21, define, no **art. 6º, inciso XLII**:

Art. 6º Para os fins desta Lei, consideram-se: (...)

XLII - diálogo competitivo: modalidade de licitação para contratação de obras, serviços e compras em que a Administração Pública realiza diálogos com licitantes previamente selecionados mediante critérios objetivos, com o intuito de desenvolver uma ou mais alternativas capazes de atender às suas necessidades, devendo os licitantes apresentar proposta final após o encerramento dos diálogos;

Ou seja, trata-se de uma modalidade de licitação que visa obter serviços ou produtos que não são bens e serviços comuns.

Quando é possível empregar essa modalidade de licitação?

À luz do **art. 32, inciso I da nova lei**, que estabelece os tipos de contratação na qual o diálogo competitivo deve ser utilizado pela administração pública:

Art. 32. A modalidade diálogo competitivo é restrita a contratações em que a Administração:

I - vise a contratar objeto que envolva as seguintes condições: **a) inovação tecnológica ou técnica**; b) impossibilidade de o órgão ou entidade ter sua necessidade satisfeita sem a adaptação de soluções disponíveis no mercado; e c) impossibilidade de as especificações técnicas serem definidas com precisão suficiente pela Administração;

II - verifique a necessidade de definir e identificar os meios e as alternativas que possam satisfazer suas necessidades, com destaque para os seguintes aspectos: a) a solução técnica mais adequada; b) os requisitos técnicos aptos a concretizar a solução já definida; c) a estrutura jurídica ou financeira do contrato;

Assim, a modalidade do diálogo competitivo **deve ser empregada apenas em casos de inovação tecnológica**, quando há a impossibilidade de órgão público ter suas necessidades satisfeitas por soluções disponíveis no mercado ou quando há especificações técnicas muito específicas, que precisam ser definidas pela administração.

Quais são as fases do diálogo competitivo?

No diálogo competitivo, a licitação se divide, de maneira geral, em **duas fases**: a **fase de diálogo** e a **fase competitiva**.

Fase de diálogo: Nessa fase, a administração vai conhecer as soluções disponíveis e definir qual é a mais vantajosa. Ela se inicia com a instauração de uma comissão de contratação, que é formada por servidores efetivos, mas que pode ser assessorada por consultores técnicos contratados.

Através da publicação do edital, as necessidades da administração e condições para a manifestação de interesse são definidas e, a partir daí, ocorrem reuniões com os interessados.

Por intermédio dessas reuniões, a administração vai poder compreender as especificidades, vantagens e desvantagens de cada uma das soluções apresentadas.

A partir daí, a solução entendida como sendo a mais vantajosa é escolhida, dando fim a fase de diálogo.

Fase competitiva: Já na fase competitiva, as empresas que participaram da fase anterior apresentaram contrapropostas para a solução escolhida.

Ela se inicia com a publicação de um novo edital, no qual a administração especifica o objeto com indicação de todas as características da solução técnica a ser fornecida, bem como as condições de fornecimento e os critérios de julgamento da melhor proposta.

A partir daí, todos aqueles que estiveram presentes na fase de diálogo podem participar dessa segunda fase se acharem que a sua solução ainda é mais vantajosa do que a escolhida.

Como é escolhida a melhor proposta?

No caso do diálogo competitivo, a **melhor proposta** é escolhida com base em **critérios técnicos e objetivos.**

In verbis:

> Art. 32. (...) § 1º Na modalidade diálogo competitivo, serão observadas as seguintes disposições: (...)
>
> XI - o diálogo competitivo será conduzido por comissão de contratação composta de **pelo menos 3 (três) servidores efetivos** ou empregados públicos pertencentes aos quadros permanentes da Administração, admitida a contratação de profissionais para assessoramento técnico da comissão;

Para entender mais a fundo como é escolhida a melhor proposta, entretanto, precisamos recorrer ao **art. 33 da nova lei, na Seção III** - Dos Critérios de Julgamento. Confira:

> Art. 33. O julgamento das propostas será realizado de acordo com os seguintes critérios: I - menor preço; II - maior desconto; III - melhor técnica ou conteúdo artístico; IV - técnica e preço; V - maior lance, no caso de leilão; VI - maior retorno econômico.

No caso do **diálogo competitivo**, como o objetivo principal é contratar um produto ou serviço que melhor atenda às necessidades da administração, o critério utilizado **deve ser o da técnica**, embora **o critério de preço possa ser empregado.**

Se dois licitantes que participam do diálogo competitivo têm produtos ou serviços muito semelhantes, o preço também deve ser levado em consideração, como descrito no parágrafo segundo do **artigo 36.** Confira:

Art. 36. (...) § 2º No julgamento por técnica e preço, deverão ser avaliadas e ponderadas as propostas técnicas e, em seguida, as propostas de preço apresentadas pelos licitantes, **na proporção máxima de 70% (setenta por cento)** de valoração para a proposta técnica.

TEMAS POTENCIAIS!

Vejamos outras novidades advindas da nova lei:

Primeira novidade: Se ligue, pois o **art. 5º da Lei nº 14.133/2021** estabelece os seguintes princípios: da legalidade, da impessoalidade, da moralidade, da publicidade, da eficiência, do interesse público, da probidade administrativa, da igualdade, do **planejamento, da transparência, da eficácia, da segregação de funções**, da motivação, da vinculação ao edital, do julgamento objetivo, da segurança jurídica, da razoabilidade, da competitividade, da proporcionalidade, da celeridade, da economicidade e do desenvolvimento nacional sustentável.

Destaca-se que o **princípio da celeridade** é um tema de suma importância e merece atenção, vejamos:

O princípio da celeridade está previsto no **art. 5º.** Este norte **busca uma maior agilidade nos procedimentos.** Prova disso é a **inversão das fases** que, anteriormente, eram aplicadas apenas para o pregão, mas agora são aplicadas também para a concorrência.

Ademais, saiba que o princípio da **segregação de funções** tenta **evitar a concentração de competências em um único agente público**, ou seja, obstar que uma mesma pessoa execute fases diversas da licitação. Isso para tentar reduzir a possibilidade de ocultação de erros e de ocorrência de fraudes na contratação.

Segunda novidade: Na **Lei 8.666/1993**, primeiro ocorre a fase de habilitação e depois o julgamento das propostas. Todavia, a **Lei 14.133/2021** passou a adotar a "**inversão das fases**", ou seja, a nova regra é de que o julgamento é primeiro e depois a habilitação.

As fases passam a seguir a seguinte ordem, conforme artigo 17 da Nova Lei:

1) Preparatória;
2) Divulgação do edital;
3) Apresentação de propostas e lances;
4) **Julgamento**;
5) **Habilitação;**
6) Recursal;
7) Homologação.

Terceira novidade: Duas modalidades clássicas da Lei nº 8.666/1993 **estarão extintas daqui a dois anos**: a **tomada de preços e o convite**. O Regime Diferenciado de Contratação, que vinha sendo tratado como modalidade, também foi extinto. Porém, boa parte das práticas previstas na Lei nº 12.462/2011 foram **incorporadas na nova Lei de Licitações**.

Ademais, na Nova Lei de Licitações, **são cinco as modalidades** previstas: pregão; concorrência; concurso; leilão; diálogo competitivo.

Quarta novidade: Os critérios da Lei nº 8.666/1993 **eram quatro**, quais sejam, menor preço, melhor técnica, técnica e preço e melhor lance ou oferta, no caso de alienação de bens ou concessão de direito real de uso.

Já a **Nova Lei de Licitações** dispõe sobre os seguintes **critérios de julgamento**:

1) Menor preço;

2) Técnica e preço;

3) Maior lance, no caso de leilão.

E as **novidades** são:

4) **Maior desconto**;

5) **Melhor técnica ou conteúdo artístico**;

6) **Maior retorno econômico**.

O julgamento por **menor preço ou maior desconto** e, quando couber, por técnica e preço, irá considerar **o menor dispêndio para a Administração**, atendidos os parâmetros mínimos de qualidade definidos no edital de licitação.

Combatente, o termo "tipo de licitação" designa os critérios de julgamento na **Lei 8.666/1993**. Todavia, observe que a expressão "tipo" foi **abandonada** pela **Lei 14.133/21**.

Quinta novidade: A contratação direta **é a celebração de contratos sem prévia realização de licitação**, sendo que a Nova Lei de Licitações separou em dois grupos:

Inexigibilidade e dispensa de licitação, conforme o **artigo 72** da Nova Lei de Licitações.

A relação de situações de licitação inexigível **é exemplificativa**, isto é, nem todos os casos constam expressamente no artigo 74 da Lei de Licitações. Desse modo, a lei utiliza a expressão "**em especial nos casos de**", para conferir um sentido de **mera exemplificação**. Por sua vez, a lista de casos de licitação **dispensável** é taxativa e consta no artigo 75 da Lei nº 14.133/2021.

O artigo 75 trata das dispensas em geral e é dividido em 16 incisos, sendo que um deles, o inciso IV, é dividido em 13 alíneas. Ou seja, existem pelo menos 28 casos de dispensa de licitação somente no artigo 75, sendo que muitas delas são bem específicas e excepcionais, voltadas aos setores particulares da Administração Pública.

TEMA POLÊMICO!

Possibilidade de **defesa dos agentes públicos pela advocacia pública** no âmbito da **responsabilização dos agentes envolvidos no procedimento licitatório irregular**, na nova Lei Geral de Licitações.

A nova de Licitações trouxe, em seu **artigo 10**, previsão polêmica, alvo de diversas críticas no meio jurídico: a possibilidade de defesa dos agentes públicos pela advocacia pública. Veja:

> **Art. 10.** Se **as autoridades competentes e os servidores públicos** que tiverem participado dos procedimentos relacionados **às licitações e aos contratos** de que trata esta Lei precisarem **defender-se nas esferas administrativa, controladora ou judicial** em razão de ato praticado com estrita observância de orientação constante em parecer jurídico elaborado na forma do § 1º do art. 53 desta Lei, a **advocacia pública promoverá**, a critério do **agente público**, sua **representação judicial** ou **extrajudicial**.
>
> § 1º **Não se aplica** o disposto no **caput** deste artigo quando:
>
> I - (VETADO);
>
> II - provas da prática de **atos ilícitos dolosos** constarem nos autos do processo administrativo ou judicial.
>
> § 2º Aplica-se o disposto no **caput** deste artigo inclusive na hipótese de o agente público **não mais ocupar** o cargo, emprego ou função em que foi praticado o ato questionado.

Tal dispositivo encontra-se **pendente de julgamento do Supremo Tribunal Federal acerca da inconstitucionalidade** levantada pela Associação Nacional dos Procuradores dos Estados e do DF (ANAPE), que entende que a União não tem competência para estabelecer atribuições aos órgãos da advocacia pública estadual e municipal. Entretanto, a Suprema Corte ainda não proferiu qualquer entendimento no âmbito da **ADI nº 6.915.**

8. PODERES ADMINISTRATIVOS

CANDIDATO:

O que fundamenta a existência do poder regulamentar? **(Delegado RO/14 e SP/15)**

RESPOSTA ADEQUADA:

Excelência, a fundamentação à existência do poder regulamentar encontra respaldo nos princípios da celeridade e da eficiência.

Sabe-se que o motivo ensejador está em conferir ao Executivo relativa autonomia de vontade, que por meio da utilização de instrumentos infralegais (decretos, resoluções ou portarias), decorrentes da necessidade diária de movimentar a máquina administrativa, em atendimento à dinâmica do interesse público, exige do administrador decisões céleres e eficientes, sem que para isso dependa do crivo legislativo.

Claro que essa margem de articulação concedida ao Executivo se sujeita ao princípio da legalidade, que deve sempre nortear toda e qualquer tomada de decisão.

COMPLEMENTAÇÃO DA RESPOSTA:

O candidato pode adicionar maiores detalhes do ato em si:

O regulamento é ato administrativo geral e normativo, expedido privativamente pelo Chefe do Executivo, por meio de decreto, visando a explicar modo e forma de execução da lei (regulamento de execução) ou prover situações não disciplinadas em lei (regulamento autônomo ou independente).

Ademais, torna-se importante o candidato saber a distinção entre os Decretos de Execução ou Regulamentares e os Decretos Autônomos.

Aduz a doutrina[45] que "Os decretos de execução ou regulamentares costumam ser definidos como regras jurídicas gerais, abstratas e impessoais, editadas em função de uma lei cuja aplicação de algum modo envolva atuação administração pública, visando a possibilitar a fiel execução dessa lei". Sobre os Decretos Autônomos temos que "alguns sistemas constitucionais conferem ao Poder Executivo a prerrogativa de editar regulamentos como atos primários, diretamente derivados da Constituição".

Além disso, ressalte-se que a CF/88 não albergou o decreto autônomo. Contudo a EC 32/2001 introduziu ao texto constitucional autorização expressa no Inciso VI do art. 84, para edição de decretos autônomos, apenas para os casos de organização e funcionamento da administração pública, quando não implicar aumento de despesa, nem criação nem extinção de órgãos públicos, e de extinção de funções ou cargos públicos quando vagos.

CANDIDATO:

Existe poder discricionário administrativo? **(Delegado SP/15)**

RESPOSTA ADEQUADA:

Excelência, existe sim poder discricionário administrativo, podendo valorar a conveniência e oportunidade da prática do ato. É aquele conferido por lei ao administrador público para que, nos limites nela previstos e com certa parcela de liberdade, adote, no caso concreto, a solução mais adequada para satisfazer o interesse público.

Tem como fundamento precípuo o princípio constitucional da separação dos Poderes, que prevê a existência de atos reservados a cada um dos Poderes, havendo a reserva judicial (Judiciário), a reserva legislativa (Legislativa) e a reserva administrativa (Executivo), respeitada a independência e harmonia entre os poderes constituídos.

Como a Administração Pública está adstrita a realizar seus atos dentro da legalidade, mesmo que de acordo com o Poder Discricionário haja certa liberdade quanto ao modo e o tempo de realizá-los, dependerá de prévia previsão legal ou constitucional para tanto. Como exemplo, temos a escolha das políticas públicas.

COMPLEMENTAÇÃO DA RESPOSTA:

Importante afirmar que quanto aos limites esse poder que tem como essência o princípio da legalidade, deve o agente adequar a conduta por ele escolhida à finalidade que a lei determina.

45. ALEXANDRINO; PAULO, Ob. Cit., pp. 234 e 236.

Portanto, essa liberdade é relativa, tendo em vista que não dá margem para o desvio de finalidade.

Os consagrados doutrinadores Marcelo Alexandrino e Vicente Paulo, assim descrevem:

> Trata-se, efetivamente, de um poder conferido pela lei à administração pública: diante de um caso concreto, a administração, nos termos e limites legalmente fixados, decidirá, segundo seus critérios de oportunidade e conveniência administrativas, a conduta, dentre as previstas na lei, mais condizente com a satisfação do interesse público.[46]

CANDIDATO:

O poder de polícia pode ser transferido para particular? E para o ente público? Quais os seus ciclos? **(Delegado PF/13 e DF/16)**

RESPOSTA ADEQUADA:

Excelência, jurisprudência majoritária entendia que o poder de polícia, por ser atividade exclusiva do Estado não poderia ser delegado a particulares, podendo ocorrer sua outorga a entidades de Direito Público da Administração Indireta.

Nesta toada, o STJ firmou que, no "ciclo de polícia", em relação às fases de consentimento de polícia e de fiscalização de polícia, por si, não têm natureza coercitiva, podem ser delegadas a entidades com personalidade jurídica de direito privado integrantes da administração pública, como exemplo: Sociedade de Economia Mista. Entretanto, as fases de "legislação e sanção de polícia", por envolverem coerção, não podem ser delegadas a referidas entidades.

Entretanto, recentemente decidiu a Excelsa Corte[47]: "É constitucional a delegação do poder de polícia, por meio de lei, a pessoas jurídicas de direito privado integrantes da Administração Pública indireta de capital social majoritariamente público que prestem exclusivamente serviço público de atuação própria do Estado e em regime não concorrencial."

COMPLEMENTAÇÃO DA RESPOSTA:

Vejamos a ementa do referido aresto:

> 1. (...) A controvérsia em debate é a possibilidade de exercício do poder de polícia por particulares (no caso, aplicação de multas de trânsito por sociedade de economia mista).3. As atividades que envolvem a consecução do poder de polícia podem ser sumariamente divididas em quatro grupos, a saber: (i) legislação, (ii) consentimento, (iii) fiscalização e (iv) sanção. 4. No âmbito da limitação do exercício da propriedade e da liberdade no trânsito, esses grupos ficam bem definidos: o CTB estabelece normas genéricas e abstratas para a obtenção da Carteira Nacional de Habilitação (legislação); a emissão da carteira corporifica a vontade o Poder Público (consentimento); a Administração instala

46. ALEXANDRINO; PAULO, 2013, p. 224.

47. STF, RE 633782/MG, Plenário, Rel. Min. Luiz Fux, julgado em 23/10/2020 (Repercussão Geral – Tema 532) (Info 996).

equipamentos eletrônicos para verificar se há respeito à velocidade estabelecida em lei (fiscalização); e também a Administração sanciona aquele que não guarda observância ao CTB (sanção). 5. **Somente os atos relativos ao consentimento e à fiscalização são delegáveis**, pois aqueles referentes à legislação e à sanção derivam do poder de coerção do Poder Público. 6. No que tange aos atos de sanção, o bom desenvolvimento por particulares estaria, inclusive, comprometido pela busca do lucro – aplicação de multas para aumentar a arrecadação. 7. Recurso especial provido.[48]

No mesmo sentido, segue o entendimento do Supremo Tribunal Federal, ao julgar a ADI 1.717-6/DF, senão vejamos:

(...) 1. Estando prejudicada a Ação, quanto ao § 3º do art. 58 da Lei nº 9.649, de 27.05.1998, como já decidiu o Plenário, quando apreciou o pedido de medida cautelar, a Ação Direta é julgada procedente, quanto ao mais, **declarando-se a inconstitucionalidade** do "caput" e dos § 1º, 2º, 4º, 5º, 6º, 7º e 8º do mesmo art. 58. 2. **Isso porque a interpretação conjugada** dos artigos 5º, XIII, 22, XVI, 21, XXIV, 70, parágrafo único, 149 e 175 da Constituição Federal, **leva à conclusão, no sentido da indelegabilidade, a uma entidade privada, de atividade típica de Estado, que abrange até poder de polícia**, de tributar e de punir, no que concerne ao exercício de atividades profissionais regulamentadas, como ocorre com os dispositivos impugnados.[49] (Grifo no original).

CANDIDATO:

Qual a diferença entre Poder de Polícia Administrativa e Judiciária? **(Delegado PF/13)**

RESPOSTA ADEQUADA:

Excelência, a doutrina conceitua que "está no caráter preventivo da polícia administrativa e no repressivo da polícia judiciária. Desse modo, a primeira terá por objetivo impedir as ações antissociais, e a segunda, punir os infratores da lei penal. Insta consignar, contudo, que esta diferença não é absoluta, pois a polícia administrativa tanto pode agir preventivamente (como, por exemplo, proibindo o porte de arma ou direção de veículos automotores), como pode agir repressivamente (a exemplo do que ocorre quando apreende a arma usada indevidamente ou a licença do motorista infrator)".[50]

COMPLEMENTAÇÃO DA RESPOSTA:

Nesse Contexto, a doutrina diferencia. Segundo o seu escólio, a **Polícia Administrativa** se inicia e se completa no âmbito da **função administrativa**, ou seja, é atividade administrativa que se exaure em si mesma e é executada através de órgãos administrativos de caráter fiscalizador. Por outro lado, a **Polícia Judiciária**, embora seja atividade administrativa, prepara a atuação da **função jurisdicional penal**, o que a faz

48. BRASIL. Superior Tribunal de Justiça. Resp. 817.534/MG. Brasília/DF, em 10 de dezembro de 2009. Disponível em: <http://www.mpsp.mp.br/portal/page/portal/cao_cidadania/Poder_Policia/Jurisprudencia_policia/RESP%20817534.pdf>. Acesso em: 20 mar. 2017.

49. BRASIL. Supremo Tribunal Federal. Adi: 1.717-6/ DF. Brasília/DF, em 07 de novembro de 2002. Disponível em: <http://redir.stf.jus.br/paginadorpub/paginador.jsp?docTP=AC&docID=266741>. Acesso em 20 mar. 2017.

50. PIETRO, Maria Sylvia Zanella Di, Direito Administrativo, 25ª ed., Editora Atlas, São Paulo, 2012.

regulada pelo Código de Processo Penal e executada por órgãos de segurança, a exemplo da **Polícia Civil**[51]. (Grifo no original).

CANDIDATO:

Qual a diferença entre poder administrativo disciplinar e sancionador? **(Delegado SP/15)**

RESPOSTA ADEQUADA:

Excelência, o poder administrativo sancionador encontra o seu núcleo fundamental, com a necessária e indispensável preocupação de contenção do poder aplicado pelo Estado. Muito embora tradicionalmente o poder administrativo sancionador tenha suas atividades circunscritas ao campo do poder de polícia, na verdade são uma manifestação geral de um *ius puniendi* do Estado, com o fito de resguardar a tutela de quaisquer valores relevantes da sociedade, ultrapassando o âmbito da função de polícia e sendo estendido às demais funções administrativas, incluindo as regulatórias, próprias do ordenamento econômico e do ordenamento social.

Em verdade é a prerrogativa que a Administração Pública detém em aplicar sanções ao particular que infringe alguma norma estatal, é o mecanismo de frenagem de que dispõe o Estado para conter os abusos do direito individual.

Segundo aduz a doutrina[52]: "Pelo atributo da autoexecutoriedade, a Administração compele materialmente o administrado, usando meios diretos de coação. Por exemplo, ela dissolve uma reunião, apreende mercadorias, interdita uma fábrica".

Já o poder disciplinar estabelece o poder da Administração na regulação do setor público, no exercício da supremacia especial, a Administração aplica sanções disciplinares, com o objetivo de garantir a normalidade e eficiência dos serviços públicos, por meio da apuração e punição de pessoas que praticam infrações administrativas, mas que possuem vínculo com a Administração. Ex.: servidores públicos.

Assim, pode-se afirmar que a diferença entre esses dois poderes é que o **poder administrativo sancionador** atua junto aos administrados e tem efeitos externos ao âmbito administrativo, enquanto o exercício do poder disciplinar se dá perante os servidores e particulares sujeitos à disciplina administrativa, surtindo efeitos internamente.

COMPLEMENTAÇÃO DA RESPOSTA:

Importante dizer que ambos os poderes por encerrarem em sua atuação um regime jurídico punitivo, estão igualmente sujeitos à observância dos princípios do Devido Processo Legal, Proporcionalidade, Legalidade, Tipicidade, Irretroatividade, Culpabilidade, e *non bis in idem*.

51. CARVALHO FILHO, José dos Santos. Curso de Direito Administrativo. 25ª edição. São Paulo: Atlas, 2012.
52. PIETRO, 2004, p. 114.

CANDIDATO:

Qual a diferença entre o poder disciplinar e hierárquico? **(Delegado RO/14)**

RESPOSTA ADEQUADA:

Excelência, o poder disciplinar decorre do exercício do poder hierárquico, aquele é considerado como supremacia especial do Estado, é a prerrogativa pela qual a Administração controla o desempenho das suas funções executivas e apura as condutas de seus servidores ou particulares sujeitos à disciplina administrativa, de acordo com os deveres, aplicando sanções quando cabível.

Enquanto o poder hierárquico é a prerrogativa que o Executivo detém para organizar e distribuir as funções de seus órgãos, estabelecendo a relação de subordinação entre os servidores do seu quadro de pessoal, no âmbito interno da Administração Pública. Poder Hierárquico permite avocar, delegar, ordenar, controlar, corrigir e aplicar sanções.

COMPLEMENTAÇÃO DA RESPOSTA:

Importante o candidato repassar os poderes da administração públicos e seus respectivos conceitos:

Vinculado: é aquele que a lei dispõe à administração para a prática dos atos de sua competência, determinando requisitos para sua validade.

Discricionário: é aquele concedido à Administração para atuar de acordo com a conveniência e oportunidade para a prática dos atos.

Regulamentar: a faculdade legislativa embora caiba predominantemente ao Legislativo, nele não se exaure, cabendo ao Executivo expedir regulamentos e outros atos normativos de caráter geral e de efeitos externos.

Hierárquico: é aquele por meio do qual a Administração utiliza para organizar e escalonar as funções dos órgãos públicos; estabelecer a relação de subordinação entre seus agentes, ordenar e rever a atuação de seus agentes, estabelecendo a hierarquia de seus quadros funcionais.

Disciplinar: é a faculdade de apurar e punir internamente, aplicando a disciplina administrativa às infrações dos servidores ou particulares vinculados à atividade administrativa.

Poder de Polícia: é a atividade da Administração Pública que, limitando os particulares ou disciplinando seus direitos, interesses ou liberdades individuais, regula a prática do ato ou abstenção de fato, em razão do interesse público, em benefício da coletividade (art. 78 do Código Tributário Nacional).

9. PROCESSO ADMINISTRATIVO

CANDIDATO:

Considere a seguinte situação hipotética:

Um delegado da Polícia Federal, ao tomar conhecimento de que um agente de Polícia Federal em estágio probatório havia adquirido arma de fogo para proteção própria, tendo passado a portá-la diariamente, determinou a instauração de procedimento investigativo por considerar tal prática um ato desabonador, consistente em porte ilegal de arma de fogo, que feria a conduta ilibada do agente.

Após o regular exercício do direito ao contraditório e à ampla defesa, o agente foi exonerado por inaptidão ao exercício do cargo, uma vez que seus argumentos não foram acolhidos. Insatisfeito com a decisão, ele impetrou mandando de segurança com o objetivo de anular o ato, tendo apontado vício em virtude de o ato não ter decorrido da instauração de procedimento administrativo formal, e requereu que o juiz afastasse a conduta de adquirir arma de fogo para proteção própria como violadora dos deveres do cargo.

Com base nessa situação hipotética e no entendimento do Superior Tribunal de Justiça, esclareça, de forma fundamentada, e se o vício apontado pelo agente é pertinente e se o juiz deve afastar a conduta imputada como violadora dos deveres do cargo. **(Delegado Federal/ 2022)**

RESPOSTA ADEQUADA:

Excelência, conforme o entendimento do STJ, **é desnecessária a instauração de processo administrativo disciplinar**, com todas as suas formalidades, para a **apuração de inaptidão ou insuficiência** no exercício das funções **para fins de exoneração em estágio probatório**, bastando que sejam asseguradas as garantias constitucionais da ampla defesa e do contraditório, mediante decisão fundamentada.

Ademais, o controle do ato administrativo a cargo do Poder Judiciário **se dá apenas quanto aos aspectos da legalidade**. Aferir se o porte da arma adquirida para proteção própria mostra-se ou não suficiente para macular a conduta do servidor, por exigir juízo de valor, não pode ser levado a efeito pelo Judiciário, sem que isso implique ofensa ao princípio da separação dos poderes.

COMPLEMENTAÇÃO DA RESPOSTA:

> (...) 2. É pacífico o entendimento neste Tribunal de que é desnecessária a instauração de processo administrativo disciplinar, com todas suas formalidades, para a apuração de inaptidão ou insuficiência no exercício das funções para fins de exoneração em estágio probatório, bastando que sejam asseguradas as garantias constitucionais da ampla defesa e do contraditório, mediante decisão fundamentada, tal como ocorrera na espécie. 3. O controle do ato administrativo a cargo do Poder Judiciário dá-se, apenas, quanto aos aspectos da legalidade. Aferir se a prática do crime de porte ilegal de arma mostra-se ou não suficiente para macular a conduta do servidor, por exigir juízo de valor, não pode ser levado a efeito pelo Judiciário, sem que isso implique ofensa ao Princípio da Separação dos Poderes, daí porque não se vislumbra negativa de prestação jurisdicional. 4. Agravo regimental desprovido. (AgRg no RMS n. 13.984/SP, relatora Ministra Laurita Vaz, Quinta Turma, julgado em 26/6/2007, DJ de 6/8/2007, p. 536)

CANDIDATO:

Conforme prevê a Constituição Federal de 1988 (art. 129, VII), o Ministério Público possui a função institucional de exercer o controle externo da atividade policial, na forma de lei complementar. A respeito desse assunto, responda, de forma fundamentada e com base no entendimento do STJ, aos seguintes questionamentos.

1 O Ministério Público poderá ter acesso às ordens de missão da Polícia Federal?

2 O Ministério Público poderá ter conhecimento dos relatórios de inteligência produzidos pela Diretoria de Inteligência da Polícia Federal?

3 Procurador da República poderá instaurar ou participar da comissão de processo administrativo disciplinar formada para a apuração de infração cometida por delegado federal? **(Delegado PF/19)**

RESPOSTA ADEQUADA:

1 Excelência, consoante entendimento do STJ[53] as ordens de missão policial devem estar compreendidas no conceito de atividade-fim, portanto, sujeitas ao controle externo do Ministério Público, nos exatos termos previstos na CF, o que impõe à Polícia Federal o fornecimento ao MPF de todos os documentos relativos às ordens de missão policial. Contudo, no que se refere às ordens de missão policial formalizadas dentro de atuação como polícia investigativa, decorrente de cooperação internacional exclusiva da Polícia Federal, e sobre a qual haja acordo de sigilo, o acesso do Ministério Público não será vedado, mas realizado *a posteriori*.

2 Excelência, ainda o STJ[54] decidiu que o controle externo da atividade policial exercido pelo Ministério Público deve circunscrever-se à atividade de polícia judiciária, de modo que cabe ao órgão ministerial acesso apenas aos relatórios de inteligência emitidos pela Polícia Federal de natureza persecutório-penal, ou seja, que guardem relação com a atividade de investigação criminal.

Desse modo, o poder fiscalizador atribuído ao Ministério Público não lhe confere o acesso irrestrito a todos os relatórios de inteligência produzidos pelo Departamento de Polícia Federal.

3 Excelência, tal afirmação não merece prosperar, porquanto, ressalvada a iniciativa das autoridades que lhe são hierarquicamente superiores, compete ao diretor-geral do Departamento Federal de Segurança Pública, ao secretário de Segurança Pública do Distrito Federal e aos delegados regionais nos estados a instauração do processo disciplinar, com respaldo no art. 53, Lei Federal nº 4.878/1965.

Malgrado existir um precedente do STJ aduzindo que a participação do Ministério Público em PAD contra um policial não ensejaria nulidade (RMS 29.008/PR)[55], o

53. STJ, REsp 1.365.910/RS, 2ª Turma, Rel. Min. Mauro Campbell Marques, Julgado em 10/10/2017.

54. STJ, REsp 1.439.193/RJ, 1ª Turma, Rel. Min. Gurgel de Faria, Julgado em 14/06/2016.

55. RMS 29.008/PR, 5ª Turma, Rel. Min. Laurita Vaz, julgado em 29/09/2009.

entendimento dominante é o de que a instauração ou participação por parte de um integrante do parquet tornaria nulo o respectivo procedimento administrativo[56].

COMPLEMENTAÇÃO DA RESPOSTA:

Atente-se para os detalhes:

Na primeira pergunta o pulo do gato não está em "se", mas em "quando" o Ministério Público poderá ter acesso às ordens de missão da Polícia Federal.

Também na segunda resposta, verifica-se que há apenas uma peculiaridade a ser destacada: o MP terá acesso, contudo não irrestrito a todos os relatórios de inteligência produzidos pelo DPF.

Já na última hipótese há entendimento dominante do STJ de que a instauração ou participação por parte de um integrante do parquet tornaria nulo o respectivo procedimento administrativo.

Todavia, nota-se uma tendência de explorar as exceções pela banca examinadora, o que requer cuidado redobrado por parte do candidato(a) ao responder aos questionamentos durante a prova.

CANDIDATO:

Considere a seguinte situação hipotética: O Departamento da Polícia Federal recebeu denúncia anônima imputando infração disciplinar a determinado delegado do órgão. Em razão dessa denúncia, foi instaurado processo administrativo disciplinar (PAD), por meio de portaria, em desfavor do delegado. Na portaria, não constava a descrição minuciosa do que lhe estava sendo imputado. Considerando essa situação hipotética e a jurisprudência do STJ, responda, fundamentadamente, aos seguintes questionamentos.

1 É possível a instauração de PAD com base em denúncia anônima?

2 É necessária a descrição minuciosa da imputação na portaria de instauração do PAD?

3 Se a infração imputada for considerada grave e também constituir ato de improbidade administrativa, o delegado poderá ser demitido em processo administrativo? **(Delegado PF/2020)**

RESPOSTA ADEQUADA:

Excelência, consoante entendimento adotado pelo STJ[57], é possível a instauração de PAD com base em denúncia anônima, **desde que devidamente motivada e com**

56. STF, ADI 3298, Rel. Ministro Gilmar Mendes, Tribunal Pleno, DJe de 28/06/2007; STF, ADI 3574, Rel. Ministro Ricardo Lewandowski, Tribunal Pleno, DJe de 31/05/2007; STF, RE 740.813, Rel. Ministro Dias Toffoli, 1ª Turma, DJe de 21/11/2014; STF, RE 676.733/PR, Rel. Ministro Celso de Mello, 2ª Turma, DJe de 18/08/2013; STJ, AgInt no RMS 34.454/PR, Rel. Ministra Regina Helena Costa, 1ª Turma, DJe de 22/05/2017; AgInt no RMS 49.202/PR, Rel. Ministra Assusete Magalhães, 2ª Turma, DJe de 09/05/2017; AgInt no RMS 51.447/PR, Rel. Ministro Mauro Campbell Marques, 2ª Turma, DJe de 02/05/2017.

57. STJ, 1ª Sessão, 09/05/2018, DJe 14/05/2018.

amparo em investigação ou sindicância, em face do poder-dever de autotutela imposto à Administração.

Súmula nº 611 do STJ: Desde que devidamente motivada e com amparo em investigação ou sindicância, é permitida a instauração de processo administrativo disciplinar com base em denúncia anônima, em face do poder-dever de autotutela imposto à Administração.

A portaria de instauração do PAD dispensa a descrição minuciosa da imputação. Tal exigência passa a existir após a instrução do feito, na fase de indiciamento, para que se possa exercer o contraditório e a ampla defesa.

O servidor poderá ser demitido, em processo administrativo, por infração disciplinar grave que constitui ato de improbidade administrativa. É possível a demissão de servidor por improbidade administrativa em processo administrativo disciplinar. Infração disciplinar grave que constitui ato de improbidade é causa de demissão do servidor, em processo administrativo, independentemente de processo judicial prévio.

COMPLEMENTAÇÃO DA RESPOSTA:

Vejamos as ressalvas quanto à aceitação da denúncia anônima para justificar a instauração de PAD[58-59]:

O que é a chamada "denúncia anônima"?

Denúncia anônima ocorre quando alguém, sem se identificar, relata para as autoridades que determinada pessoa praticou uma infração, um ilícito. Essa "denúncia anônima" pode relatar a ocorrência de crimes e/ou de infrações administrativas.

Ex1: uma pessoa liga para a polícia e avisa que em determinado local está ocorrendo o comércio ilegal de drogas (denúncia anônima de um crime).

Ex2: uma pessoa envia mensagem para a ouvidoria do órgão público, sem se identificar, relatando que o servidor João não trata os usuários do serviço com urbanidade e gentileza (trata-se de uma denúncia anônima envolvendo a prática de uma infração administrativa).

Ex3: um indivíduo envia mensagem para a corregedoria do Fisco, sem se identificar, narrando um episódio no qual o Fiscal exigiu vantagem ilícita para não fazer o lançamento tributário (neste caso, teremos uma denúncia anônima revelando uma infração administrativa que também configura crime).

É possível instaurar processo administrativo disciplinar com base em "denúncia anônima"? SIM, mas a jurisprudência afirma que, antes, a autoridade deverá realizar uma investigação preliminar ou sindicância para averiguar o conteúdo e confirmar se a "denúncia anônima" possui um mínimo de plausibilidade.

---

58. RIGOLIN, Ivan Barbosa, Comentários ao Regime Único dos Servidores Públicos Civis, Editora Saraiva, 7ª ed., São Paulo 2012, p. 350.

59. <https://dizerodireitodotnet.files.wordpress.com/2018/07/sc3bamula-611-stj.pdf>, acessado em 24 de jan.17.

Anonimato x Princípios da administração pública

A Constituição Federal assegura a livre manifestação do pensamento, mas proíbe o anonimato (art. 5º, IV). Por essa razão, algumas pessoas defendiam a ideia de que a denúncia anônima seria proibida.

Os Tribunais Superiores, contudo, não concordaram com essa tese. Isso porque existem outros valores constitucionais que devem ser ponderados, ou seja, devem também ser levados em consideração, não se podendo ter essa regra do art. 5º, IV, como absoluta.

O art. 37, caput, da CF/88 determina que a Administração Pública deverá obedecer aos princípios da legalidade, da impessoalidade e da moralidade. Dessa forma, tais princípios exigem que o administrador público, ao ser informado de uma possível infração administrativa, tome providências. Essas providências devem ser adotadas porque a Administração Pública está submetida ao poder-dever da autotutela.

A autotutela obriga que o administrador público corrija, mesmo de ofício, atos ilegais que estejam sendo praticados no âmbito da administração pública. Logo, mesmo a informação tendo chegado sem identificação do remetente, o administrador público não pode ser omisso e ignorá-la, sob pena de ele (administrador) ser responsabilizado nas esferas civil (art. 37, § 6º, da CF/88), penal (prevaricação - art. 319 do CP; condescendência criminosa - art. 320 do CP), administrativa (art. 117, XV, Lei nº 8.112/90 - proceder de forma desidiosa) e também por ato de improbidade (art. 11, II, Lei nº 8.429/92 - retardar ou deixar de praticar, indevidamente, ato de ofício).

Lei nº 8.112/90

Isso que foi explicado acima vale para todas as esferas da administração pública (União, Estados/DF e Municípios). No caso da União, contudo, é importante ressaltar que existe previsão expressa na Lei nº 8.112/90: Art. 143. A autoridade que tiver ciência de irregularidade no serviço público é obrigada a promover a sua apuração imediata, mediante sindicância ou processo administrativo disciplinar, assegurada ao acusado ampla defesa. Desse modo, a Lei nº 8.112/90 prevê dois instrumentos para a apuração das infrações administrativas praticadas pelos servidores públicos federais: a) a sindicância e b) o processo administrativo disciplinar.

Quando se instaura um ou o outro?

- Sindicância: quando o administrador percebe que há a necessidade de que alguns fatos sejam esclarecidos antes, ou seja, quando ainda não há muitos elementos para se instaurar diretamente o processo. É uma espécie de investigação prévia.
- PAD: deve ser instaurado quando a existência do fato está plenamente caracterizada e a autoria é conhecida.

Como explica Ivan Barbosa Rigolin, existem situações que são tão graves e evidentes "que nem mesmo é preciso a sindicância para apontar a necessidade de processo disciplinar. Nessa hipótese, deve ser logo de início instaurado aquele processo, convocando-se todas as pessoas, bem como invocando-se todos os meios de provas necessários à boa condução do trabalho e à elucidação do fato apontado."

Denúncia anônima exige prévia sindicância ou investigação prévia

O STJ afirmou que, no caso de denúncia anônima, não se deve instaurar imediatamente (diretamente) o processo administrativo disciplinar. Antes disso, por precaução e prudência, o administrador deverá realizar uma sindicância, ou seja, uma investigação prévia para examinar se essa denúncia anônima não é completamente infundada. Ex: chega à Administração Pública a denúncia anônima de que Pedro, fiscal do Município, teria recebido vantagem indevida para a emissão de alvará de funcionamento da empresa X. A informação que chegou foi apenas esta. O administrador público deverá instaurar para confirmar minimamente a procedência dos fatos. Durante essa investigação prévia, constata-se que Pedro nunca atuou neste processo. Logo, a sindicância será arquivada e não será instaurado processo administrativo disciplinar.

A Instauração do PAD deve ser devidamente motivada e com amparo em investigação ou sindicância?

Por outro lado, suponhamos que, na sindicância que foi aberta para apurar a denúncia anônima, constata-se que Pedro atuou realmente como fiscal no pedido de alvará da empresa X e que ele não exigiu alguns documentos que seriam obrigatórios. Neste caso, constatando-se a existência de indícios de que houve a prática de uma infração administrativa grave, deverá a autoridade administrativa, de forma devidamente motivada, ou seja, expondo essas razões, instaurar processo administrativo disciplinar.

Denúncias anônimas são válidas no PAD?

O art. 144 da Lei nº 8.112/90 prevê o seguinte:

> Art. 144. As denúncias sobre irregularidades serão objeto de apuração, desde que contenham a identificação e o endereço do denunciante e sejam formuladas por escrito, confirmada a autenticidade.
>
> Parágrafo único. Quando o fato narrado não configurar evidente infração disciplinar ou ilícito penal, a denúncia será arquivada, por falta de objeto.

Esse art. 144 era muito utilizado como tese de defesa para tentar invalidar os processos administrativos iniciados com base em denúncia anônima.

O STJ[60], contudo, afasta esse argumento e afirma que: (...) 3. Conquanto a Lei n. 8.112/1990, no art. 144, preveja a formulação por escrito, com identificação e endereço do denunciante, **não há expressa determinação legal** para que denúncias anônimas sejam ignoradas e simplesmente arquivadas, uma vez que a Administração dispõe do poder-dever de autotutela. (...)

Em suma, mesmo com o art. 144 da Lei nº 8.112/90, admite-se a denúncia anônima. Procedimento em caso de denúncia anônima: Assim, o procedimento em caso

60. STJ, AgRg no REsp 1126789/RS, 6ª Turma, Rel. Min. Og Fernandes, julgado em 06/08/2013.

de denúncia anônima na Administração Pública deverá ser o seguinte: 1) Iniciar uma sindicância ou uma investigação preliminar (obs.: a investigação preliminar na Administração Pública federal é chamada de sindicância, mas em outros entes pode não ter esse nome); 2) Arquivamento: quando na sindicância ou investigação ficar demonstrado que a denúncia anônima é completamente infundada e que não há qualquer indício da prática de infração administrativa; 3) Instauração de processo disciplinar: quando for constatada a existência de indícios de que houve a prática de uma infração administrativa. Para a instauração do PAD exige-se ato devidamente motivado.

CGU

Vale ressaltar que a CGU possui um enunciado administrativo semelhante ao entendimento do STJ: Enunciado nº 3-CGU: A delação anônima é apta a deflagrar apuração preliminar no âmbito da Administração Pública, devendo ser colhidos outros elementos que a comprovem.

CANDIDATO:

Considere a seguinte situação hipotética: Foi instaurado processo administrativo disciplinar (PAD) devido a infração administrativa também tipificada como crime cometida por policial federal. A comissão designada para promover o procedimento administrativo apurou a existência de indícios de que a gravidade dos acontecimentos poderia ensejar pena de demissão. Posteriormente, ainda durante o trâmite administrativo, a comissão tomou conhecimento de que o policial já respondia a processo criminal referente aos mesmos fatos investigados na seara administrativa. A partir dessa situação hipotética e da jurisprudência do STJ, responda, fundamentadamente, aos seguintes questionamentos. **(Delegado PF/18)**

1. A instauração do PAD é causa de suspensão ou de interrupção do prazo prescricional administrativo?
2. Qual é o prazo prescricional da punição no âmbito do PAD?
3. Quais são os critérios que a comissão do PAD deve ter utilizado para a aplicação da penalidade administrativa?

RESPOSTA ADEQUADA:

Excelência, a instauração do PAD é causa de **interrupção** do prazo prescricional administrativo, que começa a contar da data do conhecimento do fato pela autoridade competente para instaurar o processo administrativo disciplinar, sendo o **prazo prescricional de cinco anos** em relação às infrações puníveis com demissão, cassação de aposentadoria ou disponibilidade e destituição de cargo em comissão.

Para aplicação das penalidades administrativas considera-se a natureza e a gravidade da infração cometida, os danos ocasionados ao serviço público dela decorrentes, as circunstâncias agravantes ou atenuantes, e os antecedentes funcionais.

COMPLEMENTAÇÃO DA RESPOSTA:

1) O termo inicial do prazo prescricional para a apuração do cometimento de infração disciplinar é a **data do conhecimento do fato pela autoridade competente para**

instaurar o processo administrativo disciplinar. A contagem da prescrição **é interrompida** tanto com a abertura de sindicância quanto com a instauração de processo disciplinar. Após o decurso de **cento e quarenta dias** (prazo máximo conferido pela Lei nº 8.122/1990 para conclusão e julgamento do PAD), o prazo prescricional recomeça a correr integralmente. (STJ, RO nos EDcl nos EDcl no MS 11493/DF.)

2) O prazo prescricional é de cinco anos em relação às infrações puníveis com demissão, cassação de aposentadoria ou disponibilidade e destituição de cargo em comissão, conforme teor do art. 142, I, da Lei nº 8.112/1990. Todavia, O prazo prescricional previsto na lei penal se aplica às infrações disciplinares também capituladas como crime **independentemente** da apuração criminal da conduta do servidor.

Para se aplicar a regra do § 2º do art. 142 da Lei nº 8.112/90 não se exige que o fato esteja sendo apurado na esfera penal (não se exige que tenha havido oferecimento de denúncia ou instauração de inquérito policial). Se a infração disciplinar praticada for, em tese, também crime, deve ser aplicado o prazo prescricional previsto na legislação penal independentemente de qualquer outra exigência. STJ. 1ª Seção. MS 20.857-DF, Rel. Min. Napoleão Nunes Maia Filho, Rel. Acd. Min. Og Fernandes, julgado em 22/05/2019 (Info 651).

3) A aplicação das penalidades no âmbito administrativo está descrita no art. 128, Lei Federal n.º 8.112/1990).

A 1ª Turma do STJ aprovou nova súmula no dia 12/06/2019 (publicação no Diário Eletrônico de 18.06.2019).

Recente súmula 635-STJ: "Os prazos prescricionais previstos no artigo 142 da Lei 8.112/90 **iniciam-se na data em que a autoridade competente para a abertura do procedimento administrativo tomar conhecimento do fato**, interrompendo-se com o primeiro ato de instauração válido, sindicância de caráter punitivo ou processo disciplinar, e volta a fluir por inteiro após decorridos 140 dias desde a interrupção".

CANDIDATO:

Ricardo é servidor efetivo da PF desde 2015. Em julho de 2016, ele foi cedido para exercer, por dois anos, um cargo em comissão em determinado ministério. Em maio de 2017, quando ainda estava prestando serviços no ministério, Ricardo, se envolveu em atos ímprobos e corrupção. Fatos estes que chegaram ao conhecimento por denúncia anônima. Essa sua conduta configurou infração disciplinar. Em junho de 2017, terminou a cessão de Ricardo e ele retornou ao Departamento da PF. Restou instaurado um processo administrativo disciplinar para apurar a sua conduta. **(Delegado/ Simulado 19)**

Com base na situação hipotética, consoante posicionamento do STF e STJ responda:

a) Quem deverá ser o responsável por este PAD: o Departamento da PF (órgão de origem) ou o respectivo Ministério (órgão no qual o servidor estava quando praticou a infração)?

b) A apuração da infração disciplinar obedeceu às regras preceituadas pela jurisprudência?

RESPOSTA ADEQUADA:

Excelência,

a) o STJ decidiu que a instauração de processo disciplinar contra servidor efetivo cedido deve ocorrer, preferencialmente, no órgão em que tenha sido praticada a suposta irregularidade. Contudo, o julgamento e a eventual aplicação de sanção só podem ocorrer no órgão ao qual o servidor efetivo estiver vinculado.

b) Desde que devidamente motivada e com amparo em investigação ou sindicância, é permitida a instauração de processo administrativo disciplinar com base em denúncia anônima, em face do poder-dever de autotutela imposto à Administração.

COMPLEMENTAÇÃO DA RESPOSTA:

A instauração de processo disciplinar contra servidor efetivo cedido deve ocorrer, preferencialmente, no órgão em que tenha sido praticada a suposta irregularidade. Contudo, o julgamento e a eventual aplicação de sanção só podem ocorrer no órgão ao qual o servidor efetivo estiver vinculado. STJ. Corte Especial. MS 21.991-DF (Info 598).

Atenção com a redação do art. 144 da Lei nº 8.112/90 que prevê o seguinte: "Art. 144. As denúncias sobre irregularidades serão objeto de apuração, desde que contenham a identificação e o endereço do denunciante e sejam formuladas por escrito, confirmada a autenticidade. Parágrafo único. Quando o fato narrado não configurar evidente infração disciplinar ou ilícito penal, a denúncia será arquivada, por falta de objeto." Esse art. 144 era muito utilizado como tese de defesa para tentar invalidar os processos administrativos iniciados com base em denúncia anônima.

O STJ, contudo, afasta esse argumento e afirma que: "(...) 3. Conquanto a Lei n. 8.112/1990, no art. 144, preveja a formulação por escrito, com identificação e endereço do denunciante, não há expressa determinação legal para que denúncias anônimas sejam ignoradas e simplesmente arquivadas, uma vez que a Administração dispõe do poder-dever de autotutela. (...)". STJ. 6ª Turma. AgRg no REsp 1126789/RS, Rel. Min. Og Fernandes, julgado em 06/08/2013.

CANDIDATO:

Qual a natureza jurídica do processo administrativo? Qual a sua relação com o processo judicial e procedimento administrativo? Quais os princípios que regem o processo administrativo? **(Delegado SC/15)**

RESPOSTA ADEQUADA:

Excelência, a natureza jurídica do processo administrativo é de processo contencioso ou litigioso, por meio do qual a administração apura e pune os responsáveis pelas infrações cometidas em seu âmbito.

Dentre os sistemas administrativos há o francês ou o contencioso administrativo, sendo o que analisa com exclusividade os atos administrativos, excluindo-os da apreciação judicial, e o sistema inglês, que tem jurisdição una, de forma que os atos administrativos sempre podem ser analisados pelo Poder Judiciário, que é o competente para pôr fim ao conflito, estabilizando-o como coisa julgada. Tendo sido adotado pelo ordenamento jurídico brasileiro o sistema inglês.

Quanto à sua relação com o processo judicial, destaca-se que o processo administrativo disciplinar é equiparado ao processo judicial criminal quanto à observância dos princípios constitucionais da publicidade, ampla defesa e do contraditório. O respeito a tais princípios é obrigatório e fundamental, sob pena de nulidade do processo e ineficácia das sanções impostos ao infrator através do mesmo.

Processo administrativo é o conjunto de documentos em que se traduzem os atos e formalidades que integram o procedimento administrativo; enquanto este é o rito ações, atos e formalidades, que encadeados objetivam um resultado, concretizado numa decisão final. É a concepção ordinatória.

Segundo prescreve a Lei Federal 9.784/99[61] (PAD), os princípios que regem o processo administrativo são da: legalidade, finalidade, motivação, razoabilidade, proporcionalidade, moralidade, ampla defesa, contraditório, segurança jurídica, interesse público e eficiência.

COMPLEMENTAÇÃO DA RESPOSTA:

Imagino que tenha ficado assustado com o tamanho da resposta, mas foram **três perguntas sequenciais**. Sem dúvida, esse tipo de questão é a pior, aconselho o candidato a fazer um rascunho mental por partes, do contrário estará suscetível a se confundir.

Além disso, sobre o tema temos o interessante entendimento veiculado no **informativo 598 do STJ:** "A instauração de processo disciplinar contra servidor efetivo cedido deve dar-se, **preferencialmente**, no **órgão em que tenha sido praticada a suposta irregularidade**. Contudo, o julgamento e a eventual **aplicação de sanção só podem ocorrer no órgão ao qual o servidor efetivo estiver vinculado**"[62].

CANDIDATO:

A exigência do processo administrativo é uma garantia ou um direito? **(Delegado SP/15)**

RESPOSTA ADEQUADA:

Excelência, o processo administrativo, por inserir-se no rol constitucional de direitos fundamentais, consubstancia-se ao mesmo tempo em direito ou garantia.

61. BRASIL, Lei nº 9784, 1999, art. 2º.

62. STJ, MS 21.991-DF, Rel. Min. Humberto Martins, Corte Especial, julgado em 16/11/2016.

É considerado garantia enquanto assegura garantias constitucionais aos sujeitos da relação jurídico-administrativa, dado o dever de observância de um devido processo legal, com respeito ao contraditório e ampla defesa, bem como demais princípios constitucionais envolvidos, antes que o Estado aplique qualquer sanção ao servidor a que se atribui cometimento de ato ilícito.

E por outro lado, pode garantir o exercício dos direitos individuais do cidadão, por ser ferramenta que materializa o direito de petição.

COMPLEMENTAÇÃO DA RESPOSTA:

Cumpre destacar que o Processo Administrativo tem como finalidade precípua garantir a proteção dos direitos dos administrados e perseguir o melhor cumprimento dos fins da Administração.

Conforme a Carta Magna:

> Art. 5º LV – aos litigantes, em processo judicial ou administrativo, e aos acusados em geral são assegurados o contraditório e ampla defesa, com os meios e recursos a ela inerentes (...).

Dos direitos dos administrados à luz da lei nº 9.784/99:

> Art. 3º O administrado tem os seguintes direitos perante a Administração, sem prejuízo de outros que lhe sejam assegurados:
>
> I – ser tratado com respeito pelas autoridades e servidores, que deverão facilitar o exercício de seus direitos e o cumprimento de suas obrigações;
>
> II – ter ciência da tramitação dos processos administrativos em que tenha a condição de interessado, ter vista dos autos, obter cópias de documentos neles contidos e conhecer as decisões proferidas;
>
> III – formular alegações e apresentar documentos antes da decisão, os quais serão objeto de consideração pelo órgão competente;
>
> IV – fazer-se assistir, facultativamente, por advogado, salvo quando obrigatória a representação, por força de lei.

10. RESPONSABILIDADE CIVIL DO ESTADO

CANDIDATO:

Qual responsabilidade civil por atos praticados por presos foragidos? **(Delegado/Questão Simulada)**

RESPOSTA ADEQUADA:

Excelência, em regra, o Estado não tem responsabilidade civil por atos praticados por presos foragidos.

Contudo, consoante entendimento do STF há uma exceção: "Nos termos do artigo 37, § 6º, da Constituição Federal, **não se caracteriza** a responsabilidade civil objetiva do Estado por danos decorrentes de crime praticado por pessoa foragida do sistema prisional, quando **não demonstrado o nexo causal direto** entre o momento da fuga e a conduta praticada".[63]

COMPLEMENTAÇÃO DA RESPOSTA:

A responsabilidade civil das pessoas jurídicas de direito público e das pessoas jurídicas de direito privado prestadoras de serviço público baseia-se no risco administrativo, sendo objetiva, exige os seguintes requisitos: ocorrência do dano; ação ou omissão administrativa; existência de nexo causal entre o dano e a ação ou omissão administrativa e ausência de causa excludente da responsabilidade estatal.

A jurisprudência do STF, inclusive, entende ser objetiva a responsabilidade civil decorrente de omissão, seja das pessoas jurídicas de direito público ou das pessoas jurídicas de direito privado prestadoras de serviço público.

Entretanto, o princípio da responsabilidade objetiva **não se reveste** de caráter absoluto, eis que admite o abrandamento e, até mesmo, a exclusão da própria responsabilidade civil do Estado, nas hipóteses excepcionais configuradoras de situações liberatórias como o caso fortuito e a força maior ou evidências de ocorrência de culpa atribuível à própria vítima.

A fuga de presidiário e o cometimento de crime, sem qualquer relação lógica com sua evasão, extirpa o elemento normativo, segundo o qual a responsabilidade civil só se estabelece em relação aos efeitos diretos e imediatos causados pela conduta do agente. Nesse cenário, em que não há causalidade direta para fins de atribuição de responsabilidade civil extracontratual do Poder Público, não se apresentam os requisitos necessários para a imputação da responsabilidade objetiva prevista na Constituição Federal – em especial, como já citado, por ausência do nexo causal.

TEMAS QUENTES!

1) O **STJ no REsp 1.708.325/RS (Informativo 740)** a conduta do hospital que **deixa de fornecer o mínimo serviço de segurança** e, por conseguinte, despreza o **dever de zelar pela incolumidade física** dos seus pacientes contribuiu de forma determinante e específica para o homicídio praticado em suas dependências, afastando-se a alegação da excludente de ilicitude, qual seja, fato de terceiro. A responsabilidade do hospital público está configurada e o Estado deve responder de **forma objetiva**, quando constatada a **precariedade/vício no serviço** decorrente da falha no dever legal e específico de agir.

2) O **STJ no REsp n. 1.880.076/DF** condenou o Estado com base na **responsabilidade civil objetiva** a indenização por danos morais e estéticos a um vigilante que ficou paraplégico após ser atingido por um tiro acidental disparado por policial. Segundo entendimento já sumulado anteriormente pelo **STJ** cabe a acumulação de danos morais

63. STF, RE 608880, Plenário, Rel. Min. Marco Aurélio, Relator p/ Acórdão Alexandre de Moraes, julgado em 08/09/2020 (Repercussão Geral – Tema 362) (Info 993).

e estéticos quando, ainda que decorrentes do mesmo fato, for possível a identificação separada de cada um deles.

Vejamos: **Súmula 387, STJ**: É lícita a **cumulação** das indenizações de dano estético e dano moral.

3) STF em sede de repercussão geral **(RE 841526/RS)** "em caso de inobservância de seu **dever específico de proteção** previsto no **art. 5º, inciso XLIX, da CF/88**, o Estado é **responsável** pela morte de detento." No entanto, a teoria aplicada é a do **risco administrativo** tendo em vista que o Estado **poderá ser dispensado de indenizar** se ele conseguir provar que a morte do detento não podia ser evitada. Neste caso, rompe-se o nexo de causalidade entre o resultado morte e a omissão estatal.

4) Para o **STJ no AREsp 2.107.927**, a **responsabilidade principal** do fabricante de armas de fogo deve-se pela obrigação de garantir patamares de excelência na produção de equipamento potencialmente mortal, desde o projeto e a escolha do material até a confecção. De outro, o **Estado** tinha a obrigação de adotar as cautelas de testar e de verificar o armamento antes de destiná-lo a seus agentes, especialmente considerando cuidar-se de instrumento indispensável à função policial. Assim, o Estado responde de forma **subsidiária.**

CANDIDATO:

Discorra sobre a responsabilidade civil do estado devido à conduta omissiva à luz da jurisprudência? **(Delegado/ Simulado 2022)**

RESPOSTA ADEQUADA:

Excelência, adotado como regra pelo **STJ**: caso de atos omissivos é **subjetiva**, baseada na teoria da culpa administrativa (culpa anônima). A jurisprudência traz à baila o fato de que **não cabe** ao Estado ser considerado um segurador universal ou um ser onipotente. **Não se pode** confundir o risco administrativo com o risco integral. Contudo, havendo **dano e o dever de proteção razoável do Estado, estará presente a responsabilidade**.

Adotado como **exceção** pelo **STF**: o **Estado** responde de forma **objetiva** pelas suas **omissões**, desde que ele tivesse **obrigação legal específica** de agir para **impedir** que o resultado danoso ocorresse. A isso se chama de "omissão específica" do Estado.

COMPLEMENTAÇÃO DA RESPOSTA:

À luz do STF (RE 841526), com repercussão geral reconhecida, no qual a Corte consolidou entendimento para a necessária observância do **art. 37, § 6º,** quanto às omissões administrativas. Observou que a matéria também é disciplinada pelo **artigo 43** e pelo **artigo 927**, parágrafo único, ambos do Código Civil.

Com base no **art. 37, § 6º, da CF**, o ministro entendeu que há **responsabilidade civil objetiva do Estado**, ou da **empresa prestadora do serviço público**, em razao de dano decorrente de crime de furto praticado em posto de pesagem, considerada a **omissão no dever de vigilância e falha na prestação e organização do serviço**. "É inviável reconhecer inexistente o nexo causal quando o descuido de vigilância de pessoa jurídica privada, prestadora de serviço público, facilita furtos e, em consequência, acarreta danos", destacou o relator, ao frisar que **não** está em discussão o transporte de mercadoria em excesso, mas a falha na prestação e organização do serviço.

IMPORTANTE!

Esse entendimento do STF sobre **omissão** específica aplica-se a:

1) Pessoa jurídica de direito público (Estado etc.);

2) Pessoa jurídica de direito privado prestadora de serviço público.

QUADRO ESQUEMÁTICO!

Vejamos de forma resumida a diferença entre responsabilidade civil objetiva e subjetiva:

RESPONSABILIDADE CIVIL	
Objetiva	**Subjetiva**
Base: Teoria do Risco Administrativo.	**Base:** Teoria da Culpa Anônima ou Administrativa.
Respondem: pessoas jurídicas de direito público e as de direito privado prestadoras de serviços públicos.	**Respondem:** pessoas jurídicas de direito público e as de direito privado prestadoras de serviços públicos.
A responsabilidade do Estado **é objetiva**.	A responsabilidade do Estado **é subjetiva**.
Regra: ato comissivo (ação).	**Regra:** ato omissivo (genérico).
Exceção: omissão específica é **objetiva** (entendimento STF).	**Exceção:** nos casos de atos omissivos genéricos é **subjetiva**, baseada na teoria da culpa administrativa (doutrina tradicional e STJ). **Não diferencia** omissão genérica X omissão específica.
Dano **decorre diretamente (especificamente) da omissão**: responsabilidade objetiva.	Dano **não decorre diretamente da omissão**: Responsabilidade subjetiva.
Não há necessidade de se provar **dolo ou culpa**.	**Há necessidade** de provar **culpa**.
Requisitos: **1)** Dano; **2)** Conduta; **3)** Nexo de causalidade entre a conduta e o dano.	**Requisitos:** **1)** Dano; **2)** Nexo de causalidade entre a falta de; serviço e o dano.
Não se exige a comprovação do elemento subjetivo do agente (dolo ou culpa) que age em nome do Estado.	**Não se exige** a comprovação de **culpa do agente**, mas a **culpa especial** (presumida) da Administração que é denominada culpa administrativa.
Pode ser por atos lícitos e Ilícitos.	

Ainda que o agente aja em "legítima **defesa**", **restará** a responsabilidade objetiva do estado em indenizar terceiro inocente atingido pela ação executada.	Pode ser por atos lícitos e Ilícitos.
Exemplos: servidor público dirigindo, imprudentemente, veículo do Estado atropela e mata transeuntes; assassinato de menores recolhidos em abrigo de menores.	**Exemplos:** enchente em determinado bairro que venha a danificar bens da propriedade de terceiro, desde que haja comprovação de que houve, anteriormente, reclamação formal para desentupir os bueiros etc.

CANDIDATO:

Qual a responsabilidade civil do Estado quanto aos poderes legislativo e judiciário? **(Delegado/ Simulado 2022)?**

RESPOSTA ADEQUADA:

Excelência, os atos judiciais típicos, **em regra**, não implicam em responsabilização do Estado, porquanto o sistema processual dispõe de recursos e meios judiciais próprios para a reversão de grande parte das decisões judiciais. Contudo, **excepcionalmente**, poderá haver, caso ocorra erro judicial reconhecido em revisão criminal.

Os atos legislativos, **em regra**, também não geram responsabilização do Estado. **Exceções:** Leis declaradas inconstitucionais pelo STF em sede de controle concentrado; Leis que tenham efeitos concretos.

COMPLEMENTAÇÃO DA RESPOSTA:

Para não se esquecer da responsabilidade civil por atos judiciais e legislativos, veja:

ATOS JUDICIAIS	ATOS LEGISLATIVOS
Os atos judiciais típicos, **em regra**, não implicam em responsabilização do Estado, porquanto o sistema pro cessual dispõe de recursos e meios judiciais próprios para a reversão de grande parte das decisões judiciais.	Os atos legislativos, **em regra**, também não geram responsabilização do Estado.
Exceções: **1)** O erro judicial reconhecido em revisão criminal; **2)** Condenado que ficar preso além do tempo estabelecido em decisão judicial e quando o juiz proceder com dolo ou fraude no exercício de suas funções ou recusar, omitir ou retardar, sem justo motivo, providência que deva ordenar de ofício, ou a requerimento da parte.	**Exceções:** **1)** Leis declaradas inconstitucionais pelo STF em sede de controle concentrado; **2)** Leis que tenham efeitos concretos.

CANDIDATO:

Considere a seguinte situação hipotética: Durante o cumprimento de diligência operacional um agente da Polícia Federal que conduzia veículo da instituição atropelou e matou um rapaz de 17 anos de idade. O laudo de óbito constatou que a vítima estava alcoolizada no momento do acidente. Não se teve notícia se o jovem trabalhava na época em que faleceu. Em decorrência do acontecimento os pais do menor ingressaram com ação de civil de reparação de danos morais e de arbitramento de pensão mensal contra a União. **(Delegado PF/18)**

Com relação a essa situação hipotética responda aos seguintes questionamentos, de forma justificada, considerando o entendimento do STJ.

1. Qual é a modalidade de responsabilidade da União no caso narrado?
2. Caso a União, posteriormente, opte por ingressar com ação regressiva contra o agente de polícia, quais deverão ser os pressupostos dessa ação?
3. Quais são os parâmetros e o termo final fixados pelo STJ para o arbitramento da pensão mensal pleiteada no caso narrado?

RESPOSTA ADEQUADA:

Excelência, no ordenamento jurídico brasileiro, a responsabilidade do poder público é objetiva, adotando-se a teoria do risco administrativo (art. 37, § 6º, CF).

Diante de tal norma, pode-se afirmar que o Estado tem obrigação de indenizar prejuízos causados por ação ou omissão de seus agentes, no exercício da função de agente público.

Para exercer o direito de regresso, a entidade pública (ou a delegatária de serviços públicos) deverá comprovar que já foi condenada judicialmente por decisão transitada em julgado, sendo este requisito essencial ao cabimento da ação regressiva, verdadeira condição de procedibilidade, havendo necessidade da demonstração do dolo ou culpa do agente.

Devem ser avaliadas as hipóteses de causas excludentes, caso fortuito ou força maior ou culpa exclusiva da vítima, que eximiriam o agente de responsabilidade. Por exemplo, a embriaguez pode configurar culpa exclusiva da vítima ou a culpa concorrente, que atenuaria a responsabilidade do agente e, por consequência, do ente.

A pensão seria devida aos pais mesmo que ele ainda não trabalhasse. Assim, a jurisprudência da Corte Superior é firme no sentido de que tal verba deve corresponder a 1 (um) salário-mínimo, tendo como termo final a data em que a vítima do evento danoso atingiria idade correspondente à expectativa média de vida do brasileiro prevista no momento de seu óbito, segundo a tabela do IBGE, ou até o falecimento do beneficiário, se tal fato vier a ocorrer primeiro.

COMPLEMENTAÇÃO DA RESPOSTA:

Sobre o tema, importante mencionar a **Súmula 491 do STF:** "É indenizável o acidente que cause a morte de filho menor, ainda que não exerça trabalho remunerado".

À luz do espelho adotado pela CEBRASPE, banca que organizou a prova oral de Delegado da PF, seguem informações sobre a temática:

1) Art. 37 da CF/88. "A administração pública direta e indireta de qualquer dos Poderes da União, dos Estados, do Distrito Federal e dos Municípios obedecerá aos princípios de legalidade, impessoalidade, moralidade, publicidade e eficiência e, também, ao seguinte: **§ 6º.** As pessoas jurídicas de direito público e as de direito privado prestadoras de serviços públicos responderão pelos danos que seus agentes, nessa qualidade, causarem a terceiros, assegurado o direito de regresso contra o responsável nos casos de dolo ou culpa."

Essa teoria é fundada na ideia de solidariedade social, na justa repartição dos ônus decorrentes da prestação dos serviços públicos, exigindo-se a presença dos seguintes requisitos: dano, conduta administrativa e nexo causal. Admite-se abrandamento ou mesmo exclusão da responsabilidade objetiva se coexistirem atenuantes ou excludentes que atuem sobre o nexo de causalidade. A condição de agente público, quando contribui de modo determinante para a conduta lesiva, é causa para responsabilização estatal, dispensáveis sejam os danos decorrentes unicamente do exercício da atividade funcional. Basta que haja uma relação entre a função pública do agente e o fato gerador do dano (vítima fatal em acidente de trânsito), o que leva à imputação direta dos atos dos agentes ao poder público que lhes deu o status ou os instrumentos que lhes permitiram agir e, a partir daí, causar os prejuízos cobrados (REsp 866.450/RS). O fato de o menor encontrar-se sob o efeito de bebida alcoólica no momento do acidente não elide, de imediato, a responsabilidade objetiva do poder público, devendo-se averiguar se a vítima, com a sua conduta, contribuiu com o acidente (culpa concorrente) ou se ocorreu hipótese de culpa exclusiva.

2) Existe forte corrente jurisprudencial no STJ admitindo a denunciação à lide do servidor. Independentemente dessa discussão, prevalece o entendimento de que fica resguardado ao poder público posteriormente ingressar com a via da ação regressiva. No entanto, caso opte por ingressar após com a respectiva ação de regresso, serão necessários o trânsito em julgado da sentença condenatória e a demonstração do elemento subjetivo do servidor (culpa ou dolo), pois a relação jurídica entre o poder público e o agente é fundada nesse fundamento. Para exercer o direito de regresso, a entidade pública (ou a delegatária de serviços públicos) deverá comprovar que já foi condenada judicialmente por decisão transitada em julgado, sendo este requisito essencial ao cabimento da ação regressiva, verdadeira condição de procedibilidade. A obrigação de o agente ressarcir a administração pública depende de comprovação da existência de culpa ou dolo, caracterizando-se a responsabilidade subjetiva, na modalidade culpa comum. (Alessandro Dantas Coutinho e Ronald Kruger Rodor. *Manual de Direito Administrativo*. 2. ed. Salvador: Juspodivm, 2018, p. 1.123.)

3) Inexistindo comprovação dos rendimentos da vítima do acidente ensejador de seu direito ao recebimento de pensão mensal por incapacidade laboral, a jurisprudência desta Corte Superior é firme no sentido de que tal verba deve corresponder a 1 (um) salário mínimo. Consoante a jurisprudência pacífica desta Corte Superior, a obrigação de pagamento de pensão mensal por morte de pessoa resultante da prática de ato ilícito tem como termo final a data em que a vítima do evento danoso atingiria idade correspondente à expectativa média de vida do brasileiro prevista no momento de seu óbito, segundo a tabela do IBGE, ou até o falecimento do beneficiário, se tal fato vier a ocorrer primeiro (REsp 1.677.955/RJ). A jurisprudência consolidou-se no sentido de que o responsável pela morte de filho trabalhador deve aos familiares da vítima pensão alimentícia mensal fixada em 2/3 da sua remuneração até a idade de 25 anos, depois reduzida à metade ou 1/3, pois se presume que o filho constituiria família, o que diminuiria sua contribuição aos pais. (REsp 1.137.708/RJ e REsp 1.332.366/MS).

Tema que vem sendo cobrado: Somente haverá a responsabilização do Poder Público se, no caso concreto: que ocorra morte de detento, o **Estado não cumpriu seu dever específico de proteção** previsto no art. 5º, XLIX, da CF/88.

Como se adota a teoria do risco administrativo, o Estado poderá provar alguma causa excludente de responsabilidade. Assim, nem sempre que houver um suicídio, haverá responsabilidade civil do Poder Público.

O Min. Luiz Fux exemplifica seu raciocínio com duas situações:

1) Se o detento que praticou o suicídio já vinha apresentando indícios de que poderia agir assim, então, neste caso, o Estado deverá ser condenado a indenizar seus familiares. Isso porque o evento era previsível e o Poder Público deveria ter adotado medidas para evitar que acontecesse.
2) Por outro lado, se o preso nunca havia demonstrado anteriormente que poderia praticar esta conduta, de forma que o suicídio foi um ato completamente repentino e imprevisível, neste caso o Estado não será responsabilizado porque não houve qualquer omissão atribuível ao Poder Público.
3) O acórdão do STF no RE 841526/RS "é claro ao afirmar que a responsabilização do Estado em caso de morte de detento somente ocorre quando houver inobservância do dever específico de proteção previsto no art. 5º, inciso XLIX, da Constituição Federal. Logo, se o Estado nada pôde fazer para evitar o sinistro, não há falar em responsabilidade civil do ente estatal, pois a conclusão em sentido contrário ensejaria a aplicação da inconstitucional teoria do risco integral." (Min. Mauro Campbell Marques).

CANDIDATO:

Em uma ação regressiva contra o servidor por ilícito civil, qual será o prazo prescricional da Fazenda pública? **(Delegado MG/18 e SP/19)**

RESPOSTA ADEQUADA:

Excelência, a jurisprudência da Corte Cidadã firmou-se no sentido de que a prescrição contra ou a favor da Fazenda Pública, em razão do princípio da isonomia, **é quinquenal**, mesmo em ações indenizatórias, uma vez que é regida pela norma especial (Decreto 20.910/32) que prevalece sobre lei geral. Destarte, o Estado terá o **prazo de cinco anos** para cobrar do servidor em ação regressiva, comprovada sua culpa pela responsabilidade subjetiva.

COMPLEMENTAÇÃO DA RESPOSTA:

Atualmente, o STJ sustenta que, como o prazo prescricional contra a Administração **é de 5 anos,** igual prazo deve se aplicar às ações movidas pela Administração contra os particulares ou servidores, pautando-se no princípio da isonomia, **uma vez que as ações** contra a Administração **não poderiam ter prazo prescricional** maior que as **ações a favor** da Administração:

> (...) 4. A jurisprudência desta Corte firmou-se no sentido de que a prescrição contra a Fazenda Pública é quinquenal, mesmo em ações indenizatórias, uma vez que é regida pelo Decreto 20.910/32, norma especial que prevalece sobre lei geral. (...)

O STJ tem entendimento jurisprudencial no sentido de que o prazo prescricional da Fazenda Pública **deve ser o mesmo prazo** previsto no Decreto 20.910/32, em razão do **princípio da isonomia**. (STJ. 2ª Turma. AgRg no AREsp 768.400/DF, Rel. Min. Humberto Martins, julgado em 03/11/2015).

ATENÇÃO!

No julgamento (RE 669069/MG), o **STF manteve a decisão** do tribunal de origem que entendeu ser de **3 anos o prazo prescricional** da ação de reparação de danos à Fazenda Pública decorrente de ilícito civil.

Oportuno destacar que o objeto do recurso extraordinário não era esse. Assim, o Supremo ainda não enfrentou diretamente o tema. Mas, temos que ter atenção redobrada em decorrência de veiculação da retromencionada decisão, podendo ser objeto de cobrança em prova de concurso destacando o prazo de três anos por motivo do STF ter mantido no citado julgado.

QUADRO ESQUEMÁTICO

Vejamos acerca da ação de regresso:

Ação de Regresso	
STF	**STJ**
Ajuizamento da ação	
Aplicação: Teoria da Dupla Garantia	**Não aplicação:** Teoria da Dupla Garantia.
Não aplicação: ajuizamento "per saltum" de ação indenizatória.	**Aplicação:** ajuizamento "per saltum" de ação indenizatória.
Vítima **somente** poderá ajuizar a ação contra o Estado.	Vítima tem a **possibilidade de escolher** se quer ajuizar a ação: 1) somente contra o Estado; 2) somente contra o servidor público; 3) contra o Estado e o servidor público em litisconsórcio.
Prescrição: 3 anos.	**Prescrição:** 5 anos.

CANDIDATO:

Fale sobre a teoria da dupla garantia nas ações regressivas por responsabilidade objetiva do Estado? **(Delegado MG/18)**

RESPOSTA ADEQUADA:

Excelência, no que se refere à ação de indenização, o chamado ajuizamento "per saltum" de ação indenizatória diretamente contra o agente público culpado é controvertido na jurisprudência do STF e do STJ.

Entende a **Excelsa Corte que a vítima somente poderá ajuizar a ação contra o Estado**. Se este for condenado, poderá acionar o servidor que causou o dano. Assim, o ofendido – seja particular, seja servidor – **não poderá** propor a demanda diretamente contra o agente público, a ação de indenização deve ser proposta contra a pessoa jurídica de direito público ou a de direito privado prestadora de serviço público. Enquanto o **STJ perfilha** que a **vítima tem a possibilidade de escolher** se quer ajuizar a ação somente contra o Estado; somente contra o servidor público ou contra o Estado e o servidor público em litisconsórcio.

COMPLEMENTAÇÃO DA RESPOSTA:

À luz do STF, decidido com repercussão geral (RE 1027633), a vítima somente poderá ajuizar a ação contra o Estado (Poder Público). Se este for condenado, poderá acionar o servidor que causou o dano. O ofendido não poderá propor a demanda diretamente contra o agente público.

Para essa corrente, ao se ler o **§ 6º do art. 37 da CF/88**, é possível perceber que o dispositivo consagrou **duas garantias:**

a) A primeira, **em favor do particular lesado**, considerando que a CF/88 assegura que ele poderá ajuizar ação de indenização contra o Estado, que tem recursos para pagar, sem ter que provar que o agente público agiu com dolo ou culpa;

b) A segunda garantia é em favor do agente público que causou o dano. A parte final do § 6º do art. 37, implicitamente, afirma que a vítima **não poderá ajuizar a ação diretamente contra o servidor público** que praticou o fato. Este servidor somente pode ser responsabilizado pelo dano se for acionado pelo próprio Estado, em ação regressiva, após o Poder Público já ter ressarcido o ofendido.

Outro argumento invocado é o **princípio da impessoalidade**. O agente público atua em nome do Estado (e não em nome próprio). O servidor realiza a vontade do Estado em sua atuação. Logo, quem causa o dano ao particular é o Estado (e não o servidor).

O STJ e a doutrina majoritária defendem que a vítima tem a possibilidade de escolher se quer ajuizar a ação:

a) somente contra o Estado;

b) somente contra o servidor público;

c) contra o Estado e o servidor público em litisconsórcio.

Dessa forma, quem decide se irá ajuizar a ação contra o agente público ou contra o Estado é a pessoa lesada, não havendo uma obrigatoriedade na CF/88 de que só ajuíze contra o Poder Público. A vítima deverá refletir bastante sobre qual é a melhor opção porque ambas têm vantagens e desvantagens.

Se propuser a ação contra o Estado, não terá que provar dolo ou culpa. Em compensação, se ganhar a demanda, será pago, em regra, por meio de precatório.

Se intentar a ação contra o servidor, terá o ônus de provar que este agiu com dolo ou culpa. Se ganhar, pode ser que o referido servidor não tenha patrimônio para pagar a indenização. Em compensação, o processo tramitará muito mais rapidamente do que se envolvesse a Fazenda Pública e a execução é bem mais simples. Adotada pela 4ª Turma do STJ no REsp 1.325.862-PR, Rel. Min. Luis Felipe Salomão, julgado em 5/9/2013 (Info 532).

CANDIDATO:

Fale sobre a evolução da "teoria da irresponsabilidade" civil do Estado. **(Delegado PF/13)**

RESPOSTA ADEQUADA:

Excelência, a teoria da irresponsabilidade civil do Estado foi adotada pelos Estados absolutistas e tinha como base fundamental a ideia de soberania, segundo a qual o Rei possuía autoridade incontestável perante os súditos.

A irresponsabilidade tinha fundamento no fato de que responsabilizar o Estado por qualquer motivo significaria colocá-lo no mesmo nível do súdito, o que significaria desrespeito a sua soberania. À época, sob a égide dessa teoria, o Estado não tinha qualquer responsabilidade pelos atos praticados por seus agentes e era personificado na pessoa do rei, que tinha como máxima: *The king can do no wrong* (o rei nunca está errado).

Sobre a primeira norma que a previu no mundo, sabe-se que esta teoria predominou na França até meados do ano de 1873, segundo juristas. Naquele tempo predominava a teoria da irresponsabilidade, visto que o príncipe estava acima das leis, assim, não se cogitava em responsabilizar o Estado civilmente pelos seus atos lesivos aos administrados. Entretanto, a partir da revolução francesa, alguns particulares começaram a mover ações contra o Estado em decorrência de danos causados às casas, mansões etc. tendo a partir daí começado a surgir a classificação dos atos de império e atos de gestão, sendo possível a responsabilização do Estado apenas quanto a estes.

Todavia, a separação entre responsabilidade civil nos moldes do direito privado e nos de direito público foi resultante de intenso trabalho do Conselho de Estado Francês, em 1873 (que se deu a partir do julgamento do famoso Caso Blanco).

COMPLEMENTAÇÃO DA RESPOSTA:

Essa questão também é peso-pesado, pois envolve diversas informações ligadas ao tema, dessa forma, o candidato tem que manter a calma e tentar expor uma cronologia dos acontecimentos, traçando uma linha do tempo.

Nas palavras de José Cretella Júnior[64]:

> Em suma, os índices típicos que caracterizam a história da responsabilidade civil do Estado, na França são três: a ampliação quase constante da responsabilidade da potestade pública; o aperfeiçoamento técnico da teoria das relações entre a Administração, seus agentes e as vítimas dos danos; a delimitação da responsabilidade administrativa, como teoria autônoma.

Não se tem registro de que tal teoria tenha sido aplicada no período imperialista no Brasil. Ao que se sabe aqui o Estado sempre existiu como princípio de Direito, não encontrando êxito a teoria da irresponsabilidade, para o bem dos administrados brasileiros.

Consoante lição da ilustre doutrinadora Maria Zanella Di Pietro[65]:

> (...) em alguns sistemas, como o anglo-saxão, prevalecem os princípios de direito privado; em outros, como o europeu-continental, adota-se o regime publicístico, a regra adotada, por muito tempo, foi a da irresponsabilidade; caminhou-se, depois, para a responsabilidade subjetiva, posteriormente, para a teoria da responsabilidade objetiva, aplicável, no entanto, diante de requisitos variáveis de um sistema para outro, de acordo com normas impostas pelo direito positivo.

CANDIDATO:

Qual teoria da responsabilidade civil do Estado é adotada na CF/88? Existe exceção? E em face de obras? **(Delegado SC/15)**

RESPOSTA ADEQUADA:

Excelência, com base no que dispõe a Constituição Federal verifica-se a adoção da Responsabilidade Civil Objetiva, baseada na teoria do Risco Administrativo, não há necessidade de comprovação da culpa ou dolo do agente, sendo suficiente a relação de causalidade entre a atividade administrativa e o dano sofrido, a qual exige como requisitos a conduta do agente público, o dano causado e o nexo causal entre a conduta e o dano. Também admite causas excludentes (culpa exclusiva da vítima, culpa exclusiva de terceiros e caso fortuito ou força maior) e atenuantes (culpa concorrente da vítima) dessa responsabilidade.

Por outro lado, há as seguintes exceções: Responsabilidade subjetiva, em caso de omissão da administração pública, conforme a teoria da culpa administrativa ou anônima; e, Responsabilidade objetiva, com fulcro na teoria do risco integral.

64. CRETELLA JÚNIOR, 2002, p. 161.
65. PIETRO, 2010, p. 643.

Quanto às obras, prevalece que a responsabilidade é objetiva, consoante entendimento dos Tribunais.

COMPLEMENTAÇÃO DA RESPOSTA:

Transcrição da legislação pertinente:

CF, Art. 37 (...) § 6º – As pessoas jurídicas de direito público e as de direito privado prestadoras de serviços públicos responderão pelos danos que seus agentes, nessa qualidade, causarem a terceiros, assegurado o direito de regresso contra o responsável nos casos de dolo ou culpa.

Julgado do Tribunal Regional Federal da 4ª Região[66]:

"RESPONSABILIDADE CIVIL DO ESTADO. ACIDENTE COM MORTE. RODOVIA FEDERAL. OBRAS NA PISTA. EMPREITEIRA. FALHA NO SERVIÇO. DANOS MATERIAIS E MORAIS CONFIGURADOS. RESPONSABILIDADE SOLIDÁRIA. 1. A responsabilidade civil do Estado por danos causados a particular, em razão de obra pública, é objetiva, dela não se eximindo a Administração, ainda que o contrato firmado com a empreiteira contenha cláusula em que esta assume integralmente tal responsabilidade. 2. Acidente decorrente de flagrante falha no serviço prestado por empreiteira contratada para execução de obra pública é motivo para condenação de reparação de danos, tanto materiais como morais. 3. Improvimento das apelações e da remessa oficial".

Muito embora a teoria adotada no país seja a do risco administrativo, há hipóteses nas quais vem sendo reconhecida a teoria do risco integral em nosso ordenamento:

1. **Dano ambiental:** o art. 225, § 3º da CF/88 c/c art. 14, § 1º da Lei 6.938/81 estabelecem a obrigação de reparar o dano ambiental independentemente de culpa. (p.ex. carga tóxica de navio avariado em razão de tempestades marítimas).

2. **Seguro obrigatório:** DPVAT: A Lei 6.194/74, alterada pela Lei 8.441/92, estabeleceu que a indenização pelo seguro obrigatório para os proprietários de veículos automotores é devida, mesmo que o acidente tenha sido provocado por veículo desconhecido, ou não identificado e ainda que tenha havido culpa exclusiva da vítima.

3. **Danos nucleares**: dado a enormidade dos riscos decorrentes da exploração da atividade nuclear, também foi adotada a teoria do risco integral. A Constituição em seu art. 21, XXIII, "d" determina que a responsabilidade civil por danos nucleares independe da existência de culpa. Todavia, o art. 8º da Lei 6.453/77 exclui a responsabilidade do operador pelo dano resultante de acidente nuclear causado diretamente por conflito armado, hostilidades, guerra civil, insurreição ou excepcional fato da natureza.

4. **Transporte aéreo**: Com o advindo do CDC, o transporte aéreo contratado no Brasil, seja internacional ou nacional, quando se tratar de uma relação de consumo é regido por ele. Não há que se falar em aplicação da legislação aeronáutica referente à responsabilidade civil do transportador aéreo, pois com ele são incompatíveis. Na presunção de culpa, será considerada a responsabilidade civil

66. TRF4, Relator Des. Fed. Carlos Eduardo Thompson Flores Lenz, Terceira Turma, em 03/02/2010.

objetiva. Assim é que não há de se falar em limites da responsabilidade do transportador aéreo, pois o CDC adota o princípio da reparação integral, na proporção do dano sofrido, não comportando limitações, indenizando os danos materiais e imateriais. As únicas hipóteses de exceção, quando o transportador aéreo não será responsabilizado, é quando provar que o serviço não tem defeito ou a culpa for exclusiva do consumidor ou de terceiro.

QUADRO ESQUEMÁTICO!

Concurseiro(a), confira os aspectos gerais de uma importante classificação ligada ao tema:

RESPONSABILIDADE ESTATAL		
RISCO ADMINISTRATIVO	**RISCO INTEGRAL**	**CULPA ADMINISTRATIVA**
Responsabilidade objetiva.	Não comporta **qualquer excludente**.	Responsabilidade por serviço **não prestado, mal prestado, prestado tardiamente**.
Indenização por **qualquer** dano, **independente** de **dolo** ou **culpa** do agente.	Indenização por **qualquer** dano, **independente** de dolo ou culpa do agente.	Indenização pelo dano provocado pela **culpa do serviço**, chamada de falta do serviço.
Excludentes de responsabilidade **afastam** a obrigação de indenizar.	Excludentes de responsabilidade **não afastam a** obrigação.	Falta de serviço por: **inexistência, mau funcionamento** ou **funcionamento tardio**.
Exemplo: se uma viatura policial, durante uma perseguição, colide com carro particular, gerando dano, o Poder Público **deve** indenizar.	**Exemplo:** caso um acidente nuclear provoque danos, haverá obrigação de reparação, ainda que tenha ocorrido caso fortuito ou força maior.	**Exemplo:** uma rodovia federal está em péssimas condições e sem sinalização. Um automóvel capota. Se ele comprovar que o dano foi em decorrência das condições da pista, o Estado tem o dever de indenizar.

CANDIDATO:

Um policial militar, **durante período de folga**, em sua residência, se desentendeu com seu vizinho, desferindo-lhe um tiro com arma pertencente à corporação. Qual responsabilidade do Estado? **(Delegado/ Simulado 2022)**

RESPOSTA ADEQUADA:

Há **divergência** na doutrina e na jurisprudência a respeito do assunto tratado. Pois bem, acredita-se que a mencionada divergência esteja atrelada a **não** bastar a comprovação da qualidade de agente público, mas também **exige** que para isso o **agente tenha agido no exercício de suas funções.**

Prevalece que não há que se falar em Responsabilidade Estatal, posto que o policial estava **fora do exercício** da função **(férias/folga)**. Agora, caso eles agissem **como se estivesse na função**, o Estado **poderia** responder de forma objetiva, se comprovada a qualidade de agente público.

COMPLEMENTAÇÃO DA RESPOSTA:

Tem prevalecido nas últimas provas a "corrente majoritária".

Vejamos o entendimento do STF: "O nosso Tribunal Supremo asseverou que o art. 37, § 6º, da Constituição Federal exige, para a configuração da responsabilidade objetiva do Estado, que a ação causadora do dano a terceiro tenha sido praticada por agente público, nessa qualidade, **não podendo** o Estado ser responsabilizado **senão quando o agente estatal estiver a exercer seu ofício ou função, ou a proceder como se estivesse a exercê-la**".

A Primeira Turma do Supremo Tribunal Federal (STF) entendeu que **não há responsabilidade objetiva do Estado quando o agente público pratica crime fora do desempenho de seu cargo, função ou emprego**. A decisão foi proferida no julgamento de Recurso Extraordinário (RE 363423) em favor do Estado de São Paulo, que havia sido condenado, no segundo grau, a indenizar vítima de tiro disparado por policial militar.

Em seu voto, o ministro Eros Grau sustentou não haver nexo de causalidade entre a conduta do agente e o dano sofrido pela vítima, pois o policial não estava no exercício de sua atividade profissional. "Trata-se de ato **inteiramente pessoal inimputável** ao serviço e, além do mais, o desequilíbrio emocional do agente **não autoriza** se impor ao Estado o dever de indenizar a vítima", disse Grau.

11. CONTRATOS ADMINISTRATIVOS

CANDIDATO:

Considere a seguinte situação hipotética: O prazo de vigência de um contrato de prestação de serviço continuado foi prorrogado cinco dias após o término de sua vigência pelo diretor-geral de órgão do Poder Executivo Federal, sob o fundamento de que já havia prévia manifestação de interesse da administração pública na formalização desse instrumento. **(Delegado Federal/19)**

Considerando a situação hipotética apresentada, responda, justificadamente, aos seguintes questionamentos.

1) Há amparo jurídico para o ato praticado?

2) O referido ato pode ser convalidado para a produção dos efeitos pretendidos?

RESPOSTA ADEQUADA:

Excelência,

1) Não há amparo jurídico. A assinatura dos respectivos termos de aditamento deve ser promovida até o término da vigência contratual, uma vez que, transposta a data final de sua vigência, o contrato é considerado extinto, não sendo juridicamente cabível a prorrogação ou a continuidade da sua execução. Assim, a prorrogação do contrato administrativo só é possível se for providenciada, mediante formalização do respectivo termo aditivo, antes do término do prazo de vigência do ajuste.
2) Consoante a Lei seria possível a convalidação do ato. A doutrina destaca que constitui pressuposto essencial para a convalidação que a nulidade ocorrida seja relativa, haja vista que nem todos os vícios do ato administrativo são sanáveis. Neste sentido, o instituto da convalidação foi acolhido expressamente pelo ordenamento jurídico pátrio no art. 55 da Lei 9.784/1999.

COMPLEMENTAÇÃO DA RESPOSTA:

No entanto, o STJ solidificou (REsp 1111084/RJ) que se afigura juridicamente impossível tanto a possibilidade de convalidação de ato administrativo que visa formalizar termo aditivo ao contrato findo, quanto de dar a essa prestação de serviço a conotação de contrato verbal. Devendo, pois, ser encarado como contratação irregular.

CANDIDATO:

Qual o conceito de Convênio? **(Delegado RJ/11)**

RESPOSTA ADEQUADA:

Excelência, convênio é o acordo de vontades, celebrados entre órgãos públicos e outras instituições, públicas ou privadas, para a realização de um objetivo comum, mediante formação de parceria.

A celebração de convênio, por sua natureza, independe de licitação prévia, como regra, porquanto a **Lei 8.666/93** será aplicada, no que couber, assim como a nova Lei Geral de Licitação **14.133/2021**, com fulcro no art. 184 que preceitua: Aplicam-se as disposições desta Lei, **no que couber e na ausência de norma específica**, **aos convênios**, acordos, ajustes e outros instrumentos congêneres celebrados por órgãos e entidades da Administração Pública, na forma estabelecida em regulamento do Poder Executivo federal.

COMPLEMENTAÇÃO DA RESPOSTA:

Os convênios preveem obrigações para ambas as partes conveniadas e também deveres, dentre os quais caso a parceria envolva repasse de verbas públicas, exigirá por consequência a apresentação periódica de prestação de contas.

IMPORTANTE!

Com o advento da **Lei nº 13.204, de 2015** ocorreram mudanças consistentes que operam efeitos na celebração de convênios no âmbito da administração pública. Tal providência foi adotada em razão de muitas polêmicas, pois os órgãos de controle e fiscalização começaram a identificar tal instrumento como uma maneira menos criteriosa no uso de dinheiro público.

Passa a definir diretrizes para a política de fomento, de colaboração e de cooperação com organizações da sociedade civil com introdução de mudanças para classificar e impor regramentos próprios, dependendo da natureza da parceria e se envolve ou não transferências financeiras, conforme se segue:

Termo de colaboração: instrumento por meio do qual são formalizadas as **parcerias estabelecidas** pela **administração pública com organizações da sociedade civil** para a consecução de finalidades de interesse público e recíproco propostas pela administração pública que envolvam **a transferência de recursos financeiros** (art.2º, inciso VII).

Termo de fomento: instrumento por meio do qual são formalizadas as **parcerias estabelecidas** pela **administração pública** com **organizações da sociedade civil** para a consecução de finalidades de interesse público e recíproco propostas pelas organizações da sociedade civil, que **envolvam a transferência de recursos financeiros** (art.2º, inciso VIII).

Acordo de cooperação: instrumento por meio do qual são formalizadas as **parcerias estabelecidas** pela **administração pública com organizações da sociedade civil** para a consecução de finalidades de interesse público e recíproco que **não envolvam a transferência** de recursos financeiros (art.2º, inciso VIII-A).

Chamamento público: procedimento destinado a **selecionar organização da sociedade civil** para firmar parceria por meio de **termo de colaboração ou de fomento**, no qual se garanta a observância dos princípios da isonomia, da legalidade, da impessoalidade, da moralidade, da igualdade, da publicidade, da probidade administrativa, da vinculação ao instrumento convocatório, do julgamento objetivo e dos que lhes são correlatos (art.2º, inciso XII).

ATENÇÃO!

Não se aplicam as exigências desta Lei que institui normas gerais para as parcerias entre a administração pública e organizações da sociedade civil: (...) IV - aos **convênios** e contratos celebrados com **entidades filantrópicas e sem fins lucrativos** nos termos do § 1º do art. 199 da Constituição Federal; (Incluído pela Lei nº 13.204, de 2015)

CANDIDATO:

Qual a diferença entre Convênio e Contrato? **(Delegado RJ/11)**

RESPOSTA ADEQUADA:

Excelência, a doutrina destaca que a principal diferença entre convênios e contratos se funda no fato de que **convênio envolve interesses comuns, convergentes**, enquanto no **contrato as partes têm interesses divergentes.**

Outra diferença é que no convênio, como os interesses são comuns, há repasses de verbas para serem aplicados num fim objetivado por ambas as partes. Já no contrato há interesse econômico e obtenção de lucro, pois uma das partes é remunerada pela prestação de um serviço ou aquisição de um produto.

Também se cite que nos contratos há dois polos, mesmo que haja em um destes mais de um pactuando, enquanto nos convênios a pluralidade é maior, podem ser vários os polos.

Importante dizer que nos convênios não há exigência de prévia licitação para sua celebração, aspecto que também o diferencia dos contratos.

COMPLEMENTAÇÃO DA RESPOSTA:

Muito embora a expressão contrato administrativo, no sentido amplo de acordo de vontades, abranja os convênios, inescusável que estes instrumentos possuem configurações jurídicas particulares, portanto, em razão dessas peculiaridades, a doutrina[67] entende que "convênio e contrato não se confundem, embora tenham em comum a existência de vínculo jurídico fundado na manifestação de vontade dos participantes".

Não existe uma lei própria, a previsão legal sobre procedimentalização de convênios consta da Lei 8.666/93:

> Art. 116. Aplicam-se as disposições desta Lei, no que couber, aos **convênios**, acordos, ajustes e outros instrumentos congêneres celebrados por órgãos e entidades da Administração.
>
> § 1º A celebração de convênio, acordo ou ajuste pelos órgãos ou entidades da Administração Pública depende de prévia aprovação de competente **plano de trabalho** proposto pela organização interessada, o qual deverá conter, no mínimo, as seguintes informações:
>
> I – identificação do objeto a ser executado;
>
> II – metas a serem atingidas;
>
> III – etapas ou fases de execução;
>
> IV – plano de aplicação dos recursos financeiros;
>
> V – cronograma de desembolso;
>
> VI – previsão de início e fim da execução do objeto, bem assim da conclusão das etapas ou fases programadas;
>
> VII – se o ajuste compreender obra ou serviço de engenharia, comprovação de que os recursos próprios para complementar a execução do objeto estão devidamente assegurados, salvo se o custo total do empreendimento recair sobre a entidade ou órgão descentralizador.

67. MEIRELLES, p. 354, apud FILHO, p. 188.

Ademais, a **nova Lei de Licitações e contratos administrativos** (Lei nº 14.133/2021) explicita as seguintes previsões sobre convênio:

Art. 53. (...)

§ 4º Na forma deste artigo, o **órgão de assessoramento jurídico da Administração** também **realizará controle prévio de legalidade** de contratações diretas, acordos, termos de cooperação, **convênios**, ajustes, adesões a atas de registro de preços, outros instrumentos congêneres e de seus termos aditivos.

(...)

Art. 184. Aplicam-se as disposições desta Lei, **no que couber e na ausência de norma específica**, aos **convênios**, acordos, ajustes e outros instrumentos congêneres celebrados por órgãos e entidades da Administração Pública, na forma estabelecida em regulamento do Poder Executivo federal.

(...)

Art. 147. Constatada irregularidade no procedimento licitatório ou na execução contratual, caso não seja possível o saneamento, a decisão sobre a suspensão da execução ou sobre a declaração de nulidade do contrato somente será adotada na hipótese em que se revelar medida de interesse público, com avaliação, entre outros, dos seguintes aspectos:

(...)

VIII - custo total e estágio de execução física e financeira dos contratos, **dos convênios**, das obras ou das parcelas envolvidas;

INOVAÇÃO LEGISLATIVA!

Destaca-se que a **nova Lei de Licitações e Contratos Administrativos** (Lei nº 14.133/2021) substitui a antiga Lei Geral, 8.666/1993, bem como a Lei do Pregão, 10.520/2002, e o Regime Diferenciado de Contratação (RDC, 12.462/2011). Contudo, mesmo que publicada em 1º abril de 2021, a nova lei conviverá ainda com as outras leis supramencionadas por expressa previsão no seu artigo 191, o prazo de dois anos – **até abril de 2023** – para a revogação das normas anteriores.

Destarte, nesse período, a Administração Pública poderá optar pela aplicação de algum dos regimes vigentes, seja o da Lei nº 8.666/93 ou o da Lei nº 14.133/21, devendo tal escolha constar expressamente no edital, **sendo vedada** a combinação entre as duas leis.

CANDIDATO:

O "princípio da exceção de contrato não cumprido" aplica-se nos contratos administrativos? **(Delegado PF/13)**

RESPOSTA ADEQUADA:

Excelência, em que pese controvérsias, prevalece que a exceção de contrato não cumprido representa a faculdade do contratado em requerer a suspensão do dever de cumprir suas obrigações quando a outra parte deixa de cumprir a sua parte, como por exemplo, inadimple o pagamento correspondente.

No entanto, diante do princípio da supremacia do interesse público e da continuidade do serviço público, em regra, a exceção de contrato não cumprido não se aplica ao contrato de concessão de serviços públicos essenciais.

Excepcionalmente, existe tal cautela na Lei 8.666/93, contudo de forma moderada, porquanto a hipótese de rescisão contratual ali prevista só poderá ocorrer pelo atraso superior a 90 dias de pagamentos devidos pela Administração, segundo algumas condições expostas na lei. Até lá, deve o particular cumprir todos os seus deveres contratuais, inclusive a manutenção das condições de habilitação.

Logo, em homenagem aos princípios esposados, bem como em respeito ao interesse público, quando ocorrer o referido atraso do pagamento, haverá, no geral, somente a suspensão da execução do contrato, não chegando à rescisão até que seja regularizada a situação pela contratante.

COMPLEMENTAÇÃO DA RESPOSTA:

Trazemos o texto da 8.666/93 que prevê a exceção:

Art. 78. Constituem motivo para rescisão do contrato:

XV – o atraso superior a 90 (noventa) dias dos pagamentos devidos pela Administração decorrentes de obras, serviços ou fornecimento, ou parcelas destes, já recebidos ou executados, salvo em caso de calamidade pública, grave perturbação da ordem interna ou guerra, assegurado ao contratado o direito de optar pela suspensão do cumprimento de suas obrigações até que seja normalizada a situação;

Sobre o tema segue posicionamento doutrinário[68]:

Com o passar do tempo, a inaplicabilidade aos contratos administrativos da cláusula da exceção de contrato não cumprido, em razão da continuidade do serviço público, quando o inadimplemento era da Administração Pública, sofreu algum abrandamento por parte dos mais categorizados administrativistas [...] Assim, passou-se a entender que se não havia um serviço público cuja interrupção afrontasse o interesse público, inexistia qualquer razão para ser negada a aplicação da máxima romana aos contratos administrativos. Não se tratando, por exemplo, de contrato de concessão de serviço público (transporte coletivo, serviço funerário) ou de fornecimento de bens necessários à manutenção de um serviço público (merenda escolar, refeição para presos ou hospitalizados, remédios hospitalares), cabia, perfeitamente, a invocação da *exceptio non adimpleti contractus*.

INOVAÇÃO LEGISLATIVA!

Destaca-se que a **nova Lei de Licitações e Contratos Administrativos** (Lei nº 14.133/2021) substitui a antiga Lei Geral, 8.666/1993, bem como a Lei do Pregão, 10.520/2002, e o Regime Diferenciado de Contratação (RDC, 12.462/2011). Contudo,

68. GASPARINI, Diógenes. Direito Administrativo. 13. ed. São Paulo: Saraiva, 2008, p. 762.

mesmo que publicada em 1º abril de 2021, a nova lei conviverá ainda com as outras leis supramencionadas por expressa previsão no seu artigo 191, o prazo de dois anos – **até abril de 2023** – para a revogação das normas anteriores.

Destarte, nesse período, a Administração Pública poderá optar pela aplicação de algum dos regimes vigentes, seja o da Lei nº 8.666/93 ou o da Lei nº 14.133/21, devendo tal escolha constar expressamente no edital, **sendo vedada** a combinação entre as duas leis.

CANDIDATO:

O que é Álea econômica? A teoria da imprevisão se aplica aos contratos administrativos? **(Delegado RJ/11)**

RESPOSTA ADEQUADA:

Excelência, a álea econômica circunscreve-se ao contrato administrativo de modo externo, ou seja, todas as circunstâncias externas que não correspondem à vontade das partes, fatos que são imprevisíveis e ou excepcionais, ocorrências inevitáveis que de certa forma causam prejuízos financeiros ao contrato e criam situações de desequilíbrio econômico do contrato a ponto de não poder ser cumpridas as cláusulas do contrato.

Quanto à aplicação da mencionada teoria no contrato administrativo, destaca-se que se estende a quase todos, posto que há uma exceção preceituada no art. 5º, inciso III, da Lei 11.079/04 (Parceria Público Privada), estabelecendo a previsão de cláusula contratual de "repartição de riscos entre as partes, inclusive os referentes a caso fortuito, força maior, fato do príncipe e álea econômica extraordinária".

Destarte, fora esta exceção (contratos de parceria público-privada), a teoria da imprevisão será aplicada aos demais contratos administrativos regidos pela Lei 8.666/93.

COMPLEMENTAÇÃO DA RESPOSTA:

A Constituição da República de 1988 consagrou a aplicação da teoria da imprevisão aos contratos administrativos no art. 37, XXI. Entretanto, a Lei nº 8.666/93 excluiu tal previsão decorrente de veto do Presidente da República. Porém, a questão ficou reestabelecida com o advento da Lei nº 8.883/94, que alterou o art. 65, II, "d" da Lei nº 8.666/93:

> d) para restabelecer a relação que as partes pactuaram inicialmente entre os encargos do contratado e a retribuição da administração para a justa remuneração da obra, serviço ou fornecimento, objetivando a manutenção do equilíbrio econômico-financeiro inicial do contrato, na hipótese de sobrevirem fatos imprevisíveis, ou previsíveis porém de consequências incalculáveis, retardadores ou impeditivos da execução do ajustado, ou, ainda, em caso de força maior, caso fortuito ou fato do príncipe, configurando álea econômica extraordinária e extracontratual.

Além disso, para se aplicar a teoria da imprevisão, necessita que:

A) o evento que causou o prejuízo tenha sido estranho ao comportamento das partes;

B) o evento, além de imprevisto foi também imprevisível e;

C) o prejuízo surgido da imprevisão seja de tamanho significativo e por isso impede a conclusão do contrato. Para parte da doutrina os requisitos são:

1. Imprevisibilidade do evento ou incalculabilidade de seus efeitos;
2. Inimputabilidade do evento às partes;
3. Grave modificação das condições do contrato;
4. Ausência de impedimento absoluto.

INOVAÇÃO LEGISLATIVA!

Destaca-se que a **nova Lei de Licitações e Contratos Administrativos** (Lei nº 14.133/2021) substitui a antiga Lei Geral, 8.666/1993, bem como a Lei do Pregão, 10.520/2002, e o Regime Diferenciado de Contratação (RDC, 12.462/2011). Contudo, mesmo que publicada em 1º abril de 2021, a nova lei conviverá ainda com as outras leis supramencionadas por expressa previsão no seu artigo 191, o prazo de dois anos – **até abril de 2023** – para a revogação das normas anteriores.

Destarte, nesse período, a Administração Pública poderá optar pela aplicação de algum dos regimes vigentes, seja o da Lei nº 8.666/93 ou o da Lei nº 14.133/21, devendo tal escolha constar expressamente no edital, **sendo vedada** a combinação entre as duas leis.

12. SERVIÇOS PÚBLICOS

CANDIDATO:

Qual é o Conceito de serviço público? E as espécies de serviços públicos? **(Delegado PF/13)**

RESPOSTA ADEQUADA:

Excelência, a doutrina[69] define serviços públicos como "é todo aquele prestado pela Administração ou por seus delegados, sob normas e controles estatais, para satisfazer necessidades essenciais ou secundárias da coletividade ou simples conveniências do Estado".

Ademais, a doutrina[70] classifica, **entre outras espécies**, serviços públicos como:

1. Serviços indelegáveis: públicos propriamente ditos, que são os prestados pela administração diretamente à sociedade, sendo privativos, pois somente o Poder Público pode prestá-los, não admitindo delegação. Como exemplos destes serviços temos os de polícia, os de saúde pública, de defesa nacional. E os Serviços delegáveis: são os que a

69. MEIRELLES, 2007, p. 330.

70. FILHO, Ob. Cit., pp. 273-274.

Administração reconhecendo sua conveniência presta-os diretamente ou consente a prestação a terceiros (Concessionários, permissionários ou autorizatários), sob condições regulamentadas e seu controle, por conta e risco dos prestadores, mediante remuneração dos usuários. São exemplos desses serviços os de transporte coletivo, energia elétrica, gás.

COMPLEMENTAÇÃO DA RESPOSTA:

Como já disse, a melhor estratégia argumentativa para respostas longas que envolvam várias definições será escolher duas ou três (utilize a expressão: **entre outros**. Isso, dá um sentido de limitação, mas deixa claro que existem mais informações que não são tão preponderantes. Se você arriscar em prosseguir, poderá se atrapalhar em decorrência da inundação de ideias combinada com nervosismo. Lembre-se de que se o examinador quiser maiores detalhes irá perguntar, então, jogue o jogo.

Continuando a exposição do tema sabatinado:

2. **Serviços Administrativos:** são os desempenhados pela Administração, mas que surtem efeitos internos, como a organização interna das repartições públicas, que beneficia indiretamente à sociedade.
3. **Serviços de utilidade pública:** são os diretamente usufruídos pela coletividade, como atendimentos em postos de saúde, rede pública de ensino etc.
4. **Serviços coletivos** (*uti universi*): são aqueles prestados a grupos indeterminados de indivíduos, de acordo com a implementação de políticas públicas e no limite da disponibilidade orçamentária. Exemplos: abastecimento de água, prevenção de doenças.
5. **Serviços individuais** (*uti singuli*): são aqueles que podem ser mensurados individualmente, conforme utilização por cada indivíduo. Exemplos: serviço de telefonia ou energia elétrica domiciliar.
6. **Serviços sociais:** são aqueles que se destinam a atender aos anseios básicos da coletividade e têm cunho protetivo e assistencialista, como por exemplo, assistência médico-hospitalar, assistência às comunidades carentes, etc.
7. **Serviços econômicos (industriais):** são aqueles em que há possibilidade de lucro, e embora as atividades econômicas possam ser exercidas pelos particulares, o Estado as executa em algumas ocasiões específicas. Por exemplo, quando para atender relevante interesse coletivo ou a imperativo de segurança nacional. Também existe a hipótese de reserva ao Estado o monopólio de certo segmento econômico, como é o caso da exploração de minérios.

Ademais, temos na Lei da Greve (7.783/89):

Art. 10 São considerados serviços ou atividades essenciais:

I tratamento e abastecimento de água; produção e distribuição de energia elétrica, gás e combustíveis;

II – assistência médica e hospitalar;

III – distribuição e comercialização de medicamentos e alimentos;

IV – funerários;

V – transporte coletivo;

VI – captação e tratamento de esgoto e lixo;

VII – telecomunicações;

VIII – guarda, uso e controle de substâncias radioativas, equipamentos e materiais nucleares;

IX – processamento de dados ligados a serviços essenciais;

X – controle de tráfego e navegação aérea;

XI – compensação bancária;

XII – atividades médico-periciais relacionadas com o regime geral de previdência social e a assistência social;

XIII – atividades médico-periciais relacionadas com a caracterização do impedimento físico, mental, intelectual ou sensorial da pessoa com deficiência, por meio da integração de equipes multiprofissionais e interdisciplinares, para fins de reconhecimento de direitos previstos em lei, em especial na Lei nº 13.146, de 6 de julho de 2015 (Estatuto da Pessoa com Deficiência); e

XIV – outras prestações médico-periciais da carreira de Perito Médico Federal indispensáveis ao atendimento das necessidades inadiáveis da comunidade.

XV – atividades portuárias.

Em regra, compete ao Estado a prestação do serviço público. Contudo, para os casos que estes podem ser delegados, ainda assim competirá à Administração a imposição de regras, contendo direitos e deveres aos delegatários, bem como lhe cabe a competente fiscalização na prestação destes serviços, de acordo com os parâmetros legais a que o Poder Público está vinculado.

Historicamente, o conceito de serviço público não é estático. Vem ao longo dos tempos sofrendo transformações, de acordo com as mudanças sociológicas e conforme os anseios de cada sociedade. Contudo, um aspecto que é consenso, que admite um ponto comum do conceito do serviço público, é a noção de que sempre que a prestação se der pelo Estado, assumindo obrigatoriamente, direta ou indiretamente, a incumbência de satisfazer certas demandas coletivas, será reconhecido como serviço público.

CANDIDATO:

O que é Permissão? Do que se trata a Permissão Condicionada? **(Delegado SP/15)**

RESPOSTA ADEQUADA:

A permissão é uma delegação, a título precário, mediante licitação prévia, formalizada por meio de contrato administrativo, pelo qual o Poder Público transfere a um particular a execução de um serviço público, nas condições estabelecidas por regras de direito público, inclusive quanto à fixação de valor de tarifa pública.

Na permissão condicionada, verifica-se que o Poder Público estabelece limites à sua faculdade discricionária de revogá-la a qualquer momento, estabelecendo em norma legal o prazo de sua vigência ou ainda assegurando outras vantagens ao permissionário, como mecanismo de incentivo para a execução do serviço. Esta modalidade costuma ser adotada nas permissões que exigem alto grau de investimentos para a execução do serviço, tornando-se necessário garantir ao permissionário um tempo mínimo de operação em condições rentáveis, objetivando garantir o equilíbrio econômico-financeiro da relação jurídica.

COMPLEMENTAÇÃO DA RESPOSTA:

Conforme prescreve a lei, a permissão de serviço público será formalizada mediante contrato de adesão, em observância às demais normas pertinentes e ao edital de licitação, inclusive quanto à precariedade e à revogabilidade unilateral do contrato pelo poder concedente (art. 40, Lei 8.987/95).

A doutrina[71] considera que, assim como concessão, a permissão é modalidade de serviço delegado ao particular, diferindo-se daquela no aspecto formal, pois se dará por ato unilateral da Administração, com maior simplicidade e precariedade na execução.

Alguns autores criticam que com o advindo da Lei 8.987/95 foi atribuído à permissão um caráter de negócio contratual, o que esvaziou sua peculiaridade de ato unilateral, uma vez que a lei determinou que sejam garantidos prazo e direitos aos permissionários e deveres ao ente público, o que afasta a precariedade e a natureza unilateral do ato.

Por isso, quando o objeto envolver permissão de serviço público, não há que se falar em permissão simples, pois será permissão condicionada.

Segue o quadro esquemático sobre o assunto:

	SERVIÇOS PÚBLICOS	BENS PÚBLICOS (uso a particular)
AUTORIZAÇÃO	Em tese, a autorização de serviço público encontra guarida no Art. 21, incisos XI e XII. A maior parte da doutrina acredita ser incabível, em face do art. 175 da CF: Incumbe ao Poder Público, na forma da lei, diretamente ou sob regime de concessão ou permissão, sempre através de licitação, a prestação de serviços públicos.	Ato unilateral, discricionário, precário e **sem licitação.** Interesse predominantemente **privado.** **Facultativo o uso da área.**
PERMISSÃO	Lei 8.987/95, Art. 2º, IV – permissão de serviço público: a delegação, **a título precário, mediante licitação**, da prestação de serviços públicos, feita pelo poder concedente **à pessoa física ou jurídica** que demonstre capacidade para seu desempenho, por sua conta e risco. É formalizada por **contrato de adesão** (art. 40, Lei 8.987/95).	Ato unilateral, discricionário, precário, mas **com licitação** (qualquer modalidade). Interesse predominantemente **público.** **O uso da área é obrigatório.** Prazo indeterminado, mas pode ser revogado a qualquer tempo **sem dever de indenizar.**

71. MEIRELLES, Ob. Cit. pp. 404-405.

	SERVIÇOS PÚBLICOS	BENS PÚBLICOS (uso a particular)
CONCESSÃO	Lei 8.987/95, Art. 2º, II – concessão de serviço público: a delegação de sua prestação, feita pelo poder concedente, mediante **licitação**, na modalidade de **concorrência, à pessoa jurídica ou consórcio de empresas** que demonstre capacidade para seu desempenho, por sua conta e risco e por prazo determinado; É formalizada por **contrato administrativo** (art. 4º, Lei 8.987/95).	**Contrato** administrativo bilateral, mediante prévia licitação. **Uso obrigatório por prazo determinado** e a rescisão antecipada pode ensejar o dever de indenizar. Preponderância do interesse público.

CANDIDATO:

Princípios sobre serviço público: Fale sobre Continuidade. **(Delegado SC/15)**

RESPOSTA ADEQUADA:

Excelência, de acordo com a previsão do art. 6º da Lei 8.987/95, são princípios do serviço público: modicidade das tarifas, generalidade, eficiência, continuidade, segurança, atualidade, regularidade e cortesia na prestação.

O Princípio da Continuidade indica que os Serviços Públicos não devem sofrer interrupção, pois sua prestação deve ser contínua, uma vez que a paralisação pode trazer transtornos à coletividade.

Todavia, destaca-se que esta regra tem exceção na própria lei, que prevê que não se caracteriza como descontinuidade do serviço a sua interrupção em situação de emergência ou após prévio aviso, quando motivada por razões de ordem técnica ou de segurança das instalações; e, por inadimplemento do usuário, considerado o interesse da coletividade.

COMPLEMENTAÇÃO DA RESPOSTA:

Lei 8.987/95:

Art. 6º Toda concessão ou permissão pressupõe a prestação de serviço adequado ao pleno atendimento dos usuários, conforme estabelecido nesta Lei, nas normas pertinentes e no respectivo contrato.

§ 1º Serviço adequado é o que satisfaz as condições de regularidade, continuidade, eficiência, segurança, atualidade, generalidade, cortesia na sua prestação e modicidade das tarifas.

§ 2º A atualidade compreende a modernidade das técnicas, do equipamento e das instalações e a sua conservação, bem como a melhoria e expansão do serviço.

§ 3º **Não se caracteriza como descontinuidade do serviço a sua interrupção em situação de emergência ou após prévio aviso, quando:**

I – motivada por razões de ordem técnica ou de segurança das instalações; e,

II – por inadimplemento do usuário, considerado o interesse da coletividade.

§ 4º A interrupção do serviço na hipótese prevista no inciso II do § 3º deste artigo não poderá iniciar-se na sexta-feira, no sábado ou no domingo, nem em feriado ou no dia anterior a feriado. (Incluído pela Lei nº 14.015, de 2020)

Um assunto que tem provocado controvérsias, até divergência entre os Tribunais, é a suspensão da energia de repartições públicas ou que prestem serviços públicos.

Quando ocorre quando o usuário deixa de pagar o serviço, por serviços prestados por concessionários, a suspensão é expressamente autorizada na Lei 8.987/95, art. 6º, II.

Neste sentido, o STJ[72] vem admitindo a suspensão do serviço:

Segundo corretamente asseverado na decisão recorrida: De qualquer forma, melhor sorte não mereciam os embargos. A Primeira Seção, no julgamento do RESP nº 363.943-MG (DJ 1-3-2004), relator o Ministro Humberto Gomes de Barros, **assentou o entendimento de que é lícito à concessionária interromper o fornecimento de energia elétrica, se, após aviso prévio, o consumidor de energia elétrica permanecer inadimplente no pagamento da respectiva conta, nos termos do art. 6º, § 3º da Lei 8.987/95.** (Grifei).

NOVIDADE LEGISLATIVA!

Principais pontos da Lei nº 14.015/2020:

1) Em caso de inadimplemento, **é possível** a suspensão da prestação do serviço público, mesmo que se trate de serviço público essencial;

2) Essa suspensão/interrupção não viola o princípio da continuidade dos serviços públicos;

3) Para que essa suspensão seja válida, contudo, é indispensável que o usuário seja previamente comunicado de que o serviço será desligado, devendo ser informado também do dia exato em que haverá o desligamento;

4) O desligamento do serviço deverá ocorrer em dia útil, durante o horário comercial;

5) É vedado que o desligamento ocorra em dia de feriado, véspera de feriado, sexta-feira, sábado ou domingo;

6) Caso o consumidor queira regularizar a situação e pagar as contas em atraso, a concessionária poderá cobrar uma taxa de religação do serviço. Essa taxa de religação, contudo, não será devida se a concessionária cortou o serviço sem prévia notificação;

7) Assim, se a concessionária **não comunicou** previamente ao consumidor sobre o corte, estará sujeita a duas consequências:

a) terá que pagar multa;

b) não poderá cobrar taxa de religação na hipótese de o cliente regularizar o débito.

72. STJ, REsp 510.478-PB, Rel. Min. Franciulli Netto, 2ª Turma julgado 10/06/2003, informativo 176.

TEMA QUENTES!

Vejamos algumas teses do STJ:

1) **É ilegítimo** o corte no fornecimento de serviços públicos essenciais quando o débito decorrer de irregularidade no hidrômetro ou no medidor de energia elétrica, apurada unilateralmente pela concessionária. AgRg no AREsp 346561/PE.
2) **É ilegítimo** o corte no fornecimento de energia elétrica em razão de débito irrisório, por configurar abuso de direito e ofensa aos princípios da proporcionalidade e razoabilidade, sendo cabível a indenização ao consumidor por danos morais. AREsp 452420/SP.
3) **É ilegítimo** o corte no fornecimento de serviços públicos essenciais por débitos de usuário anterior, em razão da natureza pessoal da dívida. AgRg no AREsp 196374/SP.
4) **É ilegítimo** o corte no fornecimento de serviços públicos essenciais quando inadimplente unidade de saúde, uma vez que prevalecem os interesses de proteção à vida e à saúde. AgRg no Ag 1329795/CE.
5) **É ilegítimo** o corte no fornecimento de energia elétrica quando puder afetar o direito à saúde e à integridade física do usuário. AREsp 452420/SP.
6) **É legítimo** o corte no fornecimento de serviços públicos essenciais quando inadimplente o usuário, desde que precedido de notificação. AgRg no AREsp 412822/RJ.

REFERÊNCIAS BIBLIOGRÁFICAS

AgRg no REsp 1425191/CE, Rel. Ministro MAURO CAMPBELL MARQUES, SEGUNDA TURMA, julgado em 10/03/2015, DJe 16/03/2015.

ALEXANDRINO, Marcelo; PAULO, Vicente, Direito Administrativo Descomplicado, 21ª. Ed., Editora Método, Rio de janeiro 2013, p. 494.

ALEXANDRINO, Marcelo; PAULO, Vicente, Ob. Cit., 2013, p. 224.

ALEXANDRINO, Marcelo; PAULO, Vicente, Ob. Cit., 2013, p. 497.

ALEXANDRINO, Marcelo; PAULO, Vicente, Ob. Cit., 2013, p. 993-994.

ALEXANDRINO, Marcelo; PAULO, Vicente, Ob. Cit., 2013, pp. 234 e 236.

BRASIL, Constituição Federal, Art. 5º, XXV.

BRASIL, Código Civil, Lei 10406, 2002, art. 102.

BRASIL, L. 8429, 1992, artigos 7º, 16 caput e § 2º.

BRASIL, Lei 6.404, 1976, art. 1º.

BRASIL, Lei 8.429, 1992, art. 20 c/c CF, art. 15, V e art. 37, § 4º.

BRASIL, Lei nº 12462, 2011.

BRASIL, Lei nº 13.105, 2015, artigos 889, 892 e 1072.

BRASIL, lei nº 13.243/2016.

BRASIL, Lei nº 8.666, 1993, artigo 23, I, c, artigo 23, II, c.

BRASIL, Lei nº 9784, 1999, art. 2º.

BRASIL, STF, Súmula, 340.

BRASIL. Superior Tribunal de Justiça. Resp. 817.534/MG. Brasília/DF, em 10 de dezembro de 2009. Disponível em: <http://www.mpsp.mp.br/portal/page/portal/cao_cidadania/Poder_Policia/Jurisprudencia_policia/RESP%20817534.pdf>. Acesso em: 20 mar. 2017.

BRASIL. Supremo Tribunal Federal. Adi: 1.717-6/ DF. Brasília/DF, em 07 de novembro de 2002. Disponível em: <http://redir.stf.jus.br/paginadorpub/paginador.jsp?docTP=AC&docID=266741>. Acesso em 20 mar. 2017.

CRETELLA JÚNIOR, José, O Estado e a Obrigação de Indenizar. Rio de Janeiro: Forense, 2002, p. 161.

FILHO, José dos Santos Carvalho, Curso de Direito Administrativo. 25ª edição. São Paulo: Atlas, 2012.

FILHO, José dos Santos Carvalho, Manual de Direito Administrativo, 16ª ed. Editora Lumen Juris, Rio de Janeiro 2006, pp. 947-948.

FILHO, José dos Santos Carvalho, Manual de Direito Administrativo, 22ª ed., Ed. Lumen Juris, Rio de Janeiro, 2012, p. 121.

FILHO, José dos Santos Carvalho, Manual de Direito Administrativo.18ed. Rev. Ampl., Rio de Janeiro: Lumen Juris, 2007. p. 927.

FILHO, José dos Santos Carvalho, Ob. Cit. 2006, pp. 273-274.

FILHO, Ob. Cit., 2006, p. 656.

FILHO, Ob. Cit., 2006, p. 658.

GASPARINI, Diógenes. Direito Administrativo. 13.ed. São Paulo: Saraiva, 2008, p. 762.

MARTINS JÚNIOR, Wallace Paiva, Probidade Administrativa, 2ª ed., São Paulo, Saraiva, 2002, p.103, 106-109.

MAZZA, Alexandre, 2014. Manual de Direito Administrativo. [S.l.: s.n.].

MEIRELLES, apud FILHO, José dos Santos Carvalho, Manual de Direito Administrativo, Lumen&Juris, 17ª ed., Rio de Janeiro 2007, p. 12-13.

MEIRELLES, Hely Lopes, Direito Administrativo Brasileiro, 33ª ed., São Paulo 2007, p. 151.

MEIRELLES, Hely Lopes, Direito Administrativo Brasileiro, Editora Malheiros, 13ª ed., São Paulo 2007, p. 330.

MEIRELLES, Hely Lopes, Ob. Cit., 2007, p. 433.

MEIRELLES, Hely Lopes, Ob. Cit., 2007, p. 549.

MEIRELLES, Ob. Cit. pp. 404-405.

MEIRELLES p. 354, apud FILHO, José dos Santos Carvalho, Manual de Direito Administrativo, 16ª ed., Editora Lumen Juris, Rio de Janeiro 2006, p. 188.

MELLO, Celso Antonio Bandeira de. Curso de Direito Administrativo, 22ª Ed., Malheiros Editores, São Paulo 2007, p. 831-832.

MELLO, Celso Antônio Bandeira, Curso de Direito Administrativo, Malheiros Ed., 13ª edição, 2001, pp. 161-162.

NEIVA, José Antônio Lisboa, Improbidade administrativa: legislação comentada artigo por artigo– doutrina, legislação e jurisprudência. 2ª edição, Niterói 2011.

PIETRO, Maria Sylvia Zanella Di, Direito Administrativo, 20ª ed. 2007, Editora Atlas, p.395.

PIETRO, Maria Sylvia Zanella Di, Direito Administrativo, 22ed., São Paulo, Atlas, 2009, p.805-806.

PIETRO, Maria Sylvia Zanella Di, Direito administrativo, 23ª ed. São Paulo, Atlas, 2010, p.643.

PIETRO, Maria Sylvia Zanella Di, Direito Administrativo, 25ª ed., Editora Atlas, São Paulo, 2012.

PIETRO, Maria Sylvia Zanella Di, Direito Administrativo, ed., Atlas Editora, São Paulo 2011, p. 203.

PIETRO, Maria Sylvia Zanella Di, Direito Administrativo, São Paulo: Atlas, 2004, p. 114.

PIETRO, Maria Sylvia Zanella Di, Ob. Cit., 2006, p. 69.

PIETRO, Maria Sylvia Zanella Di. Direito Administrativo. 19ª ed., Editora Atlas, São Paulo, 2006, p. 69.

SCHIESARI, Nelson. Direito Administrativo: Coletânea Atualização Jurídica. 1. ed., São Paulo: Hemeron, 1975, p. 97.

STF, RE 608482/RN, rel. Min. Teori Zavascki, Plenário, julgado em 7.8.2014.

STJ, AgRg na SLS 1957/PB, Rel. Ministro FRANCISCO FALCÃO, CORTE ESPECIAL, julgado em 17/12/2014, DJe 09/03/2015. Disponível em http://www.stj.jus.br/SCON/jt/toc.jsp.

STJ, AgRg no REsp 1204635/MT, Rel. Ministro CASTRO MEIRA, Segunda Turma, DJe 14/06/2012.

STJ, EREsp 1.157.628-RJ, Rel. Min. Raul Araújo, por maioria, Corte Especial, julgado em 7/12/2016, DJe 15/2/2017.

STJ, MS 17537/DF, Rel. Ministro ARNALDO ESTEVES LIMA, Rel. para o Acórdão Min. MAURO CAMPBELL MARQUES, PRIMEIRA SEÇÃO, julgado em 11/03/2015, DJe 09/06/2015.

STJ, MS 21.991-DF, Rel. Min. HUMBERTO MARTINS, Corte Especial, julgado em 16/11/2016.

STJ, REsp 1.171.017-PA, Rel. Min. Sérgio Kukina, Primeira Turma, julgado em 25/2/2014.

STJ, REsp 1.653.998 – PE, Rel. Min. MARCO AURÉLIO BELLIZZE, Terceira Turma, julgado em 24/02/2017.

STJ, REsp 1138173/RN, Rel. Ministro HUMBERTO MARTINS, SEGUNDA TURMA, julgado em 23/06/2015, DJe 30/06/2015.

STJ, REsp 1191613/MG, Rel. Ministro BENEDITO GONÇALVES, PRIMEIRA TURMA, julgado em 19/03/2015, DJe 17/04/2015.

STJ, REsp 1402091/SP, Rel. Ministro NAPOLEÃO NUNES MAIA FILHO, Rel. p/ Acórdão Ministro BENEDITO GONÇALVES, PRIMEIRA TURMA, julgado em 08/10/2013, DJe 04/12/2013.

STJ, REsp 510.478-PB, Rel. Min. FRANCIULLI NETTO, 2ª Turma, julgado 10/06/2003, informativo 176.

STJ, REsp 709.934 – RJ (2004/0175944-8), Rel. Min. HUMBERTO MARTINS, Segunda Turma, julgado em 21/06/2007.

STJ, Voto-vista no Resp. 951.389/SC, Ministra ELIANA CALMON.

TRF4, APELREEX 3220 RS, Rel. Des. Fed. CARLOS EDUARDO THOMPSON FLORES LENZ, Terceira Turma, em 03/02/2010.

DIREITO CONSTITUCIONAL

1. PRINCÍPIOS FUNDAMENTAIS

CANDIDATO:

Considere a seguinte situação hipotética: Em inquérito instaurado para apurar ilícitos penais que envolvem deputado federal, o STF determinou, sem autorização prévia da mesa diretora da Câmara dos Deputados, a coleta de dados telemáticos nas dependências dessa casa legislativa. Nesse caso, a decisão ofendeu os princípios da separação e da harmonia entre os poderes do Estado? Justifique sua resposta com base na jurisprudência do STF. **(Delegado PF/19)**

RESPOSTA ADEQUADA:

Excelência, consoante regramento previsto na Constituição Federal de 1988 (CF), em seu art. 2º, está consagrado o princípio da separação de poderes no Estado brasileiro ao dispor que são Poderes da União, independentes e harmônicos entre si, o Poder Legislativo, o Poder Executivo e o Poder Judiciário.

Malgrado para cada um dos poderes haja funções típicas, o próprio texto constitucional prevê o exercício de uma função de um poder por outro sem que se possa afirmar a existência de alguma desarmonia entre eles, o que se depreende de várias hipóteses elencadas pela CF nesse sentido.

Para exemplificar, cite-se o exercício de função jurisdicional exercida quando do julgamento do Presidente da República nos crimes de responsabilidade pelo Poder Legislativo (art. 52, I) e a edição de medidas provisórias com força de lei pelo Poder Executivo (art. 62).

Nesse sentido, conforme entendimento do STF[1], a decisão **não ofende** os princípios da separação e da harmonia entre os poderes do Estado, uma vez que a CF não apresenta determinação no sentido da necessidade de autorização prévia da mesa diretora da Câmara dos Deputados.

COMPLEMENTAÇÃO DA RESPOSTA:

Vejamos o teor do Julgado acima citado:

Ementa: PROCESSO PENAL. INQUÉRITO ENVOLVENDO DEPUTADO FEDERAL. DILIGÊNCIA INVESTIGATÓRIA NAS DEPENDÊNCIAS DA CÂMARA SEM PRÉVIA AUTORIZAÇÃO DA MESA DIRETORA. LEGITIMIDADE. 1. Não ofende os princípios da separação e da harmonia entre os

1. STF, AC 4005 AgR, Rel. Min. Teori Zavascki, Tribunal Pleno, julgado em 02/06/2016.

Poderes do Estado a decisão do Supremo Tribunal Federal que, em inquérito destinado a apurar ilícitos penais envolvendo deputado federal, determinou, sem prévia autorização da Mesa Diretora da Câmara dos Deputados, a coleta de dados telemáticos nas dependências dessa Casa Legislativa. Além de não haver determinação constitucional nesse sentido, a prévia autorização poderia, no caso, comprometer a eficácia da medida cautelar pela especial circunstância de o Presidente da Câmara, à época, estar ele próprio sendo investigado perante a Suprema Corte. 2. Agravo regimental conhecido e desprovido.

Atente-se para o quadro sinótico sobre as Funções Típicas e Atípicas de cada Poder:

ÓRGÃO	Função Típica	Função Atípica
LEGISLATIVO	• Legislar; • Fiscalização contábil, financeira, orçamentária e patrimonial do Executivo.	**Natureza executiva:** ao dispor sobre sua organização, concedendo férias, provendo cargos, licenças a servidores etc. **Natureza jurisdicional:** o Senado julga o Presidente da República nos crimes de responsabilidade (art. 52, I).
EXECUTIVO	• Práticas de atos de chefia de Estado, chefia de Governo e atos de administração.	**Natureza legislativa:** o Presidente da República ao adotar medida provisória com força de lei (art. 62). **Natureza jurisdicional:** o Executivo julga, apreciando defesas e recursos administrativos.
JUDICIÁRIO	• Julgar (função jurisdicional), dizendo o direito no caso concreto e dirimindo os conflitos, que lhe são levados, quando da aplicação da lei.	**Natureza legislativa:** Regimento interno de seus Tribunais, (art. 96, I, "a"). **Natureza executiva:** administra ao conceder férias e licenças aos serventuários e magistrados (art. 96, I, "f").

2. DIREITOS E GARANTIAS FUNDAMENTAIS

CANDIDATO:

Tendo em vista que o direito à locomoção não é absoluto, responda, de forma justificada, aos seguintes questionamentos.

1. Em que consiste o direito constitucional à locomoção?
2. Quais são as exceções possíveis ao direito à locomoção e as formas previstas para exercê-las?
3. Qual é o entendimento do STF sobre a constitucionalidade de ordem de condução coercitiva para realização de interrogatório, e quais são os efeitos e(ou) as consequências desse entendimento? **(Delegado SE/19)**

RESPOSTA ADEQUADA:

1. Excelência, o direito constitucional à locomoção está previsto nos incisos XV e LXI do art. 5º da Constituição Federal de 1988 (CF) e garante a livre locomoção no território nacional em tempo de paz, podendo qualquer pessoa nele entrar, permanecer ou sair com seus bens, garantindo, ainda, que ninguém será

preso senão em flagrante delito ou ordem escrita e fundamentada de autoridade judiciária competente.

2. As exceções possíveis ao direito à locomoção e as formas previstas para exercê-las: I estado de defesa – O art. 136, § 3º, I, da CF permite prisão por crime de Estado determinada pelo executor da medida; II estado de sítio – O art. 139, I, da CF permite medidas no sentido de obrigar as pessoas a permanecer em localidade determinada, na hipótese de decretação de estado de sítio em razão de comoção grave de repercussão nacional ou ocorrência de fatos que comprovem a ineficácia de medida tomada durante o estado de defesa (art. 137, I, da CF); III transgressão militar ou crime propriamente militar, definidos em lei, permitem prisão, ainda que na ausência de flagrante ou ordem escrita e fundamentada de autoridade judiciária (inciso LXI do art. 5º da CF); IV exceção ao direito de locomoção previsto no próprio inciso XV do art. 5º, ao destacar "nos termos da lei".
3. Quanto à constitucionalidade de ordem de condução coercitiva para realização de interrogatório, por maioria, em 7/6/2018, o STF julgou procedentes as ADPF nº 395/DF[2] e nº 444/DF, para pronunciar a não recepção da expressão "para o interrogatório", constante do art. 260 do Código de Processo Penal, e declarar a incompatibilidade com a CF da condução coercitiva de investigados ou de réus para interrogatório.

Nesse sentido, o STF decidiu, ainda, que a penalidade para descumprimento dessa regra será de responsabilidade disciplinar, civil e penal do agente ou da autoridade e de ilicitude das provas obtidas, sem prejuízo da responsabilidade civil do Estado. Por fim, cumpre ressaltar que o STF modulou os efeitos da decisão para validar os interrogatórios realizados até a data do julgamento, mesmo que procedidos mediante condução coercitiva para realização do ato.

COMPLEMENTAÇÃO DA RESPOSTA:

Liberdade de locomoção **(art. 5º, incisos XV e LXI, da CF)** A locomoção no território nacional em tempo de paz é livre, podendo qualquer pessoa, nos termos da lei, nele entrar, permanecer ou dele sair com seus bens. Destarte, salvo nos casos de transgressão militar ou crime propriamente militar, definidos em lei, ninguém será preso senão em flagrante delito ou por ordem escrita e fundamentada de autoridade judiciária competente (art. 5º, inciso LXI da CF). Esse direito poderá ser restringido na vigência de estado de defesa, quando se cria a possibilidade de prisão por crime de Estado determinada pelo executor da medida (art. 136, § 3º, I, da CF), exceção à regra acima exposta (flagrante delito ou ordem escrita e fundamentada de autoridade judiciária competente). No mesmo sentido, ocorrerá restrição à liberdade de locomoção na vigência do estado de sítio, nos termos do art. 139, inciso I, da CF, podendo ser tomadas contra as pessoas (nas hipóteses do art. 137, I, da CF) medidas no sentido de obrigá-las a permanecer em localidade determinada (...)[3]

2. STF, ADPF 395/DF, Plenário, Rel. Min. Gilmar Mendes, Julgado em 7/6/2018. (ADPF-395) (Info 905)
3. LENZA, Pedro, Direito constitucional, 10.ª ed., p. 541.

CANDIDATO:

O Poder Público pode determinar a vacinação compulsória contra a Covid-19? Vacinação compulsória é o mesmo que vacinação forçada? **(Delegado/ Questão Simulada)**

RESPOSTA ADEQUADA:

Excelência, o STF julgou parcialmente procedente ADI para conferir interpretação conforme a Constituição ao art. 3º, III, "d", da Lei nº 13.979/2020, quando disse que o Poder Público pode determinar aos cidadãos que se submetam, compulsoriamente, à vacinação contra a Covid-19, prevista na Lei nº 13.979/2020.

O Estado pode impor aos cidadãos que recusem a vacinação, as medidas restritivas previstas em lei (multa, impedimento de frequentar determinados lugares, fazer matrícula em escola), **mas não pode fazer a imunização à força.**

Ademais, ficou definido que os Estados-membros, o Distrito Federal e os Municípios têm autonomia para realizar campanhas locais de vacinação.

A tese fixada foi a seguinte[4]: **A vacinação compulsória não significa vacinação forçada,** porquanto facultada sempre a recusa do usuário, podendo, contudo, ser implementada por meio de medidas indiretas, as quais compreendem, dentre outras, a restrição ao exercício de certas atividades ou à frequência de determinados lugares, desde que previstas em lei, ou dela decorrentes, e (i) tenham como base evidências científicas e análises estratégicas pertinentes, (ii) venham acompanhadas de ampla informação sobre a eficácia, segurança e contraindicações dos imunizantes, (iii) respeitem a dignidade humana e os direitos fundamentais das pessoas, (iv) atendam aos critérios de razoabilidade e proporcionalidade e (v) sejam as vacinas distribuídas universal e gratuitamente; e (vi) tais medidas, com as limitações acima expostas, podem ser implementadas tanto pela União como pelos Estados, Distrito Federal e Municípios, respeitadas as respectivas esferas de competência.

COMPLEMENTAÇÃO DA RESPOSTA:

VACINAÇÃO FORÇADA	VACINAÇÃO COMPULSÓRIA
Há violação da integridade física da pessoa humana, inclusive, por meio de violência pelo Estado.	Há a restrição ao exercício de determinadas atividades ou à frequência de determinados lugares.

CANDIDATO:

É inconstitucional lei municipal que proíba a divulgação de material com referência a "ideologia" (*rectius*: identidade) de gênero nas escolas municipais? **(Delegado/ Questão Simulada)**

4. STF, ADI 6586, Plenário, Rel. Min. Ricardo Lewandowski, julgado em 17/12/2020.

RESPOSTA ADEQUADA:

Excelência, acerca do assunto o STF[5] proferiu entendimento de que compete **privativamente** à União legislar sobre diretrizes e bases da educação nacional (art. 22, XXIV, da CF), de modo que os Municípios não têm competência para editar lei proibindo a divulgação de material com referência a "ideologia de gênero" nas escolas municipais.

Existe inconstitucionalidade formal. Há também inconstitucionalidade material nessa lei. Lei municipal proibindo essa divulgação viola:

- a liberdade de aprender, ensinar, pesquisar e divulgar o pensamento, a arte e o saber (art. 206, II, CF/88); e
- o pluralismo de ideias e de concepções pedagógicas (art. 206, III).

Essa lei contraria ainda um dos objetivos fundamentais da República Federativa do Brasil, que é a promoção do bem de todos sem preconceitos (art. 3º, IV, CF/88).

Por fim, essa lei não cumpre com o dever estatal de promover políticas de inclusão e de igualdade, contribuindo para a manutenção da discriminação com base na orientação sexual e identidade de gênero.

COMPLEMENTAÇÃO DA RESPOSTA:

O julgado teve como objeto a Lei 1.516/2015 do Município de Novo Gama – GO, ao proibir a divulgação de material com referência a ideologia de gênero nas escolas municipais, não cumpre com o dever estatal de promover políticas de inclusão e de igualdade, contribuindo para a manutenção da discriminação com base na orientação sexual e identidade de gênero. Inconstitucionalidade material reconhecida.

CANDIDATO:

O que é eficácia horizontal dos direitos fundamentais? **(Delegado SP/15)**

RESPOSTA ADEQUADA:

Excelência, levando em consideração entendimento do STF e da própria Carta Magna, a eficácia horizontal dos direitos fundamentais é a aplicação dos direitos fundamentais nas relações privadas. Assim, o que hoje tem prevalecido em nossa Corte Máxima é a aplicação da Teoria da Eficácia Horizontal Direta, ou seja, a ponderação de valores nas disputas geradas entre particulares, que tenham por objeto, direitos fundamentais.

COMPLEMENTAÇÃO DA RESPOSTA:

Continuando o tema, destaca-se que a eficácia horizontal dos direitos fundamentais se divide em:

5. STF, ADPF 457, Plenário, Rel. Alexandre de Moraes, julgado em 27/04/2020 (Info 980).

EFICÁCIA HORIZONTAL INDIRETA OU MEDIATA.

Para esta teoria há ponto de vista de duas dimensões:

1. **Dimensão negativa** ou **proibitiva**: veda ao legislador editar lei que viole direitos fundamentais;
2. **Dimensão positiva**: impõe um dever para o legislador implementar direitos fundamentais, ponderando, porém, quais deles devam se aplicar às relações privadas. Segundo essa teoria, não há imposição de direitos fundamentais numa relação entre particulares que estão em nível de igualdade.

Consoante seus ditames, o direito privado por meio de lei teria que incorporar aqueles direitos fundamentais ao direito privado, para que a aplicação fosse relativizada. Essa introdução poderia se dar pelas cláusulas gerais do direito privado.

EFICÁCIA HORIZONTAL DIRETA OU IMEDIATA

Nos termos da proposta da teoria da eficácia direta, como o próprio nome sugere, alguns **direitos fundamentais podem ser aplicados diretamente às relações privadas**, ou seja, **sem a necessidade** da intervenção **legislativa.**

São assim consideradas atividades privadas que tenham um certo 'caráter público', por exemplo, **em escolas (matrículas)**, **clubes associativos**, **relações de trabalho** etc.

No Brasil, como a desigualdade social é latente, não permitir a aplicação dos direitos fundamentais às relações entre particulares seria irrazoável. Por tal razão, o **Supremo Tribunal Federal** tem **adotado**, de forma sistemática, **a teoria da Eficácia Horizontal dos Direitos Fundamentais.**

Neste sentido, transcrevemos o entendimento do STF[6]:

> "SOCIEDADE CIVIL SEM FINS LUCRATIVOS. UNIÃO BRASILEIRA DE COMPOSITORES. EXCLUSÃO DE SÓCIO SEM GARANTIA DA AMPLA DEFESA E DO CONTRADITÓRIO. EFICÁCIA DOS DIREITOS FUNDAMENTAIS NAS RELAÇÕES PRIVADAS. RECURSO DESPROVIDO. I. EFICÁCIA DOS DIREITOS FUNDAMENTAIS NAS RELAÇÕES PRIVADAS. As violações a direitos fundamentais não ocorrem somente no âmbito das relações entre o cidadão e o Estado, mas igualmente nas relações travadas entre pessoas físicas e jurídicas de direito privado. Assim, os direitos fundamentais assegurados pela Constituição vinculam diretamente não apenas os poderes públicos, estando direcionados também à proteção dos particulares em face dos poderes privados. (...)"

CANDIDATO:

Qual é a regra de competência do tribunal do júri? Há exceções? **(Delegado SC/15)**

RESPOSTA ADEQUADA:

Excelência, a competência do tribunal do júri é definida pela natureza do crime, com respaldo constitucional[7] lhe compete o julgamento dos crimes dolosos contra a vida.

---

6. STF-RE 201819/RJ, Relatora Min. ELLEN GRACIE, rel. p/ acórdão Min. Gilmar Mendes, 2ª T., DJ 27/10/2006.
7. BRASIL, Constituição Federal, art. 5º, XXXVIII, d.

As exceções são definidas pela própria Constituição Federal determinando o deslocamento da competência para as pessoas que possuem foro privilegiado em razão de função pública exercida.

COMPLEMENTAÇÃO DA RESPOSTA:

O STJ decidiu (CC 177.100-CE) **que "compete aos tribunais de justiça estaduais processar e julgar os delitos comuns, não relacionados com o cargo, em tese praticados por Promotores de Justiça".**

De fato, o STF restringiu sua competência para julgar membros do Congresso Nacional somente nas hipóteses de crimes praticados no exercício e em razão da função pública exercida. Todavia, para o Min. Joel Ilan Paciornik, o referido precedente analisou expressamente apenas o foro por prerrogativa de função referente a cargos eletivos, haja vista que o caso concreto tratava de ação penal ajuizada em face de Deputado Federal.

A Corte Especial do STJ, no julgamento da QO na APN 878/DF, **reconheceu sua competência para julgar Desembargadores acusados da prática de crimes com ou sem relação ao cargo**, não identificando simetria com o precedente do STF. Naquela oportunidade, firmou-se a compreensão de que, se Desembargadores fossem julgados por Juízo de Primeiro Grau vinculado ao Tribunal ao qual ambos pertencem, criar-se-ia, em alguma medida, um embaraço ao Juiz de carreira responsável pelo julgamento do feito.

Em resumo, o STJ apontou discrímen relativamente aos magistrados para manter interpretação ampla quanto ao foro por prerrogativa de função, aplicável para crimes com ou sem relação com o cargo, com fundamento na necessidade de o julgador desempenhar suas atividades judicantes de forma imparcial.

Nesse contexto, considerando que a previsão da prerrogativa de foro da Magistratura e do Ministério Público encontra-se descrita no mesmo dispositivo constitucional (art. 96, III, da CF/88), **seria desarrazoado conferir-lhes tratamento diferenciado.**

CANDIDATO:

Quais os fundamentos democráticos do poder? **(Delegado SP/15)**

RESPOSTA ADEQUADA:

Excelência, segundo o que preceitua a Carta Magna no art. 1º, são fundamentos democráticos do poder: a soberania, a cidadania, a dignidade da pessoa humana, os valores sociais do trabalho e da livre iniciativa e o pluralismo político.

Com base nesses fundamentos, objetiva-se a convivência harmônica dos poderes de forma soberana na tripartição resguardando a dignidade humana, a valoração do trabalho, a cidadania, enfim os direitos essenciais para a convivência harmônica de todos, garantidos pela Constituição vigente.

COMPLEMENTAÇÃO DA RESPOSTA:

Pelo que se vê a Carta Magna de 1988 foi apelidada de Constituição Cidadã não é à toa, visto seu caráter humanizado e totalmente direcionado aos direitos fundamentais para toda a população brasileira, justificando assim um Estado Democrático de Direito.

Segue um macete para fixar melhor o assunto:

SO CI DI VA PLU

1. **SO**berania
2. **Ci**dadania
3. **DI**gnidade humana
4. **VA**loração do trabalho e da livre iniciativa
5. **PLU**ralismo político

2.1. Direitos e deveres individuais e coletivos

CANDIDATO:

Considere a seguinte situação hipotética:

Um agente de Polícia Federal informou ao delegado de Polícia Federal que, embora tenha sido autorizada uma manifestação de protesto na Esplanada dos Ministérios, o ato estava atrapalhando sobremaneira o acesso ao serviço público na mencionada região da capital federal. O delegado de Polícia Federal requereu, então, ao ministro da Justiça e Segurança Pública que intercedesse junto à autoridade competente para interromper o ato.

Considerando a situação hipotética apresentada, esclareça, com fundamento no entendimento do Supremo Tribunal Federal, se a interrupção da manifestação, nesse caso, é razoável. **(Delegado Federal/ 2022)**

RESPOSTA ADEQUADA:

Excelência, de acordo com o entendimento do STF, o exercício da liberdade de reunião é essencial para a criação de um ambiente democrático real que oportunize ao cidadão desempenhar adequadamente o seu papel de cointérprete da Constituição. De fato, a liberdade de reunião alcança o nível de visibilidade desejado e comunica a sua mensagem quando da realização de atos eventualmente inconvenientes para os não participantes do protesto, os quais, se razoáveis e não violentos, devem ser tolerados pelo Estado e pela sociedade.

Conforme entende o STF, a vedação da prática de qualquer ato que possa acarretar perturbação à execução da atividade laboral pelos servidores e pelas autoridades públicas, ao acesso ao serviço público pela população em geral, ao trânsito de veículos e de pessoas, bem como degradação ou prejuízo ao meio ambiente, concede verdadeira carta-branca para a restrição do uso do bem público com base em juízo de conveniência e oportunidade das autoridades, subordinando a realização de reunião pública à discricionariedade administrativa, já que todo e qualquer ato de manifestação pública pressupõe algum grau de afetação a direitos de terceiros.

COMPLEMENTAÇÃO DA RESPOSTA:

O exercício da liberdade de reunião é essencial para a criação de um ambiente democrático real que oportunize ao cidadão desempenhar adequadamente o seu papel de cointérprete da Constituição, propiciando a criação de agendas sociais que poderiam passar ao largo dos interesses político-partidários hegemônicos. A liberdade de reunião alcança o nível de visibilidade desejado e comunica a sua mensagem quando da realização de atos eventualmente inconvenientes para os não participantes do protesto, os quais, se razoáveis e não violentos, devem ser tolerados pelo Estado e pela sociedade. A posição privilegiada (*preferred position*) ocupada pelas liberdades comunicativas no sistema jurídico brasileiro demanda que eventuais limitações devem estar em harmonia com outros valores constitucionais, recebendo um ônus argumentativo qualificado. (...) A vedação da prática de qualquer ato que possa acarretar perturbação à execução da atividade laboral pelos servidores e pelas autoridades públicas, ao acesso ao serviço público pela população em geral, ao trânsito de veículos e de pessoas, bem como degradação ou prejuízo ao meio ambiente, concede verdadeira carta-branca para a restrição do uso do bem público com base em juízo de conveniência e oportunidade das autoridades, subordinando a realização de reunião pública à discricionariedade administrativa, já que todo e qualquer ato de manifestação pública pressupõe algum grau de afetação a direitos de terceiros. [ADI 5.852, rel. min. Dias Toffoli, red. do ac. min. Luiz Fux, j. 24-8- 2020, P, DJE de 26-11-2020.]

CANDIDATO:

O direito ao esquecimento é compatível com a Constituição Federal? **(Delegado/ Simulado 2022)**

RESPOSTA ADEQUADA:

Excelência, o STF decidiu ser **incompatível** com a Constituição a ideia de um **direito ao esquecimento**, assim entendido como o poder de obstar, em razão da passagem do tempo, a **divulgação de fatos ou dados verídicos e licitamente obtidos e publicados em meios de comunicação social analógicos ou digitais**. Eventuais excessos ou abusos no exercício da liberdade de expressão e de informação devem ser analisados caso a caso, a partir dos parâmetros constitucionais - especialmente os relativos **à proteção da honra, da imagem, da privacidade e da personalidade em geral** - e as expressas e específicas previsões legais nos âmbitos penal e cível.

COMPLEMENTAÇÃO DA RESPOSTA:

Destaca-se que julgados do **STJ já se afirmou** também que o sistema jurídico brasileiro protege o direito ao esquecimento (REsp 1.335.153-RJ e REsp 1.334.097-RJ, Rel.

Min. Luis Felipe Salomão, julgados em 28/5/2013). Contudo, o deferimento, ou não, do direito ao esquecimento depende da análise do caso concreto e da ponderação dos interesses envolvidos.

TEMA QUENTE!

O STJ entende (REsp 1.961.581-MS) que o direito ao esquecimento **não justifica** a exclusão de matéria jornalística.

A jurisprudência do STJ é consolidada no sentido de que a atividade da imprensa deve pautar-se em **três pilares:** 1) dever de veracidade; 2) dever de pertinência; e 3) dever geral de cuidado.

CANDIDATO:

Considere a seguinte situação hipotética: Durante a Audiência de Instrução e Julgamento o juiz determinou que o réu fosse algemado. No entanto, o policial designado para tal alegou que como não havia fundado receio de fuga do réu, o ato seria considerado ilícito, o que ensejaria a nulidade do ato processual e a responsabilização dos agentes públicos envolvidos. Com base no posicionamento do STF, discorra de modo fundamento sobre a argumentação do policial. **(Delegado PF/18)**

RESPOSTA ADEQUADA:

Excelência, de acordo com a Súmula Vinculante do STF, o uso de algemas somente pode se dar em caso de fundado receio de fuga; para assegurar a integridade física própria do agente ou de terceiros; e, no caso de resistência. Neste sentido, o agente terá que justificar o ato posteriormente, por escrito.

COMPLEMENTAÇÃO DA RESPOSTA:

Vejamos o teor da **Súmula Vinculante 11:** "Só é lícito o uso de algemas em casos de resistência e de fundado receio de fuga ou de perigo à integridade física própria ou alheia, por parte do preso ou de terceiros, justificada a excepcionalidade por escrito, sob pena de responsabilidade disciplinar, civil e penal do agente ou da autoridade e de nulidade da prisão ou do ato processual a que se refere, sem prejuízo da responsabilidade civil do Estado".

De acordo com o STF (entendimento da Súmula Vinculante nº 11):

a) considera-se lícito o uso de algemas em casos de resistência e de fundado receio de fuga ou de perigo à integridade física própria ou alheia, por parte do preso ou de terceiros, justificada a excepcionalidade por escrito. Caso contrário, haverá responsabilidade disciplinar, civil e penal do agente ou da autoridade e a nulidade da prisão ou do ato processual a que se refere, sem prejuízo da responsabilidade civil do Estado.

b) o uso de algemas durante audiência de instrução e julgamento pode ser determinado pelo magistrado quando presentes, de maneira concreta, riscos à segurança do acusado ou das pessoas ao ato presentes. Assim, se houve justificativa expressa para o uso das algemas durante atos processuais, não há de se falar em ilícito.

Neste sentido, se o magistrado tiver determinado que o réu fosse algemado de maneira arbitrária, sem atender às hipóteses previstas pelo STF na Súmula Vinculante nº 11, o ato será considerado ilícito, o que pode ensejar a nulidade da audiência de instrução e julgamento e a responsabilização dos agentes envolvidos. Caso contrário, presentes as demais hipóteses de uso de algema, que não a fuga do réu, o ato terá sido lícito.

CANDIDATO:

Num julgamento de prefeito municipal feito pelo Tribunal de Justiça, o prefeito impetra um HC no STJ. O STJ nega o HC, tendo assim uma decisão denegatória. Dessa decisão do STJ, caberá qual recurso? **(Delegado MT/17)**

RESPOSTA ADEQUADA:

Excelência, a resposta é **Recurso ordinário constitucional ao STF, art. 102, II, "a", CF.**

Este recurso é cabível apenas em decisão proferida por tribunal superior (STJ, TSE, TST e STM). Esse tribunal estará proferindo a decisão em única instância, isto é, o tribunal superior está atuando na sua competência originária.

A título de ilustração temos "julgamento de prefeito municipal é feito pelo Tribunal de Justiça. O prefeito impetra um HC no STJ. O STJ nega o HC, tendo assim uma decisão denegatória. Dessa decisão do STJ, caberá o ROC do art. 102, II, 'a', CF."

COMPLEMENTAÇÃO DA RESPOSTA:

Vale ressaltar que contra decisão que concede o HC não cabe ROC.

O prazo de interposição do ROC se a decisão for denegatória é de:

- HC – 5 dias
- MS – 15 dias

Em ambos os casos, os prazos são contados a partir da publicação da decisão.

Deverá ser interposto por petição escrita.

A petição deve ser dirigida ao presidente do tribunal superior que denegou a ordem.

Por exemplo, interpor em face do HC denegado ao STJ. Assim, irá interpor a peça no STJ e as razões acompanham a interposição.

Quanto ao processamento, temos:

Juízo de admissibilidade - Contrarrazões: mesmo prazo da interposição - remessa dos autos ao STF para julgamento.

Se transcorrer 30 dias sem que seja recebido o recurso ou se denegado/não recebido o ROC: caberá agravo nos termos do art. 313 do regimento interno do STF.

CANDIDATO:

O que são mandamentos constitucionais de criminalização? Forneça ao menos dois exemplos, expondo o que difere um mandamento constitucional de criminalização prescritivo de um impeditivo. **(Delegado/Simulado 2019)**

RESPOSTA ADEQUADA:

Excelência, os mandamentos ou cláusulas constitucionais de criminalização correspondem a comandos constitucionais que, enaltecendo determinados valores, com fulcro nas possibilidades que o Estado detém de transformar a sociedade, colocam o Direito Penal como um dos meios de proteção dos bens jurídicos considerados constitucionalmente relevantes. Assim, trata-se de imposição constitucional de conteúdo que tanto irá restringir os processos de descriminalização, como ordenará criminalizações ou o endurecimento do tratamento penal.

A injunção tem caráter impeditivo quando a Constituição Federal impede que o legislador institua leis descriminalizadoras que retirem a proteção penal de determinados bens jurídicos, no que se refere às ofensas mais relevantes, a exemplo do que ocorre no caso do impedimento à descriminalização do homicídio doloso.

Por outro lado, o mandamento será prescritivo quando a CF, delineando uma série de ordenações criminalizadoras, determina, peremptoriamente, que o legislador conceda proteção penal para alguns comportamentos lesivos a bens jurídicos, ou estabelece um tratamento mais gravoso para os crimes já existentes, tal qual ocorre no caso da disposição que prescreve ser o racismo um crime inafiançável e imprescritível.

COMPLEMENTAÇÃO DA RESPOSTA:

Especificamente no que se refere aos mandamentos constitucionais de conteúdo prescritivo, é certo que, por vezes, o pleno atendimento da determinação constitucional demandará a atuação do legislador ordinário, o qual nem sempre editou as normas previstas de modo tempestivo. Nesse sentido, conquanto a Constituição date de 1988, a tortura só foi criminalizada no Brasil após o advento da Constituição, através da edição da Lei n. 9.455, de 07 de abril de 1997, a qual estabeleceu os tipos objetivos desses delitos. Em casos como esse, é possível, eventualmente, o manejo de Ação Direta de Inconstitucionalidade por Omissão ou de Mandado de Injunção a fim de sanar o problema.

CANDIDATO:

É possível a impetração de *habeas corpus* coletivo? **(Delegado/Simulado 2019)**

RESPOSTA ADEQUADA:

Excelência, o STF admitiu a possibilidade de *habeas corpus* coletivo se o bem jurídico ofendido for o direito de ir e vir, quer pessoal, quer de um grupo determinado de pessoas; o instrumento processual para resgatá-lo é o *habeas corpus*, individual ou coletivo.

COMPLEMENTAÇÃO DA RESPOSTA:

Apesar de não haver uma previsão expressa no ordenamento jurídico, existem dois dispositivos legais que, indiretamente, revelam a possibilidade de *habeas corpus* coletivo. Trata-se do art. 654, § 2º, e do art. 580, ambos do CPP. O art. 654, § 2º estabelece que compete aos juízes e tribunais expedir ordem de *habeas corpus* de ofício. O art. 580 do CPP, por sua vez, permite que a ordem concedida em determinado *habeas corpus* seja estendida para todos que se encontram na mesma situação. STF. 2ª Turma. HC 143641/SP. Rel. Min. Ricardo Lewandowski, julgado em 20/2/2018 (Info 891).

Outrossim, conclui-se que os juízes ou Tribunais podem estender para todos que se encontrem na mesma situação a ordem de *habeas corpus* concedida individualmente em favor de uma pessoa. Diante da inexistência de regramento legal, o STF entendeu que se deve aplicar, por analogia, o art. 12 da Lei nº 13.300/2016, que trata sobre os legitimados para propor mandado de injunção coletivo.

Desta forma, possuem legitimidade para impetrar *habeas corpus* coletivo:

1) o Ministério Público;
2) o partido político com representação no Congresso Nacional;
3) a organização sindical, entidade de classe ou associação legalmente constituída e em funcionamento há pelo menos 1 (um) ano;
4) a Defensoria Pública.

CANDIDATO:

Participante que tenha tatuagem pode ser eliminado do concurso público? **(Delegado/Simulado)**

RESPOSTA ADEQUADA:

Excelência, o STF decidiu que: "em regra, editais de concursos públicos não podem estabelecer restrição a pessoas com tatuagem, salvo situações excepcionais em razão de conteúdo que viole valores constitucionais, como exemplo, é possível que a Administração Pública impeça o acesso do candidato se a tatuagem que ele possui tiver obscenidades, ideologias terroristas, que sejam discriminatórias, que preguem a violência e a criminalidade, a discriminação de raça, credo, sexo ou origem".[8]

8. STF, RE 898450/SP (repercussão geral), Rel. Min. Luiz Fux, Plenário, julgado em 17/8/2016, Informativo 835.

COMPLEMENTAÇÃO DA RESPOSTA:

Nas Forças Armadas há leis específicas sobre o tema: Lei nº 11.279/2006 (Marinha), Lei nº 12.464/2011 (Aeronáutica) e Lei nº 12.705/2012 (Exército).

Além disso, observa-se que os ditames retromencionados estão em sintonia com a decisão do STF quanto à tatuagem.

CANDIDATO:

O que é Estado de Coisas Inconstitucionais? **(Delegado/Simulado)**

RESPOSTA ADEQUADA:

Excelência, o Plenário do STF concluiu pela configuração do chamado "estado de coisas inconstitucional" relativamente ao sistema penitenciário brasileiro, diante da seguinte situação: violação generalizada e sistêmica de direitos fundamentais; inércia ou incapacidade reiterada e persistente das autoridades públicas em modificar a conjuntura; transgressões a exigir a atuação não apenas de um órgão, mas sim de uma pluralidade de autoridades.[9]

COMPLEMENTAÇÃO DA RESPOSTA:

O STF concedeu, parcialmente, a medida liminar deferindo somente os pedidos "b" (audiência de custódia) e "h" (liberação das verbas do FUNPEN).

Vejamos:

O Colegiado deliberou, por decisão majoritária, deferir a medida cautelar em relação ao item "b" (audiência de custódia).

A Ministra Rosa Weber acompanhou essa orientação, com a ressalva de que fossem observados os prazos fixados pelo CNJ.

Vencidos, em parte, os Ministros Roberto Barroso e Teori Zavascki, que delegavam ao CNJ a regulamentação sobre o prazo para se realizar as audiências de custódia.

O Tribunal decidiu, também por maioria, deferir a cautelar no tocante à alínea "h" (liberação das verbas do FUNPEN).

Vencidos, em parte, os Ministros Edson Fachin, Roberto Barroso e Rosa Weber, que fixavam o prazo de até 60 dias, a contar da publicação da decisão, para que a União procedesse à adequação para o cumprimento do que determinado.

O Plenário, também por maioria, **indeferiu** a medida cautelar em relação às alíneas "a", "c" e "d".

Vencidos os Ministros Marco Aurélio (relator), Luiz Fux, Cármen Lúcia e Ricardo Lewandowski (Presidente), que a deferiam nessa parte.

---

9. STF, ADPF 347 MC/DF, Rel. Min. Marco Aurélio, Plenário, julgado em 9/9/2015 (Informativo 798).

De igual modo indeferiu, por decisão majoritária, a medida acauteladora em relação à alínea "e".

Vencido o Ministro Gilmar Mendes. O Tribunal, ademais, rejeitou o pedido no tocante ao item "f".

Por fim, no que se refere à alínea "g", o Plenário, por maioria, julgou o pleito prejudicado.

Vencidos os Ministros Edson Fachin, Roberto Barroso, Gilmar Mendes e Celso de Mello, que deferiam a cautelar no ponto.

Por fim, o Colegiado, por maioria, acolheu proposta formulada pelo Ministro Roberto Barroso, no sentido de que se determine à União e aos Estados-Membros, especificamente ao Estado de São Paulo, que encaminhem à Corte informações sobre a situação prisional.

CANDIDATO:

O mandado de segurança ampara somente direitos constitucionais? **(Delegado SP/15)**

RESPOSTA ADEQUADA:

Excelência, a resposta tem amparo no texto Constitucional[10], que dispõe que será concedido mandado de segurança para proteger direito líquido e certo.

Portanto, o mandado de segurança pode ser utilizado para amparar o exercício de qualquer direito líquido e certo, não apenas os constitucionalmente assegurados.

COMPLEMENTAÇÃO DA RESPOSTA:

Também neste sentido a **Lei Federal 12.016/2009**[11], que disciplina o mandado de segurança, determina:

"Art. 1º **Conceder-se-á mandado de segurança para proteger direito líquido e certo**, não amparado por habeas corpus ou habeas data, sempre que, ilegalmente ou com abuso de poder, qualquer pessoa física ou jurídica sofrer violação ou houver justo receio de sofrê-la por parte de autoridade, seja de que categoria for e sejam quais forem as funções que exerça". (Grifei).

CANDIDATO:

Considere a seguinte situação hipotética: Foi feita denúncia anônima sobre transporte internacional de grande quantidade de entorpecente em direção a um imóvel residencial. O delegado de Polícia Federal competente se dirigiu ao local e ingressou, sem consentimento, na casa, onde encontrou a droga. Na residência estavam o seu dono e

10. BRASIL, Constituição Federal, 1998, art. 5º, LXIX.

11. BRASIL, Lei Federal 12.016, 2009, art. 1º.

uma empregada, brasileira naturalizada contra a qual existia pedido de extradição formulado em razão de condenação pelo delito de latrocínio, praticado antes da sua naturalização brasileira, não havendo qualquer deliberação do órgão competente. Ela e o dono da casa foram presos. O dono da casa foi solto após pagamento de fiança. A empregada permaneceu presa por força do mencionado processo de extradição.

Com base nas disposições constitucionais e na jurisprudência dos tribunais superiores, analise, oralmente, os procedimentos adotados pelo delegado de Polícia Federal na situação apresentada, abordando necessariamente:

1. os requisitos para a entrada forçada em domicílio;
2. o regime constitucional da fiança;
3. a disciplina constitucional da extradição, bem como a competência para julgar o pedido e deliberar sobre a prisão da empregada **(Delegado PF/2021)**

RESPOSTA ADEQUADA:

Excelência, o art. 5.º, inc. XI, da Constituição Federal de 1988 estabelece que "a casa é asilo inviolável do indivíduo, ninguém nela podendo penetrar sem consentimento do morador, salvo em caso de flagrante delito ou desastre, ou para prestar socorro, ou, durante o dia, por determinação judicial".

O Supremo Tribunal Federal, interpretando essa disposição, no julgamento do RE 603.616/RO, definiu parâmetros para garantir a legitimidade do ingresso forçado em imóveis residenciais: a entrada forçada em domicílio sem mandado judicial **só é lícita**, mesmo em período noturno, quando **amparada em fundadas razões**, devidamente **justificadas a posteriori**, que indiquem que dentro da casa ocorre situação de flagrante delito, sob pena de responsabilidade disciplinar, civil e penal do agente ou da autoridade e de nulidade dos atos praticados.

Na hipótese em análise, não há dúvida de que **existe um crime permanente em curso**, pois tinha grande quantidade de drogas sob a guarda de um indivíduo. Tal fato, em tese, permitiria a entrada da autoridade policial no imóvel independentemente de mandado judicial, uma vez presente a situação de flagrância. Todavia, a postura adotada pelo delegado **não se revelou** legítima, pois ele **deveria ter empregado medidas de investigação previamente** à busca domiciliar forçada. Assim entende a jurisprudência pacífica do STJ.

A fiança tem natureza jurídica de contracautela e é parcialmente tratada na Constituição Federal de 1988, que prevê taxativamente as hipóteses em que não se admitirá fiança, a saber: tortura, tráfico ilícito de entorpecentes e drogas afins, terrorismo, os definidos como crimes hediondos, racismo e a ação de grupos armados, civis ou militares, contra a ordem constitucional e o Estado Democrático.

Trata-se de regra que impede a concessão de fiança, seja pelo delegado, seja pelo juiz, para o crime de tráfico de drogas. Assim, resta óbvio que a autoridade policial mais uma vez **incorreu em erro ao arbitrá-la para o proprietário do imóvel**, pois se trata de **delito inafiançável**.

O Ministério da Justiça **define a extradição** como "um ato de cooperação internacional que consiste na entrega de uma pessoa, acusada ou condenada por um ou mais crimes, ao país que a reclama. Pode ser solicitada a extradição tanto para fins de instrução de processo penal a que responde a pessoa reclamada (instrutória), quanto para cumprimento de pena já imposta".

No caso concreto, é certo que a extradição seria cabível, pois, apesar de a empregada ter-se naturalizado, o crime anteriormente cometido por ela ocorreu antes da obtenção da nacionalidade brasileira e não constitui delito político ou de opinião, o que vai ao encontro do inciso LII do mesmo dispositivo constitucional. Porém, compete ao **STF processar e julgar o pedido de extradição**, conforme o art. 102, inc. I, alínea "g", da Constituição Federal de 1988, de modo que, se não existe ordem de prisão emanada da Corte Suprema, **não há justificativa** para a segregação da empregada, desta forma, a prisão mantida pela autoridade policial se revela indevida.

2.2. Nacionalidade

CANDIDATO:

Há alguma hipótese em que o brasileiro perderá a nacionalidade? **(Delegado PF/13 e SP/15)**

RESPOSTA ADEQUADA:

Excelência, existe sim hipótese de perda de nacionalidade, com amparo na CF/88[12], quando o brasileiro: tiver cancelada sua naturalização, por sentença judicial, em virtude de atividade nociva ao interesse nacional; adquirir outra nacionalidade, salvo nos casos: de reconhecimento de nacionalidade originária pela lei estrangeira ou de imposição de naturalização, pela norma estrangeira, ao brasileiro residente em estado estrangeiro, como condição para permanência em seu território ou para o exercício de direitos civis.

COMPLEMENTAÇÃO DA RESPOSTA:

Recentemente, o STF[13] entendeu que brasileiro – ainda que nato – pode perder a nacionalidade brasileira e até ser extraditado, desde que venha a optar, voluntariamente, por nacionalidade estrangeira.

A decisão inédita foi tomada por 3 (três) votos a 2 (dois), ao confirmar, em julgamento de mandado de segurança, portaria do Ministério da Justiça, de julho de 2013, que declarou a "perda da nacionalidade brasileira" de Claudia Cristina Sobral, carioca, 51 anos.

12. BRASIL, Constituição Federal, art. 12, § 4º.
13. MS 33.864, Min. Rel. Roberto Barroso, Primeira Turma do STF, em 19/04/2016.

A autora do MS 33.864 adquiriu voluntariamente a nacionalidade americana em setembro de 1999, mesmo já sendo portadora de **um "green card"; renunciando à cidadania brasileira**; casou-se depois com o cidadão americano Karl Hoerig, que foi assassinado, em 12 de março de 2007, no mesmo dia em que Claudia Sobral – principal suspeita do crime – retornou ao Brasil. Considerada foragida pela Justiça dos Estados Unidos e com processo de extradição em curso, a defesa de Claudia ajuizou o mandado contra a portaria do Ministério da Justiça, alegando a prevalência do inciso 51 do artigo 5º da Constituição: "Nenhum brasileiro será extraditado, salvo o naturalizado, em caso de crime comum, praticado antes da naturalização, ou de comprovado envolvimento em tráfico de entorpecentes e drogas afins, na forma da lei".

A maioria dos cinco ministros da Primeira Turma do STF considerou válida a portaria do Ministério da Justiça, e cassou liminar do Superior Tribunal de Justiça favorável à autora, considerando legítima a decretação da perda da nacionalidade, com fundamento, também, em outro dispositivo constitucional (parágrafo 4º do artigo 12), segundo o qual "será declarada a perda da nacionalidade do brasileiro que (...) adquirir outra nacionalidade", salvo em dois casos (reconhecimento de nacionalidade originária pela lei estrangeira; imposição de naturalização por norma estrangeira a brasileiro residente em Estado estrangeiro), hipóteses que não se aplicam ao caso concreto, visto que como já dito a naturalização de Cláudia ocorreu de forma voluntária.

O ministro Edson Fachin divergiu do relator, qualificou a questão de "instigante", e acabou por considerar que, mesmo tendo se naturalizado cidadã norte-americana, Claudia Cristina Sobral não poderia deixar de ser tida como "brasileira nata que optou por outra nacionalidade" e, portanto, sob o abrigo do inciso LI do artigo 5º, cláusula pétrea da Constituição. Fachin foi seguido por Marco Aurélio que falou em "direito constitucional indiscutível". Os ministros Luiz Fux e Rosa Weber seguiram Roberto Barroso.

Segue quadro sinótico sobre o tema:

Declaração da perda da nacionalidade do brasileiro	
I – Praticar atividade nociva ao interesse nacional	**II – Adquirir outra nacionalidade**
Conhecida por **Perda-punição**.	Conhecida por **Perda-mudança**.
Se um brasileiro naturalizado praticar atividade **nociva** ao interesse nacional terá **cancelada** a sua naturalização.	Se um brasileiro, nato ou naturalizado, adquirir voluntariamente uma nacionalidade estrangeira, perderá, então, a brasileira.
Essa perda ocorre por meio de um processo judicial, assegurado contraditório e ampla defesa, que tramita na Justiça Federal, art. 109, X, da CF/88.	Havendo a perda da nacionalidade do Brasileiro, poderá readquiri-la ou ter o ato que declarou a perda revogado, **na forma definida pelo órgão competente do Poder Executivo,** uma vez cessada a causa (Art. 76 do Estatuto da Migração).
Após a tramitação do processo, a perda efetiva-se por meio de **sentença que deve ter transitado em julgado** (art. 12, §4º, inciso I, da CF/88)	Após a tramitação do processo, a perda efetiva-se na forma definida pelo órgão competente do Poder Executivo.

Declaração da perda da nacionalidade do brasileiro	
Os efeitos da sentença serão ***ex nunc***.	Os efeitos do Decreto serão ***ex nunc***.
Esta hipótese de perda **somente** atinge o **brasileiro naturalizado**. Desse modo, o brasileiro nato **não** pode perder a sua nacionalidade, **mesmo que pratique atividade nociva** ao interesse nacional.	Esta hipótese de perda atinge tanto o **brasileiro nato** como o **naturalizado**.
Havendo a perda da nacionalidade por este motivo, a sua reaquisição **somente poderá ocorrer caso a sentença que a decretou seja rescindida por meio de ação rescisória**. Assim, **não** é permitido que a pessoa que perdeu a nacionalidade por esta hipótese a obtenha novamente por meio de novo procedimento de naturalização.	Alexandre de Moraes defende que o brasileiro nato que havia perdido e readquire sua nacionalidade, passa a ser brasileiro naturalizado (e não mais nato). Por outro lado, José Afonso da Silva afirma que o readquirente recupera a condição que perdera: se era brasileiro nato, voltará a ser brasileiro nato; se naturalizado, retomará essa qualidade.
	Exceções: A CF traz duas hipóteses em que a pessoa não perderá a nacionalidade brasileira, mesmo tendo adquirido outra nacionalidade. Desta forma, será declarada a perda da nacionalidade do brasileiro que adquirir outra nacionalidade, **salvo nos casos**: **a)** de reconhecimento de nacionalidade originária pela lei estrangeira; Ex.: a Itália reconhece aos filhos de seus nacionais a cidadania italiana. Os brasileiros descendentes de italianos que adquirem aquela nacionalidade não perderão a brasileira, uma vez que se trata de mero reconhecimento de nacionalidade originária italiana em virtude do vínculo sanguíneo. Logo, serão pessoas com dupla nacionalidade.
	b) de imposição de naturalização, pela norma estrangeira, ao brasileiro residente em estado estrangeiro, como condição para permanência em seu território ou para o exercício de direitos civis; Aqui, o objetivo da exceção é preservar a nacionalidade brasileira daquele que, por motivos de trabalho, acesso aos serviços públicos, moradia etc., praticamente se vê obrigado a adquirir a nacionalidade estrangeira, mas que, na realidade, jamais teve a intenção ou vontade de abdicar da nacionalidade brasileira. STF[14] entendeu que brasileiro – **ainda que nato** – pode perder a nacionalidade brasileira e até ser extraditado, desde que venha a optar, voluntariamente, por nacionalidade estrangeira.

14. MS 33.864, Min. Rel. Roberto Barroso, Primeira Turma do STF, em 19/04/2016.

CANDIDATO:

Quais são as diferenças ou consequências entre brasileiro nato e naturalizado? **(Delegado PF/13)**

RESPOSTA ADEQUADA:

Excelência, o texto constitucional consagra, no caput do art. 5º, o princípio da igualdade e, como desdobramento do axioma veda, no § 2º do art. 12, o estabelecimento de distinções entre brasileiros natos e naturalizados.

Entretanto, o próprio texto constitucional reconheceu algumas situações nas quais poderá haver tratamento diferenciado entre brasileiros. Tais hipóteses são taxativas e referem-se: aos cargos; à função; à extradição; à propriedade de empresa jornalística e de radiodifusão sonora de sons e imagens.

COMPLEMENTAÇÃO DA RESPOSTA:

Referências aos dispositivos constitucionais:

Cargos (12, § 3º, CF/88); Função (art. 89, VII, CF/88); Extradição (art. 5º, LI, CF/88); e, Propriedade de empresa jornalística e de radiodifusão sonora de sons e imagens (art. 222 da CF/88).

Caso sejam pedidos pela banca examinadora maiores detalhes, o candidato deve saber o seguinte:

1. Em conformidade com o que está presente no art. 12, § 3º, CF/88, alguns cargos estratégicos são privativos de brasileiros natos, ou porque compõem a linha sucessória (e de substituição) presidencial ou por razões de segurança nacional. Nos exatos termos postos pela Constituição, são privativos de brasileiros natos os cargos:

   a) de Presidente da República,

   b) de Vice Presidente da República,

   c) de Presidente da Câmara dos Deputados,

   d) de Presidente do Senado Federal,

   e) de Ministro do Supremo Tribunal Federal (**incluiu a presidência do CNJ**),

   f) da carreira diplomática,

   g) de oficial das Forças Armadas e

   h) de Ministro de Estado da Defesa.

Para decorar: **MP3.COM Vi** =

1. Ministro do STF

2. Três **P**residentes

3. Carreira diplomática

4. Oficial das Forças Armadas

5. Ministro de Estado da Defesa

6. Vice-Presidente da República

2. A segunda distinção refere-se aos assentos no Conselho da República: a Constituição (art. 89, VII, CF/88) reserva **seis assentos** no Conselho – órgão auxiliar da Presidência da República em momentos de crise institucional – para **brasileiros natos.**

3. Com relação à extradição, o tratamento diferenciado entre o brasileiro nato e o naturalizado está expresso no art. 5º, LI, CF/88, que determina que o brasileiro nato não pode ser extraditado, em hipótese alguma. Nem mesmo se for um brasileiro nato possuidor de dupla nacionalidade (isto é, simultaneamente brasileiro e nacional de outro país) e o outro país requerer sua extradição (Não confunda com entrega de brasileiro nato, uma vez que será possível).

Por outro lado, a Constituição permitiu a extradição do brasileiro naturalizado em duas situações:

(i) Prática de um crime comum antes da naturalização; e

(ii) Na hipótese de envolvimento comprovado com o tráfico ilícito de entorpecentes ou drogas afins.

4. Em conformidade com o que determina o art. 222 da CF/88, com redação dada pela EC nº 36/02, **a propriedade de empresa jornalística** e de **radiodifusão sonora e de sons e imagens** é **privativa de brasileiros natos** ou **naturalizados há mais de dez anos**, ou **de pessoas jurídicas constituídas sob as leis brasileiras e que tenham sede no País.**

Segue o quadro sinótico para facilitar a memorização sobre a temática:

a) Extradição	Em regra, somente o naturalizado pode ser extraditado. O nato não, mas **pode** ser entregue para ser julgado no TPI. O naturalizado pode ser extraditado por crime cometido antes da naturalização ou então mesmo depois da naturalização se o crime cometido foi o tráfico ilícito de entorpecentes.
b) Cargos privativos	Há alguns cargos privativos de brasileiro nato. São eles: I – Presidente e Vice-Presidente da República; II – Presidente da Câmara dos Deputados; III – Presidente do Senado Federal; IV – Ministro do Supremo Tribunal Federal; V – de carreira diplomática; VI – de oficial das Forças Armadas. VII – de Ministro de Estado da Defesa
c) Atividade nociva ao interesse nacional	Somente o brasileiro naturalizado poderá perder a nacionalidade em virtude da prática de atividade nociva ao interesse nacional, art. 12, § 4º, I, da CF/88
d) Conselho da República	Participam do Conselho da República, além de outros membros, seis cidadãos brasileiros natos, segundo o art. 89, VII, da CF/88
e) Empresa jornalística e de radiodifusão	Para que o brasileiro naturalizado seja proprietário de empresa jornalística e de radiodifusão no Brasil é necessário que tenha se naturalizado há mais de 10 anos

CANDIDATO:

Pais Bolivianos a serviço do Uruguai tiveram um filho que nasceu no Brasil. Qual será a nacionalidade do menor? **(Delegado SC/15)**

RESPOSTA ADEQUADA:

Excelência, sobre o tema o Brasil adota a teoria do solo (*jus solis*), que considera brasileiro nato todo aquele nascido no território, salvo algumas exceções. Neste sentido, embora os pais bolivianos estivessem no Brasil a serviço, seria relevante caso estivessem a serviço de seu país de origem, o que não foi o caso.

Nesta hipótese, o menor terá nacionalidade brasileira, segundo as regras contidas na CF/88 que reconhece como brasileiros natos os nascidos na República Federativa do Brasil, ainda que de pais estrangeiros, desde que estes não estejam a serviço de seu país.

COMPLEMENTAÇÃO DA RESPOSTA:

Previsão constitucional:

Art. 12. São brasileiros:

I – natos:

a) os nascidos na República Federativa do Brasil, ainda que de pais estrangeiros, desde que estes não estejam a serviço de seu país;

Existem dois critérios para atribuição da nacionalidade originária, que é aquela que se alcança pelo nascimento: *jus soli e jus sanguinis.*

No sistema do "Jus Solis", a nacionalidade originária é obtida em virtude do território onde o indivíduo tenha nascido. Logo, não importa a nacionalidade dos pais. Esse sistema tem uma grande aplicação devido à imigração.

Já no sistema "Jus Sanguinis" é o direito de sangue. Portanto, não se considera, por exemplo, italiano quem nasce em solo italiano, é preciso ter sangue italiano, pois a nacionalidade advém da consanguinidade os pais e não da terra.

Segue quadro sinótico sobre as espécies de nacionalidade consoante a CF/88:

1) Nacionalidade Originária ou Primária	É aquela que resulta de um fato natural, o nascimento. Critérios para atribuição da nacionalidade originária: a) **Critério territorial** (***jus soli***): se a pessoa nascer no território do país, será considerada nacional deste. b) **Critério sanguíneo** (***jus sanguinis***): a pessoa irá adquirir a nacionalidade de seus ascendentes, não importando que tenha nascido no território de outro país. No Brasil, adota-se, como regra, o critério do ***jus soli***, havendo, no entanto, situações nas quais o critério sanguíneo é aceito.
2) Nacionalidade Secundária ou Derivada	É aquela decorrente de um **ato voluntário** da pessoa, que decide adquirir, para si, uma nova nacionalidade. A isso se dá o nome de **naturalização**. O mencionado ato voluntário pode ser expresso ou tácito. Assim, a pessoa se torna nacional naturalizado.

CANDIDATO:

O que é Quase-Nacionalidade? **(Delegado SC/15)**

RESPOSTA ADEQUADA:

Excelência, a quase nacionalidade está prevista no artigo 12, § 1º, da CF e significa que aos portugueses com residência permanente no País, existe a regra de que serão atribuídos os direitos inerentes ao brasileiro naturalizado, desde que haja reciprocidade de tratamento em favor dos brasileiros em Portugal.

Tal hipótese se aplica em relação ao português que não quer a naturalização, mas sim permanecer como português no Brasil. Então, a este português serão atribuídos os mesmos direitos do brasileiro naturalizado, mesmo sem ter obtido a naturalização, lembrando como já dito, que fica condicionada desde que haja reciprocidade de tratamento para os brasileiros em Portugal.

COMPLEMENTAÇÃO DA RESPOSTA:

Vejamos o comando constitucional que prevê a mencionada regra:

Art. 12. § 1º Aos portugueses com residência permanente no País, se houver reciprocidade em favor de brasileiros, serão atribuídos os direitos inerentes ao brasileiro, salvo os casos previstos nesta Constituição.

Sobre a quase-nacionalidade temos o seguinte julgado[15]:

PENAL E PROCESSUAL PENAL. APELAÇÃO CRIMINAL. ORDEM DE HABEAS CORPUS DENEGADA. TURISTA ESTRANGEIRO. NACIONALIDADE PORTUGUESA. DIREITO À PERMANÊNCIA NO BRASIL. PLEITO JUNTO AO MINISTÉRIO DA JUSTIÇA. AUSÊNCIA DE PROVA QUANTO AO DEFERIMENTO DE EQUIPARAÇÃO DE DIREITOS. INEXISTÊNCIA DE CONSTRANGIMENTO ILEGAL PASSÍVEL DE SER SANADO POR HABEAS CORPUS. APELAÇÃO A QUE SE NEGA PROVIMENTO. 1. O art. 12, parágrafo 1º da Constituição Federal, regula os casos nos quais o indivíduo não tem a condição de nacional, mas adquire a possibilidade de gozar dos direitos gozados pelos nacionais, seria uma nacionalidade secundária, já que não confere os mesmos direitos reservados aos brasileiros natos. Essa **quase-nacionalidade** é direcionada aos portugueses, em caso de reciprocidade em favor de brasileiros, condição que deve ser somada à residência permanente do português no território brasileiro. 2. O pleito de reconhecimento da igualdade de direitos e deveres entre brasileiros e portugueses, nos termos do Decreto 70.391 /72, deve ser direcionado ao Ministério da Justiça, e, uma vez deferido, coloca os portugueses em condições de equivalência com os brasileiros, inclusive no tocante ao exercício de atividade remunerada. 3. Uma vez não comprovado o reconhecimento da igualdade assegurada pelo Decreto 70.391/71, junto ao Ministério da Justiça, não há que se falar em constrangimento a liberdade de ir e vir. 4. Apelação Criminal a que se nega provimento.

Vejamos outras formas:

1. **Polipátrida**: Indivíduo que possui **mais de uma** nacionalidade;

15. TRF-5- Apelação Criminal ACR 4434 RN, Rel. Des. Fed. Manoel Erhardt, Segunda Turma, julgado em 13/11/2007.

2. **Apátrida, apólidos** ou **heimatlos**: É o indivíduo que **não possui** nenhuma nacionalidade. Essa situação é condenada pela Declaração Universal dos Direitos Humanos, haja vista ser a nacionalidade considerada um direito fundamental. Interessante que Albert Einstein e Karl Marx já foram apátridas.

2.3. Direitos políticos

CANDIDATO:

Quais são as distinções entre democracia representativa e direta? **(Delegado PF/13)**

RESPOSTA ADEQUADA:

Excelência, a atual Constituição Federal mescla a democracia representativa e a democracia direta. Nesta senda, preceitua-se no parágrafo único do art. 1º que diz que todo poder emana do povo, que o exerce por meio de representantes eleitos ou diretamente. Observa-se que a primeira parte da redação constitucional se refere à democracia representativa; já a segunda a democracia participativa, sendo esta realizada por diversos instrumentos de manifestação da vontade popular, como exemplo, a iniciativa popular de leis, o referendo e o plebiscito, contemplados na Constituição Federal.

COMPLEMENTAÇÃO DA RESPOSTA:

Previsões constitucionais e legais:

1. Pelo voto direto, secreto, universal e periódico (CF, art. 14);
2. Por meio do plebiscito e do referendo (CF, art. 14, I e II);
3. Pela apresentação de projeto de lei ordinária ou complementar à Câmara dos Deputados, (...) (CF, art. 61, § 2º);
4. Pela iniciativa popular de projetos de lei de interesse específico do Município (CF, art. 29, XIII);
5. Pela Ação Popular (CF, art. 5º, LXXIII e Lei 4.717/65).

O que é Plebiscito?

É uma consulta popular formulada anteriormente à edição de um ato legislativo ou administrativo, cabendo ao povo, pelo voto, aprovar ou denegar o que lhe foi submetido. Exemplo desse instrumento de democracia participativa é exigido no art. 18, §§ 3º e 4º da Constituição Federal, que prevê a aprovação da população diretamente interessada para que os estados e municípios incorporarem-se entre si, subdividam-se ou desmembrem-se para se anexarem a outros ou formarem novos estados ou municípios.

Outro exemplo ocorreu, em 21 de abril de 1993, quando foi realizado no Brasil um plebiscito para que a população deliberasse sobre o regime de governo – monarquia parlamentar ou república – e sobre o sistema de governo – parlamentarismo ou presidencialismo –, ocasião em que o povo brasileiro escolheu que o país seria um regime republicano com sistema presidencialista.

O que é Referendo?

Pode ser também um meio de consulta popular, só que formulada posteriormente à aprovação de projetos de lei pelo Legislativo, o que demonstra que, por meio dele, o povo apenas confirmará ou rejeitará o ato legislativo criado.

No âmbito de competência da União, a autorização para a realização de referendo é exclusiva do Congresso Nacional, e a Constituição Federal não estabeleceu critérios para o seu exercício.

Nos demais entes políticos, como, a competência dos estados, do Distrito Federal e dos municípios, o referendo, assim como o plebiscito será convocado de conformidade com as constituições estaduais e com as leis orgânicas, respectivamente.

Temos como exemplo de utilização do referendo, a votação realizada em 23 de outubro de 2005 sobre a **proibição da comercialização de armas de fogo no Brasil** – o chamado **referendo do desarmamento**, por meio qual o povo decidiu pela livre comercialização das armas.

O que é Iniciativa popular?

Consiste na apresentação de um projeto de lei de iniciativa do povo ao Legislativo. Esse é um instrumento de participação popular que permite ao povo submeter para aprovação do Congresso Nacional textos de lei de grande importância para a sociedade. Exemplo iniciativa popular: Antes do assassinato da atriz Daniella Perez, que causou muita comoção popular por ser uma pessoa boa e conhecida protagonista de uma novela da Rede Globo, em 1992, sua mãe, Glória Perez, conseguiu, pela repercussão do caso, emplacar uma campanha para a coleta de 1,3 milhão de assinaturas, a fim de apresentar um projeto que incluía o homicídio qualificado no rol dos crimes hediondos. Neste contexto, em 1994, o projeto foi sancionado e o referido crime incluído no rol da Lei nº 8.072/90.

Conforme prevê a Constituição Federal no art. 61, § 2º, para sua aceitação, é exigido que o projeto esteja subscrito por, no mínimo, um por cento do eleitorado nacional, distribuído por, pelo menos, cinco estados, com não menos do que três décimos por cento de eleitores em cada um desses estados.

Ressalte-se que o exercício da soberania popular é de extrema importância para a efetividade da democracia, visto que o plebiscito, o referendo, a iniciativa popular são formas importantes de democracia direta.

3. ORGANIZAÇÃO POLÍTICO-ADMINISTRATIVA

CANDIDATO:

O Estado-Membro pode editar lei que obrigue as concessionárias de telefonia a instalar bloqueadores de sinal de celular em presídios? **(Delegado/Simulado)**

RESPOSTA ADEQUADA:

Excelência, a edição de lei acerca da matéria referida versa sobre a questão afeta a telecomunicações, tema de competência privativa da União, a **teor do art. 22, IV da Constituição Federal de 1988**, de modo que não se afigura possível que o Estado Membro edite lei nos moldes referidos.

O Plenário do STF já decidiu nesse sentido, declarando inconstitucionais normas estaduais que obrigavam empresas de telefonia móvel a instalarem equipamentos para bloquear o serviço de celular em presídios. Nos julgamentos, foi assentado, ainda, que as leis questionadas estariam criando obrigações que não possuíam previsão nos contratos firmados entre os entes públicos e as concessionárias de serviços de telecomunicações.

COMPLEMENTAÇÃO DA RESPOSTA:*

* A presente questão foi comentada pela professora Nathália Ribeiro Leite Silva, mestra em Direito Público pela Universidade Federal do Estado de Alagoas, com participação especial.

Sendo a questão afeta às telecomunicações de competência privativa da União, já existe norma federal sobre o assunto, encartada na Lei nº 10.792/2003, a qual impõe o ônus de instalar os bloqueadores aos presídios.

Não obstante, o posicionamento não foi unânime no STF, vez que o Ministro Edson Fachin entendeu que deveria haver uma distribuição de competência entre os entes federativos para legislarem sobre as matérias especificadas pela Constituição, ressaltando que "A repartição de competências é característica fundamental em um estado federado para que seja protegida a autonomia de cada um de seus membros e, por conseguinte, a convivência harmônica em todas as esferas com a finalidade de evitar a secessão".

CANDIDATO:

O que é Federalismo? **(Delegado RJ/11)**

RESPOSTA ADEQUADA:

Excelência, o Federalismo é uma forma de organização de Estado, normalmente vinculado ao sistema republicano, em que um estado soberano é formado por diversas entidades locais que gozam de autonomia de governo e administração, as quais se unem por meio de uma constituição para formar a federação.

Os entes federados são dotados de autonomia administrativa, política, tributária e financeira necessárias para manter o equilíbrio que se estabelece entre eles para a constituição do Estado Federal. Esta autonomia é um mecanismo de delegação em que o poder político é compartilhado por cada uma das federações que formam um todo.

Neste sentido, impõe-se implicação de reciprocidade e cooperação entre os entes, visto que o pacto federativo se trata de um acordo. Um bom exemplo de Federalismo é o Brasil.

CANDIDATO:

Qual a diferença entre Federação e Confederação? **(Delegado DF/16)**

RESPOSTA ADEQUADA:

Excelência, a diferença entre Federação e Confederação está no seguinte, entre outras: na primeira há um estado soberano formado por diversas entidades locais com autonomia de governo e administração, que se unem através de uma constituição, formando-se, assim, a federação ou o estado federal; por outro lado, a confederação, embora similar à federação, difere-se daquela no fato de que as entidades são soberanas e a sua formação é feita por alianças, enquanto na federação isto ocorre por constituição.

COMPLEMENTAÇÃO DA RESPOSTA:

Em outras palavras, tendo em vista que o federalismo tem como ideia central uma nação que apresenta divisão territorial, de forma que cada estado-membro tenha certo grau de governo, uma autonomia política, verifica-se a chamada autonomia real dos Estados-membros e dos Municípios.

Em razão disso, tem-se a repartição de competências constitucionalmente assegurada, considerada um dos elementos básicos da estrutura federativa do Estado, visto que suas soberanias, a rigor e conforme a teoria federativa, foram renunciadas em nome de uma estrutura central de controle e poder, a União Federal. Os entes federados possuem diversas capacidades decorrentes dessa chamada autonomia, que são a auto-organização, o autogoverno, a autolegislação e a autoadministração.

Neste sentido, a doutrina[16] analisa o sistema federativo:

O pacto federativo pode ser definido como a União dos entes federados dotados de autonomia e submetidos ao poder central soberano. Nesse sistema, os entes federados aliam-se em comum acordo para criar um governo central, que absorverá algumas prerrogativas que competiam às unidades constitutivas. Via de regra, as unidades subnacionais perdem atribuições para a política externa, defesa do país, à moeda, aos serviços de correios e telecomunicações, bem como as esferas do Direito Penal e Civil.

Pode-se dizer que na confederação os laços existentes são mais tênues, visto que as unidades da confederação são soberanas e podem se dissociar do todo com maior facilidade. Já na federação essa união é mais rígida, visto que os entes federados não podem se dissociar livremente do poder central, muito embora haja certa liberdade relativa à repartição de competências, que inclui poderes e encargos.

---

16. HÖFFE, 2005, p. 164.

Vejamos os esquemas:

SISTEMAS DE GOVERNOS	
Presidencialismo: chefia de Estado e chefia de governo são atribuídas a uma mesma pessoa	**Parlamentarismo**: chefia de Estado é atribuída ao Presidente da República e chefia de governo é atribuída ao Primeiro-Ministro

REGIMES DE GOVERNOS	
Autocrático: Trata-se de um governo autoritário, de poder absoluto, que governa conforme sua arbitrariedade todos os níveis governamentais.	**Democráticos:** É o regime em que todo o poder emana do povo. Pode ser exercido de forma **direta**: pelo povo; **indireta**: por representantes; **mista**: exercido pelo povo e também por representantes eleitos

FORMAS DE GOVERNOS	
Monarquia: tem como características a hereditariedade, a vitaliciedade e a irresponsabilidade	**República**: tem como características a eletividade, a temporariedade e a responsabilidade do Chefe de Estado

FORMAS DE ESTADOS		
Confederação: União entre Estados Soberanos que não perdem a autonomia do poder. **Existe direito de secessão**	**Federação**: União entre Estados, em que as unidades conservam autonomia política e a soberania é transferida para o Estado Federal. Difere da confederação, porque **não existe direito de separação/ secessão**	**Estado Unitário**: Formado por um único Estado

NO BRASIL
Sistema de Governo: Presidencialismo
Regime de Governo: Democracia
Forma de Governo: República
Forma de Estado: Federação

CANDIDATO:

Qual a natureza jurídica do território e como ele se constitui? **(Delegado PF/13)**

RESPOSTA ADEQUADA:

Excelência, Territórios têm natureza jurídica de autarquias territoriais integrantes da União, portanto, não são entidades federativas.

Dizemos que Território integra a administração pública indireta da União como pessoa jurídica de direito público interno, mas não é dotado de autonomia, por não ser considerado entidade política na federação. Contudo, os Territórios Federais podem ser subdivididos em Municípios e são criados por força de lei complementar da União.

COMPLEMENTAÇÃO DA RESPOSTA:

São características de constituição do Território: não se auto organiza; é_criado por lei complementar da União; as regras gerais de funcionamento de um Território devem ser objeto de lei ordinária da União; não tem auto legislação; não possui órgão legislativo e não possui ato normativo dotado de generalidade e abstração; pode ter Câmara Territorial, que é um órgão de consulta, deliberativo; não possui autogoverno; o governador é indicado pelo Presidente, sabatinado pelo Senado e, se aprovado, nomeado pelo Presidente.

Quanto à sua organização administrativa, prescreve a Constituição:

> Art. 33. A lei disporá sobre a organização administrativa e judiciária dos Territórios.
>
> § 1º Os Territórios poderão ser divididos em Municípios, aos quais se aplicará, no que couber, o disposto no Capítulo IV deste Título.
>
> § 2º As contas do Governo do Território serão submetidas ao Congresso Nacional, com parecer prévio do Tribunal de Contas da União.
>
> § 3º Nos Territórios Federais com mais de cem mil habitantes, além do Governador nomeado na forma desta Constituição, haverá órgãos judiciários de primeira e segunda instância, membros do Ministério Público e defensores públicos federais; a lei disporá sobre as eleições para a Câmara Territorial e sua competência deliberativa.

Quanto à organização judiciária, consoante o que determina a CF/88, nos Territórios com mais de cem mil habitantes haverá órgãos do judiciário de 1ª e 2ª instâncias do TJDFT, atuará também o MP do DFT e a Defensoria Pública da União.

Quanto ao Legislativo nos Territórios, a lei disporá sobre as eleições para a Câmara Territorial e sua competência deliberativa (art. 33, § 3º).

CANDIDATO:

É possível criar um território? **(Delegado SP/15)**

RESPOSTA ADEQUADA:

Excelência, sim é possível a criação de território, de acordo com o que prescreve a CF[17]: os Estados podem incorporar-se entre si, subdividir-se ou desmembrar-se para se anexarem a outros, ou formarem novos Estados ou Territórios Federais, mediante

17. BRASIL, Constituição Federal, Art. 18, § 3º.

aprovação da população diretamente interessada, através de plebiscito, e do Congresso Nacional, por lei complementar.

COMPLEMENTAÇÃO DA RESPOSTA:

Ainda de acordo com a Constituição Federal, no que diz respeito aos Territórios, tem-se:

Art. 33. A lei disporá sobre a organização administrativa e judiciária dos Territórios.

§ 1º Os Territórios poderão ser divididos em Municípios, aos quais se aplicará, no que couber, o disposto no Capítulo IV deste Título.

§ 2º As contas do Governo do Território serão submetidas ao Congresso Nacional, com parecer prévio do Tribunal de Contas da União.

§ 3º Nos Territórios Federais com mais de cem mil habitantes, além do Governador nomeado na forma desta Constituição, haverá órgãos judiciários de primeira e segunda instância, membros do Ministério Público e defensores públicos federais; a lei disporá sobre as eleições para a Câmara Territorial e sua competência deliberativa.

Art. 35. O Estado não intervirá em seus Municípios, nem a União nos Municípios localizados em Território Federal, exceto quando: I – deixar de ser paga, sem motivo de força maior, por dois anos consecutivos, a dívida fundada; II – não forem prestadas contas devidas, na forma da lei; III – não tiver sido aplicado o mínimo exigido da receita municipal na manutenção e desenvolvimento do ensino e nas ações e serviços públicos de saúde; (Redação dada pela Emenda Constitucional nº 29, de 2000) IV – o Tribunal de Justiça der provimento a representação para assegurar a observância de princípios indicados na Constituição Estadual, ou para prover a execução de lei, de ordem ou de decisão judicial.

CANDIDATO:

O que são municípios putativos? **(Delegado SC/15)**

RESPOSTA ADEQUADA:

Excelência, municípios putativos são entes políticos locais criados em desacordo com o comando constitucional, e por não haver previsão em lei complementar federal estabelecendo o prazo pelo qual seria possível sua implementação como ente federativo, entende-se que no caso do município putativo, à semelhança do que acontece com o casamento putativo e a sociedade de fato, sua constituição será validade com base nos princípios da reserva do impossível, da continuidade do Estado Federativo, da segurança jurídica, confiança, força normativa dos fatos e situação excepcional consolidada.

Por tal razão, o município putativo continuará a existir e surtir seus efeitos jurídicos como se tivesse sido criado em consonância com a norma constitucional.

Entretanto, é importante dizer que tal posicionamento não é pacífico, pois alguns autores entendem ser a criação de municípios putativos absolutamente inconstitucional.

Contudo, no próprio ADCT[18] existe reconhecimento neste sentido.

18. BRASIL, Constituição Federal, art. 96.

COMPLEMENTAÇÃO DA RESPOSTA:

O STF[19] enfrentou julgamento do tema, por meio da Ação Direta de Inconstitucionalidade proposta pelo Partido dos Trabalhadores que objetivava a declaração da inconstitucionalidade da Lei Estadual baiana 7.619/2000, que criou o município de Luís Eduardo Magalhães, desmembrando-o do município de Barreiras (Informativo 427), sob alegação de ofensa ao art. 18, § 4º da CF, visto que o mencionado município foi criado em ano eleitoral. Além disso, deflagrava preceito da Constituição baiana que atribuíra à lei complementar estadual os requisitos para a criação de municípios teriam sido revogados com o advento da Emenda Constitucional 15/96 e que a lei impugnada viola o regime democrático, uma vez que descumpriu os procedimentos (consulta prévia e plebiscito).

Diante da controvérsia o STJ, por maioria, apesar de declarar a inconstitucionalidade da lei baiana, o fez sem pronunciar a nulidade do ato de criação do município, mantendo sua vigência pelo prazo de 24 meses até que o legislador estadual estabeleça novo regramento.

Nesta hipótese, muito embora tenha havido flagrante inconstitucionalidade, o STF ponderou a nulidade sobrepesando a segurança jurídica, reconhecendo a existência do município e os efeitos jurídicos surtidos, aplicando o art. 27 da Lei n. 9.868/99, ou seja, modulando os efeitos da inconstitucionalidade.

Ocorre que para a satisfação pelo município da regularização determinada pelo STF, dependia ainda da edição da Lei complementar mencionada do CF, art. 18, § 4º, indicando o período determinado para adoção dos procedimentos de criação do município. Mas o Congresso não cumpriu o prazo.

Assim, para regularizar a situação do município em questão e alguns outros, o Congresso Nacional promulgou a EC 57/2008 que adicionou o art. 96 ao ADCT, segundo a qual foram convalidados os atos de criação de Municípios cuja lei tenha sido publicada até 31.12.2006, atendidos os requisitos na legislação do respectivo estado à época de sua criação.

Por fim, a EC/57 convalidou o Município Putativo e o STF acabou acatando sem maiores discussões.

CANDIDATO:

Na data da promulgação da CF/88, quantos territórios havia no Brasil? **(Delegado SC/15)**

RESPOSTA ADEQUADA:

Excelência, havia três territórios: Fernando de Noronha, Amapá e Roraima, que foram abolidos pela Constituição Federal de 1988.

19. STF, ADI 2.240, Min. Rel. Eros Grau, Plenário, julgado em 09/05/2007.

COMPLEMENTAÇÃO DA RESPOSTA:

Naquela ocasião Fernando de Noronha tornou-se um distrito estadual do Estado de Pernambuco; Amapá e Roraima ganharam o *status* integral de Estados da Federação. Além desses, Rondônia foi território até 1982.

CANDIDATO:

Quantos territórios há no Brasil atualmente? **(Delegado SP/15)**

RESPOSTA ADEQUADA:

Excelência, atualmente não há nenhum território no Brasil. Os territórios existentes na data da promulgação da CF/88 foram por ela abolidos, porquanto Fernando de Noronha tornou-se um distrito do Estado de Pernambuco; Amapá e Roraima ganharam o *status* integral de Estados da Federação. Além desses, Rondônia foi território até 1982.

COMPLEMENTAÇÃO DA RESPOSTA:

Previsão constitucional:

Fernando de Noronha foi reincorporado ao Estado de Pernambuco (ADCT, art. 15); Amapá e Roraima que ganharam o *status* integral de Estados da Federação (ADCT, art. 14, *caput*); Rondônia que foi território até 1982 serviu de modelo de criação para os mesmos (ADCT, art. 14, § 2º).

CANDIDATO:

Quais as vedações que a CF/88 prevê entre os entes federativos? **(Delegado SC/15)**

RESPOSTA ADEQUADA:

Excelência, quanto às vedações constitucionais entre os entes, temos:

Consoante previsão constitucional do art. 150, VI, há a chamada imunidade tributária recíproca, que veda que a União, os Estados, o Distrito Federal e os Municípios instituam, criem impostos sobre o patrimônio, a renda ou serviços, uns dos outros.

Além disso, temos o princípio da não intervenção, salvo nos casos expressamente constantes nos artigos 34 e 35 da CF, porquanto o Texto Constitucional considera a intervenção como medida excepcional. Tal princípio existe em respeito à autonomia de cada um dos entes federativos, sob a qual se fundamenta o próprio Federalismo.

COMPLEMENTAÇÃO DA RESPOSTA:

O candidato deve tomar cuidado para não confundir vedações constitucionais **aos** entes federativos (que consta do art. 19 da CF, por exemplo), com vedações constitucionais **entre** os entes federativos, que foi o objeto da pergunta.

CANDIDATO:

Quais são as características do DF? Cite no mínimo três. **(Delegado SC/15 e DF/16)**

RESPOSTA ADEQUADA:

Excelência, o Distrito Federal é um ente federativo autônomo, possuidor de atribuições legislativas, administrativas e judiciárias, consubstanciadas pela tríplice capacidade que envolve a auto-organização, o autogoverno e a autoadministração.

COMPLEMENTAÇÃO DA RESPOSTA:

Quanto à auto-organização: rege-se por sua lei orgânica, votada em dois turnos, com interstício mínimo de dez dias, e aprovada por 2/3 dos membros da Câmara Legislativa, que a promulgará, atendidos os princípios estabelecidos na Constituição Federal (art. 32, *caput*, CF/88).

Ao Distrito Federal é constitucionalmente vedada a divisão em Municípios (art. 32, *caput*, CF/88).

Por fim, ao Distrito Federal são atribuídas as competências legislativas reservadas aos Estados e aos Municípios (art. 32, § 1º, CF).

CANDIDATO:

Qual a competência legislativa do Estado conforme previsão constitucional? **(Delegado SP/15)**

RESPOSTA ADEQUADA:

Excelência, no que tange à competência legislativa do Estado, como regra é residual, pode legislar sobre aquilo que não lhe for vedado pela CF (art. 25, § 1º).

Nesta testilha, a competência legislativa estadual é classifica de diversas maneiras, sendo esta as seguintes espécies de competências:[20] remanescente ou reservada; delegada pela União; concorrente-suplementar.

COMPLEMENTAÇÃO DA RESPOSTA:

Previsões constitucionais:

1. Remanescente ou reservada (CF, art. 25 § 1º);
2. Delegada pela União (CF, art. 22, PU);
3. Concorrente-suplementar (CF, art. 24).

A chamada competência legislativa remanescente (reservada) prevista na CF, art. 25, *caput*, é de auto organização. A competência delegada é cabível nas hipóteses em

20. MORAES, 2006, pp. 282-283.

que a União resolva delegar aos Estados a competência para legislar sobre questões específicas que pertencem a ela por meio de lei complementar. Já a competência legislativa concorrente – suplementar é aplicável nas hipóteses em que os Estados podem legislar de forma suplementar ou supletiva no tocante à União.

4. PODER CONSTITUINTE

CANDIDATO:

Quais as espécies de limitações ao poder de revisão constitucional? **(Delegado MS/2022)**

RESPOSTA ADEQUADA:

Excelência, o poder derivado reformador tem a função de modificar as normas constitucionais por meio de emendas. As limitações impostas a este poder estão consagradas no artigo 60 da CF.

Tais limitações são chamadas de Expressas ou Explícitas, que podem ser **procedimentais ou formais**, **circunstanciais**, **materiais** e **temporais**.

Além destas, a doutrina[21] identifica também as chamadas Limitações Implícitas, que são a impossibilidade de se alterar o titular do poder constituinte originário e o titular do poder constituinte derivado reformador, entre outros.

COMPLEMENTAÇÃO DA RESPOSTA:

As limitações ao poder de revisão podem ser expressas ou implícitas, conforme o seguinte:

LIMITAÇÕES EXPRESSAS ou EXPLÍCITAS:

1) As temporais: consiste na proibição de reforma de determinados dispositivos durante certo período de tempo após a promulgação da Constituição, visam garantir uma intangibilidade temporária, como o propósito de consolidar a ordem jurídica e política recém-estabelecida, com a finalidade de assegurar-lhe maior estabilidade, evitando-se alterações precipitadas e desnecessárias.

Na história constitucional brasileira só a Constituição do Império estabeleceu esse tipo de limitação, prevendo que tão-só após quatro anos de sua vigência poderia ser reformada (art. 174). A Carta Magna de 1988 não consagrou limitação temporal para o poder derivado reformador, apenas trouxe esta limitação para o poder derivado revisor (art. 3º, ADCT).

2) As circunstanciais: são as limitações consubstanciadas em normas aplicáveis a situações excepcionais, de extrema gravidade, nas quais a livre manifestação do poder derivado reformador possa estar ameaçada; que pretendem evitar

21. LENZA, 2011, p. 178.

modificações em certas ocasiões anormais e excepcionais do país, ou seja, que configurem um estado de crise, a fim de evitar a perturbação na liberdade e independência dos órgãos incumbidos da reforma.

A CF/88 estabelece, no seu art. 60, § 2º, que a Constituição não poderá ser emendada na vigência de: – intervenção federal (CF, art. 34 a 36); – estado de defesa (CF, art. 136); – estado de sítio (CF, art. 137 a 139).

3) As formais ou procedimentais: limitações procedimentais, processuais ou formais são as que se referem ao processo legislativo ordinário que o legislador constituinte (originário) estabeleceu para permitir a alteração da Constituição.
4) As materiais: são as que se referem ao núcleo pétreo, intangível da Constituição; referem-se àqueles temas mais caros ao poder constituinte originário e que definem a própria essência da Constituição.

Encontram-se, no caso brasileiro, no § 4º do art. 60, CF/88, que, expressamente, veda a deliberação de proposta de emenda tendente a abolir: – a forma federativa de Estado; – o voto direto, secreto, universal e periódico; – a separação dos Poderes; – os direitos e garantias individuais.

LIMITAÇÕES IMPLÍCITAS, TÁCITAS ou **INERENTES**: são as decorrentes dos princípios e do espírito da Constituição. Também chamadas de limitações materiais inerentes, são as que se referem à extensão da reforma, à modificação do processo mesmo de revisão (ou seja, à supressão das limitações expressas) e à alteração do titular do poder constituinte derivado.

1) Vedação à Teoria da Dupla Reforma: o grande exemplo é a teoria da dupla revisão, que não foi adotada no Brasil, que prevê a possibilidade de alterar as limitações expressas (artigo 60 – cláusulas pétreas) para poder alterar o que era proibido.
2) Vedação à modificação da titularidade do Poder Constituinte: a titularidade do poder constituinte reformador é do povo e o exercício é dos representantes legais do povo, que são aqueles que, em nome do povo, cria o Estado editando a Constituição.
3) Forma de Governo e Sistema de Governo: tendo em vista que após a escolha por plebiscito não caberia mais a reforma pelo poder constituinte derivado reformador (artigo 2º do ADCT).

CANDIDATO:

O ADCT se sujeita à limitação temporária trazida pelo poder constituinte reformador? **(Delegado SC/15)**

RESPOSTA ADEQUADA:

Excelência, as limitações temporais não foram consagradas pela CF/88 para o poder derivado reformador. Sua previsão se refere apenas para o poder derivado revisor, o qual promove modificações das normas constitucionais por meio de emendas.

COMPLEMENTAÇÃO DA RESPOSTA:

Cumpre salientar que a limitação temporal consiste na proibição de reforma de determinados dispositivos durante certo período de tempo após a promulgação da Constituição, objetivando assegurar-lhe maior estabilidade, evitando-se alterações precipitadas e desnecessárias.

Previsão constitucional:

ADCT, art. 3º. A revisão constitucional será realizada após cinco anos, contados da promulgação da Constituição, pelo voto da maioria absoluta dos membros do Congresso Nacional, em sessão unicameral.

CANDIDATO:

Quais características do poder constituinte derivado? **(Delegado RJ/11)**

RESPOSTA ADEQUADA:

Excelência, o poder constituinte derivado não é inicial, diferentemente do originário.

Segundo a doutrina[22], tem "características de derivado, subordinado e condicionado. É derivado porque retira sua força do Poder Constituinte originário; subordinado porque se encontra limitado pelas normas expressas e implícitas do texto constitucional, às quais não poderá contrariar, sob pena de inconstitucionalidade; e por fim, condicionado porque seu exercício deve seguir as regras previamente estabelecidas no texto da Constituição Federal".

COMPLEMENTAÇÃO DA RESPOSTA:

Sendo também conhecido como poder constituinte limitado, poder constituinte de segundo grau, poder constituinte secundário, poder constituinte instituído, poder constituinte constituído, poder reconstituinte ou poder constituinte remanescente.

O Poder Constituinte Derivado se divide em:

1. REFORMADOR: altera a Constituição vigente (Congresso Nacional);
2. DECORRENTE: poder de os Estados-membros se auto-organizarem por meio de suas respectivas constituições estaduais.

Aos Municípios, muito embora sejam entes federativos, não foi estendido o poder constituinte decorrente. Por isso não têm constituição própria, apenas Lei Orgânica.

CANDIDATO:

Diferencie poder constituinte Difuso do Supranacional? **(Delegado DF/16)**

RESPOSTA ADEQUADA:

Excelência, o poder constituinte difuso não é consagrado em nenhum procedimento, mas, em tese, é a possibilidade de alteração da interpretação e do sentido da

22. MORAES, 2006, p. 24.

Constituição, sem alterar seu texto. É conhecido como mutação constitucional, isto é, são as alterações de sentido das normas constitucionais realizadas durante os processos de interpretação e aplicação da Constituição.

Enquanto o poder constituinte supranacional é o poder que cria uma Constituição, na qual cada Estado cede uma parcela de sua soberania para que uma Constituição comunitária seja criada. O titular deste Poder não é o povo, mas o cidadão universal.

COMPLEMENTAÇÃO DA RESPOSTA:

Sua existência surgiu da proposta apresentada pelo cientista Político francês Georges Burdeau em seu "Tratado de Ciência Política".

Segundo classifica o doutrinador Luís Roberto Barroso[23] o Poder Constituinte Difuso tem como características o fato de ser exercido em caráter permanente e de se realizar por meio de mecanismos informais, não previstos pela Constituição, mas por ela admitidos. Por outro lado, salienta a existência de limites à mutação constitucional – e consequentemente ao Poder Constituinte Difuso –, sendo eles de duas espécies:

1) as possibilidades semânticas do relato da norma;
2) a preservação dos princípios fundamentais que dão identidade àquela Constituição.

Segue o quadro esquemático sobre o assunto:

PODER CONSTITUINTE				
ORIGINÁRIO	DERIVADO DECORRENTE	REFORMADOR	DIFUSO	SUPRANACIONAL
Elabora a Constituição **Tem como características:** **INICIAL:** sua obra, a Constituição, é a base da ordem jurídica, inaugurando o Estado. Não se funda em nenhum outro poder **AUTÔNOMO**: não se subordina a nenhum outro poder **ILIMITADO:** não está de modo algum limitado pelo direito anterior **INCONDICIONADO:** não está sujeito a qualquer regra ou forma prefixada. Não tem que seguir qualquer procedimento determinado	Poder de os Estados-Membros se auto-organizarem por meio de suas respectivas constituições estaduais **Tem como características:** **SECUNDÁRIO**: pelo fato de suas competências terem sido atribuídas por outro poder (originário) **SUBORDINADO**: por se vincular, estar subordinado a outro poder (o originário) **LIMITADO:** porque se encontra limitado pelas normas do texto constitucional **CONDICIONADO:** porque seu exercício deve seguir as regras formais estabelecidas no texto da Constituição Federal	Alteração da Constituição vigente pelo Congresso Nacional	Não é consagrado em nenhum procedimento, mas, em tese, é a possibilidade de alteração informal, ou seja, da interpretação e do sentido da Constituição, não há alteração do texto	É o poder que cria uma Constituição, na qual cada Estado cede uma parcela de sua soberania para que uma Constituição comunitária seja criada. O titular deste Poder não é o povo, mas o cidadão universal

23. BARROSO, 2010, p. 128.

CANDIDATO:

Defina poder constituinte decorrente. **(Delegado MS/2022)**

RESPOSTA ADEQUADA:

Excelência, consiste na possibilidade que os Estados-membros têm, em virtude de sua autonomia político-administrativa, autogoverno, autolegislação, autoadministração e de se auto-organizarem por meio de suas respectivas constituições estaduais, sempre respeitando as regras limitativas estabelecidas pela Constituição Federal. Sua missão é estruturar a Constituição dos Estados-Membros ou, em momento seguinte, havendo necessidade de adequação e reformulação, modificá-la.

COMPLEMENTAÇÃO DA RESPOSTA:

Características do **Poder Constituinte Decorrente:**

a) **Derivação:** O poder decorrente é derivado, já que tem origem na própria Constituição. Por isso, trata-se de um poder de direito, e não de fato (é um poder regulamentado pelo direito, tendo origem nele). No caso da Constituição Brasileira, o poder decorrente nasce nos termos do **art. 25** (em se tratando dos Estados) e do **art. 32** (em se tratando do Distrito Federal).

b) **Condicionado:** Ao contrário do poder originário, que não possui formas preestabelecidas de manifestação, o poder decorrente é condicionado à Constituição e possui formas já determinadas nela.

c) **Limitado:** É limitado, tendo seus limites na própria Constituição Federal, em três princípios:

   1) princípios sensíveis;

   2) princípios extensíveis;

   3) princípios estabelecidos.

5. CONTROLE DE CONSTITUCIONALIDADE

CANDIDATO:

Qual a diferença entre a "Interpretação conforme a constituição" e da "declaração parcial de inconstitucionalidade sem redução de texto"? **(Delegado/ Simulado 2022)**

RESPOSTA ADEQUADA:

Excelência, ambas as técnicas compartilham do mesmo objetivo que é a preservação de uma norma, aparentemente inconstitucional, no sistema jurídico. Porém, distinguem-se quanto ao modo de correção dos vícios de inconstitucionalidades.

Com base na técnica da "interpretação conforme a Constituição", que somente se aplica em face de normas polissêmicas ou plurissignificativas (normas que ensejam diferentes possibilidades de interpretação), o órgão de controle elimina a inconstitucionalidade excluindo determinadas "hipóteses de interpretação" (exclui um ou mais sentidos inconstitucionais) da norma, para lhe emprestar aquela interpretação (sentido) que a compatibilize com o texto constitucional.

Enquanto a técnica da "declaração parcial de inconstitucionalidade sem redução de texto" tem sido utilizada para afastar determinadas "hipóteses de aplicação ou incidência" da norma, que aparentemente seriam factíveis, mas que a levaria a uma inconstitucionalidade, porém sem proceder a qualquer alteração do seu texto normativo.

CANDIDATO:

O que se entende por "inconstitucionalidade por arrastamento"? **(Delegado/ Simulado 2022)**

RESPOSTA ADEQUADA:

Excelência, no controle concentrado de constitucionalidade, o STF está **adstrito ao princípio do pedido ou da congruência**. Em regra, não poderá agir de ofício, devendo limitar a sua decisão estritamente ao que foi pedido na petição inicial, razão pela qual restará impossível ao Supremo Tribunal Federal analisar a inconstitucionalidade material, caso o pedido verse apenas sobre a inconstitucionalidade formal de uma lei ou ato normativo.

Contudo, existe exceção: Quando há correlação lógica, relação de dependência entre um ato normativo e outro, mesmo que o pedido de declaração de inconstitucionalidade tenha recaído somente sobre um deles, por arrastamento, atração, consequência, derivação ou reverberação normativa (todas são expressões sinônimas), o tribunal poderá declarar a inconstitucionalidade de ambos, pois sem um o outro perderia completamente o sentido.

COMPLEMENTAÇÃO DA RESPOSTA:

Na doutrina do Pedro Lenza, destaca que: imaginemos um decreto regulamentar do Chefe do Executivo (art. 84, IV, da CF/88), editado para dar fiel cumprimento a uma lei. O decreto é ato normativo infralegal, secundário, não pode inovar o ordenamento jurídico; existe tão-somente em razão da lei. Caso seja pedido em uma ADI a declaração de inconstitucionalidade da lei, mas sem qualquer menção ao decreto, mesmo assim o STF poderá, por arrastamento ou atração, declarar inconstitucional o decreto, pois sem a lei ele perderá completamente o sentido.

Em outro caso, pede-se em uma ADI a declaração de inconstitucionalidade de um ou dois artigos de uma lei que possui dez artigos. Porém, os dois artigos cuja inconstitucionalidade foi arguida são tão relevantes para a lei que sem eles ela perde completamente o sentido. Nesse caso, por arrastamento, o STF poderá declará-la integralmente inconstitucional, mesmo que isso não tenha sido requerido.

CANDIDATO:

O que é fenômeno da "Fossilização da Constituição Federal"? **(Delegado PF/13)**

RESPOSTA ADEQUADA:

Excelência, no âmbito do controle de constitucionalidade, o efeito vinculante em ADI e ADC, surtem eficácia contra todos ("erga omnes") e efeito vinculante aos demais órgãos do Poder Judiciário e à Administração Pública direta e indireta, nas esferas federal, estadual e municipal. Contudo, sabe-se que não atinge o Legislativo em razão da prerrogativa de sua função típica de legislar.

Há entendimento[24] de que, diante da hipotética possibilidade de vinculação também para o Legislativo (no caso de sua função típica de legislar) desses efeitos, que contrariaria a literalidade constitucional, estaríamos diante do (inconcebível) "fenômeno da fossilização da Constituição".

Como não é cabível tal engessamento, diante de ocorrências de decisão do STF de declarar inconstitucional determinado dispositivo legal, o Legislativo pode legislar em sentido diverso da decisão dada pelo STF, ou mesmo contrário a ela. Caso tal liberdade não fosse respeitada, significaria inegável petrificação da evolução social, porquanto impediria a constante atualização das Constituições, bem como dos textos normativos.

COMPLEMENTAÇÃO DA RESPOSTA:

Verificou-se um exemplo de que os efeitos das decisões da Suprema Corte não obstam o exercício da função típica de legislar do Legislativo, diante do seguinte:

> "Ao julgar as ADIS 4430 e 4795, o Plenário do STF declarou inconstitucionais determinados dispositivos da Lei nº 9.504/97 (chamada de Lei das Eleições). Posteriormente, o Congresso Nacional editou a Lei nº 12.875/2013, que alterou novamente a Lei nº 9.504/97, contendo previsões semelhantes àquelas que haviam sido declaradas inconstitucionais pelo STF no mencionado julgamento. Diante do ocorrido, percebe-se que a Lei nº 12.875/2013 foi uma reação legislativa à decisão do STF, uma maneira de o Congresso Nacional superar a interpretação legislativa dada pela Corte ao tema. Novamente, foi proposta ADI contra a Lei nº 12.875/2013, porquanto entendeu o STF em exame às justificativas do projeto que deu origem à lei e analisando a inocorrência de mudanças na sociedade entre a data da decisão passada e os dias atuais, entendeu que não foi legítima a tentativa de reversão da interpretação fixada pelo Tribunal. Para o STF, os argumentos invocados

24. <https://draflaviaortega.jusbrasil.com.br/noticias/307126354/o-que-e-o-fenomeno-da-fossilizacao-da-constituicao>. Acessado em: 18/04/2017.

pelo Legislativo não são capazes de infirmar (retirar à força) a tese jurídica fixada no citado julgamento."[25]

Por tal razão, foi declarada a inconstitucionalidade da Lei 12.875/2013[26].

CANDIDATO:

Qual a função do Senado Federal no controle de constitucionalidade? **(Delegado PF/13 e SP/15)**

RESPOSTA ADEQUADA:

Excelência, a Carta Magna estabelece em seu **art. 52, X**, ser competência privativa do Senado Federal, mediante o instrumento da resolução, suspender a execução, no todo ou em parte, de lei declarada inconstitucional em sede de controle difuso de constitucionalidade por decisão definitiva do STF.

Contudo, em que pese a celeuma, prevalece atualmente na Excelsa Corte[27] a adoção da **teoria da abstrativização do controle difuso**. Assim, por exemplo, se o Plenário do STF decidir pela constitucionalidade ou inconstitucionalidade de uma lei ou ato normativo, ainda que em controle difuso, essa decisão terá os mesmos efeitos do controle concentrado, ou seja, eficácia *erga omnes* e vinculante.

Para essa corrente, o art. 52, X, da CF/88 sofreu uma mutação constitucional e, portanto, deve ser reinterpretado. Dessa forma, o papel do Senado, atualmente, é apenas o de dar publicidade à decisão do STF. Em outras palavras, a decisão do STF, mesmo em controle difuso, já é dotada de efeitos *erga omnes* e o Senado apenas confere publicidade a isso.

COMPLEMENTAÇÃO DA RESPOSTA:

Ademais, o legislativo verificará, através de sua Comissão de Constituição e Justiça, se o projeto de lei, que poderá virar lei, contém algum vício a ensejar a inconstitucionalidade. No Senado Federal o controle de constitucionalidade prévio será exercido pela Comissão de Constituição, Justiça e Cidadania – CCJ.

É importante lembrar que o Congresso Nacional, formado pelo Senado e Câmara dos Deputados, tem competência exclusiva para sustar os atos normativos do Poder Executivo que exorbitem do poder regulamentar ou dos limites de delegação legislativa, realizando um controle repressivo de constitucionalidade (art. 52, X, da CF/88).

Por fim, a mesa do Senado Federal pode propor a ação direta de inconstitucionalidade e a ação declaratória de constitucionalidade (art. 103, CF).

25. <http://www.dizerodireito.com.br/2015/10/superacao-legislativa-da-jurisprudencia.html>. Acessado em 20 mar. 17.

26. STF, ADI 5105/DF, Rel. Min. Luiz Fux, Plenário. j. 1º/10/2015.

27. STF, ADI 3406/RJ e da ADI 3470/RJ em 29/11/2017.

CANDIDATO:

Quais são os legitimados universais para propor ADI? **(Delegado PF/13)**

RESPOSTA ADEQUADA:

Excelência, a legitimação universal é cabível nas hipóteses em que o legitimado goza de presunção absoluta de pertinência temática, em face de suas atribuições institucionais, como exemplo, o Presidente da República.

A pertinência temática é a exigência de prova de que o órgão que pretende discutir a constitucionalidade de uma lei demonstre claramente que a decisão final tenha ligação direta com o interesse e com a atividade desenvolvida por aquela instituição ora representada. Como exemplo, as Confederações Sindicais.

COMPLEMENTAÇÃO DA RESPOSTA:

Ainda dentro do tema, irei destacar os **legitimados especiais** que se diferenciam dos universais, pois aqueles **necessitam de pertinência temática** para propor ADI etc.

Vejam o dispositivo constitucional citado:

> Art. 103. Podem propor a ação direta de inconstitucionalidade e a ação declaratória de constitucionalidade:
>
> I – o **Presidente da República**;
>
> II – a **Mesa do Senado Federal**;
>
> III – a **Mesa da Câmara dos Deputados**;
>
> IV – a **Mesa de Assembleia Legislativa ou da Câmara Legislativa do DF**;
>
> V – o **Governador de Estado ou do Distrito Federal**;
>
> VI – o **Procurador-Geral da República**;
>
> VII – o **Conselho Federal da Ordem dos Advogados do Brasil**;
>
> VIII – **partido político com representação no Congresso Nacional**;
>
> IX – **confederação sindical ou entidade de classe de âmbito nacional**.

Para facilitar a sua memorização, eles são divididos em 3 **(três) grupos**:

1º Mesas;

2º Pessoas/autoridades;

3º Instituições/entidades.

Cada grupo possui **3 (três) integrantes**. Desses 3 (três integrantes), o "mais fraco", o "menos importante", de cada grupo é legitimado especial, sendo, portanto, **3 (três) os legitimados especiais**. Os demais são legitimados universais.

Abaixo, em **negrito,** são os **legitimados especiais** e os outros são universais.

1) 3 Mesas:

1.1) Mesa do Senado Federal (inciso II);

1.2) Mesa da Câmara dos Deputados (inciso III);

1.3) Mesa da Assembleia Legislativa ou da Câmara Legislativa DF (inc. IV).

2) 3 Pessoas/autoridades:

2.1) Pres. da República (inciso I);

2.2) PGR (inciso VI);

2.3) Governador do Estado ou do DF (inciso V);

3) 3 Instituições:

3.1) Conselho Federal da OAB (inciso VII);

3.2) Partido político com representação no CN (inciso VIII);

3.3) Confederação sindical ou entidade de classe de âmbito nacional (inc. IX).

Nesta testilha, descreve a doutrina[28]:

> (...) enquanto se presume de forma absoluta a pertinência temática para o Presidente da República, Mesa do Senado Federal e da Câmara dos Deputados, Procurador-Geral da República, Partido Político com representação no Congresso Nacional e Conselho Federal da Ordem dos Advogados do Brasil, em face de suas próprias atribuições institucionais, no que se denomina *legitimação ativa universal*, exige-se a prova de pertinência por parte da Mesa da Assembleia Legislativa ou da Câmara Legislativa do Distrito Federal, do Governador do Estado ou do Distrito Federal das confederações sindicais ou entidades de âmbito nacional.

CANDIDATO:

Qual a finalidade da ADI? **(Delegado RJ/11)**

RESPOSTA ADEQUADA:

Excelência, com base no preceito constitucional, a finalidade da ADI é declarar a inconstitucionalidade de lei ou ato normativo federal ou estadual.

Consoante preleciona a doutrina[29], o que se busca com a ADI genérica é o controle de constitucionalidade de ato normativo, em tese, abstrato, marcado pela generalidade, impessoalidade.

28. MORAES, 2006, p. 676.

29. MORAES, 2006, p. 263.

Em regra, através do controle concentrado, almeja-se expurgar do sistema lei ou ato normativo viciado (material ou formalmente), buscando-se, por conseguinte, a invalidação da lei ou ato normativo.

COMPLEMENTAÇÃO DA RESPOSTA:

Previsão constitucional:

Art. 102. Compete ao Supremo Tribunal Federal, precipuamente, a guarda da Constituição, cabendo-lhe:

I – processar e julgar, originariamente:

a) a ação direta de inconstitucionalidade de lei ou ato normativo federal ou estadual e a ação declaratória de constitucionalidade de lei ou ato normativo federal;

CANDIDATO:

Quais são os legitimados para propositura de súmula vinculante? **(Delegado PF/13 e SC/15)**

RESPOSTA ADEQUADA:

Excelência, os legitimados para propor Súmula Vinculante são os mesmos legitimados do rol do art. 103 da CF, além das alterações da Lei 11.417/2006, que regulamenta o art. 103-A da Constituição Federal, que aduziu alguns novos legitimados ao rol, tendo sido acrescidos além daqueles, os Tribunais Superiores, os Tribunais de Justiça de Estados ou do Distrito Federal e Territórios, os Tribunais Regionais Federais, os Tribunais Regionais do Trabalho, os Tribunais Regionais Eleitorais e os Tribunais Militares.

Além destes, o Município, que poderá propor, incidentalmente, ao curso de processo em que seja parte, a edição, a revisão ou o cancelamento de enunciado de súmula vinculante, o que não autoriza a suspensão do processo.

COMPLEMENTAÇÃO DA RESPOSTA:

Previsão constitucional:

CF, art. 103-A, § 2º. Sem prejuízo do que vier a ser estabelecido em lei, a aprovação, revisão ou cancelamento de súmula poderá ser provocada por aqueles que podem propor a ação direta de inconstitucionalidade.

A Lei 11.417/2006 regulamenta o art. 103-A da Constituição Federal e altera a Lei 9.784/1999, disciplinando a edição, a revisão e o cancelamento de enunciado de súmula vinculante pelo Supremo Tribunal Federal, e dá outras providências.

CANDIDATO:

Cabe desistência em ADI, ADC e ADO? Quem são os legitimados conforme legislação especial? **(Delegado RJ/11 e SC/15)**

RESPOSTA ADEQUADA:

Excelência, com relação a ADI[30], ADO e ADC não se admitirá desistência.

Os legitimados à propositura da ADI[31] são: I – o Presidente da República; II – a Mesa do Senado Federal; III – a Mesa da Câmara dos Deputados; IV – a Mesa de Assembleia Legislativa ou a Mesa da Câmara Legislativa do Distrito Federal; V – o Governador de Estado ou o Governador do Distrito Federal; VI – o Procurador-Geral da República; VII – o Conselho Federal da Ordem dos Advogados do Brasil; VIII – partido político com representação no Congresso Nacional; IX – confederação sindical ou entidade de classe de âmbito nacional.

Os legitimados à propositura da ADC[32] são: I – o Presidente da República; II – a Mesa da Câmara dos Deputados; III – a Mesa do Senado Federal; IV – o Procurador-Geral da República.

Os legitimados à propositura da ADO[33] são: os legitimados à propositura da ação direta de inconstitucionalidade e da ação declaratória de constitucionalidade.

COMPLEMENTAÇÃO DA RESPOSTA:

É importante dizer que não cabe desistência em razão do princípio da indisponibilidade.

Fundamento Constitucional: Art. 102, I, a.

Fundamento legal: Lei 9.868/99.

Fundamento Infralegal: Regimento Interno do Supremo Tribunal Federal, artigos 169 a 178.

CANDIDATO:

É possível a previsão de ADC em sede estadual? **(Delegado SC/15)**

RESPOSTA ADEQUADA:

Excelência, a questão é polêmica, pois não há consenso na doutrina e também não há decisão judicial sobre o assunto, sobretudo ante a inexistência de previsão da ação declaratória em Constituições Estaduais e demais legislações.

Sabe-se que a competência para o julgamento das ações diretas que questionem a constitucionalidade de leis ou atos normativos federais perante a Constituição Federal (ADI e ADC) pertence ao STF, e os tribunais ordinários somente detém competência para julgar ações diretas que questionem a constitucionalidade de lei ou atos normativos estaduais ou municipais locais, perante a Constituição do respectivo Estado.

30. BRASIL, Lei 9868/99, art. 5º, art. 12-D e art. 16.
31. BRASIL, Lei 9868/99, art. 2º.
32. BRASIL, Lei 9868/99, art. 13.
33. BRASIL, Lei 9868/99, art. 12-A.

Porquanto, por força do art. 102, I, *a* e seu § 2º, somente poderá ser objeto de ADC a lei ou ato normativo federal, posto que a opção do legislador foi restritiva.

Por outro lado, há quem entenda que poderia o Estado-membro no exercício de sua autonomia política, não obstante a observância do modelo federal, instituir uma ação análoga que tenha por objeto lei estadual ou municipal, cujo paradigma seja a Constituição Estadual, com tramitação perante o respectivo Tribunal de Justiça.

No entanto, há expressiva corrente da doutrina que entende que o termo "representação de inconstitucionalidade" previsto nas Constituições Estaduais só abrangeria a ação direta de inconstitucionalidade, e por tal razão os Estados-membros não estariam autorizados a instituir a ação declaratória de constitucionalidade.

COMPLEMENTAÇÃO DA RESPOSTA:

Há muita controvérsia doutrinária acerca do tema. Alexandre de Moraes[34] assim entende:

> A possibilidade de criação de uma ação declaratória de constitucionalidade de âmbito estadual divide a doutrina. José Afonso da Silva não admite tal possibilidade, por ausência de previsão constitucional, enquanto Nagib Slaibi Filho entende permitida ao Estado-membro, no exercício de sua competência remanescente, a criação dessa ação na esfera estadual, desde que respeitado o paradigma da Constituição Federal. Parece-nos que a razão está com Nagib Slaibi Filho, uma vez que é característica da federação a autonomia dos Estados-membros, que engloba a capacidade de auto-organização por meio de suas respectivas Constituições estaduais. Assim, e desde que seguissem o modelo federal, nada estaria a impedir que o legislador constituinte-reformador estadual criasse por emenda constitucional uma ação declaratória de constitucionalidade de lei ou ato normativo estadual, em face da Constituição estadual, a ser ajuizada no Tribunal de Justiça e tendo como colegitimados, em virtude da EC nº 45/04, os respectivos estaduais, para os colegitimados do art. 103 da CF, para a ação direta de inconstitucionalidade.

O Ministro do STF Gilmar Mendes, tem opinião de que, baseando-se no caráter dúplice ou ambivalente inerente às ações dieta de inconstitucionalidade e declaratória de constitucionalidade, que esta última é admissível no plano estadual, ainda que não haja previsão expressa na Constituição Federal. Para ele, a expressão "representação de inconstitucionalidade" não abarcaria expressamente a ação declaratória de constitucionalidade, mas apenas implicitamente, como já dito, dado o caráter ambivalente das ações direta de inconstitucionalidade e declaratória de constitucionalidade.

De toda forma a controvérsia ainda não teve desfecho e prosseguem as discussões acerca do assunto.

CANDIDATO:

Quais órgãos estão subordinados às sumulas vinculantes? **(Delegado SC/15)**

34. MORAES, Ob. Cit., 2006, pp. 699-700.

RESPOSTA ADEQUADA:

Excelência, com fulcro na Constituição Federal a súmula terá efeito vinculante em relação aos demais órgãos do Poder Judiciário e à administração pública direta e indireta, nas esferas federal, estadual e municipal. Entrementes, o poder legislativo nas suas funções típicas e o Pleno do STF não estão sujeitos à vinculação.

COMPLEMENTAÇÃO DA RESPOSTA:

Previsão Constitucional:

Art. 103-A. O Supremo Tribunal Federal poderá, de ofício ou por provocação, mediante decisão de dois terços dos seus membros após reiteradas decisões sobre matéria constitucional, aprovar súmula que, a partir de sua publicação na imprensa oficial, terá efeito vinculante em relação aos demais órgãos do Poder Judiciário e à administração pública direta e indireta, nas esferas federal, estadual e municipal, bem como proceder à sua revisão ou cancelamento, na forma estabelecida em lei.

Interessante notar que o STF e o Poder Legislativo não estão sujeitos aos efeitos da Súmula Vinculante, porquanto há de se compreender que o Poder Legislativo e o STF não devem subordinação aos enunciados de eficácia vinculante.

Trata-se de interpretação unânime da doutrina. A sujeição ao enunciado não alcança a atividade legiferante do Poder Legislativo, que significa que a liberdade de convicção do legislador foi mantida, de modo que o efeito vinculante somente não vincula os atos legislativos próprios, isto é, os instrumentos normativos (ex.: leis ordinárias, leis complementares, emendas constitucionais, etc.), mas quando o Legislativo estiver no exercício função atípica no desempenho de atividades administrativas, sujeitar-se-á. Logo, lhe é permitido edição de normas com teor distinto daquele consagrado na súmula de efeito vinculante, sem que isso importe na ofensa à decisão da Corte.

Nesse mesmo diapasão, entende-se que, ao falar em demais órgãos do Poder Judiciário, o constituinte reformador entendeu por bem excluir o STF. Ainda que pareça incompreensível não dotar de efeitos vinculantes os precedentes jurisprudenciais do Supremo Tribunal Federal, verifica-se que se é o órgão de cúpula do Poder Judiciário, nada mais lógico que exija respeito às suas decisões pelos demais órgãos judiciais. Afirma-se que o efeito vinculante buscou luzes no sistema norte-americano. Lá, para a funcionalidade do sistema judicial - que também possui morosidade –, as decisões da Suprema Corte Americana gozam de efeito vinculante em relação aos demais órgãos judiciais. É o chamado *stare decisis*.

O mesmo se diga da medida provisória que, muito embora seja emanada do Executivo, não é ato de administração, mas sim ato normativo e, portanto, não sujeito ao efeito vinculante da súmula.

CANDIDATO:

Cabe ADI em face de ADCT e Preâmbulo da CF/88? **(Delegado SC/15)**

RESPOSTA ADEQUADA:

Excelência, as normas do preâmbulo não podem servir de paradigma para o controle de constitucionalidade, mas o ADCT pode sim cumprir esse papel. Neste sentido, firmou entendimento o STF.

COMPLEMENTAÇÃO DA RESPOSTA:

Vejamos a decisão do STF[35]:

PRECATÓRIO - PAGAMENTO PARCELADO - ADCT, ART. 33 - NATUREZA JURÍDICA DAS NORMAS INTEGRANTES DO ADCT - RELAÇÕES ENTRE O ADCT E AS DISPOSIÇÕES PERMANENTES DA CONSTITUIÇÃO - ANTINOMIA APARENTE - A QUESTÃO DA COERÊNCIA DO ORDENAMENTO POSITIVO - RECURSO DE AGRAVO IMPROVIDO. [...] O Ato das Disposições Transitórias, promulgado em 1988 pelo legislador constituinte, qualifica-se, juridicamente, como estatuto de índole constitucional (RTJ 172/226-227). A estrutura normativa que nele se acha consubstanciada ostenta, em consequência, a rigidez peculiar às regras inscritas no texto básico da Lei Fundamental da República. Disso decorre o reconhecimento de que inexistem, entre as normas inscritas no ADCT e os preceitos constantes da Carta Política, quaisquer desníveis ou desigualdades quanto à intensidade de sua eficácia ou à prevalência de sua autoridade. Situam-se, ambos, no mais elevado grau de positividade jurídica, impondo-se, no plano do ordenamento estatal, enquanto categorias normativas subordinantes, à observância compulsória de todos, especialmente dos órgãos que integram o aparelho de Estado (RTJ 160/992-993). (...)

A Suprema Corte concluiu que o preâmbulo constitucional **não se situa no âmbito do direito**, mas somente no **âmbito da política**, transparecendo a ideologia do constituinte. Desta forma, houve aplicação da tese da irrelevância jurídica, **não cabendo ADI**. Preâmbulo não tem força normativa, sendo mero vetor interpretativo.

Em relação ao ADCT o STF concluiu que tem tanta força normativa quanto o corpo da CF e enquanto não houver exaurida sua eficácia, servem para parâmetro de constitucionalidade.

CANDIDATO:

Se o partido político perder a representação, a ADI será extinta? **(Delegado SC/15)**

RESPOSTA ADEQUADA:

Excelência, para responder à pergunta, citamos um julgado de questão de ordem levantada no STF[36], no qual os ministros decidiram, por unanimidade, dar prosseguimento à Ação ajuizada pelo Partido Social Trabalhista (PST) contra o Presidente da República e o Congresso Nacional, que tem como objeto o questionamento ínsito no artigo 99, caput, e parágrafo 1º, da Lei 9.610/98 (Lei dos Direitos Autorais), embora o partido não tenha mais representação parlamentar federal.

35. STF, RE 215.107/PR, Segunda Turma, Rel. Min. Celso de Mello, j. 21/11/2006, p. DJ 02/02/2007.

36. STF, ADI 2054, Min. Sepúlveda Pertence, publicação 21/03/2003.

Diante disso, a resposta é que ainda que o partido perca a representação, a ADI não será extinta.

COMPLEMENTAÇÃO DA RESPOSTA:

Segundo o ministro destacou, embora o partido tenha elegido três deputados federais nas eleições de outubro de 2002, já não dispunha de nenhum filiado à sua legenda na data da posse para a legislatura em curso, uma vez que todos os políticos do PST, agora, passaram a compor o Partido Liberal (PL).

CANDIDATO:

Cabe reclamação diante de infração à súmula vinculante? **(Delegado SC/15)**

RESPOSTA ADEQUADA:

Excelência, consoante expressa previsão constitucional, no caso de pessoas e órgãos vinculados à decisão do STF desrespeitarem súmula vinculante, o interessado poderá questionar o ato diretamente no STF por meio de reclamação. Caso a reclamação seja julgada procedente, o STF anulará o ato administrativo ou cassará a decisão judicial reclamada, e determinará que outra seja proferida com ou sem a aplicação da súmula, conforme o caso.

COMPLEMENTAÇÃO DA RESPOSTA:

Vejamos a mencionada previsão constitucional:

CF, Art. 103-A: § 3º Do ato administrativo ou decisão judicial que contrariar a súmula aplicável ou que indevidamente a aplicar, **caberá reclamação ao Supremo Tribunal Federal** (...). (Grifei).

Na mesma toada, consta-se no **CPC** tal previsão:

Art. 988. Caberá reclamação da parte interessada ou do Ministério Público para:

III – garantir a observância de enunciado de súmula vinculante e de decisão do Supremo Tribunal Federal em controle concentrado de constitucionalidade (...).

CANDIDATO:

Há previsão da propositura por Município de edição de Súmula Vinculante? **(Delegado MG/11)**

RESPOSTA ADEQUADA:

Excelência, o Município poderá propor a edição, a revisão ou o cancelamento de enunciado de súmula vinculante, incidentalmente, ao curso de processo em que seja parte, o que não autoriza a suspensão do processo.

COMPLEMENTAÇÃO DA RESPOSTA:

A previsão está na Lei 11.417/2006, que regulamenta o art. 103-A da Constituição Federal:

> Art. 3º São legitimados a propor a edição, a revisão ou o cancelamento de enunciado de súmula vinculante:
>
> (...)
>
> § 1º **O Município poderá propor, incidentalmente ao curso de processo em que seja parte, a edição, a revisão ou o cancelamento de enunciado de súmula vinculante, o que não autoriza a suspensão do processo.**

Nota-se que a mencionada lei acrescentou legitimados a proporem Súmula Vinculante que não figuravam no Art. 103, da CF.

CANDIDATO:

A lei pode mudar a Súmula Vinculante 11? **(Delegado SC/15)**

RESPOSTA ADEQUADA:

Excelência, a resposta à pergunta é afirmativa, lei pode sim mudar SV 11.

Com base no que prescreve a CF[37], a aprovação, revisão ou cancelamento de súmula poderá ser provocada por aqueles que podem propor a ação direta de inconstitucionalidade, uma vez revogada ou modificada a lei em que se fundou a edição de enunciado de súmula vinculante.

COMPLEMENTAÇÃO DA RESPOSTA:

Neste sentido, também a Lei 11.417/2006, que regulamenta o art. 103-A da Constituição Federal, prevê: "Art. 5º Revogada ou modificada a lei em que se fundou a edição de enunciado de súmula vinculante, o Supremo Tribunal Federal, de ofício ou por provocação, procederá à sua revisão ou cancelamento, conforme o caso".

Versando sobre o assunto, temos que considerar os requisitos para edição, revisão ou cancelamento de súmula vinculante. Diante do fato de que o instituto da súmula vinculante foi introduzido no direito pátrio pautado em três princípios de direito, a saber, a segurança jurídica, a isonomia e a celeridade processual. Assim, para justificar revisão ou cancelamento de Súmula Vinculante, o que prescreve o art. 2º, § 1º da Lei 11.147/2006, faz-se necessária a demonstração de que a matéria é objeto de controvérsia entre os diversos órgãos do Poder Judiciário ou, ainda, entre estes e a Administração Pública, cuja divergência tenha efeito danoso, potencial ou efetivo, para a segurança jurídica, devendo, ainda, acarretar grave insegurança jurídica e relevante multiplicação de processos sobre idêntica questão.

37. BRASIL, Constituição Federal, art. 103-A, § 3º.

CANDIDATO:

Considere a seguinte situação hipotética: Em julgamento de recurso extraordinário com repercussão geral reconhecida, o Supremo Tribunal Federal (STF) decidiu que determinado artigo de lei era inconstitucional. Em seguida, modulou os efeitos dessa decisão.

A partir dessa situação hipotética, responda, com fundamentação no posicionamento do STF, aos seguintes questionamentos.

1 Há quórum mínimo para a modulação dos efeitos de decisão em sede de controle difuso?

2 O STF poderia ter modulado os efeitos da decisão? **(Delegado PF/20)**

RESPOSTA ADEQUADA:

Excelência, de acordo com entendimento adotado pelo STF, a modulação dos efeitos da decisão em sede de controle difuso deve ocorrer com o quórum de 2/3 dos membros do STF.

Além disso, é possível sim a modulação dos efeitos da decisão proferida em recurso extraordinário com repercussão geral reconhecida, exigindo-se para tanto o voto de 2/3 (dois terços) dos membros do STF.

COMPLEMENTAÇÃO DA RESPOSTA:

A Excelsa Corte[38] firmou o seguinte entendimento:

É possível a modulação dos efeitos da decisão proferida em recurso extraordinário com repercussão geral reconhecida. Para que seja realizada esta modulação, exige-se o voto de 2/3 (dois terços) dos membros do STF (maioria qualificada).

6. ADMINISTRAÇÃO PÚBLICA

6.1. Servidores Públicos

CANDIDATO:

O mero transcurso do período de 3 anos do estágio probatório não gera, automaticamente, direito à estabilidade? **(Delegado/ Simulado 2022)**

RESPOSTA ADEQUADA:

Excelência, o STJ se posicionou (RMS 52.138/GO) que findo o período do estágio probatório – três (3) anos de efetivo exercício –, a estabilidade do servidor no

38. STF. 1ª Turma. RE 586.453/SE, Plenário, Rel. Min. Ellen Gracie, Julgado 20/03/2013.

serviço público **não se dará de forma automática**. Isso porque o **§ 4º do art. 41** do permissivo constitucional, na redação incluída pela Emenda Constitucional n. 19/1998, **impõe como condição obrigatória** para a aquisição da estabilidade a **avaliação especial** de desempenho por comissão instituída para essa finalidade.

COMPLEMENTAÇÃO DA RESPOSTA*:

Estabilidade especial do art. 19 da ADCT não se aplica aos empregados das fundações públicas de direito privado.

No julgamento do RE nº 716378, com repercussão geral reconhecida (Tema 545), realizado na sessão extraordinária no dia 07/08/19, o Tribunal Pleno do STF, por maioria, nos termos do voto do Relator e Presidente da Suprema Corte, Ministro Dias Toffoli, decidiu que a **estabilidade especial do art. 19 do Ato das Disposições Constitucionais Transitórias (ADCT) não se aplica aos empregados das fundações públicas de direito privado.**

A tese aprovada para fins de repercussão geral proposta tem a seguinte redação:

1) A qualificação de uma fundação instituída pelo Estado como sujeita ao regime público ou privado depende: I – do estatuto de sua criação ou autorização; II – das atividades por ela prestadas. As atividades de conteúdo econômico e as passíveis de delegação, quando definidas como objetos de dada fundação, ainda que essa seja instituída ou mantida pelo Poder Público, podem se submeter ao regime jurídico de direito privado.

2) A estabilidade especial do artigo 19 do ADCT não se estende aos empregados das fundações públicas de direito privado, aplicando-se tão somente aos servidores das pessoas jurídicas de direito público.

***In verbis*:**

Art. 19. Os servidores públicos civis da União, dos Estados, do Distrito Federal e dos Municípios, da administração direta, autárquica e das fundações públicas, em exercício na data da promulgação da Constituição, há pelo menos cinco anos continuados, e que não tenham sido admitidos na forma regulada no art. 37, da Constituição, são considerados estáveis no serviço público.

7. ORGANIZAÇÃO DOS PODERES

7.1. Poder Executivo

CANDIDATO:

Considere a seguinte situação hipotética: O Supremo Tribunal Federal proferiu decisão deferindo a extradição de cidadão estrangeiro. No entanto, o presidente da República decidiu não entregar o extraditando ao país requerente. Nessa situação, tem validade o referido ato do presidente da República? Justifique sua resposta, considerando o posicionamento do STF. **(Delegado Federal/19)**

RESPOSTA ADEQUADA:

Excelência, consoante entendimento sedimentado no âmbito do Supremo Tribunal Federal, a decisão da Corte que defere a extradição do estrangeiro não vincula o Presidente da República à efetiva entrega do extraditando ao país requerente, uma vez que, enquanto Chefe de Estado, é ele o responsável pela efetivação da soberania nacional, nos termos dos incisos VII e VIII do art. 84 da Constituição Federal de 1988.

Ademais, o próprio STF também já entendeu que não lhe é dado sindicar a atuação do Presidente da República em casos como o referido, justamente por se tratar de decisão política fundamentada na soberania internacional de que o Estado Brasileiro é detentor, a qual, de seu turno, extrai embasamento do princípio da independência nacional. Assim, mesmo se verificada a violação à disposição constante em tratado internacional, não será do Pretório Excelso a competência para reconhecê-la, vez que o STF não exerce soberania internacional.

COMPLEMENTAÇÃO DA RESPOSTA*:

* A presente questão foi comentada pela professora Nathália Ribeiro Leite Silva, mestra em Direito Público pela Universidade Federal do Estado de Alagoas, com participação especial.

Consoante consignado no "PADRÃO DE RESPOSTA" divulgado pela banca examinadora com relação à referida questão: "A soberania, dicotomizada em interna e externa, tem na primeira a exteriorização da vontade popular (art. 14 da CRFB) através dos representantes do povo no parlamento e no governo; na segunda, a sua expressão no plano internacional, por meio do presidente da República. No campo da soberania, relativamente à extradição, é assente que o ato de entrega do extraditando é exclusivo e de competência indeclinável do presidente da República, conforme consagrado na Constituição, nas leis, nos tratados e pelo STF".

CANDIDATO:

Quais são as funções do Presidente da República? **(Delegado RJ/11)**

RESPOSTA ADEQUADA:

Excelência, todas as funções do Presidente da República no Brasil estão elencadas na **CF, no rol do art. 84**, entre outras, as quais cito: encaminhar ao Congresso Nacional projetos de lei sobre os temas aos quais compete decidir, como a criação de cargos e funções na administração federal ou criação e extinção de ministérios, por exemplo.

COMPLEMENTAÇÃO DA RESPOSTA:

A dica aqui, em razão de ser um rol muito extenso é que, assim como no exemplo acima, **o aluno cite pelo menos duas ou três funções que julgue mais importantes e escolha uma para discorrer mais detalhadamente**.

Continuando a resposta:

(...) elaborar e encaminhar ao Legislativo propostas sobre uma ampla gama de assuntos; vetar um projeto de lei, mesmo depois de aprovado pela Câmara e pelo Senado, sob o aspecto jurídico ou político.

Em suma, o Presidente da República é o responsável pela direção superior da administração federal, por isso é que lhe cabe vetar uma lei mesmo tendo sido aprovada pelo Congresso, uma vez que incumbe ao Executivo o desenvolvimento das políticas públicas e controle orçamentário, objetivado a Supremacia do Interesse Público. Inclusive, é sobre o Executivo que recairá qualquer responsabilidade no que se refere à gestão da coisa pública.

Cumpre dizer que, por ser o Brasil uma República Federativa, que tem como sistema de governo Presidencialista, o presidente é a principal autoridade do Poder Executivo, o representante máximo do povo, cabendo a ele, cumulativamente, tanto as tarefas de Chefe de Estado quanto as de Chefe de Governo. Ele também é o comandante chefe das Forças Armadas.

CANDIDATO:

O que são considerados ministérios? Como podem ser criados? Como funciona no âmbito estadual? **(Delegado SC/15)**

RESPOSTA ADEQUADA:

Excelência, os ministérios integram ao lado do Presidente da República o primeiro escalão da administração federal, responsáveis por auxiliá-lo na direção superior da administração federal. São criados por lei de iniciativa privativa do Presidente da República, a quem incumbe também privativamente a nomeação e a exoneração dos Ministros de Estado.

No âmbito estadual temos as chamadas Secretarias Estaduais, que são criadas por lei de iniciativa privativa do Governador, a quem compete a nomeação e exoneração dos Secretários para ocuparem as pastas.

COMPLEMENTAÇÃO DA RESPOSTA:

Além disso, os Ministérios e as Secretarias Estaduais são órgãos que compõem a Administração Pública, que possuem autonomia técnica, financeira e administrativa para executar as ações nas suas áreas de competência, cabendo-lhes estabelecer estratégias, diretrizes e prioridades na aplicação de recursos públicos, bem como criar normas, acompanhar e avaliar programas de governo, entre outros.

Previsões constitucionais:

Ministérios integram ao lado do Presidente da República a direção superior da administração federal (CF, art. 84, II).

São criados por lei (CF, art. 88), sendo a iniciativa privativa do Presidente da República (CF, art. 61, § 1º, II, e), a quem incumbe também privativamente a nomeação e a exoneração dos Ministros de Estado (CF, art. 84, I).

CANDIDATO:

Quais são os pontos diferentes, no geral, entre chefe de estado e de governo? **(Delegado MG/11)**

RESPOSTA ADEQUADA:

Excelência, as principais diferenças entre ambos são:

Chefe de Estado representado pelo monarca ou presidente da República, não participa das decisões políticas. No geral, é apenas uma figura protocolar, limitando-se a representar o país de forma cerimonial em festas e outros eventos para autoridades ou mesmo em programas humanitários. Contudo, não tem poderes administrativos.

Como exemplo desse modelo tem a Rainha da Inglaterra, que reina, mas não governa. Cabe ao Chefe de Estado ainda indicar um candidato a primeiro-ministro e encaminhar a proposta para aprovação do parlamento. Incumbe ao primeiro-ministro cuidar de toda a administração do país: das questões econômicas à política de segurança externa.

Chefe de Governo exerce o poder executivo e é a figura política mais importante no parlamentarismo, é indicado pelo Chefe de Estado e precisa ser aprovado pelo Parlamento para se tornar primeiro-ministro.

COMPLEMENTAÇÃO DA RESPOSTA:

Em sistemas presidencialistas, o Chefe de Estado (normalmente chamado de presidente) ocupa também a Chefia Governo.

Como no Brasil, onde é adotado o Sistema presidencialista, temos Chefe de Estado = Chefe de Governo. O presidente da República representa o Estado, ao mesmo tempo em que exerce a chefia do Poder Executivo. Ademais, detém a responsabilidade pela determinação das diretrizes do Executivo, que é de exclusividade do Presidente da República.

7.2. Poder Legislativo

CANDIDATO:

O Poder Judiciário pode impor as medidas cautelares do art. 319 do CPP aos parlamentares? **(Delegado/Simulado 2019)**

RESPOSTA ADEQUADA:

Excelência, o Supremo Tribunal Federal teve oportunidade de se debruçar sobre a questão ao apreciar o caso que envolvia o então Senador Aécio Neves, decidindo que o Judiciário pode impor aos parlamentares as medidas cautelares previstas no art. 319 do CPP, seja em substituição à prisão em flagrante delito por crime inafiançável ou de forma autônoma.

O Pretório Excelso entendeu, contudo, que caso a medida imposta tenha o condão de direta ou indiretamente, impossibilitar o exercício do mandato, poderá a respectiva Casa Legislativa rejeitá-la, aplicando, por analogia, o § 2º do art. 53 da Constituição Federal de 1988.

COMPLEMENTAÇÃO DA RESPOSTA*:

* A presente questão foi comentada pela professora Nathália Ribeiro Leite Silva, mestra em Direito Público pela Universidade Federal do Estado de Alagoas, com participação especial.

No caso dos Deputados Federais e Senadores, a competência para aplicação da medida será do STF.

De acordo com a dicção do § 2º do art. 53 da CF/88, uma vez decretada a prisão em flagrante por crime inafiançável (ou caso aplicada a medida cautelar diversa da prisão), os autos deverão ser remetidos à Casa Legislativa dentro de 24 (vinte e quatro) horas, a qual, por maioria dos votos de seus membros, poderá "derrubar" a determinação que impôs a segregação ou medida cautelar.

Por injunção da imunidade formal prevista constitucionalmente, os congressistas apenas poderão ser presos em flagrante delito por crime inafiançável, o que torna incabível, desde a expedição do diploma, que seja aplicada qualquer outra espécie de prisão cautelar, inclusive da prisão preventiva tratada no art. 312 do Código de Processo Penal.

CANDIDATO:

Considere a seguinte situação hipotética: Determinada Comissão Parlamentar de Inquérito durante apuração de fatos ocorridos em terras indígenas intimou um índio habitante do local a comparecer à Câmara dos Deputados para prestar depoimento, na condição de testemunha. Nesta situação o ato intimatório viola as normas constitucionais que conferem proteção específica aos povos indígenas? Justifique sua resposta considerando posicionamento do STF. **(Delegado PF/18)**

RESPOSTA ADEQUADA:

Excelência, de acordo com entendimento do STF, a intimação de indígena para prestar depoimento na condição de testemunha fora do seu habitat **viola normas**

constitucionais que conferem proteção específica aos povos indígenas, que visam proteger, além da posse e do usufruto das terras originariamente dos índios, a respectiva identidade cultural, o que se estende tanto ao indivíduo que a compõe, quanto à remoção de suas terras, que é sempre ato de opção, de vontade própria, não podendo se apresentar como imposição, salvo hipóteses excepcionais.

Ademais, constrange sua liberdade de locomoção, na medida em que é vedada pela CF a remoção dos grupos indígenas de suas terras, salvo exceções previstas na CF, art. 231, § 5º, que não é o caso. Por tal razão há que se adotar as devidas cautelas, de modo a assegurar que não haja afronta aos seus usos, costumes e tradições, visto que o depoimento do índio que não incorporou ou compreende as práticas e modos de existência comuns ao "homem branco" pode ocasionar o cometimento pelo silvícola de ato ilícito, passível de comprometimento do seu *status libertatis*. Portanto, há necessidade de adoção de cautelas tendentes a assegurar que não haja agressão aos seus usos, costumes e tradições.

COMPLEMENTAÇÃO DA RESPOSTA:

Deverá o candidato apontar que, de acordo com entendimento adotado no STF:

1) Houve violação às normas constitucionais que conferem proteção específica aos povos indígenas. A proteção cultural do indígena tem especial abrigo na tutela constitucional, consoante prescrição dos arts. 215, 216 e 231.
2) O depoimento do índio, que não incorporou ou compreende as práticas e modos de existência comuns ao "homem branco", pode ocasionar o cometimento pelo silvícola de ato ilícito, passível de comprometimento do seu *status libertatis*.

Daí a necessidade de adoção de cautelas tendentes a assegurar que não haja agressão aos seus usos, costumes e tradições. (HC 80240, Relator(a): min. Sepúlveda Pertence, Tribunal Pleno, julgado em 20/6/2001, DJ 14/10/2005 PP-00008 EMENT VOL-02209-02 PP-00209 LEXSTF v. 27, n.º 324, 2005, p. 344-57.)

CANDIDATO:

CPI pode decretar quebra do sigilo bancário? **(Delegado PF/13)**

RESPOSTA ADEQUADA:

Excelência, o entendimento doutrinário e jurisprudencial dominante é de que a quebra do sigilo bancário **pode ser decretada** pelo Poder Judiciário e pelas Comissões Parlamentares de Inquérito (CPIS).

Neste sentido, o STF considera que o Ministério Público não pode, como regra geral, determinar a quebra do sigilo bancário, pois será necessária prévia autorização judicial por se tratar de verdadeira cláusula de reserva de jurisdição.

No entanto, o STJ[39] decidiu que "não são nulas as provas obtidas por meio de requisição do Ministério Público de informações bancárias de titularidade de prefeitura municipal para fins de apurar supostos crimes praticados por agentes públicos contra a Administração Pública". Pois entende que as contas correntes de entes públicos (contas públicas) não gozam de proteção à intimidade e à privacidade, prevalecendo assim, os princípios da publicidade e moralidade, que impõem à Administração Pública o dever de transparência.

COMPLEMENTAÇÃO DA RESPOSTA:

Observe que a pergunta foi direcionada à CPI, desta forma, é aconselhável ao candidato se ater ao tema, sem se estender.

Diante disso, a regra é de que somente o Poder Judiciário e as Comissões Parlamentares de Inquérito (CPIS) podem determinar a quebra do sigilo bancário.

Todavia, há um outro precedente do STF[40] sobre a possibilidade excepcionalíssima de quebra de sigilo bancário pelo Ministério Público. A Corte Excelsa decidiu que a quebra de sigilo bancário pelo Ministério Público **é possível** no âmbito de procedimento administrativo que vise à defesa do patrimônio público, quando houver envolvimento de dinheiros ou verbas públicas.

Segue o quadro esquemático para memorização:

QUAIS SÃO OS ÓRGÃOS QUE PODEM REALIZAR A QUEBRA DO SIGILO BANCÁRIO DIRETAMENTE?	
Comissão Parlamentar de Inquérito Federal e Estadual	À luz do STF **sim**. Além do art. 4º, § 1º da LC 105/01.
Ministério Público da União e Estadual	À luz do STJ **não**. Exige-se autorização judicial. (STJ HC 160.646/SP) Observe as exceções esposadas nas respostas acima.
QUAIS SÃO OS ÓRGÃOS QUE PODEM REALIZAR A QUEBRA DO SIGILO BANCÁRIO DIRETAMENTE?	
Receita Federal	À luz do STF **sim**. Além da LC 105/01, art. 6º. (ADIS 2390, 2386, 2397 e 2859 e do RE 601.314) A Excelsa Corte considerou que "o repasse das informações dos bancos para o Fisco **não** pode ser **definido** como sendo '**quebra de sigilo bancário**' ".
TCU	À luz do STF **não**. Exige-se autorização judicial (STF MS 22934/DF). Mas, o Supremo decidiu que "caso ocorra envio de informações ao TCU relativas a **operações de crédito originárias de recursos públicos não** é coberto pelo sigilo bancário" (STF. MS 33340/DF)
Polícia Federal/Civil/Militar/PRF	Diretamente **não**. Exige-se autorização judicial. Mas, para a PM e PRF nem com autorização, por não exercerem função de polícia judiciária (art. 144 da CRFB/88).

39. STJ, HC 308.493 CE, Relator Min. WALTER DE ALMEIDA GUILHERME (DES. CONVOCADO DO TJ/SP) DJ 20/10/15.
40. STF, MS 21.729-4/DF, Min Rel. Marco Aurelio, Tribunal Pleno, julgado em 05/10/1995.

ATENÇÃO:

As CPIs possuem permissão legal para encaminhar relatório circunstanciado não só ao Ministério Público e à AGU, mas, também, **a outros órgãos públicos**, podendo veicular, inclusive, documentação que possibilite **a instauração de inquérito policial** em face de pessoas envolvidas nos fatos apurados (art. 58, § 3º, CRFB/1988, c/c art. 6º-A da Lei 1.579/1952, incluído pela Lei 13.367/2016). [MS 35.216 AgR, rel. min. Luiz Fux, j. 17-11-2017, P, DJE de 27-11-2017.]

CANDIDATO:

A Receita Federal pode compartilhar dados bancários e fiscais de contribuintes com o Ministério Público para auxiliar em investigações criminais sem autorização judicial? **(Delegado RS/19)**

RESPOSTA ADEQUADA:

Excelência, o STF consolidou o entendimento no qual ser possível o compartilhamento, **sem autorização** judicial, dos relatórios de inteligência financeira da UIF e do procedimento fiscalizatório da Receita Federal com a Polícia e o Ministério Público.

COMPLEMENTAÇÃO DA RESPOSTA:

1. É constitucional o compartilhamento dos relatórios de inteligência financeira da UIF e da íntegra do procedimento fiscalizatório da Receita Federal do Brasil (RFB), que define o lançamento do tributo, com os órgãos de persecução penal para fins criminais, sem a obrigatoriedade de prévia autorização judicial, devendo ser resguardado o sigilo das informações em procedimentos formalmente instaurados e sujeitos a posterior controle jurisdicional.
2. O compartilhamento pela UIF e pela RFB, referente ao item anterior, deve ser feito unicamente por meio de comunicações formais, com garantia de sigilo, certificação do destinatário e estabelecimento de instrumentos efetivos de apuração e correção de eventuais desvios.

STF. Plenário. RE 1055941/SP, Rel. Min. Dias Toffoli, julgado em 4/12/2019 (repercussão geral – Tema 990) (Info 962).

TEMA QUENTE!

O Ministério Público pode requisitar, sem autorização judicial, diretamente a Receita Federal dados fiscais para investigar crimes? (Delegado/ Simulado 2022)

Não. A Terceira Seção do Superior Tribunal de Justiça (STJ), por maioria, decidiu que **é ilegal** a **requisição de dados fiscais feita diretamente pelo Ministério Público (MP)**, sem autorização judicial.

De acordo com o relator dos recursos, ministro Sebastião Reis Júnior, a orientação do Supremo Tribunal Federal (STF), firmada no **Tema 990, permite que a Receita Federal encaminhe ao MP dados fiscais quando houver suspeita de crime, mas não possibilita ao órgão de acusação requisitar esses mesmos dados sem autorização judicial**.

Segundo o precedente do STF, **é constitucional** o compartilhamento de relatórios de inteligência financeira e de procedimentos fiscalizatórios da Receita Federal com órgãos de persecução penal para fins penais, sem prévia autorização da Justiça.

O ministro Rogerio Schietti Cruz, que proferiu voto divergente, foi acompanhado por outros dois membros do colegiado. Ele argumentou que, no envio de dados da Receita para o MP, não há quebra, mas transferência de sigilo fiscal. O Ministério Público Federal defendeu o não provimento dos recursos.

Precedente do STF se referiu à representação fiscal para fins penais

No caso dos autos, os acusados foram denunciados pelos crimes de estelionato majorado, falsidade ideológica e uso de documento falso. O MP solicitou diretamente ao superintendente da Receita Federal as declarações de Imposto de Renda dos investigados, de seus familiares e de empresas suspeitas, sem ordem judicial. A seguir, a documentação foi juntada ao processo, com autorização do juiz.

O tribunal de origem negou a retirada dessas informações dos autos, pleiteada pelas defesas por meio de *habeas corpus* em que alegaram ter havido quebra de sigilo fiscal. Segundo a corte regional, o aumento da corrupção e da criminalidade em geral recomenda que os órgãos de investigação sejam fortalecidos.

Na visão do ministro Sebastião Reis Júnior, a análise do julgamento do **RE 1.055.941** pelo STF permite concluir que o debate que levou à definição do **Tema 990** girou em torno das normas que tratam da representação fiscal para fins penais, previstas no **artigo 198 do Código Tributário Nacional**, no **artigo 83 da Lei 9.430/1996** e no **artigo 1º, parágrafo 3º, da Lei Complementar 105/2001**.

Requisição de dados sem autorização judicial permanece ilegal

O relator afirmou que as poucas referências que o STF fez à solicitação direta de dados pelo MP foram no sentido de sua ilegalidade. Ele destacou que, naquela ocasião, o ministro do STF Luís Roberto Barroso afirmou que, "**se o Ministério Público quiser**

ter acesso direto a informações bancárias, ele precisa de autorização judicial. Essa é a determinação constitucional".

Com base no voto de Barroso e de outros ministros do STF que contribuíram para a formação do precedente, Sebastião Reis Júnior apontou que "a única conclusão a que se pode chegar é que **a requisição de dados fiscais pelo Ministério Público, sem autorização judicial, permanece ilegal**".

Informações privadas devem ser acessadas somente por órgãos competentes

O relator também ressaltou que, atualmente, informações protegidas por qualquer tipo de sigilo se tornam públicas "com muita frequência". Essas informações, disse, são divulgadas no noticiário sem que os responsáveis pelo vazamento sejam identificados e punidos. Para o ministro, isso reforça a preocupação que se deve ter com a possibilidade de obtenção de informações sigilosas, de modo informal e sem controle ou supervisão.

Ao determinar que sejam excluídas dos autos todas as informações obtidas pelo MP por meio da Receita Federal, o ministro reiterou que o caso julgado se distingue do precedente do STF pelo fato de o MP ter requisitado os dados diretamente.

"Em um Estado de Direito, não é possível admitir que órgãos de investigação, em **procedimentos informais e não urgentes**, solicitem informações detalhadas sobre indivíduos ou empresas, informações essas constitucionalmente protegidas, salvo autorização judicial", concluiu o relator.

O número deste processo não é divulgado em razão de segredo judicial.

7.2.1. Deputados e Senadores

CANDIDATO:

1. Conceitue e explicite os dispositivos constitucionais sobre a imunidade material e formal. **(Delegado/ Questão Simulada)**
2. Qual o alcance das imunidades materiais dos Parlamentares Federais?
3. Os referidos parlamentares podem responder criminalmente?

RESPOSTA ADEQUADA:

Excelência, quanto à imunidade parlamentar, temos:

1. A **imunidade parlamentar material – art. 53 da CF/88**, protege os Deputados Federais e Senadores, qualquer que seja o âmbito espacial (local) em que exerçam a liberdade de opinião. No entanto, para isso é necessário que as suas declarações tenham conexão (relação) com o desempenho da função legislativa ou tenham sido proferidas em razão dela. Refere-se à **liberdade de expressão e voto**.

Já a **Imunidade Formal**, temos duas hipóteses:

- **§ 2º do artigo 53 da CF/88 (em relação à prisão)**, desde a expedição do diploma, os membros do Congresso Nacional não poderão ser presos, salvo em flagrante de crime inafiançável. Nesse caso, os autos serão remetidos dentro de **24h** (vinte e quatro horas) à Casa respectiva, para que, pelo voto da maioria de seus **membros, resolva sobre a prisão.**
- **§ 3º do artigo 53 da CF/88 (em relação ao processo)**, se for proposta e recebida denúncia criminal contra Senador ou Deputado Federal, por crime ocorrido após a diplomação, o STF dará ciência à Casa respectiva, que, por iniciativa de partido político nela representado e pelo voto da maioria de seus membros, poderá, até a decisão final, sustar o andamento da ação.

Ambas se referem à **privação da liberdade de ir e vir.**

A intenção do legislador quanto à imunidade parlamentar é proteger os detentores deste cargo contra prisões arbitrárias e que colocariam o parlamentar em situação vexatória e desonrosa.

2. No que diz respeito ao alcance dessas imunidades, existe uma posição jurisprudencial no sentido de que as declarações proferidas pelo parlamentar dentro do Congresso Nacional seriam sempre protegidas pela imunidade parlamentar ainda que as palavras não tivessem relação com o exercício do mandato. Há diversos julgados do STF afirmando que a imunidade parlamentar material (art. 53 da CF/88) é **absoluta** quando as afirmações do Deputado ou Senador sobre qualquer assunto ocorrem **dentro** do Congresso Nacional.
3. Os parlamentares responderão criminalmente caso a denúncia ou queixa-crime se funde sobre afirmações e opiniões meramente pessoais, sem o menor teor político, sem relação com o debate democrático de fatos ou ideias não possuem vínculo com o exercício das funções e exercício do mandato de um parlamentar e, portanto, não estarão protegidos pela imunidade material.

ATENÇÃO:

imunidade parlamentar

O fato de o parlamentar estar na Casa legislativa no momento em que proferiu as declarações **não afasta** a possibilidade de cometimento de crimes contra a honra, nos casos em que as ofensas são divulgadas pelo próprio parlamentar na Internet.[41]

41. STF, PET 7174/DF, rel. Min. Alexandre de Moraes, red. p/ o ac. Min. Marco Aurélio, julgamento em 10.3.2020 (Info 969).

COMPLEMENTAÇÃO DA RESPOSTA:

Quanto à Imunidade, depreende-se, conforme quadro sinótico abaixo:

Ofensas feitas DENTRO do Parlamento	Ofensas feitas FORA do Parlamento
Imunidade Absoluta	**Imunidade Relativa**
O parlamentar é imune mesmo que a manifestação não tenha relação direta com o exercício de seu mandato.	Para que o parlamentar seja imune, é necessário que a manifestação feita tenha relação com o exercício do seu mandato.

Recentemente o cenário político e jurídico brasileiro foi movimentado pela notícia de que o STF recebeu denúncia e queixa-crime propostas contra o Deputado Federal Jair Bolsonaro (PSC-RJ) pela prática dos crimes previstos nos arts. 286 e 140 do Código Penal.

Segundo argumentos expostos pelos Ministros do STF sobre o caso, o Deputado Federal Jair Bolsonaro (PSC-RJ), durante uma discussão no plenário da Câmara, afirmou que a também Deputada Federal, Maria do Rosário (PT-RS), "não merece ser estuprada".

No dia seguinte, em entrevista concedida em seu gabinete ao jornal "Zero Hora", Bolsonaro reiterou as declarações, dizendo que Maria do Rosário "não merece ser estuprada por ser muito ruim, muito feia, não faz meu gênero". E acrescentou que, se fosse estuprador, "não iria estuprá-la porque ela não merece".

Após o ocorrido o Procurador-Geral da República ofereceu denúncia contra o parlamentar afirmando que ele, ao fazer essas declarações, teria incentivado o crime de estupro, incorrendo, portanto, no delito do art. 286 do CP (Incitação ao crime) e a própria Deputada ajuizou contra ele queixa-crime sob a alegação de que teria sido vítima de injúria, Art. 140, CP.

A Defesa do Deputado argumentou que o parlamentar não cometeu qualquer crime com seu comentário, considerando estar acobertado pela imunidade material prevista no art. 53 da CF/88, contudo, a denúncia e a queixa-crime foram recebidas pelo STF, porquanto as palavras e opiniões por ele proferidas foram consideradas meramente pessoais, sem relação com o debate democrático de fatos ou ideias não possuem vínculo com o exercício das funções de um parlamentar e, portanto, não estão protegidos pela imunidade material.

Vale ressaltar que o Deputado ainda não foi condenado, pois agora se inicia o processo criminal e, após toda a instrução, é que o mérito das acusações será analisado.

Importante destacar, ainda, que o STF não se manifestou sobre um dos argumentos do Deputado, qual seja, o de que ele teria apenas se defendido de prévias agressões verbais praticadas pela Deputada (tese da "retorsão imediata" ou da "reação a injusta provocação"). O STF afirmou que esta alegação somente deveria ser apreciada ao final do processo, após a instrução.

TEMAS QUENTES!

1) A garantia da imunidade parlamentar **não alcança** os atos praticados sem **claro nexo de vinculação recíproca** entre o discurso e o desempenho das funções parlamentares – Pet 8242 AgR/DF, julgado em 03/05/2022.

2) A 2ª Turma do Supremo Tribunal Federal decidiu (Pet 6.587) que a imunidade material do parlamentar alcança todas as manifestações que guardam relação com o desempenho da função legislativa ou tenham sido feitas por causa dela, inclusive o envio de **mensagens por WhatsApp**.

3) O fato de o parlamentar estar na Casa Legislativa no momento em que proferiu as declarações não afasta a possibilidade de cometimento de crimes contra a honra, nos casos em que as ofensas são divulgadas pelo próprio parlamentar na Internet. STF. 1ª Turma. PET 7174/DF, rel. Min. Alexandre de Moraes, red. p/ o ac. Min. Marco Aurélio, julgado em 10/3/2020 (Info 969).

4) A imunidade concedida aos congressistas por suas opiniões **não comporta discursos difamatórios**, somente declarações vinculadas ao mandato político. Esse foi o entendimento da maioria da 2ª Turma do Supremo Tribunal Federal, que aceitou nesta terça-feira (3/5) as seis queixas apresentadas na corte contra o senador Jorge Kajuru (Podemos-GO).

"Ainda que se garanta ampla liberdade de expressão (aos congressistas), nos casos de abusos ou usos criminosos, fraudulentos ou ardilosos dessa prerrogativa (imunidade) para a ofensa a terceiros ou para incitar a prática de delitos, pode se concluir pela não incidência da cláusula de imunidade", afirmou o ministro Gilmar.

Com essa decisão, a 2ª Turma do STF reafirma que declarações de congressistas podem gerar punições, a exemplo do que ocorreu no julgamento que condenou o deputado federal Daniel Silveira (PTB-RJ) por xingamentos a ministros da corte.

5) Caso o parlamentar se licencie do cargo para o qual foi eleito com o objetivo de exercer outro, **não manterá** sua imunidade, que não é pessoal, mas da função, cessando igualmente a prerrogativa de foro, a não ser que o cargo assumido também confira a prerrogativa, como no caso de ministros de Estado.

CANDIDATO:

1. Consoante a jurisprudência as imunidades formais dos Deputados Federais são extensíveis aos Estaduais? **(Delegado/ Questão Simulada)**
2. Os referidos parlamentares podem ser presos preventivamente ou em flagrante?
3. Pode o parlamento interferir na decisão do poder judiciário?

RESPOSTA ADEQUADA:

1. Excelência, segundo entendimento da Corte Excelsa[42], são constitucionais dispositivos da Constituição do Estado que estendem aos Deputados Estaduais as imunidades formais previstas no art. 53 da Constituição Federal para Deputados Federais e Senadores. A leitura da Constituição da República revela, sob os ângulos literal e sistemático, que os Deputados Estaduais também têm direito às imunidades formal e material e à inviolabilidade que foram conferidas pelo constituinte aos congressistas (membros do Congresso Nacional). Isso porque tais imunidades foram expressamente estendidas aos Deputados pelo § 1º do art. 27 da CF/88.

2. Em REGRA, Deputados Federais e Senadores não poderão ser presos.

Exceção 1 (prevista expressamente na CF/88)[43]: Poderão ser presos **em flagrante** de crime inafiançável.

Exceção 2 (construída pela jurisprudência do STF)[44]: O Deputado ou Senador condenado por **sentença judicial transitada** pode ser preso para cumprir pena.

Segundo o art. 53, § 2º, da CF/88, o Deputado ou Senador não pode ser preso antes do trânsito em julgado, salvo **prisão em flagrante de crime inafiançável. Assim**, pelo texto da Constituição, o Judiciário **não pode decretar a prisão preventiva** ou temporária de um Deputado ou Senador.

E quanto às demais medidas cautelares? O Judiciário pode decretar medidas cautelares diversas da prisão (art. 319 do CPP) em desfavor de Deputados ou Senadores que estejam sendo investigados ou que sejam réus?

SIM. O Poder Judiciário possui competência para impor aos parlamentares, por autoridade própria, as medidas cautelares previstas no art. 319 do CPP, seja em substituição de prisão em flagrante delito por crime inafiançável, por constituírem medidas individuais e específicas menos gravosas; seja autonomamente, em circunstâncias de excepcional gravidade.

No caso de Deputados Federais e Senadores, a competência para impor tais medidas cautelares é do STF (art. 102, I, "b", da CF/88).

3. Quanto à possibilidade de interferência do parlamento na decisão do Judiciário, consoante fundamento **na CF, art. 53, § 2º**, segunda parte, no caso de prisão em flagrante por crime inafiançável, os autos do flagrante serão remetidos, em até 24h, à Câmara ou ao Senado, para que se decida, pelo **voto aberto da maioria** de seus membros, pela manutenção ou não da prisão do parlamentar.

---

42. STF. Plenário. ADI 5823 MC/RN, ADI 5824 MC/RJ e ADI 5825 MC/MT, rel. orig. Min. Edson Fachin, red. p/ o ac. Min. Marco Aurélio, julgados em 8/5/2019 (Info 939).
43. BRASIL, Constituição Federal, art. 53, § 2º.
44. STF. Plenário. ADI 5526/DF, rel. orig. Min. Edson Fachin, red. p/ o ac. Min. Alexandre de Moraes, julgado em 11/10/2017 (Info 881).

Ademais, o STF decidiu (ADI 5825 MC) que a Assembleia Legislativa **pode rejeitar** a prisão preventiva e as medidas cautelares impostas pelo Poder Judiciário contra Deputados Estaduais.

COMPLEMENTAÇÃO DA RESPOSTA:

ESPÉCIES DE IMUNIDADE	
MATERIAL (inviolabilidade)	Significa que os Deputados e Senadores são invioláveis, civil e penalmente, por quaisquer de suas opiniões, palavras e votos (art. 53 da CF/88)
FORMAL (imunidade processual ou adjetiva)	Podem ser de duas espécies: a) **Em relação à prisão** (art. 53, § 2º): desde a expedição do diploma, os membros do Congresso Nacional não poderão ser presos, salvo em flagrante de crime inafiançável. Nesse caso, os autos serão remetidos dentro de 24 horas à Casa respectiva para que, pelo voto da maioria de seus membros, resolva sobre a prisão. b) **Em relação ao processo** (art. 53, § 3º): se for proposta e recebida denúncia criminal contra Senador ou Deputado Federal, por crime ocorrido após a diplomação, o STF dará ciência à Casa respectiva, que, por iniciativa de partido político nela representado e pelo voto da maioria de seus membros, poderá, até a decisão final, sustar o andamento da ação.

TEMA POLÊMICO!

Deputados Federais e Senadores podem ser presos em flagrante apenas por crime inafiançável (imunidade prisional ou *freedom from arrest*). Na dicção constitucional, eles **não podem** sofrer prisões preventiva e temporária.

Contudo, impende registrar que o STF, em 2015, proferiu decisão absolutamente paradigmática ao decretar a prisão cautelar do então Senador Delcídio do Amaral, que se encontrava no exercício das suas funções, pela prática dos crimes previstos no art. 2º, *caput* e §1º, da Lei nº 12.850/13, a princípio, contrariando o disposto no citado art. 53, §2º, do Texto Constitucional, o qual, conforme já explicitado, permite apenas a prisão em flagrante, em crime inafiançável, dos parlamentares federais (STF, AC nº 4.039/DF, Rel. Min. Teori Zavascki, j. 25.11.15).

Pela importância deste julgado, vale a pena conhecer de perto os argumentos utilizados pela Suprema Corte para o decreto da prisão neste caso, a saber:

1) Reconheceu-se que estariam presentes motivos cautelares para o decreto da prisão, daí porque os delitos alhures mencionados seriam inafiançáveis, com fundamento no **art. 324, IV, do CPP**.
2) Asseverou-se que **os crimes** praticados pelo então Senador seriam **permanentes**, daí porque permitiram a **prisão em flagrante** enquanto não cessasse a permanência, situação que estaria demonstrada a partir das provas colhidas

nos autos, notadamente a gravação de conversas mantidas entre o ex-Senador e, dentre outros envolvidos, um dos delatores da "Operação Lava-Jato", Nestor Cerveró, com o oferecimento por parte daquele de um plano de fuga para este último caso ele não incluísse o ex-Senador em sua delação premiada, gravação esta realizada pelo filho do delator, Bernardo Cerveró.

3) Entendeu-se que a regra insculpida no art. 53, §2º, da Constituição Federal **não é absoluta**, comportando, portanto, temperamentos, a serem realizados em cada caso concreto, especialmente com base na proporcionalidade. Aliás, esse tipo de ponderação da norma constitucional em comento já havia sido feito pelo próprio STF, em 2006, na chamada "Operação Dominó", deflagrada no Estado de Rondônia, oportunidade em que o Tribunal reconheceu a validade da prisão em flagrante de Deputados Estaduais e afastou a necessidade de comunicação do fato à Assembleia Legislativa no prazo de 24 (vinte e quatro) horas (STF, HC nº 89417, Rel. Min. Cármen Lúcia, j. 22.08.06).

Neste cenário, em 2021, o STF voltou a decretar prisão cautelar de parlamentar federal. Com efeito, no âmbito do inquérito das "*fake news*" (ou "inquérito do fim do mundo"), instaurado pela Portaria GP nº 69, de 14 de março de 2019, do Ministro Dias Toffoli, para apurar "notícias fraudulentas (*fake news*), denunciações caluniosas, ameaças e infrações revestidas de *animus caluniandi, diffamandi* ou *injuriandi*, que atingem a honorabilidade e a segurança do Supremo Tribunal Federal, de seus membros e familiares", foi determinada, em 16/02/21, a prisão em flagrante do Deputado Federal Daniel Silveira em virtude de vídeo por ele publicado, nessa mesma data, no canal do Youtube denominado "Política Play", em que ele "ataca frontalmente os Ministros do Supremo Tribunal Federal, por meio de diversas ameaças e ofensas à honra, expressamente propaga a adoção de medidas antidemocráticas contra o Supremo Tribunal Federal, defendendo o AI-5; inclusive com a substituição imediata de todos os Ministros, bem como instigando a adoção de medidas violentas contra a vida e segurança dos mesmos, em clara afronta aos princípios democráticos, republicanos e da separação de poderes" (STF, Inq. nº 4.781/DF, Rel. Min. Alexandre de Moraes, j. 16.02.21).

Assim como feito quando do estudo do caso Delcídio do Amaral, vale a pena também conhecer os argumentos invocados pela Suprema Corte para o decreto da prisão cautelar no caso Daniel Silveira:

1) As condutas praticadas pelo Deputado Federal, além de tipificarem crimes contra a honra do Poder Judiciário e dos Ministros do STF, são previstas, expressamente, na Lei nº 7.170/83, especificamente nos artigos 17, 18, 22, incisos I, II e IV, e 26.

   Art. 4º Revogam-se a Lei nº 7.170, de 14 de dezembro de 1983 (Lei de Segurança Nacional), e o art. 39 do Decreto-Lei nº 3.688, de 3 de outubro de 1941 (Lei das Contravenções Penais).

2) Tais condutas configuram **flagrante delito**, pois se verifica, de maneira clara e evidente, a perpetuação dos delitos acima mencionados, uma vez que o

referido vídeo permanece disponível e acessível a todos os usuários da rede mundial de computadores.

3) O postar e permitir a divulgação do referido vídeo, que permaneceria disponível nas redes sociais, encontra-se em infração permanente e consequentemente em flagrante delito, o que permite a consumação de sua prisão em flagrante (art. 303 CPP).

4) A prática das referidas condutas criminosas, atentando diretamente contra a ordem constitucional e o Estado Democrático, apresenta todos os requisitos para que, nos termos do art. 312 do CPP, fosse decretada a prisão preventiva, tornando, consequentemente, essa prática delitiva insuscetível de fiança, na exata previsão do art. 324, inciso IV, do Código.

Concluiu-se, então, pela possibilidade constitucional da prisão em flagrante do parlamentar pela prática de crime inafiançável, nos termos do art. 53, § 2º, da Constituição Federal.

CANDIDATO:

Se o indivíduo com foro por prerrogativa de função assume novo cargo, ele permanece sendo julgado pelo Tribunal ou o processo deverá ser remetido à primeira instância? **(Delegado/ Simulado 2022)**

RESPOSTA ADEQUADA:

Excelência, em 2018, o STF[45] decidiu restringir o foro por prerrogativa de função, afirmando que se aplica apenas aos crimes cometidos durante o exercício do cargo e relacionados às funções desempenhadas.

Além disso, decidiu[46] que após o final da instrução processual, com a publicação do despacho de intimação para apresentação de alegações finais, a competência para processar e julgar ações penais não será mais afetada em razão de o agente público vir a ocupar outro cargo ou deixar o cargo que ocupava, qualquer que seja o motivo.

Em outra síntese, decidiu[47] que na hipótese de que os fatos criminosos supostamente cometidos pelo Parlamentar federal **não se relacionam** ao exercício do mandato, a competência para julgá-los não é do STF, mas sim do juízo de 1ª instância. Isso porque o foro por prerrogativa de função aplica-se apenas aos crimes cometidos durante o exercício do cargo e relacionados às funções desempenhadas.

O crime de corrupção passiva praticado por Senador da República, se não estiver relacionado com as suas funções, deve ser julgado em 1ª instância (e não pelo STF). Não há foro por prerrogativa de função neste caso[48].

45. STF, AP 937 QO/RJ, Plenário, Rel. Min. Roberto Barroso, julgado em 03/05/2018 (Info 900).
46. STF, AP 937 QO/RJ, Plenário, Rel. Min. Roberto Barroso, julgado em 03/05/2018.
47. STF, AP 937 QO/RJ, Rel. Min. Roberto Barroso, julgado em 03/05/2018.
48. STF, Inq 4624 AgR, 1ª Turma, Rel. Min. Marco Aurélio, julgado em 8/10/2019 (Info 955).

COMPLEMENTAÇÃO DA RESPOSTA:

Atente-se à evolução do tema[49]:

Momento	Entendimento	Exemplo
1º Momento (até ago./99) Súmula 394 do STF	O STF entendia que, cometido o crime durante o exercício funcional, mesmo que cessasse o exercício da função, subsistiria o foro privativo. O STF[50] editou uma súmula afirmando isso: Súmula 394-STF.	Senador praticou o crime enquanto estava no cargo. Seu foro privativo é o STF. Antes de ser julgado, acabou seu mandato. Mesmo deixando de ser Senador, continuava sendo julgado pelo STF.
2º Momento (ago./99 – dez./02) Fim da Súmula 394 do STF	O STF[51], em 25/08/1999, ao julgar o Inq 687 QO, mudou seu entendimento e decidiu que a CF/88 somente garante foro por prerrogativa de função às pessoas que, no momento do julgamento, estejam no exercício do cargo. Com isso, a Súmula 394 foi cancelada.	Senador praticou o crime enquanto estava no cargo. Seu foro privativo é o STF. Antes de ser julgado, acabou seu mandato. Como deixou de ser Senador, não poderá mais ser julgado pelo STF, devendo seu processo ser apreciado em 1ª instância, como qualquer outra pessoa.
3º Momento (dez./02 – set./05) Tentativa de retomar no § 1º do art. 84 do CPP o que dizia a Súmula 394	Em 24/12/2002, foi editada a Lei nº 10.628[52], que tinha como objetivo "ressuscitar" o entendimento exposto na Súmula 394 do STF. Alterou a redação do art. 84 do CPP, acrescentando os §§ 1º e 2º.	Idem ao 1º Exemplo.
4º Momento (set./05 – maio/18) STF declara que o § 1º do art. 84 do CPP é inconstitucional	Foi proposta a ADI 2797[53] contra a Lei nº 10.628/2002 e o STF julgou inconstitucionais os §§ 1º e 2º do art. 84 do CPP, decisão proferida em 15/09/2005. O Supremo entendeu que a lei ordinária não pode pretender impor, como seu objeto imediato, uma interpretação da Constituição.	Idem ao 2º Exemplo.

TEMA QUENTE!

A maioria dos ministros do STF acompanhou o voto divergente do min. Edson Fachin, para quem o foro por prerrogativa deve permanecer se, ausente solução de continuidade, o deputado federal é eleito para cargo no Senado ou o senador é eleito para cargo na Câmara

49. <https://www.dizerodireito.com.br/2020/06/se-o-individuo-com-foro-por.html>, acessado em 25/01/2021.
50. STF, Súmula 394.
51. STF, Inq. QO 687 SP, Plenário, Rel. Min. Sydney Sanches, Julgado em 25/08/1999.
52. BRASIL, Lei nº 10.628/2002.
53. ADI 2797, Rel. Min. Sepúlveda Pertence, Tribunal Pleno, julgado em 15/09/2005.

dos Deputados. **A prerrogativa deixa de existir se houver interrupção entre os mandatos**. Referindo-se ao julgamento proferido na AP 937, afirmou o ministro:

> "[...] De acordo com as razões de decidir desse julgado paradigma, a exigência da concomitância dos sobreditos requisitos – prática do crime no tempo do exercício do cargo e em razão da função ocupada – para a configuração da competência originária do Supremo Tribunal Federal elide a disfuncionalidade e a ineficiência do sistema de justiça criminal provocado pelo amplo alcance da prerrogativa de foro se o único aspecto considerado fosse a diplomação da autoridade para quaisquer dos cargos nomeados pela Constituição (art. 102, I), enfatizando, ademais, que a prerrogativa de função não significa assegurar privilégio pessoal, mas condiz unicamente com a proteção funcional.
>
> Contudo, a despeito desse pronunciamento restritivo e passível de ser aplicado de imediato, foi assentada a possibilidade de perpetuação da jurisdição, nos casos em que a ocupação do cargo cessar, independente da motivação, após o término da instrução processual, ou seja, com a publicação do despacho de intimação das partes às alegações finais, marco temporal a partir do qual a competência não mais sofrerá alteração.
>
> Diante dessas balizas, sob o meu olhar, a competência o Supremo Tribunal Federal alcança os Congressistas Federais no exercício de mandato em casa parlamentar diversa daquela em que fora consumada a hipotética conduta delitiva, pois hipótese que encontra subsunção no art. 102, I, "b", da Constituição Federal, desde que não haja solução de continuidade.
>
> Havendo interrupção ou término do mandato parlamentar, sem que o investigado ou acusado tenha sido novamente eleito para os cargos de Deputado Federal ou Senador da República, exclusivamente, o declínio da competência é medida impositiva, nos termos do entendimento firmado pelo Plenário do Supremo Tribunal Federal na aludida questão de ordem [...]".

CANDIDATO:

Discorra sobre a constitucionalidade da previsão quanto à definição, normas de processo e julgamento de crime de responsabilidade de Governador na Constituição Estadual. **(Delegado/Simulado 2019)**

RESPOSTA ADEQUADA:

Excelência, no que concerne à referida previsão, destaca-se que a súmula vinculante nº 46 do STF explicita que a definição dos crimes de responsabilidade e o estabelecimento das respectivas normas de processo e julgamento são de competência legislativa privativa da União, mesmo que haja previsão na Constituição do Estado.

Destarte, a Suprema Corte firmou entendimento de que a definição, processo e julgamento dos crimes de responsabilidade e previsão das regras dessas infrações significa legislar sobre direito penal e processual penal, matérias que são de competência privativa da União; sendo assim, a lei da respectiva unidade federativa é considerada inconstitucional.

COMPLEMENTAÇÃO DA RESPOSTA:

Súmula vinculante 46-STF: "A definição dos crimes de responsabilidade e o estabelecimento das respectivas normas de processo e julgamento são da competência legislativa privativa da União". STF. Plenário. Aprovada em 09/04/2015 (Info 780).

CF/88, art. 22. Compete privativamente à União legislar sobre: "I - direito civil, comercial, penal, processual, eleitoral, agrário, marítimo, aeronáutico, espacial e do trabalho;"

CF, art. 85. "São crimes de responsabilidade os atos do Presidente da República que atentem contra a Constituição Federal e, especialmente, contra: (...) Parágrafo único. Esses crimes serão definidos em lei especial, que estabelecerá as normas de processo e julgamento."

CANDIDATO:

É legal norma que venha a condicionar a abertura de ação penal contra Governador à autorização prévia da Assembleia Legislativa do respectivo estado? **(Delegado/ Simulado 2019)**

RESPOSTA ADEQUADA:

Excelência, o Supremo Tribunal Federal decidiu ser vedado às unidades federativas instituírem normas que condicionem a instauração de ação penal contra governador, por crime comum, a autorização prévia da casa legislativa, cabendo ao STJ receber denúncia ou queixa proposta contra o Governador e seguir com a ação penal sem necessidade de autorização prévia da Assembleia Legislativa.

Neste viés, o STF invocou cinco argumentos principais para fundamentar sua decisão: ausência de previsão expressa e inexistência de simetria; princípio republicano; princípio da separação dos poderes; competência privativa da União e princípio da igualdade.

COMPLEMENTAÇÃO DA RESPOSTA:

Não há necessidade de prévia autorização da Assembleia Legislativa para que o STJ receba denúncia ou queixa e instaure ação penal contra Governador de Estado, por crime comum.

Vale ressaltar que se a Constituição Estadual exigir autorização da ALE para que o Governador seja processado criminalmente, essa previsão **é considerada inconstitucional**. Assim, é vedado às unidades federativas instituir normas que condicionem a instauração de ação penal contra Governador por crime comum à prévia autorização da Casa Legislativa. Se o STJ receber a denúncia ou queixa-crime contra o Governador, ele não ficará automaticamente suspenso de suas funções. Cabe ao STJ dispor, fundamentadamente, sobre a aplicação de medidas cautelares penais, inclusive afastamento do cargo. STF. Plenário. ADI 5540/MG, Rel. Min. Edson Fachin, julgado em 3/5/2017

(Info 863). STF. Plenário. ADI 4764/AC, ADI 4797/MT e ADI 4798/PI, Rel. Min. Celso de Mello, red. p/ o ac. Min. Roberto Barroso, julgados em 4/5/2017 (Info 863).

CANDIDATO:

O que vem a ser Senador Biônico? **(Delegado/MG 18)**

RESPOSTA ADEQUADA:

Excelência, esse termo faz referência àquele titular do cargo que fora investido com a ausência de sufrágio universal, destacando que o parâmetro para escolha era a sanção das autoridades de Brasília à época do Regime Militar de 1964 nas décadas de 1960, 1970 e 1980.

COMPLEMENTAÇÃO DA RESPOSTA:

Nas eleições de 1974 e 1976, o Movimento Democrático Brasileiro (MDB) obteve grande crescimento, o que alarmou os militares da linha dura. Dessa forma, o Pacote de Abril estabeleceu o adiamento das eleições indiretas para governadores para 1982, aumentou o colégio eleitoral dos estados menores (onde a ARENA era predominante), estabeleceu a campanha surda-muda (poderia ser apresentada apenas uma foto ¾ e um resumo do currículo do candidato) e **determinou que 1/3 dos senadores seriam indicados pelo Presidente da República e eleitos pelo voto indireto**. Por isso, esses senadores ficaram conhecidos como "**senadores biônicos**", por figurarem como "agentes do governo", garantindo a hegemonia dos militares através do quórum majoritário.

CANDIDATO:

Considere a seguinte situação hipotética: Delegado da Polícia Federal realizou indiciamento no inquérito de Deputado Federal por infração penal comum. Nessa situação, o delegado agiu conforme determina a Constituição Federal de 1988? Justifique sua resposta, considerando o posicionamento do STF. **(Delegado/Simulado 2019)**

RESPOSTA ADEQUADA:

Excelência, o STF solidificou entendimento de que as normas da Constituição de 1988 que estabelecem as hipóteses de foro por prerrogativa de função devem ser **interpretadas restritivamente**, aplicando-se apenas aos crimes que tenham sido praticados durante o exercício do cargo e em razão deste.

No caso em espeque, se a infração praticada pelo deputado federal ocorrer **no exercício da função e em razão** dela, deverá o delegado da PF oficiar o relator (ministro) do STF para que ocorra a verificação da legalidade do ato de **investigar** e **indiciar**. Lembrando que o **ato de indiciamento é exclusivo** do Delegado.

Noutro giro, caso o crime tenha sido perpetrado fora do exercício da função e/ou não houver nexo causal com esta, o delegado da PF poderá indiciar diretamente.

Ademais, além da citada decisão recente do STF[54], o STJ firmou entendimento de que o foro por prerrogativa de função no caso de Governadores e Conselheiros de Tribunais de Contas dos Estados deve ficar restrito aos fatos ocorridos durante o exercício do cargo e em razão deste[55].

CANDIDATO:

Considere a seguinte situação hipotética: Delegado da Polícia Federal determinou, de ofício, a abertura de inquérito para apuração de infração penal comum supostamente cometida por deputado federal. Nessa situação, o delegado agiu conforme determina a Constituição Federal de 1988? Justifique sua resposta, considerando o posicionamento do STF. **(Delegado Federal/19)**

RESPOSTA ADEQUADA:

Excelência, de acordo com entendimento adotado no STF, a Polícia Federal **não está autorizada a abrir, de ofício, inquérito policial** para apurar a conduta de parlamentares federais. No exercício de competência penal originária do STF, a atividade de supervisão judicial deve ser constitucionalmente desempenhada durante toda a tramitação das investigações, desde a abertura dos procedimentos investigatórios até o eventual oferecimento, ou não, de denúncia.

A prerrogativa de foro é uma garantia voltada não exatamente para os interesses dos titulares de cargos relevantes, mas, sobretudo, para a própria regularidade das instituições, em razão das atividades funcionais por elas desempenhadas. Se a Constituição estabelece que os agentes políticos respondam, por crime comum, junto ao STF (CF, art. 102, I, *b*), não há razão constitucional plausível para que as atividades diretamente relacionadas à supervisão judicial (abertura de procedimento investigatório) sejam retiradas do controle judicial do STF.

COMPLEMENTAÇÃO DA RESPOSTA:

Destaca-se que a pergunta em epígrafe foi cobrada na prova oral de candidato sub judice e disponibilizada no site da banca em maio de 2019.

> "(...) A iniciativa do procedimento investigatório deve ser confiada ao MPF, contando com a supervisão do ministro-relator do STF. 5. A Polícia Federal não está autorizada a abrir de ofício inquérito policial para apurar a conduta de parlamentares federais ou do próprio presidente da República (no caso do STF). No exercício de competência penal originária do STF (CF, art. 102, I, "b" c/c Lei nº 8.038/1990, art. 2º e RI/STF, arts. 230 a 234), a atividade de supervisão judicial deve ser constitucionalmente desempenhada durante toda a tramitação das investigações, desde a abertura dos procedimentos investigatórios até o eventual oferecimento, ou não, de denúncia pelo dominus litis. 6. Questão de ordem resolvida no sentido de anular o ato formal de indiciamento promovido pela autoridade

54. STF. Plenário. AP 937 QO/RJ, Rel. Min. Roberto Barroso, julgado em 03/05/2018.

55. STJ. Corte Especial. APn 866/DF, Rel. Min. Luis Felipe Salomão, julgado em 20/06/2018.

policial em face do parlamentar investigado". (Inq 2411 QO, Relator(a): min. Gilmar Mendes, Tribunal Pleno, julgado em 10/10/2007, DJe-074 DIVULG 24/4/2008 PUBLIC 25/4/2008 EMENT VOL-02316-01 PP-00103 RTJ VOL-00204-02 PP-00632)

COMPLEMENTAÇÃO DA RESPOSTA:

O entendimento do STF **mais atual** sobre o caso é de que o foro por prerrogativa de função se aplica **apenas** aos crimes cometidos **durante o exercício do cargo e relacionados às funções desempenhadas.**

Investigações criminais envolvendo Deputados Federais e Senadores DEPOIS da AP 937 QO/RJ.

Situação	Atribuição para investigar
Se o crime foi praticado **antes da diplomação**	Polícia (Civil ou Federal) ou MP. **Não há** necessidade de autorização do STF Medidas cautelares são deferidas pelo juízo de 1ª instância (exemplo: quebra de sigilo telefônico).
Se o crime foi praticado **depois da diplomação** (durante o exercício do cargo), mas o delito **não tem relação com as funções desempenhadas.** Exemplo: Lesão corporal grave.	
Se o crime foi praticado **depois da diplomação** (durante o exercício do cargo) **e o delito está relacionado com as funções desempenhadas.** Exemplo: Concussão.	Polícia Federal e Procuradoria Geral da República, com supervisão judicial do STF. Há necessidade de autorização do STF para o início das investigações.

Dando continuidade à temática, seguem informações *sine qua non*:

1) **Após o final** da instrução processual, com a publicação do despacho de intimação para apresentação de alegações finais, a competência para processar e julgar ações penais **não será mais afetada** em razão de o agente público vir a ocupar outro cargo ou deixar o cargo que ocupava, qualquer que seja o motivo.
2) Se o crime foi praticado **antes de** o indivíduo ser diplomado como Deputado Federal, **não se justifica** a competência do STF, devendo ele ser julgado pela 1ª instância mesmo ocupando o cargo de parlamentar federal.
3) Os Desembargadores dos Tribunais de Justiça continuam sendo julgados pelo STJ mesmo que o crime não esteja relacionado com as suas funções.

Assim, o STJ continua sendo competente para julgar quaisquer crimes imputados a Desembargadores, **não apenas** os que tenham relação com o exercício do cargo.

CANDIDATO:

Quem exerce o poder legislativo federal? **(Delegado SC/15)**

RESPOSTA ADEQUADA:

Excelência, o poder legislativo federal compete ao Congresso Nacional, composto pela Câmara dos Deputados, que representa o povo, e o Senado Federal, que representa os estados federados.

COMPLEMENTAÇÃO DA RESPOSTA:

O Poder Legislativo do Brasil (Constituição Federal, art. 44) é exercido, no âmbito federal, desde 1891.

CANDIDATO:

Quem pode convocar extraordinariamente o Congresso Federal? **(Delegado SC/15)**

RESPOSTA ADEQUADA:

Excelência, conforme mandamento constitucional[56] a convocação extraordinária do Congresso Nacional poderá ser feita pelo Presidente do Senado Federal, pelo Presidente da República, pelos Presidentes da Câmara dos Deputados e do Senado Federal ou a requerimento da maioria dos membros de ambas as Casas.

COMPLEMENTAÇÃO DA RESPOSTA:

Previsão constitucional sobre o tema:

CF, art. 57, § 6º A convocação extraordinária do Congresso Nacional far-se-á:

I – pelo Presidente do Senado Federal, em caso de decretação de estado de defesa ou de intervenção federal, de pedido de autorização para a decretação de estado de sítio e para o compromisso e a posse do Presidente e do Vice-Presidente da República;

II – pelo Presidente da República, pelos Presidentes da Câmara dos Deputados e do Senado Federal ou a requerimento da maioria dos membros de ambas as Casas, em caso de urgência ou interesse público relevante, em todas as hipóteses deste inciso com a aprovação da maioria absoluta de cada uma das Casas do Congresso Nacional.

A Convocação Extraordinária é o funcionamento do Congresso Nacional fora do período da sessão legislativa ordinária. O Congresso Nacional somente deliberará sobre a matéria para a qual foi convocado extraordinariamente, salvo se houver medidas provisórias em vigor na data da convocação, que são automaticamente incluídas na pauta.

56. BRASIL, Constituição Federal, 1988, art. 57, § 6º, I e II.

7.2.2. Processo Legislativo

CANDIDATO:

Quais são os legitimados para propor emendas constitucionais? **(Delegado SC/15)**

RESPOSTA ADEQUADA:

Excelência, a iniciativa das emendas constitucionais está prevista no rol constitucional do art. 60: de 1/3, no mínimo, dos membros da Câmara dos Deputados ou do Senado Federal; do Presidente da República; de mais da metade das Assembleias Legislativas das unidades da Federação, manifestando-se, cada uma delas, pela maioria relativa de seus membros.

COMPLEMENTAÇÃO DA RESPOSTA:

Sobre o assunto, as PECS cumprem as seguintes ressalvas:

A Constituição não poderá ser emendada na vigência de intervenção federal, de estado de defesa ou de estado de sítio (art. 60, § 1º).

Existe um rol classificado como cláusulas pétreas (art. 60, § 4º), que veda que sejam objeto de emenda:

I – a forma federativa de Estado;

II – o voto direto, secreto, universal e periódico;

III – a separação dos Poderes;

IV – os direitos e garantias individuais.

Também a matéria constante de proposta de emenda rejeitada ou havida por prejudicada não pode ser objeto de nova proposta na mesma sessão legislativa (art. 60, § 5º).

CANDIDATO:

Como é a sua tramitação? Qual o quórum de aprovação? **(Delegado SC/15)**

RESPOSTA ADEQUADA:

Excelência, consoante previsão constitucional[57] a proposta será discutida e votada em cada Casa do Congresso Nacional, em dois turnos, considerando-se aprovada se obtiver, em ambos, três quintos dos votos dos respectivos membros.

A emenda à Constituição, em regra, será promulgada pelas Mesas da Câmara dos Deputados e do Senado Federal, com o respectivo número de ordem.

57. BRASIL, Constituição Federal, 1988, art. 60, §§ 2º e 3º.

COMPLEMENTAÇÃO DA RESPOSTA:

Para demonstrar conhecimento sobre a matéria o candidato pode destacar:

Além das emendas constitucionais regulares, previstas pelo art. 60, existem ainda as emendas constitucionais de revisão que foram introduzidas pelo art. 3º do ADCT e um terceiro tipo de normas que foi elevado ao nível de emenda pela EC 45/04, que quando adicionou o § 3º ao art. 5º da CF, determinou que tratados e convenções internacionais de direitos humanos aprovados com o mesmo rito de aprovação de emendas constitucionais têm força de emendas.

CANDIDATO:

O que vem a ser Contrabando Legislativo? **(Delegado DF/16)**

RESPOSTA ADEQUADA:

Excelência, o STF apreciou o tema e decidiu que "a inserção, por meio de emenda parlamentar, de assunto diferente do que é tratado na medida provisória que tramita no Congresso Nacional é contrabando legislativo, sendo uma prática vedada. Ou seja, é incompatível com a Constituição a apresentação de emendas sem relação de pertinência temática com medida provisória submetida à sua apreciação."[58]

COMPLEMENTAÇÃO DA RESPOSTA:

A Corte Suprema sustentou duas justificativas para **não declarar**, no caso concreto, inconstitucional o art. 76 da lei nº 12.249/10:

1. Essa foi à primeira oportunidade em que a Corte enfrentou esse tema (contrabando legislativo) e, por isso, seria necessário antes de declarar inconstitucionais todas as emendas que foram inseridas nesta mesma situação, iniciar um diálogo entre o Legislativo e o Judiciário sobre a matéria.
2. O contrabando legislativo é uma prática já arraigada em nosso processo legislativo, tendo ocorrido inúmeras outras vezes. Assim, se a decisão do STF já valesse para todos os casos, isso poderia provocar enorme insegurança jurídica, considerando que diversos dispositivos que estão em vigor e são fruto desse procedimento seriam declarados inconstitucionais.

Lembrando que o mencionado dispositivo legal foi introduzido indevidamente, posto que não havia pertinência temática com a emenda parlamentar que tramitava (MP 472/2009), que fora convertida na Lei nº 12.249/2010.

58. STF, ADI 5127/DF, rel. orig. Min. Rosa Weber, red. p/ o acórdão Min. Edson Fachin, Plenário, julgado em 15/10/2015 (Informativo 803).

8. DEFESA DO ESTADO E DAS INSTITUIÇÕES DEMOCRÁTICAS

CANDIDATO:

Quando a União pode intervir no estado? Quem pode requerer a intervenção? **(Delegado SP/15)**

RESPOSTA ADEQUADA:

Excelência, a regra é da não intervenção, sendo a matéria excepcionada na Constituição Federal[59], cabendo intervenção, entre outras hipóteses, para manter a integridade nacional e repelir invasão estrangeira ou de uma unidade da Federação em outra.

Sobre o requerimento da intervenção[60], é competência privativa do Presidente decretar e executar a intervenção federal. Entretanto, fica condicionada à aprovação pelo Congresso, bem como pronunciamento do Conselho da República· e ainda, opinamento do Conselho de Defesa Nacional.

COMPLEMENTAÇÃO DA RESPOSTA:

Observou a utilização da estratégia argumentativa?

Então, a resposta seria muito longa e arriscada, preferi resumir demonstrando que havia outras possibilidades de intervenções sem comprometer minha resposta.

Continuando a resposta sabatinada:

(...) pôr termo a grave comprometimento da ordem pública; garantir o livre exercício de qualquer dos Poderes nas unidades da Federação; reorganizar as finanças da unidade da Federação que: suspender o pagamento da dívida fundada por mais de dois anos consecutivos, salvo motivo de força maior ou deixar de entregar aos Municípios receitas tributárias fixadas nesta Constituição, dentro dos prazos estabelecidos em lei; prover a execução de lei federal, ordem ou decisão judicial; assegurar a observância dos seguintes princípios constitucionais: forma republicana, sistema representativo e regime democrático; direitos da pessoa humana; autonomia municipal; prestação de contas da administração pública, direta e indireta; aplicação do mínimo exigido da receita resultante de impostos estaduais, compreendida a proveniente de transferências, na manutenção e desenvolvimento do ensino e nas ações e serviços públicos de saúde.

Verifica-se que muito embora a competência de decretara intervenção seja do Chefe do Executivo, dada a gravidade do ato, cumprirá toda sorte de procedimentos, ficando condicionada, **em regra**, à aprovação do Congresso Nacional, além de envolver outros órgãos nessa deliberação.

---

59. BRASIL, Constituição Federal, art. 34.
60. BRASIL, Constituição Federal, art. 84, X, art. 49, IV, art. 90, I, art. 91, § 1º, II.

CANDIDATO:

Quando será decretado o estado de sítio? **(Delegado SP/15)**

RESPOSTA ADEQUADA:

Excelência, o Presidente da República pode, ouvidos o Conselho da República e o Conselho de Defesa Nacional, solicitar ao Congresso Nacional autorização para decretar o estado de sítio[61], diante de comoção grave de repercussão nacional ou diante da ineficácia das medidas tomadas durante o estado de defesa, ou ainda, no caso de guerra declarada ou resposta à agressão armada externa.

Ao solicitar autorização para decretar o estado de sítio ou sua prorrogação, o Presidente da República relatará os motivos determinantes do pedido, devendo o Congresso Nacional decidir por maioria absoluta.

CANDIDATO:

O que é "Controle político" sobre Estado de Defesa e Estado de Sítio? Quantos membros compõem a comissão? **(Delegado SC/15)**

RESPOSTA ADEQUADA:

Excelência, o controle político realizado sobre o estado de defesa pode ser: Imediato; concomitante; sucessivo. E no estado de sítio, diferenciando-se apenas pelo controle político prévio, pois o concomitante e o sucessivo são parecidos com o do estado de defesa.

Há distinção do controle entre o estado de defesa e estado de sítio é que no primeiro o controle político é imediato, visto que o Presidente primeiro decreta e em vinte e quatro horas submete ao Congresso, que apreciará o ato em 10 dias. Já no estado de sítio o controle político ocorre previamente, considerando que depende de prévia e expressa autorização do Congresso para sua decretação.

A Mesa do Congresso Nacional, ouvidos os líderes partidários, designará Comissão[62] composta de cinco de seus membros para acompanhar e fiscalizar a execução das medidas referentes ao estado de defesa e ao estado de sítio, que configura o controle político concomitante, segundo classificação doutrinária.

COMPLEMENTAÇÃO DA RESPOSTA:

Exemplos de **controle político** realizado sobre o **estado de defesa**:

1. **Imediato**: realizado pelo Congresso, que pela decisão da maioria absoluta de seus membros deve apreciá-lo em 10 dias, contados do seu recebimento;

61. BRASIL, Constituição Federal, art. 137.
62. BRASIL, Constituição Federal, art. 140.

2. Concomitante: mesa do Congresso, ouvido os líderes partidários, designa comissão com 5 membros, para acompanhar e fiscalizar a execução das medidas;
3. Sucessivo: realizado logo que cesse o estado de defesa, sobre as especificações e justificativas apresentadas pelo presidente;

Já o controle político sobre o **estado de sítio**, pode ser realizado:

1. **Previamente:** vez que o presidente depende de prévia e expressa autorização do Congresso para sua decretação;
2. Concomitante: idem ao estado de defesa;
3. Sucessivo: idem ao estado de defesa.

8.1. Segurança pública

CANDIDATO:

A polícia civil pode ter autonomia administrativa e financeira? **(Delegado/ Simulado 2022)**

RESPOSTA ADEQUADA:

Excelência, o Supremo Tribunal Federal declarou a inconstitucionalidade de normas locais que conferiam autonomia administrativa e financeira à Polícia Civil de Rondônia e independência funcional aos delegados e demais categorias da Polícia Civil do Distrito Federal. As decisões unânimes foram tomadas em sessão virtual finalizada em 18/6, no julgamento das Ações Diretas de Inconstitucionalidades (ADIs) 5573 e 5579, ajuizadas pela Procuradoria-Geral da República (PGR).

COMPLEMENTAÇÃO DA RESPOSTA:

Nos dois casos, foi adotada jurisprudência do Supremo de que a autonomia e a independência funcional estabelecida não são compatíveis com a regra do artigo 144, parágrafo 6º, da Constituição Federal. O dispositivo determina que as polícias militares e os corpos de bombeiros militares, as forças auxiliares e reserva do Exército, subordinam-se, juntamente com as polícias civis e as polícias penais estaduais e distrital, aos governadores dos estados, do Distrito Federal e dos territórios.

CANDIDATO:

É compatível com a Constituição Federal a norma da Constituição Estadual que assegure independência funcional a Delegados de Polícia? **(Delegado/ Simulado 2022)**

RESPOSTA ADEQUADA:

Excelência, o STF consolidou (ADI 5522/SP) entendimento ser **inconstitucional** norma estadual que assegure **a independência funcional a delegados de polícia**, bem como que atribua à polícia civil o caráter de função essencial ao exercício da jurisdição e à defesa da ordem jurídica.

COMPLEMENTAÇÃO DA RESPOSTA:

O STF julgou procedente o pedido formulado na ação e declarou a inconstitucionalidade, na íntegra, da Emenda Constitucional 35/2012 do Estado de São Paulo, que alterou o art. 140 da Constituição paulista.

A Constituição Federal, ao tratar dos órgãos Administração Pública, escolheu aqueles que deveria ter assegurada autonomia. É o caso, por exemplo, do Poder Judiciário (art. 99), do Ministério Público (art. 127, §§ 2º e 3º), das universidades (art. 207).

Pode-se dizer, assim, que o legislador constituinte foi rigoroso quanto ao critério de atribuição de autonomia aos órgãos da Administração Pública.

Nesta toada, o poder constituinte o quis, previu expressamente prerrogativas e garantias para carreiras. Logo, não há espaço para inovação nessa matéria pelo poder constituinte decorrente, que deve respeitar o tratamento constitucional, em razão do princípio da simetria.

Destarte, o dispositivo impugnado, ao conferir autonomia à carreira de delegado, atribuir independência funcional aos Delegados de Polícia Civil, incluir a categoria entre as funções essenciais à Justiça e ampliar seu rol de competências, **incorreu em ofensa aos arts. 129, I, VI e VIII; e 144, § 6º, da Constituição Federal**.

TEMA QUENTE!

Polícia científica pode ser autônoma, mas sem status de órgão de segurança?

O STF entendeu (ADI 2.575) que, ao estabelecer a existência da polícia técnico-científica, o legislador estadual pode defini-la de maneira **autônoma e independente**, sem necessariamente submetê-la às polícias existentes e dispostas no artigo 144 da Constituição Federal. Mas desde que isso **não signifique sua equiparação a órgão de segurança pública**.

Com esse entendimento, o plenário do Supremo Tribunal Federal deu parcial procedência à ação direta de inconstitucionalidade para dar interpretação conforme ao termo "polícia científica", presente no artigo 50 da Constituição Estadual do Paraná. A decisão afasta "qualquer interpretação que confira a esse órgão o caráter de órgão de segurança pública".

O ADI julgada também contestou – "inteligentemente", segundo relator – o artigo 50 da Constituição Estadual em sua forma original, que estabelece uma polícia científica "com estrutura própria, incumbida das perícias de criminalística e médico-legais, e de outras atividades técnicas congêneres, será dirigida por peritos de carreira da classe mais elevada, na forma da lei".

CANDIDATO:

É possível que determinada Constituição Estadual exija que o Superintendente da Polícia Civil seja um delegado de polícia integrante da classe final da carreira? **(Delegado/ Simulado 2019)**

RESPOSTA ADEQUADA:

Excelência, consoante disposto no § 4º do art. 144 da Constituição Federal, as polícias civis serão dirigidas por Delegados de Polícia de carreira, o que significa dizer que as instituições serão comandadas por servidores efetivos ocupantes do aludido cargo.

Considerando que a disposição constitucional não faz qualquer menção à exigência de que o dirigente da Polícia Civil seja ocupante de determinada classe na carreira, o Supremo Tribunal Federal entendeu que a escolha do Superintendente da Polícia Civil, pelo Governador do Estado, deve se dar dentre a delegados ou delegadas de polícia da carreira, independentemente do estágio ou nível progressão funcional ocupado.

*COMPLEMENTAÇÃO DA RESPOSTA:

* A presente questão foi comentada pela professora Nathália Ribeiro Leite Silva, mestra em Direito Público pela Universidade Federal do Estado de Alagoas, com participação especial.

O Supremo Tribunal Federal já decidiu, de igual modo, no sentido de que a iniciativa para legislar sobre a escolha do diretor-geral da Polícia Civil é do Governador do Estado, e não da Assembleia Legislativa.

CANDIDATO:

A polícia militar pode lavrar Termo Circunstanciado de Ocorrência? (**Delegado SC/15**)

RESPOSTA ADEQUADA:

Excelência, atualmente, a Suprema Corte firmou (ADI 5637/MG) o entendimento que **é constitucional** norma estadual que prevê a possibilidade da lavratura de termos circunstanciados pela Polícia Militar e pelo Corpo de Bombeiro Militar.

COMPLEMENTAÇÃO DA RESPOSTA:

O art. 69 da Lei nº 9.099/95 fala que o termo circunstanciado é lavrado pela "autoridade policial". Quem é considerado "autoridade policial"?

Existem duas correntes sobre o assunto:

1) Para uma primeira posição, autoridade policial é o Delegado de Polícia (Civil ou Federal) e, no caso de investigações militares, o Oficial militar responsável pelo inquérito.
2) Em um segundo entendimento, autoridade policial não seria necessariamente o Delegado de Polícia, mas sim o agente público estatal designado para exercer as funções de autoridade policial, podendo ser um policial civil ou militar, por exemplo. É a tese defendida por alguns para que os policiais militares (e, agora, os PRFs) possam lavrar termo circunstanciado de ocorrência no caso de infrações de menor potencial ofensivo (art. 69 da Lei nº 9.099/95).

Qual a diferença entre o TC e IP?

É possível estabelecer uma distinção entre o termo circunstanciado, que é lavrado pela autoridade policial que "tomar conhecimento da ocorrência" e o "inquérito policial", o qual, nos termos da Lei nº 12.830/2013, é da competência do delegado de polícia.

O inquérito é o instrumento apto para viabilizar a investigação criminal, que consiste na atividade de apuração de infrações penais. Enquanto o termo circunstanciado é o instrumento legal que se limita a constatar a ocorrência de crimes de menor potencial ofensivo, motivo pelo qual não configura atividade investigativa e, por via de consequência, não se revela como função privativa de polícia judiciária.

CANDIDATO:

Quais são os órgãos da segurança pública previstos na CF? **(Delegado MG/11)**

RESPOSTA ADEQUADA:

Excelência, segundo consta da CF inserido no título da Defesa do Estado e das Instituições Democráticas de Direitos, está capítulo próprio da Segurança Pública, que prevê em seu art. 144 os órgãos que a constituem: Polícia Federal, Polícia Rodoviária Federal, Polícia Ferroviária Federal, Polícias Civis, Polícias Militares e Corpos de Bombeiros Militares. Ademais, no mencionado dispositivo há a guarda municipal e viária.

COMPLEMENTAÇÃO DA RESPOSTA:

Observe que o examinador não restringiu a pergunta aos órgãos do art. 144 e seus incisos.

Previsão constitucional:

> Art. 144. A segurança pública, dever do Estado, direito e responsabilidade de todos, é exercida para a preservação da ordem pública e da incolumidade das pessoas e do patrimônio, através dos seguintes órgãos:
>
> I – polícia federal;
>
> II – polícia rodoviária federal;
>
> III – polícia ferroviária federal;
>
> IV – polícias civis;
>
> V – polícias militares e corpos de bombeiros militares.
>
> VI – polícias penais federal, estaduais e distrital.
>
> (...)

Além destes, está prevista faculdade dos Municípios constituírem guardas municipais destinadas à proteção de seus bens, serviços e instalações, de acordo com regramento de **lei específica**.

Essa lei específica foi editada: **Lei 13.022/14** institui normas gerais para regular as **Guardas Municipais**. A lei em comento ampliou essa interpretação prevendo que as guardas municipais possam colaborar de forma mais intensa com a segurança pública nas cidades, atuando em parceria com as Polícias Civil, Militar e Federal.

No entanto, cada Município deverá editar a sua própria lei regulando a respectiva guarda municipal, sempre respeitando as disposições da Lei nº 13.022/14.

Ademais, esta lei geral, entre outras hipóteses, preceitua no art. 5º, no inciso XIV – **encaminhar ao delegado de polícia**, diante de **flagrante delito**, o **autor** da infração, **preservando o local do crime**, quando possível e sempre que necessário (...).

Ainda, temos a segurança viária, incluída no art. 144 da CF/88 pela emenda constitucional nº 82 de 2014, com a seguinte previsão:

> § 10. A segurança viária, exercida para a preservação da ordem pública e da incolumidade das pessoas e do seu patrimônio nas vias públicas:
>
> I – compreende a educação, engenharia e fiscalização de trânsito, além de outras atividades previstas em lei, que assegurem ao cidadão o direito à mobilidade urbana eficiente; e
>
> II – compete, no âmbito dos Estados, do Distrito Federal e dos Municípios, aos respectivos órgãos ou entidades executivos e seus agentes de trânsito, estruturados em Carreira, na forma da lei.

Oportuno destacar que o STF, no informativo 793, decidiu que é constitucional a atribuição às guardas municipais do exercício do poder de polícia de trânsito, inclusive para a imposição de sanções administrativas legalmente previstas. STF. Plenário. RE 658570/MG, rel. orig. Min. Marco Aurélio, red. p/ o acórdão Min. Roberto Barroso, julgado em 6/8/2015.

CANDIDATO:

Guarda Municipal pode andar armado? **(Delegado/ Simulado 2022)**

RESPOSTA ADEQUADA:

Excelência, por maioria de votos (ADIs 5948 e 5538), o Plenário do STF autorizou que todos os integrantes de guardas municipais do país tenham direito ao porte de armas de fogo, independentemente do tamanho da população do Município. Nesse sentido, a Corte declarou inconstitucionais dispositivos do Estatuto de Desarmamento (Lei 10.826/2003) que proibiam ou restringiam o uso de armas de fogo de acordo com o número de habitantes das cidades.

COMPLEMENTAÇÃO DA RESPOSTA:

Vejamos entendimentos recentes para sua prova:

1) A Sexta Turma do Superior Tribunal de Justiça (STJ) reforçou o entendimento de que **a guarda municipal**, por **não estar entre os órgãos de segurança**

pública previstos pela Constituição Federal, **não pode** exercer atribuições das polícias civis e militares. Para o colegiado, a sua atuação deve se limitar à proteção de bens, serviços e instalações do município.

O colegiado também considerou que **só em situações absolutamente excepcionais** a guarda pode realizar a abordagem de pessoas e a busca pessoal, quando a ação se mostrar diretamente relacionada à finalidade da corporação.

A tese foi firmada em julgamento de recurso no qual foram **declaradas ilícitas as provas colhidas em busca pessoal** feita por guardas municipais durante patrulhamento rotineiro. Em consequência, foi anulada a condenação do réu por tráfico de drogas.

O relator, ministro Rogerio Schietti Cruz, destacou a importância de se definir um entendimento da corte sobre o tema, tendo em vista o quadro atual de expansão e militarização dessas corporações.

2) Sexta Turma anula provas obtidas pela guarda municipal em investigação motivada por denúncia anônima

Segundo explicou, o propósito das guardas municipais vem sendo significativamente desvirtuado na prática, ao ponto de estarem se equipando com fuzis, armamento de alto poder letal, e alterando sua denominação para "polícia municipal".

Atribuições da guarda municipal foram definidas na Constituição de 1988

O ministro apontou que o poder constituinte originário excluiu propositalmente a guarda municipal do rol dos órgãos da segurança pública (artigo 144, caput) e **estabeleceu suas atribuições e seus limites no parágrafo 8º do mesmo dispositivo.**

Schietti observou que, apesar de estar inserida no mesmo capítulo da Constituição, a corporação tem poderes apenas para proteger bens, serviços e instalações do município, não possuindo a mesma amplitude de atuação das polícias.

Conforme o ministro, as polícias civis e militares estão sujeitas a um rígido controle correcional externo do Ministério Público e do Poder Judiciário, que é uma contrapartida do exercício da força pública e do monopólio estatal da violência. Por outro lado, as guardas municipais respondem apenas, administrativamente, aos prefeitos e às suas corregedorias internas.

Para ele, seria potencialmente caótico "autorizar que cada um dos 5.570 municípios brasileiros tenha sua própria polícia, subordinada apenas ao comando do prefeito local e insubmissa a qualquer controle externo".

3) Não é qualquer um que pode avaliar se há suspeita para a busca

O ministro explicou que a guarda municipal não está impedida de agir quando tem como objetivo tutelar o patrimônio do município, realizando, excepcionalmente, busca pessoal quando estiver relacionada a essa finalidade. Essa exceção, entretanto, não se confunde com permissão para realizar atividades ostensivas ou investigativas típicas das polícias no combate à criminalidade.

Em seu voto, Schietti assinalou que a fundada suspeita mencionada pelo artigo 244 do Código de Processo Penal (CPP) é um requisito necessário para a realização de busca pessoal, mas não suficiente, porque não é a qualquer cidadão que é dada a possibilidade de avaliar sua presença.

4) Revista pessoal baseada em "atitude suspeita" é ilegal, decide Sexta Turma

Quanto ao artigo 301 do CPP, que permite a qualquer pessoa do povo efetuar uma prisão em flagrante, o ministro observou que não é fundamento válido para justificar a busca pessoal por guardas municipais, ao argumento de que quem pode prender também poderia realizar uma revista, que é menos grave.

A hipótese do artigo 301, segundo ele, se aplica apenas ao caso de flagrante visível de plano, o qual se diferencia da situação flagrancial que só é descoberta após a realização de diligências invasivas típicas da atividade policial, tal como a busca pessoal, "uma vez que não é qualquer do povo que pode investigar, interrogar, abordar ou revistar seus semelhantes".

Leia o voto do relator no REsp 1.977.119.

9. ORDEM SOCIAL

9.1. Seguridade Social

CANDIDATO:

Quais os princípios que regem a seguridade social? **(Delegado SP e SC/15)**

RESPOSTA ADEQUADA:

Excelência, os princípios que regem a seguridade social consagrados na Constituição em seu art. 194 e são os seguintes, entre outros: universalidade da cobertura e do atendimento e uniformidade e equivalência dos benefícios e serviços às populações urbanas e rurais.

COMPLEMENTAÇÃO DA RESPOSTA:

Mais uma vez utilizei a estratégia argumentativa.

Segue o restante da resposta:

(...) seletividade e distributividade na prestação dos benefícios e serviços; irredutibilidade do valor dos benefícios; equidade na forma de participação no custeio; diversidade da base de financiamento; caráter democrático e descentralizado da administração, mediante gestão quadripartite, com participação dos trabalhadores, dos empregadores, dos aposentados e do Governo nos órgãos colegiados.

Importante dizer que, de acordo com os ditames do art. 194 da CF, a seguridade social compreende um conjunto integrado de ações de iniciativa dos Poderes Públicos e da sociedade, destinadas a assegurar os direitos relativos à saúde, à previdência e à assistência social.

Saúde + Previdência + Assistência Social = SEGURIDADE SOCIAL

10. DIREITO CONSTITUCIONAL. CONSTITUIÇÃO. CLASSIFICAÇÕES DAS CONSTITUIÇÕES. CONSTITUIÇÃO MATERIAL E CONSTITUIÇÃO FORMAL

CANDIDATO:

Quais são os conceitos de Estado Democrático de Direito e Estado de Direito? **(Delegado MG/18)**

RESPOSTA ADEQUADA:

Excelência, em uma síntese a doutrina destaca que, no Estado Democrático de Direito, as leis são criadas pelo e para o povo, com respeito a primada dignidade da pessoa humana. Enquanto, no Estado de Direito, pauta-se por leis que são criadas e cumpridas pelo próprio Estado. A título de exemplo, podemos citar o Código Penal Brasileiro, um decreto-lei de 1940.

COMPLEMENTAÇÃO DA RESPOSTA:

> "Com a premissa de que todo o poder emana do povo prevista na Constituição Federal de 1988, a nação brasileira enquadra-se na categoria de Estado Democrático de Direito. Suas principais características são soberania popular; da democracia representativa e participativa; um Estado Constitucional, ou seja, que possui uma constituição que emanou da vontade do povo; e um sistema de garantia dos direitos humanos".

Ademais, como o nome sugere, a principal ideia da categoria é a democracia. Esse conceito está explícito e explicado no primeiro artigo da Constituição Federal de 1988. Está na Carta Magna: "**Todo o poder emana do povo** (isso significa que vivemos em uma República), **que o exerce por meio de representantes eleitos** (esses são os termos de uma democracia indireta, por meio das eleições de vereadores, prefeitos, governadores, deputados, senadores e presidentes) ou **diretamente, nos termos desta Constituição** (este trecho estabelece que, no Brasil, também funciona a democracia direta, em que o povo é o responsável direto pela tomada de decisões)".

CANDIDATO:

Qual a atual classificação da CRFB/88? **(Delegado MG/18)**

RESPOSTA ADEQUADA:

Excelência, predomina que a atual Constituição Federal se classifica como promulgada, formal, analítica, dogmática, eclética (pragmática), dirigente, normativa (ou tendente a sê-la), rígida e escrita codificada.

COMPLEMENTAÇÃO DA RESPOSTA:

Quanto à origem:

- Promulgada: é aquela que conta com a participação popular, seja para elaborá-la, seja para escolher seus representantes para a feitura da Lei Maior.
- Outorgadas: são frutos de um ato unilateral de poder. Nascem em regimes ditatoriais, sem a participação do povo.
- Cesaristas (bonapartistas): são elaboradas unilateralmente, mas submetem-se à ratificação por meio de referendo. Não são nem promulgadas (democráticas), nem outorgadas.
- Pactuada: surge de um acordo (pacto) entre uma realeza decadente, de um lado, e uma burguesia em ascensão, de outro.

Quanto ao conteúdo:

- Formal: nessa classificação, leva-se em conta apenas o modo de elaboração da norma. Se ela passou por um processo mais solene, mais dificultoso de formação (constituição rígida), será formalmente constitucional, não importando de que matéria venha a tratar.
- Material: por sua vez, para serem consideradas materialmente constitucionais, é completamente irrelevante o modo como as normas foram elaboradas. Tratando de matéria essencialmente constitucional (estabelecimento de poder e sua limitação – por meio da divisão de Poderes e do estabelecimento de direitos fundamentais, por exemplo) será norma materialmente constitucional.

Quanto à extensão:

- Sintética: é aquela Constituição que versa apenas de normas essenciais à estruturação do Estado, sua organização e funcionamento, bem como da divisão de Poderes e dos direitos fundamentais.
- Analítica: de conteúdo extenso, a constituição analítica (prolixa, desenvolvida) trata de temas estranhos ao funcionamento do Estado, trazendo minúcias que encontrariam maior adequação fora da Constituição, em normas infraconstitucionais.

Quanto ao modo de elaboração:

- Dogmáticas: elaboradas em um momento determinado, refletem os valores (dogmas) daquela época. Podendo ser classificadas em sua ideologia como ecléticas ou ortodoxas. São sempre escritas.
- Históricas: formam-se a partir do lento evoluir da sociedade, dos seus costumes (daí serem chamadas de costumeiras). Em razão desse lento processo de formação e sedimentação dos valores, são sempre não escritas.

Quanto à ideologia:

- Ecléticas (pragmáticas): também chamadas de compromissórias, são Constituições dogmáticas que se fundam em várias ideologias.
- Ortodoxas: são fundadas em uma só ideologia.

Quanto à finalidade:

- Constituição-garantia: de texto reduzido (sintética), busca precipuamente garantir a limitação dos poderes estatais frente aos indivíduos.
- Dirigente: caracterizada pela existência, em seu texto, de normas programáticas (de cunho eminentemente social), dirigindo a atuação futura dos órgãos governamentais.
- Constituição-balanço: destinada a registrar um dado estágio das relações de poder no Estado. Sua preocupação é disciplinar a realidade do Estado num determinado período, retratando o arranjo das forças sociais que estruturam o Poder. Faz um "balanço" entre um período e outro.

Quanto à ontologia (correspondência com a realidade):

- Normativas: estão em plena consonância com a realidade social, conseguindo regular os fatos da vida política do Estado.
- Nominativas (nominalistas): são elaboradas com a finalidade de, efetivamente, regular a vida política do Estado, mas não alcançam o seu objetivo.
- Semântica: são criadas apenas para legitimar o poder daqueles que já o exercem. Nunca tiveram o desiderato de regular a vida política do Estado. É típica de regimes autoritários.

Quanto à alterabilidade:

- Imutável: não prevê mecanismos para sua alteração. Tem a pretensão de ser eterna.
- Rígida: prevê um procedimento solene, mais dificultoso do que o previsto para alteração das leis ordinárias. Fundamenta-se no princípio da supremacia formal da Constituição.
- Flexível: o procedimento para alterar a Constituição é o mesmo processo legislativo de elaboração e alteração das leis ordinárias.
- Semirrígida: é em parte rígida e noutra parte flexível. Desse modo, algumas normas da Constituição só podem ser modificadas por um procedimento mais dificultoso, enquanto que as outras se submetem ao mesmo processo legisla tivo das leis infraconstitucionais.

Quanto à forma:

- Escritas: formadas por um conjunto de regras formalizadas por um órgão constituinte, em documentos escritos solenes. Podem ser: (a) codificadas, quando sistematizadas em um único texto; ou (b) legais, quando se apresentam esparsas ou fragmentadas.
- Não escritas (costumeiras ou consuetudinárias): não são solenemente elaboradas por órgão encarregado especialmente desse fim. São sedimentadas pelos usos, costumes, jurisprudência etc.

CANDIDATO:

Qual a natureza jurídica do Preâmbulo? **(Delegado MG/18)**

RESPOSTA ADEQUADA:

Excelência, em decorrência de divergências na doutrina, podemos delinear **três correntes**:

A primeira enfatiza a tese da irrelevância jurídica, destacando que o preâmbulo está **no âmbito da política**, portanto, **não possui relevância jurídica**;

A segunda é a tese da plena eficácia, que defende que **há no preâmbulo a mesma eficácia jurídica das normas constitucionais**;

A terceira é a tese da relevância jurídica indireta, que destaca que o **preâmbulo faz parte das características jurídicas** da Constituição Federal, entretanto, **não deve ser confundido com as demais normas jurídicas desta.**

COMPLEMENTAÇÃO DA RESPOSTA:

O Supremo Tribunal Federal ao enfrentar a questão concluiu que o preâmbulo constitucional não se situa no âmbito do direito, mas somente no âmbito da política, transparecendo a ideologia do constituinte. Desta forma, o STF adotou, expressamente, a **tese da irrelevância jurídica.**

Oportuno destacar que a Excelsa Corte também já decidiu que o preâmbulo da Constituição **não constitui** norma central. Invocação da proteção de Deus: não se trata de norma de reprodução obrigatória na Constituição estadual, não tendo força normativa.

CANDIDATO:

Qual a diferença entre normas materiais e formalmente constitucionais? **(Delegado/MG 18)**

RESPOSTA ADEQUADA:

Excelência, a doutrina define as normas materiais como aquelas que possuem status constitucional em razão do seu conteúdo, sendo aquelas que versam sobre a estrutura organizacional do Estado e questões fundamentais à sociedade.

Em relação às normas em sentido formal, estas possuem o caráter constitucional em razão apenas da forma como foram implantadas no sistema jurídico, desta forma, não dependem do conteúdo da norma, mas sim da formalidade de seu processo de elaboração.

COMPLEMENTAÇÃO DA RESPOSTA:

O expoente e jurista Carl Schmitt separa o conceito de Constituição e lei constitucional. Segundo ele, a Constituição é dotada de conteúdo material constitucional, ou seja, tudo aquilo que versa sobre os direitos e obrigações fundamentais dos indivíduos, organização e estrutura do Estado. Ainda destaca que muitos dispositivos da Constituição não têm natureza constitucional, sendo formais. Exemplo: Colégio Pedro II está sobre órbita federal, segundo o artigo 242, parágrafo 2º.

REFERÊNCIAS BIBLIOGRÁFICAS

ADI 5105/DF, Rel. Min. LUIZ FUX, STF, Plenário. j. 1º/10/2015.

BARROSO, Luís Roberto. Curso de direito constitucional: os conceitos fundamentais e a construção do novo modelo, 2ª ed. São Paulo: Saraiva, 2010, p. 128.

BRASIL, Constituição Federal, 1998, art. 5º, LXIX.

BRASIL, Constituição Federal, art. 103-A, § 3º.

BRASIL, Constituição Federal, art. 12, § 4º.

BRASIL, Constituição Federal, art. 137.

BRASIL, Constituição Federal, art. 140.

BRASIL, Constituição Federal, Art. 18, § 3º.

BRASIL, Constituição Federal, art. 34.

BRASIL, Constituição Federal, Art. 57, § 6º, I e II.

BRASIL, Constituição Federal, art. 5º, XXXVIII, d.

BRASIL, Constituição Federal, Art. 60, §§ 2º e 3º.

BRASIL, Constituição Federal, art. 84, X, art. 49, IV, art. 90, I, art. 91, § 1º, II.

BRASIL, Constituição Federal, art. 96.

BRASIL, Lei 9868/99, art. 12-A.

BRASIL, Lei 9868/99, art. 13.

BRASIL, Lei 9868/99, art. 2º.

BRASIL, Lei 9868/99, art. 5º, art. 12-D e art. 16.

BRASIL, Lei Federal 12.016, 2009, art. 1º.

Disponível em: < http://www.dizerodireito.com.br/2015/10/superacao-legislativa-da-jurisprudencia.html. Acessado em 20/04/2017>.

Disponível em: <https://draflaviaortega.jusbrasil.com.br/noticias/307126354/o-que-e-o-fenomeno-da-fossilizacao-da-constituicao>. Acessado em: 18/04/2017.

HC 106871/DF, Rel. Min. Gilmar Mendes, Segunda Turma, julgado em 27/03/2012, DJe 11/04/2012. 2. Pet 3421 AgR/MA, Rel. Min. Cezar Peluso, Tribunal Pleno, julgado em 25/06/2009, DJe 04/06/2010. 3. Pet 3211 QO/DF, Rel. Min. Marco Aurélio, Rel. P/ acórdão Min. Menezes Direito, Tribunal Pleno, julgado em 13/03/2008, DJe 27/06/2008). 4. AI 556727 AgR/SP, Rel. Min. Dias Toffoli, Primeira Turma, julgado em 20/03/2012, DJe 26/04/2012; AI 556727 AgR/SP, Rel. Min. Dias Toffoli, Primeira Turma, julgado em 20/03/2012, DJe 26/04/2012; ARE 700359/SP, Rel. Min. Ricardo Lewandowski, julgado em 06/08/2012, DJe 10/08/2012; AC 3170/SP, Rel. Min. Gilmar Mendes, julgado em 29/06/2012, DJe 1º/08/2012; RE 664350/DF, Rel. Min. Luiz Fux, julgado em 27/06/2012, DJe 02/08/2012; RE 540712 AgR-AgR/SP, Rel. Min. Cármen Lúcia, julgado em 27/11/2012, DJe 13/12/2012. 5. AgRg no AREsp 184.147/RN, Rel. Min. Humberto Martins, Segunda Turma, julgado em 14/08/2012, DJe 20/08/2012;

AgRg na MC 18.692/RN, Rel. Min. Napoleão Nunes Maia Filho, Primeira Turma, julgado em 15/03/2012, DJe 20/03/2012; EDcl no AgRg no Ag 1404254/RJ, Rel. Min. Benedito Gonçalves, Primeira Turma, julgado em 06/03/2012, DJe 09/03/2012, por exemplo. Há, porém, recente decisão da Segunda Turma do STJ que não admitiu o foro por prerrogativa de função no caso: AgRg no REsp 1331229/SE, Rel. Min. Mauro Campbell Marques, julgado em 27/11/2012, DJe 05/12/2012.

HÖFFE, Otfried, A democracia no mundo de hoje, Ed. Martins Fontes, São Paulo 2005, p. 164.

LENZA, Pedro, Direito Constitucional Esquematizado, 15ª ed., Editora Saraiva, São Paulo 2011, p. 178.

MORAES, Alexandre de, Direito Constitucional, 19ª ed., Ed. Atlas S/A, São Paulo 2006, p. 24.

MORAES, Alexandre de, Ob. Cit., 2006, p. 263.

MORAES, Alexandre de, Ob. Cit., 2006, pp. 699-700.

MORAES, Alexandre de, Ob. Cit., p. 676.

MORAES, Alexandre de, Ob. Cit., pp. 282-283.

MS 33.864, Min. Rel. Roberto Barroso, Primeira Turma do STF, em 19/04/2016.

Rcl 4335/AC, Rel. Min. Gilmar Mendes, STF, julgada em 20/3/2014.

STF, ADI 2.240, Min. Rel. Eros Grau, Plenário, julgado em 09/05/2007.

STF, ADI 2054, Min. Sepúlveda Pertence, publicação 21/03/2003.

STF, ADI 5127/DF, rel. orig. Min. Rosa Weber, red. p/ o acórdão Min. Edson Fachin, Plenário, julgado em 15/10/2015 (Informativo 803).

STF, ADPF 347 MC/DF, Rel. Min. Marco Aurélio, Plenário, julgado em 9/9/2015 (Informativo 798).

STF, Agr. Reg. no RE 702617, Rel. Min. Luiz Fux, Primeira Turma, publicado em 21/03/2013.

STF, Inq 2411, Min. ROSA WEBER, Julgado em 03/05/2013.

STF, MS 21.729-4/DF, Min Rel. Marco Aurelio, Tribunal Pleno, julgado em 05/10/1995.

STF, RE 215.107/PR, Segunda Turma, Rel. Min. Celso de Mello, j. 21/11/2006, p. DJ 02/02/2007.

STF, RE 669069/MG, Rel. Min. Teori Zavascki, Plenário, julgado em 3/2/2016 (repercussão geral).

STF, RE 898450/SP (repercussão geral), Rel. Min. Luiz Fux, Plenário, julgado em 17/8/2016, Informativo 835.

STF-RE 201819/RJ, Relatora Min. ELLEN GRACIE, rel. p/ acórdão Min. GILMAR MENDES, 2ª T., DJ 27/10/2006.

STJ, AgRg no AREsp 768.400/DF, Rel. Min. Humberto Martins, Segunda Turma, julgado em 03/11/2015.

STJ, HC 308493 CE, Relator Min. WALTER DE ALMEIDA GUILHERME (DES. CONVOCADO DO TJ/SP) DJ 10/11/2014.

STJ, REsp 1563962/RN, Rel. Min. Reynaldo Soares da Fonseca, Quinta Turma, julgado em 08/11/2016.

TRF-5 – Apelação Criminal ACR 4434 RN, Rel. Des. Fed. Manoel Erhardt, Segunda Turma, julgado em 13/11/2007.

DIREITO PENAL

1. CATEGORIAS DO DIREITO PENAL

CANDIDATO:

Fale sobre Direito Penal Simbólico na proteção de bens jurídicos. **(Delegado RJ/11)**

RESPOSTA ADEQUADA:

Excelência, Direito Penal Simbólico é aquele que nasce sem qualquer eficácia jurídica ou social com o fito de dar uma resposta rápida para a sociedade, criminalizando condutas sem fundamentos sólidos e de política criminal.

Neste viés, destaca-se como exemplo, entre outras: Lei da Palmada (13.010/14), conhecida como Lei Menino Bernardo, bem como Lei Carolina Dieckmann (Lei 12.737/12) foi proposta em referência e diante de situação específica experimentada pela atriz, em maio de 2012, que supostamente teve copiadas de seu computador pessoal, 36 (trinta e seis) fotos em situação íntima, que acabaram divulgadas na Internet.

COMPLEMENTAÇÃO DA RESPOSTA:

Ainda há as seguintes categorias sobre Direito Penal:

DIREITO PENAL DE EMERGÊNCIA	DIREITO PENAL PROMOCIONAL / POLÍTICO / DEMAGOGO
Atendendo as demandas de criminalização, o Estado cria normas de repressão ignorando garantias do cidadão	O Estado, visando a consecução dos seus objetivos políticos, emprega leis penais desconsiderando o princípio da intervenção mínima
Finalidade: Devolver o sentimento de tranquilidade para a sociedade	**Finalidade:** Usar o direito penal para transformação social
Exemplo: Lei dos Crimes Hediondos	**Exemplo:** A criminalização de condutas relacionadas com a utilização inadequada de medicamentos, que poderia ser evitada por meio da atuação da Vigilância Sanitária

CANDIDATO:

O que é Direito Penal do Autor? **(Delegado RJ/11)**

RESPOSTA ADEQUADA:

Excelência, em síntese, entende-se que com o direito penal do autor emerge o tipo do autor, criminalizando-se a personalidade, não somente a conduta penal praticada pelo agente.

Nesta toada, temos como exemplo a punição de um meliante que venha a cometer um delito, mas acumula diversas passagens por outros crimes, no entanto, será punido não apenas pelo crime ora praticado, ou seja, pune-se "o criminoso" e não "a conduta criminosa em si".

COMPLEMENTAÇÃO DA RESPOSTA:

Além do que fora exposto, observe que há o **direito penal do fato** ou **da culpa**. Vejamos:

Como regra, o nosso sistema penal leva em consideração o direito penal do fato, ou seja, a atenção se volta para o caso concreto, para as condutas em si perpetradas pelo criminoso, para o que ele fez e não para o que ele é.

Contudo, no art. 59 do CP que cuida, entre outros, da fixação e regime da pena pelo juiz, no caso concreto, fulcra-se no direito penal do autor.

CANDIDATO:

Quais são as Velocidades do Direito Penal? **(Delegado SC/15)**

RESPOSTA ADEQUADA:

Excelência, a doutrina conceitua quanto à punição e gravidade da infração e o tempo que o Estado leva para punir o autor. Neste sentido, há quatro velocidades:

1ª Velocidade: Dá ênfase a infrações penais mais graves, punidas com pena privativa de liberdade, exigindo procedimento mais demorado, observando todas as garantias penais e processuais.

2ª Velocidade: Flexibiliza direitos e garantias fundamentais, possibilitando punição mais célere, mas, em contrapartida, prevê penas alternativas.

3ª Velocidade: Mescla a 1ª velocidade e a 2ª velocidade, da seguinte forma: Defende a punição do criminoso com pena privativa de liberdade (1ª velocidade), assim como permite, para determinados crimes, a flexibilização de direitos e garantias constitucionais (2ª velocidade).

4ª Velocidade: Ligada ao Direito Penal Internacional, com normas proibitivas que impedem, por parte de Chefes de Estados, violações/crimes contra os direitos humanos previstos em tratados internacionais.

COMPLEMENTAÇÃO DA RESPOSTA:

Oportuno mencionar que o doutrinador que iniciou este pensamento ligado às quatro Velocidades do Direito Penal foi Jésus-Maria Silva Sánchez, na sua magnífica obra: ***La expansión del derecho penal*** (pp. 159 a 163).

Segue o quadro sinótico sobre o tema:

1ª VELOCIDADE	2ª VELOCIDADE	3ª VELOCIDADE	4ª VELOCIDADE
Pena privativa de liberdade	Penas alternativas	Pena privativa de liberdade	Imprescritibilidade; ato de entrega e prisão perpétua. Devem se compatibilizar com o nosso direito interno
Procedimento garantista	Procedimento flexibilizado	Procedimento flexibilizado	Procedimento flexibilizado
Exemplo: CPP	Exemplo: Art. 28 da Lei de Drogas	Exemplo: Lei de Organizações Criminosas	Exemplo: Estatuto de Roma – Tribunal Penal Internacional

2. TEORIA GERAL DA NORMA PENAL

2.1. Princípio da insignificância

CANDIDATO:

O delegado de polícia pode aplicar o princípio da insignificância? **(Delegado/Simulado 2022)**

RESPOSTA ADEQUADA:

Excelência, temos duas correntes sobre o tema:

1ª) O Superior Tribunal de Justiça, quando do julgamento do HC 154.949/MG, já se manifestou no sentido de que o Delegado de Polícia, ao lhe ser apresentada uma situação de flagrância, deve, no estrito cumprimento do dever legal, proceder à autuação em flagrante, uma vez que cabe somente ao Poder Judiciário, a posteriori, a análise acerca da aplicação do princípio da insignificância, de acordo com o caso concreto.

2ª) Tal entendimento, data máxima vênia, deve ser repelido, uma vez que, como bem destacado por Masson (2015, p. 44), "o princípio da insignificância afasta a tipicidade do fato. Logo, se o fato é atípico para a autoridade judiciária, também apresenta igual natureza para a autoridade policial". No mesmo sentido, defendendo o poder e o dever do Delegado de Polícia em aplicar o princípio da insignificância, deve o delegado desempenhar papel condizente com a estrutura racional-legal de contenção do poder punitivo e, para tanto, é natural que disponha de atribuição para fazer os juízos necessários ao sentido apropriado da tipicidade no marco contemporâneo.

COMPLEMENTAÇÃO DA RESPOSTA:

Com isso, a aplicação do princípio da bagatela própria, já na fase policial, evita constrangimentos desnecessários ao investigado, decorrentes da adoção de providências de polícia judiciária por fato materialmente atípico, faltando justa causa para tanto.

Ademais, a lavratura de um auto de prisão em flagrante e a instauração de um inquérito policial geram altos custos decorrentes da movimentação da máquina estatal, os quais, suportados pela coletividade, poderiam ser evitados com a adoção do princípio da insignificância pelo Delegado de Polícia.

TEMA QUENTE!

O delegado de polícia pode excluir a ilicitude do fato ou a culpabilidade?

Henrique Hoffmann Monteiro de Castro: "Em que pese tais considerações, surpreendentemente parcela da doutrina insiste com um pensamento retrógrado quanto à polícia Judiciária, no sentido de que o delegado de polícia deveria fechar os olhos à existência de excludentes de ilicitude e culpabilidade, ficando adstrito apenas à tipicidade, sendo obrigado a fazer a prisão em flagrante ainda que a pessoa não tenha praticado crime. Para esses autores, a autoridade de polícia judiciária seria mero autômato, máquina de encarcerar desautorizada a analisar todos os substratos do delito, e o suspeito consistiria em um objeto, adquirindo a condição de sujeito apenas na fase processual. Olvidam-se que um minuto de prisão indevida é uma infinidade para o injustamente segregado."

No mesmo sentido, Eduardo Luiz Santos Cabette destaca: "(...) Ora, a Autoridade Policial somente pode lavrar um flagrante legalmente se há uma infração penal a ser apurada. Ocorre que o conceito de crime abrange os elementos da tipicidade e da antijuridicidade. Faltando um deles não há crime e assim sendo como poderia a Autoridade Policial prender alguém em flagrante, estando convencida de uma excludente de criminalidade? Não convence o argumento de que a análise da Autoridade Policial deve ser superficial, atendo-se tão somente à aparência da tipicidade formal, isso sob pena da admissão de que o sistema processual penal é erigido tendo um ator que não somente é autorizado, mas obrigado a agir violando sua consciência jurídica, bem como, o que é pior, lesionando os direitos fundamentais de alguém por mera formalidade. Seria o império de uma burocracia (ou "burrocracia") autoritária. A lei determinaria e obrigaria uma autoridade constituída a violar a própria lei para que depois outra autoridade consertasse essa violação, mas obviamente sem ter o poder de obliterar a desonra do recolhimento de um inocente ao cárcere".

CANDIDATO:

Considere seguinte ocorrência: indivíduo é detido comercializando 400 CDS e 200 DVDS piratas, configura-se algum crime? É possível a aplicação do princípio da insignificância? **(Delegado SP e SC/15)**

RESPOSTA ADEQUADA:

Excelência, nesta hipótese estamos diante de crime tipificado no CP, que prevê violação aos direitos autorais.

No que se refere à aplicação do princípio da insignificância, o STJ editou a Súmula 502 que consolidou o entendimento de criminalização de pirataria. Neste sentido, com base nessa jurisprudência, não caberia a aplicação do referido princípio nem o da adequação social à comercialização de CDS.

COMPLEMENTAÇÃO DA RESPOSTA:

O STJ consolidou entendimento de criminalização da pirataria, com a edição da Súmula 502, que assim aduz:

> "Presentes a materialidade e a autoria, afigura-se típica, em relação ao crime previsto no art. 184, § 2º, do CP, a conduta de expor à venda CDs e DVDs piratas".
>
> "Não se pode admitir a tese de que comercialização de DVDs 'piratas' é reconhecida e tolerada do ponto de vista social, pois geram inúmeros prejuízos aos titulares dos direitos autorais, à sociedade e ao Estado, não podendo ser considerada socialmente aceitável e, muito menos, adequada. Portanto, inaplicável o princípio da adequação social ou o princípio da insignificância ao caso em apreço (Acórdão 859653)".

Dispositivo do Código Penal:

> Art. 184. Violar direitos de autor e os que lhe são conexos:
>
> § 2º Na mesma pena do § 1º incorre quem, com o intuito de lucro direto ou indireto, distribui, vende, expõe à venda, aluga, introduz no País, adquire, oculta, tem em depósito, original ou cópia de obra intelectual ou fonograma reproduzido com violação do direito de autor, do direito de artista intérprete ou executante ou do direito do produtor de fonograma, ou, ainda, aluga original ou cópia de obra intelectual ou fonograma, sem a expressa autorização dos titulares dos direitos ou de quem os represente.

TEMAS QUENTES!

1) O Plenário do Supremo Tribunal Federal tem entendimento consolidado de que o princípio da insignificância incide quando presentes, cumulativamente, as seguintes condições objetivas: (i) mínima ofensividade da conduta do agente; (ii) nenhuma periculosidade social da ação; (iii) grau reduzido de reprovabilidade do comportamento; (iv) inexpressividade da lesão jurídica provocada, ressaltando, ainda, que a contumácia na prática delitiva impede a aplicação do princípio. 2. A jurisprudência desta Corte é no sentido de que "**é vedada a aplicação do princípio da insignificância nos delitos de furto noturno, qualificado pelo concurso de agentes e praticado por reincidente**" (HC 130.617 AgR, Relª. Minª. Cármen Lúcia). 3. Agravo regimental a que se nega provimento. (RHC 208954 AgR, Relator(a): ROBERTO BARROSO, Primeira Turma, julgado em 09/03/2022, PROCESSO ELETRÔNICO DJe-066 DIVULG 04-04-2022 PUBLIC 05-04-2022);

2) Em regra, não se aplica o princípio da insignificância ao furto qualificado, salvo quando presentes circunstâncias excepcionais que recomendam a medida (STJ - HC 553.872/SP);

3) Diferença entre princípio da insignificância e furto privilegiado: No furto privilegiado, há lesão ao bem jurídico, sendo este bem de pequeno valor. Por outro lado, no princípio da insignificância, a lesão ao bem jurídico ocorre de maneira inexpressiva.

Vejamos o quadro esquemático:

BAGATELA	
PRÓPRIA	**IMPRÓPRIA (irrelevância penal do fato)**
É aquela efetivamente **admitida na doutrina e na jurisprudência**, onde presentes os requisitos elencados pelo Supremo Tribunal Federal, ocorre a **exclusão do crime pela atipicidade material da conduta.**	Também chamada de **imperfeita ou incompleta** é aquela em que **a conduta é típica, antijurídica**, mas entende-se que não há necessidade da aplicação da **sanção penal** ao caso concreto.
É o **princípio da insignificância** na sua situação em análise, sendo caracterizado quando há os quatro vetores previstos nos nossos Tribunais (**MARI**): **M**ínima ofensividade da conduta do agente **A**usência (Nenhuma) periculosidade social da ação	A conduta **nasce relevante** ao direito penal, **mas depois**, verifica-se que a aplicação de uma sanção **seria desnecessária.**
Reduzidíssimo grau de reprovabilidade do comportamento **I**nexpressividade da lesão jurídica provocada.	**Quanto à exclusão da responsabilidade penal:** **1ª Corrente:** O princípio bagatelar impróprio pode ser localizado no estudo da **culpabilidade** (dentro da teoria analítica do crime), especialmente dentro da **inexigibilidade de conduta diversa.**
Quanto à exclusão da responsabilidade penal: Presentes todos os elementos há caracterização da insignificância, acarretará **causa supralegal de exclusão da tipicidade.**	**Quanto à exclusão da responsabilidade penal:** **2ª Corrente:** Implica a dispensa da pena apesar dos três substratos do crime terem sido observados, ou seja, tratar-se de ação típica, ilícita e culpável que terá sua **punibilidade excluída.**

4) Diferença entre bagatela própria e imprópria: No princípio da **bagatela própria,** o fato é atípico, podendo até haver trancamento da ação penal; na **bagatela imprópria**, o fato é típico, não sendo a pena aplicada somente se, depois do normal seguimento da ação penal, for reconhecida a desnecessidade de aplicar a pena. A primeira exclui a tipicidade material; já a segunda, prevalece, que exclui a punibilidade.

5) Nos termos do informativo 973 do STF, é possível aplicar o princípio da insignificância para o furto de mercadorias avaliadas em R$ 29,15, mesmo que o a subtração tenha ocorrido durante o período de repouso noturno e mesmo que o agente seja reincidente.

CANDIDATO:

Aplica-se o princípio da bagatela própria no crime de tráfico de drogas? (**Delegado/ Simulado 2022)**

RESPOSTA ADEQUADA:

Excelência, na soma dos precedentes do STF e STJ, **vem prevalecendo** que **não se afasta** a **tipicidade material** nas condutas de portar droga ilícita para consumo pessoal ou realizar o tráfico de drogas, seja de grande quantidade ou não, ou seja, não se aplica a **bagatela própria** (princípio da insignificância).

COMPLEMENTAÇÃO DA RESPOSTA:

No entanto, recentemente, a Excelsa Corte exarou o seguinte entendimento:

Em sessão virtual, a 2ª turma do STF **anulou a condenação por tráfico de drogas** imposta a uma mulher que foi flagrada com 1 grama de maconha. Por maioria, o colegiado concedeu o HC 127.573, seguindo o voto do relator, ministro Gilmar Mendes.

O relator entendeu ser **aplicável ao caso o princípio da insignificância**, pois, para ele, a **conduta descrita nos autos não é capaz de lesionar ou colocar em perigo** a paz social, a segurança ou a saúde pública.

O juízo da 1º vara de Bariri/SP condenou a mulher à pena de seis anos e nove meses de reclusão, em regime inicial fechado, pelo crime de tráfico, previsto no artigo 33 da lei de drogas – 11.343/06. A sentença foi mantida pelo TJ/SP.

A **Defensoria Pública de SP impetrou HC** no STJ, **alegando a desproporção da pena aplicada e buscando a incidência do princípio da insignificância**. O pedido acabou negado por decisão monocrática, então, a Defensoria impetrou o HC no Supremo.

Vejamos o teor do julgamento:

Em seu voto, o relator destacou que a resposta do Estado **não foi adequada nem necessária para repelir o tráfico de 1 grama de maconha**. Segundo Gilmar Mendes, esse é um exemplo emblemático de **flagrante desproporcionalidade na aplicação da pena** em hipóteses de **quantidade irrisória de entorpecentes**, e **não houve indícios** de que **a mulher teria anteriormente comercializado quantidade maior de droga.**

Conforme o ministro destacou, no âmbito dos crimes de tráfico de drogas, a solução para a desproporcionalidade entre a lesividade da conduta e a reprimenda estatal é a adoção do princípio da insignificância.

O relator observou que o STF tem entendido que o **princípio da insignificância não se aplica ao delito de tráfico, ainda que a quantidade de droga apreendida seja ínfima**. Porém, considerou que **a jurisprudência deve avançar na criação de critérios objetivos para separar o traficante de grande porte do traficante de pequenas quantidades**, que **vende drogas apenas em razão de seu próprio vício.**

Para ele, se não houver uma clara comprovação da possibilidade de risco de dano da conduta, o comportamento deverá constituir crime, ainda que o ato praticado se adeque à definição legal.

"Em verdade, não haverá crime quando o comportamento não for suficiente para causar um dano ou um perigo efetivo de dano ao bem jurídico, diante da mínima ofensividade da conduta", explicou.

O voto do relator foi seguido pelos ministros Celso de Mello e Ricardo Lewandowski. Ficaram vencidos os ministros Edson Fachin e Cármen Lúcia. **Processo: HC 127.573**

CANDIDATO:

É possível aplicar o princípio da insignificância aos casos de transmissão clandestina de sinal de internet via radiofrequência quando for de baixa potência? **(Delegado/ Simulado 2022)**

RESPOSTA ADEQUADA:

Excelência, o STJ destacou no verbete 606: "Não se aplica o princípio da insignificância a casos de transmissão clandestina de sinal de internet via radiofrequência, que caracteriza o fato típico previsto no art. 183 da Lei n. 9.472/1997". Isso porque a instalação de estação clandestina de radiofrequência, sem autorização, já é, por si, suficiente para comprometer a segurança, a regularidade e a operabilidade do sistema de telecomunicações do país, não podendo, portanto, ser vista como uma lesão inexpressiva.

COMPLEMENTAÇÃO DA RESPOSTA:

Não é possível a aplicação do princípio da insignificância no crime do art. 183 da Lei nº 9.472/97. Este é também o entendimento presente no **Informativo 842 do STF**: "O réu que disponibiliza provedor de internet sem fio pratica atividade clandestina de telecomunicação (art. 183 da Lei nº 9.472/97), de modo que a tipicidade da conduta está presente, **devendo SER AFASTADA a aplicação do princípio da insignificância mesmo que, no caso concreto, a potência fosse inferior a 25 watts**, o que é **considerado baixa potência**, nos termos do art. 1º, § 1º, da Lei nº 9.612/98". STF. 1ª Turma. HC 118400/RO

CANDIDATO:

A reincidência do acusado é motivo suficiente para afastar a aplicação do princípio da insignificância? **(Delegado/ Simulado 2022)**

RESPOSTA ADEQUADA:

Excelência, para o STF, a presença de antecedentes criminais **não afasta**, **por si só**, a **aplicação do princípio da insignificância.** Excepcionalmente, as peculiaridades do caso concreto podem justificar a aplicação do princípio, com base na ideia da proporcionalidade.

COMPLEMENTAÇÃO DA RESPOSTA:

É possível aplicar o princípio da insignificância em favor de um réu reincidente?

A luz do **Informativo 793 do STF**, a reincidência **não impede**, por si só, que o juiz da causa reconheça a insignificância penal da conduta, à luz dos elementos do caso concreto.

Apesar disso, na prática, observa-se que, **na maioria dos casos, o STF e o STJ negam a aplicação do princípio da insignificância** caso o réu seja reincidente ou já responda a outros inquéritos ou ações penais. De igual modo, nega o benefício em situações de furto qualificado.

2.2. Princípio da legalidade e norma penal em branco

CANDIDATO:

Qual a diferença entre norma penal em branco em sentido amplo e estrito. **(Delegado DF/16)**

RESPOSTA ADEQUADA:

Excelência, a doutrina[63] define que é um preceito incompleto, genérico ou indeterminado, que precisa da complementação de outras normas. Destarte, a diferença está na instância legislativa de onde se originará a norma complementar:

Em sentido amplo (imprópria/homogênea) – A sanção vincula-se a um tipo que precisa ser complementado por uma mesma lei ou por uma outra lei, originadas da mesma instância legislativa.

Em sentido estrito (própria/heterogênea) – A norma penal em branco é complementada por outra norma ou ato da administração pública. A complementação necessária está incluída em uma lei de outra instância legislativa. Exemplo clássico está na lei de drogas, cujo complemento que define o que é droga é dado pela Portaria 344/98 SVS MS.

COMPLEMENTAÇÃO DA RESPOSTA:

Para enriquecer a resposta, há um desdobramento que advém da norma penal em branco imprópria classificado pela doutrina[64]. Vejamos:

1. Norma penal em branco imprópria homovitelina: o complemento emana da mesma instância legislativa (norma incompleta e seu complemento integram a mesma estrutura normativa). Exemplo: o artigo 312 do Código Penal trata do crime de peculato, conduta praticada por funcionário público. O conceito de funcionário público, para fins penais, está positivado em outro artigo, mais precisamente o 327, também do Código Penal.
2. Norma penal em branco heterovitelina: o complemento da norma emana de instância legislativa diversa (norma incompleta e seu complemento integram estruturas normativas diversas). Exemplo: o artigo 236 do Código Penal depende de complemento encontrado no Código Civil, instância legislativa diversa. Note-se que o conceito de "impedimento" é encontrado em diploma legal distinto (Código Civil).

63. BITENCOURT, 2012.

64. CUNHA, Rogério Sanches. Manual de direito penal: parte geral. 3ª. ed. vol. Único. Juspodivm, p. 88, 2015.

CANDIDATO:

O que se entende por "norma penal em branco ao revés"? **(Delegado PF/13)**

RESPOSTA ADEQUADA:

Excelência, a doutrina[65] destaca que "na norma penal em branco ao revés ou invertida, o complemento refere-se à sanção, preceito secundário, não ao conteúdo proibitivo (preceito primário). Exemplo: A Lei n° 2.889/56, que cuida do crime de genocídio[66], não cuidou diretamente da pena, fazendo expressa referência a outras leis no que diz respeito a esse ponto. O complemento da norma penal em branco ao revés deverá, necessariamente, ser encontrado em lei".

COMPLEMENTAÇÃO DA RESPOSTA:

Interessante observar que a lei penal em branco invertida remete a revelação da sanção para outra lei, no entanto, esse fenômeno não se confunde com o conhecido "crime remetido".

O que é crime remetido?

Quando houver a referência feita por um tipo legal a outro tipo legal, como por exemplo o art. 304 do CP, conduta de uso de documento falso, que faz expressa menção a outro delito. Vejamos: "Uso de documento falso. Art. 304 – Fazer uso de qualquer dos papéis falsificados ou alterados, a que se referem os arts. 297 a 302: **Pena – a cominada à falsificação ou à alteração**".

3. INTERPRETAÇÃO DA LEI PENAL

CANDIDATO:

Analogia é forma de interpretação da lei penal? **(Delegado RS/09 e SP/15)**

RESPOSTA ADEQUADA:

Excelência, a analogia não constitui fonte de interpretação da lei penal, mas sim forma de integração ou colmatação do ordenamento jurídico. Usa-se uma norma que regula caso concreto semelhante, desde que não haja previsão legal. Contudo, vale

65. CUNHA, Rogério Sanches, Ob. Cit., p. 89, 2015.

66. Lei nº 2.889/56. Art. 1º- Quem, com a intenção de destruir, no todo ou em parte, grupo nacional, étnico, racial ou religioso, como tal: a) matar membros do grupo; b) causar lesão grave à integridade física ou mental de membros do grupo; c) submeter intencionalmente o grupo a condições de existência capazes de ocasionar-lhe a destruição física ou parcial; d) adotar medidas destinadas a impedir os nascimentos no seio do grupo; e) efetuar a transferência forçada de crianças do grupo para outro grupo. Será punido: com as penas do artigo 121, parágrafo segundo, do Código Penal, no caso da letra "a" com as penas do artigo 129, parágrafo segundo, no coso da letra "b" com as penas do artigo 2 71, no caso da letra "c" com as penas do artigo 125, no caso da letra "d" com as penas do artigo 148, no caso da letra "e".

ressaltar que em matéria penal somente é possível analogia em normas penais não incriminadoras ou em benefício do réu.

COMPLEMENTAÇÃO DA RESPOSTA:

Neste sentido, temos a seguinte Jurisprudência do STF[67]:

Penal militar. Homicídio culposo. Perdão judicial previsto no CP. Analogia. Inaplicabilidade. Lacuna legal inexistente. A analogia, ainda que *in bonan partem*, pressupõe lacuna, omissão na lei, o que não se verifica na hipótese, em que é evidente no CPM a vontade do legislador de excluir o perdão judicial do rol de causas de extinção da punibilidade.

Oportuno destacar há diferença entre interpretação analógica e analogia. Vejamos a posição da doutrina majoritária:[68] A interpretação analógica ou "intra legem" é a que se verifica quando a lei contém em seu bojo uma fórmula casuística seguida de uma fórmula genérica. É necessária para possibilitar a aplicação da lei aos inúmeros e imprevisíveis casos que as situações práticas podem apresentar.

A analogia, por outro lado, não se trata de interpretação da lei penal. De fato, sequer há lei a ser interpretada. Cuida-se, portanto, de integração ou colmatação do ordenamento jurídico. A lei pode ter lacunas, mas não o ordenamento jurídico. Trata-se de aplicar ao caso, não previsto em lei, lei reguladora de caso semelhante. No Direito Penal, somente pode ser utilizada em relação às leis não incriminadoras, em respeito ao princípio da reserva legal. Seu fundamento repousa na exigência de igual tratamento aos casos semelhantes. Por razões de justiça, fatos similares devem ser tratados da mesma maneira.

Dessa forma, o item está errado por vários motivos: (i) a analogia não é um meio de interpretação extensiva, mas sim um meio de integração do ordenamento jurídico; (ii) não se busca com a analogia alcançar o sentido exato do texto de lei obscura ou incerta, mas sim de suprimir a lacuna jurídica utilizando-se lei reguladora de caso semelhante; (iii) nem sempre é admitida a analogia "in bonam partem" em matéria penal (no que diz respeito às leis excepcionais, não é admitida a analogia, justamente por seu caráter extraordinário).

4. EFICÁCIA DA LEI PENAL NO TEMPO E ESPAÇO

CANDIDATO:

Qual a diferença entre extraterritorialidade incondicionada e extraterritorialidade condicionada? **(Delegado SP/19)**

67. STF, HC 116.254, Rel. Min. Rosa Weber, 1ª Turma, julgado em 25/6/2013.

68. MASSON, 2013.

RESPOSTA ADEQUADA:

Excelência, a **extraterritorialidade incondicionada** está prevista no artigo 7º, § 1º, do Código Penal, alcançando os crimes descritos no art. 7º, inc. I. Neste sentido, a lei brasileira, para ser aplicada, **não depende** do preenchimento de nenhum requisito, ou seja, a lei brasileira será aplicada **mesmo que o agente tenha sido condenado ou absolvido no estrangeiro**, tratando-se uma exceção ao princípio do *ne bis in idem*.

Enquanto a **extraterritorialidade condicionada** alcança os crimes trazidos pelo inc. II.

COMPLEMENTAÇÃO DA RESPOSTA:

Nestes casos, para que a nossa lei possa ser aplicada, faz-se necessário o concurso das seguintes condições (art. 7º, § 2º, CP):

> II - os crimes:
>
> (...)
>
> a) que, por tratado ou convenção, o Brasil se obrigou a reprimir;
>
> b) praticados por brasileiro;
>
> c) praticados em aeronaves ou embarcações brasileiras, mercantes ou de propriedade privada, quando em território estrangeiro e aí não sejam julgados.
>
> (I) entrar o agente no território nacional;
>
> (II) ser o fato punível também no país em que foi praticado;
>
> (III) estar o crime incluído entre aqueles pelos quais a lei brasileira autoriza a extradição;
>
> (IV) não ter sido o agente absolvido no estrangeiro ou não ter aí cumprido a pena;
>
> (V) não ter sido o agente perdoado no estrangeiro ou, por outro motivo, não estar extinta a punibilidade, segundo a lei mais favorável.

CANDIDATO:

Existe lei que trate da extraterritorialidade? **(Delegado SP/19)**

RESPOSTA ADEQUADA:

Excelência, o próprio Código Penal no seu artigo 7º, nos incisos I e II e respectivos parágrafos, trata expressamente da extraterritorialidade.

CANDIDATO:

Qual o conceito de território nacional? **(Delegado SP/19)**

RESPOSTA ADEQUADA:

Excelência, o Território nacional pode ser entendido como conjunto de **espaço terrestre**, **mar territorial** e **espaço aéreo** sob o qual o Brasil exerce soberania, compreendendo território geográfico, bem como território jurídico.

CANDIDATO:

Qual o limite do "mar adentro"? **(Delegado SP/19)**

RESPOSTA ADEQUADA:

Excelência, quanto ao mar territorial ou marginal, será a faixa de 12 milhas marítimas de largura, medidas a partir da baixa-mar do litoral continental e insular brasileiro, na forma definida pela Lei 8.617/93.

CANDIDATO:

Princípio da representação e princípio da bandeira têm o mesmo significado? **(Delegado SP/19)**

RESPOSTA ADEQUADA:

Excelência, certamente, haja vista levar em conta, para efeito de aplicação da lei penal brasileira, a bandeira da embarcação ou aeronave no interior da qual o fato foi praticado.

O referido princípio foi adotado com respeito à extraterritorialidade, com referência a fatos praticados a bordo de embarcações ou aeronaves brasileiras privadas, quando ocorridos no exterior, de outra forma o fato seria considerado praticado dentro do território nacional.

CANDIDATO:

A lei penal temporária pode retroagir? **(Delegado SP/15)**

RESPOSTA ADEQUADA:

Excelência, lei excepcional temporária não tem retroatividade, mas sim ultratividade, em face da regra do artigo 3º do Código Penal, chamado efeito carrapato.

Nesta senda, o art. 3º do Código Penal não foi recepcionado pela CF/88, porque seu comando não pode se sobrepor ao artigo 2º do Código Penal, que encontra respaldo no artigo 5º, inciso XL, da Constituição Federal, exaltando o Princípio da Irretroatividade da Lei Penal, com as reservas de benefícios ao réu.

COMPLEMENTAÇÃO DA RESPOSTA:

A doutrina[69] destaca que "quando a lei posterior for mais benéfica e fizer expressa menção ao período anormal ou ao tempo de vigência, passará a regular o fato praticado sob a égide da lei temporária ou excepcional".

Nota-se que tendo o Constituinte de 1988 consagrado o princípio da irretroatividade da lei prejudicial ao agente sem fazer qualquer ressalva, conclui-se que as leis penais temporárias e excepcionais não possuem ultratividade em desfavor do réu. Afinal de contas, não pode aquele abrir exceção em matéria que o constituinte erigiu como garantia individual.

A lei temporária é aquela instituída por um prazo determinado, que criminaliza determinada conduta prefixando no seu texto lapso temporal para a sua vigência. Como exemplo temos a recente Lei 12.663/12, que criou inúmeros crimes que buscam proteger o patrimônio material e imaterial da FIFA, infrações penais com tempo certo de vigência.

CANDIDATO:

Quais são as teorias atinentes à regra de territorialidade? **(Delegado PF/13 e SP/15)**

RESPOSTA ADEQUADA:

Excelência, são as teorias da Territorialidade Absoluta e da Territorialidade Temperada.

A doutrina[70] define que, em regra, ao crime praticado no território nacional aplica-se a lei brasileira. Como exceção, pode ocorrer a incidência da lei de outro país a um crime praticado no território nacional, desde que haja previsão em convenções, tratados e regras de direito internacional.

O Código Penal adotou o princípio da territorialidade, porém de forma temperada ou mitigada por permitir a aplicação de convenções, tratados e regras de direito internacional.

Nessa hipótese excepcional, tem-se a chamada intraterritorialidade, ou seja, a aplicação de lei estrangeira, por autoridade de outro país, a um crime ocorrido no território brasileiro. Exemplo: crime praticado por um embaixador estrangeiro no território brasileiro, será julgado por um Tribunal de seu país e de acordo com a sua lei penal.

Quanto à teoria da territorialidade absoluta, em se tratando de contravenção penal, o princípio adotado será da territorialidade absoluta, haja vista que o da territorialidade temperada só se aplica a crimes.

69. CAPEZ, 2008.

70. Coleção Sinopses para concursos, 2015.

COMPLEMENTAÇÃO DA RESPOSTA:

A doutrina[71] define os princípios aplicáveis na lei penal no espaço.

PRINCÍPIOS APLICÁVEIS E TERRITORIALIDADE

1. Princípio da territorialidade: aplica-se a lei penal do local do crime, não importando a nacionalidade do agente, vítima ou do bem jurídico.
2. Princípio da nacionalidade ou personalidade ativa: aplica-se a lei do país a que pertence o agente, pouco importando o local do crime, a nacionalidade da vítima ou do bem jurídico violado.
3. Princípio da nacionalidade ou personalidade passiva: aplica-se a lei penal da nacionalidade do ofendido.
4. Princípio da defesa ou real: aplica-se a lei penal da nacionalidade do bem jurídico lesado (ou colocado em perigo), não importando o local da infração ou a nacionalidade do sujeito ativo.
5. Princípio da justiça penal universal ou da justiça cosmopolita: o agente fica sujeito à lei do país onde for encontrado, não importando a sua nacionalidade, do bem jurídico lesado ou do local do crime. Esse princípio está normalmente presente nos tratados internacionais de cooperação de repressão a determinados delitos de alcance transnacional.
6. Princípio da representação, do pavilhão, da substituição ou da bandeira: a lei penal nacional aplica-se aos crimes cometidos em aeronaves e embarcações privadas, quando praticadas no estrangeiro e lá não sejam julgadas.

Pois bem, irei mapear, para facilitar seus estudos, os princípios da lei penal no espaço, marque seu código que poderá ser uma questão na sua prova.

Princípio da Proteção/da Defesa/Real:

CP, art. 7º: Ficam sujeitos à lei brasileira, embora cometidos no estrangeiro:

I – os crimes:

a) contra a vida ou a liberdade do Presidente da República;

b) contra o patrimônio ou a fé pública da União, do Distrito Federal, de Estado, de Território, de Município, de empresa pública, sociedade de economia mista, autarquia ou fundação instituída pelo Poder Público;

c) contra a administração pública, por quem está a seu serviço.

Princípio Cosmopolita/da Justiça Universal:

CP, art. 7º: Ficam sujeitos à lei brasileira, embora cometidos no estrangeiro:

I – os crimes:

d) de genocídio, quando o agente for brasileiro ou domiciliado no Brasil.

71. SANCHES, 2016 p. 119.

II – os crimes:

a) que por tratado ou convenção, o Brasil se obrigou a reprimir.

Princípio da Nacionalidade Ativa:

CP, art. 7º: Ficam sujeitos à lei brasileira, embora cometidos no estrangeiro:

II – os crimes:

b) praticados por brasileiros.

Princípio da Representação/da Bandeira/Pavilhão:

CP, art. 7º: Ficam sujeitos à lei brasileira, embora cometidos no estrangeiro:

II – os crimes:

c) praticados em aeronaves ou embarcações brasileiras, mercantes ou de propriedade privada, quando em território estrangeiro e aí não sejam julgados.

5. CLASSIFICAÇÃO DE CRIMES

CANDIDATO:

O que vem a ser crime de Plágio? **(Delegado PF/13)**

RESPOSTA ADEQUADA:

Excelência, o crime de plágio se insere no capítulo que trata da liberdade individual, especificamente no artigo 149 do Código Penal, que disciplina o chamado plágio, ou seja, a conduta que venha a restringir a liberdade do ser humano livre à condição análoga à de escravo.

COMPLEMENTAÇÃO DA RESPOSTA:

No que toca às lições de Hungria, a redução à condição análoga à de escravo "é a completa sujeição de uma pessoa ao poder de outra. Protege a lei penal, aqui, o *status libertatis*, ou seja, a liberdade no conjunto de suas manifestações. Refere-se o texto legal à condição análoga à de escravo, deixando bem claro que não se cogita de redução à escravidão, que é um conceito jurídico, isto é, pressupondo a possibilidade legal do domínio de um homem sobre o outro. O *status libertatis*, como estado de direito, permanece inalterado, mas, de fato, é suprimido. Entre o agente e o sujeito passivo se estabelece uma relação tal, que o primeiro se apodera totalmente da liberdade do segundo, ficando este reduzido, de fato, a um estado de passividade idêntica à do antigo cativeiro"[72].

72. HUNGRIA; FRAGOSO, 1979, pp. 199 e 200.

Destaca-se que no informativo 809, o STF firmou entendimento que a "compete à justiça federal processar e julgar o crime de redução à condição análoga à de escravo (art. 149, do CP)"[73].

CANDIDATO:

Qual a diferença entre crimes de concurso eventual e necessário? **(Delegado DF/16)**

RESPOSTA ADEQUADA:

Excelência, os crimes de concurso eventual ou unissubjetivos são os que podem ser praticados por apenas um sujeito, contudo, admite-se a coautoria e a participação. Enquanto os crimes de concurso necessário ou plurissubjetivos são aqueles que exigem dois ou mais agentes para a prática do delito em virtude de sua conceituação típica.

COMPLEMENTAÇÃO DA RESPOSTA:

A doutrina[74] subdivide os crimes plurissubjetivos em:

1. Crimes de condutas paralelas: quando há colaboração nas ações dos sujeitos, como exemplo, no crime do art. 288 ou 288-A do CP, como também do art. 2º da lei 12.850/13.
2. Crimes de condutas convergentes: as condutas encontram-se somente após o início da execução do delito, pois partem de pontos opostos, como exemplo, o crime de bigamia (art. 235 do CP).
3. Crimes de condutas contrapostas: onde as condutas desenvolvem-se umas contra as outras, como exemplo, crime de rixa (art. 137 do CP).

CANDIDATO:

Qual a diferença entre crime progressivo e progressão criminosa? **(Delegado AP/10)**

RESPOSTA ADEQUADA:

Excelência, a diferença elementar entre crime progressivo e progressão criminosa se relaciona diretamente com a questão de dolo.

No crime progressivo o agente, desde o início, tem a intenção de praticar um crime mais grave, mas, precisa passar por tipo penal menos grave para alcançar o crime que deseja perpetrar. Na progressão criminosa o agente inicialmente queria o

73. STF, RE 459510/MT, Rel. Orig. Min. Cezar Peluso, red. p/ o acórdão Min. Dias Toffoli, Plenário. Julgado em 26/11/2015.

74. Cagliari, 1999, pp. 50–77.

resultado menos grave, mas no meio da execução decide praticar crime mais grave. Ocorre uma mudança do dolo.

COMPLEMENTAÇÃO DA RESPOSTA:

Apresentamos um quadro sinótico para que o candidato, se perguntado, saiba mencionar exemplos:

CRIME PROGRESSIVO	PROGRESSÃO CRIMINOSA
Ocorre mediante a realização de **um único ato ou atos que compõem único contexto.**	Ocorre mediante a realização **dois atos, dois movimentos** – inicia ato menos grave, mas resolve praticar uma infração mais grave, que pressupõe a primeira.
Ex.: para praticar homicídio, pratica antes lesão corporal.	**Ex.:** agente decide dar um soco em um desafeto para praticar lesão corporal, mas no momento da agressão acaba se empolgando e passa a desferir diversos golpes com *animus necandi*.

CANDIDATO:

O que é crime de atentado? **(Delegado SP/15)**

RESPOSTA ADEQUADA:

Excelência, a doutrina[75] classifica os crimes de atentado ou de empreendimento como aqueles em que o legislador equipara o crime tentado ao consumado, punindo-os com a mesma pena.

Nesta senda, destaca-se que é uma exceção à regra, posto que o direito penal brasileiro apresenta neste caso hipótese em que a teoria subjetiva é adotada para o instituto da tentativa, como exemplo, no caso do art. 352 do CP, basta, como se vê, que a sua vontade seja dirigida à produção de um resultado criminoso qualquer, não importando se efetivamente ele venha ou não a ocorrer.

COMPLEMENTAÇÃO DA RESPOSTA:

Para ilustrar a resposta, o candidato pode citar alguns exemplos:

Cite-se como exemplo a hipótese de "**Salvo disposição em contrário**", prevista no art. 14, parágrafo único, do CP.

Segundo o que preceitua o CP em seu "Art. 352 – Evadir-se ou tentar evadir-se o preso ou o indivíduo submetido a medida de segurança detentiva, usando de violência contra a pessoa (...)".

Quantos às teorias referentes à tentativa, **seguem mencionadas na próxima pergunta.**

75. GRECO, 2010, pp. 43/44.

CANDIDATO:

O que é crime obstáculo? (Delegado/ Simulado 2022)

RESPOSTA ADEQUADA:

Excelência, a doutrina define como crime obstáculo **aquele que revela a tipificação de atos preparatórios, que, normalmente, não são punidos**. A associação criminosa é um exemplo, pois pune a simples reunião de agentes para o fim de cometer crimes, independentemente de tais crimes virem a ocorrer.

CANDIDATO:

Qual a definição de crime de intenção (ou de tendência interna transcendente)? **(Delegado/ Simulado 2022)**

RESPOSTA ADEQUADA:

Excelência, o delito de intenção transcendente é o que exige do autor uma finalidade (intencionalidade) no sentido de causar um resultado transcendente (ulterior) que está previsto, mas que não é exigido pelo tipo objetivo para a consumação do delito. Fala-se, aqui, em crime de resultado cortado ou antecipado e crime mutilado de dois atos.

COMPLEMENTAÇÃO DA RESPOSTA:

Como se define crime de resultado cortado ou antecipado?

O agente espera que o resultado externo, querido e perseguido (que se situa fora do tipo) se produza sem a sua intervenção direta. Exemplo: extorsão mediante sequestro (art. 159, CP), cuja vantagem desejada – o pagamento do resgate – não precisa concretizar-se (pois o delito já se consumou com a privação da liberdade da vítima), mas, se vier a concretizar-se, o será por fato de outrem – no caso, dos familiares, ao pagarem o resgate. Assim, a produção do resultado desejado (obtenção da vantagem/resgate) é mero exaurimento.

Qual o conceito de crime mutilado de dois atos ou tipos imperfeitos de dois atos?

O agente quer alcançar, por ato próprio seu, o resultado fora do tipo, ou seja, o resultado dispensável depende de novo comportamento do agente, está em sua esfera de decisão. Exemplo: falsificação de moeda, que supõe a intenção de uso ou de introdução na circulação do dinheiro falsificado.

6. CRIME CONSUMADO E TENTADO

CANDIDATO:

Carlos pretendia praticar roubo e foi surpreendido após romper o cadeado e destruir a fechadura da porta da casa da vítima. É possível falar em tentativa de roubo? **(Delegado/ Simulado 2022)**

RESPOSTA ADEQUADA:

Excelência, o STJ decidiu que se adota a teoria objetivo-formal, o rompimento de cadeado e destruição de fechadura da porta da casa da vítima, com o intuito de, mediante uso de arma de fogo, efetuar subtração patrimonial da residência, configuram meros atos preparatórios que impedem a condenação por tentativa de roubo circunstanciado.

COMPLEMENTAÇÃO DA RESPOSTA

Quais são as teorias que buscam definir em que momento se dá a passagem dos atos preparatórios para os atos executórios?

Veja como o tema é tratado por Jamil Chaim Alves (Manual de Direito Penal. Salvador: Juspodivm, 2020, p. 370-371):

1) Teoria subjetiva

Leva em consideração a vontade criminosa, o plano interno do autor. Logo, não há distinção entre atos preparatórios e atos executórias. Uma vez detectada a vontade de praticar a infração, é possível a punição.

2) Teoria da hostilidade ao bem jurídico

Atos executórios são aqueles que atacam o bem jurídico, retirando-o do "estado de paz". Era defendida por Nélson Hungria.

3) Teoria objetivo-formal ou lógico-formal

Atos executórios são aqueles que iniciam a realização do núcleo do tipo penal (denomina-se "formal" porque parâmetro é a lei, ou seja, a prática do verbo nuclear descrito no tipo). Era defendida por Frederico Marques.

4) Teoria objetivo-material

Atos executórios são aqueles que iniciam a realização do núcleo do tipo penal e também os imediatamente anteriores, de acordo com a visão de um terceiro observador.

5) Teoria objetivo-individual

A tentativa começa com a atividade do autor que, segundo o seu plano concretamente delitivo, se aproxima da realização. A origem dessa teoria remonta a Hans Welzel.

CANDIDATO:

Quais são as Teorias que fundamentam a punição da tentativa? **(Delegado PF/13)**

RESPOSTA ADEQUADA:

Excelência, em que pese controvérsias, há a teoria subjetiva, a da impressão, a sintomática e a objetiva. Sendo que a doutrina[76] explicita que, na teoria objetiva, "a

76. Bitencourt, 2012, p. 127.

punibilidade da tentativa fundamenta-se no perigo a que é exposto o bem jurídico, e a repressão se justifica uma vez iniciada a execução do crime. Não se equipara o dano ou perigo ocorrido na tentativa com o que resultaria do crime consumado. Esta é a teoria adotada pelo nosso CP".

COMPLEMENTAÇÃO DA RESPOSTA

Oportuno evidenciar que utilizei uma estratégia argumentativa para encurtar a resposta e enfatizar a teoria adotada pelo Código Penal Pátrio. Como já destaquei em capítulo próprio, isso não prejudicará você, caso o examinador queira mais informações ele irá perguntar, então, mantenha o controle, limite-se, seja o mais objetivo possível.

Pois bem, o Código Penal Pátrio adotou a teoria objetiva (realística ou dualista), porquanto o já citado parágrafo único do art. 14 dispõe que "pune-se a tentativa com a pena correspondente ao crime consumado, diminuída de um a dois terços".

Outrossim, a Exposição de Motivos do Código Penal de 1940 refere-se ao seguinte: "Dentro do seu critério dúplice, de medir a responsabilidade do ponto de vista da quantidade do crime e da temibilidade do agente, o projeto dispõe, divergindo da Teoria Subjetiva, que a pena da tentativa é inferior (de um a dois terços) à do crime consumado. Atendeu-se à tradição do nosso Direito e ao sentimento popular, que não consente sejam colocados em pé de igualdade o crime perfeito e o imperfeito".

Segue a explanação das outras teorias:

1. **Teoria Subjetiva** (voluntarística ou monista) – A doutrina define como: "segundo a teoria subjetiva, o agente que deu início aos atos de execução de determinada infração penal, embora, por circunstâncias alheias à sua vontade, não tenha alcançado o resultado inicialmente pretendido, responde como se a tivesse consumado. Basta, como se vê, que a sua vontade seja dirigida à produção de um resultado criminoso qualquer, não importando se efetivamente ele venha ou não a ocorrer. Aqui será aplicada ao agente a pena cominada ao crime consumado, não incidindo, outrossim, redução alguma pelo fato de ter permanecido a infração penal na fase do conatus".[77]
2. **Teoria da Impressão** (Subjetivo-Objetiva): "o fundamento da punição é representado pela junção da avaliação da vontade criminosa com um princípio de risco ao bem jurídico protegido. Nas palavras de Roxin, 'a tentativa é punível, quando e na medida em que é apropriada para produzir na generalidade das pessoas uma impressão juridicamente abaladora; ela põe, então, em perigo a paz jurídica e necessita, por isso, de uma sanção correspondente a esta medida' (Resolução do fato e começo da execução na tentativa. Problemas fundamentais de direito penal, p. 296). Como se leva em consideração a vontade criminosa e o abalo que a sua manifestação pode causar à sociedade, é faculdade do juiz reduzir a pena".[78]

77. GRECO, 2010, p. 43.

78. NUCCI, 2009, p. 312.

3. **Teoria da Sintomática:** "preconizada pela Escola Positiva, entende que o fundamento de punição da tentativa concentra-se na análise da periculosidade do agente. Poder-se-ia punir os atos preparatórios, não se necessitando reduzir a pena, de caráter eminentemente preventivo".[79]

CANDIDATO:

Quais crimes não admitem tentativa? **(Delegado MG e RJ/11)**

RESPOSTA ADEQUADA:

Excelência, prevalece entendimento na doutrina[80] de que os crimes que inadmitem a forma tentada são, entre outros, as contravenções penais, cuja tentativa não é punível; crimes de atentado ou de empreendimento expostos no código penal e na lei de abuso de autoridade; crimes unissubsistentes, em decorrência do fracionamento; crimes preterdolosos ou preterintencionais.

COMPLEMENTAÇÃO DA RESPOSTA:

Pois bem, percebeu a presença da expressão "entre outros", então, seja estrategista e não se antecipe, espere o examinador indagá-lo, se ele achar necessário, perguntará.

Seguem hipóteses e previsões legais de crimes nos quais não se admite tentativa:

1. As contravenções penais (art. 4º do Decreto-Lei 3.688/1941) cuja tentativa não é punível;
2. Crimes de atentado ou de empreendimento (art. 352 do CP/art. 309 do Código Eleitoral;
3. Crimes unissubsistentes, em decorrência do fracionamento;
4. Crimes preterdolosos ou preterintencionais, como a lesão corporal seguida de morte – art. 129, § 3º, do CP;
5. Crimes habituais por exigirem reiteração dos atos isolados;
6. Crimes de mera conduta ou de simples atividade;
7. Crimes omissivos próprios ou puros (art. 135 do CP; art. 304 do CTB);
8. Crimes culposos próprios; exceto a culpa imprópria tratada no instituto da descriminante putativa, consoante o artigo 20, § 1º, do CP.

Bom, na hora da prova oral não é aconselhável arriscar, trazer assuntos não sedimentados pela doutrina ou jurisprudência, tente manter o "feijão com arroz", porquanto se o examinador quiser mais ele irá pedir. Diferente de você abrir margem e acabar se enrolando.

79. NUCCI, Ob. Cit. 2009, p. 312.
80. NUCCI, 2012. p. 190.

Nesta conjuntura, só para materializar, imagine você afirmar que o roubo impróprio não admite tentativa, sem saber que há duas correntes sobre o tema. Com certeza, o membro da banca irá explorar isso, consequentemente o que era para ser um dez pode se transformar num zero.

Observe que esse assunto foi cobrado no concurso da Magistratura e MP com a seguinte pergunta: **Admite-se tentativa no crime de roubo impróprio?**

Pois bem, o roubo impróprio está preceituado no artigo 157, § 1º, CP que dispõe: § 1º – Na mesma pena incorre quem, logo depois de subtraída a coisa, emprega violência contra pessoa ou grave ameaça, a fim de assegurar a impunidade do crime ou a detenção da coisa para si ou para terceiro.

No que concerne ao tema há duas correntes:

1ª Corrente: Prevalece na jurisprudência que "no roubo, quando a violência é subsequente à subtração, o momento consumativo é o do emprego da violência. O delito descrito no art. 157, § 1º, do Código Penal, não comporta tentativa" (STF, RT 453/436). "Roubo impróprio – Tentativa – Impossibilidade – Momento consumativo é o do emprego da violência – Inteligência do art. 157, § 1º, do CP. O crime do art. 157, § 1º, do CP, não admite tentativa, tendo em vista que o momento consumativo é o emprego da violência" (STJ, RT 716/524).

2ª Corrente: A doutrina, praticamente, empata tamanha polêmica do assunto, já que uns entendem pela possibilidade da tentativa na seguinte hipótese: "a tentativa de roubo impróprio é possível e se verifica sempre que o agente, tendo completado a subtração, é preso após tentar o emprego da violência ou da ameaça para assegurar a posse da coisa ou a impunidade"[81]; já outra parte defende que não há admissão da tentativa, pois ou a violência é exercida e, então, temos a consumação do delito de roubo, ou não há violência, ensejando a prática do delito de furto.[82]

Nestes termos, entendo como mais coerente o posicionamento do preeminente Rogério Greco: "Temos para nós, portanto, que a expressão logo depois de subtraída a coisa deve ter uma interpretação condizente com o dolo do agente. Assim, se o seu dolo era o de praticar, *ab initio*, uma subtração violenta, usando desse meio para a prática do delito, o roubo deverá ser considerado próprio; ao contrário, se a sua finalidade era a de praticar um delito de furto, que acaba se convertendo em roubo depois de selecionados os bens, ou mesmo quando já tirava do lugar de onde estavam sendo subtraídos, deverá ser considerado impróprio, entendendo-se a expressão logo depois no sentido de já ter o agente selecionado os bens, ou seja, já estar praticando atos que podiam ser compreendidos como início da prática do núcleo subtrair."[83]

Além disso, importante destacar que, como regra, os crimes materiais admitem a forma tentada, e os formais excepcionalmente, haja vista a consumação ocorrer, em regra, com a conduta, sendo o resultado mero exaurimento levado em consideração pelo juiz na aplicação da pena-base, nos termos do artigo 59, do Código Penal.

81. FRAGOSO, 1988; p. 349.

82. JESUS, 2001, p. 558.

83. Greco, p. 73.

CANDIDATO:

Qual o conceito de tentativa? **(Delegado RJ/11)**

RESPOSTA ADEQUADA:

Excelência, na melhor síntese da doutrina[84], a tentativa de crime está preceituada no art. 14, inciso II, do CP, ocorrendo no momento da interrupção dos atos de execução do crime por circunstância alheia à vontade do agente.

Nesta toada, ela pode surgir, em regra, no início dos atos executórios ou entre o término deste e a consumação, integrando a terceira fase do itinerário do crime, verificando-se uma falha na conduta dolosa do agente.

Destaca-se que sua natureza jurídica se desdobra como norma de extensão temporal da figura típica causadora da adequação típica mediata ou indireta, uma vez que não há, como exemplo, no CP, previsão de "tentar matar alguém". Neste sentido, haverá uma adequação indireta da conduta típica praticada entre os dispositivos legais dos artigos 121 e 14, II, do CP.

Neste viés, o delito tentado deve ser valorado judicialmente na terceira fase do sistema trifásico, conforme art. 68 do Código Penal, na aplicação da pena.

COMPLEMENTAÇÃO DA RESPOSTA:

Oportuno destacar que o candidato não precisa falar tudo sobre o assunto para ganhar nota dez. Por isso devemos enfatizar o ponto de maior importância do assunto sabatinado, do contrário podemos criar nossa própria armadilha e nos perder na argumentação em decorrência do nervosismo.

A título de enriquecimento, o instituto da Tentativa ou *Conatus* se desdobra em tentativa imperfeita/inacabada ou perfeita/acabada/crime falho. Sendo a primeira aquela que o agente não termina a execução por motivos alheios à sua vontade, como exemplo, a vítima ou terceiro que venha desarmá-lo; enquanto na segunda, o agente termina os atos executórios, mas o crime não se consuma por motivos alheios à sua vontade, como exemplo, o agente realiza diversos disparos de arma de fogo contra seu desafeto, acreditando ter atingido seu intento vai embora, mas a vítima ainda estava viva e após ser socorrida consegue sobreviver.

Ademais, há Tentativa Cruenta (Vermelha) e Incruenta (Branca). A tentativa cruenta é a que o agente, na execução do ato, atinge seu objetivo, como exemplo: "A" com *animus necandi* desfere uma facada em "B", atingindo-o no braço. Percebe-se que houve lesão. Na tentativa incruenta, não há lesão, ou seja, o agente não consegue atingir ou ferir seu desafeto por circunstâncias alheias ao seu querer.

Ainda, chamo atenção para os sinônimos criados para classificar o crime tentado: "tipo manco, truncado ou carente", visto que já foram temas de prova oral do Ministério Público.

84. ZAFFARONI, 1992.

CANDIDATO:

Em que fase do *iter criminis* está o arrependimento posterior? **(Delegado SP/15)**

RESPOSTA ADEQUADA:

Excelência, o arrependimento posterior encontra tipificação no art. 16 do Código Penal, constitui um dos desdobramentos do *iter criminis* e está na fase do exaurimento.

COMPLEMENTAÇÃO DA RESPOSTA:

Importante frisar que o arrependimento posterior é relevante, pois irá influir na dosimetria da pena.

Tem-se como exemplos desses desdobramentos: o induzimento, na fase de cogitação; a instigação, na fase de decisão; a tentativa, a desistência voluntária e o arrependimento eficaz, nas fases de preparação e execução; o termo inicial da prescrição, na consumação; e **o arrependimento posterior, na fase de exaurimento do delito.**

Nessa esteira, preleciona Capez[85]:

> "Crime exaurido é aquele no qual o agente, após atingir o resultado consumativo, continua a agredir o bem jurídico, procura dar-lhe uma nova destinação ou tenta tirar novo proveito, fazendo com que sua conduta continue a produzir efeitos no mundo concreto, mesmo após a realização integral do tipo".

CANDIDATO:

Quais são as fases do *iter criminis*? **(Delegado SP/15)**

RESPOSTA ADEQUADA:

Excelência, como se sabe o caminho ou itinerário do crime percorre, em regra, as seguintes etapas: a cogitação, a preparação, a execução e a consumação.

E essas etapas se dividem em interna, que compreende a cogitação, e a externa como os atos preparatórios, a execução e a consumação.

De acordo com a doutrina[86] tomemos como exemplo em que o agente, com intenção de matar a vítima (cogitação), adquire um revólver e se posta de emboscada à sua espera (atos preparatórios), atirando contra ela (execução) e lhe produzindo a morte (consumação). Desta forma, foram perpetrados todos os caminhos do crime, consumando-o.

COMPLEMENTAÇÃO DA RESPOSTA:

Ainda que não precise para a resposta, é importante que o candidato entenda a persecução criminal. Passemos aos detalhes do que foi dito acima:

---

85. CAPEZ, 2007, p 240.

86. JESUS, 2011, p. 371.

Na fase interna dá-se a cogitação do crime.

1. **Cogitação:** refere-se ao plano intelectual acerca da prática criminosa, com a visualização do resultado almejado, essa fase é interna ao sujeito, está em sua mente, em sua cabeça, daí a expressão "interna".

Não se pune essa fase, pois não há como adentrar a cabeça do sujeito, salvo exceções que sejam explícitas em algum tipo, caracterizando, pois, um fato Atípico. Escolhe-se os meios e a opção mais adequada, bem como a previsão do resultado. Tudo que vier a ir além da mente do sujeito será, pois, externo.

2. A fase externa engloba os atos preparatórios, os atos de execução e a consumação do delito.

a) Atos preparatórios: atos externos ao agente que passam da cogitação à ação objetiva, como a aquisição da arma para a prática de homicídio. Da mesma forma que a cogitação, os atos preparatórios também não são puníveis.

Contudo, há uma exceção no Código Penal Brasileiro, a formação de associação criminosa (Art. 288), cuja reunião (em tese um ato preparatório) é punida como crime consumado. Entende-se que a associação criminosa é uma ameaça à sociedade, mesmo que ela não exerça nenhum tipo de crime (furto, estelionato, sequestro, assassinato etc.). É crime autônomo. O bem jurídico a ser tutelado é o bem-estar social.

Há também certo consenso na jurisprudência de que determinados atos preparatórios devem ser punidos autonomamente como crime, por exemplo, as hipóteses de petrechos para a falsificação de moedas (Código Penal, Art. 291).

b) Atos de execução: são aqueles dirigidos diretamente à prática do crime. No Brasil o Código Penal em seu artigo 14, inciso II (o crime se diz tentado quando iniciada a execução e esta não se consuma por circunstâncias alheias à vontade do agente), adotou a teoria objetiva ou formal para tentar diferenciar atos executórios de atos preparatórios. Assim, exige-se que o autor tenha realizado de maneira efetiva uma parte da própria conduta típica, adentrando no núcleo do tipo. É punível como tentativa.

3. Consumação: É aquele no qual estão presentes os elementos essenciais que constituem o tipo penal.[87]

Uma dica utilizando a técnica mnemônica, para você se lembrar das etapas do caminho do crime. Anote mentalmente:

CO – PR – EX – CO

CO	GITAÇÃO
PR	EPARAÇÃO
EX	ECUÇÃO
CO	NSUMAÇÃO

87. <https://pt.wikipedia.org/wiki/Iter_criminis>, acessado em 01 fev. 17.

Parte da doutrina[88] considera ainda uma quinta etapa, que é o **exaurimento do crime**: ocorre quando o agente alcança, de maneira efetiva, o objetivo que motivou a sua conduta delituosa. É a etapa final, o esgotamento do *iter criminis*. Ex.: No crime de extorsão mediante sequestro a consumação se dá com o sequestro, mas no momento que o agente recebe a grana, ocorre o exaurimento.

No que tange à influência no crime, o exaurimento, em regra, pode influir apenas na quantidade da pena.

Ocorre que, às vezes, o exaurimento é um crime autônomo, como na ocultação de cadáver (art. 211 do CPB).

CANDIDATO:

Qual a teoria adotada para a punibilidade do crime impossível? **(Delegado PF/13)**

RESPOSTA ADEQUADA:

Excelência, segundo a doutrina[89] a teoria objetiva evidencia que diante da impossibilidade do bem jurídico sofrer abalo decorrente da conduta que se analisa, não pode haver reação jurídico-penal.

Esta teoria pode ser dividida em Pura, para quem tanto faz se a ineficácia do meio empregado ou a impropriedade do objeto sobre o qual incide a conduta é relativa ou absoluta. Não tendo havido lesão, não se discute potencialidade lesiva da ação ou omissão; já a Temperada, apenas reconhece como crime impossível a conduta que absolutamente mostra-se ineficaz no ataque ao bem juridicamente protegido. É essa a teoria adotada no art. 17 do Código Penal brasileiro.

COMPLEMENTAÇÃO DA RESPOSTA:

Dentro da linha de raciocínio, também há a teoria sintomática que leva em consideração a periculosidade do agente que estabelece seu comportamento em determinado intento delitivo. Reconhece-se a impossibilidade da obtenção do resultado, mas não se descarta que a conduta, mesmo impossível de gerar ofensa ao bem jurídico, necessita de proteção penal, haja vista a insegurança social que reproduz. Invoca, assim, a necessidade da aplicação de medida de segurança.

E a teoria subjetiva: "Verificada essa manifestação de vontade no caso concreto, a partir do comportamento do autor, já está configurada a tentativa. Os meios e o objeto simplesmente não importam para a configuração da figura típica tentada".[90]

Trazemos a tipificação do crime impossível no CP:

> "Art. 17. Não se pune a tentativa quando, por ineficácia absoluta do meio ou por absoluta impropriedade do objeto, é impossível consumar-se o crime."

---

88. BITENCOURT, Ob. Cit., 2012.

89. MIRABETE, 2006.

90. OLIVEIRA, Eugênio Pacelli de. Curso de processo penal. 9. ed. Rio de Janeiro: Lumen Júris, 2008.

CANDIDATO:

O que se entende por tentativa supersticiosa ou irreal? **(Delegado/Simulado)**

RESPOSTA ADEQUADA:

Excelência, a doutrina[91] conceitua como "aquela em que o agente acredita estar incurso numa situação típica que, na prática, não é realizável". Na tentativa supersticiosa, o agente tem plena consciência a respeito do meio que emprega ou do objeto visado e acredita que tanto num caso como noutro o resultado pode ser alcançado, embora, objetivamente, isso seja impossível.

COMPLEMENTAÇÃO DA RESPOSTA

Vejamos um exemplo: "A" pretende matar "B" exercitando o poder do pensamento para que este seja atropelado por um automóvel. Neste caso, o crime é impossível não porque "A" tem uma impressão incorreta a respeito do meio ou do objeto, como nos exemplos anteriores, mas porque acredita na eficácia de um meio que jamais poderia causar qualquer resultado lesivo.

Decisão interessante foi exarada pela Sexta Turma do Superior Tribunal de Justiça, de forma unânime, decidiu que a ameaça de emprego de forças espirituais para constranger alguém a entregar dinheiro é apta a caracterizar o crime de extorsão, mesmo que não haja violência física ou outra forma de ameaça. Transcrevo parte da ementa:

> (...) 3. A alegação de ineficácia absoluta da grave ameaça de mal espiritual não pode ser acolhida, haja vista que, a teor do enquadramento fático do acórdão, a vítima, em razão de sua livre crença religiosa, acreditou que a recorrente poderia concretizar as intimidações de "acabar com sua vida", com seu carro e de provocar graves danos aos seus filhos; coagida, realizou o pagamento de indevida vantagem econômica. Tese de violação do art. 158 do CP afastada (...).[92]

7. FATO TÍPICO

CANDIDATO:

Defina teoria da imputação objetiva. **(Delegado MG/ 18)**

RESPOSTA ADEQUADA:

Excelência, a doutrina define que a teoria da imputação objetiva busca delimitar a imputação, sob aspecto objetivo, evitando o regresso ao infinito gerado pela teoria da causalidade. Dessa forma, além do nexo físico perseguido pela Teoria da Causalidade,

91. CUNHA, Ob. Cit., 2015.

92. STJ, REsp 1299021/SP, Rel. Ministro Rogerio Schietti Cruz, Sexta Turma, julgado em 14/02/2017, DJe 23/02/2017.

a Teoria da Imputação Objetiva analisa também o nexo normativo, o qual restará configurado se houver: a) criação ou incremento de um risco proibido; b) realização do risco no resultado; c) resultado dentro do alcance do tipo. Posteriormente, passa-se à análise do dolo e da culpa.

COMPLEMENTAÇÃO DA RESPOSTA:

A Teoria da Imputação Objetiva surgiu na Alemanha, havendo seus primeiros conceitos partido de Hegel, com posterior revisão por Richard Hönig em 1930. Foi retomada, desenvolvida e aperfeiçoada na década de 1970 por Claus Roxin, que lhe deu seus contornos atuais. Esta teoria tem por finalidade resolver os problemas não solucionados pelo causalismo e finalismo, por intermédio de uma nova metodologia de análise e delimitação do alcance do tipo objetivo.

Vejamos alguns detalhes importantes sobre o tema:

1) **Para as Teorias Causalista e Finalista:** TIPO OBJETIVO = (Presença dos) ELEMENTOS DO TIPO OBJETIVO · Para a Teoria da Imputação.
2) **Para a Teoria da Imputação Objetiva:** TIPO OBJETIVO = (Presença dos) ELEMENTOS DO TIPO OBJETIVO + IMPUTAÇÃO OBJETIVA.
3) **Logo, para a Teoria da Imputação Objetiva**: TIPO COMPLEXO= TIPO OBJETIVO (=ELEMENTOS DO TIPO OBJETIVO + IMPUTAÇÃO OBJETIVA) + (Posteriormente analisado) TIPO SUBJETIVO.

Para que possa haver a imputação objetiva, pela Teoria de Claus Roxin, seria, portanto, necessária a concorrência de **três condições**, quais sejam:

1) A criação ou aumento de um risco não permitido;
2) A realização deste risco não permitido no resultado concreto;
3) Que o resultado se encontre dentro do alcance do tipo/esfera de proteção da norma.

A contrario sensu, afirma-se não poder o resultado ser imputado ao agente, não se aperfeiçoando, assim, o tipo objetivo, sempre que ocorrer uma das seguintes situações:

1) O resultado decorra do exercício de um de risco permitido ou de uma ação do agente que tenha visado apenas diminuir um risco não permitido;
2) O risco não permitido não chegue a se realizar no resultado concreto;
3) O resultado se encontre fora do alcance do tipo ou da esfera de proteção da norma. Analisaremos, a partir de então, as condições necessárias para que possa haver a imputação objetiva.

Por oportuno, destaca-se que o **risco será considerado permitido** sempre que o resultado pretendido pelo agente **não depender exclusivamente de sua vontade**. Caso venha a ocorrer nesta situação, deverá ser atribuído ao acaso. Para que haja **a criação de um risco não permitido, deve haver domínio do resultado por meio da vontade do agente**.

CANDIDATO:

Quanto ao nexo causal, qual a teoria adotada pelo nosso Código Penal? **(Delegado AP/10)**

RESPOSTA ADEQUADA:

Excelência, segundo a doutrina[93] penalista pátria, verifica-se:

> "Para definir a relação de causalidade, o CP adota, como regra geral, a teoria da equivalência dos antecedentes causais, a qual também apresenta outras denominações, como teoria da equivalência das condições, teoria da condição simples, teoria da condição generalizadora e teoria da *conditio sine qua non*.
>
> De acordo com o art. 13, caput, in fine, do CP, 'O resultado, de que depende a existência do crime, somente é imputável a quem lhe deu causa. Considera-se causa a ação ou omissão sem a qual o resultado não teria ocorrido".

Excepcionalmente, o CP adota, no art. 13, § 1º, a teoria da causalidade adequada: "A superveniência de causa relativamente independente exclui a imputação quando, por si só, produziu o resultado; os fatos anteriores, entretanto, imputam-se a quem os praticou".

A expressão teoria da causalidade adequada, por si só, revela a autonomia da causa superveniente que, embora seja relativa, não se encontra no mesmo curso do desenvolvimento causal da conduta praticada pelo autor.

COMPLEMENTAÇÃO DA RESPOSTA:

Interessante explicitar as críticas sobre a teoria em comento, por ser tema recorrente nos concursos de Delegado, inclusive foi cobrada na última prova discursiva de Delegado de PE.

Vejamos:

> "O problema da Teoria da equivalência dos antecedentes causais é que o regresso é infinito, aí surge a teoria da imputação objetiva, que é o freio. Por isso, para se saber se determinado aspecto é causa do resultado deve ser utilizado o processo de eliminação hipotética de Thyrén.
>
> Para chegar as causas efetivamente, devo somar a Teoria da equivalência dos antecedentes causais ao processo da eliminação hipotética, que é: no campo mental da cogitação e suposições, o aplicador deve proceder a eliminação da conduta do sujeito ativo para concluir pela persistência ou desaparecimento do resultado. Persistindo o resultado não é causa, desaparecendo é causa".[94]

Seguem os dispositivos legais sobre a temática:

---

93. MASSON, 2016. pp. 258-64.

94. <https://pt.wikipedia.org/wiki/Rela%C3%A7%C3%A3º_de_causalidade>, acessado em 02 fev. 17.

Art. 13 – O resultado, de que depende a existência do crime, somente é imputável a quem lhe deu causa. Considera-se causa a ação ou omissão sem a qual o resultado não teria ocorrido.

§ 1º – A superveniência de causa relativamente independente exclui a imputação quando, por si só, produziu o resultado; os fatos anteriores, entretanto, imputam-se a quem os praticou.

CANDIDATO:

Nas causas relativamente independentes supervenientes, o agente responde pelo resultado? **(Delegado SP/15)**

RESPOSTA ADEQUADA:

Excelência, dependerá do caso, porquanto temos duas hipóteses a serem consideradas.

Temos a Causa Superveniente Relativamente Independente, que não produz por si só o resultado, à qual se aplica a teoria da *conditio sine qua non*, regra geral, por não se enquadrar na exceção do § 1º do artigo 13. Exemplo: A vítima alvejada por disparos de arma de fogo falece durante a cirurgia que teve que ser submetida em virtude dos ferimentos.

Entende-se que a vítima só faleceu durante a intervenção médica em razão dos disparos da arma de fogo, sem os quais não teria que se submeter à cirurgia. Neste caso, o agente que atirou responde por homicídio consumado.

Já a Causa Superveniente Relativamente Independente que produz por si só o resultado é a situação excepcional, que se amolda ao artigo 13, § 1º, CP. Aqui, aplica-se a teoria da Causalidade Adequada.

Exemplo: A vítima que é atingida por disparos de arma de fogo não fatais, mas vem a falecer em virtude de acidente automobilístico de ambulância, que o está socorrendo em razão dos disparos. Neste caso, exclui-se a imputação ao agente que atirou, havendo apenas a responsabilidade penal na forma tentada.

No primeiro caso considera-se que a conduta do agente ocasionou diretamente o resultado. Na segunda hipótese a conduta do agente não foi causa direta para atingimento do resultado naturalístico.

COMPLEMENTAÇÃO DA RESPOSTA:

Aqui trazemos transcrição doutrinária e teor de acórdão dos Tribunais para que o candidato aprofunde a compreensão do tema.

Nas palavras do ilustre professor CAPEZ[95]:

95. CAPEZ, 2012. p. 191.

Na hipótese das supervenientes, embora exista nexo físico-naturalístico, a lei, por expressa disposição do art. 13, § 1°, que excepcionou a regra geral, manda desconsiderá-lo, não respondendo o agente jamais pelo resultado, mas tão somente por tentativa (...).

Neste sentido, temos o julgado do TJ-RS[96]:

TJ-RS – Apelação Crime ACR 70051276178 RS (TJ-RS)

Data de publicação: 23/10/2013

Ementa: APELAÇÃO-CRIME. HOMICÍDIO CULPOSO NO TRÂNSITO. AUSÊNCIA DE NEXO DE CAUSALIDADE ENTRE A CONDUTA E O RESULTADO MORTE. SUPERVENIÊNCIA DE CAUSA RELATIVAMENTE INDEPENDENTE. INSUFICIÊNCIA DE PROVAS DA CULPA. ABSOLVIÇÃO. Nexo de causalidade. O óbito ocorreu por embolia pulmonar decorrente de causa relativamente independente, consoante atestado por perícia realizada pelo Departamento Médico-Legal causa relativamente independente do Instituto-Geral de Perícias. O documento constatou que inexistiu "perigo de morte" até o momento em que está efetivamente ocorreu, de forma súbita, quatro dias após procedimento cirúrgico. O óbito ocorreu 15 dias após o acidente e que ao ofendido havia sido concedida alta hospitalar de estabelecimento em que esteve internado anteriormente. Há documentação indicando "boa evolução pós-operatória" com avaliação no dia anterior ao da morte sem registrar qualquer intercorrência. Nesse contesto demonstrada causa superveniente relativamente independente, que não pode ser compreendida como encadeamento direto e decorrência natural do evento narrado na inicial, seria caso de desclassificação da imputação, nos termos do parágrafo 1° do artigo 13 do Código Penal. Todavia, a prova produzida é insuficiente para evidenciar que o réu agiu com culpa, sendo impositiva sua absolvição. Insuficiência de provas. Não há prova concreta de que o acusado se encontrava em excesso de velocidade. Nem sequer consta nos autos qual seria o limite de velocidade permitido para o tráfego na via. Outrossim, há relatos denotando a precariedade das condições em que se encontrava a pista em razão da chuva e da "recapagem" que estava sendo realizada, assim como de que inexistia sinalização adequada no trajeto. Ausência de provas evidenciando que o evento teria ocorrido exclusivamente em razão da conduta do réu. APELAÇÃO PROVIDA. DECISÃO POR MAIORIA.

As causas podem ser:

Causas absolutamente independentes (não podem ser imputadas): Causalidade antecipadora. Rompem o nexo causal. Dividem-se em: preexistentes, concomitantes e supervenientes. Em todas as hipóteses, o agente responderá apenas pelos atos praticados e não pelo resultado naturalístico (responde pelo crime tentado).

1. Não há relação de causalidade;
2. Agente responde pelos atos praticados, não pelo resultado (exclui a imputação do resultado).

Causas relativamente independentes: Têm origem na conduta do agente e dependem da atuação do agente para existir. O agente responde pelo resultado naturalístico (responde pelo crime consumado).

96. TJ-RS, Ap. Crim. nº 70051276178, TJ-RS, Relator: Diogenes Vicente Hassan Ribeiro, Terceira Câmara Criminal, Julgado em 19/09/2013.

Dividem-se em Preexistentes, Concomitantes, com isso, agente responderá pelo resultado naturalístico, sendo necessário que tenha conhecimento das condições que levaram ao resultado, sob pena de responsabilidade objetiva, e Supervenientes.

Vejamos inicialmente a Superveniente:

1. Superveniente por si só*:* Ex.: A vítima é atingida por disparos de arma de fogo não fatais, mas vem a falecer em virtude do acidente automobilístico de sua ambulância.
2. Superveniente não por si só*:* A vítima é atingida por disparos de arma de fogo não fatais, mas vem a falecer em virtude infecção generalizada em decorrência dos ferimentos ocasionados pelos disparos.

Ainda, podemos destacar a definição das:

Preexistente: Ex.: O agente que dispara arma de fogo contra a vítima, causando-lhe ferimentos não fatais. Contudo, ela vem a falecer em virtude do agravamento das lesões pela hemofilia.

Concomitante*:* Ex.: O agente que atira em vítima, que foge correndo e morre atropelada.

8. ILICITUDE

CANDIDATO:

Com base na doutrina, discorra sobre: o conceito do estrito cumprimento de dever legal, exemplificando-o e indicando o momento de sua análise jurídica frente ao que dispõe o Código Penal; 2 o conceito de tipicidade conglobante e sua consequência jurídica em relação à excludente do estrito cumprimento de dever legal, conforme o sistema jurídico penal. **(Delegado SE/19)**

RESPOSTA ADEQUADA:

Excelência, o Código Penal não apresenta definição para o conceito de estrito cumprimento de dever legal, ao contrário do que faz com o estado de necessidade e com a legítima defesa, limitando-se a dispor, em seu art. 23, inciso III, que:

> "Art. 23. Não há crime quando o agente pratica o fato: (...) III – em estrito cumprimento de dever legal (...)".

O estrito cumprimento de dever legal consiste na realização de um fato típico, por força do desempenho de uma obrigação imposta por lei, nos exatos limites dessa obrigação. A lei não determina apenas a faculdade do agente em obedecer ou não a regra por ela estabelecida, havendo, na verdade, o dever de agir com origem exclusivamente na lei. Exemplo disso é o cumprimento de mandado de busca domiciliar em que haja impedimento à ordem de ingresso na residência, o que autoriza o arrombamento da porta e a entrada forçada, conforme disciplina o Código de Processo Civil, em seu art. 536, § 2º.

Pelo Código Penal, o estrito cumprimento de dever legal é analisado no momento da antijuricidade da conduta, ou seja, como causa de exclusão da ilicitude da conduta.

Com base na doutrina[97], a tipicidade conglobante consiste na adequação da conduta ao modelo abstrato descrito na lei à luz da ordem normativa e dos princípios conformadores do direito penal; ou seja, para que um fato seja típico, a conduta que lhe deu origem deve violar o ordenamento jurídico considerado como um todo. Para os penalistas Eugênio Raúl Zaffaroni e José Henrique Pierangeli, "a tipicidade penal não se reduz à tipicidade legal (adequação à formulação legal), e sim, deve evidenciar uma verdadeira proibição com relevância penal, para o que é necessário que esteja proibida à luz da consideração conglobada da norma. Isto significa que tipicidade penal implica na tipicidade legal corrigida pela tipicidade conglobante, que pode reduzir o âmbito de proibição aparente que surge da consideração isolada da tipicidade legal".

À luz da conceituação doutrinária da tipicidade conglobante (antinormativa), algumas excludentes de ilicitude, a exemplo do estrito cumprimento de dever legal e do exercício regular do direito, têm implicação direta na tipicidade da conduta, e não na sua ilicitude ou antijuridicidade, possuindo a natureza jurídica de causa de exclusão de tipicidade. Isso porque, pela tipicidade conglobante antinormativa, não pode ser típica a conduta daquele que atua fomentado pelo próprio ordenamento jurídico (estrito cumprimento de dever legal), não podendo coexistir uma norma que determine que se faça alguma coisa enquanto outra norma veda a mesma conduta, emprestando-lhe tipicidade formal.

Considerando-se, então, que não há tipicidade na conduta daquele que, em tese, realiza um fato típico por força do desempenho de uma obrigação imposta por lei, o comportamento realizado sob o manto do estrito cumprimento de dever legal, visto sob o ângulo da teoria da tipicidade conglobante, deve ser perquirido dentro da estrutura jurídica do fato típico, constituído por conduta, resultado, nexo de causalidade e tipicidade (formal e conglobante), e não da antijuridicidade.

COMPLEMENTAÇÃO DA RESPOSTA:

Nessa linha, a existência do fato típico se funda em duas premissas:

a) a conduta do agente deve ser analisada à luz do universo normativo como um todo, ou seja, deve ser antinormativa;
b) a conduta deve ofender ou colocar em perigo o bem jurídico previsto pelo tipo penal de forma efetiva e relevante (tipicidade material).

Vale citar Zaffaroni e Pierangeli[98], que assim asseveram: "Suponhamos que somos juízes e que é levada a nosso conhecimento a conduta de uma pessoa que, na qualidade de oficial de justiça, recebeu uma ordem, emanada por juiz competente, de penhora e sequestro de um quadro, de propriedade de um devedor a quem se executa em

97. Zaffaroni, Eugênio Raúl; Pierangeli, José Henrique. Manual de Direito Penal Brasileiro: parte geral. Revista dos Tribunais, p. 549-50.

98. Zaffaroni, Eugênio Raúl; Pierangeli, José Henrique, IBIDEM p. 395.

processo regular, por seu legítimo credor, para a cobrança de um crédito vencido, e que, em cumprimento desta ordem judicial e das funções que por lei lhe competem, solicita o auxílio de força pública, e, com todas as formalidades requeridas, efetivamente sequestra a obra, colocando-a à disposição do juízo. O mais elementar senso comum indica que esta conduta não pode ter qualquer relevância penal, que de modo algum pode ser delito, mas por quê? Receberemos a resposta de que essa conduta enquadra-se nas previsões do art. 23, III, do CP: 'Não há crime quando o agente pratica o fato (...) em estrito cumprimento de dever legal (...)'. é indiscutível que ela aí se enquadra, mas que caráter do delito desaparece quando um sujeito age em cumprimento de um dever? Para boa parte da doutrina, o oficial de justiça teria atuado ao amparo de uma causa de justificação, isto é, que faltaria a antijuridicidade da conduta, mas que ela seria típica. Para nós, esta resposta é inadmissível, porque tipicidade implica antinormatividade (contrariedade à norma) e não podemos admitir que na ordem normativa uma ordena o que a outra proíbe. Uma ordem normativa, na qual uma norma possa ordenar o que a outra pode proibir, deixa de ser ordem e de ser normativa e torna-se uma 'desordem arbitrária'".

CANDIDATO:

Conceitue a teoria da *ratio essendi*. **(Delegado AP/MG 18)**

RESPOSTA ADEQUADA:

Excelência, a teoria em espeque, também conhecida por teoria da absoluta dependência, passa criar o conceito de **tipo total do injusto**, conduzindo-se a antijuridicidade do fato (ilicitude) para o campo da tipicidade. Ou seja, a antijuridicidade **é a essência da tipicidade**, numa **absoluta relação de dependência** entre esses elementos do delito, por isso, caso não haja ilicitude, não haverá fato típico.

COMPLEMENTAÇÃO DA RESPOSTA:

Destaca-se que a teoria em epígrafe NÃO é a adotada no ordenamento pátrio pela doutrina e jurisprudência, mas sim a do item 2, a seguir (a **teoria adotada é a da indiciariedade ou da *ratio cognoscendi***).

No tocante ao tema, ainda temos as seguintes teorias:

1) **Teoria da autonomia ou absoluta independência**, pela qual a tipicidade **não tem qualquer relação com a ilicitude**, de tal sorte que ocorrido o fato típico, não se pode afirmar que ele é presumidamente ilícito, ainda que seja uma presunção relativa;
2) **Teoria da indiciariedade ou da *ratio cognoscendi***, pela qual **se há fato típico, presume-se, relativamente, que ele é ilícito**; o fato típico é o indício da ilicitude, que deve ser afastada mediante prova em contrário, a cargo (leia-se ônus) da defesa;
3) **Teoria dos elementos negativos do tipo**: possui as mesmas consequências da teoria da *ratio essendi*, conquanto sejam autônomas entre si, por serem

alicerçadas com diferentes focos. **Para a referida teoria, o tipo penal é composto de elementos positivos ou expressos**, que são as elementares do tipo penal, bem como os elementos negativos ou implícitos do tipo, isto é, as causas excludentes de ilicitude.

Destarte, para a ocorrência do fato típico, os retromencionados elementos negativos (excludentes de ilicitude) não podem existir.

CANDIDATO:

Conceitue ilicitude do fato. **(Delegado AP/18)**

RESPOSTA ADEQUADA:

Excelência, a ilicitude se encontra na contradição entre a conduta e o ordenamento jurídico, onde uma ação ou omissão são ilícitas, sendo, em regra, tudo o que se opõe às leis.

COMPLEMENTAÇÃO DA RESPOSTA:

Por óbvio, deve-se levar em consideração primeiramente a tipicidade do fato, ou seja, se o fato é previsto em lei como crime ou não. Sendo o fato atípico, não há que se falar em ilícito penal. Sendo típico, previsto em lei como crime, analisa-se a sua ilicitude, a sua contrariedade à lei.

Ademais, oportuno dizer que a ilicitude do fato é um dos substratos do conceito de crime, de acordo com a teoria analítica.

CANDIDATO:

Quais são as causas de exclusão da ilicitude? **(Delegado AP/18)**

RESPOSTA ADEQUADA:

Excelência, em regra, as previstas no CP, no art. 23, que são: legítima defesa; estado de necessidade; cumprimento do dever legal e exercício regular do direito.

COMPLEMENTAÇÃO DA RESPOSTA:

À luz do Código Penal, em seu art. 23:

"Não há crime quando o agente pratica o fato:

I - em estado de necessidade;

II - em legítima defesa;

III - em estrito cumprimento de dever legal ou no exercício regular de direito.

Parágrafo Único. O agente, em qualquer das hipóteses deste artigo, responderá pelo excesso doloso ou culposo."

FIQUE ATENTO!

1. EXCLUDENTE DE TIPICIDADE E ANTIJURIDICIDADE/ILICITUDE (justificante) **= EXCLUEM O CRIME**

2. EXCLUDENTE DE CULPABILIDADE (dirimente/exculpante) = **ISENTA DE PENA**

Outras observações cobradas:

1. As causas de exclusão de antijuridicidade previstas no CP NÃO são taxativas, por exemplo: ofendículos; consentimento do ofendido (se não for elementar do crime).
2. As fontes das causas de justificação são a lei, a necessidade e a falta de interesse.
3. Segundo a doutrina majoritária, cabe estado de necessidade contra fato provocado culposamente pelo agente. Mas, se o agente provocou o perigo voluntária ou dolosamente, ele não pode invocar o estado de necessidade.
4. Em caso de concurso de pessoas, o estrito cumprimento do dever legal configurado em relação a um dos agentes se estende aos demais envolvidos no fato típico, sejam eles coautores ou partícipes. Exemplo: Policial Militar que recebe auxílio de particular para adentrar em uma residência com o fim de executar mandado de busca e apreensão.
5. Em se tratando de legítima defesa, a agressão é injusta e a repulsa se materializa em uma ação predominantemente defensiva, com aspectos agressivos, ao passo que, tratando-se de estado de necessidade, inexiste a agressão injusta, sendo a ação predominantemente agressiva, com aspectos defensivos.
6. De acordo com a visão finalista do tipo, a concepção material de ilicitude permite a construção de causas supralegais de justificação.

E o que seria a concepção material de ilicitude?

Ilicitude formal é a mera contradição entre o fato praticado pelo agente e o sistema jurídico em vigor. É a característica da conduta que se coloca em oposição ao Direito.

Ilicitude material, ou substancial, é o conteúdo material do injusto, a substância da ilicitude, que reside no caráter antissocial do comportamento, na sua contradição com os fins colimados pelo Direito, na ofensa aos valores necessários à ordem e à paz no desenvolvimento da vida social.

Em sede doutrinária, prevalece o entendimento de que a **ilicitude é formal**, pois consiste no exame da presença ou ausência das suas causas de exclusão. Nesses termos, o aspecto material se reserva ao terreno da tipicidade.

Cumpre ressaltar, porém, que **somente a concepção material autoriza a criação de causas supralegais de exclusão da ilicitude**. De fato, em tais casos há relação de contrariedade entre o fato típico e o ordenamento jurídico, sem, contudo, revelar o caráter antissocial da conduta.

CANDIDATO:

O que se entende por legítima defesa predisposta? **(Delegado AP/18)**

RESPOSTA ADEQUADA:

Excelência, trata-se de ofendículos, que são as chamadas defesas predispostas, e se constituem de dispositivos (instrumentos), objetivando impedir ou dificultar a ofensa ao bem jurídico protegido, excluindo-se a antijuridicidade do fato.

COMPLEMENTAÇÃO DA RESPOSTA:

Alguns autores procedem à diferença entre **ofendículos** (instrumentos percebidos com facilidade pelo agressor e que representam uma resistência normal) e **defesa mecânica predisposta** (consistente naquela oculta e ignorada pelo atacante). Aduzindo que no primeiro o sujeito se encontra em **exercício regular de um direito** e no segundo em **legítima defesa**. Entretanto, a doutrina majoritária entende que a predisposição dos aparelhos constitui exercício regular de direito, mas estes, quando reagem à agressão, configuram a situação de legítima defesa preordenada, desde que presente os seus requisitos.

CANDIDATO:

A legítima defesa e o estado de necessidade putativos excluem a culpabilidade? **(Delegado AP/18)**

RESPOSTA ADEQUADA:

Excelência, depende da teoria a ser adotada. Essas espécies se revestem sob o manto das **descriminantes putativas**, podendo ser causas de exclusão de tipicidade ou da culpabilidade, que existem tão somente na **imaginação** do agente.

Desta forma, restringindo-se ao erro quanto aos **pressupostos fáticos de uma causa de justificação**, poderá ser aplicada a **teoria limitada da culpabilidade** ou a **teoria normativa pura.** Sendo que a **primeira exclui o dolo, e, consequentemente, a tipicidade;** enquanto a segunda **exclui a culpabilidade** pelo fato de o agente, no caso concreto, **não ter potencial consciência da ilicitude (erro de proibição indireto).**

COMPLEMENTAÇÃO DA RESPOSTA:

Observe que segundo a maioria da doutrina, é adotada pelo CP a **teoria limitada da culpabilidade**, gerando a exclusão da tipicidade (erro de tipo permissivo).

Interessante enfatizar que quando há erro sobre **pressupostos fáticos de uma causa de justificação**, há discussão na doutrina pela possibilidade de ser **uma causa excludente de tipicidade ou de culpabilidade, a depender da teoria a ser adotada.**

Agora, se ocorrer erro quanto à **existência** de uma **causa de justificação** e erro quanto **aos limites** de uma causa de justificação, ambos serão tratados como **erro de proibição indireto**, logo, causa de exclusão de culpabilidade.

CANDIDATO:

O que se entende por consentimento do ofendido? Quais suas consequências jurídicas? **(Delegado AP/18)**

RESPOSTA ADEQUADA:

Excelência, a doutrina define o "consentimento do ofendido" como a anuência do titular do bem jurídico ao fato típico praticado por alguém. Trata-se de criação doutrinária e jurisprudencial, sendo uma causa supralegal de exclusão da ilicitude ou tipicidade.

Tem como consequências jurídicas:

a) Dissenso (falta de concordância/não consentimento) **não é elementar do crime**: o consentimento é causa supralegal de **exclusão da ilicitude**. Exemplo: Crime de dano – art. 163 do CPB e/ou conduta típica de lesões corporais – art. 129 do CPB.

b) Dissenso (falta de concordância/não consentimento) **é elementar do crime**: o consentimento é causa supralegal de **exclusão da tipicidade**. Exemplo: Estupro – art. 213 do CPB e/ou violação de domicílio – art. 150 do CPB.

COMPLEMENTAÇÃO DA RESPOSTA:

Quais são os requisitos do consentimento do ofendido?

a) Vítima tem que ser capaz de consentir (o consentimento deve ser dado pelo titular do bem jurídico atacado);
b) Consentimento válido e expresso (há doutrina que admite o consentimento tácito);
c) Bem disponível e próprio (a vida é um exemplo de bem indisponível, portanto, estaria fora);
d) Consentimento antes, atual ou simultâneo à lesão ao bem jurídico*;
e) O agente deve ter ciência da situação de fato que autoriza a justificante.

*Não pode ser posterior ao ataque do bem jurídico. O consentimento posterior à lesão não exclui a ilicitude, mas pode refletir na punibilidade. Em crimes de ação privada, pode configurar renúncia ou perdão.

CANDIDATO:

Qual a diferença entre estado de necessidade agressivo e defensivo? **(Delegado AP/10)**

RESPOSTA ADEQUADA:

Excelência, a doutrina[99] conceitua "estado de necessidade Defensivo" como: a conduta do sujeito que age em necessidade se volta contra quem produziu ou colaborou para a produção do perigo, lesionando um bem de sua titularidade. Ex.: um náufrago disputa a tábua de salvação com outro, que é o responsável pelo afundamento do navio.

Enquanto o "estado de necessidade Agressivo": a conduta do sujeito que age em necessidade se volta contra outra coisa, diversa daquela que originou o perigo, ou contra terceiro inocente. Ex.: um náufrago disputa a tábua de salvação com outro, sendo que ambos não tiveram nenhuma responsabilidade no tocante ao afundamento do navio.

COMPLEMENTAÇÃO DA RESPOSTA:

À luz do Código Penal no art. 24: "Considera-se em estado de necessidade quem pratica o fato para salvar de perigo atual, que não provocou por sua vontade, nem podia de outro modo evitar, direito próprio ou alheio, cujo sacrifício, nas circunstâncias, não era razoável exigir-se".

Quais são os requisitos do Estado de Necessidade?

1. Existência de um perigo atual;
2. Perigo que ameace a direito próprio ou alheio;
3. Conhecimento da situação justificante;
4. Não provocação voluntária da situação de perigo;
5. Inexigibilidade do sacrifício do bem ameaçado (proporcionalidade dos bens em confronto);
6. Inevitabilidade da lesão ao bem jurídico em fase do perigo;
7. Inexistência do dever legal de enfrentar o perigo.

CANDIDATO:

Como se define o "excesso intensivo" na legítima defesa? **(Delegado PF/13)**

RESPOSTA ADEQUADA:

Excelência, a doutrina[100] especializada conceitua excesso intensivo ou próprio como "o que se verifica quando ainda estão presentes os pressupostos das causas de exclusão da ilicitude. É o caso do agente que, no contexto de uma agressão injusta, defende-se de forma desproporcional. Há superação dos limites traçados pela lei para a justificativa, e o excesso assume um perfil ilícito".

99. ESTEFAM; Gonçalves, 2014. pp. 392-397.

100. MASSON, 2015. pp. 675 e 676.

COMPLEMENTAÇÃO DA RESPOSTA:

Vejamos a diferença entre os **excessos da legítima defesa:**

1. Excesso intensivo ou próprio: ainda estão presentes as causas de exclusão da antijuridicidade; no entanto, o agente usa meio desnecessário ou o agente usa imoderadamente o meio necessário ou o agente usa, imoderadamente, meios desnecessários.
2. Excesso extensivo ou impróprio: não estão mais presentes os pressupostos das causas de exclusão da ilicitude, posto que não mais existe a agressão ilícita, encerrou-se a situação de perigo, o dever legal foi cumprido e o direito foi regularmente exercido dentro dos limites.

CANDIDATO:

Quais são as teorias do estado de necessidade? **(Delegado PA/13 e AP/18)**

RESPOSTA ADEQUADA:

Excelência, a doutrina[101] majoritária prescreve que a "teoria diferenciadora" é a que, se o bem salvo for mais importante que o sacrificado, **exclui-se a ilicitude**, conhecido estado de necessidade justificante. Ao passo que, se os bens em conflito forem equivalentes, afasta-se a culpabilidade, caracterizando estado de necessidade exculpante com a **exclusão da culpabilidade.**

Em relação à teoria unitária objetiva, em qualquer das hipóteses acima analisadas (bem protegido é de igual ou maior valor que o sacrificado), há exclusão da ilicitude e a figura do estado de necessidade justificante. Destaca-se que esta é a teoria adotada no Código Penal.

No entanto, se o bem salvo for menos importante que o sacrificado, poderá ocorrer apenas a diminuição da pena da conduta do agente (§ 2º do art. 24 do CP).

COMPLEMENTAÇÃO DA RESPOSTA:

Lembre-se de que o estado de necessidade justificante: afasta a ilicitude da conduta. E o estado de necessidade exculpante: exclui a culpabilidade do agente em decorrência da inexigibilidade adversa.

Essa figura é adotada no Código Penal Militar, o qual distingue o estado de necessidade enquanto excludente de ilicitude (justificante) e de culpabilidade (exculpante), em seus artigos 39 e 43.

Por fim, **não pode** alegar estado de necessidade quem tinha o dever legal de enfrentar o perigo (§ 1º do art. 24 do CP).

101. ESTEFAM; Gonçalves, Ob. Cit., 2014. pp. 392-397.

9. CULPABILIDADE

CANDIDATO:

Discorra sobre o princípio da culpabilidade. **(Delegado RS/19)**

RESPOSTA ADEQUADA:

Excelência, a culpabilidade, consoante o conceito analítico de crime, é um dos seus substratos, que se conjuga com a conduta típica e ilícita do agente. Reprova-se o agente por ter optado de tal modo que, sendo-lhe possível atuar em conformidade com o direito, haja preferido agir contrariamente ao exigido em lei.

Embora diversas vezes citada pelo Código Penal vigente, é desguarnecida de conceito e funções pré-estabelecidas, missão que fica a cargo da doutrina e da jurisprudência, o que justifica a ausência de uniformidade de entendimentos e a existência de diversas teorias acerca da culpabilidade.

A culpabilidade acompanha a evolução humana e, até chegar à atual concepção, de pressuposto para aplicação da pena, que não é unânime, mas majoritária, passou por várias transformações. Atualmente **é compreendida como princípio limitador ao direito de punir do Estado**, como um critério analisado pelo juiz no momento de aplicação da pena, quando irá se ater à análise de três elementos essenciais: imputabilidade, consciência da ilicitude e exigibilidade de conduta diversa. A ausência de qualquer destes elementos implicará na inexistência da própria culpabilidade.

COMPLEMENTAÇÃO DA RESPOSTA:

A partir da teoria normativa pura da culpabilidade, três elementos essenciais lhes são atribuídos: imputabilidade, potencial consciência da ilicitude e exigibilidade de conduta diversa.

A imputabilidade é a capacidade psíquica do agente de compreender o caráter ilícito de determinado comportamento e a condição para que seja passível de punição caso não venha agir de modo diverso conforme o direito.

Sobre a imputabilidade, leciona MIRABETTE que:

> Em primeiro lugar, é preciso estabelecer se o sujeito tem certo grau de capacidade psíquica que lhe permita ter consciência e vontade dentro do que se denomina autodeterminação, ou seja, se tem ele a capacidade de entender, diante de suas condições psíquicas, a antijuridicidade de sua conduta de adequar essa conduta à sua compreensão. A essa capacidade psíquica denomina-se imputabilidade.[102]

A potencial consciência de ilicitude consiste na particular condição que guarda o agente em conhecer, ou ao menos de poder conhecer, a ilicitude (ou antijuridicidade) de determinada conduta.

102. MIRABETE, Júlio Fabbrini. *Manual de Direito Penal*, 2. Ed. São Paulo, Atlas, 1985. p. 95.

Alberto Silva Franco, citando Heleno Cláudio Fragoso, explica claramente que:

> A consciência da ilicitude é a consciência que o agente deve ter de que atua contrariamente ao direito. Essa consciência, pelo menos potencial, é elementar ao juízo de reprovação, ou seja, à culpabilidade... Para que se firme a existência de culpabilidade, no entanto, basta o conhecimento potencial da ilicitude, ou seja, basta que seja possível ao agente, nas circunstâncias em que atuou, conhecer que obrava ilicitamente.[103]

A exigibilidade de conduta diversa consiste na possibilidade de exigir do agente que ele aja de forma legal, ou seja, conforme o direito, diante de uma determinada situação. É a análise acerca da coerência em poder exigir que o agente determinasse sua conduta de determinada forma.

Elucidando o assunto, FONTES, citando Fernando Capez acerca da exigibilidade de conduta diversa, explica que:

> Tal elemento da culpabilidade consiste na expectativa social de um comportamento diferente daquele que foi adotado pelo agente. Somente haverá exigibilidade de conduta diversa quando a coletividade podia esperar do sujeito que tivesse atuado de outra forma.[104]

CANDIDATO:

Explique no que consiste a coculpabilidade e se é admitida no Brasil. **(Delegado RS/19)**

RESPOSTA ADEQUADA:

Excelência, a terminologia da palavra *coculpabilidade* é sugestiva, uma vez que o prefixo "co" indica ligação, concomitância. Já a palavra *culpabilidade* representa o grau de reprovabilidade que deverá incidir sobre uma determinada conduta típica e ilícita perpetrada pelo agente delinquente. Desta forma, conclui-se que o vocábulo deve ser compreendido como a concomitância de culpas, responsabilidades, entre o agente delitivo e o Estado.

Destarte, a natureza jurídica da coculpabilidade é de princípio constitucional implícito, derivado dos princípios da individualização das penas, dignidade da pessoa humana e razoabilidade, devendo o referido princípio ser definido como a atribuição ao Estado de parcela de responsabilidade quando do cometimento de infrações por indivíduos que, claramente, sofreram e sofrem um processo constante de marginalização social, que são, decididamente, excluídos e alheios ao olhar estatal, tendo o seu âmbito de autodeterminação abruptamente adulterado na origem, sendo essa alteração fator determinante para as escolhas e caminhos a serem trilhados por eles.

---

103. FRANCO, Alberto Silva. *Código Penal e sua interpretação jurisprudencial*. 2ª Ed. rev. e ampliada, São Paulo: Editora Revista dos Tribunais, 1987. p. 43.

104. FONTES, Luciano da Silva. ***Culpabilidade***: Pressuposto da Pena ou característica do crime? <www.mundojuridico.adv.br/cgi-bin/upload/texto1131.rt>. p. 24.

Nesse sentido, o Estado, falho e inoperante quanto às suas funções precípuas, de garantia e manutenção a todos os indivíduos, indistintamente, de seus direitos fundamentais, notadamente ante a exclusão socioeconômica e cultural gerada em virtude dessa sua omissão, deverá arcar com parcela da responsabilidade de forma concorrente com o agente delitivo.

Contudo, o que se pretende com o princípio da coculpabilidade não é conduzir a não punibilidade do agente delitivo, muito menos atribuir ao Estado a responsabilidade penal pelos delitos cometidos por aquele, fazendo-se insurgir contra o Estado a aplicação da pena, mas, sim, gerar uma menor reprovação social da conduta do indivíduo delinquente e delinear uma pena justa, em homenagem ao princípio da individualização das penas, ao reconhecer a sua ineficácia na realização de seu papel constitucionalmente previsto.

COMPLEMENTAÇÃO DA RESPOSTA:

Parcela da doutrina penalista, sendo Raúl Eugênio Zaffaroni o precursor do princípio ora em comento, tem buscado cada vez mais dar êxito a um direito penal social, humano, exatamente por fenômeno social que é o delito, optando pela defesa da aplicação do princípio da coculpabilidade no direito penal brasileiro, como forma de atenuar as mazelas acarretadas pela falha e omissão estatal.

A inserção da coculpabilidade e a sua consequente aplicação no ordenamento jurídico penal brasileiro podem ser verificadas em quatro momentos distintos, valendo-se do sistema Nelson Hungria de dosimetria da pena[105]:

1) Na primeira fase de dosimetria penal, a coculpabilidade poderia ser inserida como uma das circunstâncias judiciais do artigo 59 do Código Penal, devendo ser levada em consideração pelo magistrado quando da fixação da pena-base;

2) Poderia ser encartada, ainda, como atenuante genérica a ser inserida no artigo 65 do Código Penal ou, também, como atenuante inominada do artigo 66 do mesmo diploma, tendo esta última uma boa visibilidade de aplicação, vez que o magistrado poderá levar em conta para atenuar a pena circunstâncias relevantes, anteriores ou posteriores ao crime, embora não previstas expressamente em lei;

3) Por fim, poderia ser utilizada também como causa de diminuição de pena a ser inserida no Código Penal e aplicada na terceira fase de dosimetria, sendo, talvez, a hipótese na qual a pena poderia ser imposta aquém do mínimo legal, uma vez que, em razão da súmula 231 do Superior Tribunal de Justiça, é vedada a incidência de circunstância atenuante que culmine na condução da pena abaixo do mínimo legal previsto.

CANDIDATO:

Quais são as causas excludentes da imputabilidade e qual teoria que a explica? **(Delegado RS/19)**

105. HUNGRIA, Nelson. *Comentários ao código penal*. Rio de Janeiro: Forense, 1953.

RESPOSTA ADEQUADA:

Excelência, ao se admitir a teoria normativa, o dolo e a culpa, como elementos subjetivos, são retirados da culpabilidade e transferidos para a tipicidade, e para aquela, três elementos são atribuídos: imputabilidade, consciência da ilicitude e exigibilidade de conduta diversa.

Ausente qualquer destes elementos, a culpabilidade estará prejudicada, quando então constatar-se-á a existência de causas exculpantes, dirimentes, ou ainda eximentes.

COMPLEMENTAÇÃO DA RESPOSTA:

Neste contexto, importante é a distinção feita por Luiz Flávio Gomes:

> As causas excludentes da culpabilidade denominam-se exculpantes ou dirimentes ou eximentes. Não se confundem com as causas justificantes (ou descriminantes ou excludentes da antijuridicidade: legítima defesa, estado de necessidade, etc.). São distintas, ademais das causas atípicas (que excluem a tipicidade penal: erro de tipo, princípio da insignificância, princípio da adequação social etc.) assim como das caudas de exclusão da punibilidade (que excluem a punibilidade abstrata: escusas absolutórias, imunidade diplomática, desistência voluntária da tentativa, arrependimento eficaz etc.).[106]

Relacionadas ao requisito da imputabilidade, a culpabilidade estará eliminada por três principais causas:

a) doença mental, conforme artigo 26 do CP;

b) desenvolvimento mental incompleto por presunção legal, do menor de 18 anos (menoridade), artigo 27 do CP, e retardado, pelo artigo 26;

c) embriaguez completa e fortuita, artigo 28, § 1º;

Quanto a potencial consciência de ilicitude, a culpabilidade estará afetada na ocorrência de duas hipóteses:

a) erro inevitável sobre a ilicitude do fato, pelo que dispõe o artigo 21 do CP;

b) erro inevitável a respeito do fato que configura uma discriminante putativa, artigo 20, § 1º;

Por sua vez, a exigibilidade de conduta diversa está prejudicada pela ocorrência de:

a) coação moral irresistível;

b) obediência hierárquica.

CANDIDATO:

A doença mental, como esquizofrenia, caracteriza a inimputabilidade? **(Delegado SP/19)**

106. GOMES, Luiz Flávio. Causas de exclusão da culpabilidade. Material da 4ª aula da Disciplina Culpabilidade e responsabilidade pessoal do agente, ministrada no Curso de Pós-Graduação Latu Sensu TeleVirtual em Ciências Penais – Universidade Anhanguera-Uniderp – IPAN – REDE LFG. p. 01.

RESPOSTA ADEQUADA:

Excelência, conforme doutrina, o Código Penal se apoia no critério Biopsicológico sobre inimputabilidade dos doentes mentais. Nesta testilha, a doença mental, por si só, não torna o agente inimputável.

No tocante ao art. 26 do CPB, será inimputável o agente esquizofrênico que, em razão desta, venha a ser ao tempo da ação inteiramente **incapaz de entender o caráter ilícito do fato** ou de **determinar-se de acordo com esse entendimento.**

CANDIDATO:

Quais são os requisitos causais, consequenciais e cronológicos da imputabilidade? **(Delegado SP/19)**

RESPOSTA ADEQUADA:

Excelência, a doutrina define como requisitos da inimputabilidade, segundo o sistema Biopsicológico, em **causal**: existencial de doença mental ou de desenvolvimento incompleto ou retardado, causas previstas em lei; **cronológico:** atuação ao tempo da ação ou omissão delituosa; e a **consequencial**: perda total da capacidade de entender ou da capacidade de querer.

Destaca-se que só haverá inimputabilidade se os três requisitos estiverem presentes.

CANDIDATO:

Para a teoria psicológica da culpabilidade o dolo e a culpa integram a conduta ou a culpabilidade? **(Delegado MG/11 e SP/15)**

RESPOSTA ADEQUADA:

Excelência, pela teoria causal da ação adota-se a teoria psicológica da culpabilidade, na qual dolo e culpa integram a culpabilidade.

Destarte, a doutrina[107] expõe que a "teoria psicológica é aplicável somente no âmbito do causalismo e sustenta, em resumo, que a culpabilidade consiste na relação psíquica entre o autor e o resultado, na forma de dolo ou culpa. Percebe-se, com facilidade, que a culpabilidade se confunde como dolo e a culpa, sendo seu único pressuposto a imputabilidade. O dolo, nessa teoria, é normativo, pois contém a consciência da ilicitude. A imputabilidade, na qualidade de pressuposto da culpabilidade, e não seu elemento, precede em análise o dolo e a culpa".

COMPLEMENTAÇÃO DA RESPOSTA:

Atente-se para o quadro sinótico sobre as teorias da culpabilidade:

107. CUNHA, Ob. Cit., 2015, p. 273.

TEORIAS DA CULPABILIDADE			
Teoria Psicológica da Culpabilidade	**Teoria Psicológica Normativa**	**Teoria Extremada da Culpabilidade**	**Teoria Limitada da Culpabilidade**
Alicerce Causalista/ Clássico	**Alicerce Neokantista**	**Alicerce Finalista**	**Alicerce Finalista**
Pressuposto: Imputabilidade Espécies: Dolo e Culpa	Elementos: Imputabilidade Exigibilidade de conduta diversa Culpa Dolo normativo (composto de: consciência, vontade e consciência atual da ilicitude).	Elementos: Imputabilidade Exigibilidade de conduta diversa Consciência (potencial) da ilicitude **Atenção 1**: dolo e culpa migram para o fato típico **Atenção 2**: o dolo passou a ser natural, composto de: consciência e vontade). **Atenção 3**: elemento normativo do dolo deixa de ser elemento do dolo passando a ser elemento da própria culpabilidade, porém não mais atual, mas sim potencial.	Elementos: Imputabilidade Exigibilidade de conduta diversa Consciência potencial da ilicitude **Atenção**: a Teoria limitada diferencia-se da extremada em razão do entendimento acerca da natureza jurídica do art. 20, § 1º, do CP. Teoria Extremada: erro de proibição indireto. Teoria Limitada: erro de tipo permissivo.

CANDIDATO:

No caso da embriaguez acidental completa ela será submetida ao critério psicológico ou Biopsicológico? **(Delegado SP/15)**

RESPOSTA ADEQUADA:

Excelência, quanto à embriaguez acidental, o Brasil adotou o critério biopsicológico. Com isso, têm que estar presentes o caso fortuito ou força maior além da perda total da capacidade de entendimento.

COMPLEMENTAÇÃO DA RESPOSTA:

Segue a previsão legal:

Art. 28 – Não excluem a imputabilidade penal:

§ 1º – É isento de pena o agente que, por embriaguez completa, proveniente de caso fortuito ou força maior, era, ao tempo da ação ou da omissão, inteiramente incapaz de entender o caráter ilícito do fato ou de determinar-se de acordo com esse entendimento

A doutrina[108] define que:

"Embriaguez acidental (caso fortuito ou força maior): Aqui, a embriaguez decorre de caso fortuito (o sujeito desconhece o efeito inebriante da substância que ingere) ou força maior (o sujeito é obrigado a ingerir a substância inebriante)."

"Quando completa, isenta o agente de pena (art. 28, § 1º, do CP); se incompleta, não exclui a culpabilidade, mas diminui a pena (art. 28, § 2º, do CP). Note que a embriaguez, para gerar a inimputabilidade do ébrio, pressupõe os seguintes requisitos: causal (proveniente de caso fortuito ou força maior), quantitativo (completa), cronológico (ao tempo da ação ou omissão) e consequencial (inteira incapacidade intelectiva ou volitiva)."

"Embriaguez Patológica é a embriaguez doentia, que, conforme o caso concreto, pode ser tratada como anomalia psíquica, gerando a inimputabilidade do agente ou redução de sua pena, nos moldes do art. 26 do CP".

"Embriaguez preordenada, nessa espécie, o agente ingere bebida alcoólica ou consome substância de efeitos análogos com a finalidade de cometer um crime. Completa ou incompleta, não haverá exclusão da imputabilidade, tampouco redução de pena, mas a incidência de agravamento da sanção penal (artigo 61, II, "l", do Código Penal)."

10. CONCURSO DE PESSOAS

CANDIDATO:

Qual é a teoria adotada para a participação do crime? **(Delegado SC/15)**

RESPOSTA ADEQUADA:

Excelência, a teoria da acessoriedade média ou limitada, haja vista que a participação será punível se a conduta principal for típica e ilícita. Esta teoria é adotada no Brasil segundo a doutrina majoritária.[109]

COMPLEMENTAÇÃO DA RESPOSTA:

Nós temos outras classificações sobre acessoriedade:

1. Teoria da Acessoriedade Mínima: a participação só será punível quando a conduta principal for típica;
2. Teoria da Acessoriedade Máxima: a participação será punível se a conduta principal for típica, ilícita e culpável;
3. Teoria da Hiperacessoriedade: a participação será punível se a conduta principal for típica, ilícita, culpável e punível.

108. CUNHA, Ob. Cit., 2015, p. 273.

109. CUNHA, Ob. Cit., 2015, p. 370.

CANDIDATO:

No que consiste a Teoria do domínio do fato? **(Delegado/ Simulado 2022)**

RESPOSTA ADEQUADA:

Excelência, há três aspectos sob os quais a teoria do domínio final do fato deve ser analisada:

1) **Domínio da ação:** corresponde ao autor imediato, aquele que, por sua vontade, executa o núcleo do tipo.
2) **Domínio da vontade:** neste caso, o agente se vale de terceira pessoa para a prática do crime. É caso de autoria mediata, que se verifica em três situações: a) coação moral irresistível: o coato, oprimido pelo medo, sucumbe ante a violência moral e pratica a conduta criminosa em favor de quem domina sua vontade; b) erro determinado por terceiro: erro não espontâneo que leva o provocado à prática do delito; c) domínio da organização: o comandante de uma organização criminosa emite ordens para o cometimento de infrações penais por subordinados (voltaremos a este tema à frente).
3) **Domínio funcional:** retrata a situação em que, a partir de uma decisão conjunta de cometer a infração penal, duas ou mais pessoas atuam em colaboração, sendo que cada uma delas tem uma espécie de domínio sobre o todo. É o caso, por exemplo, em que dois indivíduos combinam a prática de um roubo e, enquanto um deles ameaça a vítima com a arma de fogo, o segundo subtrai os bens. Nesse caso, ocorre a chamada "imputação recíproca", em que ambos respondem pelo fato como um todo, não obstante cada um tenha praticado parte da conduta típica (GRECO, Luis et al. Autoria como domínio do fato: estudos introdutórios sobre o concurso de pessoas no direito penal brasileiro. 1. ed. São Paulo: Marcial Pons, 2014, p. 30).

COMPLEMENTAÇÃO DA RESPOSTA:

Imputar a alguém a prática de um crime em razão de seu domínio final sobre o fato pressupõe, evidentemente, a demonstração de que a pessoa a quem a acusação é feita foi responsável pelo curso da prática delituosa. Em casos como os de crimes tributários, cometidos no âmbito de sociedades comerciais, as imputações **não podem** se basear na simples posição ocupada por administradores. É sempre necessário estabelecer a ligação entre a conduta do agente na gestão da empresa e o resultado criminoso, como decidiu o STJ no julgamento do REsp 1.854.893/SP (j. 08/09/2020).

Saliente-**se**, ademais, que a **teoria do domínio do fato** é totalmente inaplicável aos **crimes culposos**, pois, nesta modalidade de infração penal, as pessoas **não** querem o resultado, **não se** podendo falar em controle dos demais envolvidos.

11. CRIMES

11.1. Crimes contra o patrimônio

CANDIDATO:

Qual a diferença entre furto qualificado pela fraude e furto Eletrônico ou Informático? **(Delegado/ Simulado 2022)**

RESPOSTA ADEQUADA:

Excelência, a fraude de qualquer espécie é qualificadora tradicional do furto, nos termos do artigo 155, § 4º, II, CP. Com o advento da **Lei 14.155/21,** o legislador cria uma nova qualificadora (artigo 155, § 4º-B, CP), também baseada no elemento da fraude, mas com um detalhe especializador que se refere a ser tal fraude perpetrada por meio eletrônico e/ou informático.

A partir da Lei 14.155/21, a prática do furto mediante fraude em geral será tipificada com pena menor ("reclusão, de dois a oito anos, e multa"), no artigo 155, § 4º, II, CP. Apenas quando a **fraude for praticada por meio eletrônico ou informático**, haverá pena maior ("reclusão, de quatro a oito anos, e multa"), de acordo com o artigo 155, § 4º-B, CP.

COMPLEMENTAÇÃO DA RESPOSTA:

O chamado "**Furto Eletrônico ou Informático**" será caracterizado pela fraude praticada com emprego de "dispositivo eletrônico ou informático", não exigindo a tipificação que tal dispositivo seja necessariamente conectado à internet, nem que haja necessariamente violação de mecanismo de segurança ou utilização de programas maliciosos. O § 4º-B em estudo termina sua descrição com a fórmula genérica de "qualquer outro meio fraudulento análogo". Isso pode levar alguns à confusão com o "Furto Mediante Fraude" do § 4º, II. Essa confusão não se justifica. Esses meios fraudulentos genéricos devem ser "análogos", ou seja, envolver uso da tecnologia eletrônica e/ou informática. Outras fraudes serão tipificadas no antigo artigo 155, § 4º, II, CP.

Observe-se, porém, que a presença da fraude é essencial à configuração dessa qualificadora, não bastando o emprego de meios eletrônicos ou informáticos. É exemplo o caso do indivíduo que emprega um dispositivo eletrônico para acionamento de explosivo e subtração de dinheiro em um banco. Houve uso de meio eletrônico, mas não fraude. **O crime seria qualificado também, mas no artigo 155, § 4º-A, CP (emprego de explosivo), e não no artigo 155, § 4º-B, CP.**

Importa ainda ter em mente que o emprego de dispositivo informático há que ser "meio" ou "instrumento" para a prática do crime, **não apenas integrante da conduta** ou **forma de o agente obter a subtração**. Por exemplo, se um indivíduo consegue convencer alguém a convidá-lo para uma festa, por meio de conversa telefônica ou por troca de mensagens de WhatsApp, a fim de furtar objetos na casa dessa pessoa, comete o furto mediante fraude previsto no artigo 155, § 4º, II, CP, e não o furto eletrônico em estudo. O dispositivo informático não foi instrumento do crime, mas apenas a forma pela qual o infrator se comunicou com a vítima.

TEMA QUENTE!

> Art. 155 (...)
>
> § 4º-C. A pena prevista no § 4º-B deste artigo, considerada a relevância do resultado gravoso:
>
> I – aumenta-se de 1/3 (um terço) a 2/3 (dois terços), se o crime é praticado mediante a utilização de servidor mantido fora do território nacional;
>
> II – aumenta-se de 1/3 (um terço) ao dobro, se o crime é praticado contra idoso ou vulnerável.

CANDIDATO:

Diferencie o crime de estelionato do tipo fundamental e do estelionato eletrônico? **(Delegado/ Simulado 2022)**

RESPOSTA ADEQUADA:

Excelência, o **crime de estelionato** ocorre quando alguém, utilizando-se de uma fraude – uma mentira, uma conversa fiada, uma "lorota" – consegue enganar, ludibriar outra pessoa a fim dela obter uma vantagem econômica indevida (que não lhe é de direito), na maioria das vezes dinheiro em espécie; prática que tem como pena a prisão de 1 a 5 anos e multa.

Já o **estelionato eletrônico** é a obtenção desta mesma vantagem econômica indevida, mas agora por meio de informações obtidas das vítimas através da utilização **de meios eletrônicos** ou **contato telefônico**. Esta conduta criminosa prevê pena de prisão de 4 a 8 anos e multa.

COMPLEMENTAÇÃO DA RESPOSTA:

A Lei nº 14.155/2021 também promoveu duas alterações no art. 155, que trata sobre furto:

1) inseriu o § 4º-B, prevendo a qualificadora de furto mediante fraude cometido por meio de dispositivo eletrônico ou informático;
2) acrescentou o § 4º-C, com duas causas de aumento de pena relacionadas com o § 4º-B.

O art. 154-A do Código Penal traz o crime de invasão de dispositivo informático. O delito foi inserido no Código Penal pela Lei nº 12.737, de 30 de novembro de 2012, chamada pela imprensa de "Lei Carolina Dieckmann", tendo em vista que a atriz havia sido vítima dessa conduta poucos meses antes (em maio de 2012), quando ainda não havia uma figura típica específica.

A Lei nº 14.155/2021 promoveu quatro alterações no crime do art. 154-A:

1) modificou a redação do caput, ampliando a incidência do tipo penal;
2) majorou a pena do crime na sua forma básica (*caput* do art. 154-A);
3) majorou os limites da causa de aumento de pena do § 2º;
4) majorou a pena da qualificadora do § 3º.

A Lei nº 14.155/2021 realizou três alterações no art. 171, que trata sobre estelionato:

1) inseriu o § 2º-A, prevendo a qualificadora do estelionato mediante fraude eletrônica;
2) acrescentou o § 2º-B, com uma causa de aumento de pena relacionada com o § 2º-A;
3) modificou a redação da causa de aumento de pena do § 4º.

Art. 171 (...)

§ 2º-A. A pena é de reclusão, de 4 (quatro) a 8 (oito) anos, e multa, se a fraude é cometida com a utilização de informações fornecidas pela vítima ou por terceiro induzido a erro por meio de redes sociais, contatos telefônicos ou envio de correio eletrônico fraudulento, ou por qualquer outro meio fraudulento análogo.

Art. 171 (...)

§ 2º-B. A pena prevista no § 2º-A deste artigo, considerada a relevância do resultado gravoso, aumenta-se de 1/3 (um terço) a 2/3 (dois terços), se o crime é praticado mediante a utilização de servidor mantido fora do território nacional.

TEMA POTENCIAL!

Vejamos o quadro esquemático:

Furto mediante fraude por dispositivo eletrônico ou informático (art. 155, § 4º-B)	Estelionato mediante fraude eletrônica (art. 171, § 2º-A)
O agente subtrai coisa alheia móvel por meio de dispositivo eletrônico ou informático, conectado ou não à rede de computadores, com ou sem a violação de mecanismo de segurança ou a utilização de programa malicioso, ou por qualquer outro meio fraudulento análogo.	O agente obtém vantagem ilícita com a utilização de informações fornecidas pela vítima ou por terceiro induzido a erro por meio de redes sociais, contatos telefônicos ou e-mail fraudulento, ou por qualquer outro meio fraudulento análogo.
Pena: 4 a 8 anos.	Pena: 4 a 8 anos.

Exemplo de Rogério Sanches: "Aproveitando a vulnerabilidade de pessoas que utilizam uma rede pública de internet, um hacker intercepta a conexão e obtém dados de acesso a contas bancárias. Com esses dados à disposição, acessa as contas e transfere quantias em dinheiro para outra conta da qual efetua saques. É um caso típico de furto mediante fraude, no qual a manobra ardilosa (interceptar os dados transmitidos entre o usuário e o ponto de conexão) é utilizada para que as vítimas sejam despojadas de seus bens sem que nada percebam." (CUNHA, Rogério Sanches. Lei 14.155/21 e os crimes de fraude digital: primeiras impressões e reflexos no CP e no CPP. Disponível em https://meusitejuridico. editorajuspodivm.com.br/2021/05/28/lei-14-15521-e-os-crimes-de-fraude-digital-primeiras-impressoes-e-reflexos-no-cp-e-no-cpp/)	Exemplo de Rogério Sanches: "Pretendendo adquirir um televisor, um indivíduo faz uma pesquisa na internet e encontra a página de uma conhecida rede varejista na qual o produto está sendo anunciado por um preço muito abaixo das concorrentes. Insere seus dados pessoais e bancários sem saber que, na verdade, se trata de uma página clonada, que apenas copia os caracteres da famosa rede varejista, para induzir as pessoas em erro. Efetuado o pagamento, o dinheiro é creditado ao autor da fraude, que evidentemente não pretende entregar o produto anunciado. Nesse exemplo, ao contrário do anterior, a vítima tem participação direta, pois, induzida por um anúncio enganoso, fornece os dados para que o autor da fraude possa obter a vantagem. Trata-se, portanto, de estelionato."

CANDIDATO:

O indivíduo que simula roubo contra si e seu companheiro de trabalho para se apoderar de dinheiro da empresa responderá por qual crime? **(Delegado/ Simulado 2022)**

RESPOSTA ADEQUADA:

Excelência, esse caso foi julgado pelo STF (HC 147584) que entendeu configurar o **crime de roubo** (e não estelionato) a conduta do funcionário de uma empresa que combina com outro indivíduo para que este simule que assalta o empregado com uma arma de fogo e, dessa forma, leve o dinheiro da empresa.

COMPLEMENTAÇÃO DA RESPOSTA:

Vejamos julgado importante:

(...) 2. A dívida de serviço de transporte urbano por táxi não pode ser considerada "coisa alheia móvel" para fins de configuração da tipicidade dos delitos patrimoniais, sob pena de se fazer equiparação em prejuízo do acusado, violando o princípio da legalidade estrita que rege o Direito Penal. 3. A dinâmica dos fatos narrada no acórdão descrevendo a conduta da ré, que desferiu uma facada no pescoço do taxista, ao fim da corrida, por não possuir dinheiro para o pagamento, **não se amolda à figura do latrocínio**. (REsp 1757543/RS, Rel. Ministro ANTONIO SALDANHA PALHEIRO, SEXTA TURMA, julgado em 24/09/2019, DJe 07/10/2019)

CANDIDATO:

Considere a seguinte situação hipotética: o agente delitivo que explode caixa eletrônico para realizar subtração será responsabilizado penalmente por qual crime? **(Delegado SP/19)**

RESPOSTA ADEQUADA:

Excelência, antes da Lei nº 13.654/2018, o agente responderia por furto qualificado pelo rompimento de obstáculo à subtração da coisa, nos termos do art. 155, § 4º, I do CP em concurso formal impróprio com o crime de explosão majorada (art. 251, § 2º do CP). Entretanto, atualmente, com o advento da lei em comento, acrescentou-se o § 4º-A ao art. 155 do Código Penal prevendo uma nova **qualificadora** para o crime de furto.

COMPLEMENTAÇÃO DA RESPOSTA:

Veja a redação do parágrafo inserido: "§ 4º-A. A pena é de reclusão de 4 (quatro) a 10 (dez) anos e multa, se houver emprego de explosivo ou de artefato análogo que cause perigo comum".

A Lei nº 13.654/2018 acrescentou também o § 7º ao art. 155 do Código Penal prevendo outra **qualificadora** para o crime de furto.

Veja a redação do parágrafo inserido: § 7º A pena é de reclusão de 4 (quatro) a 10 (dez) anos e multa, se a subtração for de substâncias explosivas ou de acessórios que, conjunta ou isoladamente, possibilitem sua fabricação, montagem ou emprego.

A Lei nº 13.654/2018 acrescentou uma nova hipótese de roubo majorado no inciso VI. Veja:

Art. 157 (...)

§ 2º A pena aumenta-se de **um terço até metade**:

(...)

VI – se a subtração for de substâncias explosivas ou de acessórios que, conjunta ou isoladamente, possibilitem sua fabricação, montagem ou emprego.

A Lei nº 13.654/2018 acrescentou um novo parágrafo ao art. 157 prevendo duas novas hipóteses de roubo circunstanciado, com pena maior. Veja:

Art. 157 (...)

§ 2º-A A pena **aumenta-se de 2/3 (dois terços):**

I – se a violência ou ameaça é exercida com emprego de arma de fogo;

II – se há destruição ou rompimento de obstáculo mediante o emprego de explosivo ou de artefato análogo que cause perigo comum.

NOVIDADE LEGISLATIVA!

Com a Lei Anticrime tivemos os seguintes acréscimos:

§ 2º A pena aumenta-se de 1/3 (um terço) até metade:

VII - se a violência ou grave ameaça é exercida com emprego de arma branca; (Incluído pela Lei nº 13.964, de 2019)

§ 2º-B. Se a violência ou grave ameaça é exercida com emprego de arma de fogo de uso restrito ou proibido, aplica-se em dobro a pena prevista no **caput** deste artigo. (Incluído pela Lei nº 13.964, de 2019)

CANDIDATO:

Se ocorrer o crime de latrocínio com duas vítimas e a subtração apenas de um objeto, haverá crime único? **(Delegado SP/19)**

RESPOSTA ADEQUADA:

Excelência, o tema é polêmico, mas há duas correntes:

1ª Corrente: O STF[110] decidiu que caracterizada a prática de latrocínio consumado, em razão do atingimento de patrimônio único, haja vista que o número de vítimas deve ser sopesado por ocasião da fixação da pena-base, na fase do art. 59 do CP.

2ª Corrente: O STJ[111] firmou entendimento que haverá concurso formal impróprio no latrocínio quando ocorre uma única subtração e mais de um resultado morte, porquanto se trata de delito complexo, cujos bens jurídicos tutelados são o patrimônio e a vida.

COMPLEMENTAÇÃO DA RESPOSTA:

Para reforçar o posicionamento do STJ:

(..) "3. Prevalece, no Superior Tribunal de Justiça, o entendimento no sentido de que, nos delitos de latrocínio – crime complexo, cujos bens jurídicos protegidos são o patrimônio e a vida -, havendo uma subtração, porém mais de uma morte, resta configurada hipótese de concurso formal impróprio de crimes e não crime único". (...)[112]

Segue também entendimento do STF:

"Segundo entendimento acolhido por esta Corte, a pluralidade de vítimas atingidas pela violência no crime de roubo com resultado morte ou lesão grave, embora único o patrimônio lesado, não altera a unidade do crime, devendo essa circunstância ser sopesada na individualização da pena, que, no caso, é de 20 (vinte) a 30 (trinta) anos".[113]

CANDIDATO:

Considere a seguinte situação hipotética: Rapaz, maior e capaz, subtraiu determinada quantia de seu pai, senhor de 60 anos de idade. Houve crime? E se o pai em vez de 60, tivesse 50 anos de idade? **(Delegado SP/15)**

110. STF. 2ª Turma. HC 109539, Rel. Min. Gilmar Mendes, julgado em 07/05/2013.

111. STJ. 5ª Turma. HC 336.680/PR, Rel. Min. Jorge Mussi, julgado em 17/11/2015.

112. STJ- HC 185101 SP 2010/0170000-5 (STJ).

113. STF. 2ª Turma. HC 96736, Rel. Min. Teori Zavascki, julgado em 17/09/2013.

RESPOSTA ADEQUADA:

Excelência, em tese, teria havido furto qualificado por abuso de confiança em ambos os casos. Contudo, pelo fato de se tratar de crime cometido contra ascendente, teremos a aplicação da chamada imunidade penal absoluta. Mas no caso do pai ter 60 anos, fica afastada a imunidade penal,[114] respondendo penalmente o filho pela conduta praticada.

COMPLEMENTAÇÃO DA RESPOSTA:

Previsão legal:

> Art. 181 – É isento de pena quem comete qualquer dos crimes previstos neste título, em prejuízo: (...)
> II – de ascendente ou descendente, seja o parentesco legítimo ou ilegítimo, seja civil ou natural.
>
> Art. 183 – Não se aplica o disposto nos dois artigos anteriores:
>
> III – se o crime é praticado contra pessoa com idade igual ou superior a 60 (sessenta) anos.

As imunidades previstas dos artigos 181 ao art. 183 do CP relacionam-se aos crimes contra o patrimônio.

A mencionada isenção não exime o autor da obrigação de reparação do dano sofrido pelo agente lesado. Ademais, o efeito da escusa absolutória é personalíssimo, ou seja, não se estenderá aos que estejam na condição de partícipe, por não haver previsão no rol taxativo do artigo 181 e incisos seguintes.

Assunto polêmico gira em torno da natureza jurídica da escusa absolutória. Qual seria?

Há divergência em relação à natureza desse instituto. Vejamos:

1. Condição negativa de punibilidade;
2. Causa especial de exclusão de pena;
3. Caso de inexigibilidade de conduta diversa;
4. Causa de extinção da punibilidade;
5. Perdão judicial.

Prevalece que natureza é de causa de **extinção da punibilidade.**

Além disso, dentre as diversas justificativas para a não tipificação desta conduta lesiva é a de que, por exemplo, o patrimônio dos pais pertenceria, necessariamente, aos filhos.

Mas alguns críticos reclamam que tenha que haver urgente revisão desse dispositivo, pois quando editado o atual CP, no início da década de 40, o comportamento e conduta das pessoas no âmbito familiar era outra. Se comparado ao Código Civil se verá que aquele está mais avançado e adequado, porquanto ali se prevê a prodigalidade, por exemplo, em defesa do patrimônio familiar.

114. BRASIL, Decreto-Lei 2.848, 1940, art. 181 e 183.

CANDIDATO:

A coisa perdida pode ser objeto de furto? **(Delegado MS/2022)**

RESPOSTA ADEQUADA:

Excelência, havendo dolo, a coisa perdida não pode ser objeto de furto, mas de apropriação de coisa achada (art. 169, II do Código Penal). No entanto, não podemos esquecer a diferença entre coisa perdida e esquecida, uma vez que "a perdida sumiu por causa estranha à vontade do proprietário ou possuidor, que não mais a encontra; a esquecida saiu da sua esfera de vigilância e disponibilidade por simples lapso de memória, embora o dono saiba onde encontrá-la. Ex.: saindo à rua, o indivíduo deixa cair sua carteira e continua caminhando sem perceber: trata-se de coisa perdida; saindo de um restaurante, esquece o casaco sobre a cadeira: trata-se de coisa esquecida, pois terá chance de voltar para pegá-lo. Assim, quem se apropria de coisa esquecida, disso tendo conhecimento, comete furto, e não apropriação".[115]

CANDIDATO:

Diferencie Abigeato de Abacto. **(Delegado/Simulado 2019)**

RESPOSTA ADEQUADA:

Excelência, o Abigeato está previsto no art. 155, § 6º, do CP, considerado como furto qualificado, que se caracteriza quando ocorre a subtração de animal semovente domesticável de produção, ainda que abatido ou dividido em partes.

Destaca-se que o abigeato abrange não apenas o furto de bovinos, mas também de animais domesticáveis de produção para abate, transporte ou criação, como cães, caprinos, suínos, entre outros.

Em relação ao Abacto, conceitua-se como crime de roubo por haver a subtração mediante violência ou grave ameaça dos animais semoventes domesticáveis de produção.

COMPLEMENTAÇÃO DA RESPOSTA:

Segundo estatísticas, já destacadas em capítulo próprio, os crimes contra o patrimônio são um dos assuntos mais cobrados nas provas orais para Delegado, por isso é de suma importância o candidato manter-se atualizado com as inovações legislativas.

A Lei nº 13.330/2016 acrescentou o § 6º ao art. 155 do Código Penal prevendo uma nova qualificadora para o crime de furto. Veja a redação original: § 6º A pena é de reclusão de 2 (dois) a 5 (cinco) anos se a subtração for de semovente domesticável de produção, ainda que abatido ou dividido em partes no local da subtração.

115. NUCCI, 2009. p. 783.

Interessante observar: "O Código de Hamurabi aplicava a pena de morte e a 'Lex Duodecim Talarum' punia os ladrões de animais mais rigorosamente. A Lei Carolina e o Código Toscano consideravam-no 'furtum magnus'.[116] No Brasil, o abigeato foi incriminado no Código Penal de 1830".

A presente lei acrescentou ainda o art. 180-A ao Código Penal, criando uma nova espécie de receptação envolvendo animais. Vejamos: "art. 180-A. Adquirir, receber, transportar, conduzir, ocultar, ter em depósito ou vender, com a finalidade de produção ou de comercialização, semovente domesticável de produção, ainda que abatido ou dividido em partes, que deve saber ser produto de crime: Pena – reclusão, de 2 (dois) a 5 (cinco) anos, e multa."

Caso o examinador pergunte: **antes do advento da Lei nº 13.330/2016, quem praticasse a receptação de animais responderia por algum crime?**

Bom, não é a primeira vez que o legislador na sua função legiferante comete atecnias, não sendo diferente com o advento da lei nº 13.330/2016, uma vez que a intenção era o de aumentar a punição para quem praticasse receptação de "animais semoventes domesticáveis de produção".

No entanto, observe que com a aparição do art. 180-A do CPB houve a diminuição da pena para a referida conduta (reclusão, de dois a cinco anos, e multa).

Neste viés, antes da lei nº 13.330/2016, caso o agente praticasse a conduta preceituada no atual art. 180-A do CPB, não responderia pela receptação dolosa do art. 180, caput, do CPB, com pena de um a quatro anos de reclusão, mas sim pela receptação qualificada prevista no art. 180, § 1º, do mesmo códex. Haja vista que no novo art. 180-A do CP exige que a conduta seja praticada "com a finalidade de produção ou de comercialização", o que não havia na receptação do art. 180, *caput*, do CPB, e sim no § 1º que já previa "no exercício de atividade comercial ou industrial", com pena de reclusão, de três a oito anos, e multa, mais gravosa que a atual do art. 180-A que é de reclusão, de dois a cinco anos, e multa.

CANDIDATO:

Qual a distinção entre estelionato e apropriação indébita? **(Delegado RO/14 e SP/15)**

RESPOSTA ADEQUADA:

Excelência, o aspecto que deve ser considerado nesta situação é o dolo. À luz do entendimento do STJ: "No estelionato o dolo é anterior ao recebimento da coisa, ou seja, o sujeito ativo age ou se omite para obtê-la, somente conseguindo mediante artifício, ardil ou fraude. Na apropriação indébita, a posse ou detenção da res se dá de forma lícita, sem qualquer ação ou omissão prévia por parte do agente, cujo elemento subjetivo somente ocorre a posteriori, ocasião em que passa a atuar como se o objeto lhe pertencesse".[117]

116. COSTA, 2001, p. 622.

117. STJ, HC 030750, Rel. Min. Hamilton Carvalhido, Turma Especial do Tribunal Regional Federal da 4ª Região.

COMPLEMENTAÇÃO DA RESPOSTA:

A doutrina destaca que "o pressuposto do crime de apropriação indébita é a anterior posse lícita da coisa alheia, da qual o agente se apropria indevidamente. A posse, que deve preexistir ao crime, deve ser exercida pelo agente em nome alheio, isto é, em nome de outrem".[118]

A jurisprudência entende: "O estelionato distingue-se da apropriação indébita pelo momento em que o dolo surge. Nesta, não há um dolo *ab initio*, mas um dolo subsequente, sobrevindo a malícia do agente à posse ou detenção lícita da res; naquele a intenção criminosa é anterior à posse do agente."[119]

CANDIDATO:

Qual a diferença entre furto mediante fraude e estelionato? **(Delegado PA/13 e SP/15/RS/19)**

RESPOSTA ADEQUADA:

Excelência, a diferença entre esses dois tipos penais, que são muito parecidos está, essencialmente, no modo da apropriação do bem subtraído.

No furto mediante fraude o agente por meio enganoso emprega artifício para diminuir a vigilância da vítima sobre o bem a ser subtraído. Aqui a vontade de modificar a posse é, exclusivamente, do furtador.

Já no estelionato é o próprio dono da coisa, que, enganado pelo agente, entrega o bem deliberada e espontaneamente. A vítima iludida entrega o bem; há o consentimento do agente passivo no evento.

COMPLEMENTAÇÃO DA RESPOSTA:

Ainda que o candidato não mencione na prova oral, é importante o candidato ter conhecimento doutrinário e jurisprudencial sobre o tema.

Segundo lição do ilustre doutrinar Capez[120]:

> "Não há que se confundir o furto mediante fraude coma figura do estelionato. A confusão reside no fato em que ambas as figuras o agente se utiliza de ardil, engodo, para apropriar-se do bem. No estelionato, é o próprio dono da coisa que, enganado pelo agente, entrega-lhe voluntariamente o bem (p. ex., vítima que entrega seu computador ao agente, que se passa por técnico de informática). No furto mediante fraude, o agente, através de engodo, burla a vigilância do proprietário e se apodera da coisa, sem o conhecimento dele (p. ex., agente que, a pretexto de consertar o computador, se passa por técnico de informática para lograr subtrair as joias da dona da casa)".

118. Bitencourt, 2005, p. 236

119. TACRSP, JTACRIM 76/237.

120. CAPEZ, 2006, p. 394.

Neste sentido, temos julgados dos Tribunais[121], pois a Jurisprudência vem entendendo que nos casos em que o sujeito, a pretexto de comprar um veículo, ao fazer o *test drive* se aproveita da situação e foge com o bem, terá cometido furto mediante fraude, e não estelionato, pois neste caso, ocorreu a subtração do bem.

CANDIDATO:

Qual a conduta do agente que desvia energia elétrica de sua fonte natural com ligação clandestina, é considerado furto mediante fraude ou estelionato? **(Delegado PA/13)**

RESPOSTA ADEQUADA:

Excelência, conforme o STJ[122] "perceba que na fraude utilizada para adulterar o medidor de energia, não há objetivo de induzir ao erro a vítima. Na verdade, a fraude é utilizada para diminuir a vigilância da concessionária do serviço de energia elétrica. Aliás, esta nem imagina que está "perdendo" energia. Por isso, o crime perpetrado será furto mediante fraude, não estelionato".

COMPLEMENTAÇÃO DO TEMA:

Vejamos o quadro squemático:

CRIME CONTRA O PATRIMÔNIO	
FURTO (gato)	**ESTELIONATO (alteração do sistema de medição)**
O agente **desvia a energia elétrica de sua fonte natural** por meio de ligação clandestina, **sem passar** pelo medidor.	O agente **altera o sistema de medição**, mediante fraude, para que **aponte resultado menor** do que o real consumo.
Adequa-se à figura descrita no tipo de **furto qualificado pela fraude** (art. 155, § 4º, II, do Código Penal)	Adequa-se à figura descrita no tipo elencado no **art. 171 do Código Penal**
No furto, a fraude tem por objetivo **diminuir a vigilância da vítima** e **possibilitar a subtração** da coisa (inversão da posse). O bem é retirado **sem que a vítima perceba** que está sendo despojada de sua posse.	**No estelionato**, a fraude **tem por finalidade** fazer com que a **vítima incida em erro e, voluntariamente,** entregue o objeto ao agente criminoso, baseada em **uma falsa percepção da realidade**.
A concessionária **não sabe** que está fornecendo energia elétrica para aquele indivíduo. Ele está desviando (subtraindo) a energia da rede.	A concessionária **sabe que está** fornecendo energia elétrica para aquele consumidor, **mas a fraude faz com que ela não perceba** que ele está pagando menos do que deveria.

121. TJ-SP - Apelação APL 992060143397 SP (TJ-SP).

122. STJ, RHC 62.437.

CANDIDATO

O pagamento do débito oriundo de furto de energia elétrica (art. 155, § 3º do CP) antes do oferecimento da denúncia é causa de extinção da punibilidade? (**Delegado RS/19**)

RESPOSTA ADEQUADA:

Excelência, atualmente, o STJ[123] entende que nos casos de furto de energia elétrica, diferentemente do que acontece na sonegação fiscal, o pagamento do valor subtraído antes do recebimento da denúncia **não permite a extinção da punibilidade**. Nesta senda, pela natureza patrimonial do delito, **é inviável a equiparação com os crimes tributários**, nos quais é possível o trancamento da ação penal pela quitação do débito. Destaca-se que **nos crimes patrimoniais existe previsão legal específica de causa de diminuição da pena** para os casos de pagamento da "dívida" antes do recebimento da denúncia. Em tais hipóteses, o Código Penal, **em seu art. 16, prevê o instituto do arrependimento posterior, que em nada afeta a pretensão punitiva**, apenas constitui **causa de diminuição da pena.**

COMPLEMENTAÇÃO DO TEMA:

Destaco que o candidato deve estar atualizado com as mudanças de entendimentos dos Tribunais Superiores, por ser um atrativo para os examinadores nas provas.

A Terceira Turma do STJ mudou entendimento: "O furto de energia elétrica, além de atingir a esfera individual, tem reflexos coletivos e, não obstante seja tratado na prática como conduta sem tanta repercussão, se for analisado sob o aspecto social, ganha conotação mais significativa, ainda mais quando considerada a crise hidroelétrica recentemente vivida em nosso país", afirmou o ministro.

CANDIDATO:

Quais são as teorias sobre o crime de roubo? Qual teoria é adotada pela jurisprudência? **(Delegado RS/09 e PF/13)**

RESPOSTA ADEQUADA:

Excelência, há quatro teorias sobre o tema:

1ª Teoria *contrectacio***:** ocorre a consumação quando o agente tem contato com a coisa alheia.

2ª Teoria *amotio* **ou** *apprehensio*: essa teoria que prevalece no ordenamento pátrio. A doutrina[124] e a jurisprudência entendem que o "roubo se consuma no momento em que o agente subtrai o bem do ofendido. Subtrair é retirar contra a vontade do

123. STJ. 3ª Seção. RHC 101299/RS, Red. para acórdão Min. Joel Ilan Paciornik, julgado em 13/03/2019.

124. CAPEZ, 2007. p. 416.

titular. Levando-se em conta esse raciocínio, o roubo estará consumado tão logo o sujeito, após o emprego de violência ou grave ameaça, retire o objeto material da esfera de disponibilidade da vítima, sendo irrelevante se chegou a ter posse tranquila ou não da res furtiva".

3ª Teoria *ablatio*: entende-se que o meliante não teve a posse da coisa que, por certo, não é aquela detenção momentânea ou instantânea, sob a reação do dono que o persegue, o objeto material não saiu da esfera de vigilância do ofendido, sem o que não haverá consumação.

4ª Teoria *Ilatio*: a consumação só ocorrerá quando a coisa é levada ao local de destino já premeditado pelo ladrão e chega com ela.

COMPLEMENTAÇÃO DA RESPOSTA:

Neste diapasão, o STJ publicou a **Súmula 582:**

> "Consuma-se o crime de roubo com a inversão da posse do bem mediante emprego de violência ou grave ameaça, ainda que por breve tempo e em seguida à perseguição imediata ao agente e recuperação da coisa roubada, sendo prescindível a posse mansa e pacífica ou desvigiada".

O STF adota o mesmo entendimento para a consumação do crime de roubo, pois "basta a inversão da posse da coisa subtraída, sendo desnecessária que ela se dê de forma mansa e pacífica (...)".[125]

Oportuno destacar que é adotada a mesma teoria para o crime de furto no Brasil. Vejamos o informativo 572 do STJ:

> "Consuma-se o crime de furto com a posse de fato da res furtiva, ainda que por breve espaço de tempo e seguida de perseguição do agente, sendo prescindível a posse mansa e pacífica ou desvigiada".[126]

E quando a Polícia monitora o cenário do crime, onde o criminoso vem a subtrair a coisa. Nesta situação, o delito será consumado ou tentado?

No Informativo 647, o STF entendeu "se caracterizar crime tentado, posto que, neste caso, estar-se-ia obstando a possibilidade de fuga do agente, frustrando a consumação do delito por circunstâncias alheias à vontade do mesmo, na forma do Art. 14, II, do Código Penal."[127]

Outro assunto muito cobrado, nesse contexto, tanto é que até veio a ser sumulado, é o teor da Súmula 567 STJ: "Sistema de vigilância realizado por monitoramento eletrônico ou por existência de segurança no interior de estabelecimento comercial, por si só, não torna impossível a configuração do crime de furto".

11.2. Crimes contra a pessoa

CANDIDATO:

Considere a seguinte situação hipotética: Determinado juiz criminal julgou improcedente denúncia apresentada pelo Ministério Público e absolveu ré que havia

125. STF. HC 100.189/SP, Rel. Min. Ellen Gracie, Segunda Turma. DJe 16/4/2010.

126. STJ. 3ª Seção. REsp 1.524.450-RJ, Rel. Min. Nefi Cordeiro, julgado em 14/10/2015 (recurso repetitivo).

127. STF, HC 104593, relator Min. Luiz Fux, de 08/11/11.

realizado aborto voluntário aos dois meses de gestação. O juiz entendeu que a conduta não estava no âmbito de incidência do tipo penal.

Com relação a essa situação hipotética, responda, de forma fundamentada, se a decisão do juiz encontra amparo em entendimento do STF. **(Delegado PF/19)**

RESPOSTA ADEQUADA:

Excelência, muito embora haja tipificação ao crime de aborto nos arts. 124 a 126 do Código Penal, segundo a corte suprema, é preciso conferir interpretação conforme a Constituição Federal de 1988 aos referidos artigos, para excluir do seu âmbito de incidência a interrupção voluntária da gestação efetivada no primeiro trimestre.

Conforme decisão do STF[128], a criminalização, nessa hipótese, viola diversos direitos fundamentais da mulher, bem como o princípio da proporcionalidade, quando, por exemplo: (i) constitui medida de duvidosa adequação para proteger o bem jurídico que pretende tutelar (vida do nascituro), por não produzir impacto relevante sobre o número de abortos praticados no país, apenas impedindo que sejam feitos de modo seguro; (ii) é possível que o Estado evite a ocorrência de abortos por meios mais eficazes e menos lesivos do que a criminalização, tais como educação sexual, distribuição de contraceptivos e amparo à mulher que deseja ter o filho, mas se encontra em condições adversas; (iii) a medida é desproporcional em sentido estrito, por gerar custos sociais (problemas de saúde pública e mortes) superiores aos seus benefícios.

COMPLEMENTAÇÃO DA RESPOSTA:

Conclui-se que a criminalização é incompatível com os seguintes direitos fundamentais: os direitos sexuais e reprodutivos da mulher, que não pode ser obrigada pelo Estado a manter uma gestação indesejada; a autonomia da mulher, que deve conservar o direito de fazer suas escolhas existenciais; a integridade física e psíquica da gestante, que é quem sofre, no seu corpo e no seu psiquismo, os efeitos da gravidez; e a igualdade da mulher, já que homens não engravidam e, portanto, a equiparação plena de gênero depende de se respeitar a vontade da mulher nessa matéria.

CANDIDATO:

Duas pessoas se instigam a se matar e pulam de um prédio. Uma quebra o braço e a outra, a perna. Há crime? **(Delegado RS/19)**

RESPOSTA ADEQUADA:

Excelência, a indução ao suicídio é um crime previsto no artigo 122 do Código Penal Brasileiro e é classificado como um crime contra a vida, que consiste no açular,

---

128. STF, HC 124306/RJ, 1ª Turma, Rel. Min. Marco Aurélio, Julgado 09/08/2016.

provocar, incitar ou estimular alguém a se suicidar ou prestar-lhe auxílio para que o faça. Esse crime é consumado com o efetivo suicídio ou resultado lesão corporal de natureza grave.

O pacto de morte, em que duas pessoas combinam a eliminação de suas vidas conjuntamente, é chamado de ambicídio.

Muitos debates existem no pacto de morte, que ocorre quando duas ou mais pessoas firmam um pacto em que deliberam que irão morrer ao mesmo tempo. Nova redação dada pela Lei 13.968/19 ao artigo 122 do Código Penal, criaram-se novas condutas criminosas e incrementaram algumas punições nos casos do artigo.

Para vítimas maiores e capazes (não vulneráveis), havendo influência e ocorrendo lesões leves ou ausência de lesões, o crime será o do artigo 122, "caput", CP.

COMPLEMENTAÇÃO DA RESPOSTA:

A doutrina, com essa inovação legislativa, destaca:

1) Havendo influência e resultando lesão grave ou gravíssima, o crime será o do artigo 122, § 1º., CP.
2) Havendo influência e ocorrendo morte da vítima, seja decorrente de suicídio ou de agravamento da automutilação, o crime será o do artigo 122, § 2º, CP.

Para vítimas vulneráveis ou incapazes que qualquer resistência psíquica à atuação do influenciador:

Havendo lesões leves, responderá por crime de lesão corporal leve, nos termos do artigo 129, "caput", CP, com eventual aumento de pena previsto no artigo 129, § 7º, CP se o caso for de vítima menor de 14 anos (retomar-se-á o tema mais abaixo). Se, nessa situação, não houver lesões, mas a vítima chegar a tentar praticá-las diante da influência do infrator, haverá o crime de tentativa de lesões corporais leves, também com eventual aumento supra mencionado (artigo 129 c/c 14, II, CP ou Artigo 129, § 7º, c/c 14, II, CP).

3) Havendo lesões graves, responderá pelo crime de lesões corporais graves, nos termos do artigo 129, § 1º, CP, com eventual aumento de pena previsto no artigo 129, § 7º, CP se o caso for de vítima menos de 14 anos. Comprovado o dolo do agente em causar lesões de natureza grave na vítima, usando-a como instrumento, mas não o conseguindo por motivos alheios à sua vontade, haverá o crime de tentativa de lesões corporais graves (artigo 129, § 1º c/c 14, II, CP).
4) Havendo lesões gravíssimas, responderá pelo crime previsto no artigo 122, § 6º., CP, com as penas previstas para o crime de lesões corporais gravíssimas, de acordo com o artigo 129, § 2º, CP. Como se verá melhor mais adiante no estudo da tentativa do artigo 122, CP, comprovado o dolo do agente em causar lesões de natureza gravíssima na vítima, usando-a como instrumento, mas não o conseguindo por motivos alheios à sua vontade, descartado o resultado mais gravoso, haverá responsabilização pelo artigo 122, "caput", CP.
5) Havendo morte decorrente do suicídio ou de agravamento das lesões autoinfligidas, responderá pelo crime do artigo 122, § 7º, CP, com as penas previstas

para o crime de homicídio, que poderá ser simples ou qualificado, conforme o caso, nos termos do artigo 121, "caput", CP ou 121, § 2º, CP (essa questão também será melhor explorada mais adiante). Aqui também descartado o resultado mais gravoso, haverá responsabilização pelo artigo 122, "caput", CP.

Passamos a descrever as consequências cabíveis de acordo com o resultado:

1) Se cada uma das pessoas adotar o ato executório por si próprio (pular do prédio, no caso), aquela que vier a sobreviver responde por induzimento, instigação ou auxílio ao suicídio das que morreram;
2) Se apenas uma das pessoas adotar o ato executório em auxílio às demais e sobreviver, responderá por homicídio (ou tentativa, se não morrerem). Isto porque o tipo penal do art. 122 não admite qualquer ato executório por parte de terceiro (suicídio = a própria pessoa põe fim à sua vida);
3) Se cada um dos pactuantes adotar o ato executório em auxílio ao outro, cada um responde por homicídio (se houver morte) ou tentativa (se não houver morte) em relação à pessoa para a qual ministrou o veneno e induzimento, instigação ou auxílio ao suicídio daquelas que não auxiliou;
4) Caso os pactuantes contratem um terceiro para adotar os atos executórios em auxílio a eles, este contratado responderá por homicídio dos que morrerem e tentativa dos que sobreviverem, enquanto que os pactuantes sobreviventes responderão por induzimento, instigação ou auxílio ao suicídio dos outros.

CANDIDATO:

Quais são os crimes contra a pessoa? **(Delegado SP/15)**

RESPOSTA ADEQUADA:

Excelência, os crimes contra a pessoa incluem os crimes contra a Vida: Homicídio, Instigação/Induzimento/Auxílio a suicídio e Aborto. Assim, o rol dos delitos contra a pessoa continua, entre outros, com a Lesão Corporal, Periclitação da Vida e da Saúde.

Neste viés, são julgados pelo Tribunal do Júri se praticados dolosamente apenas os crimes contra a vida, segundo previsão Constitucional.[129]

COMPLEMENTAÇÃO DA RESPOSTA:

Observe que não seria producente tentar lembrar de todos os crimes contra a pessoa, por esse motivo utilizo a **técnica de certas expressões, dando ideia de outras possibilidades**: "entre outros" etc. Se o examinador quiser, ele irá perguntar mais, mantenha isso em mente.

Seguem os demais crimes contra a pessoa:

Abandono de incapaz, Exposição ou Abandono de recém-nascido, Omissão de socorro, Maus Tratos; Rixa; Crimes contra a Honra que são Injúria, Calúnia e Difamação; Crimes contra a Liberdade

129. <http://www.planalto.gov.br/ccivil_03/decreto-lei/Del2848compilado.htm>, acesso em 05 mar. 17.>

Individual, que se dividem em Crimes contra a liberdade pessoal, que são Constrangimento Ilegal, Ameaça, Sequestro e Cárcere Privado, Redução à condição análoga à de escravo; Dos crimes contra a inviolabilidade do domicílio, que são Violação de Domicílio; Crimes contra a inviolabilidade de correspondência, que são Violação de Correspondência, Correspondência Comercial, Crimes contra a inviolabilidade dos segredos, que são Divulgação de Segredo e Violação de segredo profissional.[130]

CANDIDATO:

Qual a diferença entre o crime de aborto e homicídio? **(Delegado SP/15)**

RESPOSTA ADEQUADA:

Excelência, o aborto acontece antes de haver a vida e a vítima ainda é considerada feto. Enquanto o homicídio ocorre quando há vida, quando a vítima é considerada recém-nascida.

CANDIDATO:

Qual o liame que separa os dois crimes? **(Delegado SP/15)**

RESPOSTA ADEQUADA:

Excelência, o nascimento, porquanto existe ampla discussão sobre o momento em que se determina se a vítima ainda é feto ou se já pode ser considerada recém-nascida, para se tipificar em qual crime incorreu o agente.

Há quem diga que a forma de se estabelecer esse liame é detectar se o recém-nascido inalou ar, momento em que seria considerado nascido e, portanto, teria ocorrido o crime de homicídio/infanticídio.

COMPLEMENTAÇÕES DAS RESPOSTAS:

Neste diapasão, há entendimento pacificado nos Tribunais que afirma que o crime de aborto será consumado desde que o parto ainda não tenha iniciado.

A partir do início do parto, podendo ser demonstrada a vida do nascituro, o crime será de homicídio ou infanticídio.

Assim, o Superior Tribunal de Justiça[131] decidiu:

> **"Iniciado o trabalho de parto, não há crime de aborto, mas sim homicídio ou infanticídio conforme o caso.** Para configurar o crime de homicídio ou infanticídio, não é necessário que o nascituro tenha respirado, notadamente quando, iniciado o parto, existem outros elementos para demonstrar a vida do ser nascente, por exemplo, os batimentos cardíacos".

130. CF/88, art. 5º, XXXVIII - é reconhecida a instituição do júri, com a organização que lhe der a lei, assegurados: (...) d) a competência para o julgamento dos crimes dolosos contra a vida.

131. STJ, HC 228.998-MG, Rel. Min. Marco Aurélio Bellizze, julgado em 23/10/2012.

CANDIDATO:

Qual a diferença entre homicídio e infanticídio? **(Delegado MG/11)**

RESPOSTA ADEQUADA:

Excelência, a principal diferença entre esses crimes está na identificação do sujeito ativo: enquanto o Infanticídio é um crime bipróprio (quando sujeito ativo e passivo possuem características especiais), por isso exige legitimidade ativa especial e somente a 'mãe em estado puerperal' é capaz de praticar esse crime. Já o homicídio é crime comum e pode ser cometido por qualquer pessoa. A lei não exige nenhum requisito especial.

COMPLEMENTAÇÃO DA RESPOSTA:

Importante dizer que além de no infanticídio exigir que seja o crime praticado pela mãe em estado puerperal, existe um liame importante a ser considerado, que diz respeito ao momento do crime.

No infanticídio a vítima é morta enquanto nasce ou logo após o nascimento, sendo que caso ocorra após o parto, a morte dada a vítima caracteriza o crime de homicídio. Diante dessa sutil diferença no cometimento dos dois crimes, é de suma importância precisar o momento do início do parto.

Além disso, sendo o infanticídio tipo especial em relação ao homicídio, figura que lhe é subsidiária, se ocorrer sem que a parturiente esteja sob a influência do estado puerperal, que é considerado um elemento especializante que o torna crime próprio, mesmo ao matar o próprio filho, estar-se-á diante do crime de homicídio.

Assunto polêmico está em saber se no crime de infanticídio é admitido concurso de pessoas.

Consoante a doutrina majoritária[132] são três possíveis situações:

1ª Situação: A mãe que mata o próprio filho com a ajuda de terceiro. Será esta considerada autora de infanticídio, sendo que as elementares do crime comunicam-se ao partícipe, que responde também por infanticídio.

2ª Situação: O terceiro que mata o recém-nascido, e conta com a participação da mãe: este se torna autor de homicídio (art. 121 do CP), por ter realizado a conduta principal, enquanto que a mãe responde pela conduta de partícipe do mesmo crime, portanto responderá também por homicídio.

3ª Situação: Mãe e terceiro executam em coautoria a conduta principal, matando a vítima. A mãe será autora de infanticídio e o terceiro responderá pelo mesmo crime, por força da teoria unitária ou monista (art. 29, CP Caput).

CANDIDATO:

É possível afirmar que o homicídio é um crime progressivo? **(Delegado SP/15)**

132. CAPEZ, 2007, p. 649.

RESPOSTA ADEQUADA:

Excelência, levando-se em consideração as características do homicídio, pode-se dizer que é um crime progressivo.

Nesta testilha, o crime progressivo o agente, desde o início, tem a intenção de praticar um crime mais grave, mas, para alcançá-lo, passa pelo menos grave. Pela lógica, para se cometer um homicídio, obrigatoriamente se passa pelos crimes de ameaça e/ou lesão corporal.

COMPLEMENTAÇÃO DA RESPOSTA:

Assim aduz a doutrina[133]:

Dá-se o **crime progressivo** quando o agente para alcançar um resultado mais gravoso (para afetar mais seriamente o bem jurídico) passa necessariamente por uma lesão de menor entidade. Esse crime menor pelo qual passa necessariamente o delito maior chama-se "delito de passagem".

Exemplos:

a) homicídio: para se cometer o homicídio passa-se necessariamente pela lesão corporal;

b) homicídio qualificado pela tortura: para se chegar nesse crime qualificado é preciso passar pelo delito de tortura;

c) roubo: para se alcançar o roubo passa-se obrigatoriamente pelo furto.

Os crimes menores, nesses casos, são chamados "crimes de passagem". No crime progressivo, como se vê, há uma continência de condutas (a menor está contida na maior).

CANDIDATO:

Se um Delegado de Polícia aposentado venha a ser morto por causa da função exercida na atividade, o autor responderá pelo homicídio qualificado? **(Delegado/ Simulado)**

RESPOSTA ADEQUADA:

Excelência, há a possibilidade quando for em "razão da função", efeitos gerados quando em atividade, como exemplo, a prisão de um homicida que para se vingar mata o delegado que executou as investigações que culminaram, após o recebimento da denúncia e sentença, na restrição de sua liberdade, mas a autoridade policial já estava aposentada.

Agora, no caso de estar no "exercício da função", ao se aposentar ocorrerá a vacância do cargo, deixando de ser autoridade policial, não se aplicando a qualificadora, em tese.

133. GOMES, 2007. p. 528.

COMPLEMENTAÇÃO DA RESPOSTA:

A Lei 13.142/15 acrescentou o inciso VII ao § 2º do art. 121 do CP, prevendo o seguinte:

> Art. 121. Matar alguém:
>
> Pena – reclusão, de seis a vinte anos.
>
> (...)
>
> Homicídio qualificado
>
> § 2º Se o homicídio é cometido:
>
> (...)
>
> VII – contra autoridade ou agente descrito nos arts. 142 e 144 da Constituição Federal, integrantes do sistema prisional e da Força Nacional de Segurança Pública, no exercício da função ou em decorrência dela, ou contra seu cônjuge, companheiro ou parente consanguíneo até terceiro grau, em razão dessa condição:
>
> Pena – reclusão, de doze a trinta anos.

Cuidado, porquanto para haver a incidência da referida qualificadora, além de envolver um dos integrantes acima, a prática do homicídio ocorrerá no exercício das funções OU em decorrência dela.

Em suma, o homicídio será qualificado se for cometido contra as seguintes vítimas:

1. Forças Armadas (Marinha, Exército ou Aeronáutica);
2. Polícia Federal;
3. Polícia Rodoviária Federal;
4. Polícia Ferroviária Federal;
5. Polícias Civis;
6. Polícias Militares;
7. Corpos de Bombeiros Militares;
8. Polícia Penal – Sistema Prisional (agentes, diretores de presídio, carcereiro etc.);
9. Força Nacional de Segurança Pública;
10. Guardas Municipais*;
11. Agentes de segurança viária*.

(*) não consta no art.144 da CF, mas prevalece que incide a qualificadora do homicídio.

OU Cônjuge, Companheiro ou Parente Consanguíneo até 3º grau de algumas das pessoas acima listadas.

No que diz respeito ao companheiro, para Capez (2017 p. 205), "A tutela engloba o cônjuge ou companheiro de relacionamentos heteroafetivos e homoafetivos".

Interessante que mais uma vez o legislador falhou, pois não incluiu, por exemplo, o filho adotivo e o parentesco por afinidade (decorrência de união estável ou casamento: sogra, cunhado, genro etc.).

No que se refere à possibilidade do filho adotivo figurar como sujeito passivo do homicídio funcional, Veloso e Souza (2017) explanam que existem duas correntes de pensamentos: a primeira não considera os filhos adotivos como sendo pertencentes a qualificadora do homicídio funcional, defendendo, assim, o princípio da legalidade; já a segunda considera o filho adotivo como pertencente, defendendo o princípio da igualdade.

Outra introdução da Lei 13.142/15 foi o § 12 ao art. 129 do CPB:

> Art. 129. Ofender a integridade corporal ou a saúde de outrem:
>
> § 13. Se a lesão for praticada contra a mulher, por razões da condição do sexo feminino, nos termos do § 2º-A do art. 121 deste Código:
>
> Pena - reclusão, de 1 (um) a 4 (quatro anos)."
>
> (...)
>
> Aumento de pena
>
> (...)
>
> § 12. Se a lesão for praticada contra autoridade ou agente descrito nos arts. 142 e 144 da Constituição Federal, integrantes do sistema prisional e da Força Nacional de Segurança Pública, no exercício da função ou em decorrência dela, ou contra seu cônjuge, companheiro ou parente consanguíneo até terceiro grau, em razão dessa condição, a pena é aumentada de um a dois terços.

CANDIDATO:

A quais espécies de lesões corporais se aplicam o § 12 do art. 129 do CP? **(Delegado/ Simulado)**

RESPOSTA ADEQUADA:

A nova causa de aumento aplica-se para todas as espécies de lesão corporal dolosa, preterdolosa, menos a culposa:

1. Lesão corporal leve, art. 129, caput;
2. Lesão corporal grave, art. 129, § 1º;
3. Lesão corporal gravíssima, art. 129, § 2º;
4. Lesão corporal seguida de morte, art. 129, § 3º.

COMPLEMENTAÇÃO DA RESPOSTA:

A mesma lei alterou a de Crimes Hediondos (Lei 8.072/90), que passa a ter a seguinte redação:

> Art. 1º (...)

> I - homicídio (art. 121), quando praticado em atividade típica de grupo de extermínio, ainda que cometido por um só agente, e homicídio qualificado (art. 121, § 2º, incisos I, II, III, IV, V, VI, VII, VIII e IX); (Redação dada pela Lei nº 14.344, de 2022)
>
> I-A – lesão corporal dolosa de natureza gravíssima (art. 129, § 2º) e lesão corporal seguida de morte (art. 129, § 3º), quando praticadas contra autoridade ou agente descrito nos arts. 142 e 144 da Constituição Federal, integrantes do sistema prisional e da Força Nacional de Segurança Pública, no exercício da função ou em decorrência dela, ou contra seu cônjuge, companheiro ou parente consanguíneo até terceiro grau, em razão dessa condição (...).

Cuidado, porque só foram previstos como "crimes hediondos":

1. Lesão corporal dolosa gravíssima, art. 129, § 2º;
2. Lesão corporal seguida de morte, art. 129, § 3º;
3. Homicídio qualificado, art. 121, § 2º, VII.

(...) praticados contra integrantes dos órgãos de segurança pública (ou contra seus familiares), se o delito tiver relação com a função exercida.

Se na sua prova vier a afirmativa que todas as lesões corporais contra os integrantes dos órgãos de segurança pública são consideradas hediondas estará errada, haja vista que somente a lesão corporal dolosa gravíssima e a seguida de morte são consideradas hediondas.

CANDIDATO:

O homicídio praticado contra um guarda municipal no exercício de suas funções pode ser considerado qualificado nos termos do inciso VII do § 2º do art. 121 do CP? **(Delegado/Simulado)**

RESPOSTA ADEQUADA:

Excelência, levando-se em conta a interpretação literal e teleológica, conclui-se que sim, uma vez que "onde a lei não distingue, não pode o intérprete distinguir", com isso, a Lei nº 13.142/2015 explicita o art. 144 da CF/88 sem qualquer restrição, não menciona apenas o *caput*.

Ademais, a intenção do legislador foi clara, a de maior proteção dos servidores públicos que desempenham atividades na área de Segurança Pública, dada a vulnerabilidade genuína do exercício da função.

Lembrando, ainda, que a Lei 13.022/14 foi editada conforme o disposto no § 8º do art. 144 da CF/88, constitui-se aquela em norma geral, aplicável a todas as guardas municipais que prevê, entre as competências dos guardas municipais, a sua atuação em prol da segurança pública das cidades.

COMPLEMENTAÇÃO DA RESPOSTA:

À luz do exposto acima, acredito se aplicar o mesmo raciocínio para os agentes de segurança viária, disciplinados no § 10 do art. 144 da CF/88:

§ 10. A segurança viária, exercida para a preservação da ordem pública e da incolumidade das pessoas e do seu patrimônio nas vias públicas:

I – compreende a educação, engenharia e fiscalização de trânsito, além de outras atividades previstas em lei, que assegurem ao cidadão o direito à mobilidade urbana eficiente; e

II – compete, no âmbito dos Estados, do Distrito Federal e dos Municípios, aos respectivos órgãos ou entidades executivos e seus agentes de trânsito, estruturados em Carreira, na forma da lei.

CANDIDATO:

Qual a diferença entre Femicídio e Feminicídio? **(Delegado/Simulado)**

RESPOSTA ADEQUADA:

Excelência, define-se Femicídio como a prática de homicídio contra mulher; enquanto Feminicídio significa praticar homicídio contra mulher por razões da condição de sexo feminino, ou seja, por razões de gênero.

COMPLEMENTAÇÃO DA RESPOSTA:

A Lei 13.104/15 acrescentou o inciso VI ao rol do § 2º, trazendo a capitulação do feminicídio.

Vejamos:

Homicídio qualificado

§ 2º Se o homicídio é cometido:

(...)

Feminicídio

VI – contra a mulher por razões da condição de sexo feminino:

Pena – reclusão, de doze a trinta anos.

Ainda, há uma norma penal interpretativa, com o fito de ajudar na interpretação do significado de "razões de condição de sexo feminino", no § 2º-A do art. 121:

§ 2º-A Considera-se que há "razões de condição de sexo feminino" quando o crime envolve:

I – violência doméstica e familiar;

II – menosprezo ou discriminação à condição de mulher.

Qual seria um exemplo de feminicídio pelo inciso I?

Após anos casados, a mulher se separa do marido, mas ele não aceita e ceifa a vida dela.

Qual seria um exemplo de feminicídio pelo inciso II?

Em determinada empresa, depois de haver a escolha da nova gerente (uma mulher), seu colega, por acreditar que ela não teria capacidade acaba por assassiná-la.

Discussão de interesse está ligada ao sujeito passivo do crime em comento.

Como sabemos, o sujeito ativo no feminicídio pode ser qualquer pessoa em decorrência de ser crime comum, ou seja, homem ou mulher. Contudo, o sujeito passivo será necessariamente uma pessoa do sexo feminino, seja ela criança, adulta ou idosa.

E em relação às vítimas homossexuais e travestis?

Bom, o entendimento majoritaríssimo é que o homicídio praticado em desfavor de homossexual em razão do "gênero" não se encaixa no feminicídio (homicídio qualificado), por simples razão de o sexo biológico e físico continuar a ser masculino.

Neste viés, mesmo raciocínio se aplica ao travesti e ao transexual (sendo este o que realizou cirurgia de neocolpovulvoplastia – retirada dos testículos e a construção de uma vagina), ainda que já tenha obtido a alteração do registro civil, passando a ser considerada mulher para todos os fins de direito.

Mas, essa situação não leva à aplicação da analogia *in malam partem* (adoção da lei prejudicial ao réu), posto que necessário o respeito ao princípio da reserva legal no Direito Penal Pátrio, além de lei que restringe direitos não admitir analogia, até porque se o legislador quisesse teria incluído o transexual como vítima do feminicídio.

Vejamos a seguir importante atualização:

A Lei nº 13.771/2018 altera essas causas de aumento de pena.

Antes da Lei 13.771/2018	Depois da Lei 13.771/2018 e Lei nº 14.344, de 2022
Art. 121 (...) § 7º A pena do feminicídio é aumentada de 1/3 (um terço) até a metade se o crime for praticado:	Art. 121 (...) § 7º A pena do feminicídio é aumentada de 1/3 (um terço) até a metade se o crime for praticado:
I – durante a gestação ou nos 3 (três) meses posteriores ao parto;	Não foi alterado. Continua a mesma redação.
II – contra pessoa menor de 14 (quatorze) anos, maior de 60 (sessenta) anos ou com deficiência;	II - contra pessoa maior de 60 (sessenta) anos, com deficiência ou com doenças degenerativas que acarretem condição limitante ou de vulnerabilidade física ou mental; (Redação dada pela Lei nº 14.344, de 2022) Vigência
III – na presença de descendente ou de ascendente da vítima.	III – na presença **física ou virtual** de descendente ou de ascendente da vítima;
Não havia inciso IV.	IV – em descumprimento das medidas protetivas de urgência previstas nos incisos I, II e III do caput do art. 22 da Lei nº 11.340, de 7 de agosto de 2006.

ATENÇÃO:

Imagine o seguinte caso hipotético. Carlos foi regularmente intimado para se afastar de Maria em decorrência de Medida Protetiva. Não obstante, 10 dias após a medida, ele procurou Maria em sua casa, pedindo que reatassem o relacionamento, mas Maria não quis, sendo assim, Carlos ceifou sua vida com três facadas.

Neste caso, Carlos responderá por feminicídio e incidirá a causa de aumento de pena prevista no art. 121, § 7º, IV, do CP.

Pergunta: O agente poderá responder também pelo **art. 24-A do CP**?

Não, devido ao crime do art. 24-A do CP ser absorvido pela conduta mais grave, qual seja, a prática do art. 121, § 7º, IV, do CP.

Caso viesse a tipificar o art. 24-A da Lei nº 11.340/2006, bem como o inciso IV do § 7º do art. 121 do CP, isto representaria verdadeiro *bis in idem*, ou seja, punir o agente duas vezes pelo mesmo fato, sendo vedado em nosso ordenamento.

CANDIDATO:

É possível que exista feminicídio privilegiado? **(Delegado/Simulado)**

RESPOSTA ADEQUADA:

Excelência, encontra-se consolidada na Jurisprudência[134] a possibilidade do homicídio privilegiado-qualificado, desde que a qualificadora seja de natureza objetiva.

De igual modo, o STJ entendeu que não caracteriza *bis in idem* o reconhecimento das qualificadoras, por exemplo, de motivo torpe e de feminicídio no crime de homicídio praticado contra mulher em situação de **violência doméstica e familiar**.

COMPLEMENTAÇÃO DA RESPOSTA:

Como exarado na resposta em epígrafe, a qualificadora do feminicídio do inciso I é de ordem objetiva, sendo possível, sempre incidir quando o crime estiver atrelado à **violência doméstica e familiar** propriamente dita. Ainda, observe que:

> Enquanto a torpeza é de cunho subjetivo, ou seja, continuará adstrita aos motivos (razões) que levaram um indivíduo a praticar o delito. STJ. 6ª Turma. HC 433898-RS, Rel. Min. Nefi Cordeiro, julgado em 24/04/2018 (Info 625)

Ademais, em decorrência das regras da Lei de Crimes Hediondos, aquele que praticar feminicídio, em tese, não gozará do direito de fiança, não será admitida a concessão de anistia, graça e indulto, bem como o prazo da prisão temporária, será de 30 dias, prorrogável por igual período, além disso, na concessão do livramento condicional, o condenado não pode ser reincidente específico em crimes hediondos ou equiparados e terá que cumprir mais de 2/3 da pena e na progressão de regime, o condenado deverá ter cumprido 40% da pena, se for primário e 60% se for reincidente (veja o art.112 da Lei de Execução Penal).

Entretanto, terá direito, entre outros, ao regime inicial de cumprimento da pena ser fechado, semiaberto ou aberto, assim como com fulcro no art. 44 do CP, será

134. STJ, REsp 922932 SP 2007/0028150-1, Quinta Turma, 13/12/2007.

admitida a substituição da pena privativa de liberdade por restritiva de direitos e a concessão de liberdade provisória sem fiança.

CANDIDATO:

Alguém arranca o braço de outrem. Qual o crime ocorrido? **(Delegado RS/19)**

RESPOSTA ADEQUADA:

Excelência, o crime em espeque será de **lesão corporal de natureza gravíssima**, prescrito no inciso III, § 2º do art. 129 do CP, por ter ofendido a integridade corporal ou a saúde de outrem. No caso descrito no enunciado seria hipótese de mutilação, que ocorre no momento da ação delituosa por um machado, ou serra elétrica, alguém secciona o braço, ou a mão, de outrem.

COMPLEMENTAÇÃO DA RESPOSTA:

A perda de parte do movimento do braço é lesão grave pela debilidade do membro. A perda de todo movimento é lesão gravíssima pela inutilização. A perda de um dedo caracteriza lesão grave, enquanto a perda de uma mão tipifica inutilização do membro (gravíssima). Por fim, a perda de todo o braço constitui lesão gravíssima pela perda de membro.

Lesões corporais gravíssimas estão previstas no § 2º do artigo 129, cuja pena é de reclusão de 02 (dois) a 08 (oito) anos. O legislador não utiliza a expressão "lesões gravíssimas", tendo esse termo advindo da doutrina para diferenciá-las das lesões graves (§ 1º), já que as penas são distintas. Caracteriza essas lesões a maior permanência ou mesmo a irreparabilidade do efeito.

CANDIDATO:

No crime de homicídio, a qualificadora pelo meio cruel é compatível com o dolo eventual? **(Delegado/Simulado 2022)**

RESPOSTA ADEQUADA:

Excelência, consoante **informativo 665 do STJ**, **não há incompatibilidade** entre o **dolo eventual e o reconhecimento do meio cruel,** na medida em que o dolo do agente, direto ou indireto, não exclui a possibilidade de a prática delitiva envolver o emprego de meio mais reprovável, como veneno, fogo, explosivo, asfixia, tortura ou outro meio insidioso ou cruel. No entanto, o dolo eventual não se compatibiliza com a qualificadora do art. 121, § 2º, IV (traição, emboscada, dissimulação).

CANDIDATO:

Quais foram as mudanças implementadas no CP pela Lei n.º 14.344/2022 – Lei Henry Borel? **(Delegado/ Simulado 2022)**

RESPOSTA ADEQUADA:

Excelência, no CP, a referida Lei realizou a modificação de 3 (três) artigos no Código Penal.

Nova hipótese de prescrição da pretensão punitiva

O **art. 111** do CP prevê algumas hipóteses de prescrição da pretensão punitiva do Estado. Este dispositivo trata do termo inicial da prescrição da pretensão punitiva, propriamente dita, antes de transitar em julgado. Assim, ocorreu a modificação no **inciso V**, **aumentando a abrangência para qualquer crime** que envolva violência contra crianças ou adolescentes previstos no Código Penal (CP) ou legislação especial.

Na opinião do ilustre doutrinador Rogério Greco: "Por intermédio do reconhecimento da prescrição da pretensão punitiva, o Estado perde a possibilidade de formar o seu título executivo de natureza judicial".

Nova qualificadora para o crime de homicídio

O art. 121 do CP também foi alterado com a inclusão do inciso IX ao §2º, que prevê as hipóteses de **homicídio qualificado**, com o intuito de proteger o menor. Além disso, temos **causas de aumento de pena** inseridas pelo novo § 2º-B.

> **Art. 121. (...)**
>
> § 7º A pena do feminicídio é aumentada de 1/3 (um terço) até a metade se o crime for praticado:
>
> II- contra pessoa maior de 60 (sessenta) anos, com deficiência ou com doenças degenerativas que acarretem condição limitante ou de vulnerabilidade física ou mental; (Redação dada pela Lei nº 14.344, de 2022)"

Aumento de pena nos crimes contra a honra

Em relação às disposições comuns dos crimes contra a honra (**art. 141** CP), tem-se um destaque em relação ao **aumento da pena,** com a seguinte redação: "Art. 141 – As penas cominadas neste Capítulo aumentam-se de um terço, se qualquer dos crimes é cometido IV – **contra criança, adolescente**, pessoa maior de 60 (sessenta) anos ou pessoa com deficiência, exceto na hipótese prevista no § 3º do art. 140 deste Código". Foi acrescentado o trecho destacado.

COMPLEMENTAÇÃO DA RESPOSTA:

TOME NOTA!

Código Penal

Art. 111 - *A prescrição, antes de transitar em julgado a sentença final, começa a correr:* V – nos crimes contra a dignidade sexual **ou que envolvam violência contra a criança e o adolescente**, previstos neste Código ou em legislação especial, da data em que a vítima completar 18 (dezoito) anos, salvo se a esse tempo já houver sido proposta a ação penal".

ATENÇÃO!

A inovação no dispositivo foi apenas no trecho destacado.

TOME NOTA!

Código Penal

Art. 121 (...)

§ 2° Se o homicídio é cometido: IX – contra menor de 14 (quatorze) anos Pena – reclusão, de doze a trinta anos.

§ 2º-B. A **pena** do homicídio contra menor de 14 (quatorze) anos é aumentada de:

I – **1/3 (um terço) até a metade** se a vítima é pessoa com deficiência ou com doença que implique o aumento de sua vulnerabilidade;

II – **2/3 (dois terços)** se o autor é ascendente, padrasto ou madrasta, tio, irmão, cônjuge, companheiro, tutor, curador, preceptor ou empregador da vítima ou por qualquer outro título tiver autoridade sobre ela.

TEMA QUENTE!

Sob esse prisma, convém acentuar que, tornou-se **hediondo** o crime de **homicídio praticado contra menor de 14 anos**, (**inafiançável e insuscetível de anistia, graça e indulto**, além de outras consequências previstas na Lei nº 8.072/1990) e qualificado (art. 121, § 2º, inc. IX, do Código Penal).

TOME NOTA!

Lei nº 8.072/1990

Art. 1º. São considerados **hediondos** os seguintes crimes, todos tipificados no Decreto-Lei no 2.848, de 7 de dezembro de 1940 - Código Penal, consumados ou tentados: **I** - **homicídio** (art. 121), quando praticado em atividade típica de grupo de extermínio, ainda que cometido por um só agente, e **homicídio qualificado** (art. 121, § 2º, incisos I, II, III, IV, V, VI, VII, VIII e **IX**); **(Redação dada pela Lei nº 14.344, de 2022)**

LEP

Em relação à LEP (Lei de Execuções Penais - Lei 7.210/1984), destacamos a alteração no art. 152 quanto às regras na **limitação de final de semana**. Anteriormente, o foco era apenas a proteção da figura da mulher, sendo, agora, acrescida da devida e necessária **proteção de crianças e adolescentes.**

É importante destacar que os **programas de recuperação e reeducação** são eficazes, garantindo um alto índice de restruturação do indivíduo em relação à interrupção da prática da violência. A importância do tratamento do homem agressor é fundamental para a proteção da vítima.

A **prisão** deve ser o **último recurso**, uma vez que o tratamento (cuja condução é feita por profissionais de diferentes áreas, tais como do próprio Direito, Psicologia, Psiquiatria e Serviço Social) é o melhor caminho para se alcançar uma sociedade equilibrada.

ATENÇÃO!

Deve-se focar em uma **reabilitação** e **não em um encarceramento** do homem agressor, com o objetivo de minimizar a disseminação da violência.

TOME NOTA!

LEP - Lei nº 7.210 de 11 de julho de 1984

Art. 152. Poderão ser ministrados ao condenado, durante o tempo de permanência, cursos e palestras, ou atribuídas atividades educativas.

~~Parágrafo único. Nos casos de violência doméstica contra a mulher, o juiz poderá determinar o comparecimento obrigatório do agressor a programas de recuperação e reeducação. (Incluído pela Lei nº 11.340, de 2006)~~ (Revogado)

Parágrafo único. Nos casos de violência doméstica e familiar **contra a criança**, **o adolescente** e a mulher e de tratamento cruel ou degradante, ou de uso de formas violentas de educação, correção ou disciplina contra a criança e o adolescente, o juiz poderá determinar o comparecimento obrigatório do agressor a programas de recuperação e reeducação. (**Redação dada pela Lei nº 14.344, de 2022**).

11.3. Crime contra a dignidade sexual

CANDIDATO:

Médico que a pretexto de atendimento coloca a mão na vagina da mulher. Qual crime essa conduta tipifica? **(Delegado RS/19)**

RESPOSTA ADEQUADA:

Excelência, o médico será acusado de cometer o crime de violação sexual mediante fraude, conhecido também por "estelionato sexual", previsto no art. 215 do CP, com pena de reclusão de dois a seis anos, agravado pela conduta tipificada no art. 61, inciso II, alínea *g*, de que trata do abuso de poder ou violação de dever inerente ao cargo, ofício, ministério ou profissão.

COMPLEMENTAÇÃO DA RESPOSTA:

O fato é que as vítimas ficam em dúvida se o toque do médico tem relação com a consulta e a prática da profissão, ou se a sensação que estão tendo de violação é genuína. Como dependendo da especialidade, na hipótese de ginecologia, por exemplo, que de fato o médico para exercer os exames precisa tocar as partes íntimas da mulher, o abuso fica muitas vezes disfarçado. Além disso, tem o abuso da confiança ali caracterizado.

Por tal razão, é que em casos como este descrito no enunciado se aplica as circunstâncias agravantes já descritas.

CANDIDATO:

Menor de 12 anos que usa crack e se prostitui para comprar a droga, dando 50% para a mãe. Qual o crime? **(Delegado RS/19)**

RESPOSTA ADEQUADA:

Excelência, o enunciado descreve situação em que se enquadra o crime de **favorecimento da prostituição ou de outra forma de exploração sexual de criança ou adolescente ou de vulnerável**, com o nome jurídico dado pela Lei 12.978/2014, que consiste no fato de o agente "submeter, induzir ou atrair à prostituição ou outra forma de exploração sexual alguém menor de 18 (dezoito) anos ou que, por enfermidade ou deficiência mental, não tem o necessário discernimento para a prática do ato, facilitá-la, impedir ou dificultar que a abandone" (CP, art. 218-B, *caput*).

Este crime, consumado ou tentado, em qualquer de suas figuras simples (*caput*), qualificado pela finalidade de obtenção de vantagem econômica (§ 1º) e equiparadas (§ 2º), é **crime hediondo** (Lei 8.072/90, art. 1º, VIII).

Nos termos do § 1º, do art. 218-B, do Código Penal, "se o crime é praticado com o fim de obter vantagem econômica, aplica-se também a multa". Não é necessária a efetiva obtenção da vantagem, sendo suficiente a vontade consciente dirigida a esse objetivo. Neste caso, além do dolo, exige-se o fim especial de agir, consistente na obtenção de **vantagem econômica**.

Aumento de metade da pena **se o agente é ascendente**, padrasto ou madrasta, tio, irmão, cônjuge, companheiro, tutor, curador, preceptor (aquele que ministra educação individualizada) ou empregador da vítima ou por qualquer outro título tem autoridade sobre ela (CP, art. 226, II).

COMPLEMENTAÇÃO DA RESPOSTA:

Vejamos o entendimento do STJ sobre o crime em tela:

> (..) 1. O inciso I do § 2º do art. 218-B do Código Penal é claro ao estabelecer que também será penalizado aquele que, ao praticar ato sexual com adolescente, o submeta, induza ou atraia à prostituição ou a outra forma de exploração sexual. Dito de outra forma, enquadra-se na figura típica quem, por meio de pagamento, atinge o objetivo de satisfazer sua lascívia pela prática de ato sexual com pessoa maior de 14 e menor de 18 anos. 2. A leitura conjunta do caput e do § 2º, I, do art. 218-B do Código Penal não permite identificar a exigência de que a prática de conjunção carnal ou outro ato libidinoso com adolescente de 14 a 18 anos se dê por intermédio de terceira pessoa. Basta que o agente, mediante pagamento, convença a vítima, dessa faixa etária, a praticar com ele conjunção carnal ou outro ato libidinoso. 3. Pela moldura fática descrita no acórdão impugnado se vê claramente que o recorrido procurou, voluntariamente, a vítima e, mediante promessa de pagamento, a induziu à prática de atos libidinosos, a evidenciar seu nítido intuito de exploração sexual da adolescente, o que justifica o restabelecimento de sua condenação. 4. Recurso provido para restabelecer a sentença monocrática, que condenou o réu à pena de 4 anos e 8 meses de reclusão, em regime inicial semiaberto, como incurso no art. 218-B, § 2º, I, do Código Penal. (REsp 1490891/SC, Rel. Ministro ROGERIO SCHIETTI CRUZ, SEXTA TURMA, julgado em 17/04/2018, DJe 02/05/2018

O favorecimento da prostituição ou de outra forma de exploração sexual de criança ou adolescente ou de vulnerável é crime comum, assim, o sujeito ativo pode ser qualquer pessoa (homem ou mulher). Sujeito passivo, portanto: (1) na figura simples (*caput*), é o menor de 18 anos ou quem, ainda que maior dessa idade, em razão de enfermidade ou deficiência mental, não tem o necessário discernimento para optar pela prostituição; (2) na figura típica equiparada (§ 2º, I), é o menor de 18 e maior de 14 anos.

Em regra, é praticado de forma comissiva (decorrente de uma ação positiva do agente), mas, excepcionalmente, pode ser praticado de forma comissiva por omissão (quando o resultado deveria ser impedido pelos garantidores – art. 13, § 2º, do CP), como, por exemplo, no caso em que o garantidor, dolosamente, nada faz para impedir que a vítima se inicie na prostituição ou se submeta a qualquer forma de exploração sexual.

A ação penal é pública incondicionada (CP, art. 225, *caput*) e o processo corre em segredo de justiça (CP, art. 234-B).

CANDIDATO:

Considere a seguinte situação: É apresentado no plantão policial rapaz de 19 anos que teria mantido relações sexuais com garota de 14 anos. Houve algum crime? Se houve, qual? **(Delegado SP/15)**

RESPOSTA ADEQUADA:

Excelência, conforme o caso exposto não ficou claro se houve o consentimento na prática sexual, ou se o agente sabia que ela tinha 14 anos. É importante saber inclusive, se a vítima estava aniversariando naquele dia.

A explicação para isso está em que, caso tenha havido o cometimento de crime, dependerá dessas variáveis a aplicação do tipo penal, conforme as seguintes hipóteses:

Se a relação sexual ocorresse um dia antes da vítima completar 14 anos, mesmo que tenha havido o consentimento, tipificaria o crime de estupro de vulnerável, previsto no art. 217-A, CP e a pena aplicável seria de 8 a 15 anos;

No entanto, se a vítima fosse maior de 14 anos (menor de 18 anos), o autor será responsabilizado por estupro qualificado (art. 213, § 1º, do CP), que tem pena prevista de 8 a 12 anos de idade;

Contudo, se o crime tivesse ocorrido exatamente no dia do 14º aniversário da vítima, verifica-se que o legislador deixou uma lacuna, tendo em vista que não estaria tipificado o crime do art. 217-A (pois exige que a vítima tenha "menos" de 14 anos), mas também não seria estupro qualificado, previsto no art. 213, § 1º (pois exige que a vítima seja "maior" de 14 anos).

COMPLEMENTAÇÃO DA RESPOSTA:

Ora, se a vítima não tem menos, nem mais de 14 anos, e sim, exatos 14 anos, o que aconteceria neste caso?

Pelo princípio da legalidade estrita no direito penal, a solução seria aplicar-se a tipificação do crime do art. 213, caput, CP, que prevê pena de 6 a 10 anos.

Porém, tal hipótese causaria uma incongruência, porquanto este crime (cometido com violência e sob ameaça), seria considerado menos grave por ter ocorrido no dia do aniversário da vítima, do que se ocorresse no dia seguinte, o que não guarda razoabilidade nem proporcionalidade.

Desta forma, a doutrina[135] entende que em casos como este podem ser consideradas "duas possibilidades: considerar a subsunção ao estupro qualificador (art. 213, § 1º) ou ao estupro de vulnerável (art. 217-A). A pena menor cominada ao primeiro revela que, por analogia 'in bonam partem', somente pode ser essa a solução".

Súmula nº 593: "O crime de estupro de vulnerável se configura com a conjunção carnal ou prática de ato libidinoso com menor de 14 anos, sendo irrelevante eventual consentimento da vítima para a prática do ato, sua experiência sexual anterior ou existência de relacionamento amoroso com o agente."[136]

Importantes alterações trazidas pela Lei 13.718/2018

Passou a tipificar os crimes de importunação sexual e de divulgação de cena de estupro, tornou pública incondicionada a natureza da ação penal dos crimes contra a liberdade sexual e dos crimes sexuais contra vulnerável, estabeleceu causas de aumento de pena para esses crimes e definiu como causas de aumento de pena o estupro coletivo e o estupro corretivo; e revogou o art. 61 do Decreto-Lei nº 3.688, de 3 de outubro de 1941 (Lei das Contravenções Penais).

Importunação sexual

Art. 215-A. Praticar contra alguém e sem a sua anuência ato libidinoso com o objetivo de satisfazer a própria lascívia ou a de terceiro:

Pena - reclusão, de 1 (um) a 5 (cinco) anos, se o ato não constitui crime mais grave.

Art. 217-A.

(...)

§ 5º As penas previstas no *caput* e nos §§ 1º, 3º e 4º deste artigo aplicam-se **independentemente do consentimento** da vítima ou do fato de ela ter mantido relações sexuais anteriormente ao crime.

Divulgação de cena de estupro ou de cena de estupro de vulnerável, de cena de sexo ou de pornografia

Art. 218-C. Oferecer, trocar, disponibilizar, transmitir, vender ou expor à venda, distribuir, publicar ou divulgar, por qualquer meio - inclusive por meio de comunicação de massa ou sistema de informática ou telemática -, fotografia, vídeo ou outro registro audiovisual que contenha cena de estupro ou de estupro de vulnerável ou que faça apologia ou induza a sua prática, ou, sem o consentimento da vítima, cena de sexo, nudez ou pornografia:

Pena - reclusão, de 1 (um) a 5 (cinco) anos, se o fato não constitui crime mais grave.

Aumento de pena

§ 1º. A pena é aumentada de 1/3 (um terço) a 2/3 (dois terços) se o crime é praticado por agente que mantém ou tenha mantido relação íntima de afeto com a vítima ou com o fim de vingança ou humilhação.

135. ESTEFAM, 2011, p. 152.

136. STJ. Terceira seção, julgado em 25/10/2017, DJe 06/11/2017.

Exclusão de ilicitude

§ 2º. Não há crime quando o agente pratica as condutas descritas no *caput* deste artigo em publicação de natureza jornalística, científica, cultural ou acadêmica com a adoção de recurso que impossibilite a identificação da vítima, ressalvada sua prévia autorização, caso seja maior de 18 (dezoito) anos."

Art. 225. Nos crimes definidos nos Capítulos I e II deste Título, procede-se mediante ação penal pública incondicionada.

Parágrafo único. (Revogado).

Art. 226.

(...)

II - de metade, se o agente é ascendente, padrasto ou madrasta, tio, irmão, cônjuge, companheiro, tutor, curador, preceptor ou empregador da vítima ou por qualquer outro título tiver autoridade sobre ela;

(...)

IV - de 1/3 (um terço) a 2/3 (dois terços), se o crime é praticado:

Estupro coletivo

a) mediante concurso de 2 (dois) ou mais agentes;

Estupro corretivo

b) para controlar o comportamento social ou sexual da vítima.

Art. 234-A.

(...)

III - de metade a 2/3 (dois terços), se do crime resulta gravidez;

IV - de 1/3 (um terço) a 2/3 (dois terços), se o agente transmite à vítima doença sexualmente transmissível de que sabe ou deveria saber ser portador, ou se a vítima é idosa ou pessoa com deficiência.

11.4. Outros

CANDIDATO:

Considere a seguinte situação hipotética: em uma investigação policial para a apuração de crime de associação criminosa voltada para a prática de crimes indeterminados, a autoridade policial demonstrou, cabalmente, a efetiva existência de três membros distintos na formação da estrutura delituosa.

Ao final das investigações, entretanto, a autoridade policial não conseguiu determinar materialmente as infrações penais já praticadas pelo grupo e teve êxito somente na identificação de dois dos integrantes do grupo criminoso. **(Delegado Federal/19)**

Tendo como referência o caso apresentado, faça o que se pede a seguir, considerando o posicionamento doutrinário e jurisprudencial dominantes.

1) Discorra a respeito dos elementos necessários para a configuração típica do crime de associação criminosa.

2) Esclareça se a autoridade policial poderá proceder ao indiciamento dos dois cidadãos identificados no tipo penal do art. 288 do Código Penal (associação criminosa), ainda que não tenha sido possível a identificação do terceiro integrante do grupo. Fundamente sua resposta.

3) Esclareça se a indiciação no tipo penal do art. 288 do Código Penal depende, necessariamente, de prova cabal da efetiva prática de delitos pelo grupo. Fundamente a sua resposta.

RESPOSTA ADEQUADA:

Excelência,

1) Conforme se define no CPB, na doutrina e jurisprudência, a configuração típica do crime de associação se perfaz pelos elementos subsecutivos: concurso necessário de, pelo menos, três pessoas; finalidade específica dos agentes de cometer crimes indeterminados; estabilidade e permanência da associação criminosa.

2) Será possível, desde que haja, pela autoridade policial, a certeza cabal de que outras pessoas faziam parte do grupo criminoso, contabilizando-se o mínimo exigido pelo tipo penal do art. 288 (três pessoas), ainda que não tenha sido possível a identificação do terceiro integrante da associação criminosa.

3) Segundo define a doutrina e jurisprudência pacífica do STF e STJ, a associação criminosa é crime autônomo e, em razão justamente dessa autonomia, a punição dos integrantes do grupo criminoso independe de condenação pela prática dos crimes pretendidos pelo bando.

Ademais, tratando-se de crime de perigo abstrato, o tipo penal não faz referência ao resultado naturalístico, oriundo da prática do delito.

Os tribunais superiores cristalizaram entendimento de que se trata de presunção legal de perigo e, para a sua caracterização, é dispensável o cometimento de quaisquer das infrações penais pretendidas.

COMPLEMENTAÇÃO DA RESPOSTA:

Sobre o tema tipificado no art. 288 CP, a doutrina destaca[137]: "o fundamental nessa hipótese, é a convicção, a certeza cabal de que outras pessoas faziam parte do grupo criminoso, perfazendo o total mínimo exigido pelo tipo penal em estudo, vale dizer, 3 (três) pessoas. Isso será suficiente para a incriminação dos agentes que foram descobertos e denunciados".

137. GREGO, Rogério, Código Penal comentado, Editora Impetus, 10ª ed., Niterói-RJ 2016, p. 955.

Destaca-se que o entendimento da Primeira Turma do STF[138] está em sintonia com o exposto em acima: O tipo do art. 288 do CP é autônomo, prescindindo quer do crime posterior, quer, com maior razão, do anterior.

CANDIDATO:

De acordo com o art. 288 do Código Penal, o que é Milícia Privada? **(Delegado SP/19)**

RESPOSTA ADEQUADA:

Excelência, consoante a doutrina, são grupos privados armados, civis ou não, que estabelecem o controle de um território e da população que nele habita; procuram devolver a segurança às comunidades mais carentes. Destaca-se que o citado controle possui caráter coativo e ânimo de lucro individual. Ademais, existe um discurso de legitimação de proteção dos moradores e, por fim, há a participação ativa e reconhecida de membros do Estado.

CANDIDATO:

O que significa milícia? **(Delegado SP/19)**

RESPOSTA ADEQUADA:

Excelência, "milícia" pode ser conceituada como a designação genérica das organizações militares ou paramilitares, ou de qualquer organização que apresente grande grau de atuação. No sentido *stricto sensu*, o termo refere-se a organizações compostas por cidadãos comuns armados, também apelidados de milicianos, ou com poder de polícia que, teoricamente, não integram as forças armadas ou a polícia de um país.

CANDIDATO:

Qual a natureza jurídica do crime de falso testemunho? **(Delegado RS/19)**

RESPOSTA ADEQUADA:

Excelência, está previsto no art. 342 do Código Penal Brasileiro o crime de falso testemunho, em que está expressamente dito que configura o crime "fazer afirmação falsa, ou negar ou calar a verdade como testemunha, perito, contador, tradutor ou intérprete em processo judicial, ou administrativo, inquérito policial, ou em juízo arbitral".

Este crime se trata de, perante a justiça, testemunhar intencionalmente omitindo fatos verdadeiros e de seu conhecimento, mentindo, alegando não ter conhecimento do

138. STF, HC 95086/SP, 1ª Turma, Rel. Min. Marco Aurélio, 04/08/2009.

fato que está sendo tratado, ou declarando que ocorreu coisa adversa do fato verdadeiro.

A consumação no crime de falso testemunho é de natureza formal, se dará com o fechamento das declarações da testemunha e não é necessário que tenha advindo alguma consequência, mas, sim, realizado os atos, ainda que não gere influência no desfecho da causa.

COMPLEMENTAÇÃO DA RESPOSTA:

Neste mesmo sentido foi o entendimento aplicado pela 1ª Turma Criminal do Tribunal de Justiça do Distrito Federal, para manter a sentença que condenou um homem por falso testemunho, de que o crime de falso testemunho é de natureza formal e alcança sua plenitude com o depoimento desleal, ainda que não gere influência no desfecho da causa.

Conforme os autos, ao depor como testemunha em uma ação penal sobre acidente de carro com vítima fatal, o homem fez afirmações falsas para tentar proteger o motorista envolvido. Por causa do falso testemunho, foi condenado à pena de um ano e dois meses de reclusão, em regime aberto, convertida em duas penas restritivas de direito, além de 11 dias-multa.

Tendo recorrido da sentença, o homem alegou que não agiu com dolo e que as declarações não foram aptas a influenciar o julgamento da ação penal. Por isso, pediu que fosse absolvido do crime.

Entretanto, a tese não foi aceita pelo relator do caso no TJ-DF, desembargador Romão Oliveira, que em seu voto afirma que a jurisprudência do Supremo Tribunal Federal é de que "o crime de falso testemunho é de natureza formal e se consuma pela simples prestação de depoimento desleal, de modo que é irrelevante a sua influência no desfecho do julgamento". Ainda explica que a conduta incriminada no artigo 342 do Código Penal consiste em fazer afirmação falsa, negar ou calar a verdade, como testemunha, perito, tradutor ou intérprete em processo judicial, policial ou administrativo, ou em juízo arbitral.

Também o desembargador Mario Machado, revisor do recurso, é de opinião que não há dúvida que o homem cometeu o delito de falso testemunho, porquanto forneceu relato flagrantemente contraditório, uma vez que descreveu o acidente de maneira errônea. "Assim, o réu agiu com vontade e consciência de alterar a verdade, com escopo de induzir a erro o judiciário e beneficiar o réu", diz. Para ele, é irrelevante se a conduta do apelante beneficiou, ou não, o réu no processo em que promovido o falso testemunho, pois se trata de crime de natureza formal, sendo suficiente o potencial lesivo. O desembargador George Lopes Leite acompanhou os demais votos e a Turma Criminal, em decisão unânime, manteve a condenação.

Neste crime é difícil detectar que a afirmação feita pela pessoa seja falsa, faltando fatos para as autoridades perceberem a contradição de algumas alegações da testemunha, ou faltando também uma segunda testemunha para que haja confronto nos fatos alegados de uma para outra. Portanto, durante o testemunho, pode-se notar claramente um certo nervosismo ou a própria testemunha se enrolar e contradizer o que ela mesma já havia declarado ser verdadeiro, indicando às autoridades que as afirmações feitas anteriormente sobre o caso são afirmações falsas.

CANDIDATO:

É cabível causa de extinção especial nesse crime de falso testemunho? **(Delegado RS/19)**

RESPOSTA ADEQUADA:

No crime de falso testemunho a retratação do agente antes da sentença do processo em que ocorreu o depoimento falso dá ensejo à extinção de punibilidade, nos termos do art. 342, § 2º, do Código Penal.

COMPLEMENTAÇÃO DA RESPOSTA:

Verifica-se que a retratação requer que o agente reconheça a falsidade da declaração anterior e explicite incondicionalmente a verdade. Demais disso, exige-se que a retratação seja oferecida perante o órgão que recebeu as declarações falsas.

A respeito do conceito de retração, imperioso a transcrição das lições abaixo colacionadas:

> "Retratar-se é desdizer-se, retirar o que foi dito. Constitui a retratação causa extintiva da punibilidade (art. 107, VI, CP).
>
> Cuida-se de medida de política criminal que tem por escopo buscar e resguardar a verdade – interesse superior da justiça.
>
> Pode-se dizer que a retratação figura como uma espécie de "prêmio" destinado a encorajar toda testemunha a voltar atrás em suas afirmações e esclarecer a verdade. Para a validade da retratação exige-se que seja voluntária, explícita, completa, incondicional e feita perante o órgão que recebeu as declarações falsas (no mesmo processo).
>
> Na retratação, deve o agente assinalar a declaração anterior como falsa e manifestar a verdade. Isto significa que a testemunha deve declarar o que conhece sobre os fatos – conforme sua percepção – no momento em que ocorreram. Não basta confessar a falsidade, há que dizer a verdade."[139]

CANDIDATO:

Discorra sobre a diferença entre prevaricação e condescendência criminosa. **(Delegado RS/19)**

139. Alberto Silva Franco et al. *Código penal e sua interpretação jurisprudencial*. 5 ed. São Paulo: Editora Revista dos Tribunais, 1995, p. 3268.

RESPOSTA ADEQUADA:

A prevaricação, prevista no art. 319 do CP, consiste em "Retardar ou deixar de praticar, indevidamente, ato de ofício, ou praticá-lo contra disposição expressa de lei, para satisfazer interesse ou sentimento pessoal" e a condescendência criminosa, prevista no art. 320 do CP, em "Deixar o funcionário, por indulgência, de responsabilizar subordinado que cometeu infração no exercício do cargo ou, quando lhe falte competência, não levar o fato ao conhecimento da autoridade competente".

Ambos são crimes praticados por funcionário público contra a administração pública. A diferença entre um e outro é a seguinte: comete *condescendência* criminosa o chefe do funcionário infrator que, por piedade, indulgência ou outro motivo, não o responsabilizar pelo seu ato delituoso, deixando de responsabilizá-lo ou não comunicando a violação à autoridade competente para aplicar a sanção. Já por outro lado, comete *prevaricação* se o superior, sabedor da infração, prefere se calar, adotando uma conduta puramente de interesse personalístico, objetivando satisfazer interesse ou sentimento pessoal.

COMPLEMENTAÇÃO DA RESPOSTA:

No crime de condescendência criminosa (art. 320 do CP), ao deixar de responsabilizar subordinado que cometeu infração administrativa ou penal no exercício de cargo público, o superior hierárquico da administração pública que age dessa forma pode pegar uma pena alternativa de 15 dias a 01 mês de detenção, ou multa, pela prática do crime de condescendência criminosa.

Também não levar um determinado fato criminoso ao conhecimento da autoridade competente, quando lhe falte competência, configura crime de condescendência criminosa, porquanto, embora não tenha competência para responsabilizar o infrator, o agente não leva o fato ao conhecimento da autoridade que seja realmente competente, agindo com indulgência, isto é, por pura tolerância ou condescendência. Visto que omissão não é tolerada em nosso ordenamento.

No crime de prevaricação (art. 319 do CP), quando essa omissão é praticada com o fim de satisfazer interesse ou sentimento pessoal, a pena não é alternativa, sendo de 03 meses a 01 ano de detenção e multa.

Em ambos os crimes a pena pode ser aumentada da terça parte quando os autores da omissão forem ocupantes de cargos em comissão ou de função de direção ou assessoramento de órgão da administração direta, sociedade de economia mista, empresa pública ou fundação instituída pelo poder público; é o que reza o § 2º do art. 327, do CP.

CANDIDATO:

Discorra sobre o crime de descaminho, abordando de forma fundamentada os seguintes tópicos: **(Delegado PF/18)**

1. Situação jurídica do funcionário público que facilita o descaminho.

2. Entendimento sumulado pelo STJ quanto à aplicabilidade do princípio da insignificância.
3. E aplicabilidade do princípio da insignificância na hipótese de reiteração criminosa.

RESPOSTA ADEQUADA:

Excelência, em regra, configurado o crime de descaminho, contudo, sendo o agente funcionário público que viola dever funcional e facilita o descaminho, responderá pelo **crime previsto no CP, art. 318 (facilitação de contrabando e descaminho)**, e não pelo crime de descaminho previsto no art. 334 do CP, sendo uma exceção à teoria monista.

O STJ fixou em R$ 20 mil o valor máximo para incidência do princípio da insignificância no caso de crimes tributários federais e de descaminho.

Entretanto, vale ressaltar que a Corte Cidadã sumulou que não se aplica o princípio da insignificância em crimes contra a administração pública, bem como consolidou entendimento no qual a reiteração na prática criminosa afasta o princípio da insignificância.

COMPLEMENTAÇÃO DA RESPOSTA:

Oportuno destacar que a banca direcionou a resposta do candidato para o entendimento apenas do STJ.

Segue abaixo a explanação da CEBRASPE sobre o tema:

Verifica-se um maior rigor no tratamento ao funcionário público, quando este age em contrário senso ao seu dever com a Administração, como se vê das penas imputadas a cada um dos delitos:

Facilitação de contrabando ou descaminho

Art. 318. Facilitar, com infração de dever funcional, a prática de contrabando ou descaminho (art. 334): Pena – reclusão, de 3 (três) a 8 (oito) anos, e multa.

Descaminho

Art. 334. Iludir, no todo ou em parte, o pagamento de direito ou imposto devido pela entrada, pela saída ou pelo consumo de mercadoria: Pena – reclusão, de 1 (um) a 4 (quatro) anos.

Em 20/11/2017, o STJ aprovou a **Súmula 599**: "o princípio da insignificância **é inaplicável aos crimes contra a administração pública**". Assim, para o STJ, não se aplica o princípio da insignificância aos crimes contra a administração pública, ainda que o valor da lesão possa ser considerado ínfimo, pois a tipificação dos crimes contra a administração pública tem como objetivo resguardar principalmente a moral administrativa, extrapolando o aspecto patrimonial.

No entanto, a **exceção a esse entendimento é o crime de descaminho**. Nesse caso, a jurisprudência é pacífica em admitir a aplicação do princípio da insignificância ao crime de descaminho, mesmo sendo crime contra a administração pública. De acordo com o STJ, "a insignificância nos crimes de descaminho tem colorido próprio, diante das disposições trazidas na Lei nº 10.522/2002", o que não ocorre com outros delitos, como o peculato etc. (AgRg no REsp 1.346.879/SC, Rel. min. Marco Aurélio Bellizze, julgado 26/11/2013).

A reiteração criminosa inviabiliza a aplicação do princípio da insignificância nos crimes de descaminho, ressalvada a possibilidade de, no caso concreto, as instâncias ordinárias verificarem que a medida é socialmente recomendável. Assim, em regra, não se aplica o princípio da insignificância para o agente que praticou descaminho se ficar demonstrada a sua reiteração criminosa (criminoso habitual).

A exceção ocorre quando o julgador, ao analisar as peculiaridades do caso concreto, entende que a medida é socialmente recomendável (STJ. 3.ª seção. EREsp 1.217.514-RS, Rel. min. Reynaldo Soares da Fonseca, j. 9/12/2015, Info 575).

Em resumo, os requisitos específicos para a aplicação do princípio da insignificância aos crimes de descaminho são:

a) o valor dos tributos não pagos deve ser inferior a **vinte mil reais**, seguindo o mesmo critério dos crimes tributários (entendimento atual **tanto do STF como do STJ**: conforme as Portarias 75 e 132/2012 do MF);

IMPORTANTE:

Tanto o STF quanto o STJ entendem que o crime de descaminho **é FORMAL** (resultado cortado), sendo assim, **não se aplica o entendimento da Súmula Vinculante 24** do Supremo, ou seja, o crime se consuma ainda que não ocorra o lançamento definitivo do crédito tributário.

b) o agente **não pode ser criminoso habitual**. Assim, a reiterada omissão no pagamento do tributo devido nas importações de mercadorias de procedência estrangeira **impede a incidência do princípio da insignificância** em caso de persecução penal por crime de descaminho (art. 334 do CP), ainda que o valor do tributo suprimido não ultrapasse o limite previsto para o não ajuizamento de execuções fiscais pela fazenda nacional. (STJ. 6.ª Turma. RHC 31.612-PB, Rel. min. Rogerio Schietti Cruz, julgado em 20/5/2014, Info 541).

IMPORTANTE:

Há duas decisões do STF, tomadas nos meses de abril e outubro de 2018, **que sinalizam que o tribunal pode modificar sua postura diante de situações relativas à importação de mercadorias sem o pagamento de impostos**.

Com efeito, no julgamento do HC 128.063/PR, em 10/04/2018, a Primeira Turma decidiu – vencida apenas a ministra Rosa Weber – que norma relativa à ação fiscal não tem influência na atuação do Ministério Público na seara penal. Veja-se trecho do voto do ministro Marco Aurélio:

> "Há de observar-se o princípio da legalidade estrita. Lei versando executivo fiscal não repercute no campo penal, devendo-se adotar o mesmo entendimento, com maior razão, relativamente a portaria

do Ministério da Fazenda. Consoante disposto no artigo 935 do Código Civil, as responsabilidades civil e penal **são independentes. Somente ocorre repercussão considerada decisão em processo-crime em que declarada a inexistência do fato ou da autoria.**

Afasto a possibilidade de cogitar de atipicidade da conduta ante a insignificância do valor devido. Tenha-se presente que envolveu tributo não recolhido no importe de R$ 14.364,51. Mais do que isso, **está-se diante da proteção do erário público, não se podendo adotar postura conducente a levar à sonegação fiscal**. A tanto equivale dizer-se que é atípico o ato quando a sonegação, decorrente do descaminho, atinge substancial valor."

ATENÇÃO:

Não confunda os crimes de contrabando e descaminho.

CONTRABANDO	DESCAMINHO
Tipificado no art. 334-A do CP.	Tipificado no art. 334 do CP.
Consiste em "importar ou exportar mercadoria proibida".	Consiste em "iludir, no todo ou em parte, o pagamento de direito ou imposto devido pela entrada, pela saída ou pelo consumo de mercadoria"
Corresponde à conduta de importar ou exportar mercadoria PROIBIDA.	Corresponde à entrada ou à saída de produtos PERMITIDOS, todavia elidindo o pagamento do imposto devido. É a fraude utilizada para iludir o pagamento de impostos relacionados com a importação ou exportação de produtos.
NÃO é uma espécie de crime tributário.	**É uma espécie de crime tributário.**
Bem jurídico: a moralidade administrativa, a saúde e a segurança pública. O bem juridicamente tutelado vai além do mero valor pecuniário do imposto elidido, alcançando também o interesse estatal de impedir a entrada e a comercialização de produtos proibidos em território nacional.	Bem jurídico protegido: interesse do Estado na arrecadação dos tributos. Além disso, alguns autores apontam que a tipificação desta conduta também visa proteger o controle estatal das importações e das exportações.
É inaplicável o princípio da insignificância. **Exceção: contrabando de pequena quantidade de medicamento para uso próprio** (STJ Edcl no Agrg no Resp 1708371/PR).	**Aplica-se** o princípio da insignificância se o valor do tributo cujo pagamento foi iludido não superar 20 mil reais (posição majoritária).
Compete a Justiça Federal processar e julgar.	**Compete à Justiça Federal o julgamento dos crimes de contrabando e de descaminho, ainda que inexistentes indícios de transnacionalidade na conduta.** STJ. 3ª Seção. CC 160.748-SP, Rel. Min. Sebastião Reis Júnior, julgado em 26/09/2018 (Info 635).
Não admite suspensão condicional do processo (a pena é de 2 a 5 anos).	**Admite** suspensão condicional do processo (a pena é de 1 a 4 anos).

TEMA IMPORTANTE:

A importação de colete à prova de balas não se enquadra em nenhum tipo penal previsto no Estatuto do Desarmamento?

Não, haja vista que colete à prova de balas não pode ser considerado acessório. Isso porque a palavra "acessório" mencionada no art. 18 é acessório de arma de fogo, ou seja, algo que complementa, que se agrega à arma de fogo para melhorar o seu funcionamento ou desempenho. Exemplo: silenciador, mira telescópica etc.

O colete à prova de balas é uma proteção contra armas de fogo e não um acessório destas.

Configura crime de contrabando a importação de colete à prova de balas sem prévia autorização do Comando do Exército. (Info 577).

E se for arma de brinquedo (arma finta ou inidônea)?

O Superior Tribunal de Justiça, no julgamento do Recurso Especial 1.727.222/PR, tendo como relator o Ministro Jorge Mussi, entendeu que a **importação de arma de brinquedo capaz de ser confundida com verdadeira configura o delito de contrabando,** diante da proibição contida no art. 26 da Lei nº 10.826/03, considerando os riscos à segurança e incolumidade pública.

O STF decidiu (HC 131.943 j. 07/05/19) que **importação irregular de arma de pressão é crime de contrabando**, prevalecendo o voto do ministro Edson Fachin, que abriu a divergência e para quem o fato não se restringe a questões tributárias e alfandegárias, pois, independentemente da diferenciação entre calibres, a importação de armas de pressão depende de autorização do Exército, tratando-se, pois, de proibição relativa, como ocorre com diversos outros produtos, a exemplo de cigarros (e, acrescentamos, mesmo no Decreto 9.493/18 as armas de pressão permanecem classificadas como produtos controlados pelo Comando do Exército).

Em virtude disso, a ordem de *habeas corpus* foi denegada, afastando-se o **princípio da insignificância**, em regra, **inaplicável**, segundo a jurisprudência do tribunal, ao **crime de contrabando.**

CANDIDATO:

Considere a seguinte situação hipotética: Geraldo, funcionário público, aproveitando-se de seu acesso ao banco de dados do serviço público, inseriu dados falsos no sistema da Previdência Social, com o intuito de que fossem concedidos benefícios previdenciários indevidamente. Com referência a essa situação hipotética, responda aos seguintes questionamentos. **(Delegado PF/18)**

1. Qual tipo penal foi praticado por Geraldo? Justifique sua resposta, informando a classificação e o momento consumativo desse tipo penal.
2. Caso Geraldo estivesse associado a outras pessoas, seria possível a configuração de organização criminosa nessa prática delituosa? Fundamente sua resposta.

RESPOSTA ADEQUADA:

Excelência, trata-se de crime próprio, pelo fato de Geraldo ser servidor público. Neste sentido, consoante impõe o CP em seu art. 313-A, Geraldo praticou o crime de inserção de dados falsos em sistema de informações, também chamado por alguns autores de **peculato eletrônico**.

Caso o servidor estivesse associado a outras pessoas, seria possível a configuração de organização criminosa, desde que o crime fosse cometido por um grupo mínimo de quatro agentes, atuando em estrutura ordenada e caracterizada pela divisão de tarefas, com o objetivo de obter, direta ou indiretamente, vantagem de qualquer natureza. No caso, ainda está preenchido o requisito objetivo relativo à pena (pena máxima superior a quatro anos).

Vale dizer que caso algum dos requisitos não seja cumprido, a organização criminosa não restará configurada.

COMPLEMENTAÇÃO DA RESPOSTA:

Conforme raciocínio da CEBRASPE, segue espelho de resposta da citada banca:

1) Como já dito, por ser servidor, a conduta de Geraldo configura crime próprio: praticado por funcionário contra a administração pública. Portanto, Geraldo praticou o crime do art. 313-A, visto que pelo princípio da especificidade, sua conduta não caracteriza o crime de peculato (art. 312), falsidade ideológica (art. 299) nem o de modificação ou alteração não autorizada de sistema de informações (art. 313-B CP). Consuma-se com a inserção dos dados (crime formal), **não sendo imprescindível** que o agente obtenha a vantagem indevida ou cause dano à administração pública; se ocorrer, sendo mero exaurimento do crime. Em tese, **admite tentativa** quando for necessário mais de um comando ao banco de dados para atingir seu objetivo (delito plurissubsistente).

> Art. 313-A. Inserir ou facilitar, o funcionário autorizado, a inserção de dados falsos, alterar ou excluir indevidamente dados corretos nos sistemas informatizados ou bancos de dados da administração pública com o fim de obter vantagem indevida para si ou para outrem ou para causar dano: Pena – reclusão, de 2 (dois) a 12 (doze) anos, e multa.

2) A Lei nº 12.850/2013 define o crime de organização criminosa e exige:

a) o número mínimo de quatro agentes;

b) estruturalmente ordenada e caracterizada pela divisão de tarefas, com o objetivo de obter, direta ou indiretamente, vantagem de qualquer natureza;

c) prática de infrações penais cujas penas máximas sejam superiores a 4 (quatro) anos, ou que sejam de caráter transnacional.

O crime previsto no art. 313-A, CP, preenche o requisito objetivo relativo à pena.

> Lei nº 12.850/2013
>
> Art. 1º Esta Lei define organização criminosa e dispõe sobre a investigação criminal, os meios de obtenção da prova, infrações penais correlatas e o procedimento criminal a ser aplicado.

§ 1º Considera-se organização criminosa a associação de 4 (quatro) ou mais pessoas estruturalmente ordenada e caracterizada pela divisão de tarefas, ainda que informalmente, com objetivo de obter, direta ou indiretamente, vantagem de qualquer natureza, mediante a prática de infrações penais cujas penas máximas sejam superiores a 4 (quatro) anos, ou que sejam de caráter transnacional.

CANDIDATO:

A respeito dos crimes de apropriação indébita previdenciária e de sonegação de contribuição previdenciária, discorra, fundamentadamente, sobre os seguintes aspectos: **(Delegado PF/18)**

1. Semelhanças e diferenças entre esses dois tipos penais;
2. Possibilidade de aplicação da Súmula Vinculante nº 24 do STF, que se refere ao lançamento definitivo do tributo.

RESPOSTA ADEQUADA:

Excelência, a apropriação indébita previdenciária é crime contra o patrimônio, e a sonegação de contribuição previdenciária é crime contra a administração pública. Ambos são crimes tributários materiais e omissivos, bastando o dolo genérico (intenção de concretizar a evasão tributária).

Tanto o STF quanto o STJ entendem que se tratam de crimes que exigem a demonstração de dolo genérico, prescindindo o dolo específico para caracterizar ambos os delitos.

Para a caracterização de crime tributário, é indispensável que tenha havido a constituição definitiva do crédito tributário. Nesse sentido: Súmula Vinculante nº 24 do STF: "Não se tipifica crime material contra a ordem tributária, previsto no art. 1º, incisos I a IV, da Lei n.º 8.137/90, antes do lançamento definitivo do tributo."

Assim, no caso de crimes tributários, enquanto a dívida estiver sendo impugnada administrativamente, não terá havido constituição definitiva do crédito tributário, não sendo permitido o ajuizamento de ação penal, até mesmo porque não se sabe se esse crédito vai ser mantido pelo fisco, sendo temerário ajuizar ação penal por conta de um crédito que ainda não está definitivamente constituído na esfera administrativa.

COMPLEMENTAÇÃO DA RESPOSTA:

Destaca-se que as informações subsecutivas foram extraídas do padrão de resposta esperado pela banca CEBRASPE.

1) Na apropriação: deixa de repassar à previdência social os valores descontados dos empregados. Na sonegação: suprime ou reduz as contribuições previdenciárias omitindo informações.

STF: O crime de apropriação indébita previdenciária exige apenas a demonstração do dolo genérico, sendo dispensável um especial fim de agir, conhecido como *animus rem sibi habendi* (a intenção de ter a coisa para si). Assim como ocorre quanto ao delito de apropriação indébita previdenciária, o elemento subjetivo animador da conduta típica do crime de sonegação de contribuição previdenciária é o dolo genérico, consistente na intenção de concretizar a evasão tributária (AP 516, Plenário, Relator Ministro Ayres Britto, DJe de 20/9/2011). HC 113.418/PB, DJe 17/10/2013.

STJ: Em crimes de sonegação fiscal e de apropriação indébita de contribuição previdenciária, este Superior Tribunal de Justiça pacificou a orientação no sentido de que sua comprovação **prescinde de dolo específico**, sendo suficiente, para a sua caracterização, a presença do dolo genérico consistente na omissão voluntária do recolhimento, no prazo legal, dos valores devidos. (AgRg no REsp 1.477.691/DF, DJe 28/10/2016)

TEMA QUENTE!

Pode ser aplicado o princípio da insignificância no "crime de apropriação indébita previdenciária"?

Não. O STJ decidiu que não se aplica o princípio da insignificância para o crime de apropriação indébita previdenciária. O item está certo.

Não é possível a aplicação do **princípio da insignificância** aos crimes de apropriação indébita previdenciária e de sonegação de contribuição previdenciária, **independentemente** do valor do ilícito, pois esses tipos penais protegem **a própria subsistência da Previdência Social**, de modo que **é elevado o grau de reprovabilidade da conduta do agente** que atenta contra este bem jurídico supraindividual.

O bem jurídico tutelado pelo delito de apropriação indébita previdenciária é **a subsistência financeira da Previdência Social**. Logo, não há como afirmar-se que a reprovabilidade da conduta atribuída ao paciente é de grau reduzido, considerando que esta conduta causa prejuízo à arrecadação já deficitária da Previdência Social, configurando nítida lesão a **bem jurídico supraindividual.**

O reconhecimento da atipicidade material nesses casos implicaria ignorar esse preocupante quadro. **STF. 1ª Turma.** HC 102550, Rel. Min. Luiz Fux, julgado em 20/09/2011. STF. 2ª Turma. RHC 132706 AgR, Rel. Min. Gilmar Mendes, julgado em 21/06/2016. **STJ. 3ª Seção.** AgRg na RvCr 4.881/RJ, Rel. Min. Felix Fischer, julgado em 22/05/2019.

TOME NOTA!

Apropriação indébita previdenciária

Art. 168-A. Deixar de repassar à previdência social as contribuições recolhidas dos contribuintes, no prazo e forma legal ou convencional:

Pena – reclusão, de 2 (dois) a 5 (cinco) anos, e multa.

§ 1.º Nas mesmas penas incorre quem deixar de:

I – recolher, no prazo legal, contribuição ou outra importância destinada à previdência social que tenha sido descontada de pagamento efetuado a segurados, a terceiros ou arrecadada do público;

II – recolher contribuições devidas à previdência social que tenham integrado despesas contábeis ou custos relativos à venda de produtos ou à prestação de serviços;

III – pagar benefício devido a segurado, quando as respectivas cotas ou valores já tiverem sido reembolsados à empresa pela previdência social.

Sonegação de contribuição previdenciária (Incluído pela Lei nº 9.983/2000)

Art. 337-A. Suprimir ou reduzir contribuição social previdenciária e qualquer acessório, mediante as seguintes condutas: (Incluído pela Lei nº 9.983/2000)

I – omitir de folha de pagamento da empresa ou de documento de informações previsto pela legislação previdenciária segurados empregado, empresário, trabalhador avulso ou trabalhador autônomo ou a este equiparado que lhe prestem serviços; (Incluído pela Lei nº 9.983/2000)

II – deixar de lançar mensalmente nos títulos próprios da contabilidade da empresa as quantias descontadas dos segurados ou as devidas pelo empregador ou pelo tomador de serviços;

III – omitir, total ou parcialmente, receitas ou lucros auferidos, remunerações pagas ou creditadas e demais fatos geradores de contribuições sociais previdenciárias:

Pena – reclusão, de 2 (dois) a 5 (cinco) anos, e multa. (Incluído pela Lei nº 9.983/2000)

2) Nesse sentido:

(...) Enquanto houver processo administrativo questionando a existência, o valor ou a exigibilidade de tributos e contribuição previdenciária, atípicas são as condutas previstas no artigo 2º, inciso I, da Lei nº 8.137/1990 e no artigo 168-A do Código Penal, que têm, como elemento normativo do tipo, a existência do crédito tributário e da contribuição devida a ser repassada. 3. Não importa violação à independência das esferas administrativa e judiciária o aguardo de decisum administrativo, no qual se constitui o lançamento definitivo dos créditos. (...) (STJ. HC 163.603/SC, julgado em 20/08/2013)

Nos termos dos precedentes da Corte, os crimes de apropriação indébita previdenciária e de sonegação de contribuição previdenciária são delitos materiais, exigindo, portanto, a constituição definitiva do débito tributário perante o âmbito administrativo para configurar conduta típica. (STJ. RHC 44.669/RS, DJe 18/04/2016).

Apropriação indébita previdenciária e sonegação de contribuição previdenciária. Condenação. 3. Reconhecimento da prescrição. Impossibilidade. Necessidade de esgotamento da via administrativa para deflagração da ação penal e início da contagem do prazo prescricional. Não ocorrência da alegada prescrição. 4. Aplicação do princípio da insignificância. Impossibilidade. Elevado grau de reprovabilidade da conduta. Precedentes. 5. Dosimetria da pena. Reprimenda aplicada de forma proporcional e suficientemente fundamentada. 6. Agravo regimental a que se nega provimento. (STF. RHC 132706 AgR/SP, DJe 01/08/2016).

CANDIDATO:

Considere a seguinte situação hipotética: Mauro foi preso ao tentar efetuar pagamento em comércio com uma cédula de R$ 100,00 (cem reais) falsificada.

Com referência a essa situação hipotética, responda, de modo fundamentado, aos seguintes questionamentos.

1. Caso a falsificação do papel-moeda tenha sido evidente, haverá tipicidade do crime de moeda falsa?

2. O princípio da insignificância é aplicável ao caso, considerando-se que Mauro tentou utilizar apenas uma cédula falsa?
3. Caso Mauro tenha suprimido o sinal indicativo de inutilização da cédula no momento de efetuar o pagamento, sua conduta terá sido típica? Qual tipo penal deverá ser aplicado nessa hipótese? **(Delegado Federal/19)**

RESPOSTA ADEQUADA:

Excelência, no caso narrado, em princípio, não haverá tipicidade com o crime de moeda falsa, previsto no art. 289 do Código Penal, uma vez que a caracterização do delito em espeque demanda a existência de potencialidade de dano, decorrente da idoneidade da falsificação para enganar um número indeterminado de pessoas, uma vez que o bem jurídico protegido pela norma é a fé pública. Assim, caso se trate de falsidade grosseira, será hipótese de crime impossível, ou, a depender da situação concreta, incidirá a Súmula nº 73 do STJ, segundo a qual a utilização de papel-moeda grosseiramente falsificado configura, em tese, o crime de estelionato.

Consoante entendimento do STJ, o crime de moeda falsa não admite a aplicação do princípio da insignificância, por se tratar de delito contra a fé pública, o que denota o interesse estatal na sua repressão.

COMPLEMENTAÇÃO DA RESPOSTA*:

* A presente questão foi comentada pela professora Nathália Ribeiro Leite Silva, mestra em Direito Público pela Universidade Federal do Estado de Alagoas, com participação especial.

Considerando que os critérios fixados pelo STF para aplicação do princípio da insignificância são: (a) a mínima ofensividade da conduta do agente, (b) a nenhuma periculosidade social da ação, (c) o reduzidíssimo grau de reprovabilidade do comportamento e (d) a inexpressividade da lesão jurídica provocada; tem-se que a inaplicabilidade do entendimento ao caso do crime de moeda falsa decorre do fato de que o delito envolve a credibilidade do Sistema Financeiro Nacional, descaracterizando a mínima ofensividade, e possuindo periculosidade social e alto grau de reprovabilidade, uma vez que atinge a confiança que a população deposita na moeda, transcendendo a simples análise do valor material da cédula falsificada.

CANDIDATO:

Proferir ofensa verbal contra santo e ato religioso é crime? Admite-se a tentativa? **(Delegado SP/15)**

RESPOSTA ADEQUADA:

Excelência, configura-se crime contra o sentimento religioso previsto no CP, que visa tutelar a liberdade individual de crença e de culto religioso. Não se admite tentativa na ofensa verbal.

COMPLEMENTAÇÃO DA RESPOSTA:

O enunciado da questão versa sobre crime de "vilipêndio de ato ou objeto de culto religioso", consubstanciado no CP como ultraje a culto e impedimento ou perturbação de ato a ele relativo, segundo o Código Penal.

Segue o dispositivo preceituado no CP:

> Art. 208 – Escarnecer de alguém publicamente, por motivo de crença ou função religiosa; impedir ou perturbar cerimônia ou prática de culto religioso; vilipendiar publicamente ato ou objeto de culto religioso (...).

No que diz respeito à hipótese de cabimento de tentativa por este tipo penal, é importante destacar que somente será admitida nos casos em que o crime for material, como por exemplo, chutar imagem sacra.

Todavia, a tentativa não será admissível quando o crime for praticado por ofensas verbais, como o descrito na pergunta do examinador.

CANDIDATO:

De acordo com a doutrina, esqueleto humano pode ser objeto de ocultação de cadáver do Código Penal? **(Delegado SP/15)**

RESPOSTA ADEQUADA:

Excelência, a doutrina[140] conceitua-o ainda como sendo "o corpo privado de vida, mas que ainda conserva a forma humana. Assim, não se considera cadáver o esqueleto humano ou as suas cinzas".

Portanto, seguindo a lógica, não sendo considerado o esqueleto um cadáver, não poderá assim ser objeto de ocultação de cadáver.

COMPLEMENTAÇÃO DA RESPOSTA:

O tipo penal tipificado pela lei (art. 212, CP) é o do vilipêndio, que significa aviltar, ultrajar, ofender, menoscabar, desprezar, enfim, depreciar, neste caso, o cadáver e suas cinzas, assim como incluindo as partes do corpo e o esqueleto.

Já o conceito de cadáver a doutrina tem entendido como o corpo que ainda conserva a aparência humana, e não os restos em completa decomposição; sendo que as cinzas são os resíduos da cremação ou combustão (autorizadas, casuais ou criminosas) a que foi ele submetido, ou mesmo frutos do decurso do tempo.

CANDIDATO:

Maria casada com João por mais de vinte anos, após o óbito deste último, pleiteia junto ao INSS o benefício de pensão por morte. A pensão é negada em virtude de

140. CAPEZ, 2004, p. 589.

uma terceira pessoa (Joana) já estar habilitada e gozando do benefício, na qualidade de esposa de seu falecido marido. Neste viés, Maria, ao buscar solução, descobre que o benefício foi implementado por Carlos, funcionário do INSS, em favor de Joana, terceira pessoa desqualificada para receber o benefício.

Diante do caso hipotético acima, responda:

1) Qual foi o crime praticado por Carlos?
2) Quais as possíveis classificações definidas na doutrina e jurisprudência?
3) No tocante ao crime em tela, quando que se iniciará a contagem da prescrição penal? **(Delegado/ Simulado 2022)**

RESPOSTA ADEQUADA:

1) Excelência, já pacificou a Suprema Corte[141] que se trata de crime de estelionato previdenciário tipificado no **§ 3º, do art. 171, do Código Penal.** Este delito é sempre praticado contra a autarquia pública, a qual é sempre a lesada, a vítima.

2) Quanto às referidas classificações, o crime de estelionato previdenciário pode ser permanente, instantâneo com efeitos permanentes e continuado, sendo:

a) **Natureza permanente:** consagrou o **STJ142** que "o estelionato previdenciário configura crime permanente quando o sujeito ativo do delito também é o próprio beneficiário, pois o benefício lhe é entregue mensalmente", ou seja, a conduta fraudulenta é cometida pelo próprio beneficiário;

b) **Natureza instantânea com efeitos permanentes:** neste caso, configura crime instantâneo de efeitos permanentes quando a conduta fraudulenta é praticada em favor de terceiro que, mês a mês, recebe o valor do benefício indevidamente. Tem-se, nesse caso, uma única conduta do fraudador em favor de terceiro que reiteradamente irá se beneficiar, assim versa a jurisprudência[143];

c) **Natureza continuada:** configura-se quando uma terceira pessoa, como se beneficiário fosse, após a morte do legítimo beneficiário, segue recebendo o valor do benefício. Assim, por haver o saque indevido mês a mês, caracteriza-se uma continuidade delitiva, conforme preceitua a jurisprudência[144].

Excelência, quanto à contagem da prescrição penal **depende** da natureza do crime praticado, se crime instantâneo com efeitos permanentes; se crime permanente ou crime continuado, assim:

141. STF, HC 112095, Relator(a): Min. CÁRMEN LÚCIA, Segunda Turma, julgado em 16/10/2012, PROCESSO ELETRÔNICO DJe-220 DIVULG 07-11-2012 PUBLIC 08-11-2012.

142. STJ, AgRg no AgRg no AREsp 992.285/RJ, 5ª Turma, j. 20/06/2017.

143. STJ, AgRg no REsp 1.347.082/RS, 5ª Turma, j. 21/08/2014.

144. STJ, REsp 1.282.118/RS, 6ª Turma, j. 26/02/2013.

1) Quando a natureza é instantânea com efeitos permanentes a prescrição penal se inicia a partir do recebimento da primeira prestação do benefício indevido, dessa maneira consagra a jurisprudência[145].

2) Quando a natureza é permanente a prescrição penal se inicia em com o último recebimento indevido da remuneração, assim versa o **STJ.** [146]

3) Quando a natureza é continuada a prescrição penal se inicia com a cessação do recebimento do benefício previdenciário, conforme consagra a jurisprudência[147].

COMPLEMENTAÇÃO DA RESPOSTA:

A devolução dos valores indevidamente recebidos acarretará a extinção da punibilidade?

Em qualquer das modalidades de estelionato previdenciário (continuada, instantânea com efeitos permanentes e permanentes), **ainda que** ocorra a devolução dos valores à autarquia, **mesmo que** antes do recebimento da denúncia, não extingue a punibilidade, pois já tipificada a conduta do agente como estelionato, na sua forma qualificada. Assim consagra a jurisprudência[148].

Quando no crime de estelionato previdenciário o agente que comete o delito paga integralmente, de forma espontânea, o prejuízo à autarquia não trará qualquer benefício penal?

Versa a jurisprudência que o agente que, de maneira espontânea, de forma integral e antes do recebimento da denúncia, devolve o valor recebido ilegalmente, poderá ter direito de receber o benefício do arrependimento posterior, tendo sua pena reduzida de 1/3 a 2/3, nos termos do **art. 16 do CP** e conforme entendimento do **STJ149.**

É aplicável o princípio da insignificância ao crime de estelionato previdenciário?

Consagra a jurisprudência[150] pela não aplicação do princípio da insignificância ao crime de estelionato previdenciário, tendo em vista se tratar de uma conduta altamente reprovável, que ofende o patrimônio público, a moral administrativa e a fé pública.

TOME NOTA!

Código Penal

Art. 16. Nos crimes cometidos sem violência ou grave ameaça à pessoa, reparado o dano ou restituída a coisa, até o recebimento da denúncia ou da queixa, por ato voluntário do agente, a pena será reduzida de um a dois terços.

---

145. STJ, RHC 66.487/PB, 6ª Turma, j. 17/03/2016.
146. STJ, AgRg no REsp 1.571.511/RS, 6ª Turma, j. 18/02/2016.
147. STJ, AgRg no REsp 1.378.323/PR, 6ª Turma, j. 26/08/2014.
148. STJ, AgRg no AgRg no AREsp 992.285/RJ, 5ª Turma, j. 20/06/2017.
149. STJ, REsp.1380672/SC, Rel. Ministro ROGERIO SCHIETTI CRUZ, SEXTA TURMA, julgado em 24/03/2015, DJe 06/04/2015.
150. STJ, AgRg no REsp 1363750/RS, Rel. Ministro SEBASTIÃO REIS JÚNIOR, SEXTA TURMA, julgado em 05/08/2014, DJe 19/08/2014.

Art. 171. Obter, para si ou para outrem, vantagem ilícita, em prejuízo alheio, induzindo ou mantendo alguém em erro, mediante artifício, ardil, ou qualquer outro meio fraudulento:

§ 3º. A pena aumenta-se de um terço, se o crime é cometido em detrimento de entidade de direito público ou de instituto de economia popular, assistência social ou beneficência.

CANDIDATO:

Considere a seguinte situação hipotética: Chegou ao conhecimento da autoridade policial a notícia sobre a existência de comentários preconceituosos contra o povo judeu feitos em um site na Internet. Foi instaurado inquérito policial para apurar a prática do crime previsto no art. 20 da Lei n.º 7.716/1989 (praticar, induzir ou incitar a discriminação ou preconceito de raça, cor, etnia, religião ou procedência nacional), o qual é punido com reclusão de 1 a 3 anos e multa. Durante a tramitação do inquérito, o STJ firmou a competência federal para o processamento da apuração. Passados 10 anos do fato criminoso, identificou-se o autor da conduta, que estava com mais de 75 anos de idade. O delegado de Polícia Federal encerrou a investigação e encaminhou os autos à autoridade competente, por considerar prescrita a pretensão punitiva.

Considerando a situação hipotética acima, posicione-se a respeito do encaminhamento dado pelo delegado de Polícia Federal ao caso, explicando, de forma fundamentada, o conceito e a natureza jurídica do instituto da prescrição, as suas espécies e as causas que alteram o prazo prescricional, de acordo com a jurisprudência do STF. **(Delegado da PF/2021)**

RESPOSTA ADEQUADA:

A prescrição penal é uma causa extintiva de punibilidade prevista no art. 107, IV, do Código Penal e consiste em o Estado perder o direito de punir, em razão do decurso do lapso temporal legalmente estabelecido. Nas palavras de Guilherme de Souza Nucci: "é a perda do direito de punir do Estado pelo não exercício em determinado lapso de tempo. Não há mais interesse estatal na repressão do crime, tendo em vista o decurso do tempo e porque o infrator não reincide, readaptando-se à vida social".

A prescrição se apresenta sob diversas formas. Antes do trânsito em julgado da acusação da pena estabelecida na sentença, a prescrição se regula pela sanção máxima abstratamente cominada ao delito. É a chamada prescrição da pretensão punitiva propriamente dita (ou prescrição da pretensão punitiva abstrata ou prescrição da ação penal). Após a condenação transitada em julgado para o Ministério Público (MP), ou ainda que haja pendência de recurso da acusação em que não se discuta a quantidade de pena, surgem duas novas modalidades de prescrição da pretensão punitiva, ambas reguladas pela pena aplicada. A prescrição intercorrente (ou superveniente ou subsequente) ocorre em razão da inércia em intimar o réu da sentença ou pela demora em julgar o recurso, de modo que o prazo prescricional se consuma entre a publicação da sentença definitiva para o MP e o trânsito em julgado para a defesa. A prescrição retroativa ocorre quando o prazo prescricional é ultrapassado em uma análise retrospectiva entre os marcos interruptivos do recebimento da denúncia e da publicação da sentença condenatória. Por fim, a prescrição executória é conceituada como a perda do direito do Estado de executar a pena aplicada em razão da inércia para promover o seu cumprimento. Segundo a jurisprudência mais atual do Plenário do STF, seu início pressupõe o trânsito em julgado para ambas as partes (cf. AI 794971 AgR).

Os prazos prescricionais estão previstos no art. 109 do Código Penal (CP) e variam de 3 a 20 anos. Todavia, em casos específicos, tais prazos são alterados. O art. 115 do CP dispõe que "são reduzidos de metade os prazos de prescrição quando o criminoso era, ao tempo do crime, menor de 21 (vinte e um) anos, ou, na data da sentença, maior de 70 (setenta) anos".

Além disso, nos casos de condenado reincidente, os prazos da prescrição são aumentados em 1/3. Importa destacar que a redução do prazo pela idade se aplica às espécies de prescrição da pretensão punitiva e executória, enquanto o aumento pela reincidência incide apenas sobre a prescrição da pretensão executória.

A regra geral é que todos os crimes estão sujeitos ao regime da prescrição. Todavia, a Constituição Federal de 1988 (CF) estabelece exceções fruto de escolha do poder constituinte originário. Uma delas é referente à prática do crime de racismo (cf. art. 5.º, XLII, CF). Outra é a ação de grupos armados, civis ou militares contra a ordem constitucional e o Estado Democrático (cf. art. 5.º, XLIV, CF).

No caso concreto, o fato criminoso está sujeito ao regime da imprescritibilidade, pois está previsto na Lei n.º 7.716/1989. Desse modo, conclui-se que o entendimento adotado pela autoridade policial foi equivocado.

CANDIDATO:

Consoante a jurisprudência dos tribunais superiores é possível furto qualificado com aumento de pena decorrente do repouso noturno? **(Delegado/ Simulado 2022)**

RESPOSTA ADEQUADA:

Excelência, essa tipificação está em consonância com a mudança de entendimento do STJ que, em julgamento de recursos especiais repetitivos (Tema 1.087), estabeleceu que a causa de aumento de pena pela prática de furto no período noturno (artigo 155, § 1º, do Código Penal) não incide na forma qualificada do crime (artigo 155, § 4º, do CP).

No entanto, o STF entende (STF. 2ª Turma. HC 130952/MG) que "é legítima a incidência da causa de aumento de pena por crime cometido durante o repouso noturno (art. 155, § 1º) no caso de furto praticado na forma qualificada (art. 155, § 4º). Não existe nenhuma incompatibilidade entre a majorante prevista no § 1º e as qualificadoras do § 4º. São circunstâncias diversas, que incidem em momentos diferentes da aplicação da pena. Assim, é possível que o agente seja condenado por furto qualificado (§ 4º) e, na terceira fase da dosimetria, o juiz aumente a pena em 1/3 se a subtração ocorreu durante o repouso noturno. A posição topográfica do § 1º (vem antes do § 4º) não é fator que impede a sua aplicação para as situações de furto qualificado (§ 4º)".

COMPLEMENTAÇÃO DA RESPOSTA:

Destacam-se as palavras do Ministro Relator João Otávio em relação à tese consolidada: "Se a qualificação do delito é apresentada em parágrafo posterior ao que trata da majorante, é porque o legislador afastou a incidência desta em relação aos crimes qualificados previstos no parágrafo 4º do artigo 155 do CP. Nesse contexto, aderindo a uma interpretação sistemática sob o viés topográfico, em que se define a extensão interpretativa de um dispositivo legal levando-se em conta sua localização no conjunto normativo, a aplicação da referida causa de aumento limitar-se-ia ao furto simples, não incidindo, pois, no furto qualificado".

Professor, qual a diferença entre a qualificadora objetiva e a subjetiva no crime de furto?

Combatente, é bom ter em mente um conceito claro e definido sobre esse aspecto, pois, muitas vezes, o entendimento dessas duas coisas, por si só, já é capaz de fazê-lo acertar uma questão, ainda que não tenha decorado cada uma das hipóteses. Sendo assim, entenda o que são as qualificadoras:

1) Objetivas: aquelas que se dirigem ao modo de execução do delito – destruição ou rompimento de obstáculo à subtração da coisa; escalada; emprego de chave falsa e mediante concurso de duas ou mais pessoas.

2) Subjetivas: aquelas que se dirigem à motivação do agente criminoso na prática do delito – abuso de confiança.

REFERÊNCIAS BIBLIOGRÁFICAS

BITENCOURT, Cezar Roberto, in Código Penal Comentado. 7ª ed. São Paulo: Saraiva, 2012, p. 127.

BITENCOURT, Cezar Roberto, Tratado de Direito Penal: parte especial, volume 3, 2ª ed., São Paulo: Saraiva, 2005, p. 236.

BITENCOURT, Cezar Roberto. Tratado de direito penal. Parte geral. 17ª. Ed. Rev. Ampl e atual. São Paulo: Saraiva, 2012.

BITENCOURT, Cezar Roberto. Tratado de direito penal: parte geral. 17. ed. São Paulo: Saraiva, 2012.

BRASIL, Lei 2.848, 1940, art. 181 e 183.

CAGLIARI, José Francisco (1999). Do concurso de pessoas. Justitia, 61 (185/188), pp. 50–77.

CAPEZ, Fernando, Curso de direito penal, volume 2: parte especial, 7ª. ed. rev., atual. – São Paulo: Saraiva, 2007. p.416.

CAPEZ, Fernando. Curso de direito penal, volume 2: parte geral, 3ª. Ed., Editora Saraiva, São Paulo 2004, p. 589.

CAPEZ, Fernando. Curso de Direito Penal. 1° vol. 16° ed. São Paulo: Saraiva, 2012. p. 191.

CAPEZ, Fernando. Curso de direito penal. 7ª ed. São Paulo: Saraiva, 2007, p.649.

CAPEZ, Fernando. Curso de Direito Penal. Volume 1. 12. Ed. São Paulo: Saraiva, 2008.

CAPEZ, Fernando. Curso de direito penal: parte especial, vol. 2, 6. ed., São Paulo: Saraiva, 2006, p. 394.

CAPEZ, Fernando. Curso de direito penal: parte geral. 11. ed. São Paulo: Saraiva, 2007. p 240.

CF/88, art. 5º, XXXVIII – é reconhecida a instituição do júri, com a organização que lhe der a lei, assegurados: (...) d) a competência para o julgamento dos crimes dolosos contra a vida.

Coleção Sinopses para concursos. Volume 1. Direito Penal. Parte Geral. Coordenação Leonardo de Medeiros Garcia. 5. ed. rev. ampl., e atual. – Salvador: Juspodivm, 2015.

COSTA, Álvaro Mayrink da, "Direito Penal – Parte Especial", 5ª Ed., Rio de Janeiro: Forense. 2001, p. 622.

CUNHA, Rogério Sanches, Manual de direito penal: parte geral. 3ª. ed. vol. Único. Juspodivm, 2015, p. 88.

CUNHA, Rogério Sanches, Ob. Cit., 2015, p. 273.

CUNHA, Rogério Sanches, Ob. Cit., 2015, p. 273.

CUNHA, Rogério Sanches, Ob. Cit., 2015, p. 370.

CUNHA, Rogério Sanches, Ob. Cit., 2015, p. 89.

CUNHA, Rogério Sanches, Ob. Cit., 2015.

Disponível em: <https://pt.wikipedia.org/wiki/Iter_criminis>, acessado em 01.02.17.

Disponível em: <https://pt.wikipedia.org/wiki/Rela%C3%A7%C3%A3º_de_causalidade>, acessado em 02.02.17.

ESTEFAM, André, Direito Penal, Vol. 3, São Paulo: Saraiva, 2011, p. 152.

ESTEFAM, André; GONÇALVES, Victor Eduardo Rios, Direito penal esquematizado: parte geral; coordenador Pedro Lenza. – 3. ed. rev. e atual. – São Paulo: Saraiva, 2014. pp. 392 – 397.

ESTEFAM, André; GONÇALVES, Victor Eduardo Rios, Ob. Cit., 2014. pp. 392 – 397.

FRAGOSO, Heleno Cláudio; Lições de Direito Penal; Parte Especial, vol. I; 10ª Ed; Forense; Rio de Janeiro/RJ; 1988; pg. 349.

GOMES, Luiz Flávio. Direito penal: parte geral: volume 2. – São Paulo: Editora Revista dos Tribunais, 2007. p. 528.

GRECO, Rogério, in Código Penal: comentado. 4ª ed. Niterói, RJ: Ímpetus, 2010, p. 43.

GRECO, Rogério, In Código Penal: comentado. 4ª ed. Niterói, RJ: Ímpetus, 2010, pp. 43/44.

GRECO, Rogério. Curso de Direito Penal, Parte Especial, v. III, p. 73.

http://www.planalto.gov.br/ccivil_03/decreto-lei/Del2848compilado.htm, acesso em 05 mar. 17.

HUNGRIA, Nelson; FRAGOSO, Heleno Cláudio. Comentários ao Código Penal, 5. Ed., Editora Forense, Rio de Janeiro 1979, pp. 199 e 200.

JESUS, Damásio de Direito penal. V. 1. Parte geral. 32ª. Ed. São Paulo: Saraiva, 2011, p. 371.

JESUS, Damásio E. de; Código Penal Anotado; 11ª Ed; Saraiva; São Paulo/SP; 2001; pg. 558.

Lei nº 2.889/56. Art. 1º – Quem, com a intenção de destruir, no todo ou em parte, grupo nacional, étnico, racial ou religioso, como tal: a) matar membros do grupo; b) causar lesão grave à integridade física ou mental de membros do grupo; c) submeter intencionalmente o grupo a condições de existência capazes de ocasionar-lhe a destruição física ou parcial; d) adotar medidas destinadas a impedir os nascimentos no seio do grupo; e) efetuar a transferência forçada de crianças do grupo para outro grupo. Será punido: com as penas do artigo 121, parágrafo segundo, do Código Penal, no caso da letra "a" com as penas do artigo 129, parágrafo segundo, no caso da letra "b" com as penas do artigo 2 71, no caso da letra "c" com as penas do artigo 125, no caso da letra "d" com as penas do artigo 148, no caso da letra "e'.

MASSON, Cleber, Direito Penal Esquematizado, volume 1, Parte Geral (arts. 1º a 120), São Paulo: Método, 7ª edição, 2013.

MASSON, Cleber, Direito Penal Esquematizado. vol. 1. 10.ª ed. rev., atual. e ampl. Rio de Janeiro: Forense, São Paulo: Método, 2016. pp. 258-64.

MASSON, Cléber, Direito penal esquematizado: parte geral – vol. 1. 9ª Ed. Rio de Janeiro: Forense; São Paulo: Método, 2015. pp. 675 e 676.

MIRABETE, Julio Fabbrini. Manual de Direito Penal – 23. ed. – São Paulo: Atlas, 2006.

NUCCI, Guilherme de Souza, in Manual de Direito Penal: parte geral: parte especial. 5ª ed. rev., atual. e ampl. – São Paulo: RT, 2009, p. 312.

NUCCI, Guilherme de Souza, in Manual de Direito Penal: parte geral: parte especial. 5ª ed. rev., atual. e ampl. – São Paulo: RT, 2009, p. 312.

NUCCI, Guilherme de Souza. Código Penal Comentado. 11° ed. São Paulo: Editora Revista dos Tribunais, 2012. p. 190.

NUCCI, Guilherme de Souza. Código penal comentado. 9. ed. rev., atual. e ampl. São Paulo: Revista dos Tribunais, 2009. p. 783.

OLIVEIRA, Eugênio Pacelli de. Curso de processo penal. 9. ed. Rio de Janeiro: Lumen Júris, 2008.

REsp 1299021/SP, Rel. Ministro Rogerio Schietti Cruz, Sexta Turma, julgado em 14/02/2017, DJe 23/02/2017.

SANCHES, Rogério, Manual de Direito Penal, 4ª ed., 2016 p. 119.

STF, 2ª Turma. HC 109539, Rel. Min. Gilmar Mendes, julgado em 07/05/2013.

STF, 2ª Turma. HC 96736, Rel. Min. Teori Zavascki, julgado em 17/09/2013.

STF, HC 100.189/SP, Rel. Min. Ellen Gracie, Segunda Turma, DJe 16/4/2010.

STF, HC 104593, relator Min. Luiz Fux, de 08/11/11.

STF, HC 116.254, Rel. Min. Rosa Weber, 1ª Turma, julgado em 25/6/2013.

STF, HC 124306/RJ, rel. orig. Min. Marco Aurélio, red. p/ o ac. Min. Roberto Barroso, 1ª Turma, julgado em 29/11/2016 (Info 849).

STF, RE 459510/MT, Rel. Orig. Min. Cezar Peluso, red. p/ o acórdão Min. Dias Toffoli, Plenário. julgado em 26/11/2015.

STJ, 5ª Turma. HC 336.680/PR, Rel. Min. Jorge Mussi, julgado em 17/11/2015.

STJ, AREsp 522.504.

STJ, HABEAS CORPUS HC 185101 SP 2010/0170000-5 (STJ).

STJ, HC 030750, Rel. Min. Hamilton Carvalhido, Turma Especial do Tribunal Regional Federal da 4ª Região.

STJ, HC 228.998-MG, Rel. Min. Marco Aurélio Bellizze, julgado em 23/10/2012.

STJ, Recurso em Habeas Corpus – RHC 62437.

STJ, REsp 1.524.450-RJ, Rel. Min. Nefi Cordeiro, 3ª Seção, julgado em 14/10/2015 (recurso repetitivo).

STJ, RESP 1371163 / DF, rel. Ministro Sebastião Reis Júnior, j. 25/06/2013.

STJ, REsp 922932 SP 2007/0028150-1, Quinta Turma, 13/12/2007.

TACRSP, JTACRIM 76/237.

TJ-RS, Ap. Crim. nº 70051276178, Relator: Diogenes Vicente Hassan Ribeiro, Terceira Câmara Criminal, Julgado em 19/09/2013.

TJ-SP – Apelação APL 992060143397 SP (TJ-SP).

ZAFFARONI, Eugênio Raúl; PIERANGELI, José Henrique. Da Tentativa: doutrina e Jurisprudência – 3ª ed. ver. e atual. – São Paulo: Editora Revista dos Tribunais, 1992.

DIREITO PROCESSUAL PENAL

1. INQUÉRITO POLICIAL

CANDIDATO:

É constitucional o Inquérito instaurado para investigar "fake news" e ameaças contra o STF? **(Delegado/ Questão Simulada)**

RESPOSTA ADEQUADA:

Excelência, conforme entendimento firmado é constitucional a Portaria GP 69/2019, por meio da qual o Presidente do STF determinou a instauração do Inquérito 4781, com o intuito de apurar a existência de notícias fraudulentas (*fake news*), denunciações caluniosas, ameaças e atos que podem configurar crimes contra a honra e atingir a honorabilidade e a segurança do STF, de seus membros e familiares. Também é constitucional o art. 43 do Regimento Interno do STF, que foi recepcionado pela CF/88 como lei ordinária.

O STF[1], contudo, afirmou que o referido inquérito, para ser constitucional, deve cumprir as seguintes condicionantes:

a) o procedimento deve ser acompanhado pelo Ministério Público;
b) deve ser integralmente observado o Enunciado 14 da Súmula Vinculante;
c) o objeto do inquérito deve se limitar a investigar manifestações que acarretem risco efetivo à independência do Poder Judiciário (art. 2º da CF/88). Isso pode ocorrer por meio de ameaças aos membros do STF e a seus familiares ou por atos que atentem contra os Poderes instituídos, contra o Estado de Direito e contra a democracia; e, por fim,
d) a investigação deve respeitar a proteção da liberdade de expressão e de imprensa, excluindo do escopo do inquérito matérias jornalísticas e postagens, compartilhamentos ou outras manifestações (inclusive pessoais) na internet, feitas anonimamente ou não, desde que não integrem esquemas de financiamento e divulgação em massa nas redes sociais.

1. STF, ADPF 572 MC/DF, Plenário, Rel. Min. Edson Fachin, julgado em 17 e 18/6/2020 (Info 982).

COMPLEMENTAÇÃO DA RESPOSTA:

O art. 43 do RISTF prevê o seguinte: "Art. 43. Ocorrendo infração à lei penal na sede ou dependência do Tribunal, o Presidente instaurará inquérito, se envolver autoridade ou pessoa sujeita à sua jurisdição, ou delegará esta atribuição a outro Ministro." Muito embora o dispositivo exija que os fatos apurados ocorram na "sede ou dependência" do próprio STF, o caráter difuso dos crimes cometidos por meio da internet permite estender (ampliar) o conceito de "sede", uma vez que o STF exerce jurisdição em todo o território nacional. Logo, os crimes objeto do inquérito, contra a honra e, portanto, formais, cometidos em ambiente virtual, podem ser considerados como cometidos na sede ou dependência do STF.

CANDIDATO:

Considere a seguinte situação hipotética: em inquérito instaurado para apurar ilícitos penais que envolvem deputado federal, o STF determinou, sem autorização prévia da mesa diretora da Câmara dos Deputados, a coleta de dados telemáticos nas dependências dessa casa legislativa. Nesse caso, a decisão ofendeu os princípios da separação e da harmonia entre os poderes do Estado? **(Delegado Federal/19)**

Justifique sua resposta com base na jurisprudência do STF.

RESPOSTA ADEQUADA:

Excelência, à luz do entendimento do STF, a decisão não ofende os princípios da separação e da harmonia entre os poderes do Estado, haja vista que a Constituição Federal não apresenta determinação no sentido da necessidade de autorização prévia da mesa diretora da Câmara dos Deputados.

COMPLEMENTAÇÃO DA RESPOSTA:

A Constituição Federal de 1988 (CF), em seu art. 2º, consagra o princípio da separação de poderes no Estado brasileiro ao dispor que são Poderes da União, independentes e harmônicos entre si, o Poder Legislativo, o Poder Executivo e o Poder Judiciário. Embora cada um dos poderes possua funções típicas, o texto constitucional autoriza o exercício de uma função de um poder por outro sem que se possa afirmar a existência de alguma desarmonia entre eles. São várias as possibilidades dadas pela CF nesse sentido. Como exemplo, cite-se o exercício de função jurisdicional exercida pelo Poder Legislativo quando do julgamento do presidente da República nos crimes de responsabilidade (art. 52, I) e a edição pelo Poder Executivo (presidente da República) de medidas provisórias com força de lei (art. 62).

Ementa: PROCESSO PENAL. INQUÉRITO ENVOLVENDO DEPUTADO FEDERAL. DILIGÊNCIA INVESTIGATÓRIA NAS DEPENDÊNCIAS DA CÂMARA SEM PRÉVIA AUTORIZAÇÃO DA MESA DIRETORA. LEGITIMIDADE. 1. Não ofende os princípios da separação e da harmonia entre os Poderes do Estado a decisão do

Supremo Tribunal Federal que, em inquérito destinado a apurar ilícitos penais envolvendo deputado federal, determinou, sem prévia autorização da Mesa Diretora da Câmara dos Deputados, a coleta de dados telemáticos nas dependências dessa Casa Legislativa. Além de não haver determinação constitucional nesse sentido, a prévia autorização poderia, no caso, comprometer a eficácia da medida cautelar pela especial circunstância de o Presidente da Câmara, à época, estar ele próprio sendo investigado perante a Suprema Corte. 2. Agravo regimental conhecido e desprovido. (AC 4005 AgR, Relator(a): min. Teori Zavascki, Tribunal Pleno, julgado em 02/06/2016, ACÓRDÃO ELETRÔNICO Dje-161 DIVULG 02-08-2016 PUBLIC 03-08-2016.)

CANDIDATO:

Delegado pode negar requisição do MP? **(Delegado RS/19)**

RESPOSTA ADEQUADA:

Excelência, preliminarmente, destaque-se a ausência de hierarquia entre os delegados e promotores, consolidada com o advento da Lei nº 12.830/2013, que em que seu artigo 3º determina que os delegados de polícia recebam o mesmo tratamento protocolar conferido a magistrados, membros do Ministério Público, defensores públicos e advogados.

Entretanto, há, por força do princípio da obrigatoriedade e da força da lei, o dever imposto aos delegados de polícia de apurar fatos quando da ciência de um crime cuja ação penal seja pública incondicionada, segundo redação do art. 5º, II do Código de Processo Penal: "*nos crimes de ação pública o inquérito policial será iniciado: mediante requisição da autoridade judiciária ou do Ministério Público (...)*".

Logo, se outras autoridades e promotores de justiça atuantes em outras esferas (cível, meio ambiente, por exemplo) tomarem conhecimento de crimes que sejam processados mediante ação penal pública incondicionada, deverão comunicá-los ao delegado de polícia, que instaurará inquérito policial, se entender pela existência de elementos mínimos para tanto, como consequência do recebimento de uma *notitia criminis*, não havendo o caráter requisitório em tais informações.

Contudo, as requisições dirigidas ao delegado de polícia para que seja instaurado inquérito policial, em tese, devem conter dados suficientes que possibilitem à autoridade policial tomar as providências investigatórias iniciais e nortear a persecução criminal do fato.

Na hipótese de haver uma requisição genérica para instauração de inquérito policial, deverá o delegado de polícia, invocando a sua independência funcional, oficiar à autoridade requisitante, mostrando-lhe, de modo fundamentado, a impossibilidade de iniciar qualquer investigação e, ao mesmo tempo, solicitando-lhe outras informações.

Importante dizer que não só os fatos atípicos devem ser devolvidos, fundamentadamente, à autoridade requisitante, mas também fatos típicos prescritos e, como já dito, requisições carentes de informações mínimas para a instauração de inquérito policial.

COMPLEMENTAÇÃO DA RESPOSTA:

É assegurada independência funcional aos delegados de polícia pela livre convicção nos atos de polícia judiciária e, neste sentido, ensina Pedro Lenza[2] que a independência funcional consiste na autonomia de convicção, na medida que seu titular não se submete a qualquer poder hierárquico no exercício de seu mister, podendo agir da maneira que melhor entender.

A ordem legal que vale para o delegado de polícia também vale para a autoridade requisitante, não devendo a autoridade policial instaurar o inquérito apenas para satisfazer o magistrado ou o promotor de justiça.

Neste sentido, ensina Tourinho que "*se se tratar de atipicidade, deve a autoridade policial oficiar ao órgão requisitante mostrando-lhe a total impossibilidade de cumpri-la por se tratar de ordem manifestamente ilegal*".[3]

CANDIDATO:

Qual o prazo para conclusão do Inquérito Policial para crime hediondo, já que no CPP fala-se em 10 dias se preso, e a prisão temporária para crimes hediondos é de 30 dias, prorrogáveis por mais 30? Discorra quanto a esses conflitos de prazos. **(Delegado MT/17)**

RESPOSTA ADEQUADA:

Excelência, esgotado o prazo previsto para a conclusão do inquérito policial, ou antes disso, se concluídas as investigações, o inquérito deverá ser encerrado e encaminhado ao Juiz, de acordo com o art. 10 do CPP:

> Art. 10. O inquérito deverá terminar no prazo de 10 dias, se o indiciado tiver sido preso em flagrante, ou estiver preso preventivamente, contado o prazo, nesta hipótese, a partir do dia em que se executar a ordem de prisão, ou no prazo de 30 dias, quando estiver solto, mediante fiança ou sem ela.

Entretanto, caso **o indiciado esteja preso, o prazo não pode ser prorrogado, sob pena de constrangimento ilegal à liberdade do indiciado**, ensejando, inclusive, a impetração de *habeas corpus*.[4]

Contudo, no caso de **crimes hediondos**, caso tenha sido decretada a **prisão temporária**, o prazo para a conclusão do IP passa a ser de até 60 dias. Isso porque **a prisão temporária em caso de crime hediondo tem o prazo de 30 dias, prorrogáveis por mais 30 dias havendo necessidade comprovada**.

Como a prisão temporária só tem cabimento durante a fase de investigação, isso faz com que o prazo para a conclusão do IP acompanhe o prazo da prisão temporária.

2. LENZA, Pedro. ***Direito Constitucional Esquematizado***. 15. ed. p. 766. São Paulo: Saraiva.
3. TOURINHO FILHO, Fernando da Costa. ***Processo penal***. 32. ed. São Paulo: Saraiva, 2010. Vol. 1, p. 119.
4. PATRIOTA, Caio Cesar Soares Ribeiro, Disponível em: <https://jus.com.br/artigos/56127/conclusao-do-inquerito-policial>. Acesso em 20.01.2019.

Quanto à contagem do prazo, caso esteja o **indiciado solto**, o prazo terá como termo inicial a Portaria de Instauração do inquérito policial. Caso o **indiciado esteja preso**, o prazo terá como termo inicial a data da efetivação da prisão. Trata-se, neste último caso, de prazo material, ou seja, inclui-se o dia do começo na contagem, não se prorrogando o prazo caso o último dia seja domingo ou feriado.

COMPLEMENTAÇÃO DA RESPOSTA:

Como visto, os prazos de 10 dias e 30 dias são a regra prevista no CPP. Entretanto, além das exceções já mencionadas, **existem outras previstas em outras leis**:

a) **Crimes de competência da Justiça Federal** – 15 dias para indiciado preso e 30 dias para indiciado solto.

b) **Crimes da Lei de Drogas** – 30 dias para indiciado preso e 90 dias para indiciado solto. **Podem ser duplicados em ambos os casos.**

c) **Crimes contra a economia popular** – 10 dias tanto para indiciado preso quanto para indiciado solto.

CANDIDATO:

Conforme prevê a Constituição Federal de 1988 (art. 129, VII), o Ministério Público possui a função institucional de exercer o controle externo da atividade policial, na forma de lei complementar. A respeito desse assunto, responda, de forma fundamentada e com base no entendimento do STJ, aos seguintes questionamentos. **(Delegado Federal/19)**

1. O Ministério Público poderá ter acesso às ordens de missão da Polícia Federal?
2. O Ministério Público poderá ter conhecimento dos relatórios de inteligência produzidos pela Diretoria de Inteligência da Polícia Federal?
3. O Procurador da República poderá instaurar ou participar da comissão de processo administrativo disciplinar formada para a apuração de infração cometida por delegado federal?

RESPOSTA ADEQUADA:

Excelência, ao tratar acerca do Ministério Público, a Constituição Federal estabelece como uma de suas funções institucionais a de exercer o controle externo da atividade policial, na forma da lei complementar que regulamenta a carreira.

Especificamente no que concerne às ordens de missão policial da Polícia Federal, o STJ se posiciona no sentido de que o *Parquet*, no exercício do controle externo da atividade policial, pode ter acesso às ordens de missão policial, em caráter prévio, vez que essas devem estar compreendidas no conceito de atividade-fim. **Estão ressalvadas do posicionamento aquelas lançadas em face de atuação como polícia investigativa, decorrente de cooperação internacional exclusiva da Polícia Federal, e sobre a qual haja acordo de sigilo, às quais o órgão ministerial apenas terá acesso *a posteriori*.**

Doutra banda, a Corte da Cidadania já entendeu que o Ministério Público não detém acesso irrestrito à totalidade dos relatórios de inteligência produzidos pela Polícia Federal, mas apenas àqueles que tenham natureza persecutório-penal, ou seja, os que guardem relação com a atividade de investigação criminal.

COMPLEMENTAÇÃO DA RESPOSTA*:

* A presente questão foi comentada pela professora Nathália Ribeiro Leite Silva, mestra em Direito Público pela Universidade Federal do Estado de Alagoas, com participação especial.

A regulamentação acerca do controle externo da atividade policial ficou por conta do art. 9º da Lei Complementar nº 75/1993, a qual "dispõe sobre a organização, as atribuições e o estatuto do Ministério Público da União".

O dispositivo em questão estabelece que o referido controle será exercido por meio de medidas judiciais e extrajudiciais, autorizando o livre ingresso em estabelecimentos policiais ou prisionais, o acesso a quaisquer documentos relativos à **atividade-fim policial**, a representação à autoridade competente pela adoção de providências para sanar a omissão indevida, ou para prevenir ou corrigir ilegalidade ou abuso de poder, a requisição à autoridade competente para instauração de inquérito policial sobre a omissão ou fato ilícito ocorrido no exercício da atividade policial, e a promoção da ação penal por abuso de poder.

Demais disso, a teor do art. 41, VIII da Lei nº 8.625/1993, que "institui a Lei Orgânica Nacional do Ministério Público, dispõe sobre normas gerais para a organização do Ministério Público dos Estados e dá outras providências", poderá o *Parquet* examinar, em qualquer repartição policial, autos de flagrante ou inquérito, findos ou em andamento, ainda que conclusos à autoridade, podendo copiar peças e tomar apontamentos.

CANDIDATO:

Discorra sobre o atual posicionamento do STF quanto à condução coercitiva do investigado ou do réu – para interrogatório – e do ofendido e das testemunhas – para os diversos atos processuais. **(Delegado PF/18)**

RESPOSTA ADEQUADA:

Excelência, segundo entendimento recentíssimo do STF, **é vedada** a condução coercitiva do réu para interrogatório, pois viola o direito dos cidadãos de não produzir provas contra si mesmos, baseado no direito à não autoincriminação, podendo permanecer em silêncio.

Como este entendimento é recente, e a condução coercitiva vinha sendo executada em inúmeras operações policiais com supedâneo no art. 260 do CPP, os atos realizados anteriormente se mantiveram válidos.

Contudo, restou estabelecido que é possível a condução coercitiva de outras pessoas, como o ofendido e testemunhas, nos termos dos arts. 201, § 1º, e 218 do CPP, ou de investigados ou réus para **atos diversos do interrogatório**, ao qual não é obrigado a comparecer.

COMPLEMENTAÇÃO DA RESPOSTA:

A condução coercitiva, na prática recente, vinha sendo executada nas inúmeras operações policiais, com supedâneo no art. 260 do CPP, que dispõe ser cabível o procedimento se o acusado não atende à intimação para o interrogatório, reconhecimento ou qualquer outro ato que, sem o acusado, não possa ser realizado.

Não obstante o texto legal, a condução coercitiva vinha sendo praticada independentemente de prévia intimação da pessoa conduzida, após decisão do juiz criminal competente e, sobretudo, quando incabível a prisão preventiva ou temporária do investigado ou réu. Justificava-se tal medida diante da necessidade de acautelar a coleta probatória, privando-se o conduzido de sua liberdade de locomoção pelo lapso temporal necessário à conclusão de uma investigação criminal urgente.

Conquanto não listada no rol das medidas cautelares diversas da prisão, a condução coercitiva tem a natureza de medida cautelar de coação pessoal.

O Supremo Tribunal Federal, em duas ações de arguição de descumprimento de preceito fundamental (ADPFs 395 e 444/STF), no mês de junho de 2018, julgou inconstitucional parte do art. 260 do CPP, no que diz respeito à condução coercitiva do réu ou investigado "para interrogatório", porquanto não foi recepcionado pela Constituição por violar o direito dos cidadãos de não produzir provas contra si mesmos – ou o direito à não autoincriminação, incluindo o direito ao silêncio.

Ademais, conforme votou a Suprema Corte, "o juiz no processo penal está rigorosamente vinculado às previsões legislativas, razão por que somente pode decretar as medidas coercitivas previstas por lei, não se admitindo medidas atípicas, a exemplo da condução coercitiva do investigado para o exclusivo fim de coleta de seu depoimento, em flagrante desrespeito aos princípios da dignidade humana, da presunção da inocência e ao direito à liberdade de locomoção".

Nessas bases constitucionais, restou estabelecido que é possível condução coercitiva de outras pessoas, como o ofendido e testemunhas, nos termos dos arts. 201, § 1º, e 218 do CPP, ou de investigados ou réus para atos diversos do interrogatório, ao qual não é obrigado a comparecer.

CANDIDATO:

Conforme entendimento do STF, um promotor de justiça pode investigar? **(Delegado SC/15 e Delegado Federal/19)**

RESPOSTA ADEQUADA:

Excelência, o STF cristalizou o entendimento que "o Ministério Público dispõe de competência para promover, por autoridade própria, e por prazo razoável, investigações de natureza penal, desde que respeitados os direitos e garantias que assistem a qualquer indiciado ou a qualquer pessoa sob investigação do Estado, observadas, sempre, por seus agentes, as hipóteses de reserva constitucional de jurisdição e, também, as prerrogativas profissionais de que se acham investidos, em nosso País, os Advogados, sem prejuízo da possibilidade – sempre presente no Estado Democrático de Direito – do permanente controle jurisdicional dos atos, necessariamente documentados segundo a Súmula Vinculante 14, praticados pelos membros dessa instituição"[5].

COMPLEMENTAÇÃO DA RESPOSTA:

Em que pese a polêmica do tema, perceba que a pergunta foi direcionada para a visão do STF, mas tenha cuidado, uma vez que o examinador pode sabatinar de forma genérica, aí o candidato terá que de forma objetiva demonstrar seus conhecimentos, explicitando os pontos antagônicos quanto à possibilidade do Promotor investigar.

Vejamos:

Na atual sistemática, vislumbrar-se pela ausência dos poderes investigatórios do *parquet*, posto que a polícia judiciária recebeu esta incumbência consoante a atual Carta de Outubro, no art. 144, § 1º, I e IV, e § 4º, reservando de forma expressa às Polícias Federal e Civil a apuração de infrações penais, sendo ilegítimo e inconstitucional esse exercício pelos membros do Ministério Público, sob pena de usurpação da função, servindo também como estímulo a invasões de outras instituições das atribuições reservada constitucionalmente à polícia.

Ademais, não há a figura do promotor investigador, a Constituição, no art. 129, VII, preceitua ao Ministério Público a função de exercer o controle externo da atividade policial, e não estimular ou executar a invasão de sua função constitucional.

Outrossim, não podemos confundir os ditames do inciso VI do art. 129 da CF/88 que atribui ao MP poderes nos inquéritos civis públicos, bem como os de natureza administrativa, não se referindo às investigações criminais. Entrementes, o inquérito criminal é disciplinado no inciso VIII, deixando claro o constituinte que a ele a atuação do Parquet se limita à requisição de instauração do próprio inquérito e de diligências investigatórias.

Neste viés, torna-se vazio o argumento que a competência para promover a ação penal se estenderia a investigação criminal, uma vez que o constituinte explicitou de forma diversa a competência de investigação criminal a outro órgão, se o quisesse traria essa previsão no assunto sobre ação penal, não havendo lógica no atual sistema processual penal, no Estado Democrático de Direito, uma pessoa ser investigada e denunciada pelo mesmo promotor. Portanto, para que o promotor possa investigar crimes, ou seja, para haver competência investigatória ao Ministério Público o certo seria previsão introduzida na CF por emenda constitucional.

CANDIDATO:

No caso de uma investigação que envolva um crime de extorsão mediante sequestro, o delegado de polícia pode realizar diretamente a requisição de dados cadastrais do suspeito? **(Delegado/Simulado)**

5. STF, RE 593727/MG, red. p/ o acórdão Min. Gilmar Mendes, Plenário, julgado em 14/5/2015.

RESPOSTA ADEQUADA:

Excelência, conforme previsão expressa do Código Processual Penal, o Delegado de Polícia ou o membro do MP poderá requisitar, de quaisquer órgãos do poder público ou de empresas da iniciativa privada, **dados e informações cadastrais da vítima ou de suspeitos.**

Além disso, quanto aos dados telefônicos e telemáticos de localização, em regra, podem ser acessados pela autoridade investigativa ou pela parte acusadora sem prévia ordem judicial. Por isso, é lícita a requisição junto à operadora de telefonia, pelo delegado de polícia, de *informações pretéritas* das ERBs utilizadas pelo investigado.

Contudo, para a obtenção de tais dados de localização em tempo real, o legislador, que poderia ter deixado o acesso na esfera exclusiva do poder requisitório da autoridade de Polícia Judiciária, passou a exigir autorização judicial.

COMPLEMENTAÇÃO DA RESPOSTA:

O artigo 13-A do CPP trata da requisição de dados cadastrais (informações atinentes à própria identidade, como nome, data de nascimento, RG, CPF, filiação e endereço). Permite que, em determinados crimes que envolvem restrição da liberdade da vítima, o membro do Ministério Público ou o delegado de polícia requisite, de quaisquer órgãos do poder público ou de empresas da iniciativa privada, informações cadastrais da vítima ou de suspeitos.

A ordem deve ser atendida em 24 horas, e pode se referir a dados não apenas do investigado, mas também da vítima.

A requisição de dados cadastrais pela Polícia Judiciária ou Ministério Público no âmbito da persecução penal possui previsão também na Lei do Crime Organizado (artigo 15 da Lei 12.850/13) e na Lei de Lavagem de Capitais (artigo 17-B da Lei 9.613/98), que se referem expressamente ao investigado, e não estipulam prazo para cumprimento.

Especificamente quanto ao delegado de polícia, cabe mencionar também o chamado poder geral de requisição, constante na Lei de Investigação Criminal (artigo 2º, § 2º da Lei 12.830/13), válido para quaisquer delitos, que apesar de não definir prazo, não limita a requisição ao suspeito.

Vejamos a redação do CPP:

> Art. 13-A do CPP. Nos crimes previstos nos arts. 148, 149 e 149-A, no § 3º do art. 158 e no art. 159 do Decreto-Lei 2.848, de 7 de dezembro de 1940 (Código Penal), e no art. 239 da Lei 8.069, de 13 de julho de 1990 (Estatuto da Criança e do Adolescente), o membro do Ministério Público ou o delegado de polícia poderá requisitar, de quaisquer órgãos do poder público ou de empresas da iniciativa privada, dados e informações cadastrais da vítima ou de suspeitos.

> Art. 13-B do CPP. Se necessário à prevenção e à repressão dos crimes relacionados ao tráfico de pessoas, o membro do Ministério Público ou o delegado de polícia poderão requisitar, mediante autorização judicial, às empresas prestadoras de serviço de telecomunicações e/ou telemática que disponibilizem imediatamente os meios técnicos adequados – como sinais, informações e outros – que permitam a localização da vítima ou dos suspeitos do delito em curso.

O parágrafo 4º, inserido durante a votação em Plenário, especifica que não **havendo manifestação judicial no prazo de 12 (doze) horas**, a **autoridade competente requisitará** às empresas prestadoras de serviço de telecomunicações e/ou telemática que disponibilizem **imediatamente** os meios técnicos adequados – como sinais, informações e outros – que permitam a localização da vítima ou dos suspeitos do delito em curso, com imediata comunicação ao juiz.

A Lei 13.344, de 6 de outubro de 2016, revogou os artigos 231 e 231-A, aplicando-se ao tipo penal Tráfico de Pessoas.

Vejamos:

> Art. 149-A. Agenciar, aliciar, recrutar, transportar, transferir, comprar, alojar ou acolher pessoa, mediante grave ameaça, violência, coação, fraude ou abuso, com a finalidade de:

Além disso, a lei alterou o CPB, no art. 83 (livramento condicional), **não equiparando** o **tráfico de pessoas** aos crimes hediondos, **mas passando a exigir o mesmo tratamento para o criminoso gozar do referido benefício**, sendo de mais dois terços de cumprimento da pena. Vejamos: "Art. 83, inciso V, do CPB - cumpridos **mais de dois terços da pena**, nos casos de condenação por crime hediondo, prática de tortura, tráfico ilícito de entorpecentes e drogas afins, **tráfico de pessoas** e terrorismo, se o apenado não for reincidente específico em crimes dessa natureza".

CANDIDATO:

Qual a natureza jurídica dos atos investigatórios do delegado? **(Delegado SP/15)**

RESPOSTA ADEQUADA:

Excelência, conforme teor da Lei 12.830/2013, que dispõe sobre a Investigação Criminal conduzida pelo Delegado de Polícia, em seu art. 2º afirma que as funções de polícia judiciária e a apuração de infrações penais exercidas pelo delegado de polícia são de natureza jurídica, essenciais e exclusivas de Estado. Neste sentido, está o ato de investigação para o Delegado de Polícia, como a denúncia para o Promotor e a sentença para o Juiz.

COMPLEMENTAÇÃO DA RESPOSTA:

A mencionada lei inovou acerca da condução do inquérito policial, conferindo ao Delegado de Polícia, na qualidade de autoridade policial, autonomia ampla para a condução da investigação criminal, sempre dentro da legalidade e proporcionalidade nas diligências executadas, buscando não apenas elementos informativos para indiciar, mas também cooptando elementos para se preciso for sugerir o arquivamento no relatório final ou até destacando pontos que inocente o acusado ou suspeito, evitando-se acusações draconianas, materializando o uso do IP como meio de defesa.

CANDIDATO:

Tratando-se de inquérito policial, em que momento ocorre o indiciamento? **(Delegado SP/15)**

RESPOSTA ADEQUADA:

Excelência, por falta de regulamentação própria do indiciamento, considerando ser ato privativo do delegado de polícia, conforme disposição expressa na Lei 12.830/2013, art. 2º, § 6º, foi-se traçando regras na prática policial judiciária que são seguidas pelos delegados de polícia quando decidem pelo ato.

Neste contexto, pode ocorrer em qualquer momento antes da denúncia. Os momentos mais comuns e oportunos são após o interrogatório em um auto de prisão em flagrante ou ao final do IP, no relatório.

COMPLEMENTAÇÃO DA RESPOSTA:

A doutrina[6] entende que o indiciamento é um ato administrativo com efeitos processuais, "vinculado, declaratório, fundamental e privativo do delegado de polícia enquanto autoridade policial". Além do juízo de tipicidade, o delegado deve apontar os elementos relacionados à antijuridicidade e à culpabilidade.

É importante destacar também que a decisão em transformar o investigado em indiciado faz nascer graves consequências ao indivíduo suspeito pela prática da conduta criminosa. Neste sentido, o STJ[7] decidiu que o indiciamento não poderá ser feito após o recebimento da denúncia:

> (...) 4. Sobre o tema aqui colocado, esta Corte já sedimentou a orientação de que constitui constrangimento ilegal a determinação de indiciamento formal do acusado após o recebimento da denúncia, por ser ato próprio da fase inquisitorial da *persecutio criminis*.

CANDIDATO:

Admite-se o instituto da investigação criminal defensiva no ordenamento pátrio? **(Delegado SP/19)**

RESPOSTA ADEQUADA:

Excelência, é plenamente possível a investigação criminal defensiva, que se exterioriza por meio de diligências com o objetivo de cooptar elementos informativos para demonstração pelo investigado ou acusado de sua inocência, ou seja, de que não ocorreu a prática de crime ou não foi o autor. Neste contexto, no projeto do novo Código Processual Penal está presente o referido instituto.

COMPLEMENTAÇÃO DA RESPOSTA:

A doutrina[8] traça, dentre outros, os objetivos da investigação criminal defensiva:

---

6. ANSELMO; BARBOSA; GOMES; HOFFMANN; MACHADO, 2016, p. 89.
7. STJ, HC 165600 SP, Min. Relator Napoleão Nunes Maia Filho, 5ª Turma, julgado em 24/11/2010.
8. Brasileiro, 2015, p. 188.

1. Comprovação do álibi ou de ouras razões demonstrativas da inocência do imputado;
2. Desresponsabilização do imputado em virtude da ação de terceiros;
3. Exploração de fatos que revelam a ocorrência de causas excludentes de ilicitude ou de culpabilidade;
4. Exame do local e a reconstituição do crime para demonstrar a impropriedade das teses acusatórias;
5. Identificação e localização de possíveis peritos e testemunhas.

Oportuno destacar o advento da Lei nº 13.432/2017 que dispõe sobre o exercício da profissão de detetive particular. Neste viés, imbuído na mantença do cerne desta obra, irei destacar apenas alguns fragmentos literais que haja correlação com as investigações criminais realizadas pelo Delegado de Polícia, mas recomendo a leitura da lei em comento.

Vejamos:

> Art. 5º O detetive particular pode colaborar com investigação policial em curso, desde que expressamente autorizado pelo contratante.
>
> (...)
>
> Parágrafo único. O aceite da colaboração ficará a critério do delegado de polícia, que poderá admiti-la ou rejeitá-la a qualquer tempo.
>
> Art. 10. É vedado ao detetive particular:
>
> (...)
>
> IV – participar diretamente de diligências policiais;

Portanto, a investigação criminal defensiva, assim como a realizada pela polícia judiciária, deve respeitar as leis e os direitos fundamentais esposados na CRFB/88.

CANDIDATO:

Por que o ato de indiciamento deve ser fundamentado? **(Delegado PA/13 e SP/19)**

RESPOSTA ADEQUADA:

Excelência, o Direito penal, no atual Estado Democrático de Direito, rege-se pelo princípio da legalidade. Neste diapasão, o Delegado de Polícia, como agente público, que exerce função essencial conferida pelo Estado, tem o dever de fundamentar seus atos, garantindo o controle e idoneidade destes.

Neste prisma, a legitimidade, será avaliada de acordo com os motivos que conduzem o Delegado de Polícia a tomar ou não uma decisão, bem assim a restringir ou não determinados direitos fundamentais e a extensão da medida escolhida.

Ainda, a regra legal onde se verifica a exigência de fundamentação do indiciamento se encontra na Lei 12.830/2013, em seu art. 2º, § 6º, que ocorrerá mediante análise técnico-jurídica do fato, que deverá indicar a autoria, materialidade e suas circunstâncias.

COMPLEMENTAÇÃO DA RESPOSTA:

A doutrina[9] destaca: "A formalização do indiciamento garantida pela Lei 12.830/2013 está intimamente relacionada com a verificação de direitos fundamentais do indiciado, principalmente aqueles relacionados à defesa, como a possibilidade de exercer o direito ao silêncio e a segurança da duração razoável do inquérito".

Legalidade – previsão no artigo 1º, do Código Penal, segundo o qual não há crime sem lei anterior que o defina, nem há pena sem prévia cominação legal.

CF, Art. 144, § 4º Às polícias civis, dirigidas por delegados de polícia de carreira, incumbem, ressalvada a competência da União, as funções de polícia judiciária e a apuração de infrações penais, exceto as dos militares.

Lei 12.830/2013, Art. 2º, § 6º O indiciamento, privativo do delegado de polícia, dar-se-á por ato fundamentado, mediante análise técnico-jurídica do fato, que deverá indicar a autoria, materialidade e suas circunstâncias.

CANDIDATO:

Pode o juiz ou promotor de justiça requisitar o indiciamento? **(Delegado DF/16, MS/18 e SP/19)**

RESPOSTA ADEQUADA:

Excelência, não, consoante previsão da Lei 12.830/2013, art. 2º, § 6º O indiciamento é ato privativo do delegado de polícia, esse também é o entendimento da doutrina[10], pois não cabe ao promotor ou ao juiz exigir, através de requisição, que alguém seja indiciado pela autoridade policial, porque seria o mesmo que demandar à força que o presidente do inquérito conclua ser aquele o autor do delito. Ora, querendo, pode o promotor denunciar qualquer suspeito envolvido na investigação criminal.

COMPLEMENTAÇÃO DA RESPOSTA:

A jurisprudência[11] perfilha o mesmo posicionamento:

> "O magistrado não pode requisitar o indiciamento em investigação criminal. Isso porque o indiciamento constitui atribuição exclusiva da autoridade policial. De fato, é por meio do indiciamento que a autoridade policial aponta determinada pessoa como a autora do ilícito em apuração. Por se tratar de medida ínsita à fase investigatória, por meio da qual o delegado de polícia externa o seu convencimento sobre a autoria dos fatos apurados, não se admite que seja requerida ou determinada pelo magistrado, já que tal procedimento obrigaria o presidente do inquérito à conclusão de que

9. NICOLITT, 2016.
10. NUCCI, 2006, p. 139.
11. STF: HC 115.015-SP, Segunda Turma, DJe 11/9/2013.

determinado indivíduo seria o responsável pela prática criminosa, em nítida violação ao sistema acusatório adotado pelo ordenamento jurídico pátrio. Nesse mesmo sentido, é a inteligência do art. 2º, § 6º, da Lei 12.830/2013, o qual consigna que o indiciamento é ato inserto na esfera de atribuições da polícia judiciária".

CANDIDATO:

Com o advento da lei 13.245/2016 que concede ao advogado acompanhar o interrogatório, houve o esvaziamento da Súmula Vinculante 14 do STF? **(Delegado/ Simulado)**

RESPOSTA ADEQUADA:

Excelência, levando-se em conta a natureza jurídica da mencionada súmula vinculante não há que cogitar da perda de sua validade. Na verdade, ocorreu uma ampliação devido ao advento da Lei 13.245/2016, haja vista o referido verbete ter que ser interpretado para alcançar qualquer procedimento investigatório realizado por qualquer instituição, não mais se restringir apenas às investigações da Polícia Judiciária, consoante a sua redação original, atingindo inclusive um procedimento de investigação criminal realizado por um promotor de justiça.

COMPLEMENTAÇÃO DA RESPOSTA:

A Lei nº 13.245/2016 alterou o art. 7º do Estatuto da OAB (Lei 8.906/94). No art. 7º é exposto um rol de direitos que são conferidos aos advogados, a lei em comento alterou o inciso XIV e acrescenta o inciso XXI a este artigo.

> Art. 7º São direitos do advogado:
>
> (...)
>
> XIV – examinar, em qualquer instituição responsável por conduzir investigação, mesmo sem procuração, autos de flagrante e de investigações de qualquer natureza, findos ou em andamento, ainda que conclusos à autoridade, podendo copiar peças e tomar apontamentos, em meio físico ou digital;
>
> (...)
>
> XXI – assistir a seus clientes investigados durante a apuração de infrações, sob pena de nulidade absoluta do respectivo interrogatório ou depoimento e, subsequentemente, de todos os elementos investigatórios e probatórios dele decorrentes ou derivados, direta ou indiretamente, podendo, inclusive, no curso da respectiva apuração: a) apresentar razões e quesitos.

Oportuno destacar que o inciso não trouxe um novo direito ao investigado, mas sim ao advogado, que como consequência beneficia o primeiro.

Conquanto haja opinião diversa, prevalece que a finalidade da mencionada lei não foi instituir a ampla defesa nas investigações criminais, o verdadeiro objetivo foi assegurar ao advogado o direito de exercício de suas funções em qualquer procedimento investigatório, principalmente em relação às PICS (Procedimentos Investigatórios

Criminais), que são conduzidas por promotores de justiça sem previsão no CPP, diferentemente do IP. Destarte, a Lei 13.245/2016 deixa claro que o advogado pode examinar os autos de qualquer procedimento de investigação de qualquer natureza.

Por fim, não custa lembrar a redação dada pela Súmula Vinculante 14 STF: É direito do defensor, no interesse do representado, ter acesso amplo aos elementos de prova que, já documentados em procedimento investigatório realizado por órgão com competência de polícia judiciária, digam respeito ao exercício do direito de defesa.

CANDIDATO:

Quais as providências a serem tomadas pelo delegado em caso de requisição de instauração de IP pelo MP, visando à apuração de crime cometido por prefeito? **(Delegado SP/15)**

RESPOSTA ADEQUADA:

Excelência, no caso do Prefeito, havendo indícios de autoria e materialidade do crime, o delegado **não necessitará oficiar** o tribunal de justiça respectivo para instaurar o IP, posto que o STJ[12] entende que a legislação atual não indica a forma de processamento da investigação, **devendo ser aplicada, nesses casos, a regra geral trazida pelo artigo 5º do Código de Processo Penal**. Assim, o foro por prerrogativa de função não determina condições à atuação do Ministério Público ou da polícia na atividade investigatória, sendo despicienda a admissibilidade da investigação pelo tribunal competente.

COMPLEMENTAÇÃO DA RESPOSTA:

É o entendimento do Superior Tribunal de Justiça que prevê que o foro privilegiado é requisito relativo à imposição da competência jurisdicional originária do tribunal respectivo, quando do oferecimento da denúncia ou, ocasionalmente, anterior a ela, na hipótese de haver necessidade de diligência submetida à autorização judicial, porém, não há razão jurídica para condicionar a investigação à prévia autorização judicial. STJ. 5ª Turma. RHC nº 104.471/PR. Rel. Min. Ribeiro Dantas, julgado em 05/03/2020.

Ainda, em que pese haver a garantia para o Prefeito, nos moldes do art. 29, X, da CF/88, de que este deverá ser inquirido em local, dia e hora previamente ajustados entre ele e o juiz, (art. 221 do CPP)[13]. A Corte Cidadã[14] cristalizou entendimento de que quando figurar na condição de investigado no inquérito policial ou de acusado na ação penal, não terá esse direito.

12. REsp 1563962/RN.

13. Art. 221. O Presidente e o Vice-Presidente da República, os senadores e deputados federais, os ministros de Estado, os governadores de Estados e Territórios, os secretários de Estado, os prefeitos do Distrito Federal e dos Municípios, os deputados às Assembleias Legislativas Estaduais, os membros do Poder Judiciário, os ministros e juízes dos Tribunais de Contas da União, dos Estados, do Distrito Federal, bem como os do Tribunal Marítimo serão inquiridos em local, dia e hora previamente ajustados entre eles e o juiz.

14. STJ. 5ª Turma. HC 250.970-SP, Rel. Min. Jorge Mussi, julgado em 23/9/2014 (Informativo 547).

Nesta mesma linha segue o STF, que afastou a nulidade de inquérito policial decretada pelo TJ-GO, por entender que a **mera instauração da investigação contra prefeito prescinde** (dispensa) de prévia autorização judicial.

A Procuradoria de Justiça Especializada em Recursos Constitucionais do MP-GO interpôs recurso extraordinário (RE nº 991.016-GO), com fundamento no artigo 102, inciso III, alínea "a", da Constituição Federal – CF, alegando ofensa aos artigos 29, inciso X; 129, incisos I e VIII, e 144, § 4º, todos da CF.

Nas razões do recurso extraordinário, o órgão ministerial sustentou que "a Constituição Federal prevê tão somente o processamento e julgamento de agente detentor de foro por prerrogativa de função perante o Tribunal de Justiça, nada dispondo acerca da investigação. Argumenta-se, portanto, válida a instauração de inquérito policial contra prefeito sem prévia autorização do órgão judicial competente".

Ao analisar a controvérsia, o Min. Relator, Edson Fachin, entendeu que o acórdão recorrido não se alinha à Jurisprudência do Supremo, já que "eventuais vícios no inquérito policial não invalidam, necessariamente, a ação penal". Segundo o Relator, embora seja "verdade que a competência penal originária por prerrogativa de função atrai para o Tribunal respectivo a supervisão judicial do inquérito policial" (Rcl 555, Rel. Min. Sepúlveda Pertence, Tribunal Pleno, j. 25/04/2002; grifei), **"não se pode confundir a supervisão dos atos investigativos com a própria atribuição de investigar"**. Acrescentou que "a instauração de investigações penais não se submete à admissão ou autorização dos juízes singulares, descabendo dispensar tratamento substancialmente diverso a sujeitos processuais tão somente em razão de especificidades afetas à competência jurisdicional".

Ponderou, ainda, em seu voto, que no "caso concreto, verifico que o Inquérito Policial foi instruído com o relato do noticiante, reduzido a termo pela autoridade policial, e com os documentos apresentados pelo próprio noticiante. Assim, considerando que a autoridade policial não realizou qualquer diligência invasiva e, no próprio ato de instauração do Inquérito Policial, determinou o encaminhamento dos autos ao TJGO, para conhecimento e supervisão, bem como a comunicação ao Ministério Público, não há que se falar, nos termos da jurisprudência dessa Corte, em violação à prerrogativa de foro ou ao princípio do Juiz Natural".

Outros pontos importantes quanto ao foro por prerrogativa.

Caso o Prefeito pratique crime doloso contra a vida. Quem julgará?

O julgamento do Prefeito, preenchido os requisitos atuais exigidos pela jurisprudência, por crimes dolosos contra a vida, em tese, será no Tribunal de Justiça, considerando que há previsão constitucional específica (art. 29, X, da CF/88[15]).

---

15. STJ. 5ª Turma. HC 250.970-SP, Rel. Min. Jorge Mussi, julgado em 23/9/2014 (Informativo 547).
Art. 29. O Município reger-se-á por lei orgânica, votada em dois turnos, com o interstício mínimo de dez dias, e aprovada por dois terços dos membros da Câmara Municipal, que a promulgará, atendidos os princípios estabelecidos nesta Constituição, na Constituição do respectivo Estado e os seguintes preceitos: (...) X - julgamento do Prefeito perante o Tribunal de Justiça;

Ademais, temos a importante Súmula Vinculante 45 do STF: A competência constitucional do tribunal do júri prevalece sobre o foro por prerrogativa de função estabelecido exclusivamente pela Constituição Estadual.

Aproveitando o ensejo, destaco a Súmula 702-STF: A competência do Tribunal de Justiça para julgar prefeitos restringe-se aos crimes de competência da justiça comum estadual; nos demais casos, a competência originária caberá ao respectivo tribunal de segundo grau.

CANDIDATO:

Com o declínio de competência para Justiça estadual, é possível anular provas ou processos em tramitação com base no argumento de que a Polícia Federal não teria atribuição para investigar os crimes apurados. **(Delegado/Simulado 2022)**

RESPOSTA ADEQUADA:

Excelência, o STF entendeu (STF. 1ª Turma. HC 169348/RS) que o fato de os crimes de competência da Justiça Estadual terem sido investigados pela Polícia Federal **não geram nulidade**. Isso porque esse procedimento investigatório, presidido por autoridade da Polícia Federal, foi supervisionado pelo Juízo estadual (juízo competente) e por membro do Ministério Público Estadual (que tinha a atribuição para a causa).

COMPLEMENTAÇÃO DA RESPOSTA:

O **inquérito policial** constitui **procedimento administrativo**, de caráter **meramente informativo e não obrigatório à regular instauração do processo-crime**, cuja finalidade consiste em subsidiar eventual denúncia a ser apresentada pelo Ministério Público, razão pela qual irregularidades ocorridas não implicam, em regra, nulidade de processo-crime. O art. 5º, LIII, da Constituição Federal, afirma que "**ninguém será processado nem sentenciado senão pela autoridade competente**". Esse dispositivo contempla o chamado "**princípio do juiz natural**", princípio esse que não se estende para autoridades policiais, considerando que estas não possuem competência para julgar. Logo, **não** é possível anular provas ou processos em tramitação com base no argumento de que a Polícia Federal não teria atribuição para investigar os crimes apurados.

CANDIDATO:

Qual o procedimento, atualmente, para arquivamento do IP? **(Delegado/ Simulado 2022)**

RESPOSTA ADEQUADA:

Excelência, a redação atual do **art.28 do CPP:** Ordenado o arquivamento do inquérito policial ou de quaisquer elementos informativos da mesma natureza, o órgão do **Ministério Público comunicará à vítima, ao investigado e à autoridade policial** e

encaminhará os autos para a instância de revisão ministerial para fins de homologação, na forma da lei.

COMPLEMENTAÇÃO DA RESPOSTA:

O Pacote Anticrime (**Lei nº 13.964/2019**), incluiu no **§ 1º**, **do art. 28**, **do CPP**, o prazo de **trinta dias** a partir do recebimento da comunicação para a vítima ou seu representante legal, inconformado com o arquivamento do inquérito policial, submeter a matéria à revisão da instância competente do órgão ministerial, conforme dispuser a respectiva lei orgânica. Nesse aspecto, pode-se dizer que a legislação elaborou a criação de uma espécie de "reexame necessário administrativo" das promoções de arquivamento do inquérito policial.

Professor, no caso do crime ter sido praticado em face da União, é cabível o reexame do arquivamento?

Perfeitamente, Guerreiro(a). O **§ 2º**, **do art. 28**, **do CPP**, trouxe a previsão no sentido de que nas ações penais relativas a crimes praticados em detrimento da União, Estados e Municípios, a revisão do arquivamento do inquérito policial **poderá ser** provocada pela chefia do órgão a quem couber a sua representação judicial.

E quanto ao arquivamento em si do inquérito policial, houve alguma modificação?

Concurseiro(a), com o advento do Pacote Anticrime ficou evidente que **não cabe** mais ao Poder Judiciário exercer **qualquer** forma de controle, motivo pelo qual se criou uma espécie de reexame necessário administrativo" do inquérito policial. Desse modo, a nova redação do **art. 28**, caput, **do CPP**, ficou da seguinte forma:

> **Art. 28.** Ordenado o arquivamento do inquérito policial ou de **quaisquer** elementos informativos da mesma natureza, o órgão do **Ministério Público** comunicará à vítima, ao investigado e à autoridade policial e encaminhará os autos para a instância de revisão ministerial para fins de homologação, na forma da lei.

TEMA POLÊMICO!

Embora o enunciado trate da **nova redação do** caput **do art. 28**, introduzida pela Lei 13.964/19 (Lei Anticrime), é importante destacar que está com a **sua eficácia suspensa**, após decisão liminar do Ministro do STF Luiz Fux. Lembre-se de que a redação é **válida e vigente**, podendo ser cobrada na prova, mesmo que sua eficácia esteja suspensa.

Quais foram os argumentos do ministro?

Consoante essa decisão liminar, a **alteração do procedimento de arquivamento do inquérito policial** viola as cláusulas que exigem prévia dotação orçamentária para a realização de despesas (Artigo 169, Constituição), além da autonomia financeira dos Ministérios Públicos (Artigo 127, Constituição), a alteração promovida no rito de arquivamento do inquérito policial, máxime quando desconsidera os **impactos sistêmicos e financeiros ao funcionamento dos órgãos do parquet.**

Ademais, destaca também que a vacatio legis da Lei n. 13.964/2019 **transcorreu integralmente durante o período de recesso** parlamentar federal e estadual, o **que impediu** qualquer tipo de mobilização dos **Ministérios Públicos** para a **propositura de eventuais projetos de lei** que venham a **possibilitar a implementação adequada dessa nova sistemática.**

CANDIDATO:

Se o IP for arquivado por causa de uma excludente da culpabilidade, poderá ser desarquivado com novas provas? **(Delegado/ Simulado 2022)**

RESPOSTA ADEQUADA:

Excelência, a doutrina majoritária entende que o arquivamento do inquérito policial em razão de causa excludente da culpabilidade faz coisa julgada material, ou seja, ainda que haja o surgimento de novas provas, não poderá o inquérito policial ser reaberto.

COMPLEMENTAÇÃO DA RESPOSTA:

Professor, qual a distinção e as hipóteses de coisa julgada formal e material no arquivamento do inquérito policial?

Guerreiro(a), na coisa julgada formal o arquivamento do inquérito policial não afasta a possibilidade de sua reabertura, desde que sejam colhidas novas provas da infração penal correspondente, ao passo que, na coisa julgada material, mesmo que novas provas surjam, não poderá o inquérito policial ser reaberto.

Quanto às hipóteses, observe:

1) Coisa julgada formal: Insuficiência probatória; ausência de justa causa; e falta de pressuposto processual objetivo.
2) Coisa julgada material: Atipicidade da conduta; excludentes de culpabilidade, tipicidade ou punibilidade.

Vejamos maiores detalhes:

Arquivamento por falta de base para a denúncia (regra geral) – Não faz coisa julgada material, pode desarquivar, inclusive o próprio CPP traz essa possibilidade, veja:

> *Art. 18. Depois de ordenado o arquivamento do inquérito pela autoridade judiciária, por falta de base para a denúncia, a autoridade policial poderá proceder a novas pesquisas, se de outras provas tiver notícia.*

Arquivamento pela extinção da punibilidade – Faz coisa julgada material, não pode ser desarquivado. A única exceção fica por conta de certidão de óbito apresentada para o reconhecimento da extinção de punibilidade ser falsa.

Arquivamento por atipicidade da conduta – Faz coisa julgada material, não podendo ser desarquivado. Entendimento doutrinário e jurisprudencial.

TEMA POLÊMICO!

Arquivamento por excludente de ilicitude – O entendimento mais recente do STF é no sentido de que NÃO faz coisa julgada material, podendo ser desarquivado.

Há uma certa divergência e decisões em sentido contrário, porém, a tendência é a de que se solidifique esse entendimento do STF, inclusive nas provas.

Destaca-se que essa **não é a posição majoritária** na doutrina e no STJ, que entendem pela impossibilidade de desarquivamento. Portanto, se assertiva for específica em relação ao entendimento do STJ, saiba que é contrário ao do STF.

2. PROVAS

CANDIDATO:

Considere a seguinte situação hipotética: a Polícia Federal, por meio de interceptação judicial deferida pelo juízo criminal, conseguiu captar conversa na qual determinado servidor público exige quantia para praticar certo ato relacionado com suas atribuições. Com base nessa prova e em outras constantes do inquérito, o MPF oferece denúncia contra esse servidor. A Administração Pública, por sua vez, instaura processo administrativo disciplinar. **(Delegado/Simulado 2019)**

A partir dessa situação hipotética e da jurisprudência, responda, fundamentadamente, aos seguintes questionamentos.

É possível que as provas, provenientes de interceptações telefônicas autorizadas judicialmente em processo criminal, sejam emprestadas para o processo administrativo disciplinar, mesmo que não tenham transitado a sentença penal condenatória do processo que as referidas provas se originaram?

RESPOSTA ADEQUADA:

Excelência, temos entendimentos definidos dos tribunais superiores considerando a possibilidade. O STF exarou que a prova colhida por interceptação telefônica autorizada judicialmente e para fins de investigação ou processo criminal pode ser utilizada para instruir procedimento administrativo punitivo.

Além disso, o STJ perfilha do mesmo entendimento, com acréscimo de a referida utilização, em processo administrativo disciplinar, de prova emprestada validamente produzida em processo criminal, independentemente do trânsito em julgado da sentença penal condenatória:

1º. A prova colhida mediante autorização judicial e para fins de investigação ou processo criminal pode ser utilizada para instruir procedimento administrativo punitivo. Assim, é possível que as provas provenientes de interceptações telefônicas autorizadas judicialmente em processo criminal sejam emprestadas para o processo administrativo disciplinar. STF. 1ª Turma. RMS 28774/DF, rel. orig. Min. Marco Aurélio, red. p/ o acórdão Min. Roberto Barroso, julgado em 9/8/2016 (Info 834).

2º. É possível a utilização, em processo administrativo disciplinar, de prova emprestada validamente produzida em processo criminal, independentemente do trânsito em julgado da sentença penal condenatória. Isso porque, em regra, o resultado da sentença proferida no processo criminal não repercute na instância administrativa, tendo em vista a independência existente entre as instâncias (STJ. 2ª Turma. RMS 33.628-PE, Rel. Min. Humberto Martins, julgado em 2/4/2013. Info 521).

CANDIDATO:

Podem ser descartadas partes de materiais que não importem à investigação? **(Delegado RS/19)**

RESPOSTA ADEQUADA:

Excelência, é importante destacar que, durante a atividade policial, são apreendidos diversos materiais, os quais podem ter relação direta com o crime, sendo mesmo instrumentos do crime, ou, por outro lado, pertencerem ao lesado ou terceiro de boa-fé. Assim, a legislação processual penal e a legislação penal especial preveem destinos diferentes de acordo com a natureza dos materiais apreendidos, dentre os quais está a alienação antecipada, o sequestro, o arresto, a doação, a inutilização e o perdimento.

Impende destacar os meios de destinação dos materiais biológicos atualmente previstos em lei. Em regra, os instrumentos do crime, bem como os objetos que interessam à prova, acompanharão os autos do inquérito policial. Além disso, antes de transitar em julgado a sentença final, as coisas apreendidas não poderão ser restituídas enquanto interessarem ao processo.

COMPLEMENTAÇÃO DA RESPOSTA:

Em relação à destinação dos instrumentos e coisas apreendidas, o Código de Processo Penal assim estabelece, **entre outros:**

> Art. 11. Os instrumentos do crime, bem como os objetos que interessarem à prova, acompanharão os autos do inquérito.
>
> Art. 118. Antes de transitar em julgado a sentença final, as coisas apreendidas não poderão ser restituídas enquanto interessarem ao processo.
>
> Art. 119. As coisas a que se referem os arts. 74 e 100 do Código Penal não poderão ser restituídas, mesmo depois de transitar em julgado a sentença final, salvo se pertencerem ao lesado ou a terceiro de boa-fé.
>
> Art. 120. A restituição, quando cabível, poderá ser ordenada pela autoridade policial ou juiz, mediante termo nos autos, desde que não exista dúvida quanto ao direito do reclamante.

CANDIDATO:

Caso hipotético: foi instaurada operação policial para investigar o crime de tráfico de drogas que seria praticado por Danilo. Neste sentido, o juiz competente deferiu a intercepção telefônica do número de aparelho celular utilizado pelo investigado. No curso da referida interceptação, pelos diálogos mantidos, ficou constatado que Danilo ordenou o homicídio de um inimigo, o que foi cumprido por um comparsa. Assim, o MP (Ministério Público) ofereceu denúncia contra Danilo e seu comparsa pela prática de homicídio qualificado. A defesa do réu arguiu a nulidade da prova colhida, considerando que a interceptação foi autorizada pelo juiz com o objetivo de apurar o delito de tráfico de drogas e não de eventual homicídio. **(Delegado Federal/Simulado 2019)**

Levando-se em consideração o caso acima, discorra sobre o assunto na visão do STF.

RESPOSTA ADEQUADA:

Excelência, a Excelsa Corte entendeu que a prova obtida a respeito da prática do homicídio **é lícita**, mesmo a interceptação telefônica tendo sido decretada para investigar outro delito que não tinha relação com o crime contra a vida. A jurisprudência chamou de "**crime achado**", ou seja, uma infração penal desconhecida e não investigada até o momento em que, apurando-se outro fato, descobriu-se esse novo delito, mesmo que não tenha relação com o delito que estava sendo investigado, desde que tenham sido respeitados os requisitos constitucionais e legais e desde que não tenha havido desvio de finalidade ou fraude.

COMPLEMENTAÇÃO DA RESPOSTA:

A prova obtida a respeito da prática do homicídio é LÍCITA, mesmo a interceptação telefônica tendo sido decretada para investigar outro delito que não tinha relação com o crime contra a vida. Na presente situação, tem-se aquilo que o Min. Alexandre de Moraes chamou de "crime achado", ou seja, uma infração penal desconhecida e não investigada até o momento em que, apurando-se outro fato, descobriu-se esse novo delito. Para o Min. Alexandre de Moraes, a prova é considerada lícita, mesmo que o "crime achado" não tenha relação (não seja conexo) com o delito que estava sendo investigado, desde que tenham sido respeitados os requisitos constitucionais e legais e desde que não tenha havido desvio de finalidade ou fraude. (STF. 1ª Turma. HC 129678/SP, rel. orig. Min. Marco Aurélio, red. p/ o ac. Min. Alexandre de Moraes, julgado em 13/6/2017, Info 869).

Em síntese, a doutrina define assim:

a) **Serendipidade objetiva:** ocorre quando, no curso da medida, surgirem indícios da prática de outro crime que não estava sendo investigado;

b) **Serendipidade subjetiva:** ocorre quando, no curso da medida, surgirem indícios do envolvimento criminoso de outra pessoa que inicialmente não estava sendo investigada. Exemplo: durante a interceptação telefônica instaurada para investigar Carlos, descobre-se que um de seus comparsas chama-se Pedro, conhecido Senador.

Há ainda uma outra classificação que fala que a serendipidade pode ser dividida em **"graus"**:

a) **Serendipidade de primeiro grau:** é o encontro fortuito de provas quando houver conexão ou continência com o fato que se apurava;
b) **Serendipidade de segundo grau:** é o encontro fortuito de provas quando não houver conexão ou continência com o fato que se apurava.

CANDIDATO:

O que se entende sobre a Teoria da árvore dos frutos envenenados? **(Delegado PF/13)**

RESPOSTA ADEQUADA:

Excelência, em uma síntese apertada, com previsão no CPP, no art. 157, a referida teoria exara que todas as provas obtidas que tiverem origem de uma prova ilícita estarão automaticamente contaminadas pela ilicitude, até porque tal prática é vedada pela atual constituição (art. 5º, LVI)[16].

No entanto, há exceções em relação à aplicação da teoria da árvore dos frutos envenenados, como exemplo, a teoria da fonte independente, a do nexo causal inexistente e a da descoberta inevitável.

COMPLEMENTAÇÃO DA RESPOSTA:

Observe a argumentação estratégica acima, uma vez que não conceituei as exceções sobre as referidas teorias, só as explicitei.

Como já disse, jogue o jogo, se o examinador quiser irá explorar o tema, não se precipite, deixe-o pedir.

Pois bem, ainda sobre o assunto, seguem exposições da doutrina anotada.

Quais são as mitigações sobre a teoria da árvore dos frutos envenenados?

1. Teoria da fonte independente:

"O *leading case* que definiu a exceção da fonte independente no direito americano, foi o caso *Murray v. United States (1988)*, no qual policiais perceberam atividade suspeita de tráfico de drogas em torno de um armazém e entraram no recinto ilegalmente, encontrando drogas. Deixaram tudo como

16. Art. 5°, LVI da Constituição Federal e 157 do Código de Processo Penal, *in verbis*: *"CF - Art. 5º Todos são iguais perante a lei, sem distinção de qualquer natureza, garantindo-se aos brasileiros e aos estrangeiros residentes no País a inviolabilidade do direito à vida, à liberdade, à igualdade, à segurança e à propriedade, nos termos seguintes: LVI - são inadmissíveis, no processo, as provas obtidas por meios ilícitos;"*
"CPP - Art. 157. São inadmissíveis, devendo ser desentranhadas do processo, as provas ilícitas, assim entendidas as obtidas em violação a normas constitucionais ou legais. (Redação dada pela Lei nº 11.690, de 2008) § 1º São também inadmissíveis as provas derivadas das ilícitas, salvo quando não evidenciado o nexo de causalidade entre umas e outras, ou quando as derivadas puderem ser obtidas por uma fonte independente das primeiras. (Incluído pela Lei nº 11.690, de 2008) § 2º Considera-se fonte independente aquela que por si só, seguindo os trâmites típicos e de praxe, próprios da investigação ou instrução criminal, seria capaz de conduzir ao fato objeto da prova. (Incluído pela Lei nº 11.690, de 2008) § 3º Preclusa a decisão de desentranhamento da prova declarada inadmissível, esta será inutilizada por decisão judicial, facultado às partes acompanhar o incidente. (Incluído pela Lei nº 11.690, de 2008) § 4º (VETADO) (Incluído pela Lei nº 11.690, de 2008)".

estava, requereram um mandado, sem informar a invasão, utilizando apenas outros elementos de prova que já haviam sido colhidos licitamente, e fazendo a busca depois de autorizada, encontraram duzentos e setenta fardos de maconha. Depois de descoberta a invasão ao depósito, a Corte confirmou o entendimento de que a prova não era ilícita, pois o mandado foi concedido com base em elementos lícitos e não na entrada não autorizada no armazém".[17]

2. Teoria da atenuação do nexo causal ou da Conexão atenuada:

"Também criada pela *Supreme Court of the United States,* a teoria do nexo causal atenuado nasceu no caso *Wong Sun v. United States* (1963). Nesse episódio aconteceram várias prisões consideradas ilegais, pela ausência de mandados judiciais ou de motivos razoáveis, todas elas por indícios de tráfico de drogas. Todavia, semanas mais tarde, após ter sido liberado, um dos que havia sido preso ilegalmente confessou, em interrogatório realizado de forma legal pela polícia, o delito de tráfico de drogas. A Suprema Corte não considerou tal confissão ilícita, ao argumento de que ela foi voluntária e realizada após a pessoa ter sido solta e informada de seus direitos, de forma que a conexão entre a prisão e a confissão era tão tênue que a ilegalidade havia se dissipado".[18]

3. Teoria da descoberta inevitável:

"Note-se que a Lei nº 11.690/08 comete um equívoco técnico. No art. 157, § 2º, ao pretender definir o significado de '*fonte independente*' afirmou tratar-se daquela que "por si só, seguindo os trâmites típicos e de praxe, próprios da investigação ou instrução criminal, seria capaz de conduzir ao fato objeto da prova". A nosso aviso, essa é a definição de outra hipótese de aproveitamento da prova, qual seja, a teoria da descoberta inevitável, muito utilizada no direito estadunidense".[19]

Ademais, sobre a temática, destaco que os estudos comprovam que a **terminologia** é proveniente do Livro Sagrado (Bíblia), onde uma árvore envenenada nunca dará bons frutos.

Em Mateus 7:15-20:

"Guardai-vos dos falsos profetas, que vêm a vós com vestes de ovelhas, mas por dentro são lobos vorazes. Pelos seus frutos os conhecereis. Colhem-se, porventura, uvas dos espinheiros, ou figos dos abrolhos? Assim toda a árvore boa dá bons frutos, porém a árvore má dá maus frutos. Uma árvore boa não pode dar maus frutos, nem uma árvore má dar bons frutos. Toda a árvore que não dá bom fruto é cortada e lançada no fogo. Logo pelos seus frutos os conhecereis".

A mencionada **teoria é proveniente** da Suprema Corte dos Estados Unidos, no caso *Siverthorne Lumber Co. vs. United States,*[20] em 1920, para coibir as provas ilícitas por derivação, a mencionada corte manteve a postura de proibir as provas lícitas contaminadas por ilegalidade.

CANDIDATO:

O que vem a ser "encontro fortuito de provas"? **(Delegado SC/15)**

17. DEZEM, 2008, p. 134.
18. DEZEM, ob. cit., p. 135.
19. OLIVEIRA, 2010, p. 375.
20. <http://caselaw.lp.findlaw.com/scripts/getcase.pl?court=US&vol=251&invol=385>.

RESPOSTA ADEQUADA:

Excelência, também conhecida como "serendipidade", nesta esteira, o STJ decidiu que o encontro fortuito acontecerá no momento que elementos indiciários acerca da prática de crime surgirem no decorrer da execução de medidas determinadas para apuração de outros crimes, esse fato não impedirá, por si só, que os dados colhidos sejam utilizados para a averiguação da suposta prática daquele delito.

COMPLEMENTAÇÃO DA RESPOSTA:

Vejamos o posicionamento do STJ[21] no caso concreto:

> (...).1. A interceptação telefônica vale não apenas para o crime ou indiciado objeto do pedido, mas também para outros crimes ou pessoas, até então não identificados, que vierem a se relacionar com as práticas ilícitas. A autoridade policial ao formular o pedido de representação pela quebra do sigilo telefônico não pode antecipar ou adivinhar tudo o que está por vir. Desse modo, se a escuta foi autorizada judicialmente, ela é lícita e, como tal, captará licitamente toda a conversa. 2. Durante a interceptação das conversas telefônicas, pode a autoridade policial divisar novos fatos, diversos daqueles que ensejaram o pedido de quebra do sigilo. Esses novos fatos, por sua vez, podem envolver terceiros inicialmente não investigados, mas que guardam relação com o sujeito objeto inicial do monitoramento. Fenômeno da serendipidade. (...).

CANDIDATO:

Pode haver busca em escritório de advogado? **(Delegado PF/13)**

RESPOSTA ADEQUADA:

Excelência, a jurisprudência entende que, em regra, é inviolável, mas esta inviolabilidade não é absoluta, poderá haver a realização de busca e apreensão em seu interior acompanhada por representante da Ordem dos Advogados do Brasil, quando recaírem indícios sobre a pessoa do advogado.

COMPLEMENTAÇÃO DA RESPOSTA:

O STF, em um caso concreto ressaltou: "o Estatuto da Ordem estabelece ser em qualquer hipótese vedada a utilização dos documentos, das mídias e dos objetos pertencentes a clientes do advogado averiguado, bem como dos demais instrumentos de trabalho que contenham informações sobre clientes".

Entretanto, há uma ressalva na própria lei, pela qual tal restrição "não se estende a clientes do advogado averiguado que estejam sendo formalmente investigados como seus partícipes ou coautores pela prática do mesmo crime que deu causa à quebra da inviolabilidade".

---

21. HC 144.137/ES, Rel. Ministro MARCO AURÉLIO BELLIZZE, QUINTA TURMA, julgado em 15/05/2012, DJe 31/08/2012.

Ademais, o ministro, Lewandowski pontuou que "os documentos apreendidos por autoridades policiais em escritórios de advocacia que não tenham relação direta com o caso investigado não podem ser usados". Desta forma, determinou que "as autoridades responsáveis pela investigação em curso cumpram estritamente os dispositivos legais citados".[22]

CANDIDATO:

O que se entende por Serendipidade de primeiro e segundo grau? **(Delegado PF/13)**

RESPOSTA ADEQUADA:

Excelência, a doutrina conceitua a Serendipidade de 1º grau como a descoberta fortuita de provas quando houver conexão ou continência. Para a doutrina e jurisprudência majoritária, os elementos encontrados poderão ser utilizados totalmente como prova.

Enquanto na Serendipidade de 2º grau, os fatos descobertos não guardam relação de conexão ou continência, razão pela qual os elementos de prova não poderiam ser utilizados no novo crime ou em relação a outro criminoso em tais circunstâncias. No máximo, poderiam servir como *notitia criminis*.

COMPLEMENTAÇÃO DA RESPOSTA:

A doutrina[23] explicita que: "Em relação ao encontro fortuito de fatos conexos (ou quando haja continência) parece-nos acertado falar em **serendipidade ou encontro fortuito de primeiro grau** (ou em fato que está na mesma situação histórica de vida do delito investigado – *historischen Lebenssachverhalt*). Nesse caso a prova produzida tem valor jurídico e deve ser analisada pelo juiz (como prova válida). Pode essa prova conduzir a uma condenação penal. Quando se trata, ao contrário, de fatos não conexos (ou quando não haja continência), impõe-se falar em **serendipidade ou encontro fortuito de segundo grau** (ou em fatos que não estão na mesma situação histórica de vida do delito investigado). A prova produzida, nesse caso, não pode ser valorada pelo juiz. Ela vale apenas como *notitia criminis*". (Grifei).

CANDIDATO:

Delegado de Polícia pode acessar, diretamente, os dados do *WhatsApp* do investigado? **(Delegado RS/19 e SC/15)**

22. Processo relacionado: AC 3914.

23. GOMES, Luiz Flávio. Natureza jurídica da serendipidade nas interceptações telefônicas. Disponível em <https://www.lfg.com.br>. 18 de março de 2009.

RESPOSTA ADEQUADA:

Excelência, o STJ entende que sem prévia autorização judicial, são nulas as provas obtidas pela polícia por meio da extração de dados e de conversas registradas no WhatsApp presentes no celular do suposto autor de fato delituoso, ainda que o aparelho tenha sido apreendido no momento da prisão em flagrante[24].

COMPLEMENTAÇÃO DA RESPOSTA:

Vejamos mais um posicionamento contrário ao acesso de dados:

No informativo 593, a Quinta Turma da Corte Cidadã também entendeu que "na ocorrência de autuação de crime em flagrante, ainda que seja dispensável ordem judicial para a apreensão de telefone celular, as mensagens armazenadas no aparelho estão protegidas pelo sigilo telefônico, que compreende igualmente a transmissão, recepção ou emissão de símbolos, caracteres, sinais, escritos, imagens, sons ou informações de qualquer natureza, por meio de telefonia fixa ou móvel ou, ainda, por meio de sistemas de informática e telemática[25]".

CUIDADO!

Vejamos a superação de entendimento do STF:

"É ilícito o acesso a mensagens de WhatsApp sem autorização judicial A Segunda Turma do Supremo Tribunal Federal (STF) decidiu que é ilícito o acesso a mensagens de WhatsApp sem autorização judicial, bem como posterior ingresso à residência após apreensão ilegal do celular. A decisão (HC 168.052/SP) teve como relator o ministro Gilmar Mendes. Ementa Habeas corpus. 2. Acesso a aparelho celular por policiais sem autorização judicial. Verificação de conversas em **aplicativo WhatsApp**. **Sigilo das comunicações e da proteção de dados**. Direito fundamental à intimidade e à vida privada. **Superação da jurisprudência firmada no HC 91.867/PA**. Relevante modificação das circunstâncias fáticas e jurídicas. Mutação constitucional. Necessidade de autorização judicial. 3. Violação ao domicílio do réu após apreensão ilegal do celular. 4. Alegação de fornecimento voluntário do acesso ao aparelho telefônico. 5. Necessidade de se estabelecer garantias para a efetivação do direito à não autoincriminação. 6. Ordem concedida para declarar a ilicitude das provas ilícitas e de todas dela derivadas". (HC 168052; Órgão julgador: Segunda Turma; Relator(a): Min. GILMAR MENDES; Julgamento: 20/10/2020; Publicação: 02/12/2020

As conversas do WhatsApp do telefone apreendido em busca e apreensão autorizada por decisão judicial pode ser violadas pela polícia?

Sim. Se o telefone celular foi apreendido em busca e apreensão determinada por decisão judicial, não há óbice para que a autoridade policial acesse o conteúdo

24. STJ. 6ª Turma. RHC 51.531-RO, Rel. Min. Nefi Cordeiro, julgado em 19/4/2016, Informativo 583.

25. STJ. 5ª Turma. RHC 67.379-RN, Rel. Min. Ribeiro Dantas, julgado em 20/10/2016, Informativo 593.

armazenado no aparelho, inclusive as conversas do WhatsApp. Para a análise e a utilização desses dados armazenados no celular não é necessária nova autorização judicial. A ordem de busca e apreensão determinada já é suficiente para permitir o acesso aos dados dos aparelhos celulares apreendidos. STJ. 5ª Turma. RHC 77.232/SC, Rel. Min. Felix Fischer, julgado em 03/10/2017.

No caso de telefone apreendido no presídio?

(...) 3. Conforme previsto no art. 41, inciso XV, da LEP, o contato do preso com o mundo exterior é autorizado por meio de correspondência escrita, da leitura e de outros meios de informação que não comprometam a moral e os bons costumes. Mesmo no caso de comunicação por intermédio de correspondência escrita, permitida legalmente, a Suprema Corte firmou jurisprudência no sentido de que, diante da inexistência de liberdades individuais absolutas, é possível que a Administração Penitenciária, sem prévia autorização judicial, acesse o seu conteúdo quando houver inequívoca suspeita de sua utilização como meio para a preparação ou a prática de ilícitos.

A necessidade de se resguardar a segurança, a ordem pública e a disciplina prisional, segundo a Corte Suprema, prevalece sobre a reserva constitucional de jurisdição. 4. Nessa conjuntura, se é prescindível decisão judicial para a análise do conteúdo de correspondência a fim de preservar interesses sociais e garantir a disciplina prisional, com mais razão se revela legítimo, para a mesma finalidade, o acesso dos dados e comunicações constantes em aparelhos celulares encontrados ilicitamente dentro do estabelecimento penal, pois a posse, o uso e o fornecimento do citado objeto são expressamente proibidos pelo ordenamento jurídico. Tratando-se de ilicitude manifesta e incontestável, não há direito ao sigilo e, por consequência, inexiste a possibilidade de invocar a proteção constitucional prevista no art. 5º, inciso XII, da Carta da República. Por certo, os direitos fundamentais não podem ser utilizados para a salvaguarda de práticas ilícitas, não sendo razoável pretender proteger aquele que age em notória desconformidade com as normas de regência. (HC 546.830/PR, Rel. Ministra LAURITA VAZ, SEXTA TURMA, julgado em 09/03/2021, DJe 22/03/2021).

TEMAS QUENTES!

1) Não há ilegalidade na perícia de aparelho de telefonia celular pela polícia, sem prévia autorização judicial, na hipótese em que seu proprietário - a vítima - foi morto, tendo o referido telefone sido entregue à autoridade policial por sua esposa. STJ. 6ª Turma. RHC 86.076-MT, Rel. Min. Sebastião Reis Júnior, Rel. Acd. Min. Rogerio Schietti Cruz, julgado em 19/10/2017 (Info 617).
2) Na ocorrência de autuação de crime em flagrante, ainda que seja dispensável ordem judicial para a apreensão de telefone celular, as mensagens armazenadas no aparelho estão protegidas pelo sigilo telefônico, que compreende igualmente a transmissão, recepção ou emissão de símbolos, caracteres, sinais, escritos, imagens, sons ou informações de qualquer natureza, por meio de telefonia fixa ou móvel ou, ainda, por meio de sistemas de informática e telemática. STJ. 5ª Turma. RHC 67.379-RN, Rel. Min. Ribeiro Dantas, julgado em 20/10/2016 (Info 593).

3) É nula decisão judicial que autoriza o espelhamento do WhatsApp via Código QR para acesso no WhatsApp Web. Também são nulas todas as provas e atos que dela diretamente dependam ou sejam consequência, ressalvadas eventuais fontes independentes. Não é possível aplicar a analogia entre o instituto da interceptação telefônica e o espelhamento, por meio do WhatsApp Web, das conversas realizadas pelo aplicativo WhatsApp. STJ. 6ª Turma. RHC 99.735-SC, Rel. Min. Laurita Vaz, julgado em 27/11/2018 (Info 640).
4) STJ entende que **é ilícita** a interceptação de WhatsApp Web após apreensão de aparelho celular. Segundo o tribunal, não seria possível equiparar integralmente a medida à intercepção telefônica porque o acesso ao aplicativo permite não somente a obtenção irrestrita de toda a comunicação anterior como também possibilita que o agente público interfira na comunicação entre os usuários – inclusive excluindo mensagens –, o que não é possível no monitoramento de conversas telefônicas, que são apenas ouvidas e gravadas. Esta possibilidade de interferência e de manipulação dificulta – quando não impossibilita – que o investigado exerça o contraditório sobre a prova colhida e demonstre, por exemplo, que não se trata de algo integral e que determinados trechos da comunicação foram retirados do contexto. Por isso, concluiu-se: "Cumpre assinalar, portanto, que o caso dos autos difere da situação, com legalidade amplamente reconhecida pelo Superior Tribunal de Justiça, em que, a exemplo de conversas mantidas por e-mail, ocorre autorização judicial para a obtenção, sem espelhamento, de conversas já registradas no aplicativo WhatsApp, com o propósito de periciar seu conteúdo".
5) A 6ª turma do STJ (Processo: RHC 133.430) que mensagens obtidas por meio do *print screen* da tela do WhatsApp Web devem ser consideradas provas ilícitas, e, portanto, desentranhadas dos autos. Para os ministros, eventual exclusão de mensagem enviada ou recebida não deixa vestígios, seja no aplicativo, seja no computador, e, por conseguinte, não pode jamais ser recuperada para efeitos de prova em processo penal.

CANDIDATO:

Discorra sobre posicionamento do Superior Tribunal de Justiça a respeito do acesso e da obtenção pela polícia a informações constantes de aplicativos e serviços de comunicação em tempo real – como WhatsApp e SMS – instalados no telefone celular regularmente apreendido de suposto autor de fato delituoso no momento de sua prisão em flagrante. **(Delegado PF/18)**

RESPOSTA ADEQUADA:

Excelência, o posicionamento do STJ é no sentido de que muito embora em um flagrante a autoridade possa apreender o celular do suspeito, os dados armazenados nos aparelhos celulares decorrentes de envio ou recebimento de dados via mensagens SMS, programas ou aplicativos de troca de mensagens (dentre eles o "WhatsApp"), ou mesmo por correio eletrônico, dizem respeito à intimidade e à vida privada do indivíduo, sendo, portanto, invioláveis, nos termos do art. 5º, XII, da Constituição Federal, e em consonância com a Lei 9.296/1996. Portanto, somente podem ser acessados e utilizados mediante prévia autorização judicial, em respeito ao sigilo telefônico resguardado constitucionalmente.

COMPLEMENTAÇÃO DA RESPOSTA:

Observe que a pergunta foi específica e direcionada ao entendimento do STJ. Com isso, o candidato deve responder conforme exigido pela banca examinadora.

Essa pergunta foi cobrada no turno do domingo à tarde.

Vejamos outras informações: atualmente, os avanços tecnológicos possibilitam que os telefones celulares, em sua maioria, estejam conectados à Internet e, portanto, dotados de funcionalidades de envio e recebimento de mensagens, fotos, vídeos e documentos em tempo real, permanecendo tais dados registrados no aparelho celular. Logo, não se pode negar que se trata de verdadeira espécie de comunicação, escrita e oral, entre pessoas.

O posicionamento atual do STJ é no sentido de que, por ocasião da autuação de crime em flagrante, ainda que seja dispensável ordem judicial para a apreensão de telefone celular, as mensagens armazenadas no aparelho estão protegidas pelo sigilo telefônico, nos termos do art. 5.º, XII, da Constituição Federal de 1988 e, por consequência, se submetem ao regramento da Lei nº 9.296/1996. O entendimento do Egrégio Tribunal é de que o celular deixou de ser apenas um instrumento de conversação a longa distância, permitindo o acesso de múltiplas funções, a exemplo da verificação de correspondência eletrônica, de mensagens e a troca de dados de forma similar à telefonia convencional.

Nesse contexto, **é ilícito** o acesso ao conteúdo do aparelho regularmente apreendido pela polícia, sem prévia autorização judicial ou de seu próprio usuário. Em observância ao direito à intimidade, incumbe à autoridade policial, em casos tais, apreender o telefone e, logo após, representar judicialmente pela quebra do sigilo dos dados nele armazenados. Por outro lado, entende ainda o STJ que, uma vez determinadas judicialmente a busca e a apreensão do aparelho, é lícito o acesso aos dados armazenados no telefone apreendido, notadamente quando a decisão judicial aludir expressamente ao acesso.

CANDIDATO:

Quais são as espécies e hipóteses de realização de Busca e Apreensão? **(Delegado SP/15)**

RESPOSTA ADEQUADA:

Excelência, de acordo com previsão do CPP, art. 240 e seguintes, a busca e apreensão poderá ser domiciliar ou pessoal.

A busca domiciliar se dará, entre outras, nas seguintes hipóteses: prender criminosos; apreender coisas achadas ou obtidas por meios criminosos; apreender instrumentos de falsificação ou de contrafação e objetos falsificados ou contrafeitos; apreender armas e munições, instrumentos utilizados na prática de crime ou destinados a fim delituoso; descobrir objetos necessários à prova de infração ou à defesa do réu; apreender cartas, abertas ou não, destinadas ao acusado ou em seu poder, quando haja suspeita de que o conhecimento do seu conteúdo possa ser útil à elucidação do fato; apreender pessoas vítimas de crimes; colher qualquer elemento de convicção.

A busca pessoal ou conhecida como "enquadro" caberá nas seguintes hipóteses: quando houver fundada suspeita de que alguém oculte consigo arma proibida; apreender coisas achadas ou obtidas por meios criminosos; apreender cartas, abertas ou não, destinadas ao acusado ou em seu poder, quando haja suspeita de que o conhecimento do seu conteúdo possa ser útil à elucidação do fato; colher qualquer elemento de convicção.

COMPLEMENTAÇÃO DA RESPOSTA:

O STF já se deleitou sobre o conceito de **fundada suspeita** na busca pessoal.

Vejamos:

"A 'fundada suspeita', prevista no art. 244 do CPP, não pode fundar-se em parâmetros unicamente subjetivos, exigindo elementos concretos que indiquem a necessidade da revista, em face do constrangimento que causa. Ausência, no caso, de elementos dessa natureza, que não se pode ter por configurados na alegação de que trajava, o paciente, um 'blusão' suscetível de esconder uma arma, sob risco de referendo a condutas arbitrárias ofensivas a direitos e garantias individuais e caracterizadoras de abuso de poder. Habeas corpus deferido para determinar-se o arquivamento do Termo".[26]

CANDIDATO:

É lícita a ação de "entrevista informal" realizada pela autoridade policial com o investigado durante a busca e apreensão em sua residência? **(Delegado/ Simulado 2022)**

RESPOSTA ADEQUADA:

Excelência, o Informativo 944 do STF trouxe decisão no sentido de que a conduta praticada **violou o direito ao silêncio e à não autoincriminação,** pois, na verdade, a realização dessa "entrevista informal" nada mais é que um interrogatório travestido deste instrumento. Além do mais, não foi concedido ao investigado o direito à prévia consulta a seu advogado.

COMPLEMENTAÇÃO DA RESPOSTA:

Professor, quais outros elementos poderiam ter sido elencados pela Suprema Corte para invalidar a ação?

26. STF, HC 81.305-4, Rel. Min. Ilmar Galvão, DJe 22.02.2002.

Combatente, não só poderiam como foram utilizados pela **2ª Turma do STF Rcl 33711/SP** os seguintes argumentos:

1) Ocorreu uma espécie de interrogatório "forçado", o que violou o entendimento firmado pela Corte no julgamento das **ADPFs 395 e 444.**

2) O **STF** decidiu que a condução coercitiva para interrogatório é inconstitucional. Neste caso concreto, o raciocínio seria o mesmo, porque o investigado foi praticamente obrigado a falar, sem defesa e sem a observância das garantias processuais do interrogatório.

3) O investigado foi interrogado em ambiente intimidatório, durante a realização de busca e apreensão domiciliar, o que diminuiu seu direito à não incriminação.

4) Na entrevista formalmente documentada, não se oportunizou ao sujeito da diligência o direito à prévia consulta a advogado, **tampouco** certificou-se, no respectivo termo, o direito ao silêncio e à **não** produção de provas contra si mesmo.

CANDIDATO:

Após uma denúncia anônima, é possível que policiais ingressem em residência alheia ainda que sem ordem judicial e contra vontade do morador quando houver suspeita que existe entorpecentes na residência? **(Delegado/ Simulado 2022)**

RESPOSTA ADEQUADA:

Excelência, o STJ decidiu (AgRg nos EDcl no RHC 143066/RJ) que a denúncia apócrifa a respeito da ocorrência de tráfico de drogas **acompanhada das diligências para a comprovação da veracidade das informações prévias** adquiridas pode caracterizar **as fundadas razões necessárias** para o ingresso dos policiais na residência do investigado. Dessa maneira, **não há** que se falar em quebra da inviolabilidade de domicílio, sendo legal a apreensão e a prisão realizada pelos policiais em face do investigado.

COMPLEMENTAÇÃO DA RESPOSTA:

Professor, então é possível que policiais ingressem em residência alheia ainda que sem ordem judicial e contra vontade do morador quando houver suspeita que existe entorpecentes na residência?

Sim, combatente. Contudo, não se esqueça que para subsidiar tal ação **devem estar** evidentes fundadas razões que apontem que naquele local está sendo praticado uma infração penal. Além do mais, sob pena de responder civil, penal ou administrativamente, a autoridade **deverá** demonstrar as razões que motivaram a entrada contra vontade do morador em sua residência, conforme suscitado no **Informativo 806 do STF.**

Quais as regras estabelecidas acerca da inviolabilidade de domicílio?

Concurseiro(a), a inviolabilidade de domicílio é protegida constitucionalmente com fulcro no **art. 5º, XI, da CRFB/88**, mas tal inviolabilidade **não é absoluta**, comportando as seguintes exceções de entrada na casa mesmo sem o consentimento do morador:

1) Em caso de flagrante delito durante o dia ou à noite.

2) Em caso de desastre durante o dia ou à noite.

3) Para prestar socorro durante o dia ou à noite.

4) Para cumprir determinação judicial durante o dia.

Mas como saber o que é tido como dia para fins de determinação judicial?

Candidato(a), embora não haja um consenso absoluto acerca do tema, com o advento da **Lei nº 13.869/19** (Lei de Abuso de Autoridade), tem-se entendido que para os fins dispostos em lei "dia" é o período compreendido entre às 5h (cinco horas) e às 21h (vinte e uma horas), **vide art. 22, § 1º, III, da Lei nº 13.869/19**. Contudo, tenha em mente que existem entendimentos diferentes sobre o assunto e, por essa razão, deve-se estar atento(a) ao comando da questão.

TOME NOTA!

Constituição Federal

Art. 5º. Todos são iguais perante a lei, sem distinção de **qualquer** natureza, garantindo-se aos brasileiros e aos estrangeiros residentes no País a inviolabilidade do direito à vida, à liberdade, à igualdade, à segurança e à propriedade, nos termos seguintes:

(...)

XI- a casa é asilo inviolável do indivíduo, **ninguém** nela podendo penetrar sem consentimento do morador, **salvo** em caso de flagrante delito ou desastre, ou para prestar socorro, ou, durante o dia, por determinação judicial;

Lei nº 13.869/19

Art. 22. Invadir ou adentrar, clandestina ou astuciosamente, ou à revelia da vontade do ocupante, imóvel alheio ou suas dependências, ou nele permanecer nas mesmas condições, sem determinação judicial ou fora das condições estabelecidas em lei:

(...)

§ 1º Incorre na mesma pena, na forma prevista no caput deste artigo, quem:

(...)

III- cumpre mandado de busca e apreensão domiciliar **após as 21h (vinte e uma horas) ou antes das 5h (cinco horas)**.

TEMA QUENTE!

1) Nos **Informativos 623** (RHC 83.501-SP) **e 666** (RHC 89.853-SP) **do STJ**, consolidou-se a ideia de que a presença de **denúncia anônima (apócrifa)** a respeito do cometimento do crime de tráfico de drogas **adicionada à fuga do investigado** ao se deparar com as forças de segurança **não configuram**, por si só, **fundadas razões** para admitir o ingresso de agentes na residência do indivíduo desprovido de mandado judicial ou consentimento do morador.

2) A **Sexta Turma do STJ** analisou diante do **Informativo 659** (REsp 1.695.349-RS), uma situação em que a diretora de uma penitenciária teria recebido uma denúncia anônima com a informação de que a esposa de um detento tentou ingressar na unidade prisional na posse de drogas escondidas em suas partes íntimas. Diante dessa informação, a diretora deu ordem a uma agente para realizar a revista íntima, tendo sido encontrado entorpecente em sua região genital. Por essa razão foi questionada a validade da obtenção dessa prova, momento em que os membros do **STJ** decidiram pela ilicitude da prova obtida por meio de revista íntima realizada com base **exclusivamente** em denúncia anônima.

CANDIDATO:

Marcelo e Otávio conversavam à beira da calçada e escutavam música de "funk" que vinha do som do carro de Marcelo, estacionado ao lado dos amigos. Nesse período, policiais que passavam pelo local de viatura acharam suspeita a atitude dos cidadãos, motivo pelo qual abordaram os amigos e realizaram busca pessoal e veicular.

Considerando o caso acima, discorra sobre a legalidade da conduta dos policiais. **(Delegado/ Simulado 2022)**

RESPOSTA ADEQUADA:

Excelência, o **Superior Tribunal de Justiça** decidiu "ser **ilegal** a busca pessoal ou veicular sem mandado judicial motivada **apenas** pela impressão subjetiva da polícia e agentes de segurança sobre a aparência ou atitude suspeita do indivíduo".

Ainda de acordo com a Corte Cidadã, "para a realização de busca pessoal – conhecida popularmente como 'baculejo', 'enquadro' ou 'geral' –, **é necessário** que a **fundada suspeita** a que se refere o artigo **244 do Código de Processo Penal** seja **descrita de modo objetivo** e justificada por indícios de que o indivíduo esteja na posse de drogas, armas ou outros objetos ilícitos, evidenciando-se a urgência para a diligência".

COMPLEMENTAÇÃO DA RESPOSTA:

Professor, mas o encontro das drogas não seria suficiente para validar a busca?

Combatente, em decorrência da completa ausência de detalhes sobre o que teria incentivado a suspeita no momento da abordagem, o Ministro Rogerio Schietti disse que **não é possível** acolher a justificativa para a conduta policial – o que possui reflexo imediato na validade das provas. Para ele, o fato de terem sido encontradas drogas durante a abordagem **não convalida** a ilegalidade prévia, uma vez que a "fundada suspeita" que explicaria a busca **deve ser** fundamentada "com base no que se tinha antes da diligência". STJ. 6ª Turma. RHC nº 158.580/BA. Min. Rel. Rogerio Schietti Cruz, Julgado em 19/04/2022. (Info 735)

CANDIDATO:

Policiais podem realizar busca em quarto de hotel sem o consentimento do hóspede? **(Delegado/ Simulado 2022)**?

RESPOSTA ADEQUADA:

Excelência, primeiramente é preciso esclarecer que, segundo o entendimento do Supremo Tribunal Federal, o quarto de hotel consiste num espaço privado qualificado como "casa" para fins de proteção constitucional da inviolabilidade de domicílio.

Contudo, o **STJ** trouxe importante decisão (HC 659.527-SP) no sentido de considerar lícito o ingresso de policiais, sem autorização judicial e sem o consentimento do hóspede, em quarto de hotel **não** utilizado como morada permanente, **desde que** presentes as **fundadas razões** que sinalizem a ocorrência de crime e hipótese de flagrante delito.

COMPLEMENTAÇÃO DA RESPOSTA:

Vejamos um entendimento interessante:

Foi veiculado no **Informativo 678 do STJ**, que analisou a validade da prova obtida em razão de uma busca e apreensão realizada sem mandado judicial para esse fim em local **desabitado**. Dessa forma, ficou estipulado que **não há nulidade** na busca e apreensão efetuada por policiais, sem prévio mandado judicial, em **apartamento que não revela sinais de habitação, nem mesmo de forma transitória ou eventual**, se a aparente ausência de residentes no local se alia à **fundada suspeita** de que o imóvel é utilizado para a prática de crime permanente. STJ. 5ª Turma. HC 588.445-SC, Rel. Min. Reynaldo Soares da Fonseca, julgado em 25/08/2020 (Info 678)

CANDIDATO:

O que se entende por pescaria probatória (*fishing expedition*)? **(Delegado/ Simulado 2022)**

RESPOSTA ADEQUADA:

Excelência, à luz da decisão do STJ[27], admitir a **entrada na residência especificamente para efetuar uma prisão não significa** conceder um salvo-conduto para que todo o seu interior seja vasculhado indistintamente, em verdadeira **pescaria probatória** (fishing expedition), sob pena de **nulidade das provas** colhidas por **desvio de finalidade**. Nota-se, com clareza, a ocorrência de **desvirtuamento da finalidade** no cumprimento do ato.

Isso porque, como exemplo, os objetos ilícitos que venham a ser apreendidos no chão de um dos quartos, dentro de uma caixa de papelão, a evidenciar que **não houve**

27. STJ. 6ª Turma. HC 663.055-MT, Rel. Min. Rogerio Schietti Cruz, julgado em 22/03/2022 (Info 731).

mero encontro fortuito enquanto se procurava pelo réu – certamente portador de dimensões físicas muito superiores às do referido recipiente –, mas sim **verdadeira pescaria probatória** dentro do lar, totalmente desvinculada da finalidade de apenas capturar o paciente.

COMPLEMENTAÇÃO DA RESPOSTA:

"Fishing expedition" ou "investigação especulativa indiscriminada" ou, ainda, "expedição aleatória da pescaria probatória" é a investigação genérica para buscar elementos incriminatórios aleatoriamente, sem qualquer embasamento prévio.

Expressão usada pelo Ministro Gilmar Mendes, do Supremo Tribunal Federal, no HC nº 163.461/PR, julgado em 05/02/2019 e publicado em 03/08/2020. Ainda, na dicção de Philipe Benoni Melo e Silva (Fishing Expedition: a pesca predatória por provas por parte dos órgãos de investigação), "trata-se a fishing expedition de uma investigação especulativa indiscriminada, sem objetivo certo ou declarado, que 'lança' suas redes com a esperança de 'pescar' qualquer prova, para subsidiar uma futura acusação. Ou seja, é uma investigação prévia, realizada de maneira muito ampla e genérica para buscar evidências sobre a prática de futuros crimes. Como consequência, **não pode ser aceita** no ordenamento jurídico brasileiro, sob pena de malferimento das balizas de um processo penal democrático de índole Constitucional". Exemplo prático é a expedição de mandados de busca e apreensão genéricos. O termo vem sendo constantemente usado pela Corte Suprema. Além do julgado citado, de relatoria do Ministro Gilmar Mendes, já foi utilizado no RE nº 1055941/SP, julgado em 04/12/2019 e publicado em 18/03/2021.

Ademais, por se tratar de medida invasiva e que restringe o direito fundamental à intimidade, o ingresso em morada alheia deve se limitar ao estritamente necessário para cumprir a sua finalidade, conforme estabelece o **artigo 248 do Código de Processo Penal (CPP)**, segundo o qual, "em casa habitada, a busca será feita de modo que não moleste os moradores mais do que o indispensável para o êxito da diligência".

No julgamento do **HC 663.055**, a Sexta Turma considerou ilícitas as provas colhidas em uma caixa no interior de residência (drogas e uma munição calibre.32), uma vez que os policiais ali entraram sem ordem judicial e sem haver uma situação que justificasse a invasão.

TEMAS QUENTES!

1) Em 2021, ao analisar o **HC 616.584**, a Quinta Turma entendeu que, "na falta de comprovação de que o consentimento do morador foi voluntário e livre de qualquer coação e intimidação, impõe-se o **reconhecimento da ilegalidade** na busca domiciliar e, consequentemente, de toda a prova dela decorrente".
2) No entanto, havendo a autorização de parente hospedado em domicílio particular, **é legítima** a entrada de policiais no local sem mandado judicial.
3) Com esse entendimento, a Quinta Turma, no julgamento do **RHC 141.544**, manteve uma ação penal contra mãe e filho suspeitos de tráfico de drogas. A investigação partiu de denúncia anônima sobre o plantio de maconha em propriedade rural localizada em São José dos Pinhais (PR). **A revista foi**

autorizada por uma mulher que estava na casa e se identificou como nora da dona da chácara. Os policiais encontraram no local 155 pés de maconha, 780g de sementes e utensílios utilizados na estufa para o cultivo da planta.

4) No julgamento do **HC 674.139**, em fevereiro deste ano, a Sexta Turma estabeleceu que, em caso de dúvidas entre a versão da polícia – que diz ter sido autorizada a ingressar na residência – e **a do morador** – que diz ter sido induzido em erro pelos agentes –, **deve prevalecer esta última**. Com esse entendimento, o colegiado reconheceu a **ilegalidade das provas** supostamente colhidas em uma diligência e concedeu habeas corpus para absolver um acusado por tráfico de drogas.

CANDIDATO:

Na suspeita de flagrância delito, qual a exigência, em termos de **standard probatório**, para que policiais ingressem no domicílio do suspeito sem mandado judicial? **(Delegado/ Simulado 2022)**

RESPOSTA ADEQUADA:

Excelência, o STJ decidiu (HC 598.051/SP) que a prova da legalidade e da voluntariedade do consentimento para o ingresso na residência do suspeito incumbe, em caso de dúvida, ao Estado, e deve ser feita com declaração assinada pela pessoa que autorizou o ingresso domiciliar, indicando-se, sempre que possível, testemunhas do ato.

COMPLEMENTAÇÃO DA RESPOSTA:

Principais conclusões do STJ:

1) Na hipótese de suspeita de crime em flagrante, exige-se, em termos de *standard* probatório para ingresso no domicílio do suspeito sem mandado judicial, a existência de fundadas razões (justa causa), aferidas de modo objetivo e devidamente justificadas, de maneira a indicar que dentro da casa ocorre situação de flagrante delito.
2) O tráfico ilícito de entorpecentes, em que pese ser classificado como crime de natureza permanente, nem sempre autoriza a entrada sem mandado no domicílio onde supostamente se encontra a droga. Apenas será permitido o ingresso em situações de urgência, quando se concluir que do atraso decorrente da obtenção de mandado judicial se possa objetiva e concretamente inferir que a prova do crime (ou a própria droga) será destruída ou ocultada.
3) O consentimento do morador, para validar o ingresso de agentes estatais em sua casa e a busca e apreensão de objetos relacionados ao crime, precisa ser voluntário e livre de qualquer tipo de constrangimento ou coação.
4) A prova da legalidade e da voluntariedade do consentimento para o ingresso na residência do suspeito incumbe, em caso de dúvida, ao Estado, e deve ser feita com declaração assinada pela pessoa que autorizou o ingresso domiciliar, indicando-se, sempre que possível, testemunhas do ato. Em todo caso, a

operação deve ser ~~registrada em áudio-vídeo~~ e preservada tal prova enquanto durar o processo.

5) A violação a essas regras e condições legais e constitucionais para o ingresso no domicílio alheio resulta na ilicitude das provas obtidas em decorrência da medida, bem como das demais provas que dela decorrerem em relação de causalidade, sem prejuízo de eventual responsabilização penal do(s) agente(s) público(s) que tenha(m) realizado a diligência.

TEMA POLÊMICO!

O ministro Alexandre de Moraes, do STF, **anulou decisão do STJ** que obrigava policiais a **registrarem em áudio e vídeo** a entrada em residências. Nas palavras do relator Processo: RE 1.342.077:

> "Incabível, portanto, na presente hipótese e em sede de habeas corpus individual, ao Poder Judiciário determinar ao Poder Executivo o aparelhamento de suas polícias, assim como o treinamento de seu efetivo e a imposição de providências administrativas como medida obrigatória para os casos de busca domiciliar, sob o argumento de serem necessárias para evitar eventuais abusos, além de suspeitas e dúvidas sobre a legalidade da diligência, em que pese inexistir tais requisitos no inciso XI, do artigo 5º da Constituição Federal, nem tampouco no Tema 280 de Repercussão Geral julgado por essa SUPREMA CORTE."

TEMA POTENCIAL!

1) Critérios de decisão, standards probatórios ou modelos de constatação são regras relativas ao grau ou nível de prova exigido em um caso específico, como "indícios suficientes" ou "além de dúvida razoável, para justificar uma decisão judicial.
2) A depender do tipo de decisão, o standard probatório pode variar. Para decretação da prisão preventiva, o art. 312 do CPP exige prova da materialidade e indícios suficientes de autoria delitiva. Para o recebimento de denúncia, o art. 395, inciso III, do CPP, exige justa causa. Por fim, para a prolação de uma sentença penal condenatória, é necessário um juízo de certeza, isto é, prova da materialidade e da autoria delitiva, além da simples dúvida razoável ou meros indícios, pois, caso contrário, deverá o magistrado prolatar sentença absolutória nos moldes do art. 386 do CPP.

CANDIDATO:

O que se entende por elementos migratórios no processo penal? **(Delegado/ Simulado 2022)**

RESPOSTA ADEQUADA:

Excelência, a doutrina define como **elementos migratórios no processo penal** aqueles elementos de informação retirados do inquérito policial e que poderão fundamentar eventual sentença penal condenatória. Recebem essa denominação, pois **podem migrar do inquérito para o processo penal**, possibilitando que o juiz os utilize como fundamento de sua decisão.

Temos como exemplo: provas irrepetíveis, cautelares e antecipadas, conforme parte final do art. 155 do Código de Processo Penal.

COMPLEMENTAÇÃO DA RESPOSTA:

Qual a diferença entre prova irrepetível, cautelar e antecipada? (Delegado/ Simulado 2022)

Prova irrepetível: é aquela que, uma vez produzida, não pode mais ser confeccionada por desaparecimento dos vestígios. **Exemplo:** teste de alcoolemia/etilômetro.

Prova cautelar: é aquela em que há risco de desaparecimento dos vestígios em razão do decurso do tempo. Nesta, o contraditório é diferido. **Exemplo:** interceptação telefônica.

Prova antecipada: é aquela realizada previamente, em momento processual distinto daquele legalmente previsto, podendo se dar até mesmo no inquérito policial, por meio de um incidente, com presença das partes e do juiz, admitindo-se, assim, contraditório prévio. É fundamentada na necessidade e urgência. **Exemplo:** Coleta de depoimento de uma testemunha com idade avançada.

TEMA POTENCIAL!

Qual a diferença entre elementos informativos e prova no processo penal? (Delegado/ Simulado 2022)

Elementos informativos, segundo Renato Brasileiro, "são aqueles colhidos na fase investigatória, sem a necessária participação dialética das partes. Em relação a eles, não se impõe a obrigatória observância do contraditório e da ampla defesa, vez que nesse momento ainda não há falar em acusados em geral na dicção do inciso LV do art. 5º da Constituição Federal. Apesar de não serem produzidos sob o manto do contraditório e da ampla defesa, tais elementos são de vital importância para a persecução penal, pois, além de auxiliar na formação da *opinio delicti* do órgão da acusação, podem subsidiar a decretação de medidas cautelares pelo magistrado ou fundamentar uma decisão de absolvição sumária (CPP, art. 397)" (LIMA, Renato Brasileiro de. "Manual de processo penal: volume único". 8ª ed. rev. Salvador: Juspodivm, 2020, p. 176).

Já **prova**, conforme o mesmo autor, refere-se aos "elementos de convicção produzidos, em regra, no curso do processo judicial, e, por conseguinte, com a necessária participação dialética das partes, sob o manto do contraditório (ainda que diferido) e da ampla defesa. O contraditório funciona, pois, como verdadeira condição de existência e validade das provas. A participação do acusador, do acusado e de seu advogado é condição *sine qua non* para a escorreita produção da prova, assim como também o é a direta e constante supervisão do órgão julgador, sendo que, com a inserção do princípio da identidade física do juiz no processo penal, o juiz que presidir a instrução deverá proferir a sentença (CPP, art. 399, § 2º). Funcionando a observância do contraditório como verdadeira condição de existência da prova, só podem ser considerados como tal, portanto, os dados de conhecimento introduzidos no processo na presença do juiz e com a participação dialética das partes" (LIMA, Renato Brasileiro de. "Manual de processo penal: volume único". 8ª ed. rev. Salvador: Juspodivm, 2020, p. 177).

CANDIDATO:

O art. 226 do CPP estabelece formalidades para o reconhecimento de pessoas (reconhecimento pessoal). O descumprimento dessas formalidades enseja a nulidade do reconhecimento? **(Delegado/ Simulado 2022)**

RESPOSTA ADEQUADA:

Excelência, o STJ decidiu (HC 598.886-SC) que sim:

1) O reconhecimento de pessoas deve observar o procedimento **previsto no art. 226 do Código de Processo Penal**, cujas formalidades constituem garantia mínima para quem se encontra na condição de suspeito da prática de um crime;

2) À vista dos efeitos e dos riscos de um reconhecimento falho, **a inobservância do procedimento descrito na referida norma processual torna inválido o reconhecimento da pessoa** suspeita e não poderá servir de lastro a eventual condenação, mesmo se confirmado o reconhecimento em juízo;

3) Pode **o magistrado realizar, em juízo, o ato de reconhecimento formal, desde que observado o devido procedimento probatório**, bem como pode ele se convencer da autoria delitiva a partir do exame de outras provas que não guardem relação de causa e efeito com o ato viciado de reconhecimento;

4) O **reconhecimento do suspeito por simples exibição de fotografia(s) ao reconhecedor**, a par de dever seguir **o mesmo procedimento do reconhecimento pessoal**, há de ser visto como etapa antecedente a eventual reconhecimento pessoal e, portanto, **não pode servir** como prova em ação penal, ainda que confirmado em juízo.

COMPLEMENTAÇÃO DA RESPOSTA:

A Quinta Turma do Superior Tribunal de Justiça (STJ) decidiu que o reconhecimento de pessoa, presencialmente ou por fotografia, realizado na fase do inquérito policial, **só é apto para identificar o réu e fixar a autoria delitiva quando observadas as formalidades previstas no art. 226 do Código de Processo Penal** e quando **corroborado por outras provas colhidas na fase judicial**, sob o crivo do contraditório e da ampla defesa. (AgRg no HC n. 697.995/RJ, relator Ministro João Otávio de Noronha, Quinta Turma, DJe de 26/5/2022)

TEMA QUENTE!

Ratificando liminar deferida anteriormente, a **Sexta Turma do Superior Tribunal de Justiça (STJ) concedeu** habeas corpus (HC 712.781) para absolver um homem condenado por roubo e corrupção de menores com base apenas em reconhecimento fotográfico, realizado em desconformidade com a legislação.

O relator, ministro Rogerio Schietti Cruz, afirmou que, mesmo quando realizado de acordo com o modelo legal - descrito no **artigo 226 do Código de Processo Penal (CPP)** –, o reconhecimento pessoal, embora válido, "**não pode induzir, por si só, à certeza da autoria delitiva**", exigindo provas adicionais.

Por outro lado, acrescentou, se o reconhecimento for feito em desacordo com a lei, será inválido e **não poderá** "lastrear juízo de certeza da autoria do crime, mesmo que de forma suplementar", nem servir de base para a decretação de prisão preventiva, o recebimento de denúncia ou a pronúncia do réu.

Schietti lembrou que, em outubro de 2020, o **STJ conferiu nova interpretação ao artigo 226 do CPP**, a fim de **superar o entendimento**, até então vigente, de que essa norma seria **"mera recomendação"** e, como tal, sua inobservância não anularia a prova.

TEMA POTENCIAL!

O STF destacou que desconformidade ao regime procedimental determinado no art. 226 do CPP **deve acarretar a nulidade do ato** e sua **desconsideração para fins decisórios**, justificando-se eventual condenação **somente se houver elementos independentes para superar a presunção de inocência**. STF. 2ª Turma. RHC 206846/SP, Rel. Min. Gilmar Mendes, julgado em 22/2/2022 (Info 1045).

CANDIDATO:

Considere a seguinte situação hipotética:

Chegou ao conhecimento da autoridade policial a informação de que uma grande quantidade de drogas estava prestes a ser exportada para a Europa. O responsável pelo transporte foi identificado e indiciado. Temeroso do destino das investigações, ele resolveu colaborar com a polícia e entregou-lhe um dispositivo com o áudio ambiente de uma conversa que teve com o responsável pela guarda das substâncias ilícitas, a qual fora feita sem o consentimento do interlocutor. Ao elaborar seu relatório, o delegado de Polícia Federal propôs que o delator fosse beneficiado em razão de sua colaboração.

Com base na situação hipotética apresentada, discorra sobre os benefícios previstos na Lei n.º 11.343/2006 para o delator, os requisitos para a sua concessão e a validade da gravação entregue à polícia. **(Delegado Federal/ 2021)**

RESPOSTA ADEQUADA:

Excelência, o art. 41 da Lei n.º 11.343/2006 estabelece que "O indiciado ou acusado que colaborar voluntariamente com a investigação policial e o processo criminal na identificação dos demais coautores ou partícipes do crime e na recuperação total ou parcial do produto do crime, no caso de condenação, terá pena reduzida de um terço a dois terços". Ou seja, esse tipo específico de delação admite apenas a redução da pena aplicada em caso de condenação, na fração de um a dois terços.

Para que essa redução seja concedida, a lei exige a presença dos seguintes requisitos: a) existência de inquérito com indiciamento e/ou ação penal em curso; b) voluntariedade na colaboração; c) identificação dos coautores e/ou partícipes em quaisquer dos crimes previstos na Lei n.º 11.343/2006; e d) recuperação total e/ou parcial do produto do crime.

Em relação à validade da gravação ambiental entregue à polícia, a jurisprudência do STJ já está pacificada no sentido de que: "3. É válida a utilização da gravação ambiental realizada por um dos interlocutores do diálogo como meio de prova no processo penal, independentemente de prévia autorização judicial. Precedentes." (RHC n. 59.542/PE, relator Ministro Rogério Schietti Cruz, Sexta Turma, julgado em 20/10/2016, DJe de 14/11/2016).

CANDIDATO:

Quais são as espécies de confissão e suas características? **(Delegado SP/15)**

RESPOSTA ADEQUADA:

Excelência, são espécies de confissão judicial e extrajudicial.

A primeira é a realizada diante da autoridade judicial competente para o julgamento do caso. Pode ser espontânea, por iniciativa da parte a qualquer tempo, ou provocada, que ocorrerá por meio de interrogatório ou depoimento conduzido pelo juiz.

Enquanto a segunda é aquela que ocorre fora do processo, por escrito, diretamente à parte adversa ou ao seu representante, e não no curso do processo ou dentro deste e poderá ser feita perante autoridades do âmbito policial ou parlamentar, munidos de atribuição para ouvir o acusado através de declarações, as quais só terão valor se vierem a ser confirmadas pelo juiz. Pode ser realizada de modo espontâneo, seja por escrito ou oralmente, ou provocado, obtida em outros autos do processo, por termo, sem que a parte tenha tido a intenção de confessar.

COMPLEMENTAÇÃO DA RESPOSTA:

Segue quadro sinótico sobre o tema:

<table>
<tr><td rowspan="5">CONFISSÃO</td><td rowspan="3">Judicial (art. 197 e 200, CPP)
Feita em juízo.</td><td rowspan="2">Real
Realizada de forma espontânea pelo réu, seja oral ou escrita.</td><td>Espontânea
Por iniciativa da parte a qualquer tempo.</td></tr>
<tr><td>Provocada
Por meio de interrogatório ou depoimento conduzido pelo juiz.</td></tr>
<tr><td>Ficta (art. 198, CPP)
Decorrente de silêncio do réu, por exemplo. Não é admitida nosso ordenamento jurídico.</td><td></td></tr>
<tr><td rowspan="2">Extrajudicial (art. 199 CPP)
Feita fora do curso do processo judicial.</td><td>Espontânea
Por escrito ou oralmente.</td><td></td></tr>
<tr><td>Provocada
Obtida em outros autos do processo, por termo, sem que a parte tenha tido a intenção de confessar.</td><td></td></tr>
</table>

3. COMPETÊNCIA

CANDIDATO:

A Lei 14.155/2021 promoveu alterações no ordenamento jurídico quanto à competência no processo penal, discorra sobre o tema. **(Delegado/ Simulado 2022)**

RESPOSTA ADEQUADA:

Excelência, a respeito da atribuição/competência do local para investigação e/ou processo e julgamento de acordo com art.70, §4º, do CPP que dispõe sobre os crimes previstos no art. 171 do Código Penal, quando praticados mediante depósito, mediante emissão de cheques sem suficiente provisão de fundos em poder do sacado ou com o pagamento frustrado ou mediante transferência de valores, ocorrerá com a definição do local de domicílio da vítima.

COMPLEMENTAÇÃO DA RESPOSTA:

Todos os crimes de estelionato serão processados e julgados no domicílio da vítima?

Em decisão tomada em 30/05/2022, a Terceira Seção do Superior Tribunal de Justiça, por unanimidade (CC 185983), entendeu que, no crime de estelionato, **não havendo as hipóteses** descritas no **parágrafo 4º do artigo 70 do Código de Processo Penal (CPP)**, a **competência para julgamento** deve ser fixada no **local onde o agente obteve**, mediante fraude, **em benefício próprio ou de terceiros**, os serviços custeados pela vítima.

(...)

De acordo com o ministro, a Terceira Seção do STJ decidiu recentemente que, nas situações **não contempladas pela nova lei**, deve **prevalecer a competência do juízo do local do eventual dano.**

Quais seriam as situações contempladas pela nova lei?

Segundo o dispositivo, **alterado pela Lei 14.155/2021**, nos **crimes de estelionato** praticados **mediante depósito, emissão de cheques sem fundos ou com o pagamento frustrado, ou mediante transferência de valores**, a competência **será definida pelo local do domicílio da vítima e, em caso de pluralidade de vítimas, será fixada pela prevenção.**

CANDIDATO:

De quem será a competência para julgar tentativa de saque de cheque falso? **(Delegado/ Simulado 2022)**

RESPOSTA ADEQUADA:

Excelência, a Terceira Seção do STJ reafirmou (CC 182.977) a jurisprudência segundo a qual a **competência para julgamento de tentativa de saque de cheque falso** é do juízo do **local da obtenção da vantagem ilícita** – configurado como aquele em que se situa a agência bancária onde seria sacado o cheque adulterado, ou seja, o **local onde a vítima possui conta bancária.**

COMPLEMENTAÇÃO DA RESPOSTA:

A relatora do conflito de competência, ministra Laurita Vaz, explicou que, nos termos do artigo 70 do Código de Processo Penal (CPP), a competência "será, de regra, determinada pelo lugar em que se consumar a infração, ou, no caso de tentativa, pelo lugar em que for praticado o último ato de execução". Segundo ela, quanto ao delito de estelionato (artigo 171 do Código Penal), a Terceira Seção pacificou o entendimento de que a consumação ocorre no lugar em que aconteceu o efetivo prejuízo à vítima.

A magistrada ressaltou que **a Lei 14.155/2021 acrescentou o parágrafo 4º ao artigo 70 do CPP**, estabelecendo que a competência para o julgamento do crime de estelionato, quando praticado mediante emissão de cheque sem fundos em poder do banco ou com o pagamento frustrado, "será definida pelo local do domicílio da vítima, e, em caso de pluralidade de vítimas, a competência firmar-se-á pela prevenção".

Contudo, a ministra observou que a hipótese dos autos **não foi expressamente prevista na nova legislação**, visto que não se trata de emissão de cheque sem provisão de fundos ou com pagamento frustrado, mas de tentativa de saque de cheque falso, em prejuízo do correntista. "Assim, aplica-se o entendimento pela competência do juízo do local do eventual prejuízo, que ocorre com a autorização para o saque do numerário no local da agência bancária da vítima", disse.

Em seu voto, a relatora destacou julgado da Terceira Seção segundo o qual, "quando se está diante de estelionato cometido por meio de cheques adulterados ou falsificados, a obtenção da vantagem ilícita ocorre quando o cheque é sacado, pois é nesse momento que o dinheiro sai efetivamente da disponibilidade da entidade financeira sacada para, em seguida, entrar na esfera de disposição do estelionatário". Para a Terceira Seção, entende-se que o local de obtenção da vantagem ilícita, nesses casos, é o da agência em que foi sacado o cheque falso, isto é, onde a vítima possui conta.

CANDIDATO:

Estelionato cometido pela rede bancária antes da Lei 14.155/2021 deve ser julgado no domicílio da vítima ou do autor? **(Delegado/ Simulado 2022)**

RESPOSTA ADEQUADA:

Excelência, em razão da **aplicabilidade imediata da norma processual nova**, a Terceira Seção do Superior Tribunal de Justiça declarou (**CC 180.832)** a competência do juízo criminal do **domicílio da vítima** para analisar um caso de estelionato praticado mediante depósito de dinheiro na conta bancária dos criminosos.

COMPLEMENTAÇÃO DA RESPOSTA:

A decisão – que seguiu o voto da relatora, ministra Laurita Vaz – levou em consideração o **artigo 70, parágrafo 4º, do Código de Processo Penal**, introduzido pela Lei 14.155/2021, segundo o qual, nos crimes previstos no **artigo 171 do Código Penal**, quando praticados por meio da rede bancária (mediante depósito ou transferência de valores, por exemplo), a competência será definida pelo local do domicílio da vítima. Havendo pluralidade de vítimas, a competência deverá ser determinada pela prevenção.

Ao declarar a competência do juízo do domicílio da vítima, a ministra Laurita Vaz explicou que a nova lei, como norma processual, deve ser aplicada imediatamente, ainda que os fatos tenham sido anteriores à mudança da legislação – especialmente, porque, no caso dos autos, o processo ainda está em fase de inquérito policial.

TEMA QUENTE!

As súmulas 244 e 521 do STJ estão superadas.

Vejamos a redação dos respectivos verbetes:

Súmula 244-STJ: Compete ao foro do local da RECUSA processar e julgar o crime de estelionato mediante cheque sem provisão de FUNDOS.

Súmula 521-STF: O foro competente para o processo e julgamento dos crimes de estelionato, sob a modalidade da emissão dolosa de cheque sem provisão de FUNDOS, é o do local onde se deu a RECUSA do pagamento pelo sacado.

CANDIDATO:

De quem será a atribuição para investigar crime de injúria praticado pela internet em mensagem privada? **(Delegado/ Simulado 2022)**

RESPOSTA ADEQUADA:

Excelência, a Terceira Seção do STJ decidiu (CC 184.269-PB) que o **crime de injúria praticado pela internet por mensagens privadas**, as quais somente o autor e o destinatário têm acesso ao seu conteúdo, **consuma-se no local** em que **a vítima tomou conhecimento do conteúdo ofensivo.**

COMPLEMENTAÇÃO DA RESPOSTA:

E nos casos em que a publicação é possível de ser visualizada por terceiros, indistintamente, a partir do momento em que veiculada por seu autor? **(Delegado/ Simulado 2022)**

Excelência, o STJ decidiu (CC 173.458/SC) que os crimes contra a honra praticados pela internet são formais, consumando-se no momento da disponibilização do conteúdo ofensivo no espaço virtual, por força da imediata potencialidade de visualização por terceiros.

Cuidado para não confundir, na primeira pergunta, embora tenha sido utilizada a internet para a suposta prática do crime de injúria, o envio da mensagem com o conteúdo ofensivo à vítima ocorreu por meio de aplicativo de troca de mensagens entre usuários em caráter privado, denominado Instagram direct, no qual somente o autor e o destinatário têm acesso ao seu conteúdo, não sendo acessível para visualização por terceiros, após a sua inserção na rede de computadores.

Portanto, no caso, aplica-se o entendimento geral de que o crime de injúria se consuma no **local onde a vítima tomou conhecimento do conteúdo ofensivo.**

CANDIDATO:

Considere a seguinte situação hipotética:

Um indígena foi vítima de homicídio fora do território indígena. O crime foi motivado por disputa de poder envolvendo famílias rivais pertencentes a uma mesma aldeia e com longo histórico de agressões mútuas. A perícia antropológica concluiu que a disputa pela liderança do microcosmo social indígena está relacionada a pretensões de autodeterminação intrassocial e coloca em risco a integridade e a própria existência da comunidade.

A partir dessa situação hipotética, discorra a respeito:

1 das regras de competência para processar e julgar crimes praticados contra indígenas, considerando as disposições da Constituição Federal de 1988 e a jurisprudência do STF e do STJ;

2 da competência para processar e julgar o autor do homicídio no caso apresentado. **(Delegado Federal/2021)**

RESPOSTA ADEQUADA:

Excelência, o art. 109, XI, da Constituição Federal de 1988 (CF) estabelece que compete à justiça federal processar e julgar disputas sobre direitos indígenas. Em regra, a competência nos casos de crimes praticados por ou contra índios é da justiça comum estadual, conforme dispõe a Súmula n.º 140/STJ: "Compete à Justiça Comum Estadual processar e julgar crime em que o indígena figure como autor ou vítima". A jurisprudência do Supremo Tribunal Federal, no julgamento do Recurso Extraordinário n.º 419.528, firmou a tese de que a "competência penal da Justiça Federal, objeto do alcance do disposto no art. 109, XI, da Constituição da República, só se desata quando a acusação seja de genocídio, ou quando, na ocasião ou motivação de outro delito de que seja índio o agente ou a vítima, tenha havido disputa sobre direitos indígenas", os quais incluem sua organização social, seus costumes, suas línguas, crenças e tradições, bem como os direitos originários sobre as terras que tradicionalmente ocupam, nos termos do art. 231 da CF.

COMPLEMENTAÇÃO DA RESPOSTA:

Nas palavras de Renato B. de Lima, se, no entanto, o delito cometido por ou contra índio envolver a disputa sobre direitos indígenas, ter-se-á crime de competência da

Justiça Federal. Por "direitos indígenas" deve-se atentar para o disposto no art. 231, caput, da Carta Magna, segundo o qual são reconhecidos aos índios sua organização social, costumes, línguas, crenças e tradições, e os direitos originários sobre as terras que tradicionalmente ocupam, competindo à União demarcá-las, proteger e fazer respeitar todos os seus bens. Assim, se o chefe de uma tribo indígena for vítima de um crime doloso contra a vida, estando a infração relacionada à disputa sobre terras ocupadas pelos índios, estará fixada a competência do Tribunal do Júri Federal para o processo e julgamento do feito. (Renato B. de Lima. Manual de Processo Penal. vol. único, 8.ª ed. Editora Juspodivm, 2020, p. 554). Havendo provas de que o verdadeiro motivo da agressão (homicídio) era a disputa de poder entre clãs indígenas, fica evidente que tal conflito põe em risco a própria existência da comunidade nativa. Assim, a situação exposta deveria ser processada e julgada pela justiça federal, mais especificamente pelo juízo do tribunal do júri federal (cf. STJ. Conflito de Competência n.º 156.502 – RR).

CANDIDATO:

Discorra sobre a competência para o processo e o julgamento do crime de lavagem de dinheiro, abordando, necessariamente, os seguintes aspectos:

1 os critérios de fixação da competência da justiça federal e da justiça estadual, conforme a Lei nº 9.613/1998 e suas alterações;

2 o modo de resolução de eventual conflito de competência quando o delito antecedente for da competência da justiça estadual e restar verificada a ocorrência de remessa e depósitos dos valores para o exterior. **(Delegado PF/20)**

RESPOSTA ADEQUADA:

1 Excelência, em relação à competência das justiças estadual e federal para o processo e o julgamento do referido tipo penal, assim dispõe o art. 2º, inc. III, da Lei n.º 9.613/1998:

Art. 2º O processo e julgamento dos crimes previstos nesta Lei: [...]

III – são da competência da Justiça Federal:

a) quando praticados contra o sistema financeiro e a ordem econômico-financeira, ou em detrimento de bens, serviços ou interesses da União, ou de suas entidades autárquicas ou empresas públicas;

b) quando a infração penal antecedente for de competência da Justiça Federal.

A conclusão que ressalta do dispositivo é no sentido de que, pela regra, **a competência para processar e julgar os crimes de lavagem de dinheiro é da Justiça estadual (regra), sendo os casos da Justiça Federal (exceções)**, apenas os expressamente referidos no dispositivo com enumeração e referência taxativas.

2 Excelência, em relação ao modo de resolução de eventual conflito de competência, segundo a doutrina majoritária, a adequação típica dos crimes de lavagem de dinheiro consiste na persecução penal e punição de quem obteve bens, direitos ou valores, por meio ou em decorrência da prática de infração penal, e pretende ocultá-los para que tenham aparência de origem lícita.

Verifica-se que a lavagem de dinheiro se caracteriza como um crime derivado (acessório), que pressupõe o cometimento de uma infração penal anterior (não é necessário que haja condenação prévia pela infração anterior, segundo assinala a doutrina majoritária. Nesse contexto, o crime de lavagem de dinheiro não existe isoladamente, não podendo, portanto, ser analisado de forma isolada.

Repise-se que a infração penal antecedente não pode, de forma alguma, dissociar-se do próprio delito de lavagem, senão ele se tornaria uma espécie de delito órfão. Assim, **é a partir do crime antecedente que originou os recursos ilícitos que deve ser fixada a competência.**

COMPLEMENTAÇÃO DA RESPOSTA:

Nesse sentido, a doutrina majoritária assinala que, se são da competência da justiça federal os crimes de lavagem de dinheiro, cujo correlato antecedente também o seja, a contrário senso, pela regra geral de competência da lei, quando o delito anterior for da competência da justiça estadual, também será da competência da justiça estadual o crime de lavagem de dinheiro, mesmo com remessa de valores para o exterior, dado que a lei não previu expressamente a situação.

Trazemos entendimento do STJ[28] que assim descreveu: (...)Quanto à lavagem de dinheiro, tal delito não é sempre da competência federal, o art. 2º, III, da Lei nº 9.613/1998 os delimita; os demais, que não se encontram no citado dispositivo, são da competência estadual.

CANDIDATO:

Em se tratando de competência jurisdicional, discorra sobre a possibilidade de federalização dos crimes contra os direitos humanos, apresentando os pressupostos para o ajuizamento e o deferimento de incidente de deslocamento de competência nesses casos e a implicação desse deslocamento no âmbito da Polícia Federal. **(Delegado PF/18)**

RESPOSTA ADEQUADA:

Excelência, os requisitos para que ocorra o Incidente de Deslocamento de Competência assim foram definidos pelo STF: **nas hipóteses de grave violação de direitos humanos**, o Procurador-Geral da República, **com a finalidade de assegurar o cumprimento de obrigações decorrentes de tratados internacionais dos quais o Brasil seja parte**, poderá suscitar, perante o Superior Tribunal de Justiça, em qualquer fase do inquérito ou processo, incidente de deslocamento de competência para a Justiça Federal (CF, art. 109, § 5º).

COMPLEMENTAÇÃO DA RESPOSTA:

A Emenda Constitucional nº 45, conhecida como a reforma do Poder Judiciário, instituiu o chamado incidente de deslocamento de competência (IDC), segundo o qual,

28. STJ, CC 43.131/SP, Rel. Min. Nilson Naves, Julgado em 08/09/2004.

nas hipóteses de grave violação de direitos humanos, o procurador-geral da República, com a finalidade de assegurar o cumprimento de obrigações decorrentes de tratados internacionais de direitos humanos dos quais o Brasil seja parte integrante, poderá suscitar, junto ao Superior Tribunal de Justiça, em qualquer fase do inquérito ou processo, incidente de deslocamento para a justiça federal. Nesse contexto, o IDC é uma ferramenta de índole processual penal, introduzido pela Constituição Federal de 1988 (CF), em respeito à prevalência dos direitos humanos e da própria dignidade da pessoa humana.

Nos termos do art. 109, inciso V-A, da CF, "aos juízes federais compete processar e julgar as causas relativas a direitos humanos a que se refere o § 5º, deste artigo".

Assim, cumpre salientar que para a federalização dos crimes contra os direitos humanos são exigidos dois pressupostos:

a) a existência de crime praticado com grave violação aos direitos humanos;

b) demonstração concreta de risco de descumprimento de obrigações decorrentes de tratados internacionais firmados pelo Brasil, resultante da inércia, negligência, falta de vontade política ou condições reais do Estado-membro, por suas instituições, em proceder à devida persecução penal.

Os requisitos basilares para o deslocamento da competência foram fixados pelo STJ no julgamento do IDC referente ao caso da missionária Dorothy Stang, no Pará, em 2005 (IDC 1/PA, Rel. Ministro Arnaldo Esteves Lima, julgado em 8/6/2005, DJ 10/10/2005).

Sob tais pressupostos, há de se concluir que o deslocamento da competência, da seara estadual para a federal, é medida excepcional, prevalecendo, de regra, a competência da justiça estadual em relação a tais delitos.

Da mesma forma, havendo o deslocamento para a justiça federal, caberá à Polícia Federal a atribuição do procedimento investigatório, o que se firma no art. 1º, inciso III, da Lei nº 10.446/2002, que prevê a investigação pela polícia judiciária da União, sem prejuízo da responsabilidade dos órgãos de segurança pública arrolados no art. 144 da CF, das infrações penais "relativas à violação a direitos humanos, que a República Federativa do Brasil se comprometeu a reprimir em decorrência de tratados internacionais de que seja parte."

CANDIDATO:

De quem é a competência para processar e julgar o crime de falsa anotação na carteira de trabalho e previdência social atribuída a empresa privada? **(Delegado PF/13)**

RESPOSTA ADEQUADA

Excelência, conforme decisão do STJ, a competência será dá justiça federal processar e julgar o crime de falsa anotação na carteira de trabalho e previdência social atribuída a empresa privada.

COMPLEMENTAÇÃO DA RESPOSTA

Gostaria de destacar que, inicialmente, há a súmula 62 do STJ que prevê a competência da justiça estadual. Entrementes, a Terceira Turma do STJ fixou o entendimento de que a competência, no caso, é da justiça federal, porquanto a entidade prejudicada é o INSS.

Segue a mencionada decisão:

> "Compete à Justiça Federal (e não à Justiça Estadual) processar e julgar o crime caracterizado pela omissão de anotação de vínculo empregatício na CTPS (art. 297, § 4º, do CP). No delito tipificado no art. 297, § 4º, do CP, o sujeito passivo é o Estado (Previdência Social), uma vez que a ausência de anotação de informações relativas ao vínculo empregatício na CTPS afeta diretamente a arrecadação das contribuições previdenciárias (espécie de tributo), já que estas são calculadas com base no valor do salário pago ao empregado. Assim, quando o patrão omite os dados de que trata o § 4º, ele está lesando, em primeiro lugar, a arrecadação da Previdência Social, administrada pelo INSS, que é uma autarquia federal. O empregado é prejudicado de forma apenas indireta, reflexa".[29]

Não podemos nos olvidar que conquanto o STJ não firmou expressamente que o verbete 62 foi superado, em uma análise atenta da jurisprudência da Corte há fortes indicativos neste sentido, por esse motivo acredito que a citada súmula mereça ser cancelada.

CANDIDATO:

Se houver conexão entre o crime de contrabando e contravenção penal, quem julgará? **(Delegado PF/13)**

RESPOSTA ADEQUADA

Excelência, o STJ[30] decidiu que apesar da existência de conexão entre o crime de contrabando e da contravenção penal, mostra-se inviável a reunião de julgamentos das infrações penais perante o mesmo Juízo, uma vez que a Constituição Federal expressamente excluiu, em seu art. 109, IV, a competência da Justiça Federal para o julgamento das contravenções penais, ainda que praticadas em detrimento de bens, serviços ou interesse da União.

Nestes termos, firmando-se a competência do Juízo Federal para processar e julgar o crime de contrabando conexo à contravenção penal, impõe-se o desmembramento do feito, de sorte que a contravenção penal seja julgada perante o Juízo estadual.

COMPLEMENTAÇÃO DA RESPOSTA

Além do exposto, segue a Súmula 38 do STJ sobre o assunto:

29. STJ, 3ª Seção CC 135.200- SP, Rel. originário Min. Nefi Cordeiro, Rel. para acórdão Min. Sebastião Reis Júnior, julgado em 22/10/2014.
30. STJ, CC 124037 RJ, de 31/10/2012.

"Compete à Justiça Estadual Comum, na vigência da Constituição de 1988, o processo por contravenção penal, ainda que praticada em detrimento de bens, serviços ou interesses da União ou de suas entidades".

CANDIDATO:

Considere a seguinte situação hipotética: determinado policial prendeu, em flagrante, pessoa que enviava clandestinamente animais silvestres para o exterior.

Nessa situação hipotética, qual é a justiça competente para processar e julgar a ação penal correspondente ao crime cometido? Justifique sua resposta, considerando o posicionamento do STF. **(Delegado PF/18)**

RESPOSTA ADEQUADA

Excelência, em regra não, porquanto encontra-se sedimentado pelo STJ[31] que a competência será da União, caso haja interesse direto e específico ou atinja suas Autarquias e Fundações.

Ademais, a Excelsa Corte[32] entendeu que o crime ambiental é de caráter transnacional quando envolver animais silvestres ameaçados de extinção e envolver espécimes exóticas, ou protegidas por compromissos internacionais assumidos pelo Brasil.

COMPLEMENTAÇÃO DA RESPOSTA

À luz dos argumentos do Ministro Luiz Fux do STF:

"A razão de ser das normas consagradas no direito interno e no direito convencional conduz à conclusão de que a transnacionalidade do crime ambiental de exportação de animais silvestres atinge interesse direto, específico e imediato da União, voltado à garantia da segurança ambiental no plano internacional, em atuação conjunta com a comunidade das nações. Portanto, o envio clandestino de animais silvestres ao exterior reclama interesse direto da União no controle de entrada e saída de animais do território nacional, bem como na observância dos compromissos do Estado brasileiro com a comunidade internacional, para a garantia conjunta de concretização do que estabelecido nos acordos internacionais de proteção do direito fundamental à segurança ambiental. Assim, a natureza transnacional do delito ambiental de exportação de animais silvestres atrai a competência da Justiça Federal, nos termos do art. 109, IV, da CF/1988."

O candidato deverá apontar que, de acordo com entendimento adotado no STF:

1. A *ratio essendi* das normas consagradas no direito interno e no direito convencional conduz à conclusão de que a transnacionalidade do crime ambiental, voltado à exportação de animais silvestres, atinge interesse direto, específico e imediato da União, voltado à garantia da segurança ambiental no plano internacional, em atuação conjunta com a comunidade das nações.

31. STJ. 3ª Seção. AgRg no CC 115.159-SP, Rel. Min. Og Fernandes, julgado em 13/6/2012.
32. STF. Plenário. RE 835558-SP, Rel. Min. Luiz Fux, julgado em 09/02/2017 (repercussão geral).

2. De fato, o envio clandestino de animais silvestres ao exterior implica interesse direto da União no controle de entrada e saída de animais do território nacional, bem como na observância dos compromissos do Estado brasileiro perante a comunidade internacional para a garantia conjunta de concretização do que está estabelecido nos acordos internacionais de proteção do direito fundamental à segurança ambiental. Nesse sentido:
3. A competência de justiça estadual é residual, em confronto com a justiça federal, à luz da Constituição Federal e da jurisprudência do Supremo Tribunal Federal.
4. A competência da justiça federal aplica-se aos crimes ambientais que também se enquadrem nas hipóteses previstas na Constituição, a saber: (a) a conduta de atentar contra bens, serviços ou interesses diretos e específicos da União ou de suas entidades autárquicas; (b) os delitos, previstos tanto no direito interno quanto em tratado ou convenção internacional, cuja execução tenha sido iniciada no país, mas cujo resultado tenha ou devesse ter ocorrido no estrangeiro – ou na hipótese inversa; (c) delitos que tiverem sido cometidos a bordo de navios ou aeronaves; (d) quando houver grave violação de direitos humanos; ou ainda (e) se guardarem conexão ou continência com outro crime de competência federal; ressalvada a competência da justiça militar e da justiça eleitoral, conforme previsão expressa da Constituição.

CANDIDATO:

Se ocorrer um assalto em uma agência comunitária dos Correios, de quem será a competência para processar e julgar? **(Delegado PF/13)**

RESPOSTA ADEQUADA:

Excelência, o STJ[33] decidiu que, em regra, o crime ora praticado será de competência da Justiça Federal. Entretanto, se a exploração se der por particular, mediante contrato de franquia, a competência para o julgamento da infração será da Justiça Estadual.

COMPLEMENTAÇÃO DA RESPOSTA

Vejamos o entendimento do STJ:

> (...) 1. Esta Corte Superior tem posição definida quanto à competência para processar e julgar crimes praticados contra agências Empresa Brasileira de Correios e Telégrafos (EBCT), **fundando-se suas decisões na constatação da exploração direta da atividade pelo ente da administração indireta federal** – caso em que a competência seria da Justiça Federal, nos termos do artigo 109, inciso IV, da Constituição Federal – ou **se objeto de franquia**, isto é, a **exploração do serviço por particulares** – quando então se verificaria a **competência da Justiça Estadual** (...).[34]

33. CC 122.596/SC, Rel. Ministro Sebastião Reis Júnior, Terceira Seção, julgado em 08/08/2012, DJe 22/08/2012.

34. STJ- HC 39200 / SP HABEAS CORPUS 2004/0154030-6, DJ 19.12.2005 p. 475 LEXSTJ vol. 198 p. 292.

Segue o quadro sinótico para memorização:

CRIME PRATICADO CONTRA	COMPETÊNCIA
Banco Postal	**Justiça Estadual**
Banco do Brasil (Sociedade de economia mista)	**Justiça Estadual**
Agência dos Correios explorada diretamente pela EBCT	**Justiça Federal**
Agência dos Correios explorada por particular (contrato de franquia)	**Justiça Estadual**
Caixa Econômica Federal (Empresa Pública Federal)	**Justiça Federal**
Lotéricas	**Justiça Estadual**
Agência Comunitária dos Correios	**Justiça Federal**

ATENÇÃO!

Para fins de competência: **justiça estadual** (o prejuízo final será do Banco e não dos Correios).

Para fins de ressarcimento do consumidor: os Correios podem ser chamados a responder para facilitar o ressarcimento do consumidor (depois de pagar o consumidor, os Correios podem cobrar do banco).

CANDIDATO:

O que se entende por Teoria do esboço do resultado? **(Delegado SC/15)**

RESPOSTA ADEQUADA

Excelência, o STJ[35] firmou entendimento que nos termos do art. 70 do CPP, a competência para o processamento e julgamento da causa, será, em regra, determinada pelo lugar em que se consumou a infração.

Todavia, a jurisprudência tem admitido exceções a essa regra, nas hipóteses em que o resultado morte ocorrer em lugar diverso daquele onde se iniciaram os atos executórios, determinando-se que a competência poderá ser do local onde os atos foram inicialmente praticados.

Tendo em vista a necessidade de se facilitar a apuração dos fatos e a produção de provas, bem como garantir que o processo possa atingir à sua finalidade primordial,

35. HC 95.853/RJ, Rel. Min. Og Fernandes, Sexta Turma, julgado em 11/09/2012.

qual seja, a busca da verdade real, a competência pode ser fixada no local de início dos atos executórios.

COMPLEMENTAÇÃO DA RESPOSTA

O STF[36] se posicionou com base no mesmo raciocínio, apenas com uma diferença, pois o crime praticado era homicídio culposo:

> "Processual Penal. Crime de homicídio culposo (CP, art. 121, §§ 3º e 4º). Competência. Consumação do delito em local distinto daquele onde foram praticados os atos executórios. Crime plurilocal. Possibilidade excepcional de deslocamento da competência para foro diverso do local onde se deu a consumação do delito (CPP, art. 70). Facilitação da instrução probatória, Precedente. Recurso não provido".

A doutrina[37] segue o raciocínio semelhante:

> "(...) é justamente no local da ação que se encontram as melhores provas (testemunhas, perícia etc.), pouco interessando onde se dá a morte da vítima. Para efeito de condução de uma mais apurada fase probatória, não teria cabimento desprezar-se o foro do lugar onde a ação desenvolveu-se somente para acolher a teoria do resultado. Exemplo de ilogicidade seria o autor ter dado vários tiros ou produzido toda a série de atos executórios para ceifar a vida de alguém em determinada cidade, mas, unicamente pelo fato da vítima ter-se tratado em hospital de Comarca diversa, onde faleceu, deslocar-se o foro competente para esta última. As provas teriam que ser coletadas por precatória, o que empobreceria a formação do convencimento do juiz."

CANDIDATO:

O que é conexão instrumental? **(Delegado DF/16)**

RESPOSTA ADEQUADA

Excelência, a conexão instrumental também conhecida como probatória ou processual, prevista no artigo 76, inciso III do Código de Processo Penal, é tratada como hipótese de vínculo probatório, ou seja, a prova de um crime influi na de outro ou, quando a existência de um crime depende da existência prévia de outro.

COMPLEMENTAÇÃO DA RESPOSTA

Aqui você poderia solicitar ao examinador da banca um sinônimo, caso não identificasse o termo sabatinado (**conexão instrumental**).

A conexão está prevista no artigo 76 do Código de Processo Penal.

> "Art. 76. A competência será determinada pela conexão:
>
> I – se, ocorrendo duas ou mais infrações, houverem sido praticadas, ao mesmo tempo, por várias pessoas reunidas, ou por várias pessoas em concurso, embora diverso o tempo e o lugar, ou por várias pessoas, umas contra as outras;

36. STF, 1ª Turma. RHC 116200/RJ, rel. Min. Dias Toffoli, julgado em 13/8/2013.
37. NUCCI, 2008, p. 210.

II – se, no mesmo caso, houverem sido umas praticadas para facilitar ou ocultar as outras ou para conseguir impunidade ou vantagem em relação a qualquer delas;

III – quando a prova de uma infração ou de qualquer de suas circunstâncias elementares influir na prova de outra infração".

Nesta testilha, o instituto da conexão no CPP se desdobra:

1. CONEXÃO INTERSUBJETIVA: Envolve vários crimes, há a necessidade de pluralidade de condutas e várias pessoas, obrigatoriamente.

Pode ser conceituada, como:

OCASIONAL: "ocorre quando duas ou mais infrações forem praticadas ao mesmo tempo e por várias pessoas reunidas. Não se confundir com concurso de agentes. Aqui a reunião de pessoas é ocasional, não existe ajuste prévio. A situação faz a conexão, com várias pessoas cometendo vários crimes".[38]

CONCURSAL: "O ajuste ou concurso pode ser tácito. Basta, outrossim, comunidade inicial de propósitos na atividade delituosa; não é indispensável que o acordo preveja as formas e modalidades de cada infração."[39]

RECIPROCIDADE: Ocorre quando duas ou mais infrações forem praticadas por várias pessoas, umas contra as outras. Exemplo: enquadram-se situações como as brigas da torcida de futebol.

2. CONEXÃO OBJETIVA: "Na conexão objetiva, as infrações ligadas entre si, ou derivam da mesma causa, ou são engendradas umas pelas outras. Para existir a conexão objetiva, não há necessidade de mais nada que a relação de causalidade, não se cogitando, por isso, de concomitância, pluralidade de agentes ou concerto prévio. Isto quer dizer que nesse conjunto de fatos que se encadeiam uns aos outros, pelos elos da relação de causa e efeito, podem ser vários os autores, ou haver um só agente."[40]

A doutrina[41] a subdivide em objetiva lógica e objetiva consequencial. A conexão objetiva lógica ocorre quando a infração for praticada para facilitar a execução de outra, enquanto que a conexão objetiva consequencial seria a infração praticada para ocultar a prática de outra, ou, para conseguir a impunidade ou, ainda, vantagem em relação a qualquer delas.

4. AÇÃO PENAL

CANDIDATO:

Qual a diferença entre perdão do ofendido e judicial? **(Delegado DF/16 e PA/13)**

---

38. SILVA, 2012, p. 166.
39. LOPES JÚNIOR, 2011, pp. 473-474.
40. MARQUES, Jose Frederico. Elementos de Direito Processual Penal. 2ª edição. Vol. I. Editora: Millennium, Campinas, 2000, p 374.
41. SILVA; FREITAS, 2012, p. 167.

RESPOSTA ADEQUADA:

Excelência, em uma síntese apertada, destaca-se que os institutos não se confundem, haja vista que no perdão do ofendido, é o ofendido quem perdoa o ofensor, desistindo da ação penal exclusivamente privada.

No perdão judicial, é o juiz quem deixa de aplicar a pena, independente da natureza da ação, nos casos permitidos por lei.

O perdão do ofendido depende de aceitação do querelado, enquanto o perdão judicial independe da vontade do réu. Ainda, o perdão concedido a um dos querelados aproveitará a todos, sem que produza, todavia, efeito em relação ao que o recusar.

COMPLEMENTAÇÃO DA RESPOSTA

Preste atenção: atenha-se à pergunta do examinador, uma vez que foi indagado sobre a diferença entre os institutos, nesse momento seja pontual.

Oportuno citar que prevalece que a natureza jurídica do perdão judicial é uma decisão declaratória de extinção da punibilidade, que nenhuma consequência gera para o réu. Nesse sentido, é a posição do Superior Tribunal de Justiça segundo Súmula 18.

O assunto sobre perdão do ofendido encontra-se no CPP, Título III, Ação Penal.

À luz do artigo 58, CPP[42]: "concedido o perdão, mediante declaração expressa nos autos, o querelado será intimado a dizer, dentro de 3 (três) dias, se o aceite, devendo, ao mesmo tempo, ser cientificado de que o seu silêncio importava aceitação". Esse dispositivo mostra que a aceitação pode ser expressa ou tácita.

Nesta toada, classifica-se a aceitação do perdão como:

1. Processual: Quando realizado na ação penal.
2. Extraprocessual: Feito fora dos autos da ação penal.
3. Expressa: O querelante, nos autos, declara aceitar o perdão. É constante de declaração assinada pelo querelado, por seu representante legal ou procurador com poderes especiais.
4. Tácita: Consiste quando praticado ato pelo querelado incompatível com a vontade de não aceitar o perdão e no caso do Art. 58, caput e parágrafo único do CPP.

CANDIDATO:

O que é Decadência imprópria na ação penal? **(Delegado PA/13)**

RESPOSTA ADEQUADA:

Excelência, esse fenômeno ocorre na ação penal privada subsidiária, visto que esta ação, devido à sua natureza está sujeita a um prazo decadencial de seis meses. No

42. <http://www.planalto.gov.br/ccivil_03/decreto-lei/Del3689Compilado.htm>. Acessado em 16 de mar. 17.

entanto, essa decadência não gerará a extinção da punibilidade, podendo o membro do MP oferecer denúncia enquanto não ocorrer a prescrição.

COMPLEMENTAÇÃO DA RESPOSTA

Na decadência própria, preceituada no art. 103 do CP, o ofendido decai do direito de queixa ou de representação, se não o exerce dentro do prazo de 6 (seis) meses, contados do dia em que veio a saber quem é o autor do crime. Ademais, no caso da ação privada subsidiária, prevista no § 3º, do art. 100, o prazo, para o ofendido, começa a contar do dia em que se esgota o prazo para oferecimento da denúncia, no mesmo sentido é o art. 38 do CPP.

Neste diapasão, o STJ vem decidindo:

> (...) 2. Sob pena de se operar o instituto da decadência, o direito de representação do ofendido deve ser exercido dentro do lapso temporal de 6 (seis) meses, cujo termo inicial é a data em que a vítima ou o seu representante legal toma ciência de quem é o autor do delito, nos termos do disposto no art. 103 do Código Penal e art. 38 do Código de Processo Penal.[43]

Quanto à natureza do prazo, prevalece: (...) Como regra, o prazo da decadência é de 06 (seis) meses e em se tratando de causa de extinção da punibilidade o prazo tem natureza penal, devendo ser contado nos termos do art. 10 do Código Penal e não de acordo com o art. 798, § 1º do Código de Processo Penal, quer dizer, inclui-se no cômputo do prazo o dies a quo (...).[44]

CANDIDATO:

Quais são as espécies de ação penal de iniciativa privada? **(Delegado SP/15)**

RESPOSTA ADEQUADA:

Excelência, a doutrina[45] define a ação privada em divide em três modalidades:

1. Ação penal privada propriamente dita, que só pode ser exercida pelo ofendido ou por seu representante legal.
2. Ação Penal de Iniciativa Privada Subsidiária da Pública surgirá quando o Ministério Público não oferecer a denúncia no prazo estipulado por lei (5 dias após receber o inquérito policial, se o réu estiver preso e 15 dias após receber o inquérito policial, se o réu estiver solto), podendo o ofendido propor ele mesmo a ação. Neste caso, a vítima não oferecerá denúncia, mas sim queixa substitutiva.
3. Ação privada personalíssima, conforme o nome já diz, tem titularidade atribuída única e exclusivamente ao ofendido, sendo o seu exercício vedado até

43. STJ. RHC 26.613/SC. Rel. Jorge Mussi. T5. DJe 03.11.2011.
44. STJ. APn 562/MS. Rel. Fernando Gonçalves. CE. DJe 24.06.2010.
45. RANGEL, 2007.

mesmo ao seu representante legal, inexistindo, ainda, sucessão por morte ou ausência.

COMPLEMENTAÇÃO DA RESPOSTA:

Na ação privada, no caso de morte do ofendido ou declarada a sua ausência, por qualquer uma das pessoas elencadas no art. 31 do CPP, que são: cônjuge, ascendente, descendente e irmão, os quais poderão prosseguir na ação penal já instaurada.

Na hipótese da ação penal privada subsidiária da pública é originariamente de iniciativa pública, contudo o Ministério Público não promove a ação penal no prazo estabelecido pela lei, e, por isso, o ofendido ou o seu representante legal poderão de forma subsidiária ajuizá-la (art. 5º, inciso LIX da CF).

Ressalte-se que em nosso ordenamento só há um caso de ação penal privada personalíssima, que é o crime de induzimento a erro essencial ou ocultação de impedimento, previsto no art. 236 do Código Penal.

CANDIDATO:

Quando ocorrerá a Perempção? **(Delegado DF/16)**

RESPOSTA ADEQUADA:

Excelência, a ocorrência da perempção resulta da inércia do querelante no curso da ação penal privada, impedindo a demanda de prosseguir, acarretando a extinção da punibilidade do querelado.

COMPLEMENTAÇÃO DA RESPOSTA:

Consoante teor do art. 60 do CPP, as causas geradoras são: quando, iniciada esta, o querelante deixa de promover o andamento do processo durante 30 (trinta) dias seguidos; quando, falecido o querelante, ou sobrevindo sua incapacidade, não comparecer em juízo, para prosseguir no processo, dentro do prazo de 60 (sessenta) dias, qualquer das pessoas a quem couber fazê-lo, ressalvado o disposto no art. 36; quando o querelante deixar de comparecer, sem motivo justificado, a qualquer ato do processo a que deva estar presente, ou deixar de formular o pedido de condenação nas alegações finais; quando, sendo o querelante pessoa jurídica, esta se extinguir sem deixar sucessor.

Neste diapasão, a doutrina[46] define como:

> "(...) disciplinada no art. 60 do Código de Processo Penal, é a extinção da ação penal exclusivamente privada em virtude dos fatos ali relacionados, com a consequente extinção da punibilidade (...)", observa que ela, "(...) como as demais causas extintivas da punibilidade, é decretada de ofício pelo juiz e independentemente de intimação do querelante. Todavia, é de boa cautela que o juiz, especialmente no caso de abandono ou não-comparecimento do querelante, mande intimá-lo ou investigue a causa do abandono ou do não-comparecimento antes de decretar a extinção (...)".

46. GRECO, 2013.

CANDIDATO:

O instituto da Perempção é cabível na ação penal privada subsidiária da pública? **(Delegado SP e SC/15)**

RESPOSTA ADEQUADA:

Excelência, em tese, é cabível apenas na ação penal privada exclusiva, e não na subsidiária à pública.

COMPLEMENTAÇÃO DA RESPOSTA:

A doutrina[47] define como:

> "A perempção só ocorre quando a ação é exclusivamente privada (...). Dela se ocupa o art. 60. A primeira causa de perempção é deixar o queixoso de promover o andamento do processo pelo espaço de 30 dias seguidos. É sanção à negligência do ofendido: deve a paralisação, assim, dar-se por sua causa."

CANDIDATO:

Qual o prazo da ação penal pública condicionada à representação no caso de ofendido menor? **(Delegado SP/15)**

RESPOSTA ADEQUADA:

Excelência, o prazo decadencial é de seis meses, contados a partir do dia em que o ofendido tomou conhecimento da autoria do crime. Nesta ação penal pública condicionada à representação no caso de ofendido menor, o direito de queixa poderá ser exercido pelo representante legal, consoante disposto no art. 38, do CPP.

Entretanto, parte da doutrina defende que não sendo ajuizada a ação pelo representante legal, poderá fazê-lo o próprio ofendido ao atingir a maioridade, pois, é apenas a partir desse momento que tem para ele o início da fluência do prazo decadencial, e não do dia em que tomou conhecimento da autoria do crime.

COMPLEMENTAÇÃO DA RESPOSTA:

Como já destacado, prevalece na doutrina[48] que:

> "Sendo o ofendido menor de 18 anos, enquanto perdurar a menoridade e desde que observados os seis meses, o direito de queixa poderá ser exercido apenas pelo respectivo representante legal. Mesmo que esse representante não venha a ajuizar a ação penal no prazo que dispõe, poderá fazê-lo o próprio ofendido após completar a maioridade, pois para ele, o prazo decadencial só tem início após este momento e não a partir do dia em que tomou conhecimento da autoria".

47. MAGALHÃES NORONHA, 2002.

48. AVENA, 2009, p. 176.

Da mesma forma entende Nucci[49]:

> "Prazo iniciado quando o ofendido possuía menos de 18 anos: nessa situação é preciso cautela. Se o prazo de decadência iniciou-se e terminou quando a vítima Unha menos de 18 anos, não sendo legitimada a agir, mas somente o seu representante, que ficou inerte, há que se computar o seu prazo integral de 6 meses, a contar da data em que atingir a capacidade processual penal. Isto porque os prazos são independentes: um para o representante e outro para o menor ofendido. Assim, ao completar 18 anos, tem reavivado o prazo decadencial finalizado para o seu representante. E mais: se o ofendido completa 18 anos na vigência do prazo decadencial, já iniciado no tocante ao seu representante legal (tinha 17 anos e 9 meses na época do crime), recebe os 6 meses integrais, para poder representar ou ajuizar queixa contra o ofensor. Isso se dá -ressalte-se novamente – porque os prazos são independentes. Completando 15 anos na vigência do período decadencial é justo que possua os 6 meses completos, visto que, anteriormente, não podia agir."

Contudo, o STF pacificou o entendimento no sentido de haver **prazos específicos para oferecimento de queixa ou para representação, com a edição da Súmula 594:** "Os direitos de queixa e de representação podem ser exercidos, independentemente, pelo ofendido ou por seu representante legal".

CANDIDATO:

Quais são as diferenças entre a Decadência e Perempção? **(Delegado PF/13)**

RESPOSTA ADEQUADA:

Excelência, as diferenças consistem que a decadência é o direito de prosseguir na ação penal exclusivamente privada, em tese, é causada pela inércia dentro de um decurso temporal do querelante no processo penal. Neste arrimo, não é sanção processual, até porque o querelante detém liberdade para não movimentar a ação penal proposta.

Enquanto a perempção deve ser declarada quando implica desídia, descuido ou abandono da causa pelo querelante.

COMPLEMENTAÇÃO DA RESPOSTA:

Vejamos o quadro sinótico subsecutivo:

Prescrição	Decadência	Perempção	Preclusão
É a perda da **pretensão** punitiva ou executória em face do decurso do tempo.	É a perda do direito de **ação** em face do decurso do tempo.	É **sanção** processual ao querelante inerte ou negligente.	Perda de uma **faculdade processual**; a preclusão pode ser temporal, lógica ou consumativa e, diferente das demais hipóteses, não atinge o direito de punir.
Extingue a punibilidade	Extingue a punibilidade	Extingue a punibilidade	Não extingue a punibilidade

49. NUCCI, 2011, p. 153.

5. PRISÕES

CANDIDATO:

O STF declarou a constitucionalidade da Lei de Prisão Temporária? Quais são os novos requisitos? **(Delegado/ Simulado 2022)**

RESPOSTA ADEQUADA:

Excelência, o STF decidiu pela interpretação conforme a Constituição Federal ao art. 1º da Lei 7.960/89 e à ADI 3360, sendo assim, afirmou que a prisão temporária **é constitucional**, desde que siga os critérios de interpretação fixados pela Corte, como:

No inciso I, a prisão temporária **não pode** violar o direito a não autoincriminação. Isso inclui o direito de não ser obrigado a ser interrogado, **não pode** servir como um instrumento para se impor, por vias transversas, que a pessoa preste depoimento na fase inquisitorial, **não existe** prisão para averiguação.

No inciso II, não se trata de requisito necessário para a decretação da prisão temporária nem pode ser utilizado isoladamente para se decretar a custódia de ninguém.

Por sua vez, o inciso III o rol é taxativo. Trata-se de uma opção feita pelo Poder Legislativo, o qual, dentro de sua competência constitucional, entendeu que deveria dar especial atenção a determinados crimes, **não admitindo** analogia ou interpretação extensiva. Isso porque, quando se está em jogo a imposição de medidas cautelares penais restritivas da liberdade individual, vigora o princípio da legalidade estrita.

Por fim, **dois novos requisitos instituídos pelo STF** e **não previstos** na Lei nº 7.960/89: o primeiro se refere à existência de fatos novos e contemporâneos (aplicação do § 2º do art. 312 do CPP à prisão temporária); o segundo com aplicação do art. 282, II, do CPP à prisão temporária, mesmo que esteja prevista em lei extravagante (Lei nº 7.960/89), o art. 282, II, do CPP traz uma regra geral de aplicação a incidir sobre todas as modalidades de medida cautelar devem observar a necessidade e a adequação em vista da gravidade do crime, das circunstâncias do fato e das condições pessoais do representado.

COMPLEMENTAÇÃO DA RESPOSTA:

STF afirmou que não se deve aplicar o art. 313 do CPP à prisão temporária

Havia uma posição que defendia que esse art. 313 também fosse aplicado para a prisão temporária. **O STF não acolheu esse entendimento.**

Não se pode adotar interpretação que exija, para a prisão temporária, a observância do art. 313 do CPP. Isso porque se trata de dispositivo específico para a prisão preventiva, vez que, no caso da prisão temporária, o legislador ordinário, no seu legítimo campo de conformação, já escolheu os delitos que julgou de maior gravidade para sua imposição (inciso III do art. 1º da Lei nº 7.960/89). Entender de modo diverso implicaria confusão entre os pressupostos de decretação das prisões preventiva e temporária, bem como violação aos princípios da legalidade e da separação entre os poderes.

STF não declarou a inconstitucionalidade da expressão "será" prevista no caput art. 2º da Lei nº 7.960/89

Argumentava-se que esse verbo "será" deveria ser declarado inconstitucional, porque imporia uma obrigação de o juiz sempre decretar a prisão temporária.

O STF não concordou com essa linha de raciocínio.

Apesar de o dispositivo utilizar a expressão "será", isso não significa que o magistrado seja sempre obrigado a decretar a prisão. A decretação da prisão terá que ser obrigatoriamente fundamentada levando-se em consideração os aspectos acima mencionados.

Logo, o STF decidiu que não é incompatível com o texto constitucional a expressão "será" prevista no art. 2º, *caput*, da Lei nº 7.960/89 já que a decretação da prisão temporária não se revela como medida compulsória, devendo ser obrigatoriamente fundamentada (§ 2º do art. 2º da Lei nº 7.960/89 e art. 93, IX, da CF/88).

STF não declarou a inconstitucionalidade do prazo de 24h previsto no § 2º do art. 2º da Lei nº 7.960/89

Havia pedido para que esse prazo fosse declarado inconstitucional.

O STF não concordou com isso.

O prazo de 24 horas previsto no art. 2º, § 2º, da Lei nº 7.960/89 não possui qualquer vício de inconstitucionalidade considerando que:

1) trata-se de prazo impróprio (que não produz consequências processuais caso seja descumprido); e
2) que se justifica pela urgência na análise do pedido pelo magistrado visando à eficiência das investigações.

CANDIDATO:

Considerando que tenha sido decretada prisão temporária de indiciado pela prática de crime hediondo, discorra sobre os prazos da prisão cautelar, com base na Lei nº 7.960/1989, que dispõe sobre a prisão temporária, e na Lei nº 8.072/1990, que dispõe sobre os crimes hediondos, e estabeleça um contraponto com o prazo fixado para a conclusão do inquérito policial nos termos do art. 10 do Código de Processo Penal. Fundamente sua resposta, abordando as três correntes doutrinárias que versam sobre a matéria. **(Delegado SE/19)**

RESPOSTA ADEQUADA:

1 Excelência, conforme a regra processual geral do art. 10 do Código de Processo Penal (CPP), o inquérito policial deve ser concluído no prazo de dez dias se o indiciado tiver sido preso em flagrante ou preventivamente, contado o prazo a partir do dia em que tiver sido executada a ordem de prisão. Entretanto, ao tratar da prisão temporária, a Lei nº 7.960/1989 dispõe em seu art. 2º que o prazo da prisão cautelar será, em regra, de até cinco dias, prorrogável por igual período se comprovada extrema necessidade, cabendo aos crimes

hediondos e a seus equiparados, por força do art. 2º, § 4º, da Lei nº 8.072/1990, o prazo de até trinta dias, prorrogável por igual período.

Malgrado o art. 10 do CPP prever o prazo de dez dias para a conclusão dos trabalhos de investigação nos casos de prisão em flagrante ou de prisão preventiva, o Estatuto Processual Penal não prevê prazo de conclusão do inquérito policial no caso de decretação de prisão temporária.

No que tange ao prazo geral da custódia temporária, estabelecido no art. 2º, caput, da Lei nº 7.960/1989, não pairam controvérsias, porquanto o prazo de 5 dias, prorrogável por igual período, estando em curso a investigação criminal, coincide com o prazo previsto no CPP, para as demais hipóteses de prisão cautelar.

Todavia, pairam controvérsias quanto ao prazo de conclusão do procedimento policial quando se trata de prisão temporária pela prática de crime hediondo, em que o período da prisão temporária pode alcançar sessenta (60) dias.

2 A respeito da matéria, existem três correntes doutrinárias que buscam compatibilizar os prazos disciplinados pelas Leis nº 7.960/1989 e nº 8.072/1990 com a regra geral estabelecida no Código de Processo Penal:

Primeira corrente[50]: defendida por Fernando Capez, disciplina **que o tempo de prisão temporária seja acrescido ao prazo de conclusão do inquérito policial**. Ou seja, após o período da medida cautelar, a autoridade policial terá o prazo estabelecido no Código de Processo Penal (10 dias) para concluir as investigações, no caso de ser decretada a prisão preventiva, pois, se posto o investigado em liberdade, o prazo para a conclusão do inquérito passará a ser de trinta dias, de modo que, além do período de custódia temporária, a autoridade policial terá mais 10 dias para concluir as investigações.

Divergem dessa opinião aqueles que sustentam que tal posição importaria excessiva dilação do prazo de conclusão do inquérito policial.

Segunda corrente[51]: majoritária, defende que **o prazo para a conclusão do inquérito policial acompanhe o prazo da prisão temporária**. No caso de o prazo de prisão temporária ser de 30 ou de 60 dias (prorrogação), o prazo para remessa do inquérito policial será, respectivamente, de 30 e 60 dias, o que, por consequência, altera a regra geral do art. 10 do CPP. Conforme leciona Renato Brasileiro de Lima, "na hipótese de crimes hediondos e equiparados, o prazo da prisão temporária é de 30 (trinta) dias, prorrogável por igual período em caso de extrema e comprovada necessidade (Lei nº 8.072/1990, art. 2º, § 4º). Em relação ao prazo disposto no art. 2º, caput, da Lei nº 7.960/1989, não há maiores controvérsias. Isso porque, nessa hipótese, o prazo máximo para a prisão temporária será de 10 (dez) dias, prazo esse que coincide com o prazo previsto no CPP para as hipóteses em que o investigado está preso (art. 10, caput). O tema ganha relevância ao se analisar a hipótese de investigação policial em relação ao autor de crimes hediondos e equiparados, cuja prisão temporária tenha sido decretada por até 60 (sessenta) dias. A nosso ver, se a prisão temporária foi decretada para

50. CAPEZ, Fernando. Curso de Processo Penal. Saraiva, p. 99.

51. LIMA, Renato Brasileiro de. Código de Processo Penal Comentado. 3.ª ed. Editora Juspodivm, 2018, p. 88 e AVENA, Norberto, em Processo Penal Esquematizado. 7.ª ed. Método, p. 194-5.

auxiliar nas investigações em relação a crimes hediondos e equiparados, tem-se que o prazo máximo para a conclusão das investigações é de 60 (sessenta) dias, sendo inviável que, após esse interstício de 60 (sessenta) dias, a autoridade policial disponha de mais 10 (dez) dias para finalizar o inquérito policial".

Terceira corrente: afirma **não ser cabível conferir prazo diferenciado do art. 10 do CPP** para a conclusão das investigações policiais na hipótese de prisão temporária para fins de apuração de crime hediondo, devendo o inquérito policial ser remetido ao expirar o decêndio legal. Finalizado esse prazo, o inquérito deverá ser encaminhado a juízo, onde o Ministério Público analisará a presença dos elementos necessários ao oferecimento da peça acusatória. Oferecida a denúncia, revoga-se a prisão temporária ou converte-se a prisão em preventiva. Acaso o MP entenda pela complementação de diligências, os autos do inquérito policial devem ser devolvidos à autoridade policial, mantendo-se a prisão temporária até o limite fixado pela Lei nº 8.072/1990, art. 2º, § 4º (30 dias prorrogáveis por igual período).

COMPLEMENTAÇÃO DA RESPOSTA:

CPP: "Art. 10 – O inquérito policial deverá terminar no prazo de 10 dias, se o indiciado tiver sido preso em flagrante, ou estiver preso preventivamente, contado o prazo, nesta hipótese, a partir do dia em que se executar a ordem de prisão, ou no prazo de 30 dias, quando estiver solto, mediante fiança ou sem ela."

Lei n.º 7.960/1989: "Art. 2º– A prisão temporária será decretada pelo juiz, em face da representação da autoridade policial ou de requerimento do Ministério Público, e terá o prazo de 5 (cinco) dias, prorrogável por igual período em caso de extrema e comprovada necessidade."

Lei n.º 8.072/1990: "Art. 2º (...) § 4.º – A prisão temporária, sobre a qual dispõe a Lei n.º 7.960, de 21 de dezembro de 1989, nos crimes previstos neste artigo, terá o prazo de 30 (trinta) dias, prorrogável por igual período em caso de extrema e comprovada necessidade."

CANDIDATO:

Em determinada situação, o Delegado de plantão pode conceder prisão domiciliar, após lavrar o flagrante, para mulher gestante ou mãe de criança ou de filho com deficiência? O delegado de polícia pode determinar a aplicação do art. 318-A do CPP? **(Delegado MG/18)**

RESPOSTA ADEQUADA:

Excelência, a substituição de prisão preventiva por prisão domiciliar é uma competência exclusiva do magistrado, de acordo com expressa cominação no *caput* do art. 318 do CPP.

Diante do exposto, caso o Delegado de Polícia lavre o auto de prisão em flagrante de uma mulher grávida, ele deverá mantê-la presa e encaminhar o auto de prisão em flagrante à autoridade judicial com a observação de que a presa em flagrante é gestante para que o magistrado delibere acerca da prisão domiciliar.

COMPLEMENTAÇÃO DA RESPOSTA:

Salta aos olhos que a Lei nº 13.769/2018 positivou, no CPP, o entendimento manifestado pelo STF (Info 891).

Em regra, deve ser concedida prisão domiciliar para todas as mulheres presas que sejam:

a) gestantes;

b) puérperas;

c) mães de menores até 12 anos incompletos; ou

d) mães de pessoas com deficiência.

Excepcionalmente, não deve ser autorizada a prisão domiciliar se:

a) a mulher tiver praticado crime mediante violência ou grave ameaça;

b) a mulher tiver praticado crime contra seus descendentes (filhos e/ou netos);

c) em outras situações excepcionalíssimas, as quais deverão ser devidamente fundamentadas pelos juízes que denegarem o benefício.

A principal diferença foi que o legislador não incluiu a exceção da **letra c**.

Ademais, na exceção "b" não falou em descendentes, e sim em filho ou dependente.

Veja o art. 318-A incluído pela Lei nº 13.769/2018 no CPP (prisão domiciliar e progressão especial para gestante e mulher que for mãe ou responsável por crianças ou pessoas com deficiência):

> Art. 318-A. A prisão preventiva imposta à mulher gestante ou que for mãe ou responsável por crianças ou pessoas com deficiência será substituída por prisão domiciliar, desde que:
>
> I - não tenha cometido crime com violência ou grave ameaça a pessoa;
>
> II - não tenha cometido o crime contra seu filho ou dependente. Ressalte-se que objetivando assegurar direitos fundamentais, foi editada recentíssima Resolução nº 369/2021 do CNJ, que estabelece procedimentos e diretrizes para a substituição da privação de liberdade de gestantes, mães, pais e responsáveis por crianças e pessoas com deficiência, nos termos dos arts. 318 e 318-A do Código de Processo Penal, e em cumprimento às ordens coletivas de habeas corpus concedidas pela 2ª Turma do Supremo Tribunal Federal nos HCs no 143.641/SP e no 165.704/DF.

CANDIDATO:

O art. 310 do CPP, em seu inciso II, assim dispõe:

> Art. 310. Ao receber o auto de prisão em flagrante, o juiz deverá fundamentadamente: (...) II – converter a prisão em flagrante em preventiva, quando presentes os requisitos constantes do art. 312 deste Código, e se revelarem inadequadas ou insuficientes as medidas cautelares diversas da prisão; (incluído pela Lei nº 12.403, de 2011)

Considerando que, atualmente, a conversão da prisão em flagrante em preventiva é, de regra, realizada na audiência de custódia, logo após a prisão em flagrante, responda ao questionamento do quesito 1 e atenda ao que se pede no quesito 2.

1. O juiz que tiver presidido a audiência de custódia torna-se prevento para o julgamento do mérito da causa?
2. Conceitue o instituto da prevenção como regra de fixação da competência, fundamentando a sua resposta de acordo com os dispositivos processuais penais que disciplinam o assunto. **(Delegado PF/18)**

RESPOSTA ADEQUADA:

Excelência, a implantação da audiência de custódia se deu por força da Resolução nº 213/2015, do Conselho Nacional de Justiça, contudo, **não são admitidas, na audiência de custódia, perguntas que antecipem a instrução própria de eventual processo de conhecimento.**

Quanto à prevenção, ocorrerá quando, havendo dois ou mais juízes competentes para o julgamento da causa e um deles tiver antecedido aos outros na prática de alguma medida relativa ao processo, **ainda que em fase anterior ao oferecimento da denúncia ou da queixa**, determina-se a competência pela prevenção, salvo se se tratar de juiz de plantão, hipótese em que os atos decisórios por este praticados não são capazes de fixar a competência por prevenção.

COMPLEMENTAÇÃO DA RESPOSTA:

Vejamos sobre os preceitos da prevenção:

> Art. 83 do CPP – Verificar-se-á a competência por prevenção toda vez que, concorrendo dois ou mais juízes igualmente competentes ou com jurisdição cumulativa, um deles tiver antecedido aos outros na prática de algum ato do processo ou de medida a este relativa, ainda que anterior ao oferecimento da denúncia ou da queixa (arts. 70, § 3º, 71, 72, § 2º, e 78, II, c).

O art. 83 do CPP, que versa sobre a competência por prevenção, deve ser compreendido em conjunto com o art. 75, parágrafo único, do mesmo diploma legal, que determina que a "distribuição realizada para o efeito da concessão de fiança ou da decretação de prisão preventiva ou de qualquer diligência anterior à denúncia ou queixa prevenirá a da ação penal".

Ademais, seguem outras informações sobre o tema:

1) A implantação da audiência de custódia se deu por força da Resolução nº 213/2015, do Conselho Nacional de Justiça (CNJ), que impôs a implantação do instituto processual em todo o país, dispondo em seu art. 15 que todos os tribunais de justiça e tribunais regionais federais terão o prazo de noventa dias para instituir a audiência de custódia nas suas respectivas jurisdições.

A audiência de custódia é um instituto processual que determina que toda pessoa presa em flagrante seja apresentada à autoridade competente, em um prazo razoável, para que esta avalie a legalidade e a necessidade de manutenção da sua prisão provisória, de modo a assegurar o respeito aos direitos fundamentais das pessoas custodiadas pelo Estado. Nesse contexto, na audiência de custódia não haverá discussão de mérito em relação ao fato delituoso, não cabendo ao magistrado, nessa fase, nenhuma outra medida diversa daquelas estipuladas no inciso II do art. 310 do CPP. Nesse sentido, não são admitidas, na audiência de custódia, perguntas que antecipem a instrução própria de eventual processo de conhecimento.

2) Determina-se a competência pela prevenção se houver dois ou mais juízes competentes para o julgamento da causa e um deles tiver antecedido aos outros na prática de alguma medida relativa ao processo, ainda que em fase anterior ao oferecimento da denúncia ou da queixa.

Todavia, sendo a audiência de custódia realizada, geralmente, por juiz de plantão, os atos decisórios por este praticados não são capazes de fixar a competência por prevenção. Isso porque o art. 83 do CPP, que versa sobre a competência por prevenção, deve ser compreendido em conjunto com o art. 75, parágrafo único, do mesmo diploma legal, que determina que a "distribuição realizada para o efeito da concessão de fiança ou da decretação de prisão preventiva ou de qualquer diligência anterior à denúncia ou queixa prevenirá a da ação penal".

Daí se conclui que somente se cogitará a prevenção da competência caso a decisão que a determinaria tenha sido precedida de distribuição, por isso que não previnem a competência as decisões de juiz de plantão, nem as facultadas, em regime de urgência, a qualquer dos juízes criminais do foro. Portanto, concluída a realização da audiência de custódia, o feito deve ser objeto de regular distribuição. É esta que fixará a competência. Nesses termos, a decisão de juiz em audiência de custódia é uma decisão de mero juízo de verossimilhança e não faz coisa julgada material, limitando-se, apenas, à regularidade da prisão.

CANDIDATO:

Não é cabível a realização de audiência de custódia por meio de videoconferência? **(Delegado/ Questão Simulada)**

RESPOSTA ADEQUADA:

Excelência, segundo posicionamento do STJ[52], verifica-se que:

Em regra, não é cabível a realização de audiência de custódia por meio de videoconferência. A audiência de custódia, no caso de mandado de prisão preventiva cumprido fora do âmbito territorial da jurisdição do Juízo que a determinou, deve ser efetivada por meio da condução do preso à autoridade judicial competente na localidade em que ocorreu a prisão. Não se admite, por ausência de previsão legal, a sua realização por meio de videoconferência, ainda que pelo Juízo que decretou a custódia cautelar.

Contudo, o STF admitiu, no caso de pandemia: "A Segunda Turma do STF, ao julgar o HC 198399 AgR / BA, negou provimento ao agravo regimental e determinou que o Juízo de primeiro grau **realize a audiência de custódia por videoconferência**, com a reavaliação da necessidade da prisão preventiva, de forma fundamentada".

52. STJ, CC 168.522-PR, 3ª Seção, Rel. Min. Laurita Vaz, julgado em 11/12/2019 (Info 663).

COMPLEMENTAÇÃO DA RESPOSTA:

Vejamos outros entendimentos relevantes sobre o tema:

1) Observados os direitos e garantias fundamentais dispostos na **Constituição Federal** e no **Código de Processo Penal**, o **STJ** proferiu decisão determinando que a não realização da audiência de custódia **não é** capaz, **por si só**, de **gerar a ilegalidade** da medida cautelar apresentada. Além do mais, reafirmou o entendimento de que uma vez convertida a prisão em flagrante em preventiva, fica superada a alegação de nulidade diante da inobservância da apresentação do preso ao Juízo de origem em momento seguinte ao flagrante. STJ. 5ª Turma. AgRg no RHC nº 154.898/MG. Rel. Min. Jesuíno Rissato, julgado em 09/11/2021.

2) Não existe a necessidade de submeter o preso a uma audiência de custódia se a prisão não ocorre em razão de flagrante, mas apenas devido ao cumprimento de mandado judicial expedido pelo juízo da causa. STJ 6ª Turma - RHC 140.995.

3) Por celeridade, Terceira Seção admite realização de audiência de custódia em comarca diversa do local da prisão. No STJ, a relatora lembrou que, de fato, de acordo com a jurisprudência do STJ, a audiência de custódia deve ser realizada na localidade em que ocorreu a prisão. Porém, salientou que, no caso analisado, o investigado já foi conduzido à comarca do juízo que determinou a busca e apreensão.

Além disso, Laurita Vaz destacou que há aparente conexão probatória com outros casos em que se observa a prevenção do juízo catarinense, de forma que não seria razoável determinar o retorno do réu a Pato Branco para a análise do auto de prisão em flagrante.

"Observo que há peculiaridades que não podem ser ignoradas, notadamente em razão da celeridade que deve ser empregada em casos de análise da legalidade da prisão em flagrante", declarou a magistrada. **Leia o acórdão do CC 182.728.**

4) A Sexta Turma do Superior Tribunal de Justiça (STJ) decidiu que a não realização de audiência de custódia no prazo de 24 horas **não acarreta a automática nulidade do processo criminal**, assim como que a conversão do flagrante em prisão preventiva constitui novo título a justificar a privação da liberdade, ficando superada a alegação de nulidade decorrente da ausência de apresentação do preso ao Juízo de origem. RHC 154.274/MG, Rel. Ministro ROGERIO SCHIETTI CRUZ, SEXTA TURMA, julgado em 14/12/2021, DJe 17/12/2021.

CANDIDATO:

Cabe prisão preventiva em crime culposo? **(Delegado RJ/11)**

RESPOSTA ADEQUADA:

Excelência, consoante a doutrina majoritária e a jurisprudência não há que se falar em prisão preventiva em crime culposo.

Assim, como é sabido, a lei processual penal brasileira somente autoriza prisão preventiva nos crimes dolosos punidos com pena privativa de liberdade máxima superior a quatro anos, com a ressalva de situações excepcionais não aplicáveis ao caso.

COMPLEMENTAÇÃO DA RESPOSTA:

O doutrinador Aury Lopes[53] entende que "não cabe prisão preventiva em nenhuma hipótese de crime culposo, nem mesmo na hipótese do § único do art. 313 do CPP".

O STJ segue o mesmo raciocínio. Vejamos:

> "(...) como é sabido, a lei processual penal brasileira **somente autoriza prisão preventiva "nos crimes dolosos** punidos com pena privativa de liberdade máxima **superior a 4 (quatro) anos"** (art. 313, inciso I), com a ressalva de situações excepcionais não aplicáveis ao caso"[54]. (Grifei).

Ainda sobre o assunto quanto à possibilidade de decretação da prisão preventiva em crime culposo na hipótese do art. 366 do CPP, o STJ negou. Vejamos:

> (...) O art. 366 do Código de Processo Penal autoriza, em certas situações, a decretação da prisão provisória, nos termos do art. 312 do Código de Processo Penal, quando o acusado é citado por edital, mas não comparece em juízo nem constitui defensor. Contudo, após a promulgação da Lei 12.403/11, o art. 312 do Código de Processo Penal deve ser interpretado sistematicamente à luz do art. 313 do mesmo Código, que **não admite a decretação de prisão preventiva em crimes culposos**.[55] (Grifei).

Nesta testilha segue julgado do STF:

> "Homicídio culposo na direção de veículo automotor, sem prestação de socorro à vítima. Conduta tipificada no art. 302, parágrafo único, III, da Lei 9.503/97. II. Acusado que, citado por edital, não comparece em Juízo nem indica advogado para apresentação de defesa preliminar. **Decreto de prisão preventiva do paciente, com fundamento no art. 366, parte final, do Código de Processo Penal**, para garantia da aplicação da lei penal. III. **Ilegalidade da medida**. Consoante o disposto no **art. 313 do referido** código, **somente** se admite a imposição de prisão preventiva em face de imputação da prática de **crimes dolosos**".[56] (Grifei).

CANDIDATO:

É constitucional a regulamentação da audiência de custódia por meio de ato infralegal? **(Delegado/Simulado)**

RESPOSTA ADEQUADA:

Excelência, a Corte Suprema cristalizou entendimento no qual o "artigo 7º, item 5, da Convenção Americana de Direitos Humanos (CADH), por ter caráter supralegal,

53. LOPES JR, 2012. p. 832.

54. MC 22.795/MT, Rel. Ministra Laurita Vaz, Quinta Turma, julgado em 07/08/2014, DJe 22/08/2014.

55. HC 270.325/RN, Rel. Ministra Maria Thereza De Assis Moura, Sexta Turma, julgado em 11/03/2014, DJe 26/03/2014.

56. STF- HC: 116504 MG, Relator: Min. Ricardo Lewandowski, Data de Julgamento: 06/08/2013, Segunda Turma, Data de Publicação: DJe-163 DIVULG 20-08-2013 PUBLIC 21-08-2013.

sustou os efeitos de toda a legislação ordinária conflitante com esse preceito convencional. Ou seja, a CADH inovou o ordenamento jurídico brasileiro e passou a prever expressamente a audiência de custódia".[57]

COMPLEMENTAÇÃO DA RESPOSTA:

Nestes termos, a apresentação do preso ao juiz está intimamente ligada à ideia da garantia fundamental de liberdade, qual seja, o "habeas corpus".

Desta forma, no CPP estabelece que "recebida a petição de 'habeas corpus', o juiz, se julgar necessário, e estiver preso o paciente, mandará que este lhe seja imediatamente apresentado em dia e hora que designar".

Destarte, o ato de provimento exarado pelo TJ/SP não inovou a ordem jurídica, mas apenas regulamentou a audiência de custódia disciplinando de forma expressa o conteúdo normativo já existente em diversas normas da CADH e do CPP (Informativo 795).

CANDIDATO:

O que é flagrante urdido? **(Delegado RS/09 e SC/15)**

RESPOSTA ADEQUADA:

Excelência, a doutrina[58] define como a lídima expressão do arbítrio, onde a situação de flagrância é maquinada para ocasionar a prisão daquele que não tem conhecimento do ardil.

COMPLEMENTAÇÃO DA RESPOSTA:

Insta discorrer que a prática do flagrante urdido, maquiado ou forjado, poderá ensejar diversas tipificações penal, entre essas, o crime de abuso de autoridade, segundo a lei 4.898/65.

CANDIDATO:

Quem pode ser autuado em flagrante? Quais são as exceções? **(Delegado RS/09)**

RESPOSTA ADEQUADA:

Excelência, em regra, qualquer pessoa pode ser presa em flagrante. Todavia, há pessoas que em decorrência de determinadas condições e circunstâncias, a exemplo da natureza da função que exercem, não podem ser presos em flagrante, possuindo alguma espécie de imunidade, como exemplo, entre outros: Menor de Idade Presidente da

57. STF, ADI 5240/SP, Rel. Min. Luiz Fux, Plenário, julgado em 20/8/2015.

58. TÁVORA, 2011, p. 536.

República e os Senadores e Deputados Federais, Estaduais e Distritais, salvo em flagrante de crime inafiançável.

COMPLEMENTAÇÃO DA RESPOSTA:

Destacando a estratégia argumentativa mais uma vez com a expressão "entre outros", para evitar prolixidades na hora da resposta e consequentemente não cometer tropeços.

Vejamos o conteúdo completo:

1. Em suma, em exceção à regra do CPP de que qualquer pessoa pode ser presa em flagrante delito, possuem alguma espécie de imunidade, não podendo ser presos em flagrante: Menor de Idade (artigos 171 e ss da Lei 8.069/90);
2. Presidente da República (art. 86, § 3º, da CF/88);
3. Senadores e Deputados Federais, Estaduais e Distritais, salvo em flagrante de crime inafiançável (art. 53, § 2º c/c art. 27, § 1º CF);
4. Membros do Poder Judiciário e do Ministério Público, salvo em flagrante de crime inafiançável (art. 33 da LC 35/79 e art. 40, III, da Lei 8.625/93);
5. Advogados, por motivo ligado ao exercício da profissão (art. 7º, IV, da Lei 8.906/94), salvo se for crime de desacato;
6. Diplomatas Estrangeiros (imunidade diplomática, por força de tratados e convenções internacionais);
7. Autor de acidente automobilístico culposo que preste pronto e integral socorro à vítima (art. 301 do CTB);
8. Usuário de Drogas (para consumo pessoal - artigos 28 e 48, § 2º, da Lei 11.343/06);
9. Aquele que comete infração de menor potencial ofensivo e se compromete a comparecer no JECRIM (art. 69, parágrafo único da Lei 9.099/95).

CANDIDATO:

O que é flagrante fragmentado? **(Delegado PF/13)**

RESPOSTA ADEQUADA:

Excelência, essa espécie de flagrante ocorre no "crime continuado"[59], uma vez que os atos constitutivos do delito continuado, isoladamente analisados, configuram delitos autônomos, mas por razões de política criminal têm-se todos eles como integrantes de uma só conduta típica, fragmentada em diversos atos componentes de uma só peça e cenário criminoso.

59. MARCÃO, 2012.

COMPLEMENTAÇÃO DA RESPOSTA:

Lembre-se de que crime continuado é aquele em que o agente pratica dois ou mais crimes da mesma espécie, mediante ação ou omissão, animado pelas condições de tempo, espaço, circunstâncias, modos de execução, que o estimulam a reiterar a mesma conduta, de maneira a constituir todas elas um todo delitivo. Assim, as diversas condutas aglutinam-se numa só para a configuração do denominado crime continuado. Os atos constitutivos do delito continuado, isoladamente analisados, configuram delitos autônomos, mas por razões de política criminal têm-se todos eles como integrantes de uma só conduta típica, fragmentada em diversos atos componentes de uma só peça e cenário criminoso.

CANDIDATO:

No auto de prisão em flagrante, após finalizado, quais as comunicações devem ser feitas? **(Delegado SP/15)**

RESPOSTA ADEQUADA:

Excelência, de acordo com o que prescreve o art. 306 do CP em até 24 (vinte e quatro) horas após a realização da prisão, será encaminhado ao juiz competente o auto de prisão em flagrante e, caso o autuado não informe o nome de seu advogado, cópia integral para a Defensoria Pública. No mesmo prazo, será entregue ao preso, mediante recibo, a nota de culpa, assinada pela autoridade, com o motivo da prisão, o nome do condutor e os das testemunhas.

COMPLEMENTAÇÃO DA RESPOSTA:

Ressalte-se ainda que, muito embora a partir da captura haja restrição aos direitos da pessoa detida, a prisão só se efetivará após decreto fundamentado do delegado de polícia, que é a autoridade com prerrogativas constitucionais e legais competente para análise dos fatos.

CANDIDATO:

Após a lavratura do auto de prisão em flagrante, quais as possibilidades que o juiz tem para analisá-lo? E se houver alguma irregularidade no auto de prisão em flagrante? **(Delegado SP/15)**

RESPOSTA ADEQUADA:

Excelência, ao receber o auto da prisão em flagrante o juiz deverá fundamentadamente: relaxar a prisão quando ilegal; converter em prisão preventiva, se presentes os requisitos exigidos; ou, conceder liberdade provisória, com ou sem fiança.

Se o juiz verificar que o delito houver sido cometido em estado de necessidade ou no estrito cumprimento do dever, poderá, fundamentadamente, conceder ao acusado liberdade provisória, mediante termo de comparecimento a todos os atos processuais, sob pena de revogação.

Das irregularidades se vê o relaxamento quando a prisão for ilegal, bem como promover as devidas adequações cabíveis no que se refere às conversões, concessões e afiançamento.

COMPLEMENTAÇÃO DA RESPOSTA:

Vejamos a redação do CPP:

Art. 310. Ao receber o auto de prisão em flagrante, o juiz deverá fundamentadamente:

I – relaxar a prisão ilegal; ou

II – converter a prisão em flagrante em preventiva, quando presentes os requisitos constantes do art. 312 deste Código, e se revelarem inadequadas ou insuficientes as medidas cautelares diversas da prisão; ou

III – conceder liberdade provisória, com ou sem fiança.

Parágrafo único. Se o juiz verificar, pelo auto de prisão em flagrante, que o agente praticou o fato nas condições constantes dos incisos I a III do caput do art. 23 do Decreto-Lei nº 2.848, de 7 de dezembro de 1940 – Código Penal, poderá, fundamentadamente, conceder ao acusado liberdade provisória, mediante termo de comparecimento a todos os atos processuais, sob pena de revogação.

CANDIDATO:

Qual a formalidade prevista para a lavratura do auto de prisão em flagrante? Quais documentos são importantes? **(Delegado SP/15)**

RESPOSTA ADEQUADA:

Excelência, as formalidades para lavratura do auto de prisão em flagrante, entre outras, seguem: serão ouvidos os condutores, as testemunhas e o conduzido. De acordo com as respostas obtidas nas oitivas, se subsistir fundadas suspeitas contra o conduzido, é que a autoridade determinará seu recolhimento à prisão, salvo nas hipóteses de soltura ou prestação de fiança.

Quando da lavratura dos autos deverão constar as seguintes informações: existência de filhos, respectivas idades e se possuem alguma deficiência e o nome e o contato de eventual responsável pelos cuidados dos filhos, indicado pela pessoa presa.

Se for preso após a lavratura do auto de prisão, esta será comunicada imediatamente ao juiz competente, ao Ministério Público e à família do preso ou à pessoa por ele indicada. Além disso, em até vinte e quatro horas após a realização da prisão, será encaminhado ao juiz competente o auto de prisão em flagrante e, caso o autuado não informe o nome de seu advogado, cópia integral para a Defensoria Pública. No mesmo prazo, será entregue ao preso, mediante recibo, a nota de culpa, assinada pela autoridade, com o motivo da prisão, o nome do condutor e os das testemunhas.

COMPLEMENTAÇÃO DA RESPOSTA:

As formalidades para lavratura do autor e prisão encontram respaldo no CPP:

Art. 304. Apresentado o preso à autoridade competente, ouvirá esta o condutor e colherá, desde logo, sua assinatura, entregando a este cópia do termo e recibo de entrega do preso. Em seguida, procederá à oitiva das testemunhas que o acompanharem e ao interrogatório do acusado sobre a imputação que lhe é feita, colhendo, após cada oitiva suas respectivas assinaturas, lavrando, a autoridade, afinal, o auto.

§ 1º Resultando das respostas fundada a suspeita contra o conduzido, a autoridade mandará recolhê-lo à prisão, exceto no caso de livrar-se solto ou de prestar fiança, e prosseguirá nos atos do inquérito ou processo, se para isso for competente; se não o for, enviará os autos à autoridade que o seja.

§ 2º A falta de testemunhas da infração não impedirá o auto de prisão em flagrante; mas, nesse caso, com o condutor, deverão assiná-lo pelo menos duas pessoas que hajam testemunhado a apresentação do preso à autoridade.

§ 3º Quando o acusado se recusar a assinar, não souber ou não puder fazê-lo, o auto de prisão em flagrante será assinado por duas testemunhas, que tenham ouvido sua leitura na presença deste.

§ 4º Da lavratura do auto de prisão em flagrante deverá constar a informação sobre a existência de filhos, respectivas idades e se possuem alguma deficiência e o nome e o contato de eventual responsável pelos cuidados dos filhos, indicado pela pessoa presa.

Art. 306. A prisão de qualquer pessoa e o local onde se encontre serão comunicados imediatamente ao juiz competente, ao Ministério Público e à família do preso ou à pessoa por ele indicada.

§ 1º Em até 24 (vinte e quatro) horas após a realização da prisão, será encaminhado ao juiz competente o auto de prisão em flagrante e, caso o autuado não informe o nome de seu advogado, cópia integral para a Defensoria Pública.

§ 2º No mesmo prazo, será entregue ao preso, mediante recibo, a nota de culpa, assinada pela autoridade, com o motivo da prisão, o nome do condutor e os das testemunhas.

CANDIDATO:

É possível o pedido de prisão temporária ao investigado por crime de furto continuado? **(Delegado SP/15)**

RESPOSTA ADEQUADA:

Excelência, prevalece que não, pois o crime de furto não está descrito no rol taxativo da lei 7.960/89, que prevê cabimento da prisão temporária. Inclusive, a doutrina[60] explana que se trata de "medida de exceção", que deve, portanto, ser interpretada restritivamente.

Aliás, a exposição de motivos restringe as hipóteses de cabimento da prisão temporária às infrações penais elencadas no inciso III do art. 1º, o que reforça o entendimento preponderante na doutrina sobre as hipóteses de cabimento.

60. Manzano, 2011, pp. 446-447.

COMPLEMENTAÇÃO DA RESPOSTA:

Segundo Capez[61], para a decretação da prisão temporária, o agente deve ser apontado como suspeito ou indiciado por um dos crimes constantes da enumeração legal, e, além disso, deve estar presente pelo menos um dos outros dois requisitos, evidenciadores do *periculum libertatis*. Sem a presença de um desses requisitos ou fora do rol taxativo da lei, não se admitirá a prisão provisória.

Segundo *Mougenot*[62], entende-se que esse rol foi ampliado por força do art. 2º, § 4º da Lei 8.072/90, de modo a incluir os crimes hediondos e os assemelhados aos hediondos (o tráfico ilícito de entorpecentes e drogas afins, a prática de tortura e o terrorismo), não mencionados na redação original da Lei 7.960/89.

CANDIDATO:

Quais são as características da prisão domiciliar? **(Delegado SP/15)**

RESPOSTA ADEQUADA:

Excelência, a prisão domiciliar do CPP está prevista no arts. 317, 318 e 318-A; enquanto a da Lei de Execução Penal está preceituada no art. 117. Destaca-se que, no CPP, ao tratar da prisão domiciliar, está se referindo à possibilidade de o réu, em vez de ficar em prisão preventiva, permanecer recolhido em sua residência; na LEP, ao tratar da prisão domiciliar, está se referindo à possibilidade de a pessoa já condenada cumprir a sua pena privativa de liberdade na própria residência. Trata-se de uma medida cautelar por meio da qual o réu, em vez de ficar preso na unidade prisional, permanece recolhido em sua própria residência. Continua tendo natureza de prisão, mas uma prisão "em casa", portanto, da execução penal (cumprimento da pena) na própria residência.

COMPLEMENTAÇÃO DA RESPOSTA:

No **CPP, o juiz poderá substituir a prisão preventiva pela domiciliar** quando o agente for: maior de 80 anos; extremamente debilitado por motivo de doença grave; imprescindível aos cuidados especiais de pessoa menor de 6 anos de idade ou com deficiência; gestante; mulher com filho de até doze anos de idade incompletos; homem, caso seja o único responsável pelos cuidados do filho de até doze anos de idade incompletos.

Na **LEP, o preso que estiver cumprindo pena no regime aberto** poderá ficar **em prisão domiciliar** quando se tratar de condenado(a): maior de 70 anos; acometido de doença grave; com filho menor ou deficiente físico ou mental; gestante. Em ambas as legislações há previsão que o juiz pode determinar que a pessoa fique usando uma monitoração eletrônica.

61. CAPEZ, 2013, p. 355.

62. BONFIM, 2010, p. 463.

Ademais, os incisos IV e V do art. 318 do CPP preveem que a mulher acusada de um crime terá direito à prisão domiciliar se estiver gestante ou for mãe de criança. No entanto, no art. 318-A, incisos I e II do CPP, o legislador destacou que a prisão preventiva imposta à mulher gestante ou que for mãe ou responsável por crianças ou pessoas com deficiência será substituída por prisão domiciliar, **desde que** não tenha cometido crime com violência ou grave ameaça à pessoa ou não tenha cometido o crime contra seu filho ou dependente.

Além da terceira exceção trazida pelo STF[63] que não foi positivada pelo legislador: "em outras situações excepcionalíssimas, as quais deverão ser devidamente fundamentadas pelos juízes que denegarem o benefício".

Por fim, o STJ[64] decidiu ser possível a concessão de prisão domiciliar, ainda que **se trate de execução provisória da pena**, para condenada gestante ou que seja mãe ou responsável por crianças ou pessoas com deficiência.

TEMA QUENTE!

Discussão sobre a obrigatoriedade ou não de o juiz decretar a prisão domiciliar nessas hipóteses

Se você reparar na redação do caput do art. 318 do CPP, ela diz que o juiz **poderá** substituir a prisão preventiva pela domiciliar nas hipóteses ali elencadas.

Diante disso, surgiram as seguintes dúvidas:

Se uma mulher grávida estiver em prisão preventiva, o juiz, obrigatoriamente, deverá conceder a ela prisão domiciliar com base no art. 318, IV, do CPP?

As hipóteses de prisão domiciliar previstas nos incisos IV e V do art. 318 do CPP são consideradas obrigatórias ou facultativas?

O que o STF decidiu?

REGRA: SIM. As hipóteses são obrigatórias.

Em regra, deve ser concedida prisão domiciliar para todas as mulheres presas que sejam:

- gestantes
- puérperas (que deu à luz há pouco tempo)
- mães de crianças (isto é, mães de menores até 12 anos incompletos) ou
- mães de pessoas com deficiência.

EXCEÇÕES:

Não deve ser autorizada a prisão domiciliar se:

1) a mulher tiver praticado crime mediante violência ou grave ameaça;

2) a mulher tiver praticado crime contra seus descendentes (filhos e/ou netos);

63. STF. 2ª Turma. HC 143641/SP. Rel. Min. Ricardo Lewandowski, julgado em 20/2/2018 (Info 891).

64. STJ. 5ª Turma. HC 487.763-SP, Rel. Min. Reynaldo Soares da Fonseca, julgado em 02/04/2019 (Info 647).

3) em outras situações excepcionalíssimas, as quais deverão ser devidamente fundamentadas pelos juízes que denegarem o benefício. STF. 2ª Turma. HC 143641/SP. Rel. Min. Ricardo Lewandowski, julgado em 20/2/2018 (Info 891).

O que fez a Lei nº 13.769/2018?

Positivou no CPP o entendimento manifestado pelo STF.

A principal diferença foi que o legislador não incluiu a exceção número 3.

Além disso, na exceção 2 não falou em descendentes, mas sim em filho ou dependente.

Veja o art. 318-A incluído pela Lei nº 13.769/2018 no CPP:

Art. 318-A. A prisão preventiva imposta à mulher gestante ou que for mãe ou responsável por crianças ou pessoas com deficiência será substituída por prisão domiciliar, desde que:

I - não tenha cometido crime com violência ou grave ameaça a pessoa;

II - não tenha cometido o crime contra seu filho ou dependente.

A exceção 3 ainda é possível? O juiz poderá deixar de aplicar a prisão domiciliar em outras situações excepcionalíssimas?

Sim. O art. 318-A do CPP, introduzido pela Lei nº 13.769/2018, estabelece um poder-dever para o juiz substituir a prisão preventiva por domiciliar de gestante, mãe de criança menor de 12 anos e mulher responsável por pessoa com deficiência, sempre que apresentada prova idônea do requisito estabelecido na norma (art. 318, parágrafo único), ressalvadas as exceções legais.

A normatização de apenas duas das exceções não afasta a efetividade do que foi decidido pelo STF no HC 143.641/SP, nos pontos não alcançados pela nova lei.

O fato de o legislador não ter inserido outras exceções na lei, não significa que o magistrado esteja proibido de negar o benefício quando se deparar com casos excepcionais.

Assim, deve prevalecer a interpretação teleológica da lei, assim como a proteção aos valores mais vulneráveis.

Com efeito, naquilo que a lei não regulou, o precedente do STF deve continuar sendo aplicado, pois uma interpretação restritiva da norma pode representar, em determinados casos, efetivo risco direto e indireto à criança ou ao deficiente, cuja proteção deve ser integral e prioritária. STF. 5ª Turma. HC 470.549/TO, Rel. Min. Reynaldo Soares da Fonseca, julgado em 12/02/2019.

TOME NOTA!

Vejamos os dispositivos legais relacionados ao tema em epígrafe:

Lei 7.210/84, art. 117. Somente se admitirá o recolhimento do beneficiário de regime aberto em residência particular quando se tratar de:

I – condenado maior de 70 (setenta) anos;

II – condenado acometido de doença grave;

III – condenada com filho menor ou deficiente físico ou mental;

IV – condenada gestante.

Código Processual Penal, art. 318. Poderá o juiz substituir a prisão preventiva pela domiciliar quando o agente for:

I – maior de 80 (oitenta) anos;

II – extremamente debilitado por motivo de doença grave;

III – imprescindível aos cuidados especiais de pessoa menor de 6 (seis) anos de idade ou com deficiência;

IV – gestante;

V – mulher com filho de até 12 (doze) anos de idade incompletos;

VI – homem, caso seja o único responsável pelos cuidados do filho de até 12 (doze) anos de idade incompletos.

Art. 318-A. A prisão preventiva imposta à mulher gestante ou que for mãe ou responsável por crianças ou pessoas com deficiência será substituída por prisão domiciliar, desde que: (Incluído pela Lei nº 13.769, de 2018).

I – não tenha cometido crime com violência ou grave ameaça a pessoa; (Incluído pela Lei nº 13.769, de 2018).

II – não tenha cometido o crime contra seu filho ou dependente. (Incluído pela Lei nº 13.769, de 2018).

Art. 318-B. A substituição de que tratam os arts. 318 e 318-A poderá ser efetuada sem prejuízo da aplicação concomitante das medidas alternativas previstas no art. 319 deste Código. (Incluído pela Lei nº 13.769, de 2018).

CANDIDATO:

A concessão de prisão domiciliar às genitoras de menores de até 12 anos incompletos é legalmente presumida? **(Delegado/ Simulado 2022)**

RESPOSTA ADEQUADA:

Excelência, o STJ decidiu (HC 731.648-SC) que **é possível** a extensão do benefício de prisão-albergue domiciliar às sentenciadas gestantes e mães de menores de até 12 anos, ainda que em regime semiaberto ou fechado, nos termos dos arts. 318, V, do CPP e 117, III, da LEP, desde que presentes os requisitos legais. Conforme art. 318, V, do CPP, a concessão de prisão domiciliar às genitoras de menores de até 12 anos incompletos não está condicionada à comprovação da imprescindibilidade dos cuidados maternos, que é legalmente presumida.

Assim, a defesa não precisa demonstrar que a genitora presa é imprescindível ao cuidado dos filhos menores de 12 anos. Essa indispensabilidade é presumida, tanto que propositalmente o legislador retirou da redação do art. 318, V do CPP, a comprovação de que seria ela imprescindível aos cuidados do menor.

COMPLEMENTAÇÃO DA RESPOSTA:

É possível aplicar os arts. 318, V e 318-A do CPP para os casos de cumprimento definitivo da pena em que a acusada foi condenada aos regimes fechado ou semiaberto?

Atualmente, a jurisprudência está dividida:

O **STF entende que não é possível** a concessão de prisão domiciliar para condenada gestante ou que seja mãe ou responsável por crianças ou pessoas com deficiência se já houver sentença condenatória transitada em julgado e ela não preencher os requisitos do art. 117 da LEP. Em caso de execução definitiva da pena, a prisão domiciliar deve observar o que dispõe o art. 117 da LEP. Não se aplica o que o STF decidiu no HC 143.641/SP nem tampouco o art. 318-A do CPP, que se referem exclusivamente a prisão cautelar. STF. 1ª Turma. HC 185404 AgR, Rel. Rosa Weber, julgado em 23/11/2020.

Enquanto o **STJ decidiu que sim**, em casos excepcionais, **admite-se a concessão** da prisão domiciliar às presas dos regimes fechado ou semiaberto quando verificado pelo juízo da execução penal, no caso concreto, a proporcionalidade, adequação e necessidade da medida, e que a presença da mãe seja imprescindível para os cuidados da criança ou pessoa com deficiência, não sendo caso de crimes praticados por ela mediante violência ou grave ameaça contra seus descendentes. STJ. 3ª Seção. RHC 145931-MG, Rel. Min. Sebastião Reis Júnior, julgado em 09/03/2022 (Info 728).

CANDIDATO:

Na hipótese de delação premiada, é possível a conversão da prisão preventiva em domiciliar? **(Delegado SP/15)**

RESPOSTA ADEQUADA:

Excelência, não há nenhuma previsão legal neste sentido. A regra de concessão de prisão domiciliar consta na LEP, para os seguintes casos: condenado maior de 70 (setenta) anos; condenado acometido de doença grave; condenada com filho menor ou deficiente físico ou mental; condenada gestante.

Já no CPP há previsão de substituição da prisão preventiva, de natureza processual sendo inaplicável no caso de réu condenado.

Inclusive tal hipótese não figura no rol da lei de prisão domiciliar, também a Lei de Proteção a Testemunhas exclui os acusados sob prisão cautelar e a Lei de Organização Criminosa prevê perdão judicial, redução da pena e substituição da pena privativa de liberdade por restritiva de direitos, mas não conversão em prisão domiciliar.

COMPLEMENTAÇÃO DA RESPOSTA:

Sabe-se que a legalidade é inafastável no exercício do direito em nosso ordenamento jurídico e no Direito Penal a legalidade rege os pressupostos de **todos** os institutos do Direito Penal, bem como rege todas as suas consequências, em todo e qualquer caso.

Ocorre que o que se tem visto nos casos de delação premiada da Operação Lava Jato, que está com investigação em andamento, é uma verdadeira aberração jurídica, pois não há amparo legal para tal concessão, e as autoridades ávidas em obter as verdades, confissões complexas sobre esquemas de corrupção colossais, têm se olvidado quanto ao flagrante descumprimento da legalidade.

O real motivo de tais distorções se dá porque sabemos que pelas atuais regras legais dificilmente é de se imaginar que um delator assumiria tamanho risco em delatar seus comparsas, mesmo sabendo que no fim das contas cumpriria dez anos em regime inicial fechado. Essa perspectiva é um tanto desestimulante e se presume que teria muito menos adesões do que o que se tem visto na prática, graças a um malfadado remendo, objetivando manter o interesse dos delatores, sob a promessa de um prêmio ilegal.

Mas tal disparate não pode nem deve se manter, sob pena de macular a investigação, a fim de se obter resultados a todo custo.

TEMA QUENTE!

Corte Especial admite fixação de sanções penais atípicas, mais brandas, em acordo de colaboração

Por maioria, a Corte Especial do Superior Tribunal de Justiça (STJ) admitiu a fixação de sanções penais atípicas no âmbito de um acordo de colaboração premiada. Com a decisão, o colegiado devolveu o processo para que a relatora, ministra Nancy Andrighi, **analise novamente a homologação da proposta de acordo, ponderando a extensão dos benefícios pactuados** – que incluem o **cumprimento da pena em regime domiciliar** – frente à gravidade do fato criminoso e à eficácia da colaboração.

Inicialmente, a homologação foi negada pela ministra, sob o fundamento de que o acordo, ao prever o recolhimento domiciliar como regime de cumprimento de pena, feriu a regra do **artigo 4º, parágrafo 7º, inciso II, da Lei 12.850/2013**, com a redação dada pelo Pacote Anticrime, de 2019. Ao analisar o agravo regimental contra a decisão da relatora, o ministro Og Fernandes, cujo voto prevaleceu na Corte Especial, afirmou que o tema é polêmico e que, nesse debate, a autonomia da vontade das partes – no caso, o colaborador e o Ministério Público – adquire especial relevo.

"Deve ser superada a tradicional visão de que, por tratar de interesses indisponíveis, o processo penal encontra-se imune à autonomia privada da vontade", comentou o ministro.

Princípio da legalidade é uma garantia a favor do acusado

Og Fernandes lembrou que a Constituição de 1988, ao prever a criação dos juizados especiais criminais com a expressa admissão da transação penal, chancelou a viabilidade do modelo consensual de justiça, ratificado diversas vezes pelo Supremo Tribunal Federal (STF) ao discutir o tema.

O ministro explicou que isso não significa liberdade absoluta às partes, pois, como já apontado pelo STF, a discricionariedade para a celebração do acordo é balizada pelas leis e pela Constituição. No entanto, ele criticou o argumento de que essa discricionariedade regrada dos órgãos de persecução penal seja um impedimento à negociação de sanções penais atípicas, mais favoráveis ao réu do que aquelas previstas na legislação, por supostamente violarem o princípio da legalidade penal estrita.

"O princípio da legalidade é uma garantia constitucional que milita em favor do acusado frente ao poder de punir do Estado, não podendo ser usado para prejudicá-lo, sob pena de inversão da lógica dos direitos fundamentais", afirmou Og Fernandes. **"Por isso, não há vedação ao emprego de analogia** ***in bonam partem*** **no campo criminal"** – acrescentou, lembrando que o STJ tem um "sólido histórico" dessa forma de interpretação favorável ao réu, como no reconhecimento da remissão da pena pelo estudo.

Lei admite benefícios ainda maiores que o regime domiciliar

Para o ministro, a objeção principal à fixação de **sanções atípicas nos acordos de colaboração**, na verdade, nem é uma suposta violação do princípio da legalidade penal, mas a ideia de que o colaborador, por ser um criminoso, não poderia gozar de benefícios não previstos em lei.

"Essa ideia, no entanto, me parece equivocada", disse, ressaltando que "o próprio legislador autorizou a fixação de benefícios mais amplos, ao estabelecer que o juiz poderá conceder perdão judicial ou substituição da pena privativa de liberdade por pena restritiva de direitos".

"Ora, se é possível extinguir a punibilidade dos crimes praticados pelo colaborador (perdão judicial) ou isentá-lo de prisão (substituição da pena), **com mais razão seria possível aplicar-lhe pena privativa de liberdade com regime de cumprimento mais benéfico**", concluiu. O magistrado recordou, ainda, que o próprio STF já homologou vários acordos com a previsão de benefícios atípicos.

Avaliação dos termos do acordo deve buscar o equilíbrio

Para Og Fernandes, há um equilíbrio a ser alcançado: "O sistema deve ser atrativo ao agente, a ponto de estimulá-lo a abandonar as atividades criminosas e a colaborar com a persecução penal. Ao mesmo tempo, deve evitar o comprometimento do senso comum de justiça ao transmitir à sociedade a mensagem de que é possível ao criminoso escapar da punição, 'comprando' sua liberdade com informações de duvidoso benefício ao resultado útil do processo penal".

No voto, acompanhado pela maioria dos membros da Corte Especial, o ministro afirmou que a melhor solução **é sopesar os benefícios acordados – mesmo os atípicos – em vista da gravidade dos fatos e da eficácia da colaboração.**

"Entendo que não há invalidade, em abstrato, na fixação de sanções penais atípicas, desde que não haja violação à Constituição da República ou ao ordenamento jurídico, bem como à moral e à ordem pública", declarou.

O número deste processo não é divulgado em razão de segredo judicial.

CANDIDATO:

Qual a natureza jurídica da Prisão Temporária? **(Delegado DF/16)**

RESPOSTA ADEQUADA:

Excelência, a natureza jurídica da prisão temporária evidencia-se no seu caráter acessório para o IP, abastecido de um acervo fático-probatório com capacidade de alicerçar a opinião sobre o fato criminoso pelo membro do MP, com o fito de instruir uma futura ação penal.

COMPLEMENTAÇÃO DA RESPOSTA:

Ademais, a doutrina[65] destaca a "prisão temporária como uma espécie de prisão cautelar decretada pela autoridade judiciária competente durante a fase preliminar de investigações, com prazo preestabelecido de duração, quando a privação da liberdade de locomoção do indivíduo for indispensável para obtenção de elementos de informação quanto à autoria e materialidade das infrações penais mencionadas no art. 1º, inc. III, da Lei n. 7.960/1989, assim como em relação aos crimes hediondos e equiparados (Lei n. 8.072/1990, art. 2º, § 4º)".

CANDIDATO:

Quais são as diferenças entre Prisão Temporária e Preventiva? **(Delegado MG/11)**

RESPOSTA ADEQUADA:

Excelência, entre outras diferenças, a prisão temporária somente será decretada durante a fase de inquérito; a prisão preventiva poderá ser decretada tanto na fase pré-processual quanto no decorrer do processo, podendo ser decretada quando houver representação da autoridade policial, bem como por requerimento do Ministério Público ou do ofendido. Além disso, o juiz não poderá decretar a prisão temporária de ofício; mesma regra se aplica a prisão preventiva. Por fim, a prisão temporária será cabível caso o crime esteja elencado no rol taxativo do art. 1º, inciso III, da Lei nº 7.960/89, e no art. 2º, § 4º, da Lei 8.072/90, dos crimes hediondos e equiparados; já a prisão preventiva não existe rol taxativo de crimes, havendo só a aplicação dos pressupostos e fundamentos para sua justificativa.

COMPLEMENTAÇÃO DA RESPOSTA:

Continuando, a prisão temporária apresenta um prazo para crimes comuns de 5 dias, prorrogáveis por igual período em caso de extrema necessidade; nos casos de crimes hediondos ou equiparados será de 30 dias, prorrogáveis por igual período. Contudo, **não há prazo** determinado para a prisão preventiva, mas a Lei Anticrime trouxe a previsão de determinação no Código de Processo Penal (CPP) para que seja **feita uma revisão**, a cada 90 dias, da necessidade sobre a manutenção **da prisão.**

65. LIMA, 2011, p. 1.385.

TEMA QUENTE!

Quais foram as alterações que a Lei de Abuso de Autoridade ocasionou na Lei de Prisão Temporária? **(Delegado/ Simulado 2022)**

Art.2º (...)

(...)

§ 4º-A O mandado de prisão conterá necessariamente o período de duração da prisão temporária estabelecido no **caput** deste artigo, bem como o dia em que o preso deverá ser libertado. (Incluído pela Lei nº 13.869. de 2019)

(...)

~~§ 7º Decorrido o prazo de cinco dias de detenção, o preso deverá ser posto imediatamente em liberdade, salvo se já tiver sido decretada sua prisão preventiva.~~

§ 7º Decorrido o prazo contido no mandado de prisão, a autoridade responsável pela custódia deverá, independentemente de nova ordem da autoridade judicial, pôr imediatamente o preso em liberdade, salvo se já tiver sido comunicada da prorrogação da prisão temporária ou da decretação da prisão preventiva. (Redação dada pela Lei nº 13.869. de 2019)

§ 8º Inclui-se o dia do cumprimento do mandado de prisão no cômputo do prazo de prisão temporária. (Incluído pela Lei nº 13.869. de 2019)

CANDIDATO:

Atos infracionais pretéritos podem ser utilizados como fundamento para decretação ou manutenção da prisão preventiva? **(Delegado/Simulado)**

RESPOSTA ADEQUADA:

Excelência, em tese, conforme decisão da Corte Cidadã sim, haja vista a "prática de atos infracionais anteriores servirem para justificar a decretação ou manutenção da prisão preventiva como garantia da ordem pública, considerando que indicam que a personalidade do agente é voltada à criminalidade, havendo fundado receio de reiteração".[66]

COMPLEMENTAÇÃO DA RESPOSTA:

Agora, não é qualquer ato infracional, em qualquer circunstância, que pode ser utilizado para caracterizar a periculosidade e justificar a prisão antes da sentença. É necessário que o magistrado examine três condições (Informativo 585):

a) a gravidade específica do ato infracional cometido, independentemente de equivaler a crime considerado em abstrato como grave;

66. STJ, RHC 63.855-MG, Rel. Min. Nefi Cordeiro, Rel. para acórdão Min. Rogerio Schietti Cruz, 3ª Seção, julgado em 11/5/2016.

b) o tempo decorrido entre o ato infracional e o crime em razão do qual é decretada a preventiva; e,

c) a comprovação efetiva da ocorrência do ato infracional.

6. SUJEITOS DO PROCESSO

CANDIDATO:

É necessária, mesmo após a Lei 13.245/2016, a intimação prévia da defesa técnica do investigado para a tomada de depoimentos orais na fase de inquérito policial? **(Delegado/ Questão Simulada)**

RESPOSTA ADEQUADA:

Excelência, consoante entendimento da Excelsa Corte[67], temos o seguinte:

"Não é necessária a intimação prévia da defesa técnica do investigado para a tomada de depoimentos orais na fase de inquérito policial. Não haverá nulidade dos atos processuais caso essa intimação não ocorra.

O inquérito policial é um procedimento informativo, de natureza inquisitorial, destinado precipuamente à formação da *opinio delicti* do órgão acusatório.

Logo, no inquérito há uma regular mitigação das garantias do contraditório e da ampla defesa.

Esse entendimento justifica-se porque os elementos de informação colhidos no inquérito não se prestam, por si sós, a fundamentar uma condenação criminal.

A Lei nº 13.245/2016 implicou um reforço das prerrogativas da defesa técnica, sem, contudo, conferir ao advogado o direito subjetivo de intimação prévia e tempestiva do calendário de inquirições a ser definido pela autoridade policial.".

Portanto, a alteração promovida pela Lei nº 13.245/2016 no art. 7º (Inc. XXI) da Lei nº 8.906/1994 (Estatuto da OAB) garante ao advogado do investigado o direito de assistir a seus clientes investigados durante a apuração de infrações, inclusive nos depoimentos e interrogatório, podendo apresentar razões e quesitos. No entanto, essa alteração legislativa não impôs um dever à autoridade policial de intimar previamente o advogado constituído para os atos de investigação, que deverá acompanhar o trâmite e buscar informações para tanto.

COMPLEMENTAÇÃO DA RESPOSTA:

Preste atenção, pois o examinador pode tentar induzi-lo a pensar que a partir da inovação legislativa o direito concedido ao advogado de assistir seus clientes durante

67. STF, Pet 7612/DF, 2ª Turma, Rel. Min. Edson Fachin, julgado em 12/03/2019 (Info 933).

depoimentos se confunde com o dever de a autoridade policial intimá-lo para tanto, o que não procede.

Contextualizando o cenário que inspirou a alteração legislativa

Por muito tempo, ocorriam divergências entre os advogados e Delegados de Polícia a respeito da participação da defesa técnica durante o interrogatório ou depoimento de testemunhas. Isso porque alguns Delegados não aceitavam que o advogado participasse do interrogatório do indiciado e, com mais frequência, não permitiam que o causídico estivesse presente durante o depoimento das testemunhas. Tais autoridades policiais argumentavam que não havia previsão legal para isso.

Outros Delegados até permitiam que o advogado estivesse presente nas oitivas, mas não era autorizado que ele formulasse perguntas e requerimentos durante o ato. A participação do advogado, quando facultada, acontecia na condição de mero ouvinte e espectador.

Diante deste cenário, a OAB se articulou para alterar a legislação, que passa a prever, expressamente, o direito do advogado de estar presente no interrogatório do investigado e nos depoimentos, podendo, inclusive, fazer perguntas.

CANDIDATO:

Assegurada a presença do advogado no depoimento do preso/ investigado: Pode-se inquirir as testemunhas? Pode-se requerer diligências? **(Delegado/ Questão Simulada)**

RESPOSTA ADEQUADA:

Excelência, a Lei nº 13.245/2016 acrescentou o inciso XXI ao art. 7º, da Lei 8.906/1994, que prevê como direito de o advogado assistir seu cliente que esteja sendo investigado, estar presente no interrogatório e nos depoimentos que forem colhidos durante o procedimento de apuração da infração.

Além disso, consoante prescrito na alínea "a" do referido dispositivo, o advogado tem o direito de:

- apresentar razões: requerer diligências, por meio de argumentação e defensa de seu ponto de vista sobre algo que vá ser decidido pela autoridade policial ou sobre alguma diligência; e
- apresentar quesitos: inquirir as testemunhas, o investigado, os informantes, o ofendido, o perito etc.

COMPLEMENTAÇÃO DA RESPOSTA:

Lei nº 13.245/2016

Art. 7º São direitos do advogado:

(...)

XXI – assistir a seus clientes investigados durante a apuração de infrações, sob pena de nulidade absoluta do respectivo interrogatório ou depoimento e, subsequentemente, de todos os elementos investigatórios e probatórios dele decorrentes ou derivados, direta ou indiretamente, podendo, inclusive, no curso da respectiva apuração:

a) apresentar razões e quesitos;

b) (VETADO).

CANDIDATO:

O que se entende por "depoimento sem dano"? **(Delegado/Simulado)**

RESPOSTA ADEQUADA:

Excelência, o STJ[68] entendeu ser válido nos crimes sexuais contra criança e adolescente, por se tratar de inquirição da vítima, em respeito à sua condição especial de pessoa em desenvolvimento, inclusive antes da deflagração da persecução penal, mediante prova antecipada.

COMPLEMENTAÇÃO DA RESPOSTA:

Com o advento da Lei 13.431/2017 que estabelece o sistema de garantia de direitos da criança e do adolescente vítima ou testemunha de violência e altera a Lei nº 8.069, de 13 de julho de 1990 (Estatuto da Criança e do Adolescente), o termo "depoimento sem dano" ficou anacrônico.

Atualmente, temos na referida Lei:

> Art. 7º **Escuta especializada** é o procedimento de entrevista sobre situação de violência com criança ou adolescente perante órgão da rede de proteção, limitado o relato estritamente ao necessário para o cumprimento de sua finalidade.
>
> Art. 8º **Depoimento especial** é o procedimento de oitiva de criança ou adolescente vítima ou testemunha de violência perante autoridade policial ou judiciária.
>
> Art. 10. A **escuta especializada** e o **depoimento especial** serão realizados em local apropriado e acolhedor, com infraestrutura e espaço físico que garantam a privacidade da criança ou do adolescente vítima ou testemunha de violência.

CANDIDATO:

Quais pessoas serão ouvidas como testemunhas não compromissadas? **(Delegado SP/15)**

RESPOSTA ADEQUADA:

Excelência, de acordo com art. 214 do CPP, o juiz só deixará de deferir compromisso nos seguintes casos: as pessoas que, em razão de função, ministério, ofício ou

68. STJ, RHC 45.589-MT, Rel. Min. Gurgel de Faria, 5ª Turma, julgado em 24/2/2015 (Info 556).

profissão, devam guardar segredo, salvo se, desobrigadas pela parte interessada, quiserem dar o seu testemunho; aos doentes e deficientes mentais e aos menores de 14 (quatorze) anos, nem o ascendente ou descendente, o afim em linha reta, o cônjuge, ainda que desquitado, o irmão e o pai, a mãe, ou o filho adotivo do acusado, salvo quando não for possível, por outro modo, obter-se ou integrar-se a prova do fato e de suas circunstâncias.

COMPLEMENTAÇÃO DA RESPOSTA:

O rol de testemunhas não compromissadas está nos artigos 206, 207 e 208 do CPP. Importante dizer que mesmo desobrigadas, caso queiram, poderão prestar depoimento sob o manto de dizer a verdade, no entanto, não se exige o compromisso do art. 203 (promessa de dizer a verdade), à luz do que preceitua a parte final do art. 214, ainda que a própria lei, no art. 207, parte final, faça citação expressa à palavra testemunha, e não a declarações e/ou informações.

Olhe que interessante assunto:

Qual o conceito de testemunha defeituosa e incapaz?

A doutrina[69] define: "Testemunha inidônea, defeituosa ou suspeita é aquela que, por motivos psíquicos ou morais, não pode ou não quer dizer a verdade. Testemunha incapaz é aquela que, por condições pessoais e fundada na ordem pública, está proibida de depor, ao passo que a suspeita é a que, por vários motivos, tem a sua credibilidade afetada".

CANDIDATO:

Qual a possibilidade de o juiz indeferir testemunhas que nada acrescentarão acerca dos fatos aos autos? **(Delegado SP/15)**

RESPOSTA ADEQUADA:

Excelência, a possibilidade de indeferimento pelo juiz de testemunhas ocorrerá nos casos em que sejam consideradas irrelevantes, impertinentes ou protelatórias, segundo o comando do art. 400, § 1º, do CPP.

COMPLEMENTAÇÃO DA RESPOSTA:

Vejamos o dispositivo do CPP:

> Art. 400. Na audiência de instrução e julgamento, a ser realizada no prazo máximo de 60 (sessenta) dias, proceder-se-á à tomada de declarações do ofendido, à inquirição das testemunhas arroladas pela acusação e pela defesa, nesta ordem, ressalvado o disposto no art. 222 deste Código, bem como os esclarecimentos dos peritos, às acareações e ao reconhecimento de pessoas e coisas, interrogando-se, em seguida, o acusado.

69. CAPEZ, 2001, p. 284.

§ 1º As provas serão produzidas numa só audiência, podendo o juiz indeferir as consideradas irrelevantes, impertinentes ou protelatórias.

CANDIDATO:

Cabe suspeição contra Delegado de Polícia? **(Delegado/ Simulado 2022)**

RESPOSTA ADEQUADA:

Excelência, consoante o art. 107 do CPP **não se poderá opor suspeição** às autoridades policiais nos atos do inquérito, mas deverão elas declarar-se suspeitas, quando ocorrer motivo legal.

COMPLEMENTAÇÃO DA RESPOSTA:

O descumprimento do art. 107 do CPP gera, por si só, a nulidade do processo judicial?

À luz do STJ (REsp 1.942.942-RO) a ausência de afirmação da autoridade policial de sua própria suspeição **não eiva de nulidade** o processo judicial por si só, sendo necessária a demonstração do prejuízo suportado pelo réu.

TEMA QUENTE!

O rol no CPP das hipóteses de suspeição e impedimento são taxativos? (Delegado/ Simulado 2022)

Excelência, as hipóteses causadoras de impedimento constantes no art. 252, 253 e 258 do Código de Processo Penal são presunções legais absolutas de parcialidade, e por isso, **são taxativas**, não sendo viável interpretação extensiva e analógica.

Diversamente, as causas de suspeição **vinculam subjetivamente o magistrado a uma das partes (causa subjetiva)**, motivo pelo qual possuem previsão legal com a utilização de conceitos jurídicos indeterminados, haja vista haver infinidade de vínculos subjetivos com aptidão de corromper a imparcialidade do julgador.

Por conseguinte, mais condizente com a interpretação teleológica da norma é concluir ser o rol de causas de suspeição do art. 254 **meramente exemplificativo**. Apesar dessa celeuma, tem predominado no STJ que "as hipóteses de suspeição previstas no art. 254 do Código de Processo Penal são de ordem subjetiva e meramente exemplificativas." (AgRg no AREsp 1673264/PR, julgado em 04/08/2020; AgRg no REsp 1857774/RS, julgado em 23/06/2020).

Na doutrina, Guilherme Madeira Dezem (Curso de Processo Penal. São Paulo: RT, 2020, p. 815) compreende que "as hipóteses de impedimento e de suspeição são em rol exemplificativo." Já para Renato Brasileiro de Lima (Manual de Processo Penal: volume único. Salvador: Juspodivm, 2020, p. 1315), enquanto as causas de suspeição constam de um rol exemplificativo (*numerus apertus*) constante do art. 254 do CPP, já que se admite o reconhecimento de suspeição por razões de for íntimo, doutrina e jurisprudência entendem que as causas de impedimento elencadas nos arts. 252 e 253 são taxativas (*numerus clausus*).

Para os tribunais superiores, as **hipóteses de impedimento são descritas em rol taxativo (posição do STF e do STJ).** Quanto **às causas de suspeição** no Processo Penal, as decisões mais recentes as consideram dispostas em **rol exemplificativo**, pois nem sempre há a adequação exata da realidade fática com as proposições do art. 254 do CPP.

Compreendo que as hipóteses de impedimento (art. 252 do CPP) são taxativas, pois representam uma relação do magistrado com o cerne ou o objeto do processo e possuem natureza objetiva. As situações de suspeição, porém, são exemplificativas, pois se relacionam com aspectos subjetivos, pessoais do magistrado, com utilização de termos com conteúdo aberto, indeterminado, "haja vista haver infinidade de vínculos subjetivos com aptidão de comprometer a imparcialidade do julgador" – vide RHC 57.415/SP, julgado em 04/10/2018).

CANDIDATO:

A OAB tem legitimidade para atuar como assistente de defesa de advogado réu em ação penal? **(Delegado/ Simulado 2022)**

RESPOSTA ADEQUADA:

Excelência, o STJ decidiu (RMS 63.393-MG) que a Ordem dos Advogados do Brasil **não tem legitimidade** para atuar como assistente de defesa de advogado réu em ação penal. Isso porque, no processo penal, a assistência é apenas da acusação, não existindo a figura do assistente de defesa.

COMPLEMENTAÇÃO DA RESPOSTA:

Como funciona a figura do assistente de acusação no IP?

Não cabe assistente da acusação no inquérito policial nem no processo de execução penal. Somente existe assistente da acusação no caso de ação penal **pública**.

Qual é o fundamento que justifica a existência do assistente da acusação?

Segundo a corrente majoritária (STF e STJ, bem como doutrina majoritária), o ofendido (ou seus sucessores) pode intervir como assistente da acusação não apenas para obter um título executivo (sentença condenatória). O assistente da acusação tem interesse em que a justiça seja feita. Desse modo, **o interesse não é meramente econômico**. O assistente da acusação poderá recorrer tanto nos casos em que o réu for absolvido, como na hipótese em que desejar apenas o aumento da pena imposta (o interesse não é apenas no título, mas sim na justiça).

O instituto da assistência da acusação é compatível com a CF/88. Existe corrente minoritária afirmando que a figura do assistente do Ministério Público seria incompatível com a Constituição Federal. No entanto, tanto a doutrina majoritária, como a jurisprudência do STF, reputam que não há nada de inconstitucional no referido instituto.

Quem pode ser assistente da acusação?

Segundo o art. 268 do CPP, poderá intervir, como assistente do Ministério Público, o ofendido (pessoalmente ou por meio de seu representante legal, caso seja incapaz). Caso a vítima tenha morrido, **poderá intervir como assistente**: o cônjuge; o companheiro; o ascendente; o descendente ou o irmão do ofendido.

O corréu no mesmo processo não poderá intervir como assistente do Ministério Público (art. 270 do CPP).

Qual momento poderá ocorrer a intervenção como assistente da acusação?

A intervenção como assistente da acusação poderá ocorrer em **qualquer momento** da ação penal, **desde que ainda não tenha havido o trânsito em julgado**, conforme artigo 269 do CPP ("O assistente será admitido enquanto não passar em julgado a sentença e receberá a causa no estado em que se achar").

Como ocorre a habilitação do ofendido (ou de seus sucessores) como assistente:

1) O ofendido (ou seus sucessores) deverá, por meio de um advogado dotado de procuração com poderes específicos, formular pedido ao juiz para intervir no processo como assistente da acusação;
2) O juiz manda ouvir o MP;
3) O MP somente pode se manifestar contrariamente à intervenção do ofendido como assistente da acusação se houver algum aspecto formal que não esteja sendo obedecido). O MP não pode recusar o assistente com base em questões relacionadas com a oportunidade e conveniência da intervenção. Preenchidos os requisitos legais, a intervenção do ofendido como assistente é tida como um direito subjetivo;
4) O juiz decide sobre a intervenção, ressaltando mais uma vez que esta somente poderá ser negada se não atender aos requisitos da lei;
5) Da decisão que admitir ou não o assistente não caberá recurso (art. 273 do CPP). No entanto, é possível que seja impetrado mandado de segurança.

Por fim, recentemente o STJ entendeu **ser possível a intervenção dos pais como assistentes da acusação na hipótese em que o seu filho tenha sido morto, mas, em razão do reconhecimento de legítima defesa, a denúncia tenha imputado ao réu apenas o crime de porte ilegal de arma de fogo**. Portanto, os familiares da vítima poderão intervir no processo de porte de arma de fogo mesmo tendo havido arquivamento quanto à imputação de homicídio. Neste sentido entendeu o STJ. 5ª Turma. RMS 43.227-PE, Rel. Min. Gurgel de Faria, julgado em 3/11/2015 (Info 574).

7. QUESTÕES E PROCESSOS INCIDENTES

CANDIDATO:

Questões prejudiciais, o que são? Diferencie homogêneas e heterogêneas. **(Delegado SP/15)**

RESPOSTA ADEQUADA:

Excelência, questões prejudiciais são questões incidentes que prejudicam o mérito da ação. Dividem-se em: homogêneas, quando os tipos são da mesma jurisdição do processo principal (mesmo ramo do direito), e heterogêneas, quando são de esferas distintas do direito. Devem ser avaliadas pelo juiz, com valoração penal ou extrapenal, e devem ser decididas antes do mérito da ação principal.

COMPLEMENTAÇÃO DA RESPOSTA:

Exemplos da questão prejudicial **homogênea** – furto e receptação (ambos da esfera penal); lavagem de capitais e tráfico de drogas.

Exemplos da questão prejudicial **heterogênea** – Exemplo: casamento (civil) e bigamia (penal).

CANDIDATO:

Qual a diferença entre sequestro e arresto? **(Delegado PA/13)**

RESPOSTA ADEQUADA:

Excelência, ambas são medidas cautelares previstas no CPP no art. 125 e seguintes, que representam a apreensão de bens.

Contudo, o arresto é medida que se adota por meio da apreensão de bens, visando à garantia de futura indenização decorrente do delito ou mesmo quando seu conhecimento é útil para a elucidação do delito, a fim de obter elemento necessário para formar a convicção do juiz.

Já o sequestro se difere do arresto, cuja finalidade é apreender qualquer bem, pois no sequestro o que se pretende é especificamente apreender o produto do ilícito ou os bens possivelmente adquiridos com o produto do ilícito penal, sendo o proveito dele.

CANDIDATO:

É possível arresto ou sequestro em bens móveis e imóveis? **(Delegado RS/09)**

RESPOSTA ADEQUADA:

Excelência segundo previsão no CPP há sim possibilidade de tanto arresto quanto sequestro recaírem sobre bens móveis e imóveis.

O sequestro poderá recair sobre bens imóveis e móveis, desde que haja a existência de indícios veementes da proveniência ilícita dos bens (art. 126 do CPP).

Quanto ao arresto, recairá sobre bens imóveis, e na falta destes ou quando o valor seja insuficiente, recairá sobre bens móveis, suscetíveis de penhora (art. 137 do CPP).

TEMA QUENTE!

Quais são as principais inovações da Lei Anticrime frente às medidas assecuratórias no CPP? (Delegado/ Simulado 2022)

Excelência, a Lei 13.964/19 alterou não apenas o Código de Processo Penal, mas também o Código Penal. Em relação ao primeiro, passou a prever (art. 133-A) a possibilidade de o bem sujeito à **medida assecuratória** ser utilizado por órgãos públicos; quanto ao segundo, criou o art. 91-A, que disciplina, de forma mais abrangente, o perdimento de bens.

O art. 133-A, *caput*, do CPP prevê a possibilidade de o juiz autorizar a utilização de bem sequestrado, apreendido ou sujeito a qualquer medida assecuratória pelos órgãos de segurança pública previstos no art. 144 da Constituição Federal, do sistema prisional, do sistema socioeducativo, da Força Nacional de Segurança Pública e do Instituto Geral de Perícia, para o desempenho de suas atividades.

Norma semelhante já constava em lei especial, mais especificamente na Lei 11.343/06. Realmente, desde a edição do diploma mencionado, está prevista (art. 61, redação original) a possibilidade de utilização por parte de órgãos públicos de bens apreendidos. Referido dispositivo, assim como outros constantes do estatuto mencionado, foi alterado pela Lei 13.840/19. **A mudança, no entanto, não impediu tal prática.**

Atualmente, o art. 62 disciplina o assunto, prevendo que os bens mencionados no art. 61 poderão ser utilizados pela polícia. Note-se que **a norma constante do CPP, no que diz respeito aos bens, é mais abrangente que a regra contida na Lei 11.343/06.** Outrossim, prevê diversos órgãos públicos, isto é, não apenas as polícias. Ainda, é de se reparar que **enquanto o art. 61 da lei especial faz referência somente a bens apreendidos, o Código alude aos bens sequestrados, apreendidos ou sujeitos a qualquer medida assecuratória.**

O art. 133-A, *caput*, do CPP, semelhantemente ao que estabelece o art. 62, *caput*, da Lei 11.343/06, prevê, como pressuposto para o deferimento da autorização de uso, a presença do interesse público. Ocorre que, por opção legislativa, ficou estabelecido que se dá preferência ao direito do lesado (art. 91, II, do CP).

Portanto, o que se deve entender é que, ausente o interesse da aludida figura, o uso do bem pelo órgão público poderá ser deferido pelo juiz, desde que atendido o interesse público. Quando, então, for o caso de entregar o bem ao órgão público, haverá cessão apenas da posse. Em outros termos, não é transferida a propriedade, nem mesmo de forma provisória ou temporária.

O art. 133-A, § 3º, do CPP corrobora tal entendimento, na medida em que não menciona a mudança da titularidade. Os bens descritos no dispositivo (veículo, embarcação e aeronave) são bens móveis, motivo pelo qual o registro no órgão competente não tem o condão – como ocorre em relação aos imóveis – de alterar a titularidade da propriedade.

Saliente-se, porém, que se houver venda antecipada, tal como autoriza o art. 144-A do CPP (e o art. 61 da Lei 11.343/06), aí sim se constatará a transferência do domínio. Realmente, aquele que se consagrou vencedor no certame (ou seja, o arrematante que participou do leilão público) adquirirá o bem, e, por conseguinte, o valor dado a título de pagamento será depositado judicialmente (art. 144-A, § 3º, do CPP). Mas essa situação, como se percebe, é bastante distinta daquela outra (de cessão de uso).A Lei 13.964/19, como dito, alterou o CP, que passou a contar com o art. 91-A, norma que prevê uma nova hipótese autorizadora de perdimento de bens. A medida, conforme se vê da cabeça do citado dispositivo, **não é cabível em todo e qualquer crime, senão apenas em casos graves**, ou seja, para as infrações às quais a lei comine pena máxima superior a seis anos de reclusão. Portanto, não se cogita da aplicação da regra aos crimes de menor potencial ofensivo e às contravenções.

Novamente se diga que o produto e o proveito da infração penal são objeto de perdimento caso não tenham de ser utilizados para reparar o dano causado ou não tenham de ser direcionados ao terceiro de boa-fé (art. 91, II, do CP). O que a nova previsão regulamenta é a hipótese de não ser encontrado o produto e/ou o proveito. Trata-se, portanto, de uma medida substitutiva, a qual, para ser aplicada, precisa observar alguns parâmetros. Leva-se em conta o patrimônio do indivíduo e, realizado juízo de ponderação, é analisado se os bens que o integram teriam como ser adquiridos com a renda lícita obtida pelo agente.

Havendo discrepância, isto é, não vislumbrada a compatibilidade entre renda e patrimônio, decreta-se a perda. O perdimento não atingirá, via de regra, a integralidade do patrimônio. A lei diz que a medida alcança o excedente, ou seja, aquilo que não teria como ser obtido pelo agente, não fosse a vantagem econômica conseguida com a prática de crime. Em algumas situações, porém, será possível decretar o perdimento total do patrimônio do indivíduo. Imagine-se, por exemplo, um indivíduo que nunca trabalhou como empregado nem como autônomo, vale dizer, jamais exerceu atividade remunerada lícita, tampouco recebeu doação ou herança, o que não lhe impede de ser titular de bens de valor elevado.

No curso do processo, acolhida a pretensão acusatória, constatado que o acusado integra associação criminosa que foi constituída com intuito de cometimento de delitos patrimoniais, conclui-se, dadas as peculiaridades do caso, que o patrimônio foi obtido de maneira ilegal. Nessa situação, tudo lhe será tomado.

CANDIDATO:

Qual a diferença entre confisco de bens e confisco alargado? **(Delegado/ Simulado 2022)**

RESPOSTA ADEQUADA:

Excelência, o **confisco alargado não se confunde** com o **confisco por equivalência** (§§1º e 2º do artigo 91, CP), haja vista que **este** instituto diz respeito às situações em que o produto ou o proveito direto do crime que está sob escrutínio não é encontrado ou se localiza no exterior, e disso decorre uma perda de bens do condenado em valor equivalente àqueles, mesmo que de proveniência lícita.

Enquanto o **confisco alargado** (artigo 91-A, CP) introduzido pela Lei Anticrime (Lei 13.964/2019) acrescentou uma nova modalidade de perda patrimonial no âmbito do direito e processo penal. Se, outrora, a perda comum (artigo 91, II, "b" c.c §1º, do Código Penal) estava **diretamente ligada com o crime investigado** e no qual havia uma condenação, e então se dava por perdido os produtos da infração, o confisco alargado têm relação com o patrimônio incongruente do investigado.

Por fim, o confisco alargado não se confunde com o confisco por equivalência (§§1º e 2º do artigo 91, CP), pois este instituto diz respeito às situações em que o produto ou o proveito direto do crime que está sob escrutínio não é encontrado ou se localiza no exterior, e disso decorre uma perda de bens do condenado em valor equivalente àqueles, mesmo que de proveniência lícita.

TEMAS POTENCIAIS!

Vejamos pontos importantes sobre o "confisco alargado":

1) A Lei n.13.886/19 introduziu o "confisco alargado" no **art. 63-F da Lei de Drogas**;
2) A Lei n.13.964/19 introduziu no **art. 91-A do Código Penal;**
3) Finalidade do confisco alargado: impedir o enriquecimento ilícito e sufocar financeiramente os grandes criminosos e organizações criminosas. Persecução penal eficiente;
4) Incide sobre a diferença entre o patrimônio total do condenado e o valor do patrimônio compatível com seus rendimentos lícitos, que será confiscada como produto ou proveito do crime. Presunção de ilicitude;
5) Entende-se por patrimônio do condenado os bens: de sua titularidade, ou em relação aos quais ele tenha o domínio e o benefício direto ou indireto; transferidos a terceiros a título gratuito ou mediante contraprestação irrisória;
6) Vinculação temporal: não atinge bens adquiridos em momento anterior à prática delitiva;
7) Admitido para **delitos** cuja pena máxima cominada seja **superior a 06 anos de reclusão**;
8) Expresso requerimento do Ministério Público por ocasião do **oferecimento da denúncia**, com indicação da diferença apurada;
9) Expressa declaração do perdimento na sentença condenatória.

TEMAS QUENTES!

O confisco se divide nas seguintes espécies:

1) Efeito da condenação criminal; e
2) Confisco-pena.

Em relação ao "efeito da condenação" temos:

1) No Código Penal prevê três modalidades:

   a) **Confisco genérico** (art. 91, II, do CP);

   b) **Confisco por equivalente** (art. 91, §§ 1º e 2º, do CP);

   c) **Confisco alargado** (art. 91-A do CP).

O que se entende por confisco genérico? (Delegado/ Simulado 2022)

Excelência, há previsão no art.91, II, CP, os instrumentos dos crimes: desde que o fabrico, alienação, uso, porte ou detenção constitua fato ilícito. **Exceções:** Lavagem de Dinheiro (art. 7º, I, da Lei 9.613/98); Crimes Ambientais (art. 25 da Lei 9.605/98); Organizações Criminosas e Milícias (art. 91-A, §5º, do CP).

Quanto ao **produto do crime**, está ligado ao resultado direto ou imediato do delito. Em relação ao **proveito do crime**: vantagem econômica obtida mediante alienação, investimento ou financiada com o produto do crime. Ainda há os **produtos indiretos**: frutos ou resultados econômicos extraordinários. Evitar benefício decorrente da própria torpeza (STJ, RMS 52.537/RS).

Efeito automático da sentença condenatória: Desnecessidade de requerimento expresso pelo Ministério Público e de menção expressa na sentença. (STJ, AgRg na ReCoAp 145/DF) Inexistência de preclusão *pro judicato* que impeça a decretação do perdimento posteriormente à sentença. Não configuração de *reformatio in pejus*. (STJ, RMS 56.799/MT)

Situações especiais: Tem-se admitido o confisco de bens nos casos de crimes culposos, crimes tentados, bem como quando pertençam a um partícipe ou a um terceiro que não tenha o título legítimo sobre a coisa e não figure como terceiro de boa-fé.

O que se entende por "confisco por equivalência"? (Delegado/ Simulado 2022)

Excelência, há previsão na Lei n. 12.694/12, bem como no **art. 91, §§ 1º e 2º**, do Código Penal. A perda de bens ou valores lícitos equivalentes ao produto ou proveito do crime, quando o produto e/ou proveito do crime não forem localizados ou estiverem no exterior. Ademais, tem aplicação subsidiária. Pode alcançar proveitos usufruídos sem acréscimo patrimonial ao acusado.

O que se entende por confisco-pena? (Delegado/ Simulado 2022)

Excelência, a natureza de pena restritiva de direitos, com aplicabilidade restrita aos casos que admitirem a substituição da pena privativa de liberdade. Não se confunde com a PRD de prestação pecuniária. A finalidade comum às demais penas, não a neutralização dos lucros, assim como não impede a aplicação simultânea do confisco efeito da condenação. Por fim, seu limite está atrelado ao montante do prejuízo causado ou do proveito obtido, o que for maior (art. 45, §3º, do CP).

Qual a previsão de confisco na Lei de Lavagem de dinheiro? (Delegado/ Simulado 2022)

Excelência, **o confisco** é expressamente previsto no **artigo 7º, inciso I**, que estabelece que prevê a perda, em favor da União ou dos Estados de **todos os bens, direitos e valores relacionados, direta ou indiretamente, à prática dos crimes** previstos na lei de lavagem, inclusive aqueles utilizados para prestar a fiança, ressalvado o direito do lesado ou de terceiro de boa-fé.

Por fim, prevê o artigo 4º-A, §10, que verificado o trânsito em julgado de sentença penal condenatória, o juiz ainda decretará, em favor da União ou do Estado, (a) a perda dos valores depositados na conta remunerada e da fiança; (b) a perda dos bens não alienados antecipadamente e daqueles aos quais não foi dada destinação prévia; e (c) a perda dos bens não reclamados no prazo de noventa dias após o trânsito em julgado da sentença condenatória, ressalvado o direito de lesado ou terceiro de boa-fé.

Qual a previsão de confisco especial na Lei de Drogas? (Delegado/ Simulado 2022)

Excelência, a possibilidade de utilização de determinados bens constritos por órgãos de polícia judiciária, militar e rodoviária, com posterior destinação definitiva. A Lei n. 13.840/19 introduziu o art. 62 e seguintes na Lei n. 11.343/06. Outra exceção à regra geral sobre os instrumentos do crime.

Além disso, o STF já decidiu (RE 638.491/PR): "É possível o confisco de **todo e qualquer bem de valor econômico apreendido** em decorrência do tráfico de drogas, sem a necessidade de se perquirir a habitualidade, reiteração do uso do bem para tal finalidade, a sua modificação para dificultar a descoberta do local do acondicionamento da droga ou qualquer outro requisito além daqueles previstos expressamente no artigo 243, parágrafo único, da Constituição Federal".

CUIDADO!

Também há previsão do "confisco alargado" na Lei de drogas:

A previsão específica desta medida no art. 63-F da Lei n. 11.343/06. Além da condenação por infração daquela Lei cuja pena máxima cominada seja superior a 06 anos, está condicionada à existência de elementos probatórios que indiquem conduta criminosa habitual, reiterada ou profissional do condenado, ou sua vinculação a organização criminosa. Não há previsão de requerimento expresso pelo MP quando do oferecimento da denúncia, tampouco de necessidade de declaração expressa na sentença.

TEMAS POTENCIAIS!

1) **Não se aplica** o confisco quando há previsão legal expressa sobre a possibilidade de existência de cláusula de renúncia voluntária de bens e direitos indicados pelo MP como proveito, produto ou instrumento do crime (ANPP, art. 28-A, inc. II, do CPP);
2) A extinção da punibilidade **afasta**, como regra, tanto os efeitos primários da condenação quanto os secundários, incluídos a indenização pelo dano

causado e o confisco (STF, AI 792.116), exceto nos casos em que os bens constituam, por si só uma situação jurídica ilícita;

3) Admite-se estabelecer como condição a perda do valor da fiança (STJ, AgRg no HC 509.357/SC);
4) Ante a natureza jurídica de sentença homologatória, **não se aplica** à transação penal os efeitos do confisco, que exige sentença penal condenatória (STF, RE 795.567/PR, com repercussão geral);
5) Nos casos de prescrição da pretensão executória, extingue-se tão somente a pena, permanecendo hígidos os demais efeitos da condenação, incluindo o confisco.

CANDIDATO:

Quais são as finalidades das medidas assecuratórias? **(Delegado SP/15)**

RESPOSTA ADEQUADA:

Excelência, são as medidas assecuratórias de natureza cautelar previstas do CPP, que são o arresto, o sequestro e a hipoteca legal. Têm por finalidade de assegurar a reparação do dano que foi causado à vítima, o pagamento das despesas processuais ou das penas pecuniárias ao Estado ou mesmo para evitar que o acusado obtenha lucro com a prática criminosa. Nessa espia, compreendem um conjunto de medidas cautelares que objetivam a garantia da responsabilização pecuniária do criminoso, e ainda, assegurar futuro ressarcimento à vítima.

COMPLEMENTAÇÕES DAS RESPOSTAS:

Tais afirmações encontram arrimo no CPP:

> Art. 125. Caberá o sequestro dos bens imóveis, adquiridos pelo indiciado com os proventos da infração, ainda que já tenham sido transferidos a terceiro.
>
> (....)
>
> Art. 132. Proceder-se-á ao sequestro dos bens móveis se, verificadas as condições previstas no art. 126, (...).
>
> (...)
>
> Art. 136. O arresto do imóvel poderá ser decretado de início, (...).
>
> Art. 137. Se o responsável não possuir bens imóveis ou os possuir de valor insuficiente, poderão ser arrestados bens móveis suscetíveis de penhora, nos termos em que é facultada a hipoteca legal dos imóveis.

Pelo CPP são classificadas como *processos incidentais* e a competência para determiná-los caberá do juiz competente para julgar o processo criminal. Porém, não existe qualquer restrição de que estas medidas sejam requeridas durante o curso da ação civil para reparação do dano, não podendo se falar nesse caso em "litispendência".

Importantíssimo que o candidato saiba diferir as medidas assecuratórias aplicadas no processo penal da busca e apreensão cabível no processo civil. Sendo que no processo civil trata-se de medida cautelar específica, e no processo penal atua como meio de produção de prova.

8. SENTENÇA

CANDIDATO:

Como se dá a publicação da sentença? Qual o seu efeito? **(Delegado SP/15)**

RESPOSTA ADEQUADA:

Excelência, consoante comando do CPP, a sentença será publicada em mão do escrivão, que lavrará nos autos o respectivo termo, registrando-a em livro especialmente destinado a esse fim. No caso de sentença prolatada em audiência, considera-se publicada no momento em que o magistrado procede a sua leitura, no final da sessão.

Os efeitos da sentença se dividem em primitivos e secundários. Os primitivos (penais), que são vinculados às ações imediatas da condenação, como a imposição das penas, têm como exemplos: privativa de liberdade, restritiva de direitos, multa e medida de segurança. Já os efeitos secundários (extrapenais), relacionados aos atos posteriores da condenação, podem ser: revogação da reabilitação e da liberdade condicional, a caracterização da reincidência e o impedimento da concessão de privilégios.

COMPLEMENTAÇÃO DA RESPOSTA:

Vejamos o dispositivo legal:

> CPP, Art. 389. A sentença será publicada em mão do escrivão, que lavrará nos autos o respectivo termo, registrando-a em livro especialmente destinado a esse fim.

Abaixo, segue quadro sinótico sobre o tema:

<table>
<tr><td rowspan="8">Efeitos primitivos (penais)</td><td rowspan="5">Código penal</td><td rowspan="3">Sanções penais</td><td>Pena privativa de liberdade</td></tr>
<tr><td>Pena restritiva de direitos</td></tr>
<tr><td>Pena de multa</td></tr>
<tr><td>Medidas de segurança</td><td>Internação em hospital, tratamento ambulatorial.</td></tr>
<tr><td>Efeitos secundários penais</td><td>Revogação da reabilitação e da liberdade condicional, a caracterização da reincidência, etc.</td></tr>
<tr><td rowspan="2">Processo penal</td><td>Sentença condenatória recorrível</td><td>Hoje em dia, praticamente sem efeitos</td></tr>
<tr><td>Sentença condenatória com trânsito em julgado</td><td>Inserção do nome do réu no rol de culpados</td></tr>
<tr><td>Legislação penal extravagante</td><td colspan="2">Efeitos específicos para cada caso: crimes eleitorais, ambientais, militares, envolvendo tráfico de drogas, entre outros.</td></tr>
<tr><td rowspan="2">Efeitos secundários (extrapenais)</td><td>Genéricos</td><td>Automáticos; não previstos em sentença</td><td>Tomar certa a obrigação de indenizar, perda de instrumentos e produtos do crime para a União</td></tr>
<tr><td>Específicos</td><td>Não automáticos; devem ser previstos em sentença</td><td>Perda de cargo ou função pública; incapacidade de exercer poder pátrio; inabilitação para dirigir o veículo de crime doloso</td></tr>
</table>

CANDIDATO:

O que é sentença aditiva? **(Delegado SP/15)**

RESPOSTA ADEQUADA:

A doutrina[70] discorre que na hipótese de a omissão do legislador ter sido apenas um equívoco de apreciação das circunstâncias de fato, sem que exista "o propósito deliberado de arbitrária e unilateralmente se favorecerem certas pessoas, ou grupos, ou situações, teremos, aí sim, uma inconstitucionalidade por omissão". Discorre o doutrinador que, nesta hipótese de apenas ter ocorrido um "esquecimento" ou "equívoco" pelo Legislativo, poderia o Poder Judiciário, em razão da parcial omissão inconstitucional, "corrigir o equívoco e estender a vantagem ao grupo involuntariamente esquecido". Já na situação de deliberada intenção do legislador em conceder, de forma arbitrária, vantagens só a certas pessoas ou grupos, defende que neste caso deve ser reconhecida a

70. JUNIOR, 2014.

inconstitucionalidade por ação, ressaltando que numa omissão parcial também há uma conduta positiva que pode ser classificada como inconstitucional.

COMPLEMENTAÇÃO DA RESPOSTA:

Quanto à função de criação de normas constitucionais pelos juízes, este é um tema bastante polêmico doutrinariamente falando, haja vista que existem correntes que afirmam que cabe aos juízes apenas extrair o conteúdo normativo da norma em si e que cabe ao legislador e somente a este, estabelecê-la.

REFERÊNCIAS BIBLIOGRÁFICAS

ANSELMO, Márcio Adriano; BARBOSA, Ruchester Marreiros; GOMES, Rodrigo Carneiro; HOFFMANN, Henrique; MACHADO, Leonardo Marcondes. Investigação Criminal pela Polícia Judiciária. Rio de Janeiro: Editora Lumen Juris, 2016, p. 89.

Art. 221. O Presidente e o Vice-Presidente da República, os senadores e deputados federais, os ministros de Estado, os governadores de Estados e Territórios, os secretários de Estado, os prefeitos do Distrito Federal e dos Municípios, os deputados às Assembleias Legislativas Estaduais, os membros do Poder Judiciário, os ministros e juízes dos Tribunais de Contas da União, dos Estados, do Distrito Federal, bem como os do Tribunal Marítimo serão inquiridos em local, dia e hora previamente ajustados entre eles e o juiz.

Art. 5°, LVI da Constituição Federal e 157 do Código de Processo Penal, in verbis: "CF – Art. 5º Todos são iguais perante a lei, sem distinção de qualquer natureza, garantindo-se aos brasileiros e aos estrangeiros residentes no País a inviolabilidade do direito à vida, à liberdade, à igualdade, à segurança e à propriedade, nos termos seguintes: LVI – são inadmissíveis, no processo, as provas obtidas por meios ilícitos;" "CPP – Art. 157. São inadmissíveis, devendo ser desentranhadas do processo, as provas ilícitas, assim *entendidas as obtidas em* violação a normas constitucionais ou legais. (Redação dada pela Lei nº 11.690, de 2008) § 1º São também inadmissíveis as provas derivadas das ilícitas, salvo quando não evidenciado o nexo de causalidade entre umas e outras, ou quando as derivadas puderem ser obtidas por uma fonte independente das primeiras. (Incluído pela Lei nº 11.690, de 2008) § 2º Considera-se fonte independente aquela que por si só, seguindo os trâmites típicos e de praxe, próprios da investigação ou instrução criminal, seria capaz de conduzir ao fato objeto da prova. (Incluído pela Lei nº 11.690, de 2008) § 3º Preclusa a decisão de desentranhamento da prova declarada inadmissível, esta será inutilizada por decisão judicial, facultado às partes acompanhar o incidente. (Incluído pela Lei nº 11.690, de 2008) § 4º (VETADO) (Incluído pela Lei nº 11.690, de 2008)"

"A Turma, por maioria, indeferiu habeas corpus em que se alegava a incompetência da justiça militar para processar e julgar civil denunciado por homicídio qualificado praticado contra militar, que se encontrava de sentinela em posto de vila militar, com o propósito de roubar-lhe a arma. Pleiteava-se, na espécie, a nulidade de todos os atos realizados pela justiça castrense, ao argumento de ser inconstitucional o art. 9.º, III, do CPM, por ofensa ao art. 5.º, XXXVIII, da CF (Tribunal do Júri). Entendeu-se que, no caso, a excepcionalidade do foro castrense para processar e julgar civis que atentam dolosamente contra a vida de militar apresenta-se incontroversa. Tendo em conta o que disposto no art. 9.º, III, 'd', do CPM ('Art. 9.º Consideram-se crimes militares, em tempo de paz: [...] III – os crimes praticados por [...] civil [...]: d) [...]

contra militar em função de natureza militar ou no desempenho de serviço de vigilância [...]'), asseverou-se que, para se configurar o delito militar de homicídio, é necessário que a vítima esteja efetivamente exercendo função ou desempenhando serviço de natureza militar, não bastando a sua condição de militar. Assim, considerou-se que, no caso, estariam presentes quatro elementos de conexão militar do fato: a) a condição funcional da vítima, militar da aeronáutica; b) o exercício de atividade fundamentalmente militar pela vítima, serviço de vigilância; c) o local do crime, vila militar sujeita à administração militar e d) o móvel do crime, roubo de arma da Força Aérea Brasileira – FAB. Vencido o Min. Marco Aurélio que deferia o writ por não vislumbrar, na hipótese, exceção à regra linear da competência do Tribunal do Júri para julgar crime doloso contra a vida praticado por civil. STF, 1.ª T., HC n. 91.003/BA, relatora Ministra Cármen Lúcia, j. em 22.5.2007, Informativo STF n. 468.

AVENA, Norberto. Processo Penal Esquematizado. São Paulo: Método, 2009, p. 176.

BONFIM, Edilson Mougenot, Curso de Processo Penal. 5ª Ed. 2010, p. 463.

Brasileiro, Renato, Manual de Processo Penal. Salvador: Juspodivm, 2015, p. 188.

CAPEZ, Fernando. Curso de Direito Penal. 20ª Ed. 2013, p. 355.

CAPEZ, Fernando. Curso de Processo Penal. 7. ed. São Paulo: Saraiva, 2001, p. 284.

CC 122.596/SC, Rel. Ministro SEBASTIÃO REIS JÚNIOR, TERCEIRA SEÇÃO, julgado em 08/08/2012, DJe 22/08/2012.

Conflito de Atribuições, Min. rel. Rafael Mayer, DJ: 09-12-83, pg: 19415, Julgamento: 01/04/1982 – Tribunal.

DEZEM, Guilherme Madeira, ob. cit., p. 135.

DEZEM, Guilherme Madeira. Da Prova Penal: Tipo *Processu*al, Provas Típicas e Atípicas: Campinas: Millennium, 2008, p. 134.

Disponível em: <http://caselaw.lp.findlaw.com/scripts/getcase.pl?court=US&vol= 251&invol= 385>.

Disponível em: <http://www.planalto.gov.br/ccivil_03/decreto-lei/Del3689Compi lado.htm>. Acessado em 16 de mar. 17.

Disponível em: <https://www.stm.jus.br/informacao/agencia-de-noticias/item/6219-stm-confirma-que-justica-militar-da-uniao-e-competente-para-apreciar-homicidio-doloso-contra-civil, acessado em 10 abr. 17.>

GOMES, Luiz Flávio. Natureza jurídica da serendipidade nas interceptações telefônicas. Disponível em https://www.lfg.com.br. 18 de março de 2009.

GRECO FILHO, Vicente, "Manual de Processo Penal", p. 138/139, item n. 23, 2013, 10ª ed., Saraiva.

HC 144.137/ES, Rel. Ministro MARCO AURÉLIO BELLIZZE, QUINTA TURMA, julgado em 15/05/2012, DJe 31/08/2012.

HC 270.325/RN, Rel. Ministra MARIA THEREZA DE ASSIS MOURA, SEXTA TURMA, julgado em 11/03/2014, DJe 26/03/2014.

HC 95.853/RJ, Rel. Min. Og Fernandes, Sexta Turma, julgado em 11/09/2012.

JUNIOR, Dirley da Cunha, Curso de Direito Constitucional" – 8ª edição; Salvador: Editora Juspodivm – 2011.

LIMA, Renato Brasileiro de. Manual de Processo Penal. Vol. I. Niterói, RJ: Impetus, 2011, p. 1.385.

LOPES JR. Aury. Direito Processual Penal, ed. Saraiva. 2012, p. 832.

LOPES JÚNIOR, Aury. Direito Processual Penal e sua Conformidade Constitucional. 7ª edição. Vol. I. Editora: Lumen Juris, Rio de Janeiro, 2011, p. 473-474.

MAGALHÃES NORONHA, Curso de Direito Processual Penal", p. 50, item n. 13, 2002, 28ª ed., Saraiva.

Manzano, Luís Fernando de Moraes. Curso de Processo Penal. 1ª Ed. 2011, pp. 446/447.

MARCÃO, Renato. Prisões cautelares, liberdade provisória e medidas cautelares restritivas / Renato Marcão – 2. ed. rev. E ampl., São Paulo: Saraiva, 2012.

MARQUES, Jose Frederico. Elementos de Direito Processual Penal. 2ª edição. Vol. I. Editora: Millennium, Campinas, 2000, p 374.

MC 22.795/MT, Rel. Ministra LAURITA VAZ, QUINTA TURMA, julgado em 07/08/2014, DJe 22/08/2014.

MIRABETE, 1991, pp. 120/121.

NICOLITT, André. Manual de Processo Penal. 6. ed. Rio de Janeiro: Revista dos Tribunais, 2016.

NUCCI, Guilherme de Souza. Código de Processo Penal Comentado. 8ª ed., São Paulo: RT, 2008, p. 210.

NUCCI, Guilherme de Souza. Manual de Processo Penal e execução penal. São Paulo: RT, 2006, p. 139.

NUCCI, Guilherme de Souza Código de Processo Penal Comentado, 12ª edição, Editora Revista dos Tribunais, 2013. p. 331.

NUCCI. Guilherme de Souza, Código de Processo Penal Comentado, 10ª ed., São Paulo: RT, 2011, p. 153.

OLIVEIRA, Eugênio Pacelli de. Curso de Processo Penal. 13. ed. Rio de Janeiro: Lumen Juris, 2010, p. 375.

Processo relacionado: AC 3914.

RANGEL, Paulo. Direito Processual Penal. 13. Ed. Lumen Juris. São Paulo. 2007.

REsp 1563962/RN.

SILVA, Marco Antonio Marques da; FREITAS, Jayme Walmer de. Código de Processo Penal Comentado. Editora: Saraiva. São Paulo, 2012, p. 166.

SILVA; FREITAS, 2012, p. 167.

STF, 1ª Turma. RHC 116200/RJ, rel. Min. Dias *Toffoli, julgado em 13/8/2013.*

STF, ADI 5240/SP, Rel. Min. Luiz Fux, Plenário, julgado em 20/8/2015.

STF, HC 81.305-4, Rel. Min. Ilmar Galvão, DJe 22.02.2002.

STF, HC – Rel. Sydney Sanches – RT – 609/420.

STF, RE 593727/MG, red. p/ o acórdão Min. Gilmar Mendes, Plenário, julgado em 14/5/2015.

STF. 2ª Turma. HC 125101/SP, rel. orig. Min. Teori Zavascki, red. p/ o acórdão Min. Dias Toffoli, julgado em 25/8/2015 (Informativo 796).

STF. Plenário. HC 87395/PR, Rel. Min. Ricardo Lewandowski, julgado em 23/3/2017 (Informativo 858).

STF. Plenário. RE 835558-SP, Rel. Min. Luiz Fux, julgado em 09/02/2017 (repercussão geral).

STF: HC 115.015-SP, Segunda Turma, DJe 11/9/2013.

STF RHC 95141/RJ (DJe de 23.10.2009); HC 92445/RJ (DJe de 3.4.2009). HC 104356/RJ, rel. Min. Ricardo Lewandowski, 19.10.2010.

STF – HC: 116504 MG, Relator: Min. RICARDO LEWANDOWSKI, Data de Julgamento: 06/08/2013, Segunda Turma, Data de Publicação: DJe-163 DIVULG 20-08-2013 PUBLIC 21-08-2013.

STJ, 3ª Seção CC 135.200 – SP, Rel. originário Min. Nefi Cordeiro, Rel. para acórdão Min. Sebastião Reis Júnior, julgado em 22/10/2014.

STJ, CC 124037 RJ, de 31/10/2012.

STJ, HC 165600 SP, Min. Relator NAPOLEÃO NUNES MAIA FILHO, 5ª Turma, julgado em 24/11/2010.

STJ, RHC 45.589-MT, Rel. Min. Gurgel de Faria, 5ª Turma, julgado em 24/2/2015 (Info 556).

STJ, RHC 63.855-MG, Rel. Min. Nefi Cordeiro, Rel. para acórdão Min. Rogerio Schietti Cruz, 3ª Seção, julgado em 11/5/2016.

STJ. 3ª Seção. AgRg no CC 115.159-SP, Rel. Min. Og Fernandes, julgado em 13/6/2012.

STJ. 5ª Turma. HC 250.970-SP, Rel. Min. Jorge Mussi, julgado em 23/9/2014 (Informativo 547).

STJ. 5ª Turma. HC 250.970-SP, Rel. Min. Jorge Mussi, julgado em 23/9/2014 (Informativo 547). Art. 29. O Município reger-se-á por lei orgânica, votada em dois turnos, com o interstício mínimo de dez dias, e aprovada por dois terços dos membros da Câmara Municipal, que a promulgará, atendidos os princípios estabelecidos nesta Constituição, na Constituição do respectivo Estado e os seguintes preceitos: (...) X – julgamento do Prefeito perante o Tribunal de Justiça.

STJ. 5ª Turma. RHC 67.379-RN, Rel. Min. Ribeiro Dantas, julgado em 20/10/2016, Informativo 593.

STJ. 6ª Turma. REsp 791.471/RJ, Rel. Min. Nefi Cordeiro, julgado em 25/11/2014 (Informativo 554).

STJ. 6ª Turma. RHC 51.531-RO, Rel. Min. Nefi Cordeiro, julgado em 19/4/2016, Informativo 583.

STJ. APn 562/MS. Rel. Fernando Gonçalves. CE. DJe 24.06.2010.

STJ. RHC 26.613/SC. Rel. Jorge Mussi. T5. DJe 03.11.2011.

STJ – HC 39200 / SP HABEAS CORPUS 2004/0154030-6, DJ 19.12.2005 p. 475 LEXSTJ vol. 198 p. 292.

Supremo Tribunal Federal. HC 91.867.

Súmula 524: Arquivado o inquérito policial, por despacho do juiz, a requerimento do promotor de justiça, não pode a ação penal ser iniciada, sem novas provas.

TÁVORA, Nestor; ALENCAR, Rosmar Rodrigues. Curso de direito processual penal. 6 ed. Salvador: Juspodivm, 2011, p. 536.

DIREITOS HUMANOS

1. NORMAS CONSTITUCIONAIS E TRATADOS INTERNACIONAIS

CANDIDATO:

A prisão do depositário infiel, mesmo proibida, ainda consta em artigo da Constituição Federal. Já houve essa previsão em Direitos Humanos? Quando ela deixou de existir? Onde esta norma está regulamentada? **(Delegado SP/ 19)**

RESPOSTA ADEQUADA:

Excelência, em que pese a CF/88 admitir expressamente a prisão do depositário infiel, o Pacto São José da Costa Rica vedou esse tipo de prisão, em seu artigo 7º, item 7. No Brasil, há previsão no Código Civil, que tendo como parâmetro o referido PACTO, o STF julgou inconvencional por meio de Controle de convencionalidade, porquanto o pacto é considerado norma Supralegal. Com isso, foi publicado o verbete (Súmula Vinculante 25).

COMPLEMENTAÇÃO DA RESPOSTA:

SV 25: "É ilícita a prisão civil de depositário infiel, qualquer que seja a modalidade de depósito".

Status supralegal dos tratados e convenções internacionais sobre direitos humanos

Esse caráter supralegal do tratado devidamente ratificado e internalizado na ordem jurídica brasileira — porém não submetido ao processo legislativo estipulado pelo art. 5º, § 3º, da CF/1988 — foi reafirmado pela edição da Súmula Vinculante 25, segundo a qual "é ilícita a prisão civil de depositário infiel, qualquer que seja a modalidade do depósito". Tal verbete sumular consolidou o entendimento deste Tribunal de que o art. 7º, item 7, da CADH teria ingressado no sistema jurídico nacional com status supralegal, inferior à CF/1988, mas superior à legislação interna, a qual não mais produziria qualquer efeito naquilo que conflitasse com a sua disposição de vedar a prisão civil do depositário infiel. Tratados e convenções internacionais com conteúdo de direitos humanos, uma vez ratificados e internalizados, ao mesmo passo em que criam diretamente direitos para os indivíduos, operam a supressão de efeitos de outros atos estatais infraconstitucionais que se contrapõem à sua plena efetivação.

CANDIDATO:

Qual a situação da audiência de custódia dentro do ordenamento jurídico, de acordo com o Pacto de San José da Costa Rica? **(Delegado SP/19)**

RESPOSTA ADEQUADA:

Excelência, a CADH determina que toda a pessoa detida ou retida deve ser conduzida sem demora à presença do juiz ou outra autoridade autorizada pela lei a exercer funções judiciais. Temos previsão também no Pacto Internacional de Direitos Civis e Políticos. Destarte, os dois tratados não estabelecem o prazo "sem demora". O STF julgou constitucional a audiência de custódia prevista na resolução 213 do CNJ.

COMPLEMENTAÇÃO DA RESPOSTA:

A referida Resolução 213 do CNJ encontra-se em vigor desde 2016, com o fito de determinar a obrigatoriedade da apresentação pessoal do preso em flagrante, como também daquele preso por mandado de prisão, a um juiz no prazo de 24 horas, inclusive em fim de semana e feriado. O texto confirma a necessidade da presença do Ministério Público e do defensor durante a audiência, reafirmando a indispensabilidade do prévio contato entre o preso e seu advogado ou defensor público.

O fundamento para a sua realização repousa no artigo 9º, item 3, do Pacto Internacional de Direitos Civis e Políticos das Nações Unidas e no artigo 7º, item 5, da Convenção Americana sobre Direitos Humanos (Pacto de São José da Costa Rica).

Além disso, devem ser considerados julgados emanados do Supremo Tribunal Federal, que apontaram para a obrigatoriedade da pessoa presa ser apresentada à autoridade judicial competente e a constitucionalidade dos atos provindos dos Tribunais, para disciplinar a referida apresentação (ADPF nº 347 e ADIn nº 5240).

CANDIDATO:

Quais condutas, de acordo com o Pacto de San José da Costa Rica, não caracterizam trabalho forçado? Dê exemplos. **(Delegado SP/19)**

RESPOSTA ADEQUADA:

Excelência, conforme o artigo 6, item 3, letra "a":

Não constituem trabalhos forçados ou obrigatórios para os efeitos deste artigo:

a. os trabalhos ou serviços normalmente exigidos de pessoa reclusa em cumprimento de sentença ou resolução formal expedida pela autoridade judiciária competente. Tais trabalhos ou serviços devem ser executados sob a vigilância e controle das autoridades públicas, e os indivíduos que os executarem não devem ser postos à disposição de particulares, companhias ou pessoas jurídicas de caráter privado;

b. o serviço militar e, nos países onde se admite a isenção por motivos de consciência, o serviço nacional que a lei estabelecer em lugar daquele;

c. o serviço imposto em casos de perigo ou calamidade que ameace a existência ou o bem-estar da comunidade; e

d. o trabalho ou serviço que faça parte das obrigações cívicas normais.

CANDIDATO:

Na Constituição Federal há dois tipos de restrições relacionadas aos Direitos Humanos. Quais são essas restrições? **(Delegado SP/19)**

RESPOSTA ADEQUADA:

Excelência, a restrição a direitos humanos é realizada por meio de lei ou por meio de interpretação judicial que decide o conflito entre direitos em colisão.

A Constituição de 1988 traz dois tipos claros de restrições legais permitidas:

1) **Restrição ou reserva legal simples**: consiste na autorização dada pela Constituição a edição posterior de lei que adote determinada restrição a direito fundamental.
2) **Restrição ou reserva legal qualificada**: é aquela em que a Constituição, além de estabelecer a reserva de lei, ainda estipula os requisitos e condições que a lei necessariamente deve observar.

COMPLEMENTAÇÃO DA RESPOSTA:

- **Restrição em sentido amplo** de um direito fundamental: consiste em ação ou omissão do Estado, que elimina, reduz, comprime ou dificulta de alguma maneira o exercício de direito fundamental pelo seu titular, ou ainda enfraquece os deveres de proteção que dele resultam ao Estado, afetando negativamente o exercício desse direito por seu titular.
- **Restrição em sentido estrito**: consiste em intervenções legislativas que foram autorizadas pela Constituição para limitar determinado direito, desde que respeitados a proporcionalidade e o conteúdo essencial dos direitos humanos. São as chamadas restrições legais aos direitos humanos.

CANDIDATO:

Há, na doutrina e na prática, grande discussão acerca da aplicabilidade da Declaração Universal de Direitos Humanos. Fale a respeito, citando correntes. **(Delegado SP/19)**

RESPOSTA ADEQUADA:

Excelência, devido ser a DUDH uma declaração e não um tratado, há entrevero na doutrina e na prática dos Estados sobre sua força vinculante. Em síntese, podemos identificar três vertentes possíveis:

1. Aqueles que consideram que a DUDH possui força vinculante por se constituir em interpretação autêntica do termo "direitos humanos", previsto na Carta das Nações Unidas (tratado, ou seja, tem força vinculante);
2. Há aqueles que sustentam que a DUDH possui força vinculante por representar o costume internacional sobre a matéria;
3. Há, finalmente, aqueles que defendem que a DUDH representa tão somente a *soft law* na matéria, que consiste em um conjunto de normas ainda não vinculantes, mas que buscam orientar a ação futura dos Estados para que, então, venha a ter força vinculante.

CANDIDATO:

Como se dá a efetivação dos Remédios Constitucionais nos Direitos Humanos? **(Delegado SP/19)**

RESPOSTA ADEQUADA:

Excelência, as garantias fundamentais em sentido estrito consistem no conjunto de ações processuais ou procedimentais destinadas a proteger os direitos essenciais dos indivíduos.

Essas garantias são de ordem nacional e internacional. No plano nacional, as garantias em sentido estrito estão previstas na própria Constituição Federal e são denominadas remédios constitucionais, a saber: *habeas corpus*, mandado de segurança, *habeas data*, mandado de injunção, direito de petição, ação popular e ação civil pública. **No plano internacional** que interessa ao Brasil, há o direito de **petição internacional** a órgãos quase judiciais, como **Comissão Interamericana de Direitos Humanos** e **Comitês estabelecidos em determinados tratados universais** (celebrados no âmbito da Organização das Nações Unidas). Cabe lembrar que no sistema europeu de direitos humanos há ainda o direito de ação internacional das vítimas de violação de direitos humanos contra os Estados responsáveis pela conduta ofensiva.

CANDIDATO:

O Brasil já ratificou tratados internacionais, como o de Roma, em que a tortura é imprescritível. Neste caso, prevalece o tratado ou a CF/88? **(Delegado PF/13)**

RESPOSTA ADEQUADA:

Excelência, a regra de internalização de tratados internacionais segue as seguintes correntes:

1ª Corrente[1]: O STF tem o entendimento que os tratados internacionais de direitos humanos ratificados e vigentes no Brasil, mas não aprovados com quórum

1. ZANOTTI, 2016.

qualificado, têm natureza supralegal, que significa abaixo da Constituição e acima de todas as demais leis e por tal razão, não prevalecem sobre a Constituição, no entanto, têm o poder de retirar a eficácia das normas constitucionais. O exemplo mais comum é do depositário infiel, que a CF prevê, mas o Pacto San Jose da Costa Rica vedou a prisão civil do depositário infiel.

2ª Corrente[2]: Parte da doutrina entende que a aplicação do § 4º do artigo 5º é imediata e de eficácia plena. Destarte, é necessário que a legislação pátria seja adequada em decorrência de sermos signatários do Estatuto de Roma. Por isso, há a necessidade de adaptar o processo penal para o uso da jurisdição interna, inclusive, no que tange a imprescritibilidade dos referidos crimes, ampliando dessa forma o leque de crimes imprescritíveis.

COMPLEMENTAÇÃO DA RESPOSTA:

Diante de tema tão polêmico, dada a sua complexidade, lembrar-se de tudo na hora da prova é quase impossível, mas como já mencionei na parte de "estratégias argumentativas", que nessa situação o candidato deve tentar destacar a corrente que prevaleça, pois não será prejudicado, pelo contrário, caso o examinador queira explorar o tema, ele irá perguntar.

Com a promulgação da CF/88 foi prevista a prisão civil do depositário no art. 5º, LXVII, mas posteriormente com o advindo da EC 45/2004, que estabeleceu novo panorama nos acordos internacionais relativos a direitos humanos em território nacional, elevando-os ao patamar de emendas constitucional (respeitado mesmo quórum de votação), restou impossibilitada disciplina a respeito do assunto no Brasil.

No julgamento do STF mencionado (RE 466.343-SP e HC 87.585-TO), o Ministro Gilmar Mendes, em seu posicionamento conclui que "a disposição prevista no Pacto San Jose da Costa Rica não possui o condão de retirar a validade da norma constitucional, tendo em vista sua posição hierárquica inferior, ainda que supralegal. No entanto, em virtude de se posicionar acima das normas infraconstitucionais, acaba por retirar a eficácia do dispositivo constitucional, não permitindo que a norma regulamentadora dessa previsão constitucional gere efeitos no mundo jurídico".

Neste sentido, de acordo com entendimento doutrinário mencionado na 1ª corrente, em razão de tal fenômeno deve haver a dupla compatibilidade vertical-material, que é o que determina que uma lei deve ser compatível com o conteúdo dos tratados, bem como com os preceitos constitucionais.

Assim, o controle que o judiciário fará a partir das normas supralegais não é o controle de constitucionalidade ou de legalidade, **mas sim o controle de convencionalidade**, que significa conformação dos atos ou leis internas aos tratados internacionais ratificados pelo Brasil, uma vez que impõe deveres no âmbito internacional com reflexos práticos no âmbito do direito interno.

2. SILVA, 1982.

Inclusive, posteriormente, colocando ponto final na controvérsia, foi editada pelo STF a Súmula Vinculante 25. "É ilícita a prisão civil de depositário infiel, qualquer que seja a modalidade de depósito".

Destaca-se que o STJ[3] já decidiu ser imprescritível a ação de reparação de danos ajuizada em decorrência de tortura por motivos políticos durante o regime militar, fundamentando a imprescritibilidade de violações dos direitos fundamentais.

Interessante enfatizar que o art. 27 da Convenção de Viena sobre o Direito dos Tratados de 1969, ainda que ocorra a prescrição no direito interno, o Tribunal Penal Internacional deverá julgar os crimes, pois um Estado não pode invocar as disposições de sua legislação para justificar o descumprimento de uma regra internacional.

Além disso, o Tribunal Penal Internacional não investigará ou julgará delitos ocorridos antes da entrada em vigor do Estatuto de Roma, apenas após 1.º de julho de 2002, serão objeto de análise pela corte.

CANDIDATO:

Na visão da Corte Cidadã, o crime de desacato persiste no ordenamento penal pátrio? **(Delegado/Simulado)**

RESPOSTA ADEQUADA:

Excelência, o atual entendimento do STJ e do STF é que desacatar funcionário público no exercício da função ou em razão dela continua a ser crime, conforme previsto no art. 331 do Código Penal[4].

COMPLEMENTAÇÃO DA RESPOSTA:

No entanto, o STJ[5] decidiu no final de 2016:

O crime de desacato não mais subsiste em nosso ordenamento jurídico por ser incompatível com o artigo 13 do Pacto de San José da Costa Rica.

A criminalização do desacato está na contramão do humanismo, porque ressalta a preponderância do Estado – personificado em seus agentes – sobre o indivíduo.

A existência deste crime em nosso ordenamento jurídico é anacrônica, pois traduz desigualdade entre funcionários e particulares, o que é inaceitável no Estado Democrático de Direito preconizado pela CF/88 e pela Convenção Americana de Direitos Humanos.

Há uma tendência dos Ministros da 5ª Turma se curvarem à decisão da 3ª Seção e do STF.

3. STJ, AGRG NO AGRAVO 970.753/MG.
4. STJ. 3ª Seção. HC 379.269/MS, Rel. para acórdão Min. Antonio Saldanha Palheiro, julgado em 24/05/2017.
5. STJ. 5ª Turma. REsp 1640084/SP, Rel. Min. Ribeiro Dantas, julgado em 15/12/2016.

Vejamos o entendimento do STF:

A norma do art. 331 do Código Penal, que tipifica o crime de desacato, foi recepcionada pela Constituição de 1988. Trata-se de arguição de descumprimento de preceito fundamental em que se questiona a conformidade com a Convenção Americana de Direitos Humanos, bem como a recepção pela Constituição de 1988, do art. 331 do Código Penal, que tipifica o crime de desacato.

De acordo com a jurisprudência da Corte Interamericana de Direitos Humanos e do Supremo Tribunal Federal, a liberdade de expressão não é um direito absoluto e, em casos de grave abuso, é legítima a utilização do direito penal para a proteção de outros interesses e direitos relevantes. A diversidade de regime jurídico – inclusive penal – existente entre agentes públicos e particulares é uma via de mão dupla: as consequências previstas para as condutas típicas são diversas não somente quando os agentes públicos são autores dos delitos, mas, de igual modo, quando deles são vítimas.

A criminalização do desacato não configura tratamento privilegiado ao agente estatal, mas proteção da função pública por ele exercida. Vale ressaltar, no entanto, que, considerando que os agentes públicos em geral estão mais expostos ao escrutínio e à crítica dos cidadãos, deles se exige maior tolerância à reprovação e à insatisfação, limitando-se o crime de desacato a casos graves e evidentes de menosprezo à função pública. STF. Plenário. ADPF 496, Rel. Roberto Barroso, julgado em 22/06/2020 (Info 992 – clipping).

CANDIDATO:

Todos os direitos humanos são direitos fundamentais? **(Delegado SP/15)**

RESPOSTA ADEQUADA:

Excelência, a diferenciação entre direitos humanos e direitos fundamentais encontra-se no plano que estão inseridos. Os Direitos Humanos estão ligados à liberdade e à igualdade, os quais estão positivados no plano internacional, enquanto os direitos fundamentais são os direitos humanos positivados na Constituição Federal (CF, art. 5º e seguintes). Desta forma, o conteúdo de ambos é essencialmente o mesmo, sendo diferidos de acordo com o plano em que estão consagrados. Inclusive, dada a similaridade em suas características, não é incomum que haja coincidência entre direitos humanos e fundamentais, o que, a propósito, ocorre frequentemente.

COMPLEMENTAÇÃO DA RESPOSTA:

Para abrilhantar a resposta, o candidato poderá agregar o seguinte:

Os direitos fundamentais se originam da dignidade da pessoa humana, de acordo com o que prevê o art. 1º III da CF.

Nesse sentido, tendo em vista que as políticas públicas se fundam no atendimento da Supremacia do Interesse Público, que está intrinsecamente ligado à Dignidade da Pessoa Humana, podemos dizer que os Direitos Fundamentais ultrapassam o próprio sistema nacional e, se aplicados conscientemente e de acordo com a realidade social, ponderando-os e aplicando-os, sem dúvida irão alcançar status Universal, de Direitos Humanos. Os Direitos Humanos se originam de normas e tratados internacionais que, uma vez recepcionados com força de emenda constitucional, passam a surtir efeitos em nosso ordenamento.

CANDIDATO:

O que a Lei 12.850/13 alterou no Código Penal? **(Delegado SC/15)**

RESPOSTA ADEQUADA:

Excelência, a mencionada Lei nº 12.850/2013, que entre outros assuntos trata da organização criminosa e dispõe sobre a investigação criminal, os meios de obtenção da prova, infrações penais correlatas e o procedimento criminal a ser aplicado e altera os artigos 288 e 342 (no que se refere à pena) do Código Penal, que respectivamente versam sobre associação criminosa e falso testemunho/falsa perícia; ab-roga a Lei nº 9.034, de 3 de maio de 1995, que antes tratava do combate às organizações criminosas.

COMPLEMENTAÇÃO DA RESPOSTA:

Neste diapasão, podemos explicitar que:

Entre outros pontos, a lei determina que o conceito de organização criminosa pode ser aplicado às organizações terroristas internacionais. O texto altera o Código Penal dispondo sobre o conceito de crime associação criminosa caracterizando quando associarem 3 (três) ou mais pessoas, para o fim específico de cometer crimes e estará sujeito a pena que varia de reclusão, de 1 (um) a 3 (três) anos. A pena será aumentada até a metade se a associação é armada, ou se houver a participação de criança ou adolescente.

Também quem fizer afirmação falsa, ou negar ou calar a verdade como testemunha, perito, contador, tradutor ou intérprete em processo judicial, ou administrativo, inquérito policial, ou em juízo.

Além disso, a lei ainda elenca vários instrumentos que possam ser utilizados pelas autoridades policiais para comprovar a existência da organização criminosa, como exemplo da colaboração premiada; captação ambiental de sinais eletromagnéticos, ópticos ou acústicos; ação controlada; acesso a registros de ligações telefônicas e telemáticas; a dados cadastrais constantes de bancos de dados públicos ou privados e a informações eleitorais ou comerciais; interceptação de comunicações telefônicas e telemáticas; afastamento dos sigilos financeiro, bancário e fiscal; infiltração, por policiais, em atividade de investigação, e cooperação entre instituições e órgãos federais, distritais, estaduais e municipais, na busca de provas e informações de interesse da investigação ou da instrução criminal.

Ressalte-se que a principal alteração operada no CP ocorre no parágrafo primeiro do art. 288, que prevê agravamento da pena prevista no *caput*.

No texto revogado constava que "A pena aplica-se em dobro, se a quadrilha ou bando é armado". Com a alteração, o texto novo prevê: "A pena aumenta-se até a metade se a associação é armada ou se houver a participação de criança ou adolescente".

CANDIDATO:

Como ela difere dos tratados internacionais que tratam do tema? **(Delegado SC/15)**

RESPOSTA ADEQUADA:

Diante da lacuna existente na Lei 9.034/95 de ausência do conceito de crime organizado, a possibilidade de aplicação em nosso ordenamento do conceito de crime organizado trazido pela mencionada Convenção muito embora tenha sido objeto de larga discussão entre juristas e Tribunais, restou refutado pelo STF, que entendeu inaceitável acrescentar à norma penal elementos inexistentes, o que seria uma intolerável tentativa de substituir o legislador, porquanto a definição de crime organizado trazida pela Convenção de Palermo é por demais ampla, genérica, e viola a garantia da taxatividade, corolário do princípio da legalidade.

Além disso, ficou estabelecido que as definições preceituadas pelas convenções ou tratados internacionais jamais valem para reger nossas relações com o direito penal interno em defesa do Estado Democrático Brasileiro e da soberania.

COMPLEMENTAÇÃO DA RESPOSTA:

A Convenção de Palermo, na esfera da OEA, foi objeto de Resolução, aprovada na XXX Assembleia Geral, contando com o apoio do Governo brasileiro. Segunda a mencionada Convenção, o conceito de Grupo Criminoso Organizado é: "grupo estruturado de três ou mais pessoas, existente há algum tempo e atuando concertadamente com o propósito de cometer uma ou mais infrações graves ou enunciadas na presente Convenção, com a intenção de obter, direta ou indiretamente, um benefício econômico ou outro benefício material".

O texto da Convenção define que "infração grave" é aquela que "constitua infração punível com uma pena de privação de liberdade, cujo máximo não seja inferior a quatro anos ou com pena superior"; e que "grupo estruturado" se refira a "grupo formado de maneira não fortuita para a prática imediata de uma infração, ainda que os seus membros não tenham funções formalmente definidas, que não haja continuidade na sua composição e que não disponha de uma estrutura elaborada".[6]

Diante disso, houve discussão sobre o fato de que o conceito constante da Convenção deveria ser o adotado pelo ordenamento jurídico brasileiro, visto que havia flagrante lacuna na Lei 9.034/95 (atualmente revogada expressamente), antes da existência das Leis 12.694/12 e 12.850/13. Visto que a Lei 9.034/95 não trouxe o conceito de crime organizado (ou organização criminosa), pretendeu-se supri-la com a utilização do conceito existente no Tratado de Palermo. Afirmava-se ser possível a partir de

6. <http://institutoavantebrasil.com.br/analise-juridica-das-novas-leis-de-organizacoes-criminosas/>

quando o referido tratado passou a vigorar no Brasil, que se deu por meio do Decreto 5015/04. Desta forma, acreditava-se que tal medida supriria a garantia do princípio da legalidade.

Todavia, embora o STJ tenha decidido neste sentido em alguns julgados, a tese foi refutada pelo STF[7] no julgamento do HC 97.006, que afirmou que conceito trazido por Convenção não pode suplantar os ditames legais vigentes (na ocasião vigia a Lei 9.034/95). Na ocasião o Ministro Marco Aurélio manifestou que "a definição emprestada de organização criminosa seria acrescentar à norma penal elementos inexistentes, o que seria uma intolerável tentativa de substituir o legislador, que não se expressou nesse sentido".

A doutrina[8] também não poupou críticas sobre a hipótese de adesão pelo ordenamento pátrio do conceito descrito pela Convenção, com base nos seguintes critérios: em primeiro lugar, a definição de crime organizado trazida pela Convenção de Palermo é por demais ampla, genérica, e viola a garantia da taxatividade, corolário do princípio da legalidade. Em segundo, o conceito apresentado tem valor para nossas relações com o direito internacional, não com o direito interno. Por último, as definições preceituadas pelas convenções ou tratados internacionais jamais valem para reger nossas relações com o Direito penal interno em razão da exigência do princípio da democracia (ou garantia da *lex populi*).

CANDIDATO:

Quais são os aspectos importantes da Convenção das Nações Unidas e o Crime Organizado Transnacional? **(Delegado SC/2015)**

RESPOSTA ADEQUADA:

Excelência, foi durante a Convenção das Nações Unidas contra o Crime Organizado Transnacional que foi firmado o Tratado de Palermo, que cuida do tema no âmbito internacional.

O referido tratado internacional foi ratificado pelo Congresso Nacional por meio do Decreto nº 5.015/04. A partir desta data, portanto, adquiriu internamente força jurídica, isto é, passou a pertencer ao ordenamento jurídico pátrio.

Entretanto, foi debatida longa discussão entre operadores do direito e Tribunais, que versava sobre a possibilidade de, na lacuna da lei vigente à época, ser aplicado no ordenamento brasileiro o conceito de Crime Organizado trazido pela Convenção.

Mesmo o STJ ter decidido diferentemente em alguns julgados, o STF[9] pôs fim à controvérsia quando determinou, segundo manifestação do Ministro Marco Aurélio que

7. STF, HC 97.006.

8. GOMES, Luiz Flávio. Definição de crime organizado e a Convenção de Palermo. Disponível em: <http://www.lfg.com.br>. Acesso em 09 de setembro de 2013.

9. STF, HC 97.006.

"a definição emprestada de organização criminosa seria acrescentar à norma penal elementos inexistentes, o que seria uma intolerável tentativa de substituir o legislador, que não se expressou nesse sentido".

COMPLEMENTAÇÃO DA RESPOSTA:

É sabido que o tratado é a fonte deste ramo do Direito. Por outro lado, no âmbito interno, o vínculo é entre o indivíduo e o Estado brasileiro, que possui como fonte única a lei por conta do princípio constitucional da reserva legal.

Portanto, mesmo com o conceito trazido pela Convenção de Palermo, a lacuna legal não foi resolvida, inexistindo a possibilidade de punição pelo crime de organização criminosa e aplicação dos demais institutos e dispositivos já aludidos que lhe faziam referência.

Vale dizer que a tão debatida lacuna teve fim com o advindo das Leis 12.694/12 e 12.850/13.

CANDIDATO:

Para os direitos humanos, o que é a ação positiva? **(Delegado SP/15)**

RESPOSTA ADEQUADA:

Excelência, ação positiva ou afirmativa é a política pública que objetiva o alcance da igualdade material, visto que o princípio da igualdade reflete que a igualdade não pode ser somente formal, mas também consiste em 'tratar desigualmente os desiguais na medida de suas desigualdades'.

O conceito de igualdade deve se amoldar respeitando-se a diferença e a desigualdade, antes de tudo. Dessa forma, ao impor a igualdade temos que considerar determinadas pessoas merecem tratamentos específicos, de acordo com as experiências, convicções e peculiaridades de história de vida ou mesmo em decorrência de limitações naturalmente impostas. Temos como exemplo as cotas para negros no ingresso em universidades e das vagas em concursos públicos para deficientes físicos.

Neste sentido, nota-se que as ações afirmativas implementadas por meio de políticas públicas como forma de compensar históricos de discriminação, cumprem função decisiva para o processo democrático, que é assegurar o respeito à diversidade e pluralidade social.

COMPLEMENTAÇÃO DA RESPOSTA:

O candidato pode citar um trecho de uma Convenção Internacional e mencionar a sua importância:

A Convenção sobre a Eliminação de Todas as Formas de Discriminação Racial, promulgada pelo Decreto nº 65.810/69, assim prevê em seu Artigo I[10]:

10. BRASIL, Decreto nº 65.810, 1969, artigo I, 4.

4. Não serão consideradas discriminação racial as medidas especiais tomadas com o único objetivo de assegurar progresso adequado de certos grupos raciais ou étnicos ou de indivíduos que necessitem da proteção que possa ser necessária para proporcionar a tais grupos ou indivíduos igual gozo ou exercício de direitos humanos e liberdades fundamentais, contando que, tais medidas não conduzam, em consequência, à manutenção de direitos separados para diferentes grupos raciais e não prossigam após terem sidos alcançados os seus objetivos.

Ainda, na ADPF 186, o ex-presidente do STF, ministro Joaquim Barbosa definiu as ações afirmativas como políticas públicas voltadas à concretização do princípio constitucional da igualdade material e à neutralização dos efeitos perversos da discriminação racial, de gênero, de idade, de origem nacional e de compleição física. "A igualdade deixa de ser simplesmente um princípio jurídico a ser respeitado por todos, e passa a ser um objetivo constitucional a ser alcançado pelo Estado e pela sociedade", ressaltou.

O ministro lembrou que as ações afirmativas não são ações típicas de governos, podendo ser adotadas pela iniciativa privada e até pelo Poder Judiciário, em casos extremos. "Há, no Direito Comparado, vários casos de medidas de ações afirmativas desenhadas pelo Poder Judiciário em casos em que a discriminação é tão flagrante e a exclusão é tão absoluta, que o Judiciário não teve outra alternativa senão, ele próprio, determinar e desenhar medidas de ação afirmativa, como ocorreu, por exemplo, nos Estados Unidos, especialmente em alguns estados do sul", afirmou o ministro.

Ele ressaltou também que nenhuma nação obtém o respeito no plano internacional enquanto mantém, no plano interno, grupos populacionais discriminados. "Não se deve perder de vista o fato de que a história universal não registra, na era contemporânea, nenhum exemplo de Nação que tenha se erguido de uma condição periférica à condição de potência econômica e política, digna de respeito na cena política internacional, mantendo, no plano doméstico, uma política de exclusão, aberta ou dissimulada – pouco importa! Legal ou meramente estrutural ou histórica, pouco importa! –, em relação a uma parcela expressiva da sua população", asseverou.

CANDIDATO:

Quem é considerada a pessoa de etnia negra para os direitos humanos? **(Delegado SP/15)**

RESPOSTA ADEQUADA:

Excelência, em nosso ordenamento há previsão na Lei 12.228/2010 (Estatuto da Igualdade Racial)[11], que se considera população negra: o conjunto de pessoas que se autodeclaram pretas e pardas, conforme o quesito cor ou raça usado pela Fundação Instituto Brasileiro de Geografia e Estatística (IBGE), ou que adotam autodefinição análoga.

Portanto, de acordo com o Estatuto da Igualdade Racial basta a autodeclaração ou adoção de autodefinição análoga.

11. BRASIL, Lei nº 12.228, 2010, artigo 1º, PU, IV.

COMPLEMENTAÇÃO DA RESPOSTA:

Ocorre que o Brasil é um país muito diversificado, que registra grande incidência de pluralidade racial, portanto medidas como essa visam facilitar o acesso às ações afirmativas implantadas pelo poder público, conforme o sujeito se insira socialmente.

CANDIDATO:

Há diferença entre raça e etnia? Quais? **(Delegado SP/15)**

RESPOSTA ADEQUADA:

Excelência atualmente utiliza-se a nomenclatura "etnia" para determinar os genomas humanos. A nomenclatura "raça" está defasada, sendo utilizada apenas em tratados e leis anteriores a 2000.

Etnia é um grupo definido por características idênticas como a origem, idioma e cultura, enquanto que raça como distinção entre os homens é um conceito socialmente construído de que existiriam diferenças biológicas entre as etnias. A palavra etnia é derivada do grego *ethnos*, que significa "povo que tem os mesmos costumes".

COMPLEMENTAÇÃO DA RESPOSTA:

O candidato pode discorrer sobre a origem e consequências dos conceitos, objetivando evidenciar as diferenças entre os dois:

Tal explicação se deve ao fato de que o conceito de raça está ligado à ideia errônea ligada a traços biológicos definitivos, aliás seu uso por parte do senso comum dessa forma de categorização perpetuou a ideia de que os grupos humanos são divididos de acordo com características biológicas.

Já o conceito de etnicidade é puramente social. Ao tratarmos de etnicidade, estamos fazendo referência a construções culturais de determinada comunidade de pessoas. Os membros dos grupos étnicos enxergam-se como culturalmente diferentes de outros grupos sociais e vice-versa. Portanto, características como religião, língua, história e símbolos, por exemplo, são pontos de diferenciação entre etnias.

CANDIDATO:

Porque os direitos humanos são tidos como invioláveis? **(Delegado SP/15)**

RESPOSTA ADEQUADA:

Excelência, segundo a dimensão jusnaturalista-universal, os direitos do homem são direitos válidos para todos os povos e em todos os tempos e esses direitos se originam da própria natureza humana, por isso seu caráter inviolável, intemporal e universal. A Constituição Federal prevê princípios que regem as relações internacionais em seu art. 4º.

COMPLEMENTAÇÃO DA RESPOSTA:

Previsão constitucional:

Art. 4º A República Federativa do Brasil rege-se nas suas relações internacionais pelos seguintes princípios:

I – independência nacional;

II – prevalência dos direitos humanos;

III – autodeterminação dos povos;

IV – não-intervenção;

V – igualdade entre os Estados;

VI – defesa da paz;

VII – solução pacífica dos conflitos;

VIII – repúdio ao terrorismo e ao racismo;

IX – cooperação entre os povos para o progresso da humanidade;

X – concessão de asilo político.

O candidato pode fazer um paralelismo entre direitos fundamentais e direitos humanos e concluir conceituando o princípio da inviolabilidade:

Como se sabe, o conteúdo dos direitos fundamentais é o mesmo que o dos direitos humanos, diferindo-se apenas pelo plano em que estão consagrados. Direitos Fundamentais na CF e Direitos Humanos positivados no plano internacional.

E ambos contêm, em si, o princípio da Inviolabilidade, que compreende: os direitos de outrem não podem ser desrespeitados por nenhuma autoridade ou lei infraconstitucional, sob pena de responsabilização civil, penal ou administrativa.

CANDIDATO:

O princípio da dignidade da pessoa humana está ligado à inalienabilidade? **(Delegado SP/15)**

RESPOSTA ADEQUADA:

Excelência, o princípio da inalienabilidade resulta do princípio constitucional da dignidade da pessoa humana[12], sendo que o homem jamais poderá deixar de ser homem, tendo sempre os direitos fundamentais como alicerce para garantia de tal condição.

Portanto, esses direitos, por não possuírem conteúdo econômico-patrimonial, são intransferíveis, inegociáveis e indisponíveis, estando fora do comércio, limitando o princípio da autonomia privada.

12. BRASIL, Constituição Federal, art. 1º, III.

COMPLEMENTAÇÃO DA RESPOSTA:

Para explicitar o conceito mais detalhadamente, o candidato poderá aduzir:

Quando fazemos uma conexão da inalienabilidade com a dignidade da pessoa humana, é importante salientar que não são todos os direitos fundamentais que são considerados inalienáveis. Possuem estas características somente aqueles que objetivariam resguardar a potencialidade do homem e de sua autodeterminação.

São considerados inalienáveis os direitos que visam proteger a vida biológica e os que intentam para a preservação das condições normais de saúde física e mental, bem como a liberdade de tomar decisões sem coerção externa.

CANDIDATO:

A Constituição Federal admite alguma forma de discriminação? **(Delegado SP/15)**

RESPOSTA ADEQUADA:

Excelência, em regra, podemos afirmar que os atos discriminatórios de qualquer natureza são opostos aos princípios e objetivos fundamentais da República Federativa do Brasil, pois em seu próprio preâmbulo[13] assegura direitos sociais e individuais, a liberdade, a segurança, o bem-estar, o desenvolvimento, a igualdade e a justiça como valores supremos de uma sociedade fraterna, pluralista e sem preconceitos.

Contudo, temos as chamadas discriminações positivas, que são implementadas por meio de ações afirmativas, que são instrumentos adotados quando da implementação de políticas públicas, direcionados para as minorias sociais, que objetivam a promoção da igualdade material ou substancial.

COMPLEMENTAÇÃO DA RESPOSTA:

Aqui o candidato pode demonstrar seu conhecimento citando exemplo prático do tema:

Conclui-se que são admitidas as discriminações positivas como forma de concretizar o direito à igualdade em sua concepção material previsto no art. 5º da CF. Como exemplo, temos o caso da aposentadoria da mulher com menor tempo de contribuição e de idade.

CANDIDATO:

O que é um grupo vulnerável? **(Delegado SP/15)**

RESPOSTA ADEQUADA:

Excelência, a vulnerabilidade é o critério utilizado para identificar as minorias, que são grupos com características culturais ou físicas desvalorizadas pela sociedade em

13. BRASIL, Constituição Federal, Preâmbulo.

geral, desencadeando um "processo de exclusão e discriminação". E por com sequência, quando comparados a outros, possuem um "cabedal menor de direitos" assegurados.

COMPLEMENTAÇÃO DA RESPOSTA:

Para aprofundar o tema, o candidato pode mencionar exemplos de grupos vulneráveis no país:

Aqui no Brasil podemos apontar como minorias os grupos relacionados às questões de gênero, idade, etnia/raça, religiosidade, compleição física, além dos homossexuais, portadores de doenças estigmatizantes, os povos indígenas, as comunidades ciganas, entre outros.

Inclusive, na Lei 13.146/15, que trata da inclusão da pessoa com deficiência, em seu art. 5º, parágrafo único, preceitua que "são considerados **especialmente vulneráveis** a **criança, o adolescente, a mulher e o idoso, com deficiência**. (Grifei).

CANDIDATO:

E as minorias, o que são? **(Delegado SP/15)**

RESPOSTA ADEQUADA:

Excelência, minoria é um termo utilizado juridicamente para classificar os grupos que em comparação a outros, possuem um cabedal menor de direitos assegurados.

Em oposição à minoria, temos a maioria que vem a ser o grupo dominante, detentor das riquezas e do poder.

COMPLEMENTAÇÃO DA RESPOSTA:

É interessante sempre associar a teoria à prática, citando os exemplos existentes:

No Brasil, as minorias são identificadas por grupos relacionados às questões de gênero, idade, etnia/raça, religiosidade, portadores de necessidades especiais, homossexuais, portadores de doenças estigmatizantes, os povos indígenas, entre outros.

CANDIDATO:

Se há no Estado de São Paulo delegacias para mulher, poderia haver concurso específico com vagas somente para mulheres? É constitucional? **(Delegado SP/15)**

RESPOSTA ADEQUADA:

Excelência, a própria Constituição Federal[14] prevê a possibilidade de requisitos diferenciados de admissão quando a natureza do cargo o exigir.

14. BRASIL. Constituição Federal, art. 39, § 3º.

Inclusive o STF ao dispor sobre as discriminações em relação ao cargo determina que elas devem obedecer aos aspectos objetivos e de caráter extremamente necessário ao desempenho do cargo.

Em suma, o princípio da isonomia tanto em seu caráter formal quanto no material significa "Tratar os desiguais na medida de suas desigualdades", muito além de dispensar um tratamento uniforme apenas formalmente, mas com o objetivo precípuo de alcançar uma igualdade real, verdadeira e efetiva perante os bens da vida.

COMPLEMENTAÇÃO DA RESPOSTA:

Trazemos julgado do TJ-RJ[15] sobre o tema:

No campo dos provimentos dos cargos públicos, a regra é o tratamento isonômico entre todos os candidatos, podendo a lei, contudo, "estabelecer requisitos diferenciados de admissão quando a natureza do cargo o exigir" (CF, art. 39, § 3º).

Assim, a isonomia que se pretende obter para prover os cargos públicos não é, necessariamente, uma isonomia material, pois certas atividades demandam atributos específicos que, caso não sejam verificados, prejudicariam a consecução de uma função pública com relevante papel na segurança do Estado, a exemplo da Polícia Militar, em nome de quem a Constituição incumbiu, em seu art. 144, § 5º, "a polícia ostensiva e a preservação da ordem pública".

Assim, a natureza do cargo pode exigir que a Administração limite o acesso à determinada categoria de pessoas, restringindo o seu acesso, por exemplo, a pessoas que tenham ultrapassado uma idade limite.

Nesse diapasão, o Supremo Tribunal Federal consolidou o entendimento de que "o limite de idade para a inscrição em concurso público só se legitima em face do art. 7º, XXX, da Constituição, quando possa ser justificado pela natureza das atribuições do cargo a ser preenchido".

Assim, exigências que impliquem algum grau de restrição de candidatos aos cargos públicos devem estar amparadas em lei, como é o caso do exame psicotécnico (Súmula 686 do STF).

Deveras, a distinção entre os grupos de candidatos, desde que amparada em lei, deve estar em consonância com o princípio da razoabilidade e proporcionalidade, resguardada a apreciação judicial quando eventual abuso ou excesso seja verificado no caso concreto.

O objeto do recurso gira em torno, por conseguinte, da discussão sobre eventual quebra da isonomia entre candidatos do sexo masculino e feminino, quando o edital reservou um maior número de vagas para os homens e ainda, quando de sua prorrogação, não convocou as candidatas do sexo feminino na mesma proporção dos demais.

É insofismável a diferença fisiológica entre homens e mulheres e sua correlação com as funções que lhe serão exigidas no desempenho dentro da Polícia Militar.

Na jurisprudência do Supremo Tribunal Federal encontra-se precedente que chancela o tratamento diferenciado que a lei estadual pode conferir aos membros do gênero masculino dentro da corporação, justificando esse privilégio na natureza das atribuições inerentes ao cargo, in litteris:

15. TJ-RJ, Agr. Inst. 0013467-56.2014.8.19.0000, Des. Mário Guimarães Neto, 12ª Câm. Cível, 4ª Vara de Faz. Pública da Comarca da Capital, em 25/03/2014.

EMENTA: ISONOMIA. ART. 5º, CAPUT, DA CONSTITUIÇÃO FEDERAL. POLÍCIA MILITAR. DISTINÇÃO EM RAZÃO DO SEXO. PROMOÇÃO DE OFICIAL DO SEXO FEMININO EM VAGA DO QUADRO MASCULINO DA CORPORAÇÃO. IMPOSSIBILIDADE. A jurisprudência do STF tem admitido discriminações no provimento de cargos, desde que se legitimem como imposição da natureza e das atribuições da função. O art. 5º da Lei nº 9.816/86, do Estado de Pernambuco, ao permitir a promoção de oficiais do sexo masculino em postos do quadro feminino, sem admitir a possibilidade inversa, não viola o princípio da isonomia, uma vez que se louva em distinção legitimada pela natureza das atribuições de cada um dos quadros de oficiais da corporação. Recurso extraordinário conhecido e provido. (RE 225721, Relator(a): Min. ILMAR GALVÃO, Primeira Turma, julgado em 22/02/2000, DJ 28-04-2000 PP-00096 EMENT VOL-01988-06 PP-01114).

Em carreiras policiais, os certames públicos respeitam certos privilégios às mulheres na prova de aptidão física porque o organismo feminino, por sua fisiologia, não comportaria ser submetida aos padrões de esforço dos homens.

(...)

Sendo assim, a diferenciação de gêneros dentro da Corporação da Polícia Militar se afigura plenamente compatível e razoável com a natureza do cargo a ser provido, desde que essa distinção esteja amparada em lei, nos termos do art. 39, § 2º, da CF.

Neste sentido, confirmando o entendimento esposado, citamos jurisprudência do Supremo Tribunal Federal[16] quanto ao tratamento diferenciado que a lei pode conferir aos membros do gênero masculino dentro de uma instituição militar ou civil, de natureza policial, justificando esse privilégio na natureza das atribuições inerentes ao cargo, *in litteris*:

EMENTA: ISONOMIA. ART. 5º, CAPUT, DA CONSTITUIÇÃO FEDERAL. POLÍCIA MILITAR. DISTINÇÃO EM RAZÃO DO SEXO. PROMOÇÃO DE OFICIAL DO SEXO FEMININO EM VAGA DO QUADRO MASCULINO DA CORPORAÇÃO. IMPOSSIBILIDADE. A jurisprudência do STF tem admitido discriminações no provimento de cargos, desde que se legitimem como imposição da natureza e das atribuições da função. O art. 5º da Lei nº 9.816/86, do Estado de Pernambuco, ao permitir a promoção de oficiais do sexo masculino em postos do quadro feminino, sem admitir a possibilidade inversa, não viola o princípio da isonomia, uma vez que se louva em distinção legitimada pela natureza das atribuições de cada um dos quadros de oficiais da corporação. Recurso extraordinário conhecido e provido.

O candidato pode discorrer sobre o aspecto prático, adicionando:

Mesmo nas delegacias especializadas no atendimento a mulheres, a carreira de delegado de polícia é uma só. O que ocorre é um direcionamento na designação, preferencialmente, de delegadas do sexo feminino, para as delegacias que cuidam de crimes contra a mulher, pois se acredita que em tese diminui o constrangimento da vítima. Contudo, não há que se falar em discriminação.

CANDIDATO:

O que são direitos de solidariedade? Há sinônimo usado pela doutrina? Como se classificam? **(Delegado SP/15)**

16. STF, RE 225721, Rel. Min. ILMAR GALVÃO, Primeira Turma, julgado em 22/02/2000, DJ 28-04-2000.

RESPOSTA ADEQUADA:

Excelência, a solidariedade está inserida dentre os direitos fundamentais e se classifica como direitos de terceira dimensão, também denominados de direitos de fraternidade, que materializam poderes de titularidade coletiva, atribuídos genericamente a todas as formações sociais.

Este direito vem sendo consagrados por normas e tratados internacionais de forma recorrente, dentre os quais podemos citar: direito à paz[17], direito ao desenvolvimento[18], autodeterminação dos povos[19], entre outros.

COMPLEMENTAÇÃO DA RESPOSTA:

Após responder objetivamente à pergunta, o candidato vai demonstrar melhor conhecimento ao descrever o seguinte:

A solidariedade tem como premissa a proteção de grupos humanos, família, povo, nação e, caracteriza-se como direitos de titularidade coletiva ou difusa.

CANDIDATO:

Há previsão, conforme as regras mínimas da ONU, para tratamento de presos envolvendo o uso de algemas? **(Delegado SP/15)**

RESPOSTA ADEQUADA:

Excelência, há previsão sim. Nas Regras Mínimas da ONU[20] está previsto que a sujeição a instrumentos tais como algemas nunca deve ser aplicada como sanção ou coação, só podendo ser utilizados em hipóteses excepcionais.

COMPLEMENTAÇÃO DA RESPOSTA:

Regras Mínimas para o Tratamento de Reclusos:

> 33. A sujeição a instrumentos tais como algemas, correntes, ferros e coletes de força nunca deve ser aplicada como sanção. Mais ainda, correntes e ferros não devem ser usados como instrumentos de coação. Quaisquer outros instrumentos de coação só podem ser utilizados nas seguintes circunstâncias:
>
> a) Como medida de precaução contra uma evasão durante uma transferência, desde que sejam retirados logo que o recluso compareça perante uma autoridade judicial ou administrativa;
>
> b) Por razões médicas sob indicação do médico;

17. ONU, Pacto Internacional de Direitos Civis e Políticos, Assembleia Geral, art. 20, em 16/12/66.
18. ONU, Declaração Sobre o Direito ao Desenvolvimento, ART. 1º, 1986.
19. ONU, Pacto Internacional de Direitos Civis e Políticos, Art. 1º, 1966.
20. GENEBRA, 1955, Regras Mínimas para o Tratamento de Reclusos, ONU, 33.

c) Por ordem do diretor, depois de se terem esgotado todos os outros meios de dominar o recluso, a fim de o impedir de causar prejuízo a si próprio ou a outros ou de causar estragos materiais; nestes casos o diretor deve consultar o médico com urgência e apresentar relatório à autoridade administrativa superior.

Vale registrar o contexto histórico do evento, do qual resultou a medida:

A previsão consta das Regras Mínimas para o Tratamento de Reclusos, adotadas pelo Primeiro Congresso das Nações Unidas sobre a Prevenção do Crime e o Tratamento dos Delinquentes, realizado em Genebra em 1955, e aprovadas pelos Conselho Econômico e Social das Nações Unidas e Conselho Econômico e Social, está inserida no rol de Instrumentos de coação.

CANDIDATO:

Dentro da delegacia o preso pode permanecer algemado? **(Delegado SP/15)**

RESPOSTA ADEQUADA:

Excelência, consoante o verbete vinculante nº 14 do STF, se houver risco de fuga ou da integridade do preso ou de terceiro sim.

Todavia, segundo previsão das Regras Mínimas para o Tratamento de Reclusos[21], adotadas pelo Primeiro Congresso das Nações Unidas sobre a Prevenção do Crime e o Tratamento dos Delinquentes, o modelo e o modo de utilização dos instrumentos de coação devem ser decididos pela administração penitenciária central e a sua aplicação não deve ser prolongada para além do tempo estritamente necessário.

COMPLEMENTAÇÃO DA RESPOSTA:

Importante ressaltar que a utilização das algemas deve obedecer a critérios de proporcionalidade e razoabilidade, dentro de um juízo de valor empregado pela autoridade ao caso concreto, levando em conta o motivo e necessidade para tal. Na prática, desde que o detido não esteja apresentando resistência ou risco de ocasionar prejuízos materiais ou físicos a si ou a outrem, injustificado seria mantê-lo algemado.

Por oportuno, ressalta-se que, embora sua constitucionalidade não tenha sido julgada pelo STF, o Regime Disciplinar Diferenciado (RDD), incluído pela Lei 10.792, de 1º de dezembro de 2003, à Lei de Execução Penal (Lei 7.210/84), é questionado por ser considerado violador das Regras Mínimas, pela segregação prolongada de presos sem a observância dos limites vistos acima.

CANDIDATO:

Tais regras mínimas preveem o uso de algemas em gestantes? **(Delegado SP/15)**

21. GENEBRA, 1955, Regras Mínimas para o Tratamento de Reclusos, ONU, 34.

RESPOSTA ADEQUADA:

Excelência, o emprego de algemas em mulheres grávidas recebeu tratamento pelo Decreto 8.858/16, que regulamenta o art. 199 da LEP, pelo qual determina-se vedação ao emprego de algemas em mulheres presas em qualquer unidade do sistema penitenciário nacional durante o trabalho de parto, no trajeto da parturiente entre a unidade prisional e a unidade hospitalar e após o parto, durante o período em que se encontrar hospitalizada.

Ademais, com o advento da recentíssima Lei 13.434/17, inseriu-se parágrafo único no art. 292 do CPP, que veda o uso de algemas em mulheres grávidas durante os atos médico-hospitalares preparatórios para a realização do parto e durante o trabalho de parto, bem como em mulheres durante o período de puerpério imediato.

No Estado de SP essa previsão já data desde 2012 por decreto[22], que dispõe acerca do assunto vedando, como regra, o uso de algemas em parturiente.

COMPLEMENTAÇÃO DA RESPOSTA:

> Decreto 8.858/16
>
> Art. 3º É vedado emprego de algemas em mulheres presas em qualquer unidade do sistema penitenciário nacional durante o trabalho de parto, no trajeto da parturiente entre a unidade prisional e a unidade hospitalar e após o parto, durante o período em que se encontrar hospitalizada.
>
> Lei 13.434/17
>
> Art. 292. (...)
>
> Parágrafo único. É vedado o uso de algemas em mulheres grávidas durante os atos médico-hospitalares preparatórios para a realização do parto e durante o trabalho de parto, bem como em mulheres durante o período de puerpério imediato.

Devemos considerar alguns aspectos constitucionais que fundamentaram os atos mencionados:

A dignidade da pessoa humana, constituindo direitos fundamentais não ser submetido a tratamento desumano ou degradante e ter assegurado, em caso de prisão, o respeito à integridade física e moral; e conforme prevê a Súmula Vinculante nº 11 do STF, o uso de algemas deve-se restringir a situações de risco de fuga ou de perigo à integridade física do preso ou de terceiros.

Além disso, sabe-se que presas em trabalho de parto não oferecem risco de fuga, podendo eventuais situações de perigo à integridade física própria ou de terceiros ser abordadas sem recurso a meios excessivos de contenção.

Não há essa previsão específica sobre parturientes nas Regras Mínimas para o Tratamento de Reclusos da ONU.

22. BRASIL, SP, Decreto 57783, 2012.

CANDIDATO:

Quais as características dos direitos humanos? **(Delegado SP/15)**

RESPOSTA ADEQUADA:

Excelência, não há unanimidade quanto ao rol, apresentando algumas variações, sendo que as principais características dos direitos humanos: Historicidade; Imprescritibilidade; Inviolabilidade; Efetividade; Inalienabilidade; Inexauribilidade; Vedação ao retrocesso; Complementariedade; e, Universalidade.

COMPLEMENTAÇÃO DA RESPOSTA:

Descrição de cada característica dos direitos humanos:

1. Historicidade: são adquiridos com o decurso do tempo, tem natureza histórica remontada ao longo dos séculos desde o Cristianismo.
2. Imprescritibilidade: não se perdem pelo decurso de prazo.
3. Inviolabilidade: não podem ser violados por leis infraconstitucionais, nem por atos administrativos.
4. Efetividade: o Poder Público deve atuar de modo a garantir a efetivação dos direitos e garantias fundamentais.
5. Inalienabilidade. São direitos intransferíveis, inegociáveis.
6. Inexauribilidade: sempre podem ser expandidos e ampliados, são inesgotáveis (CF, art. 5º, § 2º).
7. Vedação ao retrocesso: jamais podem ser diminuídos ou reduzidos no seu aspecto de proteção.
8. Complementariedade: possuem o atributo da complementariedade, ou seja, um complementa o outro (Direito à saúde complementa à vida).
9. Universalidade: os direitos fundamentais aplicam-se a todos os indivíduos, indistintamente. São destinados a todos os seres humanos em todos os lugares do mundo, independentemente de opção religiosa, raça, condição sexual, ou qualquer aspecto individual.

Importante o candidato mencionar o quanto ainda é comum ocorrer violação sistemática aos direitos humanos, visto que em certos países os direitos humanos não são respeitados, em razão de suas respectivas tradições culturais, o que configura a chamada teoria do "relativismo cultural" dos direitos humanos.

Sobre o tema, trazemos a lição do ilustre Paulo Henrique Portela[23]:

> "(...) o universalismo é contestado por parte da doutrina, que fundamentalmente defende que os diferentes povos do mundo possuem valores distintos e que, por isso, não seria possível estabelecer uma moral universal única, válida indistintamente para todas as pessoas humanas e sociedades. É a noção de relativismo cultural, ou simplesmente relativismo, que defende, ademais, que o universalismo

23. PORTELA, 2013.

implicaria imposição de ideias e concepções que na realidade, pertenceriam ao universo da cultura ocidental."

A fim de ilustrar o citado relativismo cultural, temos o exemplo de que em pleno Século XXI o governo do Irã enfoque em praça pública as pessoas que são homossexuais, mortos em nome da religião muçulmana, que considera pecado a sua opção sexual.

CANDIDATO:

Onde está situado o Tribunal Penal Internacional? **(Delegado SP/15)**

RESPOSTA ADEQUADA:

Excelência, o TPI é o primeiro tribunal penal internacional permanente, que está sediado em Haia, Países Baixos, desde 2002, consoante ao estabelecido no artigo 3º do Estatuto de Roma.

COMPLEMENTAÇÃO DA RESPOSTA:

O candidato pode mencionar alguns outros detalhes sobre o tema:

Verifica-se que o TPI iniciou suas atividades em julho de 2002, quando da 60ª ratificação ao Estatuto de Roma.

CANDIDATO:

Quais os crimes submetidos a seu julgamento? **(Delegado SP/15)**

RESPOSTA ADEQUADA:

Excelência, o TPI tem por competência o processamento e o julgamento dos acusados de crimes de genocídio, crimes contra a humanidade, crimes de guerra e, futuramente, crimes de agressão.

COMPLEMENTAÇÃO DA RESPOSTA:

Segundo o Itamaraty[24], o TPI julga apenas indivíduos – diferentemente da Corte Internacional de Justiça, que examina litígios entre Estados. A existência do Tribunal contribui para prevenir a ocorrência de violações dos direitos humanos, do direito internacional humanitário e de ameaças contra a paz e a segurança internacionais.

24. <http://www.itamaraty.gov.br/pt-BR>.

CANDIDATO:

Qual a definição de genocídio? **(Delegado SP/15)**

RESPOSTA ADEQUADA:

Excelência, a Lei 2.889/1956, que define e pune o crime de genocídio, prevê a tipificação em seu artigo 1º, e considera genocídio como o assassinato deliberado de pessoas e com objetivo final de extermínio de todos os indivíduos integrantes de um mesmo grupo humano específico (motivado por diferenças étnicas, nacionais, raciais, religiosas e, por vezes, sociopolíticas).

COMPLEMENTAÇÃO DA RESPOSTA:

Importante conhecer literalidade da norma para que o candidato construa um raciocínio crítico sobre o tema.

Passemos a transcrever a Lei 2.889/1956:

> "Art. 1º Quem, com a intenção de destruir, no todo ou em parte, grupo nacional, étnico, racial ou religioso, como tal:
>
> a) matar membros do grupo;
>
> b) causar lesão grave à integridade física ou mental de membros do grupo;
>
> c) submeter intencionalmente o grupo a condições de existência capazes de ocasionar-lhe a destruição física total ou parcial;
>
> d) adotar medidas destinadas a impedir os nascimentos no seio do grupo;
>
> e) efetuar a transferência forçada de crianças do grupo para outro grupo (...)".

CANDIDATO:

Em que ano o Brasil passou a fazer parte do TPI? **(Delegado SP/15)**

RESPOSTA ADEQUADA:

Excelência, o Tratado de Roma que adotou o Estatuto do TPI foi ratificado pelo Brasil em 20/07/02, tendo sido incorporado ao ordenamento jurídico brasileiro por meio do Decreto 4.388, de 25 de setembro de 2002[25].

COMPLEMENTAÇÃO DA RESPOSTA:

Cumpre dizer que aspectos importantes de sua internalização ainda estão em trâmite no Congresso Nacional.

25. <http://www.itamaraty.gov.br/pt-BR>.

CANDIDATO:

Direito à paz é direito humano? Como é classificado pela doutrina? **(Delegado SP/15)**

RESPOSTA ADEQUADA:

Excelência o direito à paz está classificado no rol de direitos de terceira geração: direito ao desenvolvimento ou progresso, ao meio ambiente, à autodeterminação dos povos, direito de comunicação, de propriedade sobre o patrimônio comum da humanidade e direito à paz. Tais direitos não são concebidos para a proteção do homem isoladamente, mas de coletividades, de grupos, o que os classifica como direitos transindividuais, e assim são reconhecidos como direitos humanos.

Neste sentido temos posicionamento do doutrinador Paulo Bonavides[26], sobre os direitos de terceira geração:

> "Com efeito, um novo polo jurídico de alforria do homem se acrescenta historicamente aos da liberdade e da igualdade. Dotados de altíssimo teor de humanismo e universalidade, os direitos da terceira geração tendem a cristalizar-se no fim do século XX enquanto direitos que não se destinam especificamente à proteção dos interesses de um indivíduo, de um grupo ou de um determinado Estado. Tem primeiro por destinatário o gênero humano mesmo, num momento expressivo de sua afirmação como valor supremo em termos de existencialidade concreta."

COMPLEMENTAÇÃO DA RESPOSTA:

Muito embora para o doutrinador Paulo Bonavides, anteriormente o direito à paz tenha sido alojado na esfera dos direitos de terceira dimensão, frente ao insistente rumor de guerra que assola a humanidade, o ilustre jurista decidiu dar lugar de destaque à *paz* no âmbito da proteção dos direitos fundamentais.

CANDIDATO:

Como se classificaria segundo a teoria das gerações? **(Delegado SP/15)**

RESPOSTA ADEQUADA:

Excelência, anteriormente destacava o direito à paz como sendo de terceira geração, contudo em recentes debates científicos o doutrinador Paulo Bonavides[27], assim como outros doutrinadores também estão se posicionando neste sentido, fez expressa menção à possibilidade concreta de se falar, atualmente, em uma 5ª geração de direitos fundamentais, onde, em face dos últimos acontecimentos de rumores de guerra que assolam a humanidade, decidiu dar lugar de destaque à *paz* no âmbito da proteção dos direitos fundamentais.

26. BONAVIDES, 2006, p. 569.

27. BONAVIDES, Ob. Cit., 2006.

COMPLEMENTAÇÃO DA RESPOSTA:

O candidato pode complementar sua fala mencionando outro posicionamento doutrinário:

> Segundo referenciam os ensinamentos de José Adércio Sampaio Leite[28], os direitos de quinta geração ou dimensão: "como o sistema de direitos anda a incorporar os anseios e necessidades humanas que se apresentam com o tempo, há quem fale já de uma quinta geração dos direitos humanos com múltiplas interpretações".

CANDIDATO:

Qual a definição de Controle de Convencionalidade? **(Delegado/ Simulado 2022)**

RESPOSTA ADEQUADA:

*Excelência, p*or controle de convencionalidade entende-se o mecanismo de direito internacional que permite a verificação da compatibilidade do direito interno com os tratados internacionais em vigor no país, notadamente os de direitos humanos, mas não somente eles, e implica que a norma doméstica deve ser compatível com a ordem jurídica internacional que não viole os preceitos de direito internacional a que está obrigado o país. O Estado deve adotar medidas no âmbito interno que possibilitem a compatibilidade das suas normas com as obrigações internacionais em matéria de direitos humanos.

É importante assinalar que as medidas a serem adotadas pelo Estado não se esgotam com a adoção ou o afastamento de leis, mas também com a interpretação das normas internas, conforme as disposições dos tratados internacionais e a jurisprudência da Corte Interamericana de Direitos Humanos. Portanto, ao tema do controle de convencionalidade deve ser agregada a discussão sobre a interpretação dos tratados pelos órgãos cuja jurisdição obrigatória o Brasil já reconheceu. Logo, ao empreender o controle de convencionalidade, os juízes e os tribunais brasileiros devem estar atentos também à interpretação que é dada aos tratados de direitos humanos pelos tribunais internacionais.

COMPLEMENTAÇÃO DA RESPOSTA:

Destacam-se duas características: A **verificação da compatibilidade** de normas e demais práticas internas com a Convenção Americana de Direitos Humanos, a jurisprudência da Corte IDH e os demais tratados interamericanos dos quais o Estado seja parte; A **realização de ofício por toda autoridade pública**, no âmbito da sua competência, podendo implicar supressão da norma ou sua interpretação nos termos da Convenção Americana de Direitos Humanos.

28. SAMPAIO, 2002. p. 302.

CANDIDATO:

Delegado pode aferir convencionalidade das leis? **(Delegado/ Simulado 2022)**

RESPOSTA ADEQUADA:

Excelência, sabe-se que o delegado de polícia age stricto sensu em nome do Estado, integrando carreira jurídica e exercendo função essencial à Justiça. Pela natureza e relevância de suas atribuições, a autoridade de Polícia Judiciária deve dominar o ordenamento jurídico não apenas nacional, mas também internacional. Isso engloba, portanto, tanto as normas constitucionais (incluindo tratados internacionais de direitos humanos aprovados com quórum de emenda constitucional – artigo 5º, §3º da CF) quanto as normas infraconstitucionais, sejam supralegais (tratados internacionais de direitos humanos aprovados sem quórum de emenda constitucional) ou legais (leis e tratados internacionais em geral).

COMPLEMENTAÇÃO DA RESPOSTA:

Ocorre que nem sempre a legislação ordinária guarda compatibilidade vertical com a Constituição e com os tratados internacionais, razão pela qual deve ser realizado o controle dessas normas com base nos referidos parâmetros. Daí se falar em controle de constitucionalidade e de convencionalidade, respectivamente.

Diferentemente do controle de constitucionalidade, cujo estudo vem de longa data, o controle de convencionalidade é assunto novo. Discutido apenas recentemente pela Corte Interamericana de Direitos Humanos, foi sistematizado pela doutrina brasileira de forma pioneira pelo professor Valerio Mazzuoli.

O controle de convencionalidade consiste na **análise da harmonia das normas internas em face das normas internacionais**. Pode ser classificado em: **a**) internacional (externo, definitivo), quando exercido por órgão internacional (especialmente órgãos da ONU e Corte Interamericana de Direitos Humanos, no caso brasileiro); e **b**) nacional (interno, preliminar), quando efetuado por órgão nacional, subdividindo-se em concentrado (STF) ou difuso (qualquer magistrado ou órgão administrativo).

O parâmetro no controle de convencionalidade externo é a norma internacional (principalmente o Pacto de São José da Costa Rica, no caso do Brasil), enquanto o objeto do controle é a norma nacional, independentemente da hierarquia interna. Vale lembrar que **não só** a Convenção Americana de Direitos Humanos é paradigma para o controle de convencionalidade, mas qualquer tratado internacional de direitos humanos, como se depreende do entendimento da Corte IDH e da própria redação do Pacto de São José da Costa Rica (artigo 64.1).

Importante pontuar que no controle de convencionalidade deve-se ter em conta não somente o tratado internacional, mas também a interpretação dada a ele pela Corte Interamericana de Direitos Humanos, intérprete última da Convenção Americana de Direitos Humanos e detentora da última palavra quanto aos direitos humanos ali positivados.

Todavia, ao contrário do que muitos imaginam, o controle de convencionalidade nacional **não é menos importante** do que o internacional. Na verdade: o controle de convencionalidade internacional é apenas coadjuvante ou complementar do controle oferecido pelo Direito interno, como destaca inclusive o segundo considerando da Convenção Americana, que dispõe ser a proteção internacional convencional "coadjuvante ou complementar da que oferece o direito interno dos Estados americanos".

CANDIDATO:

Qual a necessária a edição de lei em sentido formal para a tipificação do crime contra a humanidade trazida pelo Estatuto de Roma, mesmo se cuidando de Tratado internalizado? O disposto na Convenção sobre a Imprescritibilidade dos Crimes de Guerra e dos Crimes contra a Humanidade não torna inaplicável o art. 107, inciso IV, do Código Penal? **(Delegado/ Simulado)**

RESPOSTA ADEQUADA:

Excelência, a jurisprudência do STF[29] e do STJ[30] entende que os **crimes contra a humanidade** não são imprescritíveis no Brasil. Podem ser apontadas **duas razões** para isso: a primeira é pelo Brasil não ter subscrito nem aderido à Convenção sobre a Imprescritibilidade dos Crimes de Guerra e dos Crimes contra a Humanidade. Isso significa que a cláusula de imprescritibilidade penal que resulta dessa Convenção das Nações Unidas não se aplica, não obriga e nem vincula, juridicamente, o Brasil, quer em sua esfera doméstica, quer no plano internacional.

Não se pode querer aplicar, no plano doméstico, uma convenção internacional de que o Brasil nem sequer é parte, invocando-a como fonte de direito penal, o que se mostra incompatível com a CF/88 (princípio da legalidade, art. 5º, XXXIX). Assim, apenas a lei interna (lei brasileira) pode dispor sobre prescritibilidade ou imprescritibilidade de crimes no Brasil, ressalvadas, por óbvio, cláusulas constitucionais em sentido diverso, como aquelas inscritas nos incisos XLII e XLIV do art. 5º da CF/88.

Sendo o tema prescrição relacionado com o direito penal, deve-se concluir que **ele está submetido ao princípio constitucional da reserva absoluta de lei formal**, exigindo lei em sentido formal. Em matéria penal prevalece, sempre, o postulado da reserva constitucional de lei em sentido formal. O Brasil não é, portanto, signatário de tratado internacional que determine a imprescritibilidade de crimes contra a humanidade. No entanto, **ainda que houvesse norma de direito internacional de caráter cogente** que estabelecesse a imprescritibilidade dos crimes contra a humanidade, tal norma **não encontraria aplicabilidade** em nosso país.

COMPLEMENTAÇÃO DA RESPOSTA:

Não há lei, no Brasil, que tipifique os crimes contra a humanidade.

No Brasil ainda não há lei que tipifique os crimes contra a humanidade.

29. STF. 1ª Turma. Ext 1270, Rel. Min. Marco Aurélio, Rel. p/ Acórdão Min. Roberto Barroso, julgado em 12/12/2017.
30. STJ. 3ª Seção. REsp 1.798.903-RJ, Rel. Min. Reynaldo Soares da Fonseca, julgado em 25/09/2019 (Info 659).

Existe um projeto de lei em tramitação (Projeto de Lei nº 4.038/2008), que "dispõe sobre o crime de genocídio, define os crimes contra a humanidade, os crimes de guerra e os crimes contra a administração da justiça do Tribunal Penal Internacional, institui normas processuais específicas, dispõe sobre a cooperação com o Tribunal Penal Internacional, e dá outras providências".

Nesse contexto, diante da ausência de lei interna tipificando os crimes contra a humanidade, não é possível utilizar tipo penal descrito em tratado internacional para tipificar condutas internamente, sob pena de se violar o princípio da legalidade, segundo o qual "não há crime sem lei anterior que o defina, nem pena sem prévia cominação legal" (art. 5º, XXXIX, da CF/88).

Dessa maneira, não se mostra possível internalizar a tipificação do crime contra a humanidade trazida pelo Estatuto de Roma, mesmo se cuidando de Tratado internalizado por meio do Decreto nº 4.388, porquanto não há lei em sentido formal tipificando referida conduta.

Além disso, o Estatuto de Roma somente passou a vigorar no Brasil em 25/9/2002, de forma que não pode ser aplicado retroativamente para fatos ocorridos em 1981 em prejuízo ao réu, tendo em vista o princípio constitucional da irretroatividade, previsto no art. 5º, XL, da Constituição Federal, segundo o qual "a lei penal não retroagirá, salvo para beneficiar o réu". Assim, não é possível utilizar a tipificação de crime contra a humanidade trazida no Estatuto de Roma na presente hipótese, sob pena de ofensa aos princípios constitucionais da legalidade e da irretroatividade.

CANDIDATO:

O que se entende por princípio "pro homine" e destaque sua importância frente à CF. **(Delegado/ Simulado 2022)**

RESPOSTA ADEQUADA:

Excelência, a doutrina conceitua o princípio "pro homine" como aquele que impõe, seja no confronto entre normas, seja na fixação da extensão interpretativa da norma, **a observância da norma mais favorável à dignidade da pessoa**, objeto dos direitos humanos. Impõe a aplicação da norma que amplie o exercício do direito ou que produza maiores garantias ao direito humano que tutela.

O referido princípio torna-se importante no contexto atual dos Direitos Humanos, em especial, em razão da disciplina trazida pela Emenda Constitucional nº 45/2004, que conferiu especial importância aos Direitos Humanos. Caso o tratado internacional seja equivalente à emenda constitucional – conforme dispõe o art. 5º, §3º, da CF – poderá prevalecer no confronto com as demais normas constitucionais que compreendem a CF, se for **considerado "pro homine", vale dizer, mais favorável à dignidade da pessoa**.

Registre-se, ainda, que a aplicação desse princípio não é unânime, e encontra resistência, especialmente no que tange à hierarquia. A doutrina majoritária entende que não é possível, por exemplo, que tratado internacional de Direitos Humanos com caráter supralegal nos termos da jurisprudência do STF tenha preferência, em eventual conflito, sobre a Constituição. Argumenta-se, em síntese, que esse entendimento retira a supremacia do Texto Constitucional.

REFERÊNCIAS BIBLIOGRÁFICAS

BONAVIDES, Ob. Cit., 2006.

BONAVIDES, Paulo, Curso de Direito Constitucional, 19ª Edição, Editora Malheiros, São Paulo 2006, p. 569.

BRASIL, Constituição Federal, art. 1º, III.

BRASIL, Constituição Federal, Preâmbulo.

BRASIL, Decreto nº 65.810, 1969, artigo I, 4.

BRASIL, Lei nº 12.228, 2010, artigo 1º, PU, IV.

BRASIL, SP, Decreto 57783, 2012.

BRASIL. Constituição Federal, art. 39, § 3º.

Disponível em: <http://institutoavantebrasil.com.br/analise-juridica-das-novas-leis-de-organizacoes-criminosas/>.

Disponível em: <http://www.stj.jus.br/sites/STJ/default/pt_BR/Comunica%C3%A7%C3%A3º/noticias/Not%C3%ADcias/Quinta-Turma-descriminaliza-desacato-a-autoridade>. (acessado dia 01.03.17)

Disponível em: http://www.itamaraty.gov.br/pt-BR. Acesso em 12/04/2017.

Disponívelem:http://www.itamaraty.gov.br/pt-BR/politica-externa/paz-e-seguranca-internacionais/152-tribunal-penal-internacional. Acesso em 20/04/2017.

GENEBRA, 1955, Regras Mínimas para o Tr*at*amento de Reclusos, ONU, 33.

GENEBRA, 1955, Regras Mínimas p*a*ra o Tratamento de Reclusos, ONU, 34.

GOMES, Luiz Flávio. Definição de crime organizado e a Convenção de Palermo. Disponível em: http://www.lfg.com.br. Acesso em 09 de setembro de 2013.

MAZZUOLI, Valério. O controle jurisdicional da convencionalidade das leis. 2ª ed. V. 4. São Paulo: RT, 2011, p. 133-134.

ONU, Declaração Sobre o Direito ao Desenvolvimento, ART. 1º, 1986.

ONU, Pacto Internacional de Direitos Civis e Políticos, Art. 1º, 1966.

ONU, Pacto Internacional de Direitos Civis e Políticos, Assembleia Geral, art. 20, em 16/12/66.

PORTELA, Paulo Henrique Gonçalves. Direito Internacional Público e Privado. 5ª ed. Salvador: Juspodivm, 2013.

SAMPAIO, José Adércio Leite. A constituição reinventada pela jurisdição constitucional. Belo Horizonte: Del Rey, 2002. p. 302.

SILVA, José Afonso. Aplicabilidade das normas constitucionais. São Paulo: Revista dos Tribunais, 1982.

STF, HC 97.006.

STF, HC 97.006.

STF, RE 225721, Rel. Min. ILMAR GALVÃO, Primeira Turma, julgado em 22/02/2000, DJ 28-04-2000.

STJ, AGRG NO AGRAVO 970.753/MG.

STJ. 5ª Turma. REsp 1640084/SP, Rel. Min. Ribeiro Dantas, julgado em 15/12/2016.

TJ-RJ, Agr. Inst. 0013467-56.2014.8.19.0000, Des. Mário Guimarães Neto, 12ª Câm. Cível, 4ª Vara de Faz. Pública da Comarca da Capital, em 25/03/2014.

ZANOTTI, Bruno Taufner, Controle de Constitucionalidade para Concursos, 4ª ed. Ed. Juspodivm, Bahia 2016.

LEIS PENAIS ESPECIAIS

1. LEI ANTICRIME (LEI 13.964/19)

CANDIDATO:

O que se entende por "juiz de garantias"?

RESPOSTA ADEQUADA:

O novo Código de Processo Penal (CPP) introduz a figura do juiz das garantias, responsável pelo controle da legalidade da investigação criminal e pela salvaguarda dos direitos fundamentais do acusado (art. 3º-B).

Atualmente, um mesmo juiz participa da fase de inquérito e profere a sentença, porque foi o primeiro a tomar conhecimento do fato (art. 73, parágrafo único do CPP). Com as mudanças, caberá ao juiz das garantias atuar na fase da investigação e ao juiz do processo julgar o caso – este tendo ampla liberdade em relação ao material colhido na fase de investigação.

CANDIDATO:

Por qual motivo o STF suspendeu a eficácia do juízo de garantias?

RESPOSTA ADEQUADA:

Para o ministro, em análise preliminar, a regra fere a **autonomia organizacional do Poder Judiciário**, pois altera a divisão e a organização de serviços judiciários de forma substancial e exige "completa reorganização da Justiça criminal do país, preponderantemente em normas de organização judiciária, sobre as quais o Poder Judiciário tem iniciativa legislativa própria".

O ministro observou, ainda, ofensa à **autonomia financeira do Judiciário**. No seu entendimento, a medida causará impacto financeiro relevante, com a necessidade de reestruturação e redistribuição de recursos humanos e materiais e de adaptação de sistemas tecnológicos sem que tenha havido estimativa prévia, como exige a Constituição. Ele salientou a ausência de previsão orçamentária inclusive para o Ministério Público, cuja atuação também será afetada pelas alterações legais.

COMPLEMENTAÇÃO DA RESPOSTA:

O ministro Luiz Fux, vice-presidente do Supremo Tribunal Federal (STF), suspendeu por tempo indeterminado a eficácia das regras do Pacote Anticrime (Lei 13.964/2019) que instituem a figura do juiz das garantias. A decisão cautelar, proferida nas Ações Diretas de Inconstitucionalidade (ADIs) 6298, 6299, 6300 e 6305, será submetida a referendo do Plenário.

Em sua decisão, o ministro Fux afirma que a implementação do juiz das garantias é uma questão complexa que exige a reunião de melhores subsídios que indiquem, "acima de qualquer dúvida razoável", os reais impactos para os diversos interesses tutelados pela Constituição Federal, entre eles, o **devido processo legal, a duração razoável do processo e a eficiência** da justiça criminal.

IMPORTANTE!

Outros pontos suspensos:

1) novas regras para o arquivamento de inquéritos;

2) a ilegalidade de prisões, caso os detidos não passem pela audiência de custódia em até 24 horas;

3) a proibição de que juízes decidam processos nos quais acessaram provas consideradas inadmissíveis.

CANDIDATO:

O delatado tem o direito de acesso aos termos de colaboração premiada que mencionem seu nome? **(Delegado/ Questão Simulada)**

RESPOSTA ADEQUADA:

Excelência, tal assunto já foi objeto de questionamento, porquanto investigados por diversos crimes, celebraram acordo de colaboração premiada em que acusaram terceiro por envolvimento nos mesmos crimes. Quando o terceiro delatado por corréu tomou conhecimento disso, requereu ao juiz do caso acesso aos termos da colaboração que mencionava seu nome, com base na Súmula Vinculante 14 STF. O juiz negou o pedido afirmando que a delação não é um elemento de prova, mas sim um meio de obtenção de prova. Logo, a situação não se enquadraria na SV 14.

Inconformada com isso, a defesa apresentou reclamação no STF[1], da qual resultou o seguinte entendimento:

> O delatado possui o direito de ter acesso às declarações prestadas pelos colaboradores que o incriminem, desde que já documentadas e que não se refiram à diligência em andamento que possa ser prejudicada.

COMPLEMENTAÇÃO DA RESPOSTA:

Para entender as razões que fundamentaram a decisão do STF, vejamos:

1. STF, Rcl 30742 AgR/SP, 2ª Turma, Rel. Min. Ricardo Lewandowski, julgado em 4/2/2020 (Info 965).

De fato, a colaboração premiada tem natureza jurídica de "meio de obtenção de prova". A própria Lei nº 12.850/2013, recentemente alterada pela "Lei Anticrime", prevê:

> Art. 3º-A. O acordo de colaboração premiada é negócio jurídico processual e **meio de obtenção de prova**, que pressupõe utilidade e interesse públicos. (Incluído pela Lei nº 13.964/2019)

Entretanto, embora seja meio de obtenção de prova, a colaboração premiada é fenômeno complexo que envolve diversos atos com naturezas jurídicas distintas, que em conjunto com o acordo, reúne elementos de prova relevantes ao exercício do direito de defesa e do contraditório.

Isto posto, o terceiro delatado por corréu, em termo de colaboração premiada, tem direito de ter acesso aos trechos nos quais seja citado, com fundamento na Súmula Vinculante 14, segundo a qual, o acesso deve ser franqueado, caso estejam presentes dois requisitos:

- Positivo: o ato de colaboração deve apontar a responsabilidade criminal do requerente;
- Negativo: o ato de colaboração não deve referir-se à diligência em andamento.

CANDIDATO:

De quem é a obrigação de revisar, a cada 90 (noventa) dias, a necessidade de se manter a custódia cautelar? **(Delegado/ Questão Simulada)**

RESPOSTA ADEQUADA:

Excelência, segundo aduz o art. 316, parágrafo único do Código de Processo Penal, inserido a partir da vigência da Lei Anticrime, a revisão da prisão preventiva caberá aos magistrados, pois segundo a norma **deverá o órgão emissor da decisão revisar a necessidade de sua manutenção a cada 90 (noventa) dias ocasião em que** precisarão (re) analisar a pertinência, legalidade e razões que ensejaram a referida cautelar pessoal e verificar – fundamentadamente – se sua manutenção é (ainda) necessária e adequada. Caso contrário, a revogação será de rigor.

Cumpre ressaltar que a inovação legislativa está relacionada com um problema antigo do regramento cautelar pessoal: a falta de definição, em lei, da duração máxima da prisão cautelar e também da previsão de uma sanção processual em caso de excesso.

COMPLEMENTAÇÃO DA RESPOSTA:

Esse dispositivo atende uma expectativa muito ansiada pela doutrina processual penal, já que a prisão preventiva – diferentemente do que ocorre com a prisão temporária – não possui prazo predefinido pelo legislador. Assim, não raro, há notícias de prisões preventivas absolutamente irrazoáveis, que duram cinco, dez ou até quinze anos, pelo simples fato de o recluso ser "esquecido no cárcere cautelar".

Tal fenômeno já foi diversas vezes retratado pelo ministro Marco Aurélio acerca de que *"revelando-se no campo da excepcionalidade, inverte a sequência natural das coisas, prendendo-se, para, depois, apurar-se"* (HC 103.411/PE, j. 27.11.2012).

Por tal razão, com o fito de se evitar situações como essas, o legislador inseriu a ideia de **revisão periódica dessas prisões preventivas.**

Todos os órgãos do Poder Judiciário se submetem ao comando do art. 316, parágrafo único do CPP? Ou a revisão se limita ao órgão emissor da decretação prisional?

Neste sentido já se manifestou a 5ª Turma do STJ[2], que assim entendeu: nos "termos do parágrafo único do art. 316 do CPP, a revisão, de ofício, da necessidade de manutenção da prisão cautelar, a cada 90 dias, cabe tão somente **ao órgão emissor da decisão** (ou seja, ao julgador que a decretou inicialmente) (…). Portanto, a norma contida no parágrafo único do art. 316 do Código de Processo Penal **não se aplica** aos Tribunais de Justiça e Federais, quando em atuação como órgão revisor".

Também assim asseverou a 6ª Turma Do STJ[3]: a obrigação de revisar, a cada 90 (noventa) dias, a necessidade de se manter a custódia cautelar (art. 316, parágrafo único, do Código de Processo Penal) é imposta **apenas ao juiz ou tribunal que decretar a prisão** preventiva. Com efeito, a Lei nova atribui ao "órgão emissor da decisão" – em referência expressa à decisão que decreta a prisão preventiva – o dever de reavaliá-la. (...)

TEMA POLÊMICO!

O TJ (ou o TRF), enquanto não for julgado a apelação, possuem o dever de revisar a prisão cautelar a cada 90 dias? O parágrafo único do art. 316 do CPP se aplica para os TJs e TRFs?

Sim. O Plenário do STF decidiu recentemente que o art. 316, parágrafo único, do CPP **aplica-se até o final do processo de conhecimento**, o que se encerra com a cognição plena pelo Tribunal de segundo grau.

Assim, nos casos em que se aguarda **o julgamento da apelação**, o **TJ ou TRF têm a obrigação de revisar periodicamente a prisão**, nos termos do art. 316, parágrafo único, do CPP. STF. Plenário. ADI 6581/DF e ADI 6582/DF, Rel. Min. Edson Fachin, redator do acórdão Min. Alexandre de Moraes, julgados em 8/3/2022 (Info 1046).

Destaca-se que **essa decisão do STF modifica** o entendimento veiculado acima do STJ sobre o tema, tendo que se adequar.

Por fim, guarde que atualmente: o **parágrafo único do art. 316 do CPP também se aplica para os Tribunais de Justiça e Tribunais Regionais Federais.**

TEMA QUENTE!

O parágrafo único do art. 316 do CPP aplica-se ao STJ e STF nos casos de ações penais de competência originária? (Delegado/ Simulado 2022)

2. STJ, AgRg no HC 569.701/SP, 5ª Turma, Rel. Min. RIBEIRO DANTAS, julgado em 09/06/2020.

3. STJ, HC 589.544/SC, 6ª Turma, Rel. Min. LAURITA VAZ, julgado em 08/09/2020.

Sim. Esse dispositivo legal aplica-se, igualmente, aos processos em que houver previsão de prerrogativa de foro.

O parágrafo único do art. 316 do CPP se aplica para:

1) Juízo em 1ª instância: Sim;
2) O TJ ou TRF: Sim (tanto nos processos de competência originária do TJ/TRF – foro por prerrogativa de função – como também durante o tempo em que se aguarda o julgamento de eventual recurso interposto contra decisão de 1ª instância);
3) O STJ/STF: em regra, não. Encerrado o julgamento de segunda instância, não se aplica o art. 316, parágrafo único, do CPP. **Exceção:** caso se trate de uma ação penal de competência originária do STJ/STF.

CANDIDATO:

A audiência de custódia deve ser realizada apenas em casos de prisão em flagrante ou também nas demais espécies de prisão (ex.: prisão preventiva, prisão temporária etc.)? **(Delegado/ Simulado 2022)**

RESPOSTA ADEQUADA:

Excelência, o STF decidiu que a audiência de custódia deve ser realizada em todos os tipos de prisão, ou seja, prisão em flagrante, prisões cautelares (temporárias e preventivas) e para cumprimento de pena (AgRg Rcl 29.303/RJ).

Ademais, com o advento da Lei nº 13.964/2019, a nova redação o art. 287 do CPP, indica que não apenas a prisão em flagrante, mas também as prisões decorrentes de mandado, como por exemplo a prisão preventiva, ensejam a realização de audiência de custódia.

COMPLEMENTAÇÃO DA RESPOSTA:

A Sexta Turma do Superior Tribunal de Justiça negou (RHC 140.995) provimento ao recurso em Habeas Corpus ajuizado por um homem acusado de homicídio qualificado que foi preso após expedição de mandado judicial.

Ao STJ, a defesa apontou nulidade pela não realização de audiência de custódia, um ato processual regulamentado pelo Pacto Internacional dos Direitos Civis e Políticos e pela Convenção Americana sobre os Direitos Humanos, ambos ratificados pelo Brasil.

Relator, o ministro Sebastião Reis Júnior destacou que a previsão é que a audiência de custódia seja feita para o caso de prisão em flagrante.

> "Infere-se dos autos que não houve prisão em flagrante, encontrando-se o agravante preso em decorrência de decreto de prisão preventiva devidamente fundamentado pela autoridade judiciária competente; portanto, não há falar em necessidade de audiência de custódia".

Além disso, o magistrado argumentou que a jurisprudência do STJ orienta que a não realização de audiência de custódia não é suficiente, por si só, para ensejar a nulidade da prisão preventiva quando as demais garantias processuais e constitucionais são devidamente observadas. A votação foi unânime.

CANDIDATO:

O juiz pode, de ofício, converter a prisão em flagrante em prisão preventiva? **(Delegado/ Questão Simulada)**

RESPOSTA ADEQUADA:

Excelência, desde o advento da Lei n. 13.964/2019 (Lei Anticrime), o art. 311 do CPP dispõe que o juiz só pode decretar a prisão preventiva por provocação.

Recentemente, superando o entrevero ocasionado pelos discordantes entendimentos da 5ª* e a 6ª** Turma sobre o tema, a Terceira Seção do STJ*** **pacificou o assunto** e decidiu que: à luz da Lei nº 13.964/2019, ao suprimir a expressão "de ofício" que constava do art. 282, §§ 2º e 4º, e do art. 311, todos do Código de Processo Penal, vedou, de forma absoluta, a decretação da prisão preventiva sem o prévio "requerimento das partes ou, quando no curso da investigação criminal, por representação da autoridade policial ou mediante requerimento do Ministério Público" (grifei), não mais sendo lícita, portanto, com base no ordenamento jurídico vigente, a atuação "ex officio" do Juízo processante em tema de privação cautelar da liberdade.

Neste mesmo sentido, a 2ª Turma do STF**** decidiu segundo o voto do ministro Celso de Mello – seguido por unanimidade, que a conversão da prisão em flagrante em preventiva **só pode ser promovida** se houver requerimento do Ministério Público ou representação da autoridade policial.

(*) STJ, HC 590039/GO, 5ª Turma, Rel. Ribeiro Dantas, Julgado 20/10/2020.

(**) STJ, HC 583995/MG, 6ª Turma, Rel. Min. Rogério Schietti Cruz, Julgado 15/09/2020.

(***) STJ, RHC132263, Terceira Seção, Min. Rel. Sebastião Reis Junior, Julgado 26/02/21.

(****) STF, HC n. 188888/MG, 2ª Turma, Rel. Celso de Mello, Julgado 06/10/2020.

COMPLEMENTAÇÃO DA RESPOSTA:

Vejamos o quadro sinótico comparando o Antes e Depois da Lei 13.964/2019:

CÓDIGO DE PROCESSO PENAL	
Antes da Lei 13.964/2019	**Após a Lei 13.964/2019**
Art. 282. (...) § 2º As medidas cautelares serão decretadas pelo juiz, de ofício ou a requerimento das partes ou, quando no curso da investigação criminal, por representação da autoridade policial ou mediante requerimento do Ministério Público.	Art. 282. (...) § 2º As medidas cautelares serão decretadas pelo juiz a requerimento das partes ou, quando no curso da investigação criminal, por representação da autoridade policial ou mediante requerimento do Ministério Público.

O art. 310 do CPP, foi alterado pela Lei Anticrime?	
Art. 310. Ao receber o auto de prisão em flagrante, o juiz deverá fundamentadamente: (...)	Art. 310. Após receber o auto de prisão em flagrante, no prazo máximo de até 24 (vinte e quatro) horas após a realização da prisão, o **juiz deverá promover audiência de custódia com a presença do acusado, seu advogado constituído ou membro da Defensoria Pública e o membro do Ministério Público, e, nessa audiência, o juiz deverá, fundamentadamente**:
II – converter a prisão em flagrante em preventiva, quando presentes os requisitos constantes do art. 312 deste Código, e se revelarem inadequadas ou insuficientes as medidas cautelares diversas da prisão; ou	II – converter a prisão em flagrante em preventiva, quando presentes os requisitos constantes do art. 312 deste Código, e se revelarem inadequadas ou insuficientes as medidas cautelares diversas da prisão; ou
Conclusão: o caput do art. 310 foi alterado para incluir, no texto do CPP, a obrigatoriedade da audiência de custódia. O inciso II não foi modificado.	

CÓDIGO DE PROCESSO PENAL	
Antes da Lei 13.964/2019	**Após a Lei 13.964/2019**
O juiz podia/pode conceder medidas cautelares *de ofício?*	
Com base na redação anterior do art. 282, § 2º do CPP, a posição majoritária era a seguinte: • Na fase do inquérito policial: NÃO. Aqui era necessário pedido ou requerimento. Exceção: conversão do flagrante em prisão preventiva. • Na fase judicial: SIM. O § 2º do art. 282 afirmava isso expressamente.	NÃO. A Lei alterou a redação do § 2º do art. 282 do CPP e acabou com a possibilidade.
Art. 311. Em qualquer fase da investigação policial ou do processo penal, caberá a prisão preventiva decretada pelo juiz, de ofício, se no curso da ação penal, ou a requerimento do Ministério Público, do querelante ou do assistente, ou por representação da autoridade policial.	Art. 311. Em qualquer fase da investigação policial ou do processo penal, caberá a prisão preventiva decretada pelo juiz, a requerimento do Ministério Público, do querelante ou do assistente, ou por representação da autoridade policial.
Conclusão: foi excluída expressamente a possibilidade que existia antes de que o juiz decretasse a prisão preventiva de ofício (sem requerimento).	

TEMAS QUENTES!

1) A determinação do magistrado pela cautelar máxima, em sentido diverso do requerido pelo Ministério Público, pela autoridade policial ou pelo ofendido, **não pode ser considerada como atuação** ex officio. STJ. 6ª Turma. RHC 145.225-RO, Rel. Min. Rogerio Schietti Cruz, julgado em 15/02/2022 (Info 725).

2) O posterior requerimento da autoridade policial pela segregação cautelar ou manifestação do Ministério Público favorável à prisão preventiva **suprem o vício** da inobservância da formalidade de prévio requerimento. STJ. 5ª Turma. AgRg RHC 136.708/MS, Rel. Min. Felix Fisher, julgado em 11/03/2021 (Info 691).
3) Não é possível que o juiz decrete, de ofício, a prisão preventiva nos casos de violência doméstica com base art. 20 da Lei Maria da Penha. O art. 20 da Lei Maria da Penha **não é uma exceção** à regra acima exposta. A proibição de decretação da prisão preventiva de ofício também se estende para o art. 20 da Lei Maria da Penha. A atuação do juiz de ofício **é vedada** independentemente do delito praticado ou de sua gravidade, ainda que seja de natureza hedionda, e deve repercutir no âmbito da violência doméstica e familiar.

CANDIDATO:

A inobservância do prazo nonagesimal autoriza a revogação automática da prisão preventiva? **(Delegado/ Questão Simulada)**

RESPOSTA ADEQUADA:

Excelência, a Lei 13.964/19 acrescentou ao art. 316 do CPP um parágrafo que obriga que o órgão emissor da decisão revise a necessidade de sua manutenção a cada noventa dias, mediante decisão fundamentada, sob pena de se caracterizar o constrangimento ilegal que pode resultar na concessão de *habeas corpus*.

Assim, passou-se a questionar se a inobservância do prazo nonagesimal do art. 316, parágrafo único, do Código de Processo Penal acarretaria a revogação automática da prisão preventiva.

Contudo, segundo decidiu o plenário do Supremo Tribunal Federal[4], o escoamento do prazo sem que o juiz se manifeste **não acarreta a automática revogação da prisão**. É necessário, de qualquer forma, que o juízo competente seja provocado a revisar a necessidade de manter a prisão, reavaliando a legalidade e a atualidade dos fundamentos. Tal polêmica ocorreu na ratificação da decisão que determinou a prisão imediata de líder do PCC, pois restou decidido pela maioria dos ministros que, a não reavaliação da prisão preventiva a cada 90 dias não autoriza a soltura automática de réus.

COMPLEMENTAÇÃO DA RESPOSTA:

Importante dizer que para reforçar o caráter transitório da prisão cautelar e garantir que os fatos utilizados para justificar a prisão lhe sejam contemporâneos o parágrafo único do art. 316 do CPP seguiu o espírito da resolução do CNJ, que obriga que

4. STF. Plenário. ADI 6581/DF e ADI 6582/DF, Rel. Min. Edson Fachin, redator do acórdão Min. Alexandre de Moraes, julgados em 8/3/2022 (Info 1046).

o órgão emissor da decisão revise a necessidade de sua manutenção a cada noventa dias, mediante decisão fundamentada, sob pena de se caracterizar o constrangimento ilegal que pode resultar na concessão de *habeas corpus.*

Neste sentido, considerando "a preocupação da magistratura com as situações de prisão provisória com excesso de prazo ou a manutenção da privação da liberdade após o cumprimento da sua finalidade", o Conselho Nacional de Justiça (CNJ) editou em 2009 a Resolução nº 66, na qual determina que, estando o réu preso provisoriamente há mais de três meses, com o processo ou inquérito parado, cumpre ao juiz (ou ao relator, tratando-se de recurso), investigar as razões da demora, indicando, ainda, as providências adotadas, a serem posteriormente comunicadas à Corregedoria Geral de Justiça ou à Presidência do Tribunal (no caso do relator).

A propósito, como observa a doutrina[5], sendo o juiz "obrigado a declinar os motivos da demora sempre que concluir a instrução fora do prazo, com maior razão deverá fundamentar a necessidade da prisão cautelar, se o arco de tempo processual, a que alude Chiavario, previsto para um determinado procedimento, estiver consumido".

TEMA QUENTE!

A Sexta Turma do Superior Tribunal de Justiça (STJ) decidiu que **não há** obrigatoriedade, **em fase recursal,** de **revisar a prisão a cada 90 dias**, sendo que tal tarefa é exclusiva do juiz ou do Tribunal que decretou a prisão. 1. Consoante se infere da literalidade do art. 316, parágrafo único do Código de Processo Penal, a obrigação de revisar, no prazo assinalado, a necessidade da custódia cautelar é imposta apenas ao juiz ou tribunal que decretar a prisão preventiva. Assim, a lei atribui ao "órgão emissor da decisão" – em referência expressa à decisão que decreta a prisão preventiva – o dever de revisá-la, a cada 90 dias, de ofício. HC 600.284/GO, Rel. Ministra LAURITA VAZ, SEXTA TURMA, julgado em 18/05/2021, DJe 01/06/2021.

CANDIDATO:

O acordo de não persecução penal retroage para alcançar os processos em curso? E até qual momento essa retroatividade deve incidir? **(Delegado/Simulado 2022)**

RESPOSTA ADEQUADA:

Excelência, A Lei n. 13.964/2019 (Lei Anticrime) promoveu diversas alterações legislativas entre as quais está a contida no **art. 28-A do CPP**, denominado de **acordo de não persecução penal (ANPP)**.

Preliminarmente, visto que a norma tem **conteúdo misto ou híbrido** não há dúvidas quanto à retroatividade; todavia, o grande debate reside em saber em **qual momento** ou **até qual fase do processo** penal essa retroatividade deve incidir.

5. FRANCO, ZANOIDE, Alberto Silva e Maurício. Código de Processo Penal e sua Interpretação Judicial, 2ª ed., vol. 1, São Paulo: Editora Revista dos Tribunais, 2004, p. 279.

O Informativo 683 do STJ sanou controvérsia entre as Turmas a respeito da possibilidade de aplicação ou não do acordo de não persecução penal a fatos ocorridos antes da entrada em vigor do referido instituto. Desse modo, pacificou-se o entendimento no sentido de permitir a incidência do ANPP a fatos ocorridos antes da entrada em vigor da Lei Anticrime, desde que a denúncia ainda não tenha sido recebida. STJ. 3ª Seção. CC nº 185.983/DF, Rel. Min. Joel Ilan Paciornik, julgado em 11/05/2022.

A Segunda Turma da Excelsa Corte, em 07/10/2022, ao apreciar caso semelhante relacionado à nova legislação, entendeu que a regra mais benéfica deve ser **aplicada de forma retroativa**, alcançando tanto investigações criminais quanto ações penais em curso. Nesta senda, o Habeas Corpus (HC) 206660 voltou-se contra decisão do Superior Tribunal de Justiça (STJ) que concluiu que o acordo de não persecução penal só pode ser aplicado a fatos ocorridos antes do Pacote Anticrime desde que a denúncia não tenha sido recebida. Com base no posicionamento do STF e em atual doutrina do processo penal, o ministro entendeu que o ANPP é aplicável também aos processos iniciados antes do Pacote Anticrime, desde que ainda **não transitado em julgado** e mesmo que não haja a confissão do réu até o momento de sua proposição.

COMPLEMENTAÇÃO DA RESPOSTA:

Diante disso, entre as questões que o STF irá decidir no Pleno estão:

1) O ANPP pode alcançar os processos já em curso quando do surgimento da Lei 13.964/2019?

2) Qual é a natureza da norma inserida no art.28-A do CPP?

3) É possível a sua aplicação retroativa em benefício do imputado?

TEMA POTENCIAL!

O cenário frente ao novo instituto é vasto, gerando posicionamentos de quatro correntes que se formaram para debater sobre o tema. Vejamos:

Primeira Corrente[6]: sustenta que o acordo somente pode ser celebrado **até o recebimento da denúncia**, pois se o acordo é denominado de "de não persecução" ele somente poderia ser celebrado até o início da persecução, cujo marco seria o recebimento da denúncia. Essa corrente tem fortes argumentos pela própria nomenclatura do instituto e pelo fato da homologação do acordo estar entre as atribuições do juiz das garantias;

Segunda Corrente[7]: defende-se que o acordo de não persecução penal poderia ser celebrado **até o início da instrução penal**;

6. **Enunciado 20** do Encontro Nacional de Procuradores-Gerais de Justiça e **Enunciado 30** da Procuradoria-Geral de Justiça e da Corregedoria do Ministério Público de São Paulo.

7. **MP-MG,** Conselho Nacional do Ministério Público, Resoluções 181/2017 e 183/2018 (perceba-se, isso antes da Lei Anticrime).

Terceira Corrente8: argumenta que o acordo de não persecução penal (ANPP) deve ser celebrado **até a sentença** - (assim, cumpridas todas as condições objetivas e subjetivas do instituto, pode haver proposta de ANPP mesmo após o recebimento da denúncia, até antes da sentença).

Quarta Corrente: entende que o ANPP pode ser celebrado a qualquer momento antes do trânsito em julgado.

CANDIDATO:

A exigência de representação no crime de estelionato retroage a investigações e/ ou ações iniciadas **antes** do Pacote Anticrime? **(Delegado/ Simulado 2022)**

RESPOSTA ADEQUADA:

Excelência, a **Terceira Seção Criminal do STJ** consolidou (**HC 610201**) o entendimento das 5ª e 6ª Turmas criminais do Superior Tribunal de Justiça ao definir que a exigência de representação da vítima como pré-requisito para a ação penal por estelionato – introduzida pelo Pacote Anticrime (Lei 13.964/2019) – **não pode** ser aplicada retroativamente para beneficiar o réu nos processos que já estavam em curso.

Com essa conclusão, o colegiado indeferiu pedido da Defensoria Pública de São Paulo para aplicar retroativamente a regra do parágrafo 5º do artigo 171 do Código Penal e reconhecer a extinção da punibilidade pela decadência em processo no qual um professor foi condenado por estelionato.

O Pacote Anticrime alterou a natureza jurídica da ação penal no delito de estelionato e passou a exigir a representação da vítima, como condição de procedibilidade, tornando-a, assim, ação pública condicionada à representação.

TEMA POLÊMICO!

Excelência, o posicionamento da **Segunda Turma do STF** (HC 215010/08-06-2022) que "a inovação trazida pela Lei 13.964/2019, que alterou a natureza da ação penal para pública condicionada à representação, "[...] é norma penal de caráter mais favorável ao réu e, nos termos do art. 5º, inciso XL, da Constituição Federal, **deve ser aplicada de forma retroativa** a atingir tanto investigações criminais quanto ações penais em curso até o trânsito em julgado".

No entanto, a **Primeira Turma do STF** segue o STJ e **diverge** (HC 187341) da Segunda Turma do STF, aquela decidiu que a retroatividade da exigência de representação da vítima no crime de estelionato **não deve** ser aplicada nos casos em que o Ministério Público ofereceu a denúncia antes da entrada em vigor da lei "anticrime".

8. MP-SC, TJ-MG e MP-MG (Portaria Conjunta n. 20, de 23 de março de 2020).

Professor, dessa forma como ficou a ação penal no crime de estelionato com a nova legislação?

Concurseiro(a), nos termos do **art. 171, § 5º, do CP**, o crime de estelionato é, em regra, de ação penal pública condicionada à representação. Contudo, será de **ação penal pública incondicionada** quando a vítima for:

1) A Administração Pública, direta ou indireta.

2) Criança ou adolescente.

3) Pessoa com deficiência mental.

4) Maior de 70 (setenta) anos de idade ou incapaz.

TOME NOTA!

Código Penal

Art. 171. Obter, para si ou para outrem, vantagem ilícita, em prejuízo alheio, induzindo ou mantendo alguém em erro, mediante artifício, ardil, ou **qualquer** outro meio fraudulento:

(...)

§ 5º **Somente** se procede mediante representação, **salvo** se a vítima for:

I. a Administração Pública, direta ou indireta;

II. criança ou adolescente;

III. pessoa com deficiência mental; ou

IV. maior de 70 (setenta) anos de idade ou incapaz. (...)

2. LEI DE DROGAS (LEI 11.343/06)

CANDIDATO:

É possível que o Poder Judiciário conceda autorização para que a pessoa faça o cultivo de maconha com objetivos medicinais? **(Delegado/ Simulado 2022)**

RESPOSTA ADEQUADA:

Excelência, há uma polêmica sobre o tema, haja vista que:

A 5ª Turma do STJ entende ser **incabível** salvo-conduto para o cultivo da cannabis visando a extração do óleo medicinal, ainda que na quantidade necessária para o controle da epilepsia, posto que a autorização fica a cargo da análise do caso concreto pela ANVISA. STJ. 5ª Turma. AgRg no RHC 155.610-CE, Rel. Min. João Otávio de Noronha, julgado em 10/05/2022 (Info 736).

Enquanto **a 6ª Turma do STJ** entende ser **cabível** a concessão de salvo-conduto para o plantio e o transporte de Cannabis Sativa para fins exclusivamente terapêuticos, com base em receituário e laudo subscrito por profissional médico especializado, e chancelado pela Anvisa. STJ. 6ª Turma. REsp 1.972.092, Rel. Min. Rogerio Schietti, julgado em 14/06/2022 (Info 742).

CANDIDATO:

Qual é o papel do juiz no caso de apreensão de indivíduo com drogas para consumo pessoal (art. 28 da LD)? **(Delegado/ Questão Simulada)**

RESPOSTA ADEQUADA:

Excelência, após muitas controvérsias sobre o tema, tendo surgido inclusive duas correntes que defendiam posicionamentos diferentes (a 1ª corrente – defendia o encaminhamento à autoridade policial e a 2ª corrente – à autoridade policial), o STF[9] adotou posicionamento no sentido de que, o autor do crime previsto no art. 28 da Lei nº 11.343/2006 deve **ser encaminhado imediatamente ao juízo competente**, para lavratura do termo circunstanciado e requisição dos exames e perícias necessários.

Contudo, somente se não houver disponibilidade do juízo competente, deve o autor ser encaminhado à autoridade policial, que então adotará as providências previstas no § 2º do art. 48 da Lei n. 11.343/2006.

COMPLEMENTAÇÃO DA RESPOSTA:

O tema foi largamente debatido por duas correntes, que divergiam da seguinte forma[10]:

ENCAMINHAMENTO DO AUTOR DO FATO (POSSE/PORTE DE DROGAS PARA CONSUMO PESSOAL) CABE AO JUIZ OU AO DELEGADO?	
1ª CORRENTE: DELEGADO	**2ª CORRENTE: JUIZ**
Cabe sempre à **autoridade policial** (e não ao juiz) a lavratura do termo circunstanciado e a requisição dos exames e perícias pertinentes.	O autor da conduta do art. 28 deve ser encaminhado diretamente à **autoridade judicial**, que irá lavrar o termo circunstanciado e fará a requisição dos exames e perícias necessários. Somente se não houver juiz é que tais providências serão tomadas pelo Delegado de Polícia.

9. STF, ADI 3807, Plenário, Rel. Cármen Lúcia, julgado em 29/06/2020 (Info 986).

10. <https://www.dizerodireito.com.br/2020/09/qual-e-o-papel-do-juiz-no-caso-de.html>, acessado em 26/01/2021.

ENCAMINHAMENTO DO AUTOR DO FATO (POSSE/PORTE DE DROGAS PARA CONSUMO PESSOAL) CABE AO JUIZ OU AO DELEGADO?	
1º CORRENTE: DELEGADO	**2ª CORRENTE: JUIZ**
"Encontrado com droga, [o autor] deve ser levado à presença da autoridade policial, pois a esta caberá avaliar, em primeiro lugar, se é consumo pessoal ou tráfico. Entendendo tratar-se de consumo, deve ser lavrado termo circunstanciado, direcionando o usuário ao Juizado Especial Criminal, onde poderá, transacionando, receber advertência ou ser obrigado a cumprir prestação de serviço à comunidade ou frequentar cursos e programas educativos. Inexistindo JECRIM disponível na localidade ou no momento da detenção do agente, lavra-se termo circunstanciado e providencia-se os demais exames e perícias. O autor da infração, segundo a lei, deve assumir o compromisso de comparecer ao JECRIM, quando chamado." [11]	"Normalmente, o agente que se encontra em posse de droga para consumo pessoal acaba sendo capturado por agente militar ou civil (ou federal). (...) Concretizada a captura do agente (e feita a apreensão da droga ou da planta tóxica) cabe ao condutor (pessoa que efetuou a captura) levar o autor do fato (imediatamente) ao juízo competente. (...) A nova Lei de Drogas priorizou o "juízo competente", em detrimento da autoridade policial. Ou seja: do usuário de droga não deve se ocupar a polícia (em regra). Esse assunto configura uma questão de saúde pessoal e pública, logo, não é um fato do qual deve cuidar a autoridade policial. A lógica da Lei nova pressupõe Juizados (ou juízes) de plantão, vinte e quatro horas. Isso seria o ideal. Sabemos, entretanto, que na prática nem sempre haverá juiz (ou Juizado) de plantão. (...) Se não existe autoridade judicial de plantão, uma vez capturado o agente do fato (com drogas ou planta tóxica), será ele conduzido à presença da autoridade policial (...) que tomará as providências indicadas no § 2º".[12]

Qual foi a corrente adotada pelo STF?

A segunda corrente, que para a Min. Cármen Lúcia, essa interpretação é a que melhor atende à finalidade dos arts. 28 e 48 da Lei nº 11.343/2006, que buscaram a despenalização do usuário de drogas.

Com a determinação de encaminhamento imediato do usuário de drogas ao juízo competente, afasta-se qualquer possibilidade de que o usuário de drogas seja preso em flagrante ou detido indevidamente pela autoridade policial.

CANDIDATO:

Configura crime a importação de pequena quantidade de sementes de maconha? **(Delegado/ Questão Simulada)**

RESPOSTA ADEQUADA:

Excelência, em julgamento de embargos de divergência, a Terceira Seção do Superior Tribunal de Justiça considerou que a importação de poucas sementes de maconha **não é suficiente** para enquadrar o autor da conduta nos crimes previstos na Lei de Drogas. Ao reconhecer **a atipicidade da conduta**, o colegiado determinou o

11. NUCCI, Guilherme de Souza. Leis penais e processuais penais comentadas. 5ª ed. São Paulo: RT, 2010, p. 401.
12. GOMES, Luiz Flávio. *Lei de Drogas comentada*. 6ª ed. São Paulo: RT, 2014.

trancamento da ação penal. Com a decisão, tomada por maioria de votos, a seção resolveu divergência entre a Sexta Turma – que já tinha essa orientação – e a Quinta Turma – para a qual deve ser reconhecida a tipicidade da conduta de importação de sementes de maconha, por se amoldar ao artigo 33 da Lei de Drogas (Lei 11.343/2006).

"As condutas delituosas estão adstritas a ações voltadas para o consumo de droga e aos núcleos verbais de semear, cultivar ou colher plantas destinadas à preparação de pequena quantidade de droga, também para consumo pessoal. Sob essa óptica, o ato de importar pequena quantidade de semente configuraria, em tese, **mero ato preparatório para o crime do artigo 28, parágrafo 1º – impunível**, segundo nosso ordenamento jurídico", explicou a ministra Laurita Vaz, referindo-se à Lei de Drogas. A controvérsia a respeito da tipicidade chegou ao STF, que concedeu *habeas corpus* (141.161 e 142.987)[13] por considerar também **atípica a importação de sementes de maconha.**

COMPLEMENTAÇÃO DA RESPOSTA:

O entendimento do STF, dentre outras razões, considerou, quanto às sementes que não se pode tê-las por matéria-prima para a produção de droga.

Naqueles julgados, afirmou o ministro Edson Fachin que "A matéria-prima e o insumo devem ter condições e qualidades químicas para, mediante transformação ou adição, produzir a droga ilícita, o que não é o caso, uma vez que as sementes não possuem a substância psicoativa". Acompanhando o voto, proferiu Lewandowski: (...) "Neste caso, não tem nenhum cabimento que cidadãos portadores de algumas sementes desta planta sejam enquadrados num crime cujas penas são tão drásticas.".[14]

CANDIDATO:

À luz do entendimento do STF, dos dispositivos da Lei n.º 11.343/2006 e da Constituição Federal de 1988, discorra, de forma fundamentada, a respeito dos seguintes aspectos: **(Delegado Federal/19)**

1) Confisco de bens apreendidos em decorrência do tráfico ilícito de entorpecentes e drogas afins: conceito, finalidade e destino dos bens de valor econômico apreendidos;

2) posicionamento do STF sobre a necessidade, ou não, de se demonstrar habitualidade e reiteração do uso criminoso do bem para a decretação de seu perdimento;

3) possibilidade de a autoridade policial utilizar veículos, embarcações e aeronaves apreendidos em decorrência do tráfico de drogas e do procedimento a ser adotado para tal fim.

13. STF, **HC 142987/SP**, 2ª Turma, Rel. Min. Gilmar Mendes, Plenário, julgado em 11/09/2018.

14. <https://www.dizerodireito.com.br/2018/11/a-importacao-de-sementes-de-maconha-e.html>, acessado em 21/01/2021.

RESPOSTA ADEQUADA:

Excelência,

1) A doutrina define confisco como a perda ou privação de bens do particular em favor do Estado, constituindo forma de expropriação dos instrumentos e produtos de crime, com a finalidade de assegurar a indisponibilidade dos bens ilícitos utilizados para a prática do delito ou que tenham sido angariados em decorrência deste. Além disso, em seu art. 243, parágrafo único, a CF/88 preceitua que o confisco atinge todo e qualquer bem de valor econômico apreendido em decorrência da prática do tráfico ilícito de entorpecentes e drogas afins, tendo a atuação estatal um foco patrimonial, em que pese tal prática não constituir crime contra o patrimônio.

2) Excelência, sobre a necessidade ou não de demonstração da habitualidade e da reiteração do uso criminoso do bem para a decretação de seu perdimento, o STF[15], em decisão proferida com força de repercussão geral, entendeu pela possibilidade de perdimento (confisco) de todo e qualquer bem de valor econômico apreendido em decorrência do tráfico de drogas, sem a necessidade de se perquirir habitualidade, reiteração do uso do bem para tal finalidade, a sua modificação para dificultar a descoberta do local ou do acondicionamento da droga, ou qualquer outro requisito, além daqueles previstos expressamente no art. 243, parágrafo único, da CF.

3) Na Lei nº 11.343/2006, o confisco ganha tratamento em capítulo próprio, sendo o procedimento para a utilização dos bens utilizados para a prática do crime ou dele auferidos simples, cabendo requerimento ao juiz pelo MP ou assistente da acusação ou mediante representação da autoridade policial, ainda no decorrer das investigações ou após instaurada a ação penal, representar ao competente Juízo, com o objetivo de utilizar os bens apreendidos nos autos de processo crime, com fundamento na Lei n.º 11.343/2006, desde comprovado o interesse público na prevenção e repreensão do tráfico de entorpecentes.

O uso dos bens relacionados condiciona-se, ainda, à manifestação favorável do Ministério Público. Podendo ainda a ordem de apreensão ou sequestro de bens, direitos ou valores ser suspensa pelo juiz, ouvido o Ministério Público, quando a sua execução imediata puder comprometer as investigações.

INOVAÇÃO LEGISLATIVA!

Art. 61. A apreensão de veículos, embarcações, aeronaves e quaisquer outros meios de transporte e dos maquinários, utensílios, instrumentos e objetos de qualquer natureza utilizados para a prática dos crimes definidos nesta Lei será imediatamente comunicada pela autoridade de polícia judiciária responsável pela investigação ao juízo competente. (Redação dada pela Lei nº 13.840, de 2019)

§ 1º O juiz, no prazo de 30 (trinta) dias contado da comunicação de que trata o **caput**, determinará a alienação dos bens apreendidos, excetuadas as armas, que serão recolhidas na forma da legislação específica. (Incluído pela Lei nº 13.840, de 2019)

15. STF, **RE 638491**/PR (repercussão geral), Rel. Min. Luiz Fux, Plenário, julgado em 17/5/2017.

§ 2º A alienação será realizada em autos apartados, dos quais constará a exposição sucinta do nexo de instrumentalidade entre o delito e os bens apreendidos, a descrição e especificação dos objetos, as informações sobre quem os tiver sob custódia e o local em que se encontrem. (Incluído pela Lei nº 13.840, de 2019)

§ 3º O juiz determinará a avaliação dos bens apreendidos, que será realizada por oficial de justiça, no prazo de 5 (cinco) dias a contar da autuação, ou, caso sejam necessários conhecimentos especializados, por avaliador nomeado pelo juiz, em prazo não superior a 10 (dez) dias. (Incluído pela Lei nº 13.840, de 2019)

§ 4º Feita a avaliação, o juiz intimará o órgão gestor do Funad, o Ministério Público e o interessado para se manifestarem no prazo de 5 (cinco) dias e, dirimidas eventuais divergências, homologará o valor atribuído aos bens. (Incluído pela Lei nº 13.840, de 2019)

(...)

§ 9º O Ministério Público deve fiscalizar o cumprimento da regra estipulada no § 1º deste artigo. (Incluído pela Lei nº 13.886, de 2019)

(...)

Art. 62. Comprovado o interesse público na utilização de quaisquer dos bens de que trata o art. 61, os órgãos de polícia judiciária, militar e rodoviária poderão deles fazer uso, sob sua responsabilidade e com o objetivo de sua conservação, mediante autorização judicial, ouvido o Ministério Público e garantida a prévia avaliação dos respectivos bens. (Redação dada pela Lei nº 13.840, de 2019)

CANDIDATO:

Insignificância e lei de drogas. Se o agente está portando 10 trouxinhas de maconha, se aplica? **(Delegado RS/19)**

RESPOSTA ADEQUADA:

Excelência, em que pese ter decisão pretérita, os tribunais superiores cristalizaram entendimento de que o princípio da insignificância **não se aplica** ao agente que adquire droga para consumo, muito menos para aquele que pratica tráfico de drogas. Como esses, em tese, são crimes de perigo abstrato, é irrelevante a quantidade da substância apreendida. No que se refere ao crime do artigo 28, da Lei, a jurisprudência acrescenta que a pequena quantidade de droga já é inerente à própria caracterização do delito, razão pela qual não se poderia falar em insignificância nesse caso.

TEMA POLÊMICO!

Na soma dos precedentes do STF e STJ, **vem prevalecendo** que **não se afasta** a **tipicidade material** nas condutas de portar droga ilícita para consumo pessoal ou realiza o tráfico de drogas, seja de grande quantidade ou não, ou seja, não se aplica a **bagatela própria** (princípio da insignificância).

No entanto, recentemente, a Excelsa Corte exarou o seguinte entendimento:

Em sessão virtual, a 2ª turma do STF **anulou a condenação por tráfico de drogas** imposta a uma mulher que foi flagrada com 1 grama de maconha. Por maioria, o colegiado concedeu o HC 127.573, seguindo o voto do relator, ministro Gilmar Mendes. O relator entendeu ser **aplicável ao caso o princípio da insignificância**, pois, para ele, a **conduta descrita nos autos não é capaz de lesionar ou colocar em perigo** a paz social, a segurança ou a saúde pública.

O juízo da 1ª vara de Bariri/SP condenou a mulher à pena de seis anos e nove meses de reclusão, em regime inicial fechado, pelo crime de tráfico, previsto no artigo 33 da lei de drogas – 11.343/06. A sentença foi mantida pelo TJ/SP.

A **Defensoria Pública de SP impetrou HC** no STJ, **alegando a desproporção da pena aplicada e buscando a incidência do princípio da insignificância.** O pedido acabou negado por decisão monocrática, então a defensoria impetrou o HC no Supremo.

Vejamos o inteiro teor do julgamento:

Em seu voto, o relator destacou que a resposta do Estado **não foi adequada nem necessária para repelir o tráfico de 1 grama de maconha.** Segundo Gilmar Mendes, esse é um exemplo emblemático de **flagrante desproporcionalidade na aplicação da pena** em hipóteses de **quantidade irrisória de entorpecentes**, e **não houve indícios** de que **a mulher teria anteriormente comercializado quantidade maior de droga.**

Conforme o ministro, no âmbito dos crimes de tráfico de drogas, a solução para a desproporcionalidade entre a lesividade da conduta e a reprimenda estatal é a adoção do princípio da insignificância.

O relator observou que o STF tem entendido que o **princípio da insignificância não se aplica ao delito de tráfico, ainda que a quantidade de droga apreendida seja ínfima.** Porém, considerou que **a jurisprudência deve avançar na criação de critérios objetivos para separar o traficante de grande porte do traficante de pequenas quantidades,** que **vende drogas apenas em razão de seu próprio vício.**

Para ele, se não houver uma clara comprovação da possibilidade de risco de dano da conduta, o comportamento deverá constituir crime, ainda que o ato praticado se adeque à definição legal.

"Em verdade, não haverá crime quando o comportamento não for suficiente para causar um dano ou um perigo efetivo de dano ao bem jurídico, diante da mínima ofensividade da conduta", explicou.

O voto do relator foi seguido pelos ministros Celso de Mello e Ricardo Lewandowski. Ficaram vencidos os ministros Edson Fachin e Cármen Lúcia. **Processo: HC 127.573**

CANDIDATO:

Havendo um casal, o homem cedia maconha para a mulher utilizar eventualmente. Qual é o tipo penal? **(Delegado RS/19)**

RESPOSTA ADEQUADA:

Excelência, será tipificado como consumo compartilhado.

Assim dispõe o artigo 33, § 3º, que "não incorre no delito de Tráfico de Drogas Ilícitas do caput do art.33, da Lei 11.343/06, por não haver o dolo de traficar".

Neste sentido, conclui-se que o indivíduo que consome esporadicamente a droga e a oferece a outra pessoa de seu relacionamento, sem insistência e sem objetivo de lucro, não incorre no delito descrito no *caput* do citado artigo, isso, pois, resta ausente o dolo específico do *caput*.

COMPLEMENTAÇÃO DA RESPOSTA:

Em não raras vezes, sabe-se que o usuário consome a droga (maconha, cocaína, drogas sintéticas em festas eletrônicas etc.) com uma ou mais pessoas de seu relacionamento, momento em que os indivíduos são abordados pela polícia e são presos pelo crime de tráfico de drogas, que resulta na prisão de apenas um dos consumidores ou de todos.

A inovação da Lei 11.343/2006 viu a necessidade de readequar o tratamento penal do indivíduo diante da pena desproporcional da lei anterior, extremamente severa para aquele que compartilhava a droga com alguém conhecido, que antes previa a pena mínima de 03 (três) anos (art. 12 da Lei 6.368/76) no enquadramento como tráfico de drogas, para a atual posição de consumo, com a pena mínima de 06 (seis) meses, de competência do Juizado Especial Criminal.

Nesse sentido, Nucci[16] assim colaciona: "O tipo penal inédito teve por finalidade abrandar a punição daquele que fornece substância entorpecente a um amigo, em qualquer lugar onde pretendam utilizar a droga em conjunto. Fazendo-o em caráter eventual e sem fim de lucro aplica-se a figura privilegiada."

CANDIDATO:

Considerando as disposições da Lei nº 11.343/2006, que trata do tráfico e do uso indevido de substâncias entorpecentes, discorra, fundamentadamente, sobre os seguintes aspectos relativos às causas de aumento de pena do art. 40 da referida lei. **(Delegado PF/18)**

1. Diferença entre transnacionalidade e interestadualidade;
2. Admissibilidade da aplicação simultânea das causas de aumento de pena pela transnacionalidade e pela interestadualidade;
3. Necessidade de transposição de fronteiras, à luz do entendimento sumulado do STJ.

16. NUCCI, Guilherme de Souza. *Leis Penais e Processuais Penais Comentadas*. 2. ed. São Paulo: Revista dos Tribunais, 2007.

RESPOSTA ADEQUADA:

Excelência, a interestadualidade é a intenção do agente de comercializar a droga em mais de um estado-membro da Federação (art. 40, inciso V, da Lei n.º 11.343/2006). Na transnacionalidade o agente importa a droga com objetivo de vendê-la em determinado estado da Federação, mas, para chegar até o seu destino, ele tem que passar por outros Estados (art. 40, inciso I da Lei n.º 11.343/2006).

A lei em questão prevê causa de aumento de pena tanto na transnacionalidade quanto na interestadualidade. Para recair no tráfico interestadual o aumento de pena, terá que ocorrer entre Estados da federação, porquanto o STJ aduz que para configurar esta prática **a droga tem que ser pulverizada em mais de um Estado**, pois a mera entrada em apenas um estado não configura a interestadualidade.

Quanto à simultaneidade da transnacionalidade e da interestadualidade, é possível, contudo, há que ser comprovado que **além de atravessar a fronteira, o agente tem intenção de pulverizar a droga em vários estados**, não bastando para isso meros indícios. Sendo **inadmissível** a aplicação simultânea quando **não ficar comprovada a intenção do importador da droga de difundi-la em mais de um estado-membro.**

O STJ entende que para configurar a interestadualidade **é desnecessária a efetiva transposição de fronteiras** entre estados da Federação, sendo suficiente a demonstração inequívoca da intenção de realizar o tráfico interestadual.

COMPLEMENTAÇÃO DA RESPOSTA:

1) Lei 11.343/2006. Art. 40. "As penas previstas nos arts. 33 a 37 desta Lei são aumentadas de um sexto a dois terços, se: I - a natureza, a procedência da substância ou do produto apreendido e as circunstâncias do fato evidenciarem a transnacionalidade do delito; (...)".
2) Só poderá incidir a interestadualidade se ficar demonstrado que a intenção do agente era pulverizar a droga em mais de um estado-membro. Se o agente importa a droga com objetivo de vendê-la em determinado estado da Federação, mas, para chegar até o seu destino, ele tiver que passar por outros estados, incidirá, neste caso, apenas a causa de aumento da interestadualidade (art. 40, I), não devendo ser aplicada essa majorante (art. 40, V) se a intenção do agente não era comercializar o entorpecente em mais de um estado da Federação.

As causas especiais de aumento da pena relativas à transnacionalidade e à interestadualidade do delito, previstas, respectivamente, nos incisos I e V do art. 40 da Lei de Drogas, até podem ser aplicadas simultaneamente, desde que demonstrada que a intenção do acusado que importou a substância era pulverizar a droga em mais de um estado do território nacional. Se isso não ficar provado, incide apenas a transnacionalidade.

Assim, é inadmissível a aplicação simultânea das causas de aumento da transnacionalidade (art. 40, I) e da interestadualidade (art. 40, V) quando não ficar comprovada a intenção do importador da droga de difundi-la em mais de um estado-membro.

"O fato de o agente, por motivos de ordem geográfica, ter que passar por mais de um estado para chegar ao seu destino final não é suficiente para caracterizar a interestadualidade." (STJ. 6.ª Turma. HC 214.942-MT, Rel. Ministro Rogerio Schietti Cruz, j. 16/6/2016, Info 586).

3) **Súmula 587 do STJ**: "Para a incidência da majorante prevista no art. 40, V, da Lei n.º 11.343/2006, é desnecessária a efetiva transposição de fronteiras entre estados da Federação, sendo suficiente a demonstração inequívoca da intenção de realizar o tráfico interestadual."

CANDIDATO:

Como se dá a destruição das drogas apreendidas sem a ocorrência de prisão em flagrante? **(Delegado/ Simulado 2019)**

RESPOSTA ADEQUADA:

Excelência, após alteração feita pela Lei nº 13.840/2019, que promoveu algumas mudanças na Lei de Drogas, quando não houver prisão em flagrante a destruição da droga apreendida será feita por incineração, no prazo máximo de 30 (trinta) dias contados da data da apreensão, guardando-se amostra necessária à realização do laudo definitivo. Em tese, conforme revogação, a destruição das drogas não será mais executada pelo delegado de polícia nesta situação.

COMPLEMENTAÇÃO DA RESPOSTA:

O art. 50-A da Lei 11.343/06 foi alterado pela Lei 13.840/2019.

LEI DE DROGAS	
Antes da Lei nº 13.840/2019	**Depois da Lei nº 13.840/2019**
Art. 50-A. A destruição de drogas apreendidas sem a ocorrência de prisão em flagrante será feita por incineração, no prazo máximo de 30 (trinta) dias contado da data da apreensão, guardando-se amostra necessária à realização do laudo definitivo, **aplicando-se, no que couber, o procedimento dos §§ 3º a 5º do art. 50.**	Art. 50-A. A destruição das drogas apreendidas **sem a ocorrência de prisão em flagrante** será feita por incineração, no prazo máximo de 30 (trinta) dias contados da data da apreensão, guardando-se amostra necessária à realização do laudo definitivo. **Redação atual.**

Cuidado para não se confundir. Observe o quadro sinótico:

LEI DE DROGAS	
Apreensão de drogas SEM FLAGRANTE	**Apreensão de drogas COM FLAGRANTE**
O art. 50-A foi alterado pela Lei nº 13.840/2019. **A destruição da droga NÃO será executada pelo Delegado** (essa previsão consta no § 4º do art. 50-A) Afirma, então, que a droga deverá ser destruída **por incineração**, no prazo máximo de 30 dias, contados da data da apreensão, guardando-se amostra necessária à realização do laudo definitivo. É a redação do art. 50-A da Lei nº 11.343/2006.	A destruição das drogas **será executada pelo Delegado de Polícia** competente no prazo de 15 dias na presença do Ministério Público e da autoridade sanitária (§ 4º do art. 50). O local será vistoriado antes e depois de efetivada a destruição das drogas, sendo lavrado auto circunstanciado pelo Delegado de Polícia, certificando-se neste a destruição total delas (§ 5º do art. 50).

Observa-se pelo quadro sinótico em epígrafe que com a nova Lei, em tese, **NÃO há mais necessidade de se observar o procedimento previsto nos §§ 3º até o 5º do art. 50 quando não houver prisão em flagrante.**

Esses parágrafos preceituavam o seguinte:

> Art. 50 (...)
>
> § 3º. Recebida cópia do auto de prisão em flagrante, o juiz, no prazo de 10 (dez) dias, certificará a regularidade formal do laudo de constatação e determinará a destruição das drogas apreendidas, guardando-se amostra necessária à realização do laudo definitivo.
>
> **§ 4º. A destruição das drogas será executada pelo delegado de polícia competente no prazo de 15 (quinze) dias na presença do Ministério Público e da autoridade sanitária.**
>
> § 5º. O local será vistoriado antes e depois de efetivada a destruição das drogas referida no § 3º, sendo lavrado auto circunstanciado pelo delegado de polícia, certificando-se neste a destruição total delas.

ATENÇÃO!

As plantações ilícitas serão **imediatamente destruídas pelo delegado de polícia**, na forma do art. 50-A, que recolherá quantidade suficiente para exame pericial, de tudo lavrando auto de levantamento das condições encontradas, com a delimitação do local, asseguradas as medidas necessárias para a preservação da prova (art. 32).

CANDIDATO:

Qual o prazo de cumprimento de pena necessário para que o condenado pelo delito de associação para o tráfico de drogas obtenha livramento condicional? E progressão de regime? **(Delegado/Simulado 2019)**

RESPOSTA ADEQUADA:

Excelência, embora o crime de associação para o tráfico, previsto no art. 35 da Lei 11.343/2006, não seja hediondo nem equiparado, o prazo para obtenção do livramento condicional referente a ele será de 2/3, em virtude da previsão específica contida no parágrafo único do art. 44 da Lei de Drogas, o qual prevalecerá em face da disposição geral constante do art. 83 do Código Penal.

Não obstante, forte na premissa de que o referido delito não é hediondo nem equiparado, é certo que, para fins de progressão de regime, o requisito objetivo será o cumprimento de 1/6 da pena, consoante exigido para os demais crimes comuns, não se aplicando o quantitativo exigido para os crimes hediondos ou equiparados, diante da inexistência, na hipótese, de previsão específica.

COMPLEMENTAÇÃO DA RESPOSTA*:

* A presente questão foi comentada pela professora Nathália Ribeiro Leite Silva, mestra em Direito Público pela Universidade Federal do Estado de Alagoas, com participação especial.

Consoante art. 83 do Código Penal, será de 2/3 o prazo para obtenção do livramento condicional pelo condenado por crime hediondo ou equiparado que não seja reincidente específico. No caso dos condenados por crimes não hediondos ou equiparados, o livramento condicional se torna possível após o cumprimento de 1/3 da pena, se não reincidentes em crime doloso, ou 1/2 da pena, se reincidentes em crimes dolosos.

Os condenados por crimes hediondos ou equiparados somente terão direito à progressão de regime após o cumprimento de 2/5 da pena, se primário, ou 3/5 dela, se reincidente.

CANDIDATO:

Fale sobre a evolução histórica da Lei de drogas. **(Delegado/Simulado)**

RESPOSTA ADEQUADA:

Excelência, podemos tracejar uma linha do tempo na seguinte ordem:

1. Em um primeiro momento, os crimes sobre drogas estavam no Código Penal entre os crimes contra a saúde pública;
2. No segundo momento, os crimes sobre drogas foram tipificados pela lei 6.368/76 que é a antiga lei de tóxicos;
3. Num terceiro momento veio a lei 10.409/2002, mas teve toda a sua parte material vetada pela Presidência da República;
4. Neste viés, atualmente, toda a sistemática se encontra na lei 11.343/06, tanto a parte material quanto a parte processual.

COMPLEMENTAÇÃO DA RESPOSTA:

Com a Lei 11.343/2006 foi criado o SISNAD (**Sistema Nacional de Políticas Públicas sobre Drogas**).

Nesta senda, a Lei 11.343/2006 adotou a terminologia "drogas", abolindo as terminologias "entorpecentes" e "tóxicos". Ademais, tendo como bem jurídico protegido a **saúde pública**.

CANDIDATO:

Se o agente for pego portando semente de maconha ele estará realizando algum crime? **(Delegado AP/10)**

RESPOSTA ADEQUADA:

Excelência, em uma síntese, podemos definir que a conduta é atípica, porquanto se trata de ato preparatório do crime preceituado, em tese, no art. 28, § 1º, da Lei 11.343/2006.

COMPLEMENTAÇÃO DA RESPOSTA:

Interessante entendimento contrário, porque a semente de maconha pode ser mastigada e, assim, produzir efeito entorpecente, logo, a conduta está tipificada no art. 28, *caput*, da Lei de Drogas.

ATUALIZAÇÃO!

Em julgamento de embargos de divergência, a Terceira Seção do Superior Tribunal de Justiça (STJ) considerou que a importação de poucas sementes de maconha não é suficiente para enquadrar o autor da conduta nos crimes previstos na Lei de Drogas. Ao reconhecer a atipicidade da conduta, o colegiado determinou o trancamento da ação penal.

Com a decisão, tomada por maioria de votos, a seção resolveu divergência entre a Sexta Turma – que já tinha essa orientação – e a Quinta Turma – para a qual deve ser reconhecida a tipicidade da conduta de importação de sementes de maconha, por se amoldar ao **artigo 33** da Lei de Drogas (Lei 11.343/2006).

A Corte Suprema, já se posicionou no HC 143.890/SP (j. 13/05/2019), confirmando a rejeição de denúncia pela prática de conduta semelhante.

Impetrado *habeas corpus* no STF, decidiu o ministro Celso de Mello que a ordem deveria ser concedida em razão da ausência de justa causa para a ação penal, baseada em fato atípico, pois a semente de *Cannabis* de fato **não pode ser considerada droga, nem, tampouco, matéria-prima para a produção de droga**:

> Cabe ressaltar, desde logo, que o princípio da reserva absoluta de lei em sentido formal (CF, art. 5.º, XXXIX), seja em tema de definição do tipo penal, seja em matéria de cominação da pena, qualifica-se como uma das mais expressivas garantias constitucionais instituídas em favor de qualquer pessoa que venha a sofrer persecução penal instaurada pelo Estado, representando, desse modo, sob tal perspectiva, uma inestimável conquista histórica do pensamento liberal, fundado nos grandes postulados do Iluminismo.

CANDIDATO:

Se o traficante usar parte da droga que irá vender responde pelo crime de tráfico ou pelo crime de porte? **(Delegado AP/10)**

RESPOSTA ADEQUADA:

Excelência, o traficante responde somente pelo art. 33 da lei de drogas e o crime do art. 28 da lei de drogas ficará absorvido, aplicando-se ao caso o princípio da consunção.

COMPLEMENTAÇÃO DAS RESPOSTAS:

Observa-se que nos casos em epígrafe houve a prática da conduta do crime mais grave, ou seja, tráfico de drogas, neste caso, aplica-se o princípio da consunção ou da absorção, aplicável nos casos em que há uma sucessão de condutas com existência de um nexo de dependência, sendo que o crime fim absorve o crime meio.

CANDIDATO:

E se for o usuário que venda parte da droga que iria consumir? **(Delegado/ Simulado)**

RESPOSTA ADEQUADA:

Excelência, o usuário que vende parte da droga, em tese, também responderá pelo art. 33 da lei de drogas e o crime do art. 28 fica absorvido.

CANDIDATO:

O tráfico privilegiado é equiparado ao crime hediondo? **(Delegado SC/15)**

RESPOSTA ADEQUADA:

Excelência, o STF passou a entender que o tráfico privilegiado, previsto na lei de drogas, **não deve** ser considerado crime de natureza hedionda. Neste sentido, o **STJ por meio de recurso repetitivo17 cancelou a sua súmula 512** que preceituava que a aplicação da causa de diminuição de pena da lei de drogas não afastava a hediondez do crime de tráfico de drogas.

COMPLEMENTAÇÃO DA RESPOSTA:

O chamado tráfico privilegiado é definido pelo artigo 33, parágrafo 4º, da Lei 11.343/06 (Lei de Drogas), que prevê que as penas poderão ser reduzidas de um sexto a dois terços desde que o agente seja primário, com bons antecedentes, não se dedique a atividades criminosas nem integre organização criminosa.

Já os crimes considerados hediondos estão previstos na Lei 8.072/90, além dos delitos equiparados (tortura, tráfico ilícito de entorpecentes e drogas afins e terrorismo). Crimes dessa natureza são inafiançáveis e insuscetíveis de anistia, graça ou indulto, e a progressão de regime só pode acontecer após o cumprimento de dois quintos da pena, caso o réu seja primário, ou de três quintos, caso seja reincidente.[18]

17. REsp 1.329.088 sob o rito dos recursos repetitivos.
18. STJ. 3ª Seção. EREsp 1.431.091-SP, Rel. Min. Felix Fischer, julgado em 14/12/2016.

TEMA QUENTE!

A semi-imputabilidade, por si só, **não afasta o tráfico de drogas e o seu caráter hediondo**, tal como a forma privilegiada. STJ. 6ª Turma. AgRg no HC 716.210-DF, Rel. Min. Sebastião Reis Júnior, julgado em 10/05/2022 (Info 737).

CANDIDATO:

Qual a natureza jurídica do porte de drogas para uso do artigo 28? **(Delegado SC/15)**

RESPOSTA ADEQUADA:

Excelência, prevalece o entendimento do STF[19] que decidiu que por ter o legislador excluído do preceito secundário da norma as penas privativas de liberdade, estabelecendo penas educativas e restritivas de direito, gerou um grande conflito, posto que, embora tenha ocorrido a exclusão das penas privativas de liberdade (detenção ou reclusão), não houve a *abolitio criminis*, mas somente a despenalização.

COMPLEMENTAÇÃO DA RESPOSTA:

No entanto, discute-se no STF[20] a descriminalização do consumo e do porte para uso da maconha. O STF sinaliza que o artigo 28 da Lei de Drogas fere os princípios da CRFB e, portanto, defendem a sua inconstitucionalidade, visto que a criminalização do consumo e porte de maconha podem ser declarados inconstitucionais, baseados nos princípios da individualidade e da vida privada, pois o Estado não pode se meter na privacidade das pessoas tampouco pode criminalizar uma conduta que não fere direitos de terceiros. A autolesão é um exemplo claro. Se alguém desferir uma facada nela mesma, não se trata de crime, pois não ofende terceira pessoa.

TEMA QUENTE!

Indivíduo flagrado com droga para consumo próprio oferece propina aos policiais, ele comete corrupção ativa?

Configura o crime de corrupção ativa o oferecimento de vantagem indevida a funcionário público para determiná-lo a omitir ou retardar ato de ofício relacionado com o cometimento do crime de posse de drogas para uso próprio. STJ. 5ª Turma. AREsp 2.007.599-RJ, Rel. Min. Jesuíno Rissato (Desembargador convocado do TJDFT), julgado em 03/05/2022 (Info 735).

Destaca-se que o art. 28 da Lei de Drogas, ainda que não preveja pena privativa de liberdade, permanece como crime. Não houve descriminalização da conduta, mas

19. RE 430.105-9- RJ.

20. RE 635659.

tão somente sua despenalização, uma vez que a norma especial conferiu tratamento penal mais brando aos usuários de drogas.

Em casos dessa natureza, muito embora não se imponha a prisão em flagrante, é obrigação do policial conduzir o autor do fato diretamente ao juízo competente ou, na falta deste, à delegacia, lavrando-se, neste caso, o respectivo termo circunstanciado e providenciando-se as requisições dos exames e perícias necessários, nos termos do art. 48, §§ 2º e 3º da Lei nº 11.343/2006.

CANDIDATO:

Na lei de drogas como é tratada a conduta de compartilhamento entre amigos? **(Delegado SP/15)**

RESPOSTA ADEQUADA:

Excelência, segundo preceitua a Lei 11.343/2006, esta conduta está tipificada no art. 33, "§ 3º Oferecer droga, eventualmente e sem objetivo de lucro, a pessoa de seu relacionamento, para juntos a consumirem (...)".

O legislador pretendeu diferenciar as condutas que caracterizam o tráfico de drogas, de maneira a estabelecer um tratamento mais rigoroso para quem comercializa drogas e integra rede de crime organizado, bem como atribuiu menor rigor àqueles que geram menor risco à coletividade.

Neste sentido, temos a norma contida no mencionado artigo 33, § 3º, que exige para sua tipificação que estejam presentes requisitos cumulativos, como atuação do agente de forma eventual, sem objetivo de lucro e com pessoa de seu convívio pessoal, para juntos consumirem drogas.

Ainda, uma vez reconhecida a habitualidade do uso compartilhado de droga, mesmo que sem fins lucrativos, configurará o delito de tráfico de drogas, na forma do artigo 33, caput, da lei.

COMPLEMENTAÇÃO DA RESPOSTA:

Diante do exposto, vê-se que para que seja o crime de tráfico de drogas desclassificado para uso compartilhado, exige-se a ausência de elementos indicativos de que o réu realiza ato caracterizador de mercancia ou aviamento ilícito de entorpecentes, sendo inafastável que haja caráter eventual, bem como a ausência de lucro.

Lembrando: para que exista o citado crime, é preciso a presença simultânea de cinco elementos:

1. Oferecer a droga;
2. Que esse oferecimento seja eventual (se for habitual será tráfico);
3. Sem objetivo de lucro (se houver lucro ou aviamento será tráfico);

4. O oferecimento deve ser para pessoa do seu relacionamento (se for para pessoas estranhas será tráfico);
5. Para juntos consumirem.

Detalhe importante está ligado ao fato deste delito não ser equiparado aos crimes hediondos, devido à sua natureza e posição topográfica.

CANDIDATO:

Qual a diferença dos procedimentos adotados pelo Delegado no caso de porte e tráfico de drogas? **(Delegado RS/09)**

RESPOSTA ADEQUADA:

Excelência, o Delegado de Polícia, como primeiro garantidor da legalidade, no caso concreto, irá lavrar o auto de prisão em flagrante, conforme o art. 50 da lei de drogas, que para efeito da lavratura e materialidade será confeccionado o laudo de constatação da natureza e quantidade da droga, firmado por perito oficial ou, na falta deste, por pessoa idônea. Ademais, para a Autoridade Policial diferenciar o porte de drogas do tráfico avaliará a natureza e a quantidade da substância apreendida, o local e as condições em que se desenvolveu a ação, as circunstâncias sociais e pessoais, bem como a conduta e os antecedentes do agente (art. 28, § 2º, da lei de drogas), bem como realizará as diligências fulcradas no CPP.

Oportuno esclarecer que se estiver presente expressiva quantidade de droga ilícita, além da materialidade, já será um indício de tráfico, mas, ainda que não haja apreensão de droga, o tráfico poderá ser comprovado por outros meios de prova, como exemplo, elementos adquiridos (conversas) em interceptação telefônica autorizada judicialmente.

Ademais, à luz do artigo 48 da lei em comento, o usuário de drogas deve ser encaminhado à presença da autoridade judicial, para que seja realizada a lavratura do Termo Circunstanciado da Ocorrência, na hipótese de ausência do Juiz, quando as providências poderão ser tomadas diretamente pelo Delegado de Polícia (art. 48, § 3º). Detalhe: caso o agente que porte droga para consumo pessoal não assine o termo de compromisso de comparecimento em juízo, ele não poderá ser preso em flagrante (art. 48, § 2º).

COMPLEMENTAÇÃO DA RESPOSTA:

Lei 11.343/06, art. 50. Ocorrendo prisão em flagrante, a autoridade de polícia judiciária fará, imediatamente, comunicação ao juiz competente, remetendo-lhe cópia do auto lavrado, do qual será dada vista ao órgão do Ministério Público, em 24 (vinte e quatro) horas.

CANDIDATO:

Caso o usuário se recuse a assinar o termo de compromisso, há como lavrar a prisão em flagrante? **(Delegado RS/19)**

RESPOSTA ADEQUADA:

Excelência, como já destacado em epígrafe, o usuário de drogas não poderá ser "preso em flagrante", porquanto o legislador trouxe essa possibilidade na lei nº 11.343/06, não se aplicando a regra comum da lei nº 9.099/95: "caso o agente se negue a se dirigir ao juizado, se houver sido detido no estado de flagrância, deverá ser lavrado o auto de prisão em flagrante e ser arbitrada fiança, que não paga, poderá ensejar a detenção provisória, até o encaminhamento ao juizado"[21].

CANDIDATO:

O agente que venha transportar da Bolívia até Minas Gerais para uso próprio "folhas de cocaína" praticará conduta típica? **(Delegado/ Simulado 2022)**

RESPOSTA ADEQUADA:

Excelência, a Terceira Seção do STJ decidiu (CC 172.464/MS) que a importação de folhas de coca se subsume, em tese, ao tipo do **tráfico equiparado**, ainda que a alegada destinação seja o uso próprio. No caso, o réu sustentava que as folhas de coca (4,4kg no total), adquiridas na Bolívia com destino a Minas Gerais, seriam destinadas a rituais indígenas e à produção de bolos e chás, não à produção de cocaína.

Sem adentrar no mérito da conduta em si - pois o que se discutia era a competência de julgamento -, o STJ **afastou a incidência do art. 28 da Lei 11.343/06** porque o produto apreendido, que figura entre as plantas proscritas (proibidas) que podem originar substâncias entorpecentes, não pode ser considerado droga. Dessa forma, para os efeitos inerentes à competência - e consequente apuração do propósito do importador -, a conduta deve ser classificada como importação de matéria-prima para a produção de drogas, cujo julgamento compete à Justiça Federal.

Assim, a conduta de transportar folhas de coca melhor se amolda, em tese e para a definição de competência, ao **tipo descrito no § 1º, I, do art. 33 da Lei n. 11.343/2006**, que criminaliza o transporte de matéria-prima destinada à preparação de drogas.

CANDIDATO:

No caso de importação de droga via postal, a competência será do local onde a droga foi apreendida ou de destino da droga? **(Delegado/ Simulado 2022)**

21. LIMA, 2013.

RESPOSTA ADEQUADA:

Excelência, o STJ firmou entendimento (CC 177.882-PR) que na hipótese de importação da droga via correio cumulada com o conhecimento do destinatário por meio do endereço aposto na correspondência, havendo a flexibilização da **súmula cancelada 528 da referida Corte** para se fixar a competência no Juízo do **local de destino** da droga, em favor da facilitação da fase investigativa, da busca da verdade e da duração razoável do processo.

CANDIDATO:

A natureza e a quantidade da droga podem ser utilizadas para não reconhecer o tráfico privilegiado (art. 33, § 4º da Lei de Drogas)? **(Delegado/ Simulado 2022)**

RESPOSTA ADEQUADA:

Excelência, configura constrangimento ilegal o afastamento do tráfico privilegiado e da redução da fração de diminuição de pena por presunção de que o agente se dedica a atividades criminosas, **derivada unicamente** da análise da natureza ou da quantidade de drogas apreendidas. STJ. 5ª Turma. REsp 1.985.297-SP, Rel. Min. João Otávio de Noronha, julgado em 29/03/2022 (Info 731).

COMPLEMENTAÇÃO DA RESPOSTA:

O STJ, interpretando esse dispositivo, apontou três importantes conclusões:

1) A natureza e a quantidade da droga devem ser valoradas na primeira etapa da dosimetria da pena. Isso porque o art. 42 da LD afirma que esses dois vetores preponderam sobre as circunstâncias judiciais do art. 59 do CP (que são analisados na primeira fase da dosimetria);

2) A natureza e a quantidade da droga não podem ser utilizadas concomitantemente na primeira e na terceira fases da dosimetria, nesta última para descaracterizar o tráfico privilegiado ou modular a fração diminuição de pena;

3) Supletivamente, a natureza e a quantidade da droga podem ser utilizadas na terceira fase da dosimetria da pena, para afastamento da diminuição de pena prevista no § 4º do art. 33 da Lei nº 11.343/2016, apenas quando esse vetor for conjugado com outras circunstâncias do caso concreto que, unidas, caracterizem a dedicação do agente à atividade criminosa ou a integração a organização criminosa.

Nesse sentido: As circunstâncias da natureza e da quantidade da droga apreendida devem ser levadas em consideração apenas em uma das fases do cálculo da pena, sob pena de bis in idem. STF. Plenário. ARE 666334 RG, Rel. Min. Gilmar Mendes, julgado em 03/04/2014 (Repercussão Geral – Tema 712).

A interpretação que era feita do Tema 712 do STF era no sentido de que a natureza e quantidade da droga poderiam ser utilizadas na primeira ou na terceira fase da dosimetria. Era como se fosse uma escolha do julgador. O STJ, neste julgado, afirma que não existe essa discricionariedade. Com base no art. 42 da LD, a natureza e a quantidade devem ser utilizadas na primeira fase. Supletivamente, elas também poderiam ser utilizadas na terceira fase quando conjugadas com outras circunstâncias do caso concreto que, unidas, caracterizem a dedicação do agente à atividade criminosa ou a integração a organização criminosa.

CANDIDATO:

A causa de diminuição de pena do tráfico privilegiado pode ser afastada com o fundamento de que o acusado responde por outros processos criminais em andamentos ou investigações? **(Delegado/ Simulado 2022)**

RESPOSTA ADEQUADA:

Excelência, o **Superior Tribunal de Justiça mudando seu entendimento** (HC: 664284 ES 2021/0135245-1) e se filiando ao STF decidiu que a **causa de diminuição** por **tráfico privilegiado não** pode ser afastada com o fundamento de que o acusado responde por outros processos criminais em andamentos ou investigações.

Nessa linha de entendimento, o STF, no julgamento do Habeas Corpus n. 151.431 (Relator o Ministro Gilmar Mendes, DJe 8.5.2018, Segunda Turma), o Ministro Gilmar Mendes sustentou que inquéritos e ações penais em curso **tampouco podem** servir de fundamento para **afastar** a causa de diminuição de pena do § 4º do art. 33 da Lei n. 11.343/2006.

CANDIDATO:

Incide a causa de aumento de pena do art. 40, III, da LD se o crime foi praticado nas proximidades de escola fechada em razão da COVID-19? **(Delegado/ Simulado 2022)**

RESPOSTA ADEQUADA:

Excelência, o STJ decidiu (AgRg no HC 728.750-DF) que no delito de tráfico de drogas praticado nas proximidades ou nas imediações de estabelecimento de ensino, pode-se, excepcionalmente, em razão das peculiaridades do caso concreto, **afastar** a incidência da majorante prevista no art. 40, III, da Lei nº 11.343/2006.

COMPLEMENTAÇÃO DA RESPOSTA:

Vejamos outros julgados relacionados ao tema:

A prática do delito de tráfico de drogas nas proximidades de estabelecimentos de ensino (art. 40, III, da Lei 11.343/06) enseja a aplicação da majorante, sendo desnecessária a prova de que o ilícito visava atingir os frequentadores desse local. STJ. 6ª Turma. AgRg no REsp 1558551/MG, Rel. Min. Nefi Cordeiro, julgado em 12/09/2017.

Para a incidência da majorante prevista no art. 40, inciso III, da Lei nº 11.343/2006 é desnecessária a efetiva comprovação de que a mercancia tinha por objetivo atingir os estudantes, sendo suficiente que a prática ilícita tenha ocorrido em locais próximos, ou seja, nas imediações de tais estabelecimentos, diante da exposição de pessoas ao risco inerente à atividade criminosa da narcotraficância. STJ. 6ª Turma. HC 359.088/SP. Maria Thereza de Assis Moura, julgado em 04/10/2016.

Em relação à causa de aumento do art. 40, inciso III, da Lei de Drogas, cumpre destacar que a respectiva majorante tem caráter objetivo, prescindindo da análise da intenção do acusado em comercializar drogas com alunos das instituições de ensino. STJ. 5ª Turma. HC 359.467/SP, Rel. Min. Reynaldo Soares da Fonseca, julgado em 18/08/2016.

Não incide a causa de aumento de pena prevista no art. 40, inciso III, da Lei nº 11.343/2006, se a prática de narcotraficância ocorrer em dia e horário em que não facilite a prática criminosa e a disseminação de drogas em área de maior aglomeração de pessoas. STJ. 6ª Turma. REsp 1.719.792-MG, Rel. Min. Maria Thereza de Assis Moura, julgado em 13/03/2018 (Info 622).

TEMAS QUENTES!

1) A aplicação da causa de aumento prevista no art. 40, III, da Lei nº 11.343/2006 se justifica quando constatada a comercialização de drogas nas dependências ou imediações de estabelecimentos prisionais, sendo irrelevante se o agente infrator visa ou não aos frequentadores daquele local. Assim, se o tráfico de drogas ocorrer nas imediações de um estabelecimento prisional, incidirá a causa de aumento, não importando quem seja o comprador do entorpecente. STF. 2ª Turma. HC 138944/SC, Rel. Min. Dias Toffoli, julgado em 21/3/2017 (Info 858).

2) No informativo 659 do STJ destacou-se que não é necessário que a droga passe por dentro do presídio para que incida a majorante prevista no art. 40, III, da Lei n. 11.343/2006.

CANDIDATO:

A prática de tráfico de drogas próximo a "igreja" pode gerar o aumento de pena? **(Delegado/ Simulado 2022)**

RESPOSTA ADEQUADA:

Excelência, o STJ pacificou entendimento (HC 528.851/SP) que, no Direito Penal incriminador, **não se admite** a *analogia in malam partem* e porque a hipótese dos autos (tráfico de drogas cometido em local próximo a igrejas) **não foi contemplada pelo legislador no rol das majorantes previstas no inciso III do art. 40** da Lei n. 11.343/2006, deve ser afastada a causa especial de aumento de pena em questão (...).

COMPLEMENTAÇÃO DA RESPOSTA:

Professor, no dia 21 de junho de 2021, a 5ª Turma proferiu um julgamento com posicionamento diferente?

Vejamos a Ementa: Nesse contexto, **justificada a incidência da causa de aumento prevista no art. 40, inciso III, da Lei n.º 11.343/2006**, uma vez consta nos autos a **existência de igreja evangélica** a aproximadamente 23 metros de distância do local onde a traficância era realizada. (...) (AgRg no HC 668.934/MG, Rel. Ministro REYNALDO SOARES DA FONSECA, QUINTA TURMA, julgado em 22/06/2021).

ATENÇÃO!

Ao contrário do que indicado pela ementa, na verdade, estávamos diante de uma entidade social onde se realizava cultos de uma igreja evangélica. Ora, a incidência da causa de aumento do art. 40, III da Lei de Drogas não se deu em razão das proximidades com a igreja evangélica, **que não se encontra no referido rol**, mas sim nas proximidades de uma entidade social, que está prevista no dispositivo ora analisado. Vejamos o importante trecho do voto do Relator:

"(...) De início, no que diz respeito à pretensão de afastamento da causa de aumento de pena prevista no art. 40, inciso III, da Lei n.º 11.343/2006, **o Tribunal a quo consignou que o crime de tráfico foi praticado nas proximidades de uma ENTIDADE SOCIAL onde se realizavam cultos de uma igreja evangélica, local de reunião de membros da comunidade** (e-STJ fl. 36). Acerca da matéria, é firme a jurisprudência desta Corte Superior no sentido de que, para a imposição da causa de aumento de pena prevista no art. 40, inciso III, da Lei n.º 11.343/2006, basta que o tráfico de drogas tenha ocorrido nas proximidades de qualquer dos estabelecimentos descritos na norma, sendo prescindível a comprovação de que o comércio de entorpecentes visava atingir estudantes ou qualquer frequentador dos locais indicados no referido preceito (HC n.º 164.414/RS, Rel. Ministro GURGEL DE FARIA, Quinta Turma, julgado em 20/8/2015, DJe 8/9/2015)".

3. LEI DA LAVAGEM DE CAPITAIS (LEI 9.613/98)

CANDIDATO:

Em relação ao crime de lavagem de dinheiro praticado na modalidade de ocultação, discorra, fundamentadamente, sobre:

1 o conceito e a classificação desse crime na referida modalidade, bem como sobre o início do seu prazo prescricional, de acordo com o entendimento do STF;

2 a infração penal antecedente a esse crime, no que diz respeito à tipicidade, à necessidade de condenação prévia e a eventual extinção da punibilidade. **(Delegado PF/19)**

RESPOSTA ADEQUADA:

1 Excelência, quanto ao conceito, Lavagem de dinheiro é a conduta em que a pessoa oculta ou dissimula a natureza, origem, localização, disposição, movimentação ou propriedade de bens, direitos ou valores provenientes, direta ou indiretamente, de infração penal com o intuito de parecer que se trata de dinheiro de origem lícita.

Quanto à classificação, a lavagem de dinheiro é como um crime derivado, acessório ou parasitário, considerando-se que se trata de delito que pressupõe a ocorrência de uma infração penal antecedente, que pode ser crime ou contravenção penal.

Lavagem de dinheiro, na modalidade "ocultar", é crime permanente. Nesse caso, a execução do crime não se dá em um momento definido e específico, mas se protrai ou alonga no tempo. Quem oculta e mantém oculto algo prolonga a ação até que o fato se torne conhecido. Assim, o prazo prescricional somente se inicia quando as autoridades tomam conhecimento da conduta do agente.

2 Excelência, quanto à tipicidade a infração penal antecedente pode ser crime ou contravenção penal e não há rol taxativo.

Na segunda questão a ser enfrentada, verifica-se uma pegadinha: não confundir **conduta** com **condenação** prévia!

Assim, para que seja recebida a denúncia pelo crime de lavagem, deve haver, no mínimo, **indícios da prática da infração penal antecedente**. Não se exige condenação prévia pela infração penal antecedente para que seja iniciada a ação penal pelo delito de lavagem de dinheiro. Por isso, o julgamento da infração penal antecedente e do crime de lavagem não necessariamente deve ser feito pelo mesmo juízo.

O § 1º do art. 2º da Lei de Lavagem estabelece que poderá haver o crime de lavagem ainda que esteja extinta a punibilidade da infração penal antecedente. Apesar de não haver previsão expressa na redação original da Lei, o STJ já tinha decidido que a extinção da punibilidade pela prescrição quanto aos crimes antecedentes não obstaculizava o reconhecimento da tipicidade do delito de lavagem de dinheiro.[22]

COMPLEMENTAÇÃO DA RESPOSTA:

A Lei nº 13.964/19 alterou a Lei nº 9.613/98 para incluir o §6º ao Art.1º, passando o dispositivo a vigorar com a redação de que "para a apuração do crime de que trata este artigo, admite-se a utilização da ação controlada e da infiltração de agentes".

Nesta medida, reconhecida a relevância pragmática dos danos ocasionados pela perpetração do crime de lavagem de capitais, e considerando que este atinge seu exaurimento na reinserção dos ativos ilícitos na economia formal como se lícitos fossem, o legislador pretendeu criar mecanismos investigativos que possibilitassem a persecução

22. STJ, HC 207.936-MG, 5ª Turma, Rel. Min. Jorge Mussi, julgado em 27/3/2012.

criminal direcionada à identificação dos autores, partícipes e formas de execução do processo de lavagem, o qual se torna cada vez mais sofisticado.

Deste modo, a simples modificação do Art.1º da norma regente permitiu que o órgão possuidor do ônus investigativo – Polícia Judiciária e Ministério Público – possuam em suas mãos ferramentas de persecução até então aplicadas, sobretudo, ao crime de organização criminosa, o qual se caracteriza por sua alta complexidade decorrente da divisão de tarefas, hierarquia e abrangência delitiva, algumas das vezes possuindo caráter transnacional.

Por conseguinte, o instituto da Ação Controlada está estabelecido no Art. 8º da Lei nº 12.850/13 – Lei de Organizações Criminosas –, constituindo-se, em realidade, numa espécie de flagrante retardado. Desta forma, constitui-se a ação controlada em método de persecução que visa a maior eficácia na consolidação da prisão em flagrante, visando colher maiores instrumentos probatórios e deter uma quantidade maior de agentes delitivos.

CANDIDATO:

Em relação ao crime de lavagem de dinheiro praticado na modalidade de ocultação, discorra, fundamentadamente, sobre:

1 – o conceito e a classificação desse crime na referida modalidade, bem como sobre o início do seu prazo prescricional, de acordo com o entendimento do STF;

2 – a infração penal antecedente a esse crime, no que diz respeito à tipicidade, à necessidade de condenação prévia e à eventual extinção da punibilidade. **(Delegado Federal/19)**

RESPOSTA ADEQUADA:

Excelência, o crime de lavagem de dinheiro pode ser definido como a conduta praticada no intuito de ocultar ou dissimular a natureza, origem, localização, disposição, movimentação ou propriedade de bens, direitos ou valores que provenham, direta ou indiretamente, de infração penal, com o objetivo específico de fazer aparentar que se trata de dinheiro com origem lícita. O delito é classificado como derivado, acessório ou parasitário, por pressupor a ocorrência de uma infração penal antecedente, a qual, atualmente, pode ser crime ou contravenção penal.

Consoante o entendimento do STF, na modalidade ocultação, o crime tem natureza permanente, pois sua execução se protrai no tempo. Portanto, o início do prazo prescricional apenas ocorre quando a conduta do agente chega ao conhecimento das autoridades, momento em que o dinheiro deixa de estar oculto, cessando a permanência.

No estágio atual, a infração penal antecedente pode ser crime ou contravenção penal, sem que haja rol taxativo.

O recebimento da denúncia pelo delito de lavagem de direito demanda que estejam configurados, ao menos, indícios da prática da infração penal antecedente, mas não se exige condenação prévia pela prática dessa última para que seja iniciada a ação penal referente à lavagem de dinheiro. Por outro lado, consoante atual redação da Lei de Lavagem de Dinheiro, o crime poderá restar configurado mesmo que já tenha sido extinta a punibilidade da infração penal antecedente.

COMPLEMENTAÇÃO DA RESPOSTA*:

* A presente questão foi comentada pela professora Nathália Ribeiro Leite Silva, mestra em Direito Público pela Universidade Federal do Estado de Alagoas, com participação especial.

Diante da desnecessidade de prévia condenação pela prática da infração penal antecedente para que reste configurado o crime de lavagem de dinheiro, tem-se que o julgamento de ambos os crimes não necessariamente deve ser feito pelo mesmo juízo.

Mesmo antes da modificação da redação originária da Lei de Lavagem de Dinheiro, o STJ já possuía entendimento no sentido de que a extinção da punibilidade pela prescrição quanto aos crimes antecedentes não constituiria obstáculo para o reconhecimento da tipicidade do delito de lavagem de dinheiro.

Houve evolução das normas acerca da infração penal antecedente apta a caracterizar o crime de lavagem de direito, a qual pode ser dividida em três gerações, a saber: 1ª geração: crime antecedente deveria ser tráfico de drogas; 2ª geração: necessidade de que o crime antecedente constasse no rol taxativo previsto na lei; 3ª geração: toda infração penal pode figurar como antecedente ao delito de lavagem de dinheiro.

CANDIDATO:

Quais as etapas do crime de lavagem de dinheiro? **(Delegado PF/13 e SP/15)**

RESPOSTA ADEQUADA:

Excelência, "os mecanismos mais utilizados no processo de lavagem de dinheiro envolvem teoricamente três etapas independentes que, com frequência, ocorrem simultaneamente"[23], conhecidas como Colocação, Ocultação e Integração. Assim, podemos definir, entre outras etapas, que:

1. Colocação – a primeira etapa do processo é a colocação do dinheiro no sistema econômico. Objetivando ocultar sua origem, o criminoso procura movimentar o dinheiro em países com regras mais permissivas e naqueles que possuem um sistema financeiro liberal. A colocação se efetua por meio de depósitos, compra de instrumentos negociáveis ou compra de bens. Para dificultar a identificação da procedência do dinheiro, os criminosos aplicam técnicas sofisticadas e cada vez mais dinâmicas, tais como o fracionamento dos valores que transitam pelo sistema financeiro e a utilização de estabelecimentos comerciais que usualmente trabalham com dinheiro em espécie.

23. NUCCI, Guilherme de Souza. Leis penais e processuais penais comentadas. 5ª ed. São Paulo: RT, 2010, p. 401.

COMPLEMENTAÇÃO DA RESPOSTA:

Antes de entrar no assunto, esse tema foi cobrado recentemente na prova preambular objetiva de Delegado do Acre.

Como já expliquei, utilize essa técnica argumentativa na sua prova oral para não se estender muito. Observe que houve a introdução ao tema, logo em seguida escolhi de qual etapa iria falar, comecei a responder com propriedade, mas deixei claro para o examinador que havia outras, para ele saber que estaria à disposição caso quisesse saber das demais etapas.

Tudo bem, mas e se ele perguntar o conceito sobre a Ocultação e Integração?

Neste caso você irá responder normalmente. O problema é que não prestamos atenção corretamente nas perguntas feitas na hora, acredito que pelo nervosismo. Por exemplo, nessa pergunta o examinador sabatinou sobre as "etapas da lavagem de capital", em nenhum momento ele pediu para defini-las. Entendeu? Não antecipe respostas, espere ser perguntado, jogue o jogo.

Continuando a explicação sobre o tema:

2. Ocultação – a segunda etapa do processo consiste em dificultar o rastreamento contábil dos recursos ilícitos. O objetivo é quebrar a cadeia de evidências ante a possibilidade da realização de investigações sobre a origem do dinheiro. Os criminosos buscam movimentá-lo de forma eletrônica, transferindo os ativos para contas anônimas – preferencialmente, em países amparados por lei de sigilo bancário – ou realizando depósitos em contas abertas em nome de "laranjas" ou utilizando empresas fictícias ou de fachada.

3. Integração – nesta última etapa, os ativos são incorporados formalmente ao sistema econômico. As organizações criminosas buscam investir em empreendimentos que facilitem suas atividades – podendo tais sociedades prestarem serviços entre si. Uma vez formada a cadeia, torna-se cada vez mais fácil legitimar o dinheiro ilegal.

FIQUE LIGADO!

O STF[24] entendeu que o crime de lavagem de dinheiro nos núcleos "ocultar e dissimular" são verbos permanentes.

Cuidado, a pessoa jurídica não pode ser responsabilizada penalmente pelo crime de lavagem de capitais, pois apenas há o permissivo legal com relação a crimes ambientais.

CANDIDATO:

Qual é o conceito de lavagem de capitais? **(Delegado SP/19)**

24. HC 113.856.

RESPOSTA ADEQUADA:

Excelência, é o conjunto complexo de operações integrado pelas etapas de conversão, dissimulação e integração de bens, direitos ou valores, que tem por finalidade tornar legítimos ativos oriundos da prática de ilícitos penais, mascarando esta origem, para que os responsáveis possam escapar da ação repressiva da justiça.

CANDIDATO:

Por que a doutrina chama o crime de lavagem de capitais de crime parasitário? **(Delegado SP/19)**

RESPOSTA ADEQUADA:

Excelência, a doutrina clássica e a moderna conceituam por este crime funcionar como pressuposto um delito antecedente. Mas a lavagem de capitais não é exaurimento do delito antecedente, pois se trata de crime autônomo, possibilitando que o autor ou partícipe do ilícito penal antecedente pratique a lavagem também (Autolavagem), respondendo em concurso material.

Nesse ponto, distingue-se a lavagem da receptação e do favorecimento real, uma vez que o receptador não pode ser coautor ou partícipe no crime antecedente, assim como o agente que pratica favorecimento real.

Atente-se que o processo e julgamento do crime de lavagem de capitais independe do processo e julgamento da infração penal antecedente, inexistindo relação de prejudicialidade, conforme dispõe o art. 2º, II, lei 9.613/98.

CANDIDATO:

A quebra de sigilo bancário e fiscal fundada em relatório do COAF é ilegal? **(Delegado/Simulado)**

RESPOSTA ADEQUADA:

Excelência, "a atividade desempenhada pelo Coaf, ao constatar indícios de crime, não se restringe a simples afirmação de movimentação atípica, mas, ao contrário, apoia-se em um conjunto de informações relevantes que impõe, em alguns casos (até para melhor esclarecer o fato apontado), melhor análise dos dados que subsidiaram a comunicação feita aos órgãos de persecução penal e que, a fortiori, importam na necessária quebra de sigilo".[25]

COMPLEMENTAÇÃO DA RESPOSTA:

O COAF, órgão responsável pelo levantamento de fatores de risco ao Sistema Financeiro Nacional, também atua na prevenção e na fiscalização da prática do delito

25. STJ, HC 349945/PE, Rel. para acórdão Min. Rogerio Schietti Cruz, 6ª Turma, julgado em 06/12/2016.

de lavagem e identifica as ocorrências suspeitas de atividades ilícitas previstas em lei, sem prejuízo da competência de outros órgãos e entidades.

O COAF, desde a edição da LC 105/2001, passou a receber, independentemente de autorização judicial, diversas informações de natureza bancária, securitária, cambiária, relativas a mercados futuros e de títulos ou valores mobiliários, previdenciária, creditícia, de empréstimos com cartão de crédito, enfim, sobre todo negócio jurídico que tenha expressão monetária. Assim, por via transversa, a referida Lei, ao tornar o sigilo e as inviolabilidades inoponíveis ao COAF, acabou por permitir que os relatórios produzidos por ele fossem lastreados em elementos de informação da mais alta relevância e precisão técnica.

O relatório produzido pelo COAF, além de fundamentado em dados protegidos pelo sigilo financeiro, é obtido por um complexo sistema integrado de instituições, o que lhe imprime altíssimo grau de confiabilidade e precisão.

ATENÇÃO!

Atualmente, as teses fixadas pelo STF a respeito do tema foram as seguintes:

1. É constitucional o compartilhamento dos relatórios de inteligência financeira da UIF e da íntegra do procedimento fiscalizatório da Receita Federal do Brasil (RFB), que define o lançamento do tributo, com os órgãos de persecução penal para fins criminais, sem a obrigatoriedade de prévia autorização judicial, devendo ser resguardado o sigilo das informações em procedimentos formalmente instaurados e sujeitos a posterior controle jurisdicional.

2. O compartilhamento pela UIF e pela RFB, referente ao item anterior, deve ser feito unicamente por meio de comunicações formais, com garantia de sigilo, certificação do destinatário e estabelecimento de instrumentos efetivos de apuração e correção de eventuais desvios.

STF. Plenário. RE 1055941/SP, Rel. Min. Dias Toffoli, julgado em 4/12/2019 (repercussão geral – Tema 990) (Info 962).

CANDIDATO:

O que é Teoria da Cegueira Deliberada/Instruções do Avestruz? **(Delegado PF/13)**

RESPOSTA ADEQUADA:

Excelência, em uma boa síntese, segundo essa teoria atua dolosamente (eventual), pois aquele que não busca saber a origem do dinheiro assume o risco para tal, aquele que preenche o tipo objetivo ignorando algumas peculiaridades do caso concreto, por ter se colocado voluntariamente numa posição de alienação diante de situações suspeitas, procurando não se aprofundar no conhecimento das circunstâncias objetivas. Entretanto, não era cabível sua aplicação na redação anterior da lei de lavagem de capitais brasileira, especialmente nos casos dos parágrafos 1º e 2º, art. 1º, lei 9.613/98, que exigiam o dolo direto.

COMPLEMENTAÇÃO DAS RESPOSTAS:

A doutrina[26] explicita que três requisitos fundamentais devem ser analisados:

1. Suspeita justificada do sujeito sobre a concorrência de sua conduta à atividade. É o agente que deixa de obter essa consciência voluntariamente, pode haver casos, inclusive, em que o agente cria barreiras ao conhecimento para não obter o conhecimento pleno do que suspeita;
2. Disponibilidade de informações que possam aclarar o conhecimento do agente. Nesse caso, documentos, provas e indícios devem estar ao alcance do indivíduo de tal modo, que ele possa concluir que o crime seria facilmente descoberto. Para que a teoria da cegueira deliberada possa ser aplicada deve haver voluntariedade e intenção de se manter na ignorância, quando há possibilidade de se obter o conhecimento;
3. A última é a intenção da manutenção do estado de ignorância visando à proteção do agente da descoberta do delito e futura condenação, de tal modo que sempre poderá alegar que nada sabia a respeito.

CANDIDATO:

Em relação ao crime de Lavagem de Dinheiro, o que é "reserva de autolavagem"? Admite-se a "autolavagem" no Brasil? **(Delegado PF/13)**

RESPOSTA ADEQUADA:

Excelência, há países, como Itália e França, nos quais o autor da infração antecedente não pode responder pelo crime de lavagem de dinheiro, atendendo-se à reserva contida na Convenção de Palermo.

Neste contexto, por haver a exclusão expressamente do autor do crime antecedente do âmbito da lavagem de dinheiro, diz-se que estes países fazem a "reserva de autolavagem".

Entrementes, no Brasil, **não existe tal vedação legal**, ocorrendo a possibilidade de responsabilização criminal do autor do delito base pelo crime de lavagem de capitais.[27]

---

26. CALLEGARI, André Luís e WEBER, Ariel Barazzetti. Lavagem de Dinheiro. São Paulo, ed. Atlas, 2014, p. 93-100. Apud, RAGUÉS i VALLÈS Ramón. La responsabilidad penal del testaferro en delitos cometidos através de sociedades mercantiles: problemas de imputación subjetiva. InDret. Revista para el Análisis del Derrecho, Barcelona, nº 3, jul. 2008. Disponível em <http://www.raco.cat/index.php/InDret/article/viewFile/124290/172263>. Acesso em: 19 set. 2012.
27. LIMA, 2013, p. 321.

COMPLEMENTAÇÃO DAS RESPOSTAS:

Interessante observarmos que em países como a Espanha e Portugal, em suas legislações próprias, há referência direta à punição da autolavagem como concurso de crimes.

A doutrina[28] que se posiciona contra entende que "àquele que é condenado pelo delito antecedente não se pode impor o dever jurídico de espontaneamente entregar ao Estado, para ser confiscado, o produto ou o provento do crime pelo qual foi apenado. É contra a natureza das coisas, o bom senso e até mesmo a lógica punir o delinquente por ter, ele mesmo, sem ofender outros bens juridicamente tutelados (...) ocultado ou dissimulado a origem do dinheiro proveniente do crime que praticou e pelo qual já está sendo punido. A conduta posterior é, portanto, atípica; a sua punição, ademais, importaria em inadmissível bis in idem". Para esse entendimento, a lavagem funcionaria como mero exaurimento do delito precedente.

A outra parcela da doutrina[29] favorável (corrente majoritária) aponta que "levando-se em consideração que um terceiro que não concorreu para a infração antecedente pode, de alguma forma, concorrer para a lavagem de dinheiro, que permanece sob a direção e controle do autor da infração-base, que, por possuir domínio do fato, seria considerado autor, fosse vedada a punição da autolavagem, ter-se-ia, então, uma situação em que existiriam partícipes de um crime sem autor."

Não podemos deixar de destacar a exceção à possibilidade de punição da autolavagem trazida pela doutrina[30]: "nas modalidades adquirir, receber e receber em garantia do art. 1º, § 1º, II, da Lei 9.613/98, entende-se que, por uma questão lógica, o sujeito ativo do delito será necessariamente pessoa diversa daquela que praticou a infração antecedente, porquanto não se pode adquirir o que já é seu, nem se receber algo a não ser que essa coisa pertença a terceiro".

(...) "IV. não sendo considerada a lavagem de capitais mero exaurimento do crime de corrupção passiva, é possível que dois dos acusados respondam por ambos os crimes, inclusive em ações penais diversas, servindo, no presente caso, os indícios da corrupção advindos da AP 477 como delito antecedente da lavagem. V. o fato de um ou mais acusados estarem sendo processados por lavagem em ação penal diversa, em curso perante o supremo tribunal federal, não gera bis in idem, em face da provável diversidade de contas correntes e das importâncias utilizadas na consumação do suposto delito" (...).[31]

(...) "VI. Não há que falar em consunção entre o crime de evasão de divisas e do de lavagem de capitais, mas em condutas autônomas, caracterizadoras de lavagem de dinheiro. VII. A lavagem de dinheiro pressupõe a ocorrência de delito anterior, sendo próprio do delito que esteja consubstanciado em atos que garantam ou levem ao proveito do resultado do crime anterior, mas recebam punição autônoma. Conforme a

---

28. Leis Penais Especiais Comentadas, 2006, pp. 552-553.
29. LIMA, Ob. cit. p. 323.
30. CARLI, 2011, p. 475.
31. Inq 2471, Tribunal Pleno do STF, rel. Min. Ricardo Lewandowski. DJe-043 publicado em 01-03- 2012.

opção do legislador brasileiro, pode o autor do crime antecedente responder por lavagem de dinheiro, dada à diversidade dos bens jurídicos atingidos e à autonomia deste delito. VIII. Induvidosa, na presente hipótese, a existência do crime de evasão de divisas como crime antecedente. IX. Recurso desprovido".[32]

CANDIDATO:

Qual a conceituação de "Lavagem de Capitais em Cadeia"? **(Delegado PF/13)**

RESPOSTA ADEQUADA:

Excelência, a lavagem de dinheiro em cadeia acontece quando o crime antecedente também é crime de lavagem de capitais. Trata-se, pois, da lavagem da lavagem.

COMPLEMENTAÇÃO DAS RESPOSTAS:

A doutrina explica:

> "Com a alteração do art. 1º da Lei 9.613/1998, pela Lei 12.683/2012, toda e qualquer infração penal produtora – aquela capaz de gerar bens, direitos ou valores passíveis de branqueamento – poderá figurar como antecedente de lavagem de capitais (legislação de terceira geração), inclusive o próprio crime de lavagem. Exemplo: lavagem de capitais do rendimento de aplicação financeira oriunda de anterior crime de lavagem. Nesse caso, como a lavagem de capitais inicial tem como elementar uma infração penal antecedente, a comprovação da materialidade da lavagem anterior somente será possível com a identificação da infração penal que a antecedeu".[33]

CANDIDATO:

Quais são as três gerações de leis de lavagem de capitais? **(Delegado PF/13 e SC/15)**

RESPOSTA ADEQUADA:

Excelência, podemos definir as três Gerações como:

1ª Geração: Havia como antecedente o crime de tráfico de drogas.

2ª Geração: Havia um rol taxativo de crimes antecedentes.

3ª Geração: Aboliu o rol taxativo e passou a dispor que qualquer infração penal pode ser crime antecedente de lavagem de capitais.

Oportuno mencionar que atualmente a lei de **lavagem de dinheiro encontra-se na terceira geração.**

---

32. REsp 1234097/PR, 5ª turma do STJ, rel. Min. Gilson Dipp, DJe 17/11/2011.
33. LIMA, 2016, p. 330.

COMPLEMENTAÇÃO DAS RESPOSTAS:

A doutrina, com propriedade destaca apontamentos sobre a importância da lei de lavagem de dinheiro: "A legislação não foi idealizada em território nacional, trata-se de lei discutida por longo período na comunidade internacional a partir do terrível mal causado pela lavagem de capitais, já que as organizações criminosas utilizam o lucro das operações para investimento em novas atividades delituosas. Na legislação vigente sobre lavagem de dinheiro, as pessoas jurídicas de diversos setores econômicos e financeiros têm obrigações relacionadas à identificação de seus clientes, registrando e monitorando suas movimentações financeiras. Todas as operações suspeitas devem ser comunicadas. As instituições devem implementar procedimentos internos que visem o controle e o treinamento de funcionários para atuarem na prevenção e combate ao crime de lavagem de dinheiro"[34].

CANDIDATO:

O que se entende por "alienação antecipada"? **(Delegado/ Simulado 2022)**

RESPOSTA ADEQUADA:

Excelência, a **Lei 9.613/1998** estabelece regras específicas para **alienação antecipada**, com o fim de **preservação dos bens sob constrição**, sempre que estiverem sujeitos a "qualquer grau de deterioração ou depreciação", ou quando houver "dificuldade para sua manutenção". Realizada em procedimento próprio, após homologação do valor atribuído, os bens serão alienados em pregão ou leilão (preferencialmente eletrônico), por valor não inferior a 75% da avaliação, que será depositado em conta judicial remunerada.

COMPLEMENTAÇÃO DA RESPOSTA:

À luz da Lei 9.613/98, **art. 4º-A**. A **alienação antecipada** para preservação de valor de bens sob constrição será decretada pelo juiz, de ofício, a requerimento do Ministério Público ou por solicitação da parte interessada, mediante petição autônoma, que será autuada em apartado e cujos autos terão tramitação em separado em relação ao processo principal.

De fato, tal figura jurídica se mostra plenamente apropriada e sua aplicação se justifica em determinadas situações, excepcionais, evidentemente. As hipóteses legais de cabimento da alienação antecipada encontram-se dispostas **no artigo 4º, § 1º**, da Lei 9.613/1998, *in verbis*:

> Art. 4º O juiz, de ofício, a requerimento do Ministério Público ou mediante representação do delegado de polícia, ouvido o Ministério Público em 24 (vinte e quatro) horas, havendo indícios suficientes de

34. ROSANE MARIA SCUZZIATTO DE ANDRADE. Crime de Lavagem de Dinheiro e o Problema da Prova do Delito Prévio. p. 215. <http://www.anima-opet.com.br/pdf/anima8/10-Crime-de-Lavagem-de-Dinheiro-e-o-Problema-da-Prova-do-Delito-Previo.pdf>.

infração penal, poderá decretar medidas assecuratórias de bens, direitos ou valores do investigado ou acusado, ou existentes em nome de interpostas pessoas, que sejam instrumento, produto ou proveito dos crimes previstos nesta Lei ou das infrações penais antecedentes.

§ 1º Proceder-se-á à **alienação antecipada** para preservação do valor dos bens sempre que estiverem sujeitos a qualquer grau de deterioração ou depreciação, ou quando houver dificuldade para sua manutenção.

TEMA POTENCIAL!

A figura da alienação antecipada é prevista apenas na Lei de lavagem de dinheiro? (Delegado/ Simulado 2022)

Excelência, a medida cautelar real de **alienação antecipada não é inovação** em nosso ordenamento jurídico, tendo já referência no próprio **Código de Processo Penal em seu art.144-A, caput, §§3º e 5º**, na **Lei n.º 11.343/2006 em seu art.61, §§ 1º, 2ª e 13**, bem na **Lei n.º 12.694/2012.** O instituto é digno de grande relevo e constitui-se na possibilidade de alienação de bens apreendidos a ser determinada pelo magistrado antes da formação final da culpa, perfectibilizada por uma condenação definitiva.

CANDIDATO:

Qual a constitucionalidade do artigo 17-D da Lei de Lavagem de Dinheiro (Lei 9.613/1998) que determina o afastamento de servidores públicos de suas funções em caso de indiciamento por crimes de lavagem? **(Delegado/ Simulado 2022)**

RESPOSTA ADEQUADA:

Excelência, o Plenário do Supremo Tribunal Federal (STF) declarou a **inconstitucionalidade do artigo 17-D da Lei de Lavagem de Dinheiro (Lei 9.613/1998)** que determina o afastamento de servidores públicos de suas funções em caso de indiciamento por crimes de lavagem de dinheiro ou ocultação de bens, direitos e valores. A decisão foi tomada por maioria de votos no julgamento da Ação Direta de Inconstitucionalidade (ADI) 4911, na sessão virtual encerrada em 20/11.

COMPLEMENTAÇÃO DA RESPOSTA:

O dispositivo questionado na ação ajuizada pela Associação Nacional dos Procuradores da República (ANPR) foi introduzido por meio da Lei 12.683/2012 e prevê que "em caso de indiciamento de servidor público, este será afastado, sem prejuízo de remuneração e demais direitos previstos em lei, até que o juiz competente autorize, em decisão fundamentada, o seu retorno". **O indiciamento é o ato em que o delegado de polícia, mediante análise técnico-jurídica do fato, indica a autoria, a materialidade e as circunstâncias do crime.**

Prevaleceu, no julgamento, o voto do ministro Alexandre de Moraes, para quem a determinação de afastamento automático do servidor investigado, **por consequência única e direta desse ato administrativo da autoridade policial, viola os princípios da proporcionalidade, da presunção de inocência e da igualdade entre os acusados.**

"O indiciamento **não gera e não pode gerar efeitos materiais em relação ao indiciado**, já que se trata de mero ato de imputação de autoria de natureza preliminar, provisória e não vinculante ao titular da ação penal, que é o Ministério Público", afirmou. A seu ver, **o afastamento é uma "grave medida restritiva de direitos"**, que somente se justifica caso fique demonstrado, perante autoridade judicial ou administrativa, o risco da continuidade do servidor no desempenho de suas funções.

4. ESTATUTO DO DESARMAMENTO (LEI 10.826/03)

CANDIDATO:

Considere a seguinte situação hipotética: Determinado cidadão foi flagrado portando uma arma de fogo do tipo revólver, calibre 38, com a numeração de série suprimida, além de quatro munições do mesmo calibre. Tendo sido possível a recuperação do número de série da arma mediante perícia técnica, a autoridade policial enquadrou a conduta como porte ilegal de arma de fogo de uso permitido. Nessa situação hipotética, uma vez que o número de série da arma foi recuperado mediante posterior exame pericial, a autoridade policial acertou quanto ao enquadramento da conduta do agente? Justifique sua resposta com base no Estatuto do Desarmamento. **(Delegado PF/2020)**

RESPOSTA ADEQUADA:

Os tipos penais previstos nos arts. 12 a 18 do Estatuto do Desarmamento (Lei nº 10.826/2003) trazem, basicamente, os seguintes objetos materiais: a) arma; b) munição; e c) acessórios.

O tipo penal descrito no art. 12 da referida legislação penaliza a conduta de ter a posse irregular de arma de fogo, munição e acessório de uso permitido, enquanto o art. 14 tipifica o porte ilegal de arma de fogo, munição e acessório de uso permitido.

O caput do art. 16 da mesma legislação pune as condutas de possuir, deter, portar, adquirir, fornecer, receber, ter em depósito, transportar, ceder, ainda que gratuitamente, emprestar, remeter, empregar, manter sob sua guarda ou ocultar arma de fogo, acessório ou munição de uso restrito, sem autorização e em desacordo com determinação legal ou regulamentar.

Entretanto, em seu § 1º, inc. IV, o mesmo art. 16, que tipifica a conduta de porte ilegal de arma de fogo de uso restrito, equipara a conduta do agente que portar, possuir, adquirir, transportar ou fornecer arma de fogo com numeração, marca ou qualquer outro sinal de identificação raspado, suprimido ou adulterado, mesmo que de uso permitido, como é o caso do calibre 38.

Posse ou porte ilegal de arma de fogo de uso restrito

Art. 16 [...] Pena – reclusão, de 3 (três) a 6 (seis) anos, e multa.

§ 1º Nas mesmas penas incorre quem:

[...] IV – portar, possuir, adquirir, transportar ou fornecer arma de fogo com numeração, marca ou qualquer outro sinal de identificação raspado, suprimido ou adulterado; (Grifo Nosso)

Assim, nos termos da legislação de regência, recaiu em erro a autoridade policial, porquanto a conduta do agente equipara-se ao crime de porte de arma de uso restrito, e assim deve responder o agente, mesmo se tratando de um revólver calibre 38.

Nas situações em que o número de série da arma de fogo está raspado ou suprimido, a conduta do agente é equiparada à posse ou ao porte de armamento de uso restrito, mesmo que haja a identificação posterior da numeração pela perícia técnica.

A equiparação prevista pelo art. 16 da Lei nº 10.826/2003 tem a intenção de punir aquele que anula marca ou sinal distintivo da arma, permitindo sua transmissão ilegal para terceiros sem que seja possível identificar o verdadeiro proprietário.

COMPLEMENTAÇÃO DA RESPOSTA:

Porte Ilegal de Arma de Fogo com Sinal de Identificação Raspado é delito AUTÔNOMO[35]

Para a caracterização do crime previsto no art. 16, parágrafo único, IV, da Lei 10.826/2003, é irrelevante se a arma de fogo é de uso permitido ou restrito, bastando que o identificador esteja suprimido. Com base nesse entendimento, a Turma indeferiu habeas corpus em que condenado pela prática do crime de porte ilegal de arma de fogo com numeração raspada (Lei 10.826/2003, art. 16, parágrafo único, IV) pleiteava a desclassificação da conduta que lhe fora imputada para a figura do porte ilegal de arma de fogo de uso permitido (Lei 10.826/2003, art. 14). Sustentava a impetração que, se a arma de fogo com numeração raspada é de uso permitido, configurar-se-ia o delito previsto no art. 14 e não o do art. 16, parágrafo único, IV, ambos do Estatuto do Desarmamento. Observou-se que, no julgamento do RHC 89889/DF (DJE 5.12.2008), o Plenário do STF entendera que o delito de que trata o mencionado inciso IV do parágrafo único do art. 16 do Estatuto do Desarmamento tutela o poder-dever do Estado de controlar as armas que circulam no país, isso porque a supressão do número, da marca ou de qualquer outro sinal identificador do artefato potencialmente lesivo impediria o cadastro, o controle, enfim, o rastreamento da arma. Asseverou-se que a função social do referido tipo penal alcançaria qualquer tipo de arma de fogo e não apenas de uso restrito ou proibido. Enfatizou-se, ademais, ser o delito de porte de arma com numeração raspada delito autônomo — considerado o caput do art. 16 da Lei 10.826/2003 — e não mera qualificadora ou causa especial de aumento de pena do tipo de porte ilegal de arma de uso restrito, figura típica esta que, no caso, teria como circunstância elementar o fato de a arma (seja ela de uso restrito, ou não) estar com a numeração ou qualquer outro sinal identificador adulterado, raspado ou suprimido. (grifo nosso)

CANDIDATO:

Qual a diferença entre posse e porte de arma de fogo? Qual dos delitos resta configurado caso um caminhoneiro seja flagrado com uma arma de fogo de uso

35. STF, **HC 995582/RS**, 1ª Turma, Rel. Min. Carlos Britto, Plenário, julgado em 08/09/2009.

permitido dentro de seu veículo, em desacordo com determinação legal ou regulamentar? **(Delegado/Simulado 2019)**

RESPOSTA ADEQUADA:

Excelência, a diferença entre posse irregular de arma de fogo e porte irregular de arma de fogo restou bem delineada no Estatuto do Desarmamento, que estabelece, em síntese, que haverá posse quando o sujeito mantiver arma de fogo no interior de sua residência ou de dependência desta, ou ainda em seu local de trabalho, desde que seja o titular ou o responsável legal pelo estabelecimento ou empresa.

Doutra banda, restará configurado o porte ilegal quando a arma estiver fora da residência ou local de trabalho nos termos referido supra. Nesse sentido, no caso referido, consoante entendimento do STJ, o crime que resta caracterizado é o de porte ilegal de arma de fogo, uma vez que a cabine do caminhão não pode ser entendida nem como extensão do local de trabalho e nem da residência.

CANDIDATO:

Qual a consequência jurídica do porte de arma finta (de brinquedo)? **(Delegado/Simulado 2019)**

RESPOSTA ADEQUADA:

Excelência, se a arma for visualmente falsa, não haverá implicação jurídico-penal, mas se for semelhante a arma de fogo, o porte da réplica em via pública configurará contravenção penal de porte de arma.

COMPLEMENTAÇÃO DA RESPOSTA:

LCP nº 3.688/41

Art. 19. Trazer consigo arma fora de casa ou de dependência desta, sem licença da autoridade:

Pena – prisão simples, de quinze dias a seis meses, ou multa, de duzentos mil réis a três contos de réis, ou ambas cumulativamente.

Seguem informações *sine qua non* sobre o tema:

1) Consoante o Estatuto do Desarmamento, é proibida a venda, comercialização e a importação de brinquedos, réplicas e simulacros de arma de fogo, salvo se autorizados pelo Comando do Exército e destinados à instrução, ao adestramento, ou à coleção de usuário (art. 26, parágrafo único, da Lei 10.826/03);
2) Caso o agente possua (dentro de casa) simulacro de arma de fogo, **não configura ilícito penal**, mas poderá haver a apreensão e encaminhamento para o Exército (art. 19 do Decreto-Lei 3.688/41 c/c art. 241, V, VI e IX do Decreto 3.665/00);

3) A referida apreensão do simulacro de arma de fogo poderá ser realizada por policiais militares, policiais civis, autoridades alfandegárias e as demais autoridades que sejam por lei delegadas a atribuições de polícia;
4) Deter arma de brinquedo, em casa ou em via pública, que seja, notoriamente, **falsa e perceptível** por qualquer pessoa que visualizar, não é ilícito penal, nem administrativo, razão pela qual não pode ser apreendida.

JURISPRUDÊNCIA!

O porte de arma branca é conduta que **permanece típica** na Lei das Contravenções Penais.

STJ. 5ª Turma. RHC 56.128-MG, Rel. Min. Ribeiro Dantas, julgado em 10/03/2020 (Info 668).

CANDIDATO:

Pode ser aplicado princípio da insignificância para porte de arma de brinquedo? **(Delegado/ Simulado 2022)**

RESPOSTA ADEQUADA:

Excelência, o STJ afastou a aplicação do princípio da insignificância no caso de indivíduo que portava uma réplica de arma de fogo proveniente de contrabando (sem o pagamento dos tributos devidos) que havia sido surpreendido por policiais transportando o referido objeto.

COMPLEMENTAÇÃO DA RESPOSTA:

Nesta toada, a 5ª Turma do STJ considerou caracterizado o **delito de contrabando**. Na proibição de importar produtos, a pretensão estatal é o controle da entrada de determinados bens em benefício da segurança e da saúde públicas. Por isso, para o tribunal, a importação de arma de brinquedo capaz de ser confundida com peça verdadeira traz riscos à segurança e à incolumidade públicas, razão por que **não seria possível** considerar irrelevante a conduta praticada. (REsp nº 1.727.222/PR, j. 02/08/2018)

ATENÇÃO!

Tema importante: portar granada de gás lacrimogêneo ou de pimenta não configura crime do Estatuto do Desarmamento.

1. Explosivo é, em sentido amplo, um material extremamente instável, que pode se decompor rapidamente, formando produtos estáveis. Esse processo é denominado de explosão e é acompanhado por uma intensa liberação de energia,

que pode ser feita sob diversas formas e gera uma considerável destruição decorrente da liberação dessa energia.

2. Não será considerado explosivo o artefato que, embora ativado por explosivo, não projete e nem disperse fragmentos perigosos, como metal, vidro ou plástico quebradiço, não possuindo, portanto, considerável potencial de destruição.
3. Para a adequação típica do delito em questão, exige-se que o objeto material do delito, qual seja, o artefato explosivo, seja capaz de gerar alguma destruição, não podendo ser tipificado neste crime a posse de granada de gás lacrimogêneo/pimenta, porém, não impedindo eventual tipificação em outro crime. 4. Recurso especial improvido. (REsp 1627028/SP, 6.ª T., Rel. Min. Maria Thereza de Assis Moura, j. 21/02/2017, DJe 03/03/2017)

CANDIDATO:

Se a arma portada por um agente for apreendida e estiver com o número de identificação suprimido, mas, com o exame pericial metalográfico as gravações forem recuperadas, mesmo assim o agente responderá pelo crime do art. 16, inciso IV, da Lei 10.826/03? **(Delegado/Simulado 2019)**

RESPOSTA ADEQUADA:

Excelência, há quem defenda a desclassificação da conduta do art. 16, inc. IV para os arts. 12 ou 14 (conforme se trate de posse ou porte) se a identificação da arma de uso permitido apreendida em poder do agente é recuperada no exame pericial.

Entretanto, a citada tese não foi recepcionada pelo STJ, que negou liminar no HC 457.115/SC, argumentando que para a caracterização do crime basta a constatação de supressão da identificação da arma. **Eventuais modificações nesse cenário não são capazes de alterar a tipificação penal.**

CANDIDATO:

Como ocorreu a evolução histórica do Estatuto de Desarmamento? **(Delegado SC/15)**

RESPOSTA ADEQUADA:

Excelência, em uma apertada síntese, levando-se em consideração a linha do tempo, tem-se a seguinte cronologia:

1. Antes da lei 9.437/97, o porte ilegal de arma era apenas contravenção penal.
2. Na lei 9.437/97, passou a ser considerado crime, no entanto, várias condutas estavam previstas no mesmo tipo, ferindo o princípio da proporcionalidade.
3. Com o advento da lei 10.826/03, foi corrigida a desproporcionalidade entre as condutas da antiga lei, impondo maior rigor que a legislação anterior,

havendo a separação das condutas de posse e porte de arma de fogo de uso permitido e porte de uso proibido.

COMPLEMENTAÇÃO DA RESPOSTA:

Nesta senda, o porte ilegal de arma de fogo foi considerado apenas crime anão ou liliputiano (contravenção penal), consoante o disposto no art. 19 da Lei das Contravenções Penais, deixando de ser. Hoje, a mencionada norma é aplicável para armas brancas e impróprias.

Em razão do considerável aumento da criminalidade, e por consequência, a preocupante escalada da violência que assola o País, o legislador resolveu transformar a conduta em crime, que se deu com o advento da Lei 9.437/97.

Entretanto, verificou-se que o texto legal apresentava várias incongruências redacionais e na prática se viu que esta lei não foi suficiente para coibir a criminalidade, o que culminou na Lei 10.826/2003 (Estatuto do Desarmamento), considerada mais rigorosa que a anterior.

Entre outros comandos, o Estatuto do Desarmamento prevê penas maiores para o crime do porte de arma e introduziu providências importantes como a restrição à venda, registro e autorização para o porte de arma de fogo, a tipificação dos crimes de posse e porte de munição, tráfico internacional de armas de fogo etc.

CANDIDATO:

Delegado de Polícia que mantém arma em sua casa sem registro pratica crime de posse irregular de arma de fogo? **(Delegado/Simulado)**

RESPOSTA ADEQUADA:

Excelência, o STJ entendeu "ser típica e antijurídica a conduta de policial civil que, mesmo autorizado a portar ou possuir arma de fogo, não observa as imposições legais previstas no Estatuto do Desarmamento, que impõem registro das armas no órgão competente"[36].

COMPLEMENTAÇÃO DA RESPOSTA:

Vejamos o que foi exarado no informativo 597 do STJ:

> (...)"2. É típica e antijurídica a conduta de policial civil que, mesmo autorizado a portar ou possuir arma de fogo, não observa as imposições legais previstas no estatuto do Desarmamento, que impõem registro das armas no órgão competente. 3. É incabível a aplicação do princípio da adequação social, segundo o qual, dada a natureza subsidiária e fragmentária do direito penal, não se pode reputar como criminosa uma ação ou uma omissão aceita e tolerada pela sociedade, ainda que formalmente subsumida a um tipo legal incriminador. Possuir armas de fogo e munições, de uso permitido, sem

36. STJ. 6ª Turma. RHC 70.141-RJ, Rel. Min. Rogério Schietti Cruz, julgado em 7/2/2017.

> certificados federais e que só vieram a ser apreendidas pelo Estado após cumprimento de mandado de busca e apreensão, não é uma conduta adequada no plano normativo. 4. Por fim, sob a ótica do princípio da lesividade, o recorrente não preenche os vetores já assinalados pelo Supremo Tribunal Federal para o reconhecimento do princípio da insignificância, tais como a mínima ofensividade da conduta, nenhuma periculosidade social da ação, reduzidíssimo grau de reprovabilidade do comportamento e inexpressividade da lesão jurídica provocada, ante os armamentos apreendidos (dois revólveres calibre 38 e 48 munições)". (...).

Conquanto pareça estranho, o STJ entendeu que o Membro do TCE que possuía uma arma de fogo de uso restrito não praticou crime.

Vejamos o informativo 572: "O Conselheiro do Tribunal de Contas Estadual que mantém sob sua guarda arma ou munição de uso restrito não comete o crime do art. 16 da Lei nº 10.826/2003".[37]

CANDIDATO:

Pai que deixa arma em cima da mesa e adolescente a pega. Quais crimes podem ser tipificados? **(Delegado SC/15)**

RESPOSTA ADEQUADA:

Excelência, o fato descrito configura o tipo pela de omissão de cautela, prevista na Lei 10.826/2003 (Estatuto do Desarmamento), previsto no art. 13, que ocorre quando o agente deixa de observar as cautelas necessárias para impedir que menor de 18 anos se apodere de arma de fogo que esteja sob sua posse ou que seja de sua propriedade. Em regra, não se admite tentativa neste crime.

COMPLEMENTAÇÃO DA RESPOSTA:

E se a conduta fosse dolosa?

Nesse caso, o crime praticado pelo agente será o do art. 16, parágrafo único, inciso v, do estatuto do desarmamento.

Vejamos a lei:

> Art. 16. Possuir, deter, portar, adquirir, fornecer, receber, ter em depósito, transportar, ceder, ainda que gratuitamente, emprestar, remeter, empregar, manter sob sua guarda ou ocultar arma de fogo, acessório ou munição de uso proibido ou restrito, sem autorização e em desacordo com determinação legal ou regulamentar:
>
> Pena – reclusão, de 3 (três) a 6 (seis) anos, e multa.
>
> Parágrafo único. Nas mesmas penas incorre quem
>
> V – vender, entregar ou fornecer, ainda que gratuitamente, arma de fogo, acessório, munição ou explosivo a criança ou adolescente (...).

---

37. STJ. Corte Especial. APn 657-PB, Rel. Min. João Otávio de Noronha, julgado em 21/10/2015.

Ainda, afirma-se que o crime previsto no caput do art. 13 da Lei 10.826/03 é de mera conduta e prescinde da ocorrência de qualquer resultado para sua consumação.

Sobre o tema temos o julgado[38]:

> TJ-MG – Apelação Criminal APR 10216110006477001 MG (TJ-MG)
>
> Data de publicação: 16/06/2014
>
> **Ementa:** APELAÇÃO CRIMINAL - CRIME DE OMISSÃO DE CAUTELA - ABSOLVIÇÃO - NECESSIDADE - RECURSO PROVIDO. A condenação pelo crime de omissão de cautela, tipificado no art. 13 da Lei 10.826 /03, exige que haja o efetivo apossamento da arma de fogo pelo menor, bem como que o apoderamento ocorra contra a vontade do agente.

Cumpre destacar que só há previsão de um crime culposo no Estatuto do Desarmamento que é o do mencionado art. 13, caput (omissão de cautela). Este crime e o do parágrafo único do mesmo dispositivo são os únicos crimes que são da competência do JECRIM.

CANDIDATO:

A posse ou porte de arma quebrada configura crime? **(Delegado AP/10)**

RESPOSTA ADEQUADA:

Excelência, a Sexta Turma do STJ decidiu que se comprovada por perícia técnica a inaptidão da arma de fogo quebrada para realização de disparo, ocorrerá o rompimento da ligação lógica entre o fato provado e as mencionadas presunções. Nesse contexto, impossível a manutenção do decreto condenatório por porte ilegal de arma de fogo.

Entretanto, a Quinta Turma do Superior Tribunal de Justiça (STJ) decidiu que arma de fogo estragada configura crime de porte ilegal, pois perigo abstrato, sendo irrelevante o fato de a arma estar desmuniciada ou, até mesmo, desmontada ou estragada, porquanto o objeto jurídico tutelado não é a incolumidade física. (AgRg no AREsp 1729897/MT).

COMPLEMENTAÇÃO DA RESPOSTA:

Vejamos o entendimento da Corte:

> (...) Na hipótese, contudo, em que demonstrada por laudo pericial a total ineficácia da arma de fogo (inapta a disparar) e das munições apreendidas (deflagradas e percutidas), deve ser reconhecida a atipicidade da conduta perpetrada, diante da ausência de afetação do bem jurídico, à incolumidade pública, tratando-se de crime impossível pela ineficácia absoluta do meio. (...).[39]

38. TJ-MG, Apelação Criminal APR 10216110006477001, Relator Júlio César Lorens, 5ª CÂMARA CRIMINAL, Julgado em 10/06/2014.

39. STJ, 6ª Turma, REsp 1451397/MG, Rel. Min. Maria Thereza de Assis Moura, julgado em 15/09/2015.

TEMAS QUENTES!

1) A simulação de arma de fogo pode sim configurar a "grave ameaça", para os fins do tipo do art. 213 do Código Penal. STJ. 6ª Turma. REsp 1.916.611-RJ, Rel. Min. Olindo Menezes (Desembargador convocado do TRF 1ª Região), julgado em 21/09/2021 (Info 711).

2) STJ: Não. O emprego de arma de fogo desmuniciada tem o condão de configurar a grave ameaça e tipificar o crime de roubo, no entanto não é suficiente para caracterizar a majorante do emprego de arma, pela ausência de potencialidade lesiva no momento da prática do crime (STJ. 5ª Turma. HC 449.697/SP, Rel. Min. Felix Fischer, julgado em 21/06/2018; STJ. 6ª Turma. AgRg no REsp 1536939/SC, Rel. Min. Sebastião Reis Júnior, julgado em 15/10/2015).

   STF: Sim. É irrelevante o fato de estar ou não municiada para que se configure a majorante do roubo (STF. 2ª Turma. RHC 115077, Rel. Min. Gilmar Mendes, julgado em 06/08/2013).

3) A apreensão de ínfima quantidade de munição desacompanhada da arma de fogo não implica, por si só, a atipicidade da conduta. STJ. 3ª Seção. EREsp 1.856.980-SC, Rel. Min. Joel Ilan Paciornik, julgado em 22/09/2021 (Info 710).

CANDIDATO:

Portar arma de fogo desmuniciada configura crime para o STF? **(Delegado PF/13)**

RESPOSTA ADEQUADA:

Excelência, encontra-se pacificado no STF[40] e STJ[41] que a posse ou porte de arma de fogo, seja de uso permitido ou restrito, configurará crime, uma vez que são delitos de perigo abstrato, assim, o risco de dano é presumido, mesmo que desmuniciada, pois o bem jurídico tutelado são a segurança e incolumidade pública.

COMPLEMENTAÇÃO DA RESPOSTA:

Neste sentido há decisão do STF[42] e STJ[43] envolvendo munição:

> "A posse ou o porte somente de munição caracteriza o crime do estatuto do desarmamento (arts. 12 e 14 respectivamente), haja vista esses delitos serem classificados como de perigo abstrato, não importando o resultado concreto da ação para a sua consumação. Nesta senda, o objetivo do legislador foi de antecipar a punição de fatos que apresentam potencial lesivo à população, prevenindo a prática de crimes". (Grifo no original).

40. STJ. 3ª Seção. AgRg nos EAREsp 260.556/SC, Rel. Min. Sebastião Reis Júnior, julgado em 26/03/2014.
41. STF. 2ª Turma. HC 95073/MS, red. p/ o acórdão Min. Teori Zavascki, 19/3/2013 (Info 699).
42. STJ. 3ª Seção. AgRg nos EAREsp 260.556/SC, Rel. Min. Sebastião Reis Júnior, julgado em 26/03/2014.
43. STF. 2ª Turma. HC 95073/MS, red. p/ o acórdão Min. Teori Zavascki, 19/3/2013 (Informativo 699).

5. LEI DAS ORGANIZAÇÕES CRIMINOSAS (LEI 12.850/13)

CANDIDATO:

Discorra sobre a possibilidade de um delegado de polícia realizar acordos de colaboração premiada na fase do inquérito policial, à luz da Lei 12.850/2013 e do posicionamento do STF, e estabeleça a diferença doutrinária entre colaboração premiada e delação premiada. **(Delegado Federal/19)**

RESPOSTA ADEQUADA:

Excelência, a possibilidade de que um delegado de polícia celebre acordos de colaboração premiada se encontra prevista expressamente na Lei 12.850/2013. Não obstante, tal previsão foi reputada inconstitucional pela doutrina majoritária, sob o argumento de que a atribuição seria de exclusividade do Ministério Público, de maneira que seria dado ao Delegado apenas sugeri-la, mas não efetivá-la.

A despeito disso, o STF na ADI 5508/DF[44], por maioria de votos, julgou improcedente o pedido formulado em ação direta, reconhecendo a constitucionalidade dos dispositivos da Lei das Organizações Criminosas que tratam da possibilidade de que os Delegados de Polícia celebrem acordos de colaboração premiada. Assim, a Corte Suprema entendeu que o delegado de polícia pode formalizar acordos de colaboração premiada, na fase de inquérito policial, respeitadas as prerrogativas do Ministério Público, o qual deverá se manifestar, sem caráter vinculante, previamente à decisão judicial.

Parte da doutrina diferencia colaboração premiada de delação premiada, salientando que esta última seria espécie da primeira. Nesse sentido, haverá delação propriamente dita quando o colaborador delatar seus comparsas, indicando outras pessoas que concorreram para a prática da infração penal, incorrendo no denominado "chamamento de corréu". Portanto, toda delação premiada é forma de colaboração premiada, mas o contrário nem sempre será verdade, pois pode haver colaboração sem delação, nos casos em que, por exemplo, a colaboração do agente ocorre através do fornecimento de informações para localização da vítima.

COMPLEMENTAÇÃO DA RESPOSTA*:

* A presente questão foi comentada pela professora Nathália Ribeiro Leite Silva, mestra em Direito Público pela Universidade Federal do Estado de Alagoas, com participação especial.

O fundamento principal da posição dos críticos da possibilidade de celebração de acordo de colaboração premiada pelos Delegados de Polícia decorria do art. 129, I da Constituição Federal, que concede ao *Parquet* a titularidade da ação penal, de modo que, como alguns benefícios eventualmente concedidos em sede de colaboração premiada importariam no não exercício da ação penal, a deliberação sobre a concessão

44. STF, ADI 5508/DF, Rel. Min. Marco Aurélio de Mello, Plenário, julgado em 20/06/2018.

deles apenas poderia ser tomada pelo MP. Defendiam, ainda, que o Delegado sequer possuiria capacidade postulatória para peticionar em juízo requerendo a homologação do acordo.

Não obstante, consoante voto proferido pelo ministro Marco Aurélio de Mello,

> Sendo a investigação o principal alvo da polícia judiciária, ante a conformação constitucional conferida pelo art. 144, os meios previstos na legislação encontram-se inseridos nas prerrogativas da autoridade policial. Sendo a polícia a única instituição que tem como função principal o dever de investigar, surge paradoxal promover restrição das atribuições previstas em lei. Retirar a possibilidade de utilizar, de forma oportuna e célere, o meio de obtenção de prova denominado colaboração premiada é, na verdade, enfraquecer o sistema de persecução criminal, em flagrante inobservância ao princípio da vedação de proteção insuficiente.

TEMAS QUENTES!

1) É possível celebrar acordo de colaboração premiada em **quaisquer condutas praticadas em concurso de agentes** – HC 582.678-RJ, julgado em 14/06/2022.

2) **Se o advogado de um réu foi intimado para o interrogatório dos demais corréus, mas decidiu não comparecer, existe nulidade?**

Em regra, não. A presença da defesa técnica é imprescindível durante o interrogatório do réu por ela representado, não quanto aos demais. Assim, é obrigatória a presença do advogado no interrogatório do seu cliente. No interrogatório dos demais réus, essa presença é, em regra, facultativa.

Excepcionalmente, sim: Se o interrogatório é de um corréu delator, a presença do advogado dos réus delatados é indispensável. STF. 2ª Turma. AO 2093/RN, Rel. Min. Cármen Lúcia, julgado em 3/9/2019 (Info 955).

3) Cabe habeas corpus contra a decisão que não homologa ou que homologa apenas parcialmente o acordo de colaboração premiada. Atualmente, não existe previsão legal de recurso cabível em face de não homologação ou de homologação parcial de acordo. Logo, deve ser possível a impetração de habeas corpus. STF. 2ª Turma. HC 192063/RJ, Rel. Min. Gilmar Mendes, julgado em 2/2/2021 (Info 1004).

A 6ª Turma do STJ possui julgado afirmando que: a apelação criminal é o recurso adequado para impugnar a decisão que recusa a homologação do acordo de colaboração premiada, mas ante a existência de dúvida objetiva é cabível a aplicação do princípio da fungibilidade (REsp 1834215-RS, Rel. Min. Rogerio Schietti Cruz, julgado em 27/10/2020. Info 683).

4) A colaboração premiada, como meio de obtenção de prova, não constitui critério de determinação, de modificação ou de concentração da competência. Assim, ainda que o agente colaborador aponte a existência de outros crimes e que o juízo perante o qual foram prestados seus depoimentos ou apresentadas as provas que corroborem suas declarações ordene a realização de diligências (interceptação telefônica, busca e apreensão etc.) para sua apuração, esses fatos, por si sós, não firmam sua prevenção. STF. 2ª Turma. HC 181978 AgR/RJ, Rel. Min. Gilmar Mendes, julgado em 10/11/2020 (Info 999).

5) A SV 14 prevê: É direito do defensor, no interesse do representado, ter acesso amplo aos elementos de prova que, já documentados em procedimento investigatório realizado por órgão com competência de polícia judiciária, digam respeito ao exercício do direito de defesa. Terceiros que tenham sido mencionados pelos colaboradores podem obter acesso integral aos termos dos colaboradores para viabilizar, de forma plena e adequada, sua defesa, invocando a SV 14?

Sim, desde que estejam presentes os requisitos positivo e negativo.

a) **Requisito positivo:** o acesso deve abranger somente documentos em que o requerente é de fato mencionado como tendo praticado crime (o ato de colaboração deve apontar a responsabilidade criminal do requerente); e

b) **Requisito negativo:** o ato de colaboração não se deve referir a diligência em andamento (devem ser excluídos os atos investigativos e diligências que ainda se encontram em andamento e não foram consubstanciados e relatados no inquérito ou na ação penal em tramitação). STF. 2ª Turma. Pet 7494 AgR/DF, rel. orig. Min. Edson Fachin, red. p/ o ac. Min. Gilmar Mendes, julgado em 19/5/2020 (Info 978).

6) Poder Judiciário não pode obrigar o Ministério Público a celebrar o acordo de colaboração premiada. **Não existe direito líquido e certo** a compelir o Ministério Público à celebração do acordo de delação premiada, diante das características desse tipo de acordo e considerando a necessidade de distanciamento que o Estado-juiz deve manter durante o cenário investigado e a fase de negociação entre as partes do cenário investigativo.

O acordo de colaboração premiada, além de meio de obtenção de prova, constitui-se em um negócio jurídico processual personalíssimo, cuja conveniência e oportunidade estão submetidos à discricionariedade regrada do Ministério Público e não se submetem ao escrutínio do Estado-juiz. Em outras palavras, trata-se de ato voluntário, insuscetível de imposição judicial. STF. 2ª Turma. MS 35693 AgR/DF, Rel. Min. Edson Fachin, julgado em 28/5/2019 (Info 942).

CANDIDATO:

Delegado pode propor colaboração premiada? Delegado pode sugerir perdão judicial? **(Delegado RS/19)**

RESPOSTA ADEQUADA:

Excelência, segundo a Lei 12.850/13 (Organização Criminosa), art. 3º, “Em qualquer fase da persecução penal, serão permitidos, sem prejuízo de outros já previstos em lei, os seguintes meios de obtenção da prova: I - colaboração premiada; (...)”. Além disso, o STF reconheceu a constitucionalidade dos dispositivos da Lei das Organizações Criminosas que tratam da possibilidade de que os Delegados de Polícia celebrem acordos de colaboração premiada.

Assim, a Corte Suprema entendeu que o delegado de polícia pode formalizar acordos de colaboração premiada, na fase de inquérito policial, respeitadas as prerrogativas do Ministério Público, que deverá se manifestar, sem caráter vinculante, previamente à decisão judicial.

COMPLEMENTAÇÃO DA RESPOSTA:

A Polícia Federal não invoca exclusividade do procedimento nem oferece benefícios penais, que são prerrogativas do juízo, devendo todos os atos serem formalizados e remetidos ao juízo para homologação, como já disciplinado pelo artigo 4º, parágrafo 7º da Lei 12.850/13.[45]

Se a colaboração prestada for muito relevante, o Ministério Público ou o Delegado de Polícia poderá se manifestar, pedindo que o juiz conceda perdão judicial ao colaborador, o que acarreta a extinção da punibilidade (art. 107, IX, do CP). Veja a redação do art. 4º, § 2º da Lei nº 12.850/2013:

> § 2º Considerando a relevância da colaboração prestada, o Ministério Público, a qualquer tempo, e o delegado de polícia, nos autos do inquérito policial, com a manifestação do Ministério Público, poderão requerer ou representar ao juiz pela concessão de perdão judicial ao colaborador, ainda que esse benefício não tenha sido previsto na proposta inicial, aplicando-se, no que couber, o art. 28 do Decreto-Lei nº 3.689, de 3 de outubro de 1941 (Código de Processo Penal).

CANDIDATO:

De quem será a competência para homologação do acordo de colaboração premiada se o delatado tiver foro por prerrogativa de função? **(Delegado/ Questão Simulada)**

RESPOSTA ADEQUADA:

Excelência, vejamos o entendimento do STF[46] sobre o tema:

> Se a delação do colaborador mencionar fatos criminosos que teriam sido praticados por autoridade (ex: Governador) e que teriam que ser julgados por foro privativo (ex: STJ), este acordo de colaboração deverá, obrigatoriamente, ser celebrado pelo Ministério Público respectivo (PGR), com homologação pelo Tribunal competente (STJ).
>
> Assim, se os fatos delatados tiverem que ser julgados originariamente por um Tribunal (foro por prerrogativa de função), o próprio acordo de colaboração premiada deverá ser homologado por este respectivo Tribunal, mesmo que o delator não tenha foro privilegiado.
>
> A delação de autoridade com prerrogativa de foro atrai a competência do Tribunal competente para a respectiva homologação e, em consequência, do órgão do Ministério Público que atua perante a Corte.

45. GOMES, Rodrigo Carneiro. *Fundamentos da polícia judiciária nos acordos de colaboração premiada.* Revista Consultor Jurídico. 19 dez. 2017.

46. STF, HC 151605/PR, 2ª Turma, Rel. Min. Gilmar Mendes, julgado em 20/3/2018 (Info 895).

Se o delator ou se **o delatado tiver foro por prerrogativa de função, a homologação da colaboração premiada será de competência do respectivo Tribunal.**

COMPLEMENTAÇÃO DA RESPOSTA:

Delatado possui legitimidade para impugnar o acordo de colaboração premiada?

Vejamos entendimento do STF[47]:

Em regra, o delatado não tem legitimidade para impugnar o acordo de colaboração premiada. Assim, em regra, a pessoa que foi delatada não poderá impetrar um habeas corpus alegando que esse acordo possui algum vício. Isso porque se trata de negócio jurídico personalíssimo.

Esse entendimento, contudo, não se aplica em caso de homologação sem respeito à prerrogativa de foro.

Desse modo, é possível que o delatado questione o acordo se a impugnação estiver relacionada com as regras constitucionais de prerrogativa de foro. Em outras palavras, se o delatado for uma autoridade com foro por prerrogativa de função e, apesar disso, o acordo tiver sido homologado em 1ª instância, será permitido que ele impugne essa homologação alegando usurpação de competência.

CANDIDATO:

Em que consiste e como se desenvolve a ação controlada prevista na Lei 12.850/2013? **(Delegado/Simulado 2019)**

RESPOSTA ADEQUADA:

Excelência, a ação controlada prevista na Lei 12.850/2013 consiste no retardamento da intervenção policial ou administrativa relativa à ação praticada por organização criminosa ou a ela vinculada, a qual deverá ser mantida sob observação e acompanhamento, de modo a possibilitar que a medida legal cabível se concretize no momento que se demonstre mais eficaz à formação de provas e à obtenção de informações.

A ação controlada demanda comunicação prévia ao juiz competente, o qual comunicará o Ministério Público, podendo ainda estabelecer limites para a medida. A diligência será sigilosa, assim permanecendo até o seu encerramento, sendo o acesso restrito ao juiz, ao Ministério Público e a ao delegado de polícia. Ao final, deverá ser elaborado termo circunstanciado acerca da ação controlada.

COMPLEMENTAÇÃO DA RESPOSTA*:

* A presente questão foi comentada pela professora Nathália Ribeiro Leite Silva, mestra em Direito Público pela Universidade Federal do Estado de Alagoas, com participação especial.

47. STF, HC 151605/PR, IBIDEM.

Caso a ação controlada envolva transposição de fronteiras, o retardamento da intervenção policial ou administrativa apenas poderá se dar com a cooperação das autoridades dos países envolvidos no itinerário ou destino do investigado, a fim de minorar os riscos de fuga ou extravio do produto, objeto, instrumento ou proveito do crime.

Existe previsão da realização de ação controlada no art. 53 da Lei de Drogas (Lei 11.343/2006), a qual, contudo, demandará prévia autorização judicial, desnecessária no caso da Lei 12.850/2013, que apenas exige a comunicação ao Poder Judiciário.

NOVIDADE LEGISLATIVA!

Com as inovações da Lei n. 13.964/2019, o legislador passou a admitir a **ação controlada** para apuração de crimes de lavagem de dinheiro (art. 1°, § 6°, da Lei n. 9.613/1998).

TEMA POTENCIAL!

Mesmo depois das diversas modificações para aperfeiçoar a legislação processual penal, **não se condicionou** a ação controlada à permissão prévia do Poder Judiciário" (HC 512.290/RJ, j. 18/08/2020).

CANDIDATO:

Quais são as previsões na legislação pátria sobre delação premiada? **(Delegado SC/15)**

RESPOSTA ADEQUADA:

Excelência, podemos destacar:

No Código Penal, art. 159, § 4º; nos crimes contra o Sistema Financeiro - Lei 7.492/86, art. 25, § 2º; nos crimes contra a Ordem Tributária - Lei 8.137/90, art. 16, parágrafo único; na lei dos Crimes Hediondos - Lei 8.072/90, art. 8º, parágrafo único; na Lei de Lavagem de Dinheiro - Lei 9.613/98, art. 1º, § 5º; na Lei de Proteção às Testemunhas - Lei 9.807/99, arts. 13 a 15; na Lei de Drogas - Lei 11.343/2006, art. 41.

COMPLEMENTAÇÃO DAS RESPOSTAS:

Vejamos pontos importantes:

Há diferença entre a delação e colaboração premiada?

O instituto da Colaboração Premiada foi tratado detalhes na lei nº 12.850/13, nos arts. 4º a 7º. Nesta senda, a colaboração premiada é mais ampla, sendo considerada como um gênero, do qual uma das suas espécies é a delação premiada.

A delação premiada ocorre quando o investigado ou acusado colabora com as autoridades delatando os comparsas, ou seja, apontando as outras pessoas que também praticaram as infrações penais. Por seguinte, toda delação premiada é uma forma de colaboração premiada, mas nem sempre a colaboração premiada será feita por meio de uma delação premiada.

Qual a natureza jurídica da colaboração premiada?

Consoante o art. 3º-A. O acordo de colaboração premiada é negócio jurídico processual e meio de obtenção de prova, que pressupõe utilidade e interesse públicos. (Incluído pela Lei nº 13.964, de 2019).

Ademais, possui natureza jurídica de meio de obtenção de prova – art. 3º, I, da Lei nº 12.850/13. Nestes termos, a doutrina[48] explicita que: "Enquanto os meios de prova são aptos a servir, diretamente, ao convencimento do juiz sobre a veracidade ou não de uma afirmação fática (p. ex., o depoimento de uma testemunha, ou o teor de uma escritura pública), os meios de obtenção de provas (p. ex.: uma busca e apreensão) são instrumentos para a colheita de elementos ou fontes de provas, estes sim, aptos a convencer o julgador (p. ex.: um extrato bancário [documento] encontrado em uma busca e apreensão domiciliar). Ou seja, enquanto o meio de prova se presta ao convencimento direto do julgador, os meios de obtenção de provas somente indiretamente, e dependendo do resultado de sua realização, poderão servir à reconstrução da história dos fatos".

CANDIDATO:

O delegado de polícia necessita de dados cadastrais para investigações de uma organização criminosa, requisita tais dados junto à empresa de telefonia, porém, o responsável se recusa a fornecê-los. Nessa hipótese caracteriza algum crime? **(Delegado SP/15)**

RESPOSTA ADEQUADA:

Excelência, nos preceitos da lei de Organização Criminosa, a conduta narrada está exposta no art. 21, podendo ser responsabilizado penalmente quem da empresa de telefonia se negar a fornecer informações de dados cadastrais para investigação.

COMPLEMENTAÇÃO DA RESPOSTA:

Vejamos:

> "Art. 21. Recusar ou omitir dados cadastrais, registros, documentos e informações requisitadas pelo juiz, Ministério Público ou delegado de polícia, no curso de investigação ou do processo:
>
> Pena – reclusão, de 6 (seis) meses a 2 (dois) anos, e multa.".

48. BADARÓ, 2012, p. 270.

É importante dizer que incorrerá na mesma pena quem, de forma indevida, se apossa, propala, divulga ou faz uso dos dados cadastrais de que trata esta Lei, conforme prevê o parágrafo único do mesmo dispositivo.

CANDIDATO:

O agente infiltrado será responsabilizado penalmente pelos crimes que vier a cometer? **(Delegado SC/15)**

RESPOSTA ADEQUADA:

Excelência, essa questão é bem polêmica, mas prevalece o entendimento de que apesar de configurar um fato típico e antijurídico, no entanto, não existe culpabilidade em decorrência da inexigibilidade de conduta diversa, opção legal adotada expressamente no art. 13, parágrafo único da nova lei de organizações criminosas.

COMPLEMENTAÇÃO DA RESPOSTA:

Ainda sobre o tema, há quem entenda que o agente estaria acobertado por uma justificante, como o estado de necessidade, ou até estaria agindo em estrito cumprimento do dever legal, tendo em vista que há autorização legal para que o agente se comporte desta maneira.

Não podemos nos olvidar que se deve aplicar o princípio da proporcionalidade ao avaliar o caso concreto para, independentemente da corrente adotada, não deixar de punir o agente quando a sua conduta for desproporcional, como exemplo: homicídio doloso qualificado; tortura. Destarte, o infiltrado não poderá matar, torturar e lesionar, salvo se essa for a única opção para preservar a própria vida.

Outro assunto importante está atrelado a estabelecer quais provas o infiltrado poderá ou não arrecadar. Neste viés, como não há previsão legal, caberá ao juiz no mandado que autoriza a infiltração, estabelecer quais provas o infiltrado poderá ou não arrecadar.

Outros pontos relevantes:

Quais são os requisitos para a infiltração?

Temos a prévia autorização judicial; indícios de infração penal de que trata o art. 1º da lei em comento (não pede indícios de autoria); se a prova não puder ser produzida por outros meios disponíveis, ou seja, indispensabilidade da infiltração.

Qual o prazo de infiltração?

A infiltração será autorizada pelo prazo de **até seis meses**, sem prejuízo de eventuais renovações, desde que comprovada sua necessidade.

Seria legal a infiltração de um polícia militar?

Nos casos de crimes militares sim, uma vez que exerce, neste caso específico, a função de polícia judiciária nos crimes militares.

Quais são as hipóteses de infiltração de agentes na legislação pátria?

Como regra destacamos a previsão na Lei de Crimes Organizados, bem como na Lei de Drogas, e recentemente no Estatuto da Criança e Adolescente.

Lei de Drogas	Lei de Crime Organizado	ECA	Lei de Lavagem de Dinheiro
Será precedida de autorização judicial (art. 53, inciso I)	Será precedida de autorização judicial (art. 10, *caput*, *in fine*) para infiltração presencial e para a virtual (art. 10-A.)	Será precedida de autorização judicial (art. 190-A, inciso I)	Será precedida de autorização judicial (art. 1º, § 6º)
Sigilo	Sigilo	Sigilo	Sigilo
Infiltração de Agentes de polícia (ainda que não esteja expresso na lei, prevalece, pela natureza jurídica da medida, que só será admitida se não puder ser obtida por outros meios)	Infiltração de Agentes de polícia (não será admitida se a prova puder ser obtida por outros meios)	Infiltração de Agentes de polícia (não será admitida se a prova puder ser obtida por outros meios)	Infiltração de Agentes de polícia (não será admitida se a prova puder ser obtida por outros meios)
Lei de Drogas	**Lei de Crime Organizado**	**ECA**	**Lei de Lavagem de Capital**
Tarefas de investigação presencial e virtual (na internet)	Tarefas de investigação presencial e virtual (na internet)	Virtual (na internet)	Tarefas de investigação presencial
Crimes específicos da lei	Crimes específicos da lei	Crimes contra a Dignidade Sexual de Criança e de Adolescente	Crimes específicos da lei
Não há prazo expresso	A infiltração será autorizada pelo prazo de até 6 (seis) meses, sem prejuízo de eventuais renovações, mediante ordem judicial fundamentada e desde que o total não exceda a 720 (setecentos e vinte) dias e seja comprovada sua necessidade. (art. 10-A, § 4º)	Prazo não excederá 90 dias, renovações, desde que o total não exceda a 720 (setecentos e vinte) dias. (art. 190-A, III)	Não há prazo expresso.

TOME NOTA!

Segue a íntegra da alteração realizada pela Lei 13.441 em 08 de maio de 2017 no ECA:

Altera a Lei nº 8.069, de 13 de julho de 1990 (Estatuto da Criança e do Adolescente), para prever a infiltração de agentes de polícia na internet com o fim de investigar crimes contra a dignidade sexual de criança e de adolescente.

Art. 1º O Capítulo III do Título VI da Parte Especial da Lei nº 8.069, de 13 de julho de 1990 (Estatuto da Criança e do Adolescente), passa a vigorar acrescido da seguinte Seção V– A:

Seção V– **A Da Infiltração de Agentes de Polícia para a Investigação de Crimes contra a Dignidade Sexual de Criança e de Adolescente**

Art. 190-A. A infiltração de agentes de polícia na internet com o fim de investigar os crimes previstos nos arts. 240, 241, 241-A, 241-B, 241-C e 241-D desta Lei e nos arts. 154-A, 217-A, 218, 218-A e 218-B do Decreto-Lei nº 2.848, de 7 de dezembro de 1940 (Código Penal), obedecerá às seguintes regras:

I – **será precedida de autorização judicial** devidamente circunstanciada e fundamentada, que estabelecerá os limites da infiltração para obtenção de prova, ouvido o Ministério Público;

II – dar-se-á mediante **requerimento do Ministério Público ou representação de delegado de polícia** e conterá a demonstração de sua necessidade, o alcance das tarefas dos policiais, os nomes ou apelidos das pessoas investigadas e, quando possível, os dados de conexão ou cadastrais que permitam a identificação dessas pessoas;

III – **não poderá exceder o prazo de 90 (noventa) dias**, sem prejuízo de **eventuais renovações**, desde que o total **não exceda a 720 (setecentos e vinte) dias** e seja demonstrada sua efetiva necessidade, a critério da autoridade judicial.

§ 1º A autoridade judicial e o Ministério Público poderão requisitar relatórios parciais da operação de infiltração antes do término do prazo de que trata o inciso II do § 1º deste artigo.

§ 2º Para efeitos do disposto no inciso I do § 1º deste artigo, consideram-se:

I – dados de conexão: informações referentes a hora, data, início, término, duração, endereço de Protocolo de Internet (IP) utilizado e terminal de origem da conexão;

II – dados cadastrais: informações referentes a nome e endereço de assinante ou de usuário registrado ou autenticado para a conexão a quem endereço de IP, identificação de usuário ou código de acesso tenha sido atribuído no momento da conexão.

§ 3º **A infiltração de agentes de polícia na internet não será admitida se a prova puder ser obtida por outros meios.**

Art. 190-B. As informações da operação de infiltração serão encaminhadas diretamente ao juiz responsável pela autorização da medida, que zelará por seu sigilo.

Parágrafo único. Antes da conclusão da operação, o acesso aos autos será reservado ao juiz, ao Ministério Público e ao delegado de polícia responsável pela operação, com o objetivo de garantir o sigilo das investigações.

Art. 190-C. **Não comete crime** o policial que oculta a sua identidade para, por meio da internet, colher indícios de autoria e materialidade dos crimes previstos nos **arts. 240, 241, 241-A, 241-B, 241-C e 241-D** desta Lei e nos **arts. 154-A, 217-A, 218, 218-A e 218-B** do Decreto-Lei nº 2.848, de 7 de dezembro de 1940 (Código Penal).

Parágrafo único. O agente policial infiltrado que deixar de observar a estrita finalidade da investigação responderá pelos excessos praticados.

Art. 190-D. Os órgãos de registro e cadastro público poderão incluir nos bancos de dados próprios, mediante procedimento sigiloso e requisição da autoridade judicial, as informações necessárias à efetividade da identidade fictícia criada.

Parágrafo único. O procedimento sigiloso de que trata esta Seção será numerado e tombado em livro específico.

Art. 190-E. Concluída a investigação, todos os atos eletrônicos praticados durante a operação deverão ser registrados, gravados, armazenados e encaminhados ao juiz e ao Ministério Público, juntamente com relatório circunstanciado.

Parágrafo único. Os atos eletrônicos registrados citados no caput deste artigo serão reunidos em autos apartados e apensados ao processo criminal juntamente com o inquérito policial, assegurando-se a preservação da identidade do agente policial infiltrado e a intimidade das crianças e dos adolescentes envolvidos.

NOVIDADE LEGISLATIV

TOME NOTA!

Vejamos as alterações trazidas pela Lei Anticrime:

Art. 10-A. Será admitida a ação de agentes de polícia **infiltrados virtuais**, obedecidos os requisitos do caput do art. 10, na internet, com o fim de investigar os crimes previstos nesta Lei e a eles conexos, praticados por organizações criminosas, desde que demonstrada sua necessidade e indicados o alcance das tarefas dos policiais, os nomes ou apelidos das pessoas investigadas e, quando possível, os dados de conexão ou cadastrais que permitam a identificação dessas pessoas. (Incluído pela Lei nº 13.964, de 2019)

§ 1º Para efeitos do disposto nesta Lei, consideram-se: (Incluído pela Lei nº 13.964, de 2019)

I - dados de conexão: informações referentes a hora, data, início, término, duração, endereço de Protocolo de Internet (IP) utilizado e terminal de origem da conexão; (Incluído pela Lei nº 13.964, de 2019)

II - dados cadastrais: informações referentes a nome e endereço de assinante ou de usuário registrado ou autenticado para a conexão a quem endereço de IP, identificação de usuário ou código de acesso tenha sido atribuído no momento da conexão. (Incluído pela Lei nº 13.964, de 2019)

§ 2º Na hipótese de representação do delegado de polícia, o juiz competente, antes de decidir, ouvirá o Ministério Público. (Incluído pela Lei nº 13.964, de 2019)

§ 3º Será admitida a infiltração se houver indícios de infração penal de que trata o art. 1º desta Lei e se as provas não puderem ser produzidas por outros meios disponíveis. (Incluído pela Lei nº 13.964, de 2019)

§ 4º A infiltração será autorizada pelo prazo de até 6 (seis) meses, sem prejuízo de eventuais renovações, mediante ordem judicial fundamentada e desde que o total não exceda a 720 (setecentos e vinte) dias e seja comprovada sua necessidade. (Incluído pela Lei nº 13.964, de 2019)

§ 5º Findo o prazo previsto no § 4º deste artigo, o relatório circunstanciado, juntamente com todos os atos eletrônicos praticados durante a operação, deverão ser registrados, gravados, armazenados e apresentados ao juiz competente, que imediatamente cientificará o Ministério Público. (Incluído pela Lei nº 13.964, de 2019)

§ 6º No curso do inquérito policial, o delegado de polícia poderá determinar aos seus agentes, e o Ministério Público e o juiz competente poderão requisitar, a qualquer tempo, relatório da atividade de infiltração. (Incluído pela Lei nº 13.964, de 2019)

§ 7º É nula a prova obtida sem a observância do disposto neste artigo. (Incluído pela Lei nº 13.964, de 2019)

Art. 10-B. As informações da operação de infiltração serão encaminhadas diretamente ao juiz responsável pela autorização da medida, que zelará por seu sigilo. (Incluído pela Lei nº 13.964, de 2019)

Parágrafo único. Antes da conclusão da operação, o acesso aos autos será reservado ao juiz, ao Ministério Público e ao delegado de polícia responsável pela operação, com o objetivo de garantir o sigilo das investigações. (Incluído pela Lei nº 13.964, de 2019)

Art. 10-C. Não comete crime o policial que oculta a sua identidade para, por meio da internet, colher indícios de autoria e materialidade dos crimes previstos no art. 1º desta Lei. (Incluído pela Lei nº 13.964, de 2019)

Parágrafo único. O agente policial infiltrado que deixar de observar a estrita finalidade da investigação responderá pelos excessos praticados. (Incluído pela Lei nº 13.964, de 2019)

Art. 10-D. Concluída a investigação, todos os atos eletrônicos praticados durante a operação deverão ser registrados, gravados, armazenados e encaminhados ao juiz e ao Ministério Público, juntamente com relatório circunstanciado. (Incluído pela Lei nº 13.964, de 2019)

Parágrafo único. Os atos eletrônicos registrados citados no **caput** deste artigo serão reunidos em autos apartados e apensados ao processo criminal juntamente com o inquérito policial, assegurando-se a preservação da identidade do agente policial infiltrado e a intimidade dos envolvidos. (Incluído pela Lei nº 13.964, de 2019)

Art. 11. O requerimento do Ministério Público ou a representação do delegado de polícia para a infiltração de agentes conterão a demonstração da necessidade da medida, o alcance das tarefas dos agentes e, quando possível, os nomes ou apelidos das pessoas investigadas e o local da infiltração.

Parágrafo único. Os órgãos de registro e cadastro público poderão incluir nos bancos de dados próprios, mediante procedimento sigiloso e requisição da autoridade judicial, as informações necessárias à efetividade da identidade fictícia criada, nos casos de infiltração de agentes na internet. (Incluído pela Lei nº 13.964, de 2019)

(...)

Lei 9.613/98, art.1º, § 6º Para a apuração do crime de que trata este artigo, admite-se a utilização da ação controlada e da infiltração de agentes. (Incluído pela Lei nº 13.964, de 2019)

CANDIDATO:

O que se entende por "termo de confidencialidade" na Lei de Organização Criminosa (LOC)? **(Delegado/ Simulado 2022)**

RESPOSTA ADEQUADA:

Excelência, nos termos do "caput", do novo **artigo 3º-B, da LOC**, o início das negociações é marcado pelo recebimento da proposta, que também constitui **marco de confidencialidade** e sigilo. Nesse contexto, parece-nos que o legislador conferiu ao colaborador-investigado a prerrogativa de provocar o início das tratativas, o que apenas reforça que a colaboração se caracteriza não apenas como um meio de obtenção de prova, mas, sobretudo, como um mecanismo de defesa.

Caso **não haja indeferimento sumário**, as partes deverão **firmar Termo de Confidencialidade** para prosseguimento das tratativas, o que vinculará os órgãos envolvidos na negociação e impedirá o indeferimento posterior sem justa causa (§2º).

No §3º, do artigo 3º-B, da LOC, prevê que o recebimento da proposta e a formalização do Termo de Confidencialidade **não inviabilizam** o prosseguimento da investigação, o que, aliás, seria um absurdo, afinal, o dinamismo dessas apurações, especialmente quando envolvem organizações criminosas, exige investigações ininterruptas, inclusive sobre a figura do colaborador, que pode estar agindo de má-fé.

Por sua vez, o § 5º, do artigo 3º-B, da LOC, evidencia **a necessidade da formalização do referido Termo de Confidencialidade** e **Recebimento da Proposta**, atribuindo sua elaboração ao celebrante (delegado de polícia ou MP), sendo o documento assinado por ele, pelo colaborador e pelo advogado ou defensor público.

COMPLEMENTAÇÃO DA RESPOSTA:

Com o objetivo de conferir maior segurança ao Estado sobre a eficácia do acordo de colaboração proposto, o **§ 4º, do artigo 3º-B**, estabelece que antes da conclusão do pacto cooperativo e já em posse de informações preliminares fornecidas pelo colaborador, **os agentes estatais podem promover diligências investigativas no intuito de reforçar a veracidade do conteúdo apresentado**, o que, por obviedade, também contribuirá para demonstrar a utilidade e o interesse público do acordo.

Nesse ponto, é interessante salientar que o inalterado **artigo 4º, § 10, da LOC**, prevê que "**As partes podem retratar-se da proposta, caso em que as provas autoincriminatórias produzidas pelo colaborador não poderão ser utilizadas exclusivamente em seu desfavor**". Antes das inovações promovidas pelo "Pacote Anticrime", entendíamos que nos casos em que o acordo não fosse homologado, as provas autoincriminatórios apresentadas pelo colaborador não poderiam ser utilizadas somente em seu prejuízo, mas poderiam ser adotadas contra terceiros também investigados.

Após todas essas considerações, resta evidente a importância desse novo **artigo 3º-B, § 6º, da LOC**, que ao **permitir a utilização das provas e informações prestadas pelo colaborador durante as tratativas quando comprovada sua má-fé,** acaba promovendo os valores de lealdade e boa-fé que devem pautar o instituto, sancionando, consequentemente, o criminoso que tentar se valer da colaboração com fins escusos. Ciente de que poderá estar produzindo provas contra si mesmo, o colaborador tende a agir de forma verdadeira e com a real intenção de contribuir com a Justiça.

Por fim, o §6º determina que na hipótese de o acordo **não ser celebrado** por vontade do celebrante, nenhuma das informações ou provas apresentadas pelo colaborador, de boa-fé, **poderão ser utilizadas para qualquer outra finalidade**. Esse dispositivo é, sem dúvida, um dos mais importantes dessa fase de tratativas, devendo sem interpretado em conjunto com o artigo 4º, §10, da LOC.

6. JULGAMENTO COLEGIADO EM CRIMES PRATICADOS POR ORGANIZAÇÕES CRIMINOSAS (LEI 12.694/12)

CANDIDATO:

Existe distinção entre o juízo colegiado e o juiz sem rosto? **(Delegado/Simulado)**

RESPOSTA ADEQUADA:

Excelência, o juiz sem rosto ou secreto foi utilizado na Colômbia e no Peru e se trata de um juiz ao qual não se tem conhecimento nenhum, ele nem ao menos assina a decisão. Enquanto no juízo colegiado não há sigilo quanto à identidade dos juízes, e sim, apenas o julgamento feito por três juízes, sem a menção de quem proferiu o voto divergente.

COMPLEMENTAÇÃO DA RESPOSTA:

Interessante discussão gira em torno da constitucionalidade da lei 12.694/2012. Prevalece o entendimento pela constitucionalidade, pois não há violação ao juiz natural, já que a formação do colegiado é suscitada pelo próprio juiz natural da causa. Ademais, o julgamento colegiado aumenta a independência funcional do magistrado.

7. LEI DA INTERCEPTAÇÃO TELEFÔNICA (LEI 9.296/96)

CANDIDATO:

É cabível autorização judicial para espelhamento do WhatsApp como forma de obtenção de prova? **(Delegado RS/19)**

RESPOSTA ADEQUADA:

Excelência, por unanimidade, o STJ concluiu que **é inaplicável a analogia entre interceptação telefônica e espelhamento**, por meio do WhatsApp Web, das conversas realizadas pelo aplicativo WhatsApp e **declarou nula decisão judicial** que **autorizou o espelhamento do aplicativo** como forma de obtenção de prova em uma investigação sobre tráfico de drogas e associação para o tráfico.[49]

49. STJ, RHC 99.735-SC, Rel. Min. Laurita Vaz, por unanimidade, julgado em 27/11/2018, DJe 12/12/2018.

COMPLEMENTAÇÃO DA RESPOSTA:

A conexão com o WhatsApp Web sem conhecimento do dono do celular foi feita pela polícia após breve apreensão do aparelho. Em seguida, os policiais devolveram o telefone ao dono e mantiveram o monitoramento das conversas pelo aplicativo, as quais serviram de base para a decretação da prisão preventiva dele e de outros investigados.

Ao acolher o recurso em *habeas corpus* e reformar decisão do Tribunal de Justiça de Santa Catarina, a Sexta Turma considerou, entre outros fundamentos, que a medida **não poderia ser equiparada à intercepção telefônica**, já que esta permite escuta só após autorização judicial, enquanto o espelhamento possibilita ao investigador acesso irrestrito a conversas registradas antes, podendo inclusive interferir ativamente na troca de mensagens entre os usuários.

A ministra relatora do recurso, Laurita Vaz, afirmou que o espelhamento equivaleria a "um tipo híbrido de obtenção de prova", um misto de interceptação telefônica (quanto às conversas futuras) e de quebra de sigilo de e-mail (quanto às conversas passadas). "Não há, todavia, ao menos por agora, previsão legal de um tal meio de obtenção de prova híbrido", apontou.

TEMA QUENTE!

É impossível, tal como sugerido no acórdão impugnado, **proceder a uma analogia entre o instituto da interceptação telefônica (art.1.º, da Lei n.º 9.296/1996) e a medida que foi tomada no presente caso.**

Primeiro: ao contrário da interceptação telefônica, no âmbito da qual o investigador de polícia atua como mero observador de conversas empreendidas por terceiros, no espelhamento via WhatsApp Web o investigador de polícia tem a concreta possibilidade de atuar como participante tanto das conversas que vêm a ser realizadas quanto das conversas que já estão registradas no aparelho celular, haja vista ter o poder, conferido pela própria plataforma online, de interagir nos diálogos mediante envio de novas mensagens a qualquer contato presente no celular e exclusão, com total liberdade, e sem deixar vestígios, de qualquer mensagem passada, presente ou, se for o caso, futura.

O fato de eventual exclusão de mensagens enviadas (na modalidade "Apagar para mim") ou recebidas (em qualquer caso) não deixar absolutamente nenhum vestígio nem para o usuário nem para o destinatário, e o fato de tais mensagens excluídas, em razão da criptografia *end-to-end*, não ficarem armazenadas em nenhum servidor, constituem fundamentos suficientes para a conclusão de que a admissão de tal meio de obtenção de prova implicaria indevida presunção absoluta da legitimidade dos atos dos investigadores, dado que exigir contraposição idônea por parte do investigado seria equivalente a demandar-lhe produção de prova diabólica.

Segundo: ao contrário da interceptação telefônica, que tem como objeto a escuta de conversas realizadas apenas depois da autorização judicial (ex nunc), o espelhamento via Código QR viabiliza ao investigador de polícia acesso amplo e irrestrito a toda e qualquer comunicação realizada antes da mencionada autorização, operando efeitos retroativos (*ex tunc*).

Terceiro: ao contrário da interceptação telefônica, que é operacionalizada sem a necessidade simultânea de busca pessoal ou domiciliar para apreensão de aparelho telefônico, o espelhamento via Código QR depende da abordagem do indivíduo ou do vasculhamento de sua residência, com apreensão de seu aparelho telefônico por breve período de tempo e posterior devolução desacompanhada de qualquer menção, por parte da Autoridade Policial, à realização da medida constritiva, ou mesmo, porventura – embora não haja nos autos notícia de que isso tenha ocorrido no caso concreto –, acompanhada de afirmação falsa de que nada foi feito.

Hipótese concreta dos autos que revela, ainda, **outras três ilegalidades**: **(a)** sem que se apontasse nenhum fato novo na decisão, a medida foi autorizada quatro meses após ter sido determinado o arquivamento dos autos; **(b)** ausência de indícios razoáveis da autoria ou participação em infração penal a respaldar a limitação do direito de privacidade; e **(c)** ilegalidade na fixação direta do prazo de 60 (sessenta) dias, com prorrogação por igual período.

CANDIDATO:

Escuta em cela de presídio viola a intimidade dos presos? **(Delegado RS/19)**

RESPOSTA ADEQUADA:

O STJ decidiu que a instalação de gravador **atrás de vaso sanitário situado no acesso às celas de presídio não compromete ou viola direitos individuais dos presos**. Para os ministros do colegiado, é inviável proteger ilimitadamente a liberdade individual em prejuízo dos interesses da sociedade.

A mencionada decisão foi tomada no julgamento de HC em favor de dois homens denunciados por homicídio qualificado[50]. O processo indica que eles integrariam uma organização criminosa voltada para o tráfico de drogas, contando com a participação e auxílio de agentes penitenciários.

COMPLEMENTAÇÃO DA RESPOSTA:

Segundo o Ministro Relator Marco Aurélio Bellizze, o caso **merece tratamento excepcional**, visto que na ordem constitucional pátria **não existem garantias ou direitos absolutos**, que possam ser exercidos a qualquer tempo e sob quaisquer circunstâncias. No plano da realidade concreta, diante de situações de incompatibilidade entre dois ou mais direitos fundamentais, mostra-se imperiosa a efetiva compreensão e aplicação do postulado da proporcionalidade ou razoabilidade. De forma que **a autoridade policial e o Poder Judiciário podem, dentro dos limites legais, flexibilizar**

50. STJ, HC 251.132, Min. Rel. Marco Aurelio Bellizze, Quinta Turma, DJe 25/02/2014.

algumas garantias individuais – sem eliminá-las –, sob pena de ter-se o crescimento incontrolável da impunidade.

A defesa pediu nulidade absoluta da escuta ambiental realizada nas dependências da cadeia, sob o argumento de ter sido o processo penal instaurado baseado em provas ilícitas. Alegou que a instalação de um gravador na caixa de descarga do vaso sanitário localizado no acesso às celas em que os acusados estavam presos preventivamente seria grave violação da intimidade e privacidade, pois violou o direito ao silêncio dos réus, pois eles teriam sido colocados propositadamente em celas próximas para que conversassem sobre os fatos investigados e confessassem a prática do crime. Apontou que "as escutas foram plantadas na residência dos acusados, já que o domicílio civil do preso é o local em que estiver cumprindo pena".

Para o ministro Marco Aurélio Bellizze, o local escolhido pela autoridade policial para posicionar o gravador não comprometeu ou violou direitos individuais dos réus. "É preciso notar que o mencionado vaso sanitário estava assentado no exterior das celas, sendo as conversas desenvolvidas espontaneamente e em voz alta entre os acusados, que se encontravam em celas distintas e não estavam sozinhos no local, razão pela qual não há que se cogitar de violação ou invasão de privacidade", avaliou.

O relator disse estar convencido de que o procedimento adotado pela autoridade policial não ofendeu a intimidade dos réus, pois, ainda que a disposição do gravador fosse diferente, a conversa teria ocorrido, produzindo-se assim a prova questionada. Concluiu que seria inócuo o pronunciamento da nulidade da interceptação ambiental, porque mesmo que fosse retirada do processo, permaneceriam válidos os demais elementos de prova coletados no curso da instrução criminal, de forma que o resultado seria idêntico.

CANDIDATO:

Interceptação de advogado e seu cliente, discorra sobre a possibilidade. **(Delegado RS/19)**

RESPOSTA ADEQUADA:

Excelência, a inviolabilidade de sigilo das comunicações entre advogado e cliente comporta exceções, admitindo-se a interceptação telefônica quando houver elementos da prática de crime por parte do advogado, nos termos em que assente a jurisprudência dos Tribunais Superiores.

COMPLEMENTAÇÃO DA RESPOSTA:

(...) QUEBRA DE SIGILO TELEFÔNICO. ADVOGADO. POSSIBILIDADE. SÚMULA 83/STJ. AGRAVO NÃO PROVIDO. DECISÃO MONOCRÁTICA MANTIDA. 2. Como se sabe, não existe, direitos absolutos no ordenamento jurídico pátrio, motivo pelo qual a suspeita de que crimes estariam sendo cometidos por profissional da advocacia permite que o **sigilo** de suas **comunicações** telefônicas seja afastado, notadamente quando ausente a demonstração de que as conversas gravadas se refeririam exclusivamente ao patrocínio de determinado **cliente**. 3. Há que se considerar, ainda, que o exercício da advocacia não pode ser invocado com o objetivo de legitimar a prática delituosa, ou seja, que o exercício da advocacia não pode ser invocado com o objetivo de legitimar a prática delituosa, ou seja, caso os ilícitos sejam cometidos utilizando-se da qualidade de **advogado**, nada impede que os diálogos sejam gravados mediante autorização judicial, e posteriormente, utilizados como prova em ação penal, tal como sucedeu no caso dos autos. Precedente do STJ e do STF. 4. Importante gizar também que "Não determinada a quebra do **sigilo** do patrono constituído, mas captado, incidentalmente, seus diálogos com o **cliente**/investigado, não há que falar em quebra do **sigilo** das **comunicações** do **advogado** no exercício lícito de sua profissão. 5.(...) 6. Agravo regimental não provido.[51]

CANDIDATO:

Quem pode determinar descarte de gravações? **(Delegado RS/19)**

RESPOSTA ADEQUADA:

Excelência, consoante o que está previsto na Lei 9.296/96, que regulamenta a interceptação telefônica, a gravação que não interessar à prova será inutilizada por **decisão judicial**, durante o inquérito, a instrução processual ou após esta, em virtude de requerimento do Ministério Público ou da parte interessada.

COMPLEMENTAÇÃO DA RESPOSTA:

O juiz pode negar pedido de perícia para voz quando a considerar desnecessária ou protelatória. Essa foi a conclusão da Sexta Turma do Superior Tribunal de Justiça (STJ) ao negar pedido de habeas corpus de homem que alegava a necessidade de prova pericial para comprovar que a voz registrada em escutas telefônicas não era sua.

O ministro Nefi Cordeiro destacou a jurisprudência da corte de que "**é desnecessária a realização de perícia para a identificação das vozes** captadas nas interceptações telefônicas, por falta de previsão legal na Lei 9.296 e quando puder ser aferida por outros meios de provas" (HC 262971).

TEMA QUENTE!

1) A conversão do conteúdo das interceptações telefônicas em formato escolhido pela defesa **não é ônus atribuído ao Estado**. STJ. 5ª Turma. AgRg no RHC 155.813-PE, Rel. Min. Reynaldo Soares da Fonseca, julgado em 15/02/2022 (Info 731).

2) A Sexta Turma do Superior Tribunal de Justiça (STJ) decidiu que **não há necessidade de degravação integral das conversas** objeto de interceptação telefônica, desde que oportunamente assegurado às partes o acesso à integralidade dos registros. AgRg no HC 694.707/SP, Rel. Ministra LAURITA VAZ, SEXTA TURMA, julgado em 26/10/2021, DJe 04/11/2021.

---

51. STJ, RHC 26704/RJ, Rel. Min. Marco Aurélio Bellizze, Quinta Turma, DJe 06/02/2012.

3) A perícia para o reconhecimento de voz em casos de interceptação telefônica **é prescindível, uma vez que a Lei n. 9.296 /96 não exige a realização de prova técnica, com o escopo de reconhecer a voz dos interlocutores.**

CANDIDATO:

Delegado pode fazer interceptação de ofício no caso de tráfico de pessoas? **(Delegado RS/19)**

RESPOSTA ADEQUADA:

Excelência, a Lei 13.344/16, conhecida como Lei de Tráfico de Pessoas, incrementou a luta contra o tráfico de pessoas, estabelecendo mecanismos de prevenção e repressão, e criando novo artigo 13-B do CPP. Sendo assim, se a interceptação significar **acesso ao conteúdo da comunicação de qualquer natureza, o Delegado dependerá de autorização judicial. Agora, será possível se for em relação aos dados em si e seus registros, consoante STF, bem como a requisição junto à operadora de telefonia, pelo delegado de polícia, de *informações pretéritas* das ERBs utilizadas pelo investigado, de acordo com STJ.**

COMPLEMENTAÇÃO DA RESPOSTA:

No caso da comunicação, a Constituição estabelece cláusula absoluta de jurisdição, **exigindo ordem judicial** para sua captação. Já quanto aos dados, em princípio, submetem-se a cláusula apenas relativa de jurisdição, ficando o Judiciário não com a primeira palavra, mas com a última, podendo o Estado-Investigação ou Estado-Acusação acessar diretamente certas informações. O que não impede que a legislação infraconstitucional demande chancela judicial prévia para determinados dados.[52]

Nesse sentido, o legislador fez questão de diferenciar, na norma explicativa do § 2º, I do artigo 13-B, dados, de um lado, e comunicação de dados, de outro, ao dizer que o sinal "**não permitirá acesso ao conteúdo da comunicação de qualquer natureza, que dependerá de autorização judicial**".

Destarte, consoante decisão do STJ quanto aos dados telefônicos e telemáticos de localização, em regra podem ser acessados pela autoridade investigativa ou pela parte acusadora sem prévia ordem judicial. Por isso, **é lícita a requisição junto à operadora de telefonia, pelo delegado de polícia, de *informações pretéritas* das ERBs utilizadas pelo investigado.**[53]

CANDIDATO:

Quem faz interceptação sem autorização judicial comete algum crime? **(Delegado RS/19)**

52. RANGEL, Paulo Castro. *Reserva de jurisdição: sentido dogmático e sentido jurisprudencial*. Porto: Universidade Católica, 1997, p. 27.

53. STJ, HC 247331, Rel. Min. Maria Thereza de Assis Moura, DJe 03/09/2014.

RESPOSTA ADEQUADA:

Excelência, o artigo 10 da Lei 9.296 estabelece que:

"Constitui crime realizar interceptação de comunicações telefônicas, de informática ou telemática, ou quebrar segredo da Justiça, sem autorização judicial ou com objetivos não autorizados em lei".

A pena prevista é de reclusão, de dois a quatro anos, e multa.

COMPLEMENTAÇÃO DA RESPOSTA:

O dispositivo foi aplicado no julgamento de recurso especial interposto pelo Ministério Público contra decisão que trancou ação penal movida contra um homem que teria acessado o correio eletrônico da ex-esposa, abrindo as comunicações a ela dirigidas de modo reiterado e continuado para monitorar as mensagens privadas sem autorização judicial.

O Tribunal de Justiça considerou atípica a conduta porque, no seu entender, a interceptação de comunicação pressupõe atualidade (enquanto ela está acontecendo) e supressão do acesso (obstar, desviar ou captar) por seu real destinatário.

No STJ, entretanto, o entendimento foi outro. Segundo a relatora, ministra Maria Thereza de Assis Moura,

> O acesso às mensagens armazenadas diretamente no provedor de serviço de correio eletrônico, antes que elas venham a ser acessadas e abertas pelo seu real destinatário, ou transferidas pelo destinatário ao seu dispositivo informático particular, ocorre durante o processo comunicativo.

O colegiado, por unanimidade, considerou a conduta do ex-marido fato típico previsto no artigo 10 da Lei 9.296 e determinou o prosseguimento da ação penal (o número deste processo não é divulgado em razão de segredo judicial).

CANDIDATO:

Qual prazo o juiz tem para decidir requerimento de interceptação? **(Delegado RS/19)**

RESPOSTA ADEQUADA:

Excelência, de acordo com a Lei 9.296/96, art. 4º, § 2º, "O juiz, no prazo máximo de **vinte e quatro horas**, decidirá sobre o pedido."

Verifica-se que para a obtenção de tais dados de localização *em tempo real*, o legislador, que poderia ter deixado o acesso na esfera exclusiva do poder requisitório da autoridade de Polícia Judiciária, passou a exigir autorização judicial. Procurou adotar um meio termo, relativizando a demanda por chancela do Judiciário se houver inércia de algumas horas, tendo em vista a urgência de investigação envolvendo vítima traficada. É o que nominamos de *cautela subsidiária por inércia*.

COMPLEMENTAÇÃO DA RESPOSTA:

Segundo o § 4º do artigo 13-B, CPP, **não havendo manifestação judicial no prazo de 12 horas**, a autoridade competente requisitará às empresas prestadoras de serviço de telecomunicações e/ou telemática que disponibilizem imediatamente os dados que permitam a localização da vítima ou dos suspeitos do delito em curso.

Trata-se de **cláusula de reserva de jurisdição temporária**, [54] pois, num primeiro momento, a medida é postulada em juízo, e, somente em caso de não apreciação judicial com celeridade, a obtenção da informação passa para a esfera de requisição, com determinação direta à operadora de telefonia.

Interessante notar que a requisição do delegado, **após omissão do juiz, independe de parecer do Ministério Público**.

A lei não exigiu essa formalidade, considerando que a presidência do inquérito policial é do delegado de polícia, com base no art. 2º, § 1º da Lei 12.830/13, bem como é inconteste a necessidade de celeridade na investigação de crime dessa natureza. Além do mais, a lei postou o delegado de polícia e o membro do *Parquet* em idêntico patamar requisitório, o que faz desarrazoada qualquer perda de tempo em busca de parecer opinativo de um em relação ao outro.

Destaca-se que, caso a requisição ocorra após omissão judicial, deve **haver imediata comunicação ao juiz**. Deve ser feita pela própria operadora de telefonia, responsável pela concretização da medida, garantindo maior controle sobre a diligência.

CANDIDATO:

Pode ser feito requerimento oral para interceptação telefônica? **(Delegado RS/19)**

RESPOSTA ADEQUADA:

Excelência, por força do art. 4º, § 1º da Lei 9.296/96, que preceitua que, excepcionalmente, o juiz poderá admitir que o pedido seja formulado verbalmente, desde que estejam presentes os pressupostos que autorizem a interceptação, caso em que a concessão será condicionada à sua redução a termo.

COMPLEMENTAÇÃO DA RESPOSTA:

A regra é a de que o pedido de interceptação seja feito de forma escrita. Porém, excepcionalmente, o juiz poderá aceitar o pedido verbal. Neste caso, a concessão da interceptação **somente poderá ser feita após à sua redução a termo**. O juiz **não** pode decidir sobre a concessão verbalmente.

---

54. CASTRO, Henrique Hoffmann Monteiro de. Lei de Tráfico de Pessoas traz avanços e causa perplexidade. ***Revista Consultor Jurídico***, out. 2016. Disponível em: <http://www.conjur.com.br/2016-out-11/academia-policia-lei-trafico-pessoas-traz-avancos-causa-perplexidade>. Acesso em: 30/05/2019.

CANDIDATO:

Se um advogado pede acesso aos autos de interceptação em andamento, a autoridade competente é obrigada a conceder? **(Delegado RS/19)**

RESPOSTA ADEQUADA:

Excelência, o sigilo do inquérito policial busca salvaguardar a intimidade do investigado, resguardando-se, assim, seu estado de inocência, art. 5º, LVII da CRFB.

Por outro lado, temos o direito ao contraditório e à ampla defesa, também garantidos constitucionalmente (CF, art. 5º, LV), seja em processo judicial ou administrativo.

Contudo, a doutrina defende que o artigo 7º, inciso XIV, da Lei 8.906/94 não alcança o inquérito policial, pois "o caráter da inquisitoriedade veda qualquer intromissão do advogado no curso do inquérito."[55]

Para conciliar estas controvérsias, o STF, em 02/02/2009, editou a Súmula Vinculante nº 14, que garante o acesso ao investigado às peças já documentadas para o exercício do direito de defesa.

A súmula também garante o acesso amplo, mas **não alcança os atos investigatórios em andamento** com interceptações telefônicas, mandados de prisão ou busca e apreensão deferidos pelo juiz, mas ainda não cumpridos.

COMPLEMENTAÇÃO DA RESPOSTA:

Verifica-se, assim, que o STF, nos mesmos moldes do STJ[56], vem preconizando entendimento de que **o advogado tem acesso aos elementos investigativos, desde que munido do instrumento de mandato e em nome do imputado** (investigado indiciado ou não), como forma de conciliar o sigilo da investigação com o direito consagrado na constituição pelo art. 5º, LXII e LXIV.

Também não é outro entendimento da doutrina, conforme Norberto Avena[57]:

> Que o acesso amplo assegurado pela referida súmula à defesa não é sinônimo de acesso irrestrito [...]. Isto quer dizer que o direito que assiste ao advogado regularmente constituído pelo indiciado é o de acesso às provas já produzidas e formalmente incorporadas ao inquérito[...]

Analisando de forma pormenorizada a súmula vinculante em comento, Aury Lopes Jr. (LOPES JR., Aury. *Direito Processual Penal e sua Conformidade Constitucional.* v. 1. pp. 312-312. 2011) preconiza que ao tratar como direito do defensor, o sigilo externo deve ser mantido, inclusive para os meios de comunicação.

A referência ao "interesse do representado" significa que o sigilo alcança, inclusive, os demais investigados que não estejam representados pelo mesmo defensor, tratando-se de interesse jurídico e vinculado à plenitude de defesa.

---

55. RANGEL, Paulo, *Direito Processual Penal*. São Paulo, Atlas 2011, p. 92.
56. HC 58.377-RJ, Quinta Turma, Rel. Min. Laurita Vaz, julgado em 3/6/2008.
57. AVENA, Norberto, Processo Penal Esquematizado, 2011, p. 209 e 210.

CANDIDATO:

E se já estão documentados, mas há outra diligência a ser requerida/efetuada, concede-se o acesso? **(Delegado RS/19)**

RESPOSTA ADEQUADA:

Excelência, para possibilitar o amplo acesso dos advogados a autos de investigação de qualquer natureza, a Lei 13.245, de 12 de janeiro de 2016, deu nova redação ao artigo 7º, inciso XIV, da Lei 8.906, de 4 de julho de 1994 (Estatuto da Ordem dos Advogados do Brasil). Assim, o advogado poderá examinar, em qualquer instituição responsável por conduzir investigação, mesmo sem procuração, autos de flagrante e de investigações de qualquer natureza, findos ou em andamento, ainda que conclusos à autoridade, podendo copiar peças e tomar apontamentos, em meio físico ou digital.

No que tange a autos que correm em sigilo, a procuração se faz necessária para o exame dos autos (art. 7º, § 10).

Com efeito, podendo o acesso do advogado a diligências em andamento, que ainda não estejam juntadas aos autos, causar risco ao êxito das investigações, deve a autoridade competente, **fundamentadamente**, limitar o acesso a provas que naquele momento não possam ser conhecidas pela defesa. Do contrário, não haverá mais investigações frutíferas que dependam do sigilo das diligências, o que certamente não é o espírito da lei.

COMPLEMENTAÇÃO DA RESPOSTA:

Por tal razão é que a Súmula Vinculante 14 ressalta que o acesso será dado ao advogado para conhecimento dos dados já formalmente produzidos, deixando claro que aos que se encontrem em andamento não será permitido acesso.

Súmula Vinculante 14: "[...] o Estatuto da Advocacia – ao dispor sobre o acesso do Advogado aos procedimentos estatais, inclusive àqueles que tramitem em regime de sigilo (**hipótese em que se lhe exigirá a exibição do pertinente instrumento de mandato**) – assegura-lhe, como típica prerrogativa de ordem profissional, o direito de examinar os autos, **sempre em benefício de seu constituinte**, e em ordem a viabilizar, quanto a este, o exercício do direito de conhecer os **dados probatórios já formalmente produzidos** [...]".

CANDIDATO:

Qual é o conceito de interceptação telefônica? **(Delegado PF/13)**

RESPOSTA ADEQUADA:

Excelência, entende-se como interceptação telefônica a captação de comunicação telefônica alheia por um terceiro, sem o conhecimento de nenhum dos comunicadores. É uma medida cautelar probatória, que consiste no meio de obtenção de prova, que pode se dar na fase policial, ou incidental, se for utilizada em juízo, ou seja, durante o processo.

COMPLEMENTAÇÃO DA RESPOSTA:

Neste diapasão, quando falamos em medida cautelar é necessário abordar os requisitos para que ela seja utilizada, neste caso, só será licitamente decretada pelo juiz competente, se ela for a medida mais adequada, se ela for uma medida necessária para o processo e principalmente se ela retiver utilidade. Além disso, por expressa previsão legal, é medida excepcional, apenas podendo ser utilizada em último caso, quando as provas não puderem ser obtidas outro meio, à luz da lei nº 9.296/96.

CANDIDATO:

O que se entende por interceptação telefônica por prospecção? **(Delegado SP/15)**

RESPOSTA ADEQUADA:

Excelência, interceptação telefônica por prospecção é aquela realizada com a finalidade de sondar se o indivíduo está ou não envolvido em práticas ilícitas, mas não é válida, haja vista não obedecer aos ditames da CF/88 e da lei especial.

COMPLEMENTAÇÃO DA RESPOSTA:

A doutrina destaca que: "A quebra do sigilo telefônico exige a presença de indícios suficientes de autoria ou participação do indivíduo em ilícito(s) determinado(s) punido(s) com reclusão".

Isto, aliás, é o que se infere do art. 2º, parágrafo único, 1ª parte, da L. 9.296/1996 o dispor que *"em qualquer hipótese deve ser descrita com clareza a situação objeto da investigação, inclusive com a indicação e qualificação dos investigados..."*.[58]

CANDIDATO:

Quais os requisitos para o deferimento da interceptação telefônica? **(Delegado SP/15)**

RESPOSTA ADEQUADA:

Excelência, consoante determinação da Lei 9.296/96, os requisitos para declarar a intercepção telefônica estão descritos do art. 1º ao 5º, sob pena de nulidade do ato, entre os quais podemos destacar como essenciais:

58. <http://www.norbertoavena.com.br/noticia.php/intercepta-o-telef-nica-por-prospec-o-16>, acessado em 02 de jan. 17.

1. A ordem deve ser emanada de autoridade judicial com jurisdição;
2. Deve haver indício de autoria de participação na infração penal para determinar a interceptação telefônica do agente;
3. O fato investigado constituir infração penal punida, no máximo, com pena de detenção;
4. Deve configurar a imprescindibilidade da medida, não havendo outros meios de investigar.

COMPLEMENTAÇÃO DA RESPOSTA:

Destaque-se que estando ausente qualquer um destes requisitos, a ordem de interceptação telefônica será considerada ilegal, pois afronta o direito constitucional de inviolabilidade dos sigilos, descrito no inciso XII do artigo 5º da CF, bem assim consubstanciando crime na lei em comento (art. 10, lei 9.296/96).

Lei 9.296/96

Art. 10. Constitui crime realizar interceptação de comunicações telefônicas, de informática ou telemática, ou quebrar segredo da Justiça, sem autorização judicial ou com objetivos não autorizados em lei.

Pena: reclusão, de dois a quatro anos, e multa.

CANDIDATO:

O pedido pode ser verbal? **(Delegado SP/15)**

RESPOSTA ADEQUADA:

Excelência, de acordo com o teor da Lei 9.296/96, sob o aspecto formal o pedido de interceptação telefônica poderá sim, excepcionalmente, ser verbal.

Contudo, descreve a norma que a sua concessão estará condicionada à sua redução a termo.

COMPLEMENTAÇÃO DA RESPOSTA:

Lei 9.296/96

Art. 4º (...)

§ 1° Excepcionalmente, o juiz poderá admitir que o pedido **seja formulado verbalmente**, desde que estejam presentes os pressupostos que autorizem a interceptação, caso em que a concessão será condicionada à sua redução a termo (Grifei).

A regra de inviolabilidade está contida no texto constitucional:

"Art. 5º Todos são iguais perante a lei, sem distinção de qualquer natureza, garantindo-se aos brasileiros e aos estrangeiros residentes no País a inviolabilidade do direito à vida, à liberdade, à igualdade, à segurança e à propriedade, nos termos seguintes:(...)

XII – é inviolável o sigilo da correspondência e das comunicações telegráficas, de dados e das comunicações telefônicas, salvo, no último caso, por ordem judicial, nas hipóteses e na forma que a lei estabelecer para fins de investigação criminal ou instrução processual penal.".

Entretanto, a melhor interpretação a ser dada é de que o direito fundamental e o individual não prevalecem sobre a ordem pública, mas para que tais direitos sejam violados, necessário se faz agir no estrito limite da legalidade.

Portanto, não poderá o juiz decidir sobre a concessão verbalmente, visto que o caráter de excepcionalidade exige cumprimento das formalidades a serem respeitadas.

CANDIDATO:

Discorra sobre "captação ambiental" à luz da legislação e doutrina pátrias? **(Delegado/ Simulado 2022)**

RESPOSTA ADEQUADA:

Excelência, adotado pelo legislador no novo **artigo 8º-A**, da Lei de Interceptações Telefônicas, bem como no **artigo 3º, inciso II, da Lei 12.850/13**. Sobre o tema, **a doutrina trabalha com três conceitos distintos**, senão vejamos:

a) **Captação** ou **Interceptação Ambiental:** técnica de investigação criminal em que terceira pessoa (policial) se vale de equipamentos adequados para captar, **de maneira sub-reptícia e em tempo real, conversa entre dois ou mais interlocutores** que se realiza em local específico, público ou privado;

b) **Escuta Ambiental:** técnica investigativa em que terceira pessoa (policial) se vale de equipamentos adequados para captar, em tempo real, conversa de dois ou mais interlocutores que se realiza em local específico, público ou privado, sendo que neste procedimento **um dos interlocutores tem ciência** dessa intervenção de terceiro;

c) **Gravação Ambiental:** ocorre quando um dos interlocutores, de maneira clandestina, vale dizer, sem o conhecimento dos demais, se vale de equipamento adequado para captar comunicação que se realiza entre presentes em local específico. Percebe-se que neste caso, diferentemente das outras hipóteses, o registro na comunicação **é feito diretamente por um dos interlocutores**, independentemente da intervenção de terceiros.

COMPLEMENTAÇÃO DA RESPOSTA:

Em resumo, após o advento das Leis 13.869/19 e 13.964/19, o cenário fica da seguinte forma:

a) **Interceptação ou Captação Ambiental:** trata-se de medida sujeita à reserva de jurisdição, aplicando-se, ademais, os requisitos do artigo 8º-A, da Lei 9.296/96, quando envolver conversação que se realiza em ambiente privado;

b) **Escuta Ambiental:** é medida sujeita à reserva de jurisdição (interpretação imposta pelo artigo 10, da Lei 9.296/96), mas que dispensa os outros requisitos do artigo 8º-A, da Lei 9.296/96, podendo, por exemplo, ser adotada na apuração de qualquer tipo de infração penal. Observe-se, ainda, que **a necessidade de autorização judicial só será exigida nas hipóteses de escuta efetivada em ambiente privado**, sendo dispensada se a comunicação se realiza em local público ou local privado, mas de acesso ao público, situações em que a legalidade da prova deverá ser avaliada pelo juiz à luz do caso concreto.

A doutrina majoritária entende que a "escuta telefônica", que relacionada especificamente com as comunicações por meio do telefone, continua **não dependendo de autorização judicial**, cabendo ao juiz a análise de sua validade de maneira casuística. Tal conclusão se deve ao fato de que no artigo 10, da Lei 9.296/96, o legislador apenas criminalizou a "escuta ambiental" feita sem autorização judicial, sendo certo que esta não se confunde com a "escuta telefônica".

c) **Gravação Ambiental: não se trata de medida sujeita à reserva de jurisdição** (art.10-A, §1º, da Lei 9.296/96) e também **não precisa observar** os requisitos do artigo 8º-A, da Lei 9.296/96. Em tais casos, a validade da prova deverá ser analisada pelo juiz à luz do caso concreto.

TEMA QUENTE!

Comete o crime do art. 10 da Lei 9.296/96 o advogado que grava escondido o depoimento do seu cliente prestado em procedimento de investigação criminal? **(Delegado/Simulado 2022)**

Excelência, a gravação ambiental em que advogados participam do ato, na presença do inquirido e dos representantes do Ministério Público, inclusive se manifestando oralmente durante a sua realização, ainda que clandestina ou inadvertida, realizada por um dos interlocutores, **não configura crime**, escuta ambiental, muito menos interceptação telefônica. STJ. 5ª Turma. HC 662.690-RJ, Rel. Min. Joel Ilan Paciornik, julgado em 17/05/2022 (Info 737).

8. LEI DE PROTEÇÃO A VÍTIMAS E TESTEMUNHAS AMEAÇADAS (LEI 9.807/99)

CANDIDATO:

Com relação ao programa de proteção à testemunha, conforme a Lei 9.807/99, quais os requisitos para que o acusado obtenha os benefícios do perdão judicial em caso de delação premiada? **(Delegado SP/15)**

RESPOSTA ADEQUADA:

Excelência, consoante a previsão legal o acusado sendo primário que tenha colaborado efetiva e voluntariamente com a investigação e o processo criminal, e que dessa colaboração tenha ocorrido a identificação dos demais coautores ou partícipes da ação criminosa, a localização da vítima com a sua integridade física preservada e a recuperação total ou parcial do produto do crime, poderá o juiz, de ofício ou a requerimento da parte conceder o perdão judicial e a consequente extinção da punibilidade.

COMPLEMENTAÇÃO DA RESPOSTA:

Vejamos a redação legal:

Lei 9.807/99

Art. 13. Poderá o juiz, de ofício ou a requerimento das partes, conceder o perdão judicial e a consequente extinção da punibilidade ao acusado que, sendo primário, tenha colaborado efetiva e voluntariamente com a investigação e o processo criminal, desde que dessa colaboração tenha resultado:

I – a identificação dos demais coautores ou partícipes da ação criminosa;

II – a localização da vítima com a sua integridade física preservada;

III – a recuperação total ou parcial do produto do crime.

Parágrafo único. A concessão do perdão judicial levará em conta a personalidade do beneficiado e a natureza, circunstâncias, gravidade e repercussão social do fato criminoso.

9. LEI DOS CRIMES CONTRA A ORDEM TRIBUTÁRIA (LEI 8.137/90)

CANDIDATO:

Em relação aos crimes de natureza tributária, se o denunciado pelo crime de descaminho fizer o pagamento integral da dívida tributária, haverá extinção da punibilidade? **(Delegado PF/13)**

RESPOSTA ADEQUADA:

Excelência, não, pois segundo entendimento firmado pelo STJ[59] o pagamento do tributo devido não extingue a punibilidade do crime de descaminho por ser este formal.

COMPLEMENTAÇÃO DA RESPOSTA:

Destaca-se que sobre o tema o STJ[60] continua aplicando o princípio da insignificância ao crime de descaminho quando o valor dos tributos elididos não ultrapassar a quantia de dez mil reais, estabelecida no art. 20 da Lei nº 10.522/02. Contudo, o Supremo entende ser esse valor de R$ 20.000,00 para aplicação do citado princípio.

59. STJ, 5ª Turma. RHC 43.558-sp, Rel. Min. Jorge Mussi, julgado em 5/2/2015 (Informativo 555).

60. STJ. 5ª Turma. AgRg no REsp 1453259/PR, Rel. Min. Felix Fischer, julgado em 05/02/2015).

CANDIDATO:

Pode haver a aplicação da Súmula Vinculante 24 do STF a fatos anteriores à sua edição? **(Delegado/Simulado)**

RESPOSTA ADEQUADA:

Excelência, o STF[61] decidiu que a SV 24 pode sim ser aplicada a fatos anteriores à sua edição, porquanto não se pode concordar com o argumento de que a aplicação da mencionada Súmula a fatos anteriores à sua edição configura retroatividade "in malam partem". Isso porque o aludido enunciado apenas consolidou interpretação reiterada do STF sobre a matéria. A súmula vinculante não é lei nem ato normativo, de forma que ela não inovou no ordenamento jurídico. O enunciado apenas espelhou o que a jurisprudência já vinha decidindo.

COMPLEMENTAÇÃO DA RESPOSTA:

Assunto potencial é sobre a prescrição.

Vejamos o julgado:

> "A fluência do prazo prescricional dos crimes contra a ordem tributária, previstos no art. 1º, incisos I a IV, da Lei n. 8.137/90, **somente tem início após a constituição do crédito tributário**, o que se dá com o encerramento do procedimento administrativo-fiscal e o lançamento definitivo".[62]

Vejamos o teor da SV 24 STF:

> Não se tipifica crime material contra a ordem tributária, previsto no art. 1º, incisos I a IV, da Lei nº 8.137/90, antes do lançamento definitivo do tributo.

TEMA QUENTE!

1) O Agravo Regimental na Reclamação 32.656/AM5, o STF decidiu pela possibilidade de instauração de persecução penal de crime contra a ordem tributária **nos casos** em que houver conexão com outros delitos de natureza diversa. Destacou o relator, ministro Celso de Mello, que "a jurisprudência do Supremo Tribunal Federal entende **não incidir o enunciado** constante da súmula vinculante 24/STF naqueles casos em que, iniciada a investigação penal de eventuais delitos contra a ordem tributária, registrar-se a possibilidade de apuração de outros ilícitos criminais".

Há vários outros precedentes em que o STF mitiga a aplicação da própria orientação sumulada. Assim, embora a SV 24 não faça qualquer ressalva quanto à sua aplicabilidade, estabelecendo apenas a atipicidade do crime material contra a ordem tributária antes da constituição definitiva do crédito, o STF (e outras Cortes do país) vem

61. STF. 1ª Turma. RHC 122774/RJ, Rel. Min. Dias Toffoli, julgado em 19/5/2015 (Informativo 786).
62. STJ. 5ª Turma. AgRg no REsp 1217773/RS, Rel. Min. Marco Aurélio Bellizze, julgado em 20/05/2014.

possibilitando **a persecução penal antes mesmo do lançamento definitivo do tributo quando supostamente há a prática concomitante de outros crimes de natureza não tributária.**

2) A ausência de contumácia no não recolhimento do ICMS em operações próprias conduz ao reconhecimento da atipicidade da conduta.

O STF chegou à mesma conclusão e firmou a seguinte tese:

"O contribuinte que, de **forma contumaz e com dolo de apropriação**, deixa de recolher o ICMS cobrado do adquirente da mercadoria ou serviço incide no tipo penal do art. 2º, II, da Lei nº 8.137/1990" (RHC 163.334/SC, j. 18/12/2019).

Nota-se que a tese firmada pelo tribunal inclui **a contumácia** como requisito para a tipificação. Com base nisso, ao julgar o AgRg no REsp 1.867.109/SC (j. 25/08/2020), o STJ afastou a punição porque o não recolhimento do tributo havia se limitado a um mês:

> "A Terceira Seção do Superior Tribunal de Justiça, no julgamento do HC n. 399.109/SC, **pacificou o entendimento** de que o **não recolhimento do ICMS em operações próprias é fato típico**. Todavia, ainda a propósito da tipicidade no tocante ao delito previsto no inciso II do art. 2.º da Lei n. 8.137/90, o Supremo Tribunal Federal, quando do julgamento do RHC n. 163.334/SC, fixou a seguinte tese jurídica: "**O contribuinte que, de forma contumaz e com dolo de apropriação, deixa de recolher o ICMS cobrado do adquirente da mercadoria ou serviço incide no tipo penal do art. 2º, II, da Lei n. 8.137/1990**".

No caso dos autos, a conduta típica imputada ao Agravante restringe-se ao não recolhimento do ICMS relativo a 1 (um) mês.

Portanto, nos termos do atual entendimento do Pretório Excelso, inafastável a conclusão de que, conquanto o fato deletério atribuído ao réu, a princípio se subsuma à figura penal antes mencionada, **a ausência de contumácia** – o débito com o fisco se refere a tão somente 1 (um) mês –, conduz ao reconhecimento da atipicidade da conduta e, por conseguinte, à absolvição do réu".

3) "O STF entendeu que o adimplemento do débito tributário, **a qualquer tempo, até mesmo após o advento do trânsito em julgado da sentença penal condenatória**, é causa de extinção da punibilidade do acusado." HC 362478

CANDIDATO:

A realização de perícia para a demonstração da materialidade delitiva do crime contra as relações de consumo tipificado no art. 7º, parágrafo único, inciso IX, da Lei n. 8.137/1990 é prescindível? **(Delegado/ Simulado 2022)**

RESPOSTA ADEQUADA:

Excelência, o delito do art. 7º, inciso IX, da Lei 8.137/90 é essencialmente não transeunte (ou de fato permanente), pois sua prática deixa vestígios materiais que devem ser constatados mediante perícia. O STJ tem se orientado francamente no sentido de que o crime pressupõe a realização de exame de corpo de delito, razão por que não basta a apreensão de produtos aparentemente impróprios para uso e consumo.

COMPLEMENTAÇÃO DA RESPOSTA:

A jurisprudência do Superior Tribunal de Justiça se firmou no sentido de que a conduta tipificada no art. 7º, parágrafo único, inciso IX, da Lei 8.137/90 - expor à venda produtos impróprios para o consumo - deixa vestígios, razão pela qual **a perícia é indispensável** para a demonstração da materialidade delitiva, nos termos do art. 158 do Código de Processo Penal - CPP. Precedentes.

Da mesma forma, o tipo previsto no inciso II do art. 7º da Lei n. 8.137/90, "vender ou expor à venda mercadoria cuja embalagem, tipo, especificação, peso ou composição esteja em desacordo com as prescrições legais, ou que não corresponda à respectiva classificação oficial" deve ser considerado de **natureza material a exigir perícia para a sua tipificação.**

Assim, no caso dos autos a criminalização da exposição à venda de carne bovina, sem a indicação de procedência, **depende também da realização de prova pericial** para que fique demonstrado que a mesma é imprópria para o consumo humano, sob pena de restar configurada a responsabilidade objetiva. (RHC 97.335/SC, j. 19/03/2019)

Vê-se, desse modo, que para o STJ a disposição do art. 18, § 6º, inciso I, do CDC não tem nenhum efeito na esfera criminal. A presunção, pela lei consumerista, de que o prazo de validade vencido torna o produto impróprio para o consumo visa, sobretudo, a viabilizar a atuação preventiva dos órgãos de defesa do consumidor e de vigilância sanitária, que podem efetuar a apreensão e adotar as medidas cabíveis na esfera administrativa (multa, interdição, etc.). Mas, no âmbito criminal, a impropriedade do produto deve ser apurada concretamente.

10. LEI DOS CRIMES DE RESPONSABILIDADE (LEI 1.079/50)

CANDIDATO:

O que se entende por *impeachment*? **(Delegado/Simulado)**

RESPOSTA ADEQUADA:

Excelência, essa expressão é inglesa, que significa impugnação ou impedimento. Há duas acepções para essa palavra: a primeira consiste no nome do processo instaurado, como exemplo, para apurar crimes de responsabilidade do Presidente da República. Enquanto a segunda consiste na punição ou sanção decorrente da prática da referida conduta.

Este procedimento está previsto na lei nº 1.079/50 e em alguns artigos da CF/88, podendo qualquer cidadão que esteja em pleno gozo de seus direitos políticos pedir o *impeachment* (Lei nº 1.079/50, art. 14).

COMPLEMENTAÇÃO DA RESPOSTA:

Observe um tema de repercussão para sua prova:

Se o processo de impeachment for autorizado pela Câmara, o Senado é obrigado a processar e julgar a Presidente?

1. O que diz a lei e a doutrina majoritária: SIM.
2. O que decidiu o STF: NÃO.

O que diz a lei e a doutrina majoritária: SIM

"Havendo autorização da Câmara dos Deputados, o Senado deverá instaurar o processo. Não cabe ao Senado decidir se abre ou não o processo. Não cabe mais a esta Casa rejeitar a denúncia. Sua função agora será apenas a de processar e julgar, podendo absolver o Presidente, mas desde que ao final do processo.

A Câmara é o tribunal de pronúncia e o Senado é o tribunal de julgamento.

Isso está previsto no art. 23, §§ 1º e 5º e arts. 80 e 81, da Lei nº 1.079/50.

Na doutrina: José Afonso da Silva, Pedro Lenza, Bernardo Gonçalves Fernandes, Juliano Taveira Bernardes.

O que decidiu o STF: NÃO

A CF/88 afirma que compete ao Senado, privativamente, "processar e julgar" o Presidente (art. 52, I, da CF/88). Segundo entendeu o STF, esta locução abrange não apenas o julgamento final, mas também a realização de um juízo inicial de instauração ou não do processo, isto é, de recebimento ou não da denúncia autorizada pela Câmara.

No regime atual, a Câmara não funciona como um "tribunal de pronúncia", mas apenas implementa ou não uma condição de procedibilidade para que a acusação prossiga no Senado.

A atuação da Câmara dos Deputados deve ser entendida como parte de um momento pré-processual, isto é, anterior à instauração do processo pelo Senado. Nas palavras do Min. Roberto Barroso: "a Câmara apenas autoriza a instauração do processo: não o instaura por si própria, muito menos determina que o Senado o faça".

Os arts. 23, §§ 1º e 5º; 80 e 81, da Lei nº 1.079/50 não foram recepcionados por serem incompatíveis com os artigos 51, I; 52, I; e 86, § 1º, II, da CF/1988.

Votaram neste sentido: Roberto Barroso, Teori Zavascki, Rosa Weber, Luiz Fux, Cármen Lúcia, Ricardo Lewandowski, Marco Aurélio e Celso de Mello.[63]

CANDIDATO:

Quando o presidente pode ser preso? **(Delegado SC/15)**

63. http://www.dizerodireito.com.br/2015/12/analise-juridica-da-decisao-do-stf-que.html#more>, acessado em 20 de fev. 17.

RESPOSTA ADEQUADA:

Excelência em relação à prisão, cabível nos crimes comuns, a prerrogativa assegura que o Presidente não poderá ser preso enquanto não sobrevier sentença condenatória, prolatada pelo STF.

Quanto à relativa e temporária irresponsabilidade penal, que será julgada pelo Senado Federal, o presidente da república apenas poderá ser responsabilizado, durante a vigência de seu mandato, pela prática de crimes que tenham conexão ao exercício de suas funções, respondendo perante o STF na vigência de seu mandato, após autorização da Câmara dos Deputados (CF, art. 86, *caput*).

No entanto, não havendo conexão entre o crime praticado e a atividade presidencial, ou se o crime foi praticado antes do início do mandato, a responsabilização somente ocorrerá após o encerramento deste na justiça comum, pois não há mais foro especial por prerrogativa de função (CF, art. 86, § 4º).

COMPLEMENTAÇÃO DA RESPOSTA:

Oportuno mencionar quais são os crimes de responsabilidade do Presidente da República, descritos na Constituição Federal[64]:

> Art. 85. São crimes de responsabilidade os atos do Presidente da República que atentem contra a Constituição Federal e, especialmente, contra:
>
> I – a existência da União;
>
> II – o livre exercício do Poder Legislativo, do Poder Judiciário, do Ministério Público e dos Poderes constitucionais das unidades da Federação;
>
> III – o exercício dos direitos políticos, individuais e sociais;
>
> IV – a segurança interna do País;
>
> V – a probidade na administração;
>
> VI – a lei orçamentária;
>
> VII – o cumprimento das leis e das decisões judiciais.
>
> Parágrafo único. Esses crimes serão definidos em lei especial, que estabelecerá as normas de processo e julgamento.

Proposta de emenda à Constituição que prevê término do foro privilegiado está prestes a ser votada.

Inclusive este tema tem sido motivo de grande movimentação no Congresso, pois há proposta de alteração dessa previsão legal tramitando, que prevê a extinção do foro especial por prerrogativa de função.

64. BRASIL, Constituição Federal, 1988, art. 85, caput e incisos.

De autoria do senador Alvaro Dias (PV-PR), a PEC 10/2013 extingue o foro privilegiado em caso de crimes comuns.

Como dito acima, atualmente, a Constituição prevê que autoridades devem ser processadas e julgadas por tribunais correspondentes às funções que ocupam, nos cometimentos de crimes de responsabilidade. Nos casos de crimes comuns, o presidente da República, por exemplo, só pode ser julgado pelo Supremo Tribunal Federal (STF).

Quais os efeitos se a proposta for aprovada?

Caso a atual redação da PEC seja promulgada, depois de passar pela aprovação das duas Casas do Congresso, as autoridades que hoje possuem foro privilegiado passarão a ser processadas e julgadas na primeira instância, como qualquer outro cidadão, caso cometam crimes comuns.

Segundo entendimento do STF essas autoridades também poderão ser presas após a condenação em segunda instância.

De acordo com a proposta as autoridades deverão responder na primeira instância do local onde cometeram o crime comum. Se o delito foi praticado em vários locais, a autoridade vai responder no último local em que o crime foi consumado.

Há exceções na PEC?

Por meio de uma emenda do senador Ricardo Ferraço (PSDB-ES) tem previsão de preservar-se o foro privilegiado para os presidentes da República, do Senado, da Câmara e do STF nos exercícios dos mandatos. Desta forma, os ocupantes dessas funções continuariam a ser julgados pelo STF nos casos de crimes comuns.

A justificativa para essa emenda é de se evitar a pulverização de processos contra essas autoridades.

Neste caso, as exceções são os chefes dos três poderes da União (Executivo, Legislativo e Judiciário).

Contudo, acredita-se que com isso tal regra possa vir a ser replicada nos estados, mantendo a regra para as autoridades (Governador, Presidente das Assembleias Legislativas e Presidentes de Tribunais de Justiça) daquela esfera governamental também.

CANDIDATO:

Quais são as diferenças entre crimes comuns e de responsabilidade? **(Delegado RJ/11)**

RESPOSTA ADEQUADA:

Excelência, as principais diferenças entre os citados crimes são:

Quanto à competência de julgar, nos crimes de responsabilidade cabe ao Senado Federal e nos crimes comuns cabe ao STF.

Quanto às sanções, nos crimes de responsabilidade ocorrem infrações político-administrativas e nos crimes comuns incluem infrações penais, delitos eleitorais, crimes contra a vida e contravenções penais.

Quanto ao resultado da condenação, nos crimes de responsabilidade haverá perda do cargo e inabilitação, por oito anos, para exercício da função pública, enquanto nos crimes comuns após sentença penal condenatória, o Presidente da República estará sujeito à prisão.

Contudo, não havendo conexão entre o crime praticado e a atividade presidencial, ou se o crime foi praticado antes do início do mandato, a responsabilização somente ocorrerá após o encerramento deste.

COMPLEMENTAÇÃO DA RESPOSTA:

Prevalece entendimento de que os crimes de responsabilidade são classificados em dois grupos:

1. Infrações políticas (art. 85, incisos I a IV, da CF/88) – Exemplos: condutas que impliquem atentado contra a existência da União, contra o exercício dos direitos políticos, individuais e sociais e contra a segurança interna do país;

2. Crimes funcionais (art. 85, incisos V a VII, da CF/88) – Exemplos: atos que atentem contra a probidade na administração, a lei orçamentária e o cumprimento das leis e das decisões judiciais.

Quanto aos crimes de responsabilidade:

1. Presidente da República há previsão no art. 85 da CF/88 e Lei 1.079/50;
2. Governadores de Estado previsão na Lei 1.079/50; e,
3. Prefeitos previsão prevista no DL 201/67.

Ainda, a definição dos crimes de responsabilidade e o estabelecimento das respectivas normas de processo e julgamento são da competência legislativa privativa da União, segundo a redação da Súmula Vinculante 46.

11. LEI MARIA DA PENHA (LEI 11.340/06)

CANDIDATO:

A Lei Maria da Penha pode ser aplicável à violência contra mulher trans? **(Delegado/ Simulado 2022)**

RESPOSTA ADEQUADA:

Excelência, por unanimidade, a Sexta Turma do Superior Tribunal de Justiça (STJ) estabeleceu que a Lei Maria da Penha se aplica aos casos de violência doméstica ou familiar contra mulheres transexuais. Considerando que, para efeito de incidência da lei, **mulher trans é mulher também**, o colegiado deu provimento.

Schietti ressaltou entendimentos doutrinários segundo os quais o elemento diferenciador da abrangência da lei é o gênero feminino, sendo que nem sempre o sexo biológico e a identidade subjetiva coincidem. "O verdadeiro objetivo da Lei Maria da Penha seria punir, prevenir e erradicar a violência doméstica e familiar contra a mulher em **virtude do gênero**, e **não por razão do sexo**", declarou o magistrado.

CANDIDATO:

O que são as medidas protetivas de urgência tratadas na Lei 11.340/06? Como se dá o procedimento para sua concessão e qual a consequência jurídica de seu descumprimento? **(Delegado MG/19)**

RESPOSTA ADEQUADA:

Excelência, as medidas protetivas de urgência consubstanciam um dos mecanismos previstos em lei como forma de prevenção contra a violência doméstica e familiar, visando assegurar que toda mulher tenha garantidos seus direitos fundamentais e possa viver sem violência.

As referidas medidas podem ser concedidas, isolada ou cumulativamente, pelo juiz a requerimento do Ministério Público ou a pedido da ofendida, sendo viável seu deferimento imediato, independentemente de audiência das partes e de manifestação ministerial.

Caso configurado o crime de descumprimento de medidas protetivas de urgência tipificado no art. 24-A da Lei 11.343/06, **apenas a autoridade judicial** poderá conceder fiança, não obstante a pena máxima cominada em abstrato para o delito seja de 02 (dois) anos.

COMPLEMENTAÇÃO DA RESPOSTA*:

Em recente alteração legislativa **(Lei 13.827/19)**, foi incluída a possibilidade de que, em casos excepcionais, a medida protetiva de urgência seja concedida pelo delegado de polícia, quando o Município não for sede de comarca, ou mesmo pelo policial, quando, para além, não houver delegado disponível no momento da denúncia.

Atualmente, o descumprimento da decisão judicial que deferiu medidas protetivas de urgência configura crime.

As medidas protetivas de urgência podem ter natureza de obrigação para o ofensor, a exemplo do afastamento do lar, domicílio ou local de convivência com a ofendida, ou podem ser dirigidas à vítima, como ocorre no caso de encaminhamento desta ao programa oficial ou comunitário de proteção ou de atendimento.

TEMA QUENTE!

Qual a constitucionalidade do afastamento feito pela autoridade policial ou o agente policial? (Delegado/ Simulado 2022)

Excelência, recentemente, o plenário do Supremo Tribunal Federal decidiu ((ADI) 6138) de forma unânime pela **possibilidade** de a autoridade policial ou o agente policial afastar o agressor da convivência com a vítima, quando constatado **risco à sua vida ou integridade física**, declarando a constitucionalidade dos incisos II e III e do parágrafo 1º do artigo 12-C da Lei Maria da Penha, introduzidos pela Lei 13.827/2019, destacando que a medida é **razoável, proporcional e condizente com o sistema internacional de proteção das mulheres, não há violação** a reserva de jurisdição.

A alteração legislativa em questão prevê a possibilidade de que delegados, quando o município não tiver vara judicial, e policiais, quando o município não tiver vara judicial e não houver delegado presente no momento da denúncia, afastem agressores da convivência com as mulheres caso eles representem uma **ameaça à vida ou integridade física da vítima**. Nestes casos, os policiais deverão comunicar o juiz em até 24 horas, que decidirá, em igual prazo, pela manutenção ou revogação da medida.

Atualização importante:

Ano	Leis	ATUALIZAÇÕES NA LEI 11.340/06
2017	Lei 13.505	Mulheres em situação de violência doméstica e familiar devem ser atendidas preferencialmente por policiais e peritos do sexo feminino. Proibição de contato entre a vítima, seus familiares e testemunhas e agressores ou pessoas relacionadas.
2018	Lei 13.641	Descumprimento de medidas protetivas de urgência qualifica crime que pode ser punido com detenção de três meses a dois anos.
	Lei 13.772	Criminaliza o registro não autorizado com conteúdo de caráter sexual ou que apresente cena de nudez instituindo a pena de seis meses a um ano de detenção e multa para os infratores.
2019	Lei 13.827	Instituição de medidas protetivas de urgência, podendo ser aplicada por Delegado de Polícia ou por policiais, com chancela a posteriori do Poder Judiciário.
	Lei 13.836	Obrigatória a informação sobre condição de pessoa com deficiência sobre a vítima nos boletins.
	Lei 13.880	Instituiu a apreensão por ordem judicial da qualquer arma de fogo em posse do agressor.
	Lei 13.882	Instituiu como prioridade para mulheres vítimas de violência o ato de matrícula de seus filhos ou dependentes em uma instituição de educação básica mais próxima da sua residência.
	Lei 13.871	Criada a obrigação de ressarcimento ao Estado pelos gastos do atendimento da vítima através do SUS pelo agressor. Em caso de perigo eminente, também possibilita a utilização de dispositivos de segurança para monitorar o agressor e a vítima (de maneiras distintas).
2020	Lei 13.984	Instituídas duas novas medidas protetivas contra a violência doméstica/familiar. Caso o agressor não frequente o centro de educação e reabilitação, estará incorrendo em novo crime. Também deverá ser obrigatório o acompanhamento psicossocial.

Ano	Leis	ATUALIZAÇÕES NA LEI 11.340/06
2021	Lei 14.188	alterou o *caput* do art. 12-C da Lei nº 11.340/2006 com a redação para dizer que não apenas o risco à integridade física enseja a medida. Se houver risco à integridade PSICOLÓGICA, isso também acarreta o afastamento do agressor.
2022	Lei 14.310	Determina o registro imediato, pela autoridade judicial, das medidas protetivas de urgência deferidas em favor da mulher em situação de violência doméstica e familiar, ou de seus dependentes. As medidas protetivas de urgência serão, após sua concessão, imediatamente registradas em banco de dados mantido e regulamentado pelo Conselho Nacional de Justiça, garantido o acesso instantâneo do Ministério Público, da Defensoria Pública e dos órgãos de segurança pública e de assistência social, com vistas à fiscalização e à efetividade das medidas protetivas.

TEMAS QUENTES!

A chamada "Violência Psicológica" contra a mulher tem sua primeira regulação legal com o advento da Lei Maria da Penha (Lei 11.340/06), em seu artigo 7º, inciso II:

> "A violência psicológica, entendida como qualquer conduta que lhe cause dano emocional e diminuição da autoestima ou que lhe prejudique e perturbe o pleno desenvolvimento ou que vise degradar ou controlar suas ações, comportamentos, crenças e decisões, mediante ameaça, constrangimento, humilhação, manipulação, isolamento, vigilância constante, perseguição contumaz, insulto, chantagem, violação de sua intimidade, ridicularização, exploração e limitação do direito de ir e vir ou qualquer outro meio que lhe cause prejuízo à saúde psicológica e à autodeterminação (Redação dada pela Lei 13.772/18)".

À luz da Lei 14.188/21 crime previsto no artigo 147-B do Código Penal, com a seguinte descrição típica:

> Causar dano emocional à mulher que a prejudique e perturbe seu pleno desenvolvimento ou que vise a degradar ou a controlar suas ações, comportamentos, crenças e decisões, mediante ameaça, constrangimento, humilhação, manipulação, isolamento, chantagem, ridicularização, limitação do direito de ir e vir ou qualquer outro meio que cause prejuízo à sua saúde psicológica e autodeterminação:
>
> Pena – reclusão, de 6 (seis) meses a 2 (dois) anos, e multa, se a conduta não constitui crime mais grave.

É facilmente perceptível que o que fez o legislador foi praticamente repetir o texto do artigo 7º, II da Lei Maria da Penha, ajustando sua redação ao modelo de um tipo penal que descreve uma conduta, usando um verbo comissivo ("causar") e não apenas define o que seja uma expressão como "Violência Psicológica".

TEMA POTENCIAL!

Aplica-se a Lei nº 9.099/95 para o crime do art. 147-B do CP?

Depende, se o crime do art. 147-B tiver sido praticado no contexto de violência doméstica e familiar contra a mulher, neste caso, atrairá a Lei Maria da Penha e, portanto, não se aplicarão os benefícios da Lei nº 9.099/95. Por outro lado, em tese, poderão ser aplicados os benefícios da Lei nº 9.099/95 caso o crime do art. 147-B do CP tenha sido praticado **fora contexto** de violência doméstica e familiar contra a mulher.

CUIDADO!

Não confunda um crime com outro. Diferença entre o crime de perseguição (art. 147-A) e o delito de violência psicológica contra a mulher (art. 147-B):

PERSEGUIÇÃO CONTRA MULHER (ART. 147-A, § 1º, II)	VIOLÊNCIA PSICOLÓGICA CONTRA A MULHER (ART. 147-B)
Art. 147-A. Perseguir alguém, reiteradamente e por qualquer meio, ameaçando-lhe a integridade física ou psicológica, restringindo-lhe a capacidade de locomoção ou, de qualquer forma, invadindo ou perturbando sua esfera de liberdade ou privacidade. Pena - reclusão, de 6 (seis) meses a 2 (dois) anos, e multa. § 1º A pena é aumentada de metade se o crime é cometido: (...) II – contra mulher por razões da condição de sexo feminino, nos termos do § 2º-A do art. 121 deste Código;	Art. 147-B. Causar dano emocional à mulher que a prejudique e perturbe seu pleno desenvolvimento ou que vise a degradar ou a controlar suas ações, comportamentos, crenças e decisões, mediante ameaça, constrangimento, humilhação, manipulação, isolamento, chantagem, ridicularização, limitação do direito de ir e vir ou qualquer outro meio que cause prejuízo à sua saúde psicológica e autodeterminação: Pena - reclusão, de 6 (seis) meses a 2 (dois) anos, e multa, se a conduta não constitui crime mais grave.
A pena é maior, em razão da causa de aumento do § 1º, II do art. 147-A.	A pena da violência psicológica é menor que a do *stalking* praticado contra mulher por razões da condição de sexo feminino.
É crime de ação pública condicionada.	É crime de ação pública incondicionada.
Exige uma perseguição reiterada. Trata-se de crime habitual.	Não exige reiteração. Não é crime habitual.
Não se exige produção de resultado naturalístico. Trata-se de crime formal.	Exige a produção de resultado naturalístico (a conduta deve causar dano emocional à mulher). Trata-se de crime material.

CANDIDATO:

Discorra sobre a natureza jurídica da Medida Protetiva de Urgência, bem como sua vinculação ao inquérito policial. **(Delegado/ Simulado 2022)**

RESPOSTA ADEQUADA:

Excelência, são medidas de natureza eminentemente cautelar, destinadas à preservação da integridade física, da liberdade de ir e vir, da guarda dos filhos e do patrimônio da vítima. Como consequência dessa "cautelaridade", a concessão das medidas reclama a presença dos dois pressupostos tradicionalmente apontados pela doutrina processualista, quais sejam: "Periculum in mora": receio que a demora da decisão judicial cause dano grave ou de difícil reparação. "Fumus boni iuris": indício de que o direito pleiteado de fato existe.

Quanto à vinculação do IP, em conformidade com a doutrina mais autorizada, as medidas protetivas de urgência, previstas no art. 22 da Lei 11.340/2006, não se destinam à utilidade e efetividade de um processo específico. Sua configuração remete à tutela inibitória, visto que tem por escopo proteger a vítima, **independentemente** da existência de inquérito policial ou ação penal, **não sendo necessária** a realização do dano, mas, apenas, a probabilidade do ato ilícito. Destarte, as medidas protetivas têm caráter autônomo, o juízo tramitará o pedido com rapidez para que a proteção seja efetiva. O(a) juiz(a) decidirá sobre esse pedido antes mesmo de ouvir a outra parte.

CANDIDATO:

Conforme a Lei Maria da Penha, agressor e ofendida na delegacia – como é conduzida a ocorrência? Quais medidas tomadas pelo delegado? **(Delegado SP/15)**

RESPOSTA ADEQUADA:

Excelência, a Lei 11.340/06 (Lei Maria da Penha), que cria mecanismos para coibir a violência contra a mulher, prevê procedimentos especiais para atendimento às vítimas, entre várias, ouvir o agressor e as testemunhas, determinar que se proceda ao exame de corpo de delito da ofendida e requisitar outros exames periciais necessários, bem como remeter, no prazo, ao juiz o pedido da ofendida para a concessão de medidas protetivas de urgência.

COMPLEMENTAÇÃO DA RESPOSTA:

Para aprofundar o tema, trazemos o rol do art. 12 da lei especial:

> Art. 12. Em todos os casos de violência doméstica e familiar contra a mulher, feito o registro da ocorrência, deverá a autoridade policial adotar, de imediato, os seguintes procedimentos, sem prejuízo daqueles previstos no Código de Processo Penal:
>
> I – ouvir a ofendida, lavrar o boletim de ocorrência e tomar a representação a termo, se apresentada;
>
> II – colher todas as provas que servirem para o esclarecimento do fato e de suas circunstâncias;
>
> III – remeter, no prazo de 48 (quarenta e oito) horas, expediente apartado ao juiz com o pedido da ofendida, para a concessão de medidas protetivas de urgência;
>
> IV – determinar que se proceda ao exame de corpo de delito da ofendida e requisitar outros exames periciais necessários;
>
> V – ouvir o agressor e as testemunhas;
>
> VI – ordenar a identificação do agressor e fazer juntar aos autos sua folha de antecedentes criminais, indicando a existência de mandado de prisão ou registro de outras ocorrências policiais contra ele;

VI-A – verificar se o agressor possui registro de porte ou posse de arma de fogo e, na hipótese de existência, juntar aos autos essa informação, bem como notificar a ocorrência à instituição responsável pela concessão do registro ou da emissão do porte, nos termos da Lei nº 10.826, de 22 de dezembro de 2003 (Estatuto do Desarmamento);

VII – remeter, no prazo legal, os autos do inquérito policial ao juiz e ao Ministério Público.

É notório que quando se vê diante de uma agressão a vítima tem nos Delegados de Polícia Civil os primeiros garantidores de seus direitos, devendo a atuação dessa autoridade nortear-se pela legalidade dos procedimentos, devida apuração dos fatos e o embasamento técnico-jurídico, bem como imparcialidade nas investigações.

Atualização importante:

A nova lei (Lei 13.721/2018) introduziu mudanças na disciplina do **exame de corpo de delito** no Código de Processo Penal.

O artigo 158 do CPP passou a contar com um parágrafo único, que prevê a prioridade na realização do exame de corpo de delito quando se tratar de crime que **envolva violência doméstica e familiar contra mulher ou violência contra criança, adolescente, idoso ou pessoa com deficiência.**

Vejamos:

Art. 158. Quando a infração deixar vestígios, será indispensável o exame de corpo de delito, direto ou indireto, não podendo supri-lo a confissão do acusado.

Parágrafo único. **Dar-se-á prioridade à realização do exame de corpo de delito quando se tratar de crime que envolva:**

I – violência doméstica e familiar contra mulher;

II – violência contra criança, adolescente, idoso ou pessoa com deficiência.

CANDIDATO:

É necessária representação da vítima nos crimes na forma da Lei Maria da Penha? **(Delegado RS/09)**

RESPOSTA ADEQUADA:

Excelência, à luz da Lei Maria da Penha, em seu art. 16, o crime de violência doméstica configura ação penal pública condicionada à representação da ofendida. Entrementes, essa regra só se aplica se o crime **não for praticado** por meio de violência física, consoante decisão cristalizada do STF, como exemplo, crime de ameaça (art. 147 do CP) ou injúria (art.140 do CP).

COMPLEMENTAÇÃO DA RESPOSTA:

Vejamos o julgado: "os ministros julgaram procedente a ADI 4424, ajuizada pela Procuradoria Geral da República (PGR). O artigo 16 da lei dispõe que as ações penais públicas "são condicionadas à representação da ofendida", mas, para a maioria dos ministros do STF, essa circunstância acabava por esvaziar a proteção constitucional assegurada às mulheres. Com a decisão, o Plenário entendeu que nos crimes de **lesão corporal** praticados contra a mulher no ambiente doméstico, **mesmo de caráter leve**, o Ministério Público tem legitimidade para deflagrar ação penal contra o agressor sem necessidade de representação da vítima. Também na ocasião, os ministros entenderam que não se aplica a Lei 9.099/1995, dos Juizados Especiais, aos crimes abrangidos pela Lei Maria da Penha".[65]

CANDIDATO:

Em quais hipóteses é cabível prisão preventiva do autor? **(Delegado SP/15)**

RESPOSTA ADEQUADA:

Excelência, em que pese polêmica, a Lei Maria da Penha (Lei 11.340/06) prevê duas possibilidades distintas de prisão preventiva do agressor em caso de violência doméstica e familiar contra a mulher, sendo a primeira prevista no artigo 20, aplicável na hipótese comum para assegurar o processo; já a segunda prevista no artigo 42, foi criada para garantir a eficácia das medidas protetivas de urgência.

COMPLEMENTAÇÃO DA RESPOSTA:

Vejamos a regra legal:

> Art. 20. Em qualquer fase do inquérito policial ou da instrução criminal, caberá a prisão preventiva do agressor, decretada pelo juiz, , a requerimento do Ministério Público ou mediante representação da autoridade policial.
>
> Parágrafo único. O juiz poderá revogar a prisão preventiva se, no curso do processo, verificar a falta de motivo para que subsista, bem como de novo decretá-la, se sobrevierem razões que a justifiquem.
>
> (...)
>
> Art. 42. O art. 313 do Decreto-Lei no 3.689, de 3 de outubro de 1941
>
> (Código de Processo Penal), passa a vigorar acrescido do seguinte inciso IV:
>
> 'Art. 313. (...)
>
> IV – se o crime envolver violência doméstica e familiar contra a mulher, nos termos da lei específica, para garantir a execução das medidas protetivas de urgência.' (NR) (BRASIL, 2006).

TEMA QUENTE!

Não é possível que o juiz decrete, de ofício, a prisão preventiva nos casos de violência doméstica com base art. 20 da Lei Maria da Penha. O art. 20 da Lei Maria da

65. http://www.stf.jus.br/portal/cms/verNoticiaDetalhe.asp?idConteudo=322468>, acessado em 02 de abr. 17.

Penha **não é uma exceção** à regra acima exposta. A proibição de decretação da prisão preventiva de ofício também se estende para o art. 20 da Lei Maria da Penha. A atuação do juiz de ofício **é vedada** independentemente do delito praticado ou de sua gravidade, ainda que seja de natureza hedionda, e deve repercutir no âmbito da violência doméstica e familiar.

DOUTRINA!

A doutrina se manifesta da seguinte forma: "A prisão preventiva, assim, constitui uma providência cautelar, pois objetiva resguardar a eficácia das medidas protetivas de urgência, as quais, por sua vez, conforme já assinalado anteriormente, não estão vocacionadas a assegurar o resultado final do processo penal, ou seja, a aplicação da pena dentro dos limites máximos de contenção do poder punitivo, mas se confundem com o próprio fim da intervenção estatal, por meio do processo penal: a realização, na medida de suas possibilidades, dos direitos fundamentais do acusado e, agora, após longo período de exclusão, também da vítima".

"Vislumbra-se, assim, que a prisão preventiva prevista na Lei 11.340/06, diferentemente das demais hipóteses legais, tem por fundamento a existência de uma real colisão entre direitos igualmente protegidos pela Constituição, quais sejam o direito de liberdade do indiciado/acusado e os direitos fundamentais da mulher, vítima da violência doméstica e familiar, constituindo, em tese, uma restrição legítima no sistema constitucional brasileiro".[66]

Diante de toda a polêmica decorrente da proporcionalidade que seria empregada quando da aplicação de tal dispositivo, conclui-se que a prisão preventiva somente poderá ser decretada naquelas situações em que nenhuma outra providência menos gravosa prevista na Lei 11.340/06 for apta e suficiente para tornar efetivas as medidas de proteção determinadas no curso do inquérito policial ou do processo penal, com menor restrição aos direitos e garantias fundamentais do indiciado/acusado.

12. ABUSO DE AUTORIDADE (LEI 13.869/19)

CANDIDATO:

Existe crime de abuso de autoridade na forma culposa? **(Delegado RJ/11)**

RESPOSTA ADEQUADA:

Excelência, na lei em comento não existe tal previsão, assim, não há que se falar de crime de abuso de autoridade na forma culposa, pois esses crimes só são punidos na forma dolosa.

66. PRADO, 2006.

Na verdade, em regra, além do dolo é exigida a finalidade específica de abusar, o agente tem que ter a consciência de agir com arbitrariedade. Destarte, se a autoridade no cumprimento de seu dever acabar praticando uma conduta culposa, o ato será ilegal, entretanto, não ocorrerá crime de abuso de autoridade. Neste contexto, apenas haverá delito se a autoridade agir ou se omitir com a intenção específica, objetivando deliberadamente cometer o abuso.

COMPLEMENTAÇÃO DA RESPOSTA:

Oportuno destacar que só haverá crime culposo quando houver expressa cominação legal, isso não acontece na lei de abuso de autoridade.

Vejamos a inteligência do parágrafo único do art. 18 do CPB:

> Art. 18 – Diz-se o crime:
>
> Parágrafo único – Salvo os casos expressos em lei, ninguém pode ser punido por fato previsto como crime, senão quando o pratica dolosamente.

NOVIDADE LEGISLATIVA!

> Os crimes de abuso de autoridade são necessariamente informados pelo dolo específico previsto no artigo 1º, § 1º da Lei 13.869/19 e sem essa especial finalidade de agir não subsiste crime algum de abuso de autoridade.
>
> Todas as condutas previstas como abuso de autoridade pela Lei 13.869/19 devem ser cometidas pelo agente público com o especial fim de:
>
> a) Prejudicar outrem;
>
> b) Beneficiar a si mesmo ou a terceiro;
>
> c) Por mero capricho ou satisfação pessoal.

A doutrina destaca: Isso significa que ainda que alguém possa se sentir vítima de um abuso por parte de qualquer autoridade, se não ficar comprovada alguma dessas finalidades específicas, não haverá crime. Esse dolo específico componente obrigatório de todos os delitos da lei em destaque, impede a responsabilização penal culposa e mesmo o chamado dolo eventual. Somente o dolo direto e específico será viável a conformar o abuso de autoridade. Se o agente público atua considerando sua conduta como lícita, ainda que esteja enganado, se não age com má fé explícita e escancarada, inexiste crime.

CANDIDATO:

Conceitue crime de Violência Institucional. **(Delegado/ Simulado 2022)**

RESPOSTA ADEQUADA:

Excelência, a Lei 14.321/2022, publicada em 31.03.2022, introduziu um novo tipo penal na Lei de Abuso de Autoridade (Lei 13.864/2019): o art. 15-A. Cuida-se de forma específica de violência praticada pelas instituições públicas e seus agentes, não obstante o seu dever de promoção da dignidade e dos direitos humanos em diversos contextos da vida em sociedade.

No âmbito da tutela das crianças e adolescentes vítimas ou testemunhas de violência, temos a Lei 13.431/2017 que, no seu o art. 4º, inciso IV, define violência institucional como sendo aquela praticada por instituição pública ou conveniada, inclusive quando gerar revitimização.

COMPLEMENTAÇÃO DA RESPOSTA:

Bem jurídico tutelado: Tutela-se a incolumidade psíquica, a privacidade e a intimidade da vítima e da testemunha.

Sujeitos do crime: Incluindo o novo tipo na Lei 13.869/19, restringe o sujeito ativo ao agente público, servidor ou não, que, no exercício de suas funções ou a pretexto de exercê-las, abuse do poder que lhe tenha sido atribuído.

Conduta: O *caput* do art. 15-A pune submeter (sujeitar, subjugar) a vítima de infração penal ou a testemunha de crimes violentos a procedimentos desnecessários, repetitivos ou invasivos, que a leve a reviver, sem estrita necessidade, a situação de violência (inc. I) ou outras situações potencialmente geradoras de sofrimento ou estigmatização (inc. II).

O crime é de ação livre. Se cometido com **violência ou grave ameaça,** o crime pode ser **do art. 344 do CP, coação no curso do processo**, ficando absorvido o crime do art. 15-A.

Elemento subjetivo: O crime do art. 15-A é punido a título de dolo, consistente na vontade consciente de submeter a vítima de infração penal ou testemunha de crimes violentos a procedimentos desnecessários, repetitivos ou invasivos, acrescida da finalidade específica de prejudicar outrem ou beneficiar a si mesmo ou a terceiro, ou, ainda, por mero capricho ou satisfação pessoal. Não podemos esquecer que todos os crimes da Lei de Abuso de Autoridade exigem o elemento subjetivo especial estampado no parágrafo primeiro do artigo inaugural da Lei 13.869/19.

Consumação e tentativa: O crime do art. 15-A da Lei de Abuso de Autoridade é formal. O legislador contenta-se com a potencialidade lesiva. Trata-se, portanto, não apenas crime formal, mas de perigo concreto, devendo ficar demonstrado o risco real para a integridade física ou psicológica da vítima de infração penal ou testemunha de crimes violentos.

A tentativa é possível quando a conduta é praticada na forma escrita, sendo viável o fracionamento da conduta em vários atos.

Ação Penal: O crime é perseguido mediante ação penal pública incondicionada. Havendo inércia por parte do Ministério Público, abre-se a oportunidade para a vítima ingressar com a queixa subsidiária (art. 29 do CPP). O fato de o Ministério Público, ao receber o inquérito, determinar a realização de diligências, ultrapassando o prazo para o oferecimento da denúncia, não permite o ajuizamento da queixa subsidiária, pois não se trata de inércia, neste caso. De igual forma, se o órgão do parquet promover o arquivamento do inquérito policial.

A sua pena é de detenção, de 3 (três) a 1 (um) ano, e multa. Cuida-se de infração penal de menor potencial ofensivo, mesmo nas formas majoradas.

A competência para o processo e julgamento é, em regra, da Justiça estadual, salvo se presente alguma das hipóteses do art. 109 da CF/1988, quando, então, a competência será da Justiça Federal.

TEMA POTENCIAL!

Quem pode cometer o crime de abuso de autoridade?

Os chamados sujeitos do crime são as pessoas que cometem o crime de abuso de autoridade previsto pela **Lei 13.869/19**. Esse sujeito do crime pode ser: agente público, servidor público ou não, pertencente à administração direta, indireta ou fundacional, pertencente a qualquer um dos Poderes, da União, dos Estados, do Distrito Federal, dos Municípios e Territórios.

Confira o que diz o primeiro parágrafo da **Lei 13.869/19**:

"Art. 1º Esta Lei define os crimes de abuso de autoridade, cometidos por agente público, servidor ou não, que, no exercício de suas funções ou a pretexto de exercê-las, abuse do poder que lhe tenha sido atribuído.

§ 1º As condutas descritas nesta Lei constituem crime de abuso de autoridade quando praticadas pelo agente com a finalidade específica de prejudicar outrem ou beneficiar a si mesmo ou a terceiro, ou, ainda, por mero capricho ou satisfação pessoal.

§ 2º A divergência na interpretação de lei ou na avaliação de fatos e provas não configura abuso de autoridade."

Trata-se de um crime de um tipo de legislação extravagante, visto que não está presente no Código Penal (CP).

O QUE É UM AGENTE OU SERVIDOR PÚBLICO?

A **Lei 13.869/19** entende como agente público todo aquele que exerce, mesmo que de maneira transitória, de maneira remunerada ou não, um cargo público. Esse agente pode ser escolhido por eleição, por nomeação, designação, contratação ou outra maneira de investidura. O agente público é também aquele que está cumprindo mandato, cargo, emprego ou função em órgão ou entidade da qual trata esta lei.

O seu art. 2º afirma que podem ser sujeitos praticantes do crime de abuso de autoridade:

1) Servidores públicos, militares ou pessoas a ele equiparadas;

2) Membros do Poder Legislativo;

3) Membros do Poder Executivo;

4) Poder Judiciário.

Além disso, membros do Ministério Público e dos Tribunais ou Conselho de Contas também podem ser sujeitos praticantes do crime de abuso de autoridade previsto pela Lei n° 13.869 de 2019.

E quem pode ser vítima desse crime?

As vítimas do crime de abuso de autoridade de que trata a **Lei 13.869/19** podem ser a pessoa física ou jurídica, pois ela pode ser prejudicada de maneira direta pelo crime cometido ou o Estado, que também pode ser vítima do ato criminoso, a partir do momento em que a sua imagem, a sua confiabilidade e o seu patrimônio podem ser ofendidos por atos ilegais praticados por um agente público.

TOMA NOTA!

Violência Institucional (Lei 14.321/2022)

Art. 15-A. Submeter a vítima de infração penal ou a testemunha de crimes violentos a procedimentos desnecessários, repetitivos ou invasivos, que a leve a reviver, sem estrita necessidade:

I – a situação de violência; ou

II – outras situações potencialmente geradoras de sofrimento ou estigmatização:

Pena – detenção, de 3 (três) meses a 1 (um) ano, e multa.

§ 1º Se o agente público permitir que terceiro intimide a vítima de crimes violentos, gerando indevida revitimização, aplica-se a pena aumentada de 2/3 (dois terços).

§ 2º Se o agente público intimidar a vítima de crimes violentos, gerando indevida revitimização, aplica-se a pena em dobro.

13. ESTATUTO DA CRIANÇA E DO ADOLESCENTE (LEI 8.069/90)

CANDIDATO:

É possível a aplicação de Medidas Protetivas de Urgência para criança ou adolescente do sexo masculino? **(Delegado/ Simulação 2022)**

RESPOSTA ADEQUADA:

Excelência, agora acaba a celeuma referente à possibilidade ou não de utilizar a Lei Maria da Penha em analogia para casos de crianças ou adolescentes do sexo masculino vítimas de violência doméstica ou familiar.

A Lei Henry Borel **prevê, nos mesmos moldes** da Lei 11.340/06, **medidas protetivas de urgência às crianças e adolescentes vítimas de violência doméstica e familiar, independentemente do sexo** (artigos 15 a 21).

COMPLEMENTAÇÃO DA RESPOSTA:

Em geral se segue rito similar ao já previsto anteriormente na Lei Maria da Penha para a **concessão** de medidas protetivas de urgência, **salvo as seguintes diferenças:**

ATO	LEI MARIA DA PENHA	LEI HENRY BOREL
Requerimento da Medida Protetiva (artigo 16 da Lei 14.344/22)	Ocorre o requerimento **direto** da medida pela vítima em regra com as mulheres.	Considerando a incapacidade dos menores, a legislação prevê a concessão pelo **Juiz**, mas **não** por requerimento da criança ou adolescente e sim do **Ministério Público, da Autoridade Policial, do Conselho Tutelar ou, finalmente, a pedido de pessoa que atue em favor da criança ou do adolescente** (v.g. pais, tutores, responsáveis etc.);
Notificação dos atos relativos ao agressor, especialmente os pertinentes à entrada e saída da prisão (artigo 18 da Lei 14.344/22)	No caso da Lei Maria da Penha, a mulher deve ser notificada pessoalmente.	Quanto às crianças e adolescentes, considerando sua incapacidade, foi necessária uma adaptação, de modo que será notificado o responsável pela criança e, se for o caso, intimado o advogado constituído ou defensor público. A notificação do responsável e a intimação do advogado ou defensor são cumulativas, de forma que a informação de um não dispensa a do outro.

ATENÇÃO!

Há uma **inversão**, pois, no lugar de proteger a vítima, a previsão das medidas se refere ao **infrator**.

Portanto, quanto às **medidas protetivas de urgência que obrigam o agressor** (cuja restrição ou atuação estatal recai diretamente sobre o infrator) e medidas protetivas de urgência à vítima (cuja ação estatal se dirige à vítima, a Lei Henry Borel faz a **mesma distinção** presente na Lei Maria da Penha entre, recaindo sobre ela com vistas à sua tutela) (vide artigos 20 e 21 da Lei 14.344/22).

O inciso II trata do afastamento **do agressor** do lar. O inciso III se refere à Prisão Preventiva do agressor. Nesse passo, não se tratam de **medidas protetivas de urgência** à vítima, e sim que **obrigam o agressor**. Tanto é fato que o inciso II é repetido no artigo 20 também inciso II da lei.

Insta salientar que o rol de medidas protetivas da Lei 14.344/22 **não é taxativo**. Por disposição expressa do artigo 20, § 1º e artigo 21, § 2º do diploma em comento, o magistrado pode adotar outras medidas protetivas previstas na legislação sempre que forem úteis à proteção da criança, do adolescente, de seus familiares, de noticiante ou denunciante.

Significa dizer que são aplicáveis, por exemplo, medidas protetivas previstas na Lei Maria da Penha (Lei 11.340/06), **não importando o sexo da vítima**, bem como outras cautelares previstas, por exemplo, no artigo 319, CPP. Estabelece a Lei 14.344/22 uma **integração do sistema de medidas protetivas e cautelares** em prol da tutela da integridade física e psíquica e da vida das crianças e adolescentes.

Por oportuno, observe-se que a Lei Henry Borel não dispôs a respeito de medidas protetivas patrimoniais, diversamente do que ocorre com a Lei Maria da Penha embora tenha acrescido na Lei 13.431/17 o conceito de "**violência patrimonial**" contra crianças e adolescentes (vide artigo 28 da Lei 14.344/22 e nova redação do artigo 4º, V, da Lei 13.431/17). Dessa forma, de acordo com o artigo 2º., Parágrafo Único da Lei 14.344/22, existe para fins de abusos contra menores, a previsão expressa da "violência patrimonial".

ATENÇÃO!

Acredita-se que seja um problema detectado no novo diploma a falta de previsão expressa pelo legislador da modalidade de "violência moral" contra os menores, diversamente do que ocorre com a Lei Maria da Penha (vide artigo 7º, V, da Lei 11.340/06).

E ainda, diz-se que o legislador se confundiu ainda mais quando, em pontos específicos da exemplificação legal de violência psicológica, cita constrangimento, humilhação etc., circunstâncias essas que mais se aproximam do rótulo de agressão moral do que psicológica.

Deveria ter mantido a técnica e guardado o rigor analítico de tal classificação (a exemplo do que foi feito no âmbito da Lei Maria da Penha).

De toda sorte, acreditamos ser perfeitamente possível que o inciso V art. 7º da Lei Maria da Penha socorra essa lacuna da Lei Henry Borel, pois a razão intuitiva de ambas as leis parece assim o permitir proteção de **hipervulneráveis**.

Por outro lado, a Lei Henry Borel permite a determinação das medidas protetivas de urgência **sem aplicação do contraditório prévio** hoje previsto no artigo 282, § 3º., CPP.

Justifica-se tal situação, visto que ambos os diplomas são subsumíveis às exceções previstas pelo próprio artigo 282, § 3º, CPP, quais sejam, as situações de "urgência" ou "perigo de ineficácia". Poder-se-ia discutir quanto à necessidade de maiores fundamentos a serem aferidos no que tange ao "perigo de ineficácia", mas parece que tal questionamento se torna inútil diante do próprio nome das medidas protetivas, as quais são de urgência.

Obviamente, não impede que o magistrado fundamente seu ato de deferimento sem contraditório prévio, seja pela urgência expressa pela própria lei, seja também, em reforço, por eventual caso em que também concorra a questão da possível "ineficácia da medida".

Com o advento da "Lei Henry Borel" (Lei 14.344/22), constitui-se um marco com o preenchimento dessa lacuna protetiva, de modo que seus dispositivos praticamente espelham o sistema já existente para as mulheres, conforme a Lei Maria da Penha. Seu âmbito de incidência é mais amplo, pois **atinge os menores independentemente de sexo**.

Neste sentido, configura violência doméstica e familiar contra a criança e adolescente, qualquer **ação ou omissão** que lhe cause **morte, lesão, sofrimento físico,**

sexual, psicológico ou dano patrimonial, seja no âmbito do domicílio, da residência, da família, ou, em qualquer relação doméstica e familiar na qual o agressor conviva ou tenha convivido com a vítima, independentemente de coabitação (art. 2º, da Lei 14.344/2022).

Exemplo: Isso quer dizer que se um adulto, por exemplo, se desentender com um adolescente na rua devido a um problema de trânsito (v.g. o menor esbarra seu skate no carro estacionado do maior) e o agredir fisicamente, não tem aplicação a Lei Henry Borel, já que inexiste vínculo doméstico ou familiar. Noutra espia, se um pai praticar maus-tratos contra o filho terá plena aplicação a legislação em comento.

TOME NOTA!

Lei 14.344/2022

Art. 2º Configura violência doméstica e familiar contra a criança e o adolescente qualquer ação ou omissão que lhe cause **morte, lesão, sofrimento físico, sexual, psicológico ou dano patrimonial**:

I - no **âmbito do domicílio ou da residência** da criança e do adolescente, compreendida como o espaço de convívio permanente de pessoas, com ou sem vínculo familiar, inclusive as esporadicamente agregadas;

II - no **âmbito da família**, compreendida como a comunidade formada por indivíduos que compõem a família natural, ampliada ou substituta, por laços naturais, por afinidade ou por vontade expressa;

III - em qualquer **relação doméstica e familiar** na qual o agressor conviva ou tenha convivido com a vítima, independentemente de coabitação.

Parágrafo único. Para a caracterização da violência prevista no caput deste artigo, deverão ser observadas as definições estabelecidas na lei nº 13.431, de 4 de abril de 2017.

TEMAS QUENTES!

Crimes

Como já mencionado anteriormente, os crimes tipificados nesta Lei têm **procedimento próprio**.

Destacamos abaixo aspectos interessantes em relação aos crimes que foram tipificados na Lei 14.344/2022:

1) O primeiro está disposto no **art. 25** que dispõe sobre o descumprimento da medida protetiva de urgência que é uma cópia do art. 24-A disposto na Lei Maria da Penha;

2) O segundo consta no **art. 26** que se tem a tipificação de um novo crime.

1) Descumprimento de Medida Protetiva de Urgência

Com redação praticamente idêntica à do artigo 24 – A da Lei Maria da Penha, é previsto, no **artigo 25** da Lei Henry Borel, o crime de **descumprimento de medida protetiva de urgência**.

TOME NOTA!

Lei 14.344/2022

Art. 25. Descumprir decisão judicial que defere medida protetiva de urgência prevista nesta Lei:

Pena - detenção, de 3 (três) meses a 2 (dois) anos.

§ 1º A configuração do crime independe da competência civil ou criminal do juiz que deferiu a medida.

§ 2º Na hipótese de prisão em flagrante, apenas a autoridade judicial poderá conceder fiança.

§ 3º O disposto neste artigo não exclui a aplicação de outras sanções cabíveis.

Art. 26. Deixar de comunicar à autoridade pública a prática de violência, de tratamento cruel ou degradante ou de formas violentas de educação, correção ou disciplina contra criança ou adolescente ou o abandono de incapaz:

Pena - detenção, de 6 (seis) meses a 3 (três) anos.

§ 1º A pena é aumentada de metade, se da omissão resulta lesão corporal de natureza grave, e triplicada, se resulta morte.

§ 2º Aplica-se a pena em dobro se o crime é praticado por ascendente, parente consanguíneo até terceiro grau, responsável legal, tutor, guardião, padrasto ou madrasta da vítima.

TEMA POTENCIAL!

Diversas foram as alterações ocorridas no **Estatuto da Criança e do Adolescente**.

Lei 14.344/2022

Art. 29. Os arts. 18-B, 70-A, 70-B, 136, 201 e 226 da Lei nº 8.069, de 13 de julho de 1990 (Estatuto da Criança e do Adolescente), passam a vigorar com as seguintes alterações: (...)

1) Em seu art. 18-B encontram-se previstas as medidas a serem impostas àqueles que têm o **dever de zelar pelas crianças e adolescentes**, no caso agirem por meio de **castigo físico, tratamento cruel ou degradante** como formas de **correção, disciplina, educação ou a qualquer outro pretexto** (BRASIL, 1990). Com a Lei Henry Borel tornou-se também medida a ser imposta a garantia de tratamento de saúde especializado à vítima:

TOME NOTA!

Lei 14.344/2022

Art. 18-B

VI - garantia de tratamento de saúde especializado à vítima.

2) O Título III, do Estatuto da Criança e do Adolescente, é destinado à **prevenção da violência** contra aqueles, estabelecendo uma série de medidas para tanto, que devem ser concretizadas pela União, Estados, Distrito Federal e Municípios (BRASIL, 1990). Com a Lei Henry Borel, passam a ser **medidas de prevenção**, que também devem ser observadas e implementadas pelos entes políticos:

TOME NOTA!

Lei 14.344/2022

Art. 70-A

(...)

VII- a promoção de estudos e pesquisas, de estatísticas e de outras informações relevantes às consequências e à frequência das formas de violência contra a criança e o adolescente para a sistematização de dados nacionalmente unificados e a avaliação periódica dos resultados das medidas adotadas;

VIII- o respeito aos valores da dignidade da pessoa humana, de forma a coibir a violência, o tratamento cruel ou degradante e as formas violentas de educação, correção ou disciplina;

IX- a promoção e a realização de campanhas educativas direcionadas ao público escolar e à sociedade em geral e a difusão desta Lei e dos instrumentos de proteção aos direitos humanos das crianças e dos adolescentes, incluídos os canais de denúncia existentes;

X- a celebração de convênios, de protocolos, de ajustes, de termos e de outros instrumentos de promoção de parceria entre órgãos governamentais ou entre estes e entidades não governamentais, com o objetivo de implementar programas de erradicação da violência, de tratamento cruel ou degradante e de formas violentas de educação, correção ou disciplina;

XI- a capacitação permanente das Polícias Civil e Militar, da Guarda Municipal, do Corpo de Bombeiros, dos profissionais nas escolas, dos Conselhos Tutelares e dos profissionais pertencentes aos órgãos e às áreas referidos no inciso II deste caput, para que identifiquem situações em que crianças e adolescentes vivenciam violência e agressões no âmbito familiar ou institucional;

XII- a promoção de programas educacionais que disseminem valores éticos de irrestrito respeito à dignidade da pessoa humana, bem como de programas de fortalecimento da parentalidade positiva, da educação sem castigos físicos e de ações de prevenção e enfrentamento da violência doméstica e familiar contra a criança e o adolescente;

XIII- o destaque, nos currículos escolares de todos os níveis de ensino, dos conteúdos relativos à prevenção, à identificação e à resposta à violência doméstica e familiar.

3) Com a Lei Henry Borel, o **art. 70-B**, que dispõe sobre as **medidas de prevenção**, a serem concretizadas pelas **entidades públicas e privadas**, passou a ter a seguinte redação:

TOME NOTA!

Lei 14.344/2022

Art. 70-B As entidades, públicas e privadas, que atuem nas áreas da saúde e da educação, além daquelas às quais se refere o art. 71 desta Lei, entre outras, devem contar, em seus quadros, com pessoas capacitadas a reconhecer e a comunicar ao Conselho Tutelar suspeitas ou casos de crimes praticados contra a criança e o adolescente.

Prevê ainda a possibilidade de que o Conselho Tutelar represente pelo afastamento do agressor ao Juiz, ao Delegado ou Policial, conforme o caso (vide também as atribuições do Conselho Tutelar acrescidas nos incisos XIII a XX do **artigo 136 do ECA** (Lei 8.069/90) pelo artigo 29 da Lei Henry Borel). Note-se que o Conselheiro Tutelar não é legitimado para determinar o afastamento diretamente, mas somente por postular (representar, por meio de capacidade postulatória anômala essa medida perante as autoridades enumeradas na lei (vide artigo 14, § 1º.).

TOME NOTA!

Lei 14.344/2022

Art. 136

XIII - adotar, na esfera de sua competência, ações articuladas e efetivas direcionadas à identificação da agressão, à agilidade no atendimento da criança e do adolescente vítima de violência doméstica e familiar e à responsabilização do agressor;

XIV - atender à criança e ao adolescente vítima ou testemunha de violência doméstica e familiar, ou submetido a tratamento cruel ou degradante ou a formas violentas de educação, correção ou disciplina, a seus familiares e a testemunhas, de forma a prover orientação e aconselhamento acerca de seus direitos e dos encaminhamentos necessários;

XV - representar à autoridade judicial ou policial para requerer o afastamento do agressor do lar, do domicílio ou do local de convivência com a vítima nos casos de violência doméstica e familiar contra a criança e o adolescente;

XVI - representar à autoridade judicial para requerer a concessão de medida protetiva de urgência à criança ou ao adolescente vítima ou testemunha de violência doméstica e familiar, bem como a revisão daquelas já concedidas;

XVII - representar ao Ministério Público para requerer a propositura de ação cautelar de antecipação de produção de prova nas causas que envolvam violência contra a criança e o adolescente;

XVIII - tomar as providências cabíveis, na esfera de sua competência, ao receber comunicação da ocorrência de ação ou omissão, praticada em local público ou privado, que constitua violência doméstica e familiar contra a criança e o adolescente;

XIX - receber e encaminhar, quando for o caso, as informações reveladas por noticiantes ou denunciantes relativas à prática de violência, ao uso de tratamento cruel ou degradante ou de formas violentas de educação, correção ou disciplina contra a criança e o adolescente;

XX - representar à autoridade judicial ou ao Ministério Público para requerer a concessão de medidas cautelares direta ou indiretamente relacionada à eficácia da proteção de noticiante ou denunciante de informações de crimes que envolvam violência doméstica e familiar contra a criança e o adolescente.

Também amplia as atribuições que o Ministério Público detém em sua atuação em prol das crianças e adolescentes, acrescentando, entre aquelas já existentes no art. 201, do Estatuto da Criança e do Adolescente (BRASIL, 1990) o papel de intervir, quando não for parte, nas causas cíveis e criminais decorrentes de violência doméstica e familiar contra a criança e o adolescente.

CANDIDATO:

Punição aplicável para criança que comete ato infracional. **(Delegado RS/19)**

RESPOSTA ADEQUADA:

Excelência, caso uma criança (pessoa até 12 anos incompletos) pratique algum ato infracional, será **encaminhada ao Conselho Tutelar** e estará sujeita às medidas de proteção previstas no art. 101.

Assim, conclui-se que o menor de 18 anos, em tese, pratica crime (o ECA denomina de ato infracional), conforme legislação penal, mas, devido à inimputabilidade, os menores não se sujeitam às sanções penais, mas sim às medidas socioeducativas previstas nos termos da Legislação Especial, neste caso, o Estatuto da Criança e Adolescente.

COMPLEMENTAÇÃO DA RESPOSTA:

A Constituição Federal de 1988 (CF/88) elenca no art. 228 que: "são penalmente inimputáveis os menores de dezoito anos, sujeitos às normas de legislação especial", legislação especial esta é o ECA, com disposições semelhantes no art. 27 do Código Penal (CP) e no art. 104 do ECA.

CANDIDATO:

Quem apreende uma criança ou adolescente sem as formalidades legais, se enquadra no crime de abuso de autoridade? **(Delegado SP/15)**

RESPOSTA ADEQUADA:

Excelência, **não se enquadra** no crime de abuso de autoridade, porque há um conflito aparente de normas penais. Com isso, aquele policial que apreender uma criança ou adolescente sem as formalidades legais praticará o crime do art. 230 do Estatuto da Criança e do Adolescente, pois essa é a norma penal especial que prevalece em relação à norma geral (LEI Nº 13.869, DE 5 DE SETEMBRO DE 2019).

COMPLEMENTAÇÃO DA RESPOSTA:

Vejamos o mencionado dispositivo da Lei 8.069/90:

Art. 230. Privar a criança ou o adolescente de sua liberdade, procedendo à sua apreensão sem estar em flagrante de ato infracional ou inexistindo ordem escrita da autoridade judiciária competente:

Pena – detenção de seis meses a dois anos.

Parágrafo único. Incide na mesma pena aquele que procede à apreensão sem observância das formalidades legais.

CANDIDATO:

Cite duas medidas socioeducativas aplicadas ao adolescente. **(Delegado SP/15)**

RESPOSTA ADEQUADA:

Excelência, temos a liberdade assistida e a internação como medidas socioeducativas aplicadas ao adolescente.

A Liberdade Assistida tem previsão nos artigos 118 e 119 do ECA e consiste no acompanhamento, auxílio e orientação do adolescente em conflito com a lei.

A Internação com escopo nos artigos 121 a 125 do ECA, é adotada pela autoridade judiciária quando o ato infracional praticado pelo adolescente se enquadrar nas situações previstas no art. 122, incisos I, II e III, do ECA.

COMPLEMENTAÇÃO DA RESPOSTA:

A Liberdade Assistida será acompanhada por pessoa designada pela autoridade, capacitada para acompanhar o caso, a qual poderá ser recomendada por entidade ou programa de atendimento.

Entre as atribuições desse responsável citamos que deverá supervisionar a frequência e o aproveitamento escolar do adolescente, diligenciar no sentido de profissionalização e inserção no mercado de trabalho, promovê-lo socialmente e junto à sua família.

Quanto aos prazos a Liberdade Assistida será fixada pelo prazo mínimo de seis meses, podendo a qualquer tempo ser prorrogada, revogada ou substituída por outra medida, ouvido o orientador, o Ministério Público e o defensor (ECA, art. 118, § 2º).

A Internação está sujeita aos princípios de brevidade, excepcionalidade e respeito à condição peculiar de pessoa em desenvolvimento, podendo ocorrer em caráter **provisório ou estrito**.

A Internação não comporta prazo determinado, devendo sua manutenção ser reavaliada, mediante decisão fundamentada, no máximo a cada seis meses. Contudo, em nenhuma hipótese excederá o período máximo de três anos. Também ocorrerá liberação compulsória aos vinte e um anos.

CANDIDATO:

Nos termos do artigo 239 da lei nº 8.069/90, a remessa da criança é necessária para a consumação do delito? **(Delegado SP/15)**

RESPOSTA ADEQUADA:

Excelência, não há, trata-se de crime formal, porquanto a conduta do agente ligada à inobservância das formalidades legais é que caracteriza o delito, seja com a intenção de auferir lucro ou não. Nesta toada, não se exige para consumação a produção do resultado, que seria a efetiva saída do menor do país.

COMPLEMENTAÇÃO DA RESPOSTA:

Em julgado da 3ª Turma do TRF[67] a sentença condenou três mulheres em Anápolis/GO por tráfico internacional, aplicando pena de seis anos de reclusão, pelo delito tipificado no art. 239 do Estatuto da Criança e do Adolescente (ECA):

> APELAÇÃO CRIMINAL N. 2007.35.02.004171-1/GO PENAL E PROCESSO PENAL. CRIME DO ART. 239 DA LEI Nº 8.069/90. ESTATUTO DA CRIANÇA E DO ADOLESCENTE (ECA). CRIME FORMAL. MATERIALIDADE E AUTORIA DO CRIME COMPROVADAS. SENTENÇA CONDENATÓRIA 1. Os atos das acusadas, consubstanciados em promover ou auxiliar a efetivação de ato destinado ao envio de criança para o exterior, através do uso de certidão de nascimento falsificada (fraude), constitui o crime previsto no parágrafo único do art. 239 do Estatuto da Criança e do Adolescente, restando devidamente comprovadas pelo conjunto probatório as condutas delituosas a elas atribuídas na denúncia. 2. **O crime de que trata o art. 239, parágrafo único, da Lei 8.069/90 é crime formal, não se exigindo para sua consumação a saída do menor do país**, bastando, para tanto, que o ato destinado ao envio **não observe as formalidades legais ou que tenha o agente o objetivo de lucro ou, como no caso em análise, seja o processo de adoção obtido mediante fraude**. 3. O dolo, elemento subjetivo do tipo, mostra-se presente, visto que as acusadas tinham plena consciência de que estavam promovendo o envio de criança para o exterior mediante fraude. 4. Apelações não providas. (Grifei).

Ainda que não tenha sido consumada a saída do menor do país, o relator do processo afirmou que a norma incriminadora em questão (art. 239, *caput*) tem como objetivo evitar que eles sejam enviados para o exterior sem a observância da lei brasileira. Importando assim criminalizar e punir a promoção ou o auxílio à remessa de criança ou adolescente para fora do Brasil. O colegiado acompanhou, à unanimidade, o voto do relator, negando provimento às apelações das acusadas.

14. CRIME DE LICITAÇÃO (LEI 8.666/93)

CANDIDATO:

Exige-se dano ao erário para o crime do art. 89 da Lei 8.666/93 se consumar? **(Delegado PF/13)**

RESPOSTA ADEQUADA:

Excelência, em uma síntese, as Cortes delinearam duas correntes.

1ª Corrente: Sim, uma vez que o crime do art. 89 da Lei 8.666/93 não é de mera conduta, sendo necessária a demonstração do dolo específico de causar dano ao erário e a configuração do efetivo prejuízo ao patrimônio público[68].

67. TRF, Rel. Tourinho Neto, apelação criminal n. 2007.35.02.004171-1/GO, 3ª Turma, j. 14/01/2013.

68. STJ. 6ª Turma. HC 377.711/SC, Rel. Min. Nefi Cordeiro, julgado em 09/03/2017.

2ª Corrente: Não, o tipo penal do art. 89 da Lei de Licitações prevê crime formal, que dispensa o resultado danoso para o erário[69].

COMPLEMENTAÇÃO DA RESPOSTA:

Destaca-se que o entendimento da Sexta Turma do STJ exposto em epígrafe está em sintonia com a Segunda Turma do STF conforme veiculado no informativo 813: "Para que haja a condenação pelo crime do art. 89 da Lei 8.666/93, exige-se a demonstração de que houve prejuízo ao erário e de que o agente tinha a finalidade específica de favorecimento indevido. Assim, mesmo que a decisão de dispensa ou inexigibilidade da licitação tenha sido incorreta, isso não significa necessariamente que tenha havido crime, sendo necessário analisar o prejuízo e o dolo do agente"[70].

Para reforçar o posicionamento da Primeira Turma do STF esposado no informativo 856 e na resposta acima, segue entendimento exarado também por esta turma: "O crime do art. 89 da Lei 8.666/93 é formal, consumando-se tão somente com a dispensa ou inexigibilidade de licitação fora das hipóteses legais. Não se exige, para sua configuração, prova de prejuízo financeiro ao erário, uma vez que o bem jurídico tutelado não se resume ao patrimônio público, mas coincide com os fins buscados pela CF/88, ao exigir em seu art. 37, XXI, "licitação pública que assegure igualdade de condições a todos os concorrentes". Tutela-se, igualmente, a moralidade administrativa, a probidade, a impessoalidade e a isonomia[71].

TEMA QUENTE!

Promulgada em 2021, a Nova Lei de Licitações e Contratos Administrativos, a Lei nº 14.133/2021, incluiu um novo Capítulo ao Código Penal. Trata-se do Capítulo II-B, denominado "Dos Crimes em Licitações e Contratos Administrativos", inserido no Título XI da Parte Especial, que cuida dos crimes contra a Administração Pública. Com isso, reproduziram-se crimes que já eram previstos na antiga Lei de Licitações (Lei nº 8.666/93) e acrescentaram-se novas condutas.

Foi assim que determinou o artigo 185 da Lei nº 14.133/2021, senão vejamos: "Aplicam-se às licitações e aos contratos regidos pela Lei nº 13.303, de 30 de junho de 2016, as disposições do Capítulo II-B do Título XI da Parte Especial do Decreto-Lei nº 2.848, de 7 de dezembro de 1940 (Código Penal)".

A Nova Lei entrou em vigor na data de sua publicação, em 1º de abril de 2021. No entanto, as leis anteriores que disciplinam a matéria – Lei nº 8.666/93, Lei nº 10.520/00 (Lei do Pregão) e Lei nº 12.492/11 (Regime Diferenciado de Contratação) – não serão revogadas imediatamente, pois ainda vigerão por dois anos, ou seja, até o dia 1º de abril de 2023.

69. STF. 1ª Turma. Inq 3674/RJ, Rel. Min. Luiz Fux, julgado em 7/3/2017.
70. STF. 2ª Turma. Inq 3731/DF, Rel. Min. Gilmar Mendes, julgado em 2/2/2016.
71. STF. 1ª Turma. AP 971, Rel. Min. Edson Fachin, julgado em 28/06/2016.

TOME NOTA!

Novos crimes de licitação no CP:

Contratação direta ilegal (Incluído pela Lei nº 14.133, de 2021)

Art. 337-E. Admitir, possibilitar ou dar causa à contratação direta fora das hipóteses previstas em lei: (Incluído pela Lei nº 14.133, de 2021)

Pena - reclusão, de 4 (quatro) a 8 (oito) anos, e multa. (Incluído pela Lei nº 14.133, de 2021)

Frustração do caráter competitivo de licitação (Incluído pela Lei nº 14.133, de 2021)

Art. 337-F. Frustrar ou fraudar, com o intuito de obter para si ou para outrem vantagem decorrente da adjudicação do objeto da licitação, o caráter competitivo do processo licitatório: (Incluído pela Lei nº 14.133, de 2021)

Pena - reclusão, de 4 (quatro) anos a 8 (oito) anos, e multa. (Incluído pela Lei nº 14.133, de 2021)

Patrocínio de contratação indevida (Incluído pela Lei nº 14.133, de 2021)

Art. 337-G. Patrocinar, direta ou indiretamente, interesse privado perante a Administração Pública, dando causa à instauração de licitação ou à celebração de contrato cuja invalidação vier a ser decretada pelo Poder Judiciário: (Incluído pela Lei nº 14.133, de 2021)

Pena - reclusão, de 6 (seis) meses a 3 (três) anos, e multa. (Incluído pela Lei nº 14.133, de 2021)

Modificação ou pagamento irregular em contrato administrativo (Incluído pela Lei nº 14.133, de 2021)

Art. 337-H. Admitir, possibilitar ou dar causa a qualquer modificação ou vantagem, inclusive prorrogação contratual, em favor do contratado, durante a execução dos contratos celebrados com a Administração Pública, sem autorização em lei, no edital da licitação ou nos respectivos instrumentos contratuais, ou, ainda, pagar fatura com preterição da ordem cronológica de sua exigibilidade: (Incluído pela Lei nº 14.133, de 2021)

Pena - reclusão, de 4 (quatro) anos a 8 (oito) anos, e multa. (Incluído pela Lei nº 14.133, de 2021)

Perturbação de processo licitatório (Incluído pela Lei nº 14.133, de 2021)

Art. 337-I. Impedir, perturbar ou fraudar a realização de qualquer ato de processo licitatório: (Incluído pela Lei nº 14.133, de 2021)

Pena - detenção, de 6 (seis) meses a 3 (três) anos, e multa. (Incluído pela Lei nº 14.133, de 2021)

Violação de sigilo em licitação (Incluído pela Lei nº 14.133, de 2021)

Art. 337-J. Devassar o sigilo de proposta apresentada em processo licitatório ou proporcionar a terceiro o ensejo de devassá-lo: (Incluído pela Lei nº 14.133, de 2021)

Pena - detenção, de 2 (dois) anos a 3 (três) anos, e multa. (Incluído pela Lei nº 14.133, de 2021)

Afastamento de licitante (Incluído pela Lei nº 14.133, de 2021)

Art. 337-K. Afastar ou tentar afastar licitante por meio de violência, grave ameaça, fraude ou oferecimento de vantagem de qualquer tipo: (Incluído pela Lei nº 14.133, de 2021)

Pena - reclusão, de 3 (três) anos a 5 (cinco) anos, e multa, além da pena correspondente à violência. (Incluído pela Lei nº 14.133, de 2021)

Parágrafo único. Incorre na mesma pena quem se abstém ou desiste de licitar em razão de vantagem oferecida. (Incluído pela Lei nº 14.133, de 2021)

Fraude em licitação ou contrato (Incluído pela Lei nº 14.133, de 2021)

Art. 337-L. Fraudar, em prejuízo da Administração Pública, licitação ou contrato dela decorrente, mediante: (Incluído pela Lei nº 14.133, de 2021)

I - entrega de mercadoria ou prestação de serviços com qualidade ou em quantidade diversas das previstas no edital ou nos instrumentos contratuais; (Incluído pela Lei nº 14.133, de 2021)

II - fornecimento, como verdadeira ou perfeita, de mercadoria falsificada, deteriorada, inservível para consumo ou com prazo de validade vencido; (Incluído pela Lei nº 14.133, de 2021)

III - entrega de uma mercadoria por outra; (Incluído pela Lei nº 14.133, de 2021)

IV - alteração da substância, qualidade ou quantidade da mercadoria ou do serviço fornecido; (Incluído pela Lei nº 14.133, de 2021)

V - qualquer meio fraudulento que torne injustamente mais onerosa para a Administração Pública a proposta ou a execução do contrato: (Incluído pela Lei nº 14.133, de 2021)

Pena - reclusão, de 4 (quatro) anos a 8 (oito) anos, e multa. (Incluído pela Lei nº 14.133, de 2021)

Contratação inidônea (Incluído pela Lei nº 14.133, de 2021)

Art. 337-M. Admitir à licitação empresa ou profissional declarado inidôneo: (Incluído pela Lei nº 14.133, de 2021)

Pena - reclusão, de 1 (um) ano a 3 (três) anos, e multa. (Incluído pela Lei nº 14.133, de 2021)

§ 1º Celebrar contrato com empresa ou profissional declarado inidôneo: (Incluído pela Lei nº 14.133, de 2021)

Pena - reclusão, de 3 (três) anos a 6 (seis) anos, e multa. (Incluído pela Lei nº 14.133, de 2021)

§ 2º Incide na mesma pena do **caput** deste artigo aquele que, declarado inidôneo, venha a participar de licitação e, na mesma pena do § 1º deste artigo, aquele que, declarado inidôneo, venha a contratar com a Administração Pública. (Incluído pela Lei nº 14.133, de 2021)

Impedimento indevido (Incluído pela Lei nº 14.133, de 2021)

Art. 337-N. Obstar, impedir ou dificultar injustamente a inscrição de qualquer interessado nos registros cadastrais ou promover indevidamente a alteração, a suspensão ou o cancelamento de registro do inscrito: (Incluído pela Lei nº 14.133, de 2021)

Pena - reclusão, de 6 (seis) meses a 2 (dois) anos, e multa. (Incluído pela Lei nº 14.133, de 2021)

Omissão grave de dado ou de informação por projetista (Incluído pela Lei nº 14.133, de 2021)

Art. 337-O. Omitir, modificar ou entregar à Administração Pública levantamento cadastral ou condição de contorno em relevante dissonância com a realidade, em frustração ao caráter competitivo da licitação ou em detrimento da seleção da proposta mais vantajosa para a Administração Pública, em contratação para a elaboração de projeto básico, projeto executivo ou anteprojeto, em diálogo competitivo ou em procedimento de manifestação de interesse: (Incluído pela Lei nº 14.133, de 2021)

Pena - reclusão, de 6 (seis) meses a 3 (três) anos, e multa. (Incluído pela Lei nº 14.133, de 2021)

§ 1º Consideram-se condição de contorno as informações e os levantamentos suficientes e necessários para a definição da solução de projeto e dos respectivos preços pelo licitante, incluídos sondagens, topografia, estudos de demanda, condições ambientais e demais elementos ambientais impactantes, considerados requisitos mínimos ou obrigatórios em normas técnicas que orientam a elaboração de projetos. (Incluído pela Lei nº 14.133, de 2021)

§ 2º Se o crime é praticado com o fim de obter benefício, direto ou indireto, próprio ou de outrem, aplica-se em dobro a pena prevista no **caput** deste artigo. (Incluído pela Lei nº 14.133, de 2021)

Art. 337-P. A pena de multa cominada aos crimes previstos neste Capítulo seguirá a metodologia de cálculo prevista neste Código e não poderá ser inferior a 2% (dois por cento) do valor do contrato licitado ou celebrado com contratação direta. (Incluído pela Lei nº 14.133, de 2021)

15. LEI ANTITERRORISTA (LEI 13.260/16)

CANDIDATO:

Qual o conceito de crime de terrorismo? **(Delegado/Simulado)**

RESPOSTA ADEQUADA:

Excelência, a lei do antiterrorismo traz como definição que consiste na prática por um ou mais indivíduos, entre outras condutas, usar ou ameaçar usar explosivos por razões de xenofobia, discriminação ou preconceito de raça, cor, etnia e religião, quando cometidos com a finalidade de provocar terror social ou generalizado, expondo a perigo pessoa, patrimônio, a paz pública ou a incolumidade pública.

COMPLEMENTAÇÃO DA RESPOSTA:

A lei 13.260/2016, conhecida como Lei Antiterrorismo, regulamentou o disposto no inciso XLIII do art. 5º da Constituição Federal, disciplinando o terrorismo, tratando de disposições investigatórias e processuais e reformulando o conceito de organização terrorista.

Nesta toada, chamo atenção para as seguintes alterações na referida lei:

1. A aplicação das disposições da Lei 8.072/90 (Crimes Hediondos);
2. A inclusão no art. 1º, § 2º, do II, na Lei 12.850/13, com a seguinte redação: às organizações terroristas, entendidas como aquelas voltadas para a prática dos atos de terrorismo legalmente definidos;
3. A previsão do crime de terrorismo na lei de prisão temporária (Lei 7.960/89, art. 1º, III, alínea "p").

Por fim, recomendo a leitura atenta da mencionada lei. Além disso, encontra-se superada a antiga discussão sobre a tipificação deste crime no Brasil.

PODE CAIR NA PROVA!

A tipificação da conduta descrita no art. 5º da Lei Antiterrorismo (atos preparatórios de terrorismo) exige a motivação por razões de xenofobia, discriminação ou preconceito de raça, cor, etnia e religião, expostas no art. 2º do mesmo diploma legal. STJ. 6ª Turma. HC 537.118-RJ, Rel. Min. Sebastião Reis Júnior, julgado em 05/12/2019 (Info 663).

16. LEI DE EXECUÇÃO PENAL (LEI 7.210/84)

CANDIDATO:

A falta de estabelecimento penal adequado autoriza a manutenção do condenado em regime prisional mais gravoso? **(Delegado/Simulado)**

RESPOSTA ADEQUADA:

Excelência, não, porquanto o STF cristalizou entendimento na Súmula Vinculante 56 de que "a falta de estabelecimento penal adequado não autoriza a manutenção do condenado em regime prisional mais gravoso, devendo-se observar, nesta hipótese, os parâmetros fixados no Recurso Extraordinário"[72].

COMPLEMENTAÇÃO DA RESPOSTA:

Os referidos parâmetros fixados são:

1. A falta de estabelecimento penal adequado não autoriza a manutenção do condenado em regime prisional mais gravoso;
2. Os juízes da execução penal poderão avaliar os estabelecimentos destinados aos regimes semiaberto e aberto, para qualificação como adequados a tais regimes. São aceitáveis estabelecimentos que não se qualifiquem como "colônia agrícola, industrial" (regime semiaberto) ou "casa de albergado ou estabelecimento adequado" (regime aberto) (art. 33, § 1º, alíneas "b" e "c", do CP);
3. Havendo déficit de vagas, deverá determinar-se:

A saída antecipada de sentenciado no regime com falta de vagas;

A liberdade eletronicamente monitorada ao sentenciado que sai antecipadamente ou é posto em prisão domiciliar por falta de vagas;

72. STF, RE 641320/RS, Rel. Min. Gilmar Mendes, Plenário, julgado em 11/5/2016 (repercussão geral).

O cumprimento de penas restritivas de direito e/ou estudo ao sentenciado que progride ao regime aberto;

Até que sejam estruturadas as medidas alternativas propostas, poderá ser deferida a prisão domiciliar ao sentenciado.

Ainda, sobre inovação a Lei nº 13.190/2015 acrescentou dois artigos à Lei de Execuções Penais (Lei nº 7.210/84):

> Art. 83-A. Poderão ser objeto de execução indireta as atividades materiais acessórias, instrumentais ou complementares desenvolvidas em estabelecimentos penais, e notadamente:
>
> I – serviços de conservação, limpeza, informática, copeiragem, portaria, recepção, reprografia, telecomunicações, lavanderia e manutenção de prédios, instalações e equipamentos internos e externos;
>
> II – serviços relacionados à execução de trabalho pelo preso.
>
> § 1º A execução indireta será realizada sob supervisão e fiscalização do poder público.
>
> § 2º Os serviços relacionados neste artigo poderão compreender o fornecimento de materiais, equipamentos, máquinas e profissionais.
>
> Art. 83-B. São indelegáveis as funções de direção, chefia e coordenação no âmbito do sistema penal, bem como todas as atividades que exijam o exercício do poder de polícia, e notadamente:
>
> I – classificação de condenados;
>
> II – aplicação de sanções disciplinares;
>
> III – controle de rebeliões;
>
> IV – transporte de presos para órgãos do Poder Judiciário, hospitais e outros locais externos aos estabelecimentos penais.

Também, a Lei nº 13.167/2015 alterou o Art. 84. O preso provisório ficará separado do condenado por sentença transitada em julgado.

> § 1º Os presos provisórios ficarão separados de acordo com os seguintes critérios:
>
> I – acusados pela prática de crimes hediondos ou equiparados;
>
> II – acusados pela prática de crimes cometidos com violência ou grave ameaça à pessoa;
>
> III – acusados pela prática de outros crimes ou contravenções diversos dos apontados nos incisos I e II.
>
> § 2º O preso que, ao tempo do fato, era funcionário da Administração da Justiça Criminal ficará em dependência separada.
>
> § 3º Os presos condenados ficarão separados de acordo com os seguintes critérios:
>
> I – condenados pela prática de crimes hediondos ou equiparados;
>
> II – reincidentes condenados pela prática de crimes cometidos com violência ou grave ameaça à pessoa;
>
> III – primários condenados pela prática de crimes cometidos com violência ou grave ameaça à pessoa;

IV – demais condenados pela prática de outros crimes ou contravenções em situação diversa das previstas nos incisos I, II e III.

§ 4º O preso que tiver sua integridade física, moral ou psicológica ameaçada pela convivência com os demais presos ficará segregado em local próprio.

CANDIDATO:

Quando irá progredir de pena o apenado que tenha praticado crime hediondo ou equiparado, sem resultado morte, que não sejam reincidentes em delito da mesma natureza? **(Delegado/ Simulado 2022)**

RESPOSTA ADEQUADA:

Excelência, em julgamento sob o rito dos recursos repetitivos (**Tema 1.084**), a Terceira Seção do Superior Tribunal de Justiça reconheceu a aplicação retroativa do patamar estabelecido no **artigo 112**, V, da Lei de Execução Penal – LEP (Lei 7.210/1984), com a redação dada pelo Pacote Anticrime (**Lei 13.964/2019**), aos condenados por **crime hediondo ou equiparado, sem resultado morte, que não sejam reincidentes em delito da mesma natureza.**

O colegiado entendeu que, diante da ausência de previsão, no Pacote Anticrime, de parâmetros para a progressão de regime prisional dos condenados por crime hediondo ou equiparado que **sejam reincidentes genéricos**, deve ser considerado para eles **o mesmo percentual de cumprimento de pena exigido dos sentenciados primários: 40%.**

Como esse percentual é inferior ao estabelecido antes da vigência do Pacote Anticrime – portanto, mais benéfico para o réu –, os ministros entenderam também que a regra deve ser aplicada **retroativamente aos condenados por crime hediondo, sejam primários ou reincidentes genéricos**.

COMPLEMENTAÇÃO DA RESPOSTA:

Dessa maneira, o colegiado estabeleceu que:

Ao sentenciado que cometeu **crime com violência contra a pessoa ou grave ameaça**, mas **não é reincidente** em **delito da mesma natureza** – portanto, **primário ou reincidente genérico** –, deve ser aplicado o patamar **de 25%** de cumprimento da pena, como prevê o inciso III do artigo 112 da LEP.

Do apenado que praticou **crime hediondo ou equiparado**, mas também **não é reincidente em crime de igual natureza**, deve ser exigido o cumprimento **mínimo de 40%** da pena, como estabelecido no inciso V do mesmo dispositivo legal.

Por fim, para o apenado que cometeu crime hediondo ou equiparado com **resultado morte**, mas, igualmente, é primário ou reincidente genérico, será observado o requisito do inciso VI, "a", do artigo 112 – ou seja, **50%**. Leia o **acórdão** no REsp 1.910.240.

TOMA NOTA!

Com a entrada em vigor da Lei 13.964/2019, o artigo 112 da Lei de Execução Penal passou a ter critérios diferenciados para a progressão da pena. A partir de agora, para a progressão para regime menos gravoso o preso deve ter cumprido ao menos:

- 16% (dezesseis por cento) da pena, se for primário e o crime tiver sido cometido sem violência à pessoa ou grave ameaça, ou seja, o famoso 1/6 (um sexto);
- 20% (vinte por cento) da pena, se o apenado for reincidente em crime cometido sem violência à pessoa ou grave ameaça;
- 25% (vinte e cinco por cento) da pena, se o apenado for primário e o crime tiver sido cometido com violência à pessoa ou grave ameaça;
- 30% (trinta por cento) da pena, se o apenado for reincidente em crime cometido com violência à pessoa ou grave ameaça;
- 40% (quarenta por cento) da pena, se o apenado for condenado pela prática de crime hediondo ou equiparado, se for primário (o que equivale a 2/5);
- 50% (cinquenta por cento) da pena, se o apenado for:
  - condenado pela prática de crime hediondo ou equiparado, com resultado morte, se for primário, vedado o livramento condicional; ou
  - condenado por exercer o comando, individual ou coletivo, de organização criminosa estruturada para a prática de crime hediondo ou equiparado; ou
  - condenado pela prática do crime de constituição de milícia privada.
- 60% (sessenta por cento) da pena, se o apenado for reincidente na prática de crime hediondo ou equiparado (o que equivale a 3/5);
- 70% (setenta por cento) da pena, se o apenado for reincidente em crime hediondo ou equiparado com resultado morte, vedado o livramento condicional.

Diante disso, a progressão passou a ser muito mais complexa e variável conforme o caso concreto, não se limitando mais às frações de 1/6 (um sexto) para crimes comuns e 2/5 (dois quintos) ou 3/5 (três quintos) para crimes hediondos, dependendo da reincidência.

Vejamos o quadro esquemático:

TIPO DE CRIME	SITUAÇÃO DO RÉU	PERCENTUAL
Sem violência ou grave ameaça	Primário	16%
Sem violência ou grave ameaça	Reincidente em crime sem violência ou grave ameaça	20%
Com violência ou grave ameaça	Primário	25%

TIPO DE CRIME	SITUAÇÃO DO RÉU	PERCENTUAL
Com violência ou grave ameaça	Reincidente em crime com violência ou grave ameaça	30%
Hediondo ou equiparado	Primário	40%
Hediondo ou equiparado	Reincidente em crime hediondo ou equiparado	60%
Hediondo ou equiparado com resultado morte	Primário	50%
Hediondo ou equiparado com resultado morte	Reincidente em crime hediondo ou equiparado com resultado morte	70%
Comandar ou liderar organização criminosa para a prática de crimes hediondos ou equiparados		50%
Constituir milícia privada		50%

17. LEI DA TORTURA (LEI 9.455/97)

CANDIDATO:

Qual a diferença entre a omissão própria e imprópria no crime de tortura? **(Delegado SC/15)**

RESPOSTA ADEQUADA:

Excelência, a omissão da tortura imprópria está prevista na primeira parte do § 2º do art. 1º da lei em comento, sendo aquela que há o dever do garantidor de evitar a prática do delito de tortura; enquanto a omissão da tortura própria, preceituada na segunda parte do § 2º do art. 1º da mesma lei especial é tortura já consumada, no entanto, a autoridade a ignora, não apura.

Neste viés, há um problema, posto que o torturador e o garantidor são tratados de forma diferente na lei 9.455/97 contrariando mandado de criminalização constitucional, posto que a Constituição da República, ao prever que a tortura é equiparada a crime hediondo, em seu art. 5º, XLIII, enfatizou que pelo delito devem responder os mandantes, os executores e os que, podendo evitá-los, se omitirem, ou seja, que a pena deveria ser idêntica ao chamado garante ou garantidor.

COMPLEMENTAÇÃO DA RESPOSTA:

Vejamos a lei nº 9.455/97, art. 1º:

§ 2º Aquele que se omite em face dessas condutas, quando tinha o dever de evitá-las ou apurá-las, incorre na pena de detenção de um a quatro anos.

Ainda, sobre o tema, a doutrina destaca: "é incompreensível a condescendência do legislador justamente com a pessoa (normalmente, autoridade) que tem poder para fazer cessar a tortura e se omite, ou que pode apurar os responsáveis pelo ato repugnante e silencia".[73]

CANDIDATO:

O efeito na condenação pela prática de crime de tortura é automático ou deve ser motivado na sentença? **(Delegado PA/10)**

RESPOSTA ADEQUADA:

Excelência, encontra-se pacificado no STF e STJ que se trata de lei especial prevalecendo sobre a lei geral, neste sentido, cuida-se de efeito automático da condenação.

COMPLEMENTAÇÃO DA RESPOSTA:

No informativo 730, a Suprema Corte entendeu:

(...) "A perda do cargo, função ou emprego público – que configura efeito extrapenal secundário – constitui consequência necessária que resulta, automaticamente, de pleno direito, da condenação penal imposta ao agente público pela prática do crime de tortura, ainda que se cuide de integrante da Polícia Militar, não se lhe aplicando, a despeito de tratar-se de Oficial da Corporação, a cláusula inscrita no art. 125, § 4º, da Constituição da República. Doutrina. (...)".[74]

Mesmo posicionamento é cristalizado pela Corte Cidadã: A perda do cargo, função ou emprego público é efeito automático da condenação pela prática do crime de tortura, não sendo necessária fundamentação concreta para a sua aplicação.[75]

Detalhe, a **perda automática** do cargo será decorrente da condenação pelo "crime de **tortura**". Diferentemente, ocorrerá quando a perda do cargo for referente a outros crimes conforme art. 92, inciso I, alíneas a e b do CP.

Art. 92 – São também efeitos da condenação:

I – a perda de cargo, função pública ou mandato eletivo:

a) quando aplicada pena privativa de liberdade por tempo igual ou superior a um ano, nos crimes praticados com abuso de poder ou violação de dever para com a Administração Pública;

73. NUCCI, 2010, p. 1202.

74. STF- AI 769.637-ED-ED-AgR/MG.

75. AgRg no Ag 1.388.953/SP, Rel. Ministra MARIA THEREZA DE ASSIS MOURA, 6ª T., DJe 28/06/2013.

b) quando for aplicada pena privativa de liberdade por tempo superior a 4 (quatro) anos nos demais casos. (...)

Parágrafo único – Os efeitos de que trata este artigo não são automáticos, devendo ser motivadamente declarados na sentença.

A doutrina pátria e a jurisprudência desta Corte são no sentido de que a perda do cargo público não é efeito automático da condenação, requerendo a devida fundamentação, o que não ocorreu, *in casu* (...).[76]

"A perda da função pública não é efeito automático da condenação, segundo disposto no art. 92, parágrafo único, do Código Penal. Assim, conforme entendimento deste Tribunal, exige-se que a declaração de perda da função pública se faça mediante decisão fundamentada, de forma concreta e vinculada (art. 93, IX, da CF)". [77]

18. JUIZADO ESPECIAL CRIMINAL (LEI 9.099/95)

CANDIDATO:

A homologação da transação penal não faz coisa julgada material? **(Delegado SC/15)**

RESPOSTA ADEQUADA:

Excelência, o STF[78] firmou entendimento exatamente neste sentido, posto que a transação penal não faz coisa julgada material. Em caso de descumprimento de seus termos, pode o MP denunciar e prosseguir com a competente ação penal ou ser instaurado inquérito policial.

COMPLEMENTAÇÃO DA RESPOSTA:

Vejamos a Súmula Vinculante 35: "A homologação da transação penal prevista no artigo 76 da Lei 9.099/1995 **não faz coisa julgada material** e, descumpridas suas cláusulas, retoma-se a situação anterior, possibilitando-se ao Ministério Público a continuidade da persecução penal mediante oferecimento de denúncia ou requisição de inquérito policial". (Grifei).

CANDIDATO:

Cabe transação penal em crime de ação penal privada? **(Delegado do SC/15)**

76. RESP. n. 1.111.847/TO, rel. Ministro Honildo Amaral de Mello Castro (Desembargador convocado do TJ/AP), 5ª T., DJe 18/10/2010.

77. AgRg no RESP. n. 1.207.006/RS, rel. Ministro Sebastião Reis Júnior, 6ª T., DJe 9/4/2012.

78. STF, Súmula Vinculante 35.

RESPOSTA ADEQUADA:

Excelência, o STJ[79] entende que a lei 9.099/95, desde que obedecidos os requisitos autorizadores, permite a transação e a suspensão condicional do processo, inclusive nas ações penais de iniciativa exclusivamente privada. Este raciocínio prevalece, visto que se o querelante pode perdoar, se ele pode renunciar, ele também pode transacionar, pois quem pode o mais, pode o menos.

Ademais, haveria ofensa ao princípio da isonomia se estabelecêssemos tratamento diferenciado para crimes que possuem a mesma gravidade simplesmente em razão da natureza da ação penal.

COMPLEMENTAÇÃO DA RESPOSTA:

Outro assunto polêmico está ligado a quando o membro do MP não fizer a proposta de transação penal. Neste contexto, há entendimento que como é direito subjetivo do acusado, o juiz fará a proposta de ofício.

Mas prevalece na jurisprudência que devemos aplicar, analogicamente, a súmula 696 do STF com a remessa do feito ao PGJ conforme art. 28 do CPP. Destaca-se que existe entendimento contrário, visto que não podemos aplicar o art. 28 do CPP, pois é um artigo utilizado para tutelar interesses do estado e não do réu. Logo, a solução será impetrar um *habeas corpus* contra o membro do MP.

19. INVESTIGAÇÃO CRIMINAL (LEI 12.830/13)

CANDIDATO:

Existe o princípio do delegado natural no Brasil? **(Delegado SC/15)**

RESPOSTA ADEQUADA:

Excelência, com o advento da Lei 12.830/13 que versa sobre a Investigação pelo Delegado de Polícia, ficou evidenciado o "princípio do Delegado Natural", pela sua importância na condução das investigações, para garantir os direitos no atual Estado. Nesta toada, é possível observar o princípio do Delegado Natural no art. 2º, § 4º, da referida lei.

COMPLEMENTAÇÃO DAS RESPOSTAS:

Vejamos o preceito legal interpretado:

§ 4º O inquérito policial ou outro procedimento previsto em lei em curso somente poderá ser avocado ou redistribuído por superior hierárquico, mediante despacho fundamentado, por motivo de

79. STJ – HC n. 13.1337 – RJ, DJU 13.08.01, Seção 1, p. 841, j. 15.05.01.

interesse público ou nas hipóteses de inobservância dos procedimentos previstos em regulamento da corporação que prejudique a eficácia da investigação.

Nestes termos, o § 4º é uma garantia do Delegado de Polícia, mas, antes de tudo, é uma garantia da sociedade, contra eventuais manipulações da fase investigatória. Pode-se afirmar que consolida o "Princípio do Delegado Natural", assim como há o "Princípio do Juiz Natural" e, como sua derivação, ao menos segundo a maioria da doutrina e da jurisprudência, o "Princípio do Promotor Natural".

Todavia, o mesmo entendimento que consagra o princípio do Promotor Natural e o princípio do Juiz Natural refuta a existência de um princípio do Delegado Natural.

Observe que o art. 5º, LIII, da Constituição Federal, limita-se a dispor que ninguém será processado nem sentenciado senão pela autoridade competente. Portanto, tem sua aplicação restrita às figuras do Promotor Natural ("ninguém será processado") e do Juiz Natural ("ninguém será sentenciado"), não podendo ser aplicado às autoridades policiais, as quais não têm, entre suas funções, a incumbência de processar ou sentenciar, como consta no dispositivo.

20. CRIME AMBIENTAL (LEI 9.605/98)

CANDIDATO:

É possível a responsabilização penal da pessoa jurídica por crime ambiental? **(Delegado MG/2021)**

RESPOSTA ADEQUADA:

Excelência, em que pese haver outros entendimentos, prevalece no STF[80] e STJ[81] a possibilidade da responsabilização penal da pessoa jurídica por delitos ambientais, independentemente da responsabilização concomitante da pessoa física que agia em seu nome. Destaca-se que a **teoria da dupla imputação** era adotada pela antiga posição da jurisprudência.

COMPLEMENTAÇÃO DAS RESPOSTAS:

Ainda que vencidos, há outros entendimentos:

1. A responsabilidade da pessoa jurídica é incompatível com a teoria do crime adotada no Brasil. É a posição majoritária na doutrina.
2. A CF/88 não previu a responsabilidade penal da pessoa jurídica, mas apenas sua responsabilidade administrativa. É amplamente minoritária.

80. STF. 1ª Turma. RE 548181/PR, Rel. Min. Rosa Weber, julgado em 6/8/2013 (Informativo 714).

81. STJ. 6ª Turma. RMS 39.173-BA, Rel. Min. Reynaldo Soares da Fonseca, julgado em 6/8/2015 (Informativo 566).

CANDIDATO:

Considere a seguinte situação hipotética:

A sociedade anônima América S.A. procedeu à exportação de grande quantidade de peles e couros de répteis em estado bruto, sem a autorização da autoridade ambiental competente. Por essa razão, foi instaurado inquérito para apurar a responsabilidade penal da sociedade, assim como a de seus gestores.

Ao final da investigação, a autoridade policial concluiu ter ocorrido a prática do crime previsto no art. 30 da Lei n.º 9.605/1998 ("Exportar para o exterior peles e couros de anfíbios e répteis em bruto, sem a autorização da autoridade ambiental competente: Pena — reclusão, de 1 (um) a 3 (três) anos, e multa.") e ter o lucro obtido com essa operação alcançado centenas de milhões de reais.

Em face dessa situação hipotética, discorra sobre a responsabilidade das pessoas jurídicas nos delitos ambientais, mencionando os benefícios penais previstos na Lei n.º 9.099/1995 e as espécies de pena aplicáveis ao caso, com fundamento nas disposições da Constituição Federal de 1988 e da Lei n.º 9.099/1995, e na jurisprudência dos tribunais superiores. **(Delegado Federal/ 2022)**

RESPOSTA ADEQUADA:

Excelência, a Constituição Federal admite **a responsabilização das pessoas jurídicas em casos específicos, como os de crimes ambientais**, conforme previsto no seu art. 225, § 3.º.

A Lei n.º 9.605/1995 também trata do tema e estabelece que: "As pessoas jurídicas serão responsabilizadas administrativa, civil e penalmente conforme o disposto nesta Lei, nos casos em que a infração seja cometida por decisão de seu representante legal ou contratual, ou de seu órgão colegiado, no interesse ou benefício de sua entidade. Parágrafo único.

A responsabilidade das pessoas jurídicas não exclui a das pessoas físicas, autoras, coautoras ou partícipes do mesmo fato."

Havia divergência na doutrina e na jurisprudência acerca da necessidade de **responsabilização simultânea** da pessoa jurídica e das pessoas físicas gestoras em razão de uma conduta eventualmente criminosa. Porém, **atualmente, STJ e STF firmaram a posição** de que a responsabilização da pessoa jurídica **não se subordina** à identificação e imputação de tais fatos às pessoas físicas envolvidas.

COMPLEMENTAÇÃO DAS RESPOSTAS:

Segundo o STF: "3. Condicionar a aplicação do art. 225, § 3.º, da Carta Política a uma concreta imputação também a pessoa física implica indevida restrição da norma constitucional, expressa a intenção do constituinte originário não apenas de ampliar o alcance das sanções penais, mas também de evitar a impunidade pelos crimes ambientais frente às imensas dificuldades de individualização dos responsáveis internamente às corporações, além de reforçar a tutela do bem jurídico ambiental." (RE 548181,

Relator(a): ROSA WEBER, Primeira Turma, julgado em 06/08/2013, ACÓRDÃO ELETRÔNICO DJe-213 DIVULG 29-10-2014 PUBLIC 30-10-2014 RTJ VOL-00230-01 PP-00464)

No mesmo sentido é a jurisprudência do STJ: "nos crimes societários, não é indispensável a aplicação da teoria da dupla imputação ou imputação simultânea, podendo subsistir a ação penal proposta contra a pessoa jurídica, mesmo se afastando a pessoa física do polo passivo da ação" (AgRg no RMS n. 48.851/PA, relator Ministro Nefi Cordeiro, Sexta Turma, julgado em 20/2/2018, DJe de 26/2/2018).

21. CRIME DE TRÂNSITO (LEI 9.503/97)

CANDIDATO:

O crime de entregar a direção à pessoa não habilitada se consuma em qual momento? **(Delegado SC/15)**

RESPOSTA ADEQUADA:

Excelência, o STJ por meio de súmula cristalizou que não é necessário que a conduta cause lesão ou mesmo exponha a real perigo o bem jurídico tutelado pela norma, tratando-se, portanto, de crime de perigo abstrato.

COMPLEMENTAÇÃO DA RESPOSTA:

Vejamos a Súmula 575-STJ: Constitui crime a conduta de permitir, confiar ou entregar a direção de veículo automotor à pessoa que não seja habilitada, ou que se encontre em qualquer das situações previstas no art. 310 do CTB, independentemente da ocorrência de lesão ou de perigo de dano concreto na condução do veículo.[82]

CANDIDATO:

Motorista tem direito constitucional de recusar a fazer o "teste do bafômetro"? **(Delegado/ Simulado 2022)**

RESPOSTA ADEQUADA:

Excelência, o STF firmou entendimento ((RE) 1224374, com repercussão geral (Tema 1.079) que **não viola** a Constituição a previsão legal de imposição das sanções administrativas ao **condutor de veículo automotor** que se **recuse** à realização dos testes, exames clínicos ou perícias voltados a aferir a influência de álcool ou outra substância psicoativa, visto que a recusa à realização de testes **não constitui** crime e

82. STJ, 3ª Seção. Aprovada em 22/06/2016, DJe 27/06/2016.

implica apenas sanção administrativa, não há violação ao princípio da não autoincriminação, regra utilizada em procedimentos penais.

COMPLEMENTAÇÃO DA RESPOSTA:

Ainda, segundo o colegiado, a tolerância zero é uma opção razoável, proporcional e legítima do legislador para enfrentar o perigo da direção sob os efeitos do álcool, e a sanção à recusa aos testes é um meio eficaz de garantir o cumprimento da proibição. Com isso, foi cassada a decisão do TJ-RS e restabelecido o auto de infração.

Venda de bebidas

A proibição da comercialização de bebidas alcoólicas em rodovias federais, prevista na Lei 11.705/2008 (artigos 2º, 3º e 4º), era discutida nas Ações Diretas de Inconstitucionalidade (ADIs) 4017 e 4103, ajuizadas pela Confederação Nacional do Comércio (CNC) e pela Associação Brasileira de Restaurantes e Empresas de Entretenimento (Abrasel), respectivamente. As entidades alegavam que o tratamento diferenciado entre estabelecimentos comerciais na cidade e em rodovias afronta o princípio constitucional da isonomia.

Por maioria, o colegiado declarou a improcedência das ADIs, sob o fundamento de que a restrição é adequada, necessária e proporcional, além de contribuir para a redução de acidentes e a preservação da integridade física de todos que trafeguem nas rodovias federais. Para o Plenário, a vedação não viola os princípios da isonomia ou da livre iniciativa.

Ficou vencido, nesse ponto, o ministro Nunes Marques. Segundo ele, não há dados que indiquem relação de causalidade entre a venda de bebidas nas estradas e acidentes. Ele considera que a norma representa cerceamento da liberdade econômica de pequenos comerciantes em todo o território nacional.

CANDIDATO:

A conduta de dirigir com CNH vencida ou ter esquecido o documento se enquadra no crime tipificado no art. 309 do CTB? **(Delegado/Simulado 2022)**

RESPOSTA ADEQUADA:

Excelência, consoante pacífico entendimento jurisprudencial, o fato de o condutor estar com a CNH vencida não se enquadra ao referido tipo penal, pois a norma exige que o agente não tenha habilitação ou esteja com o direito cassado, o que não enquadra documento vencido ou esquecido em casa, de sorte que pensar o contrário seria analogia in malam partem. Trata-se, pois, de mera infração administrativa e o agente receberá as sanções previstas no inciso V do art. 162 do CTB.

Se o bem jurídico tutelado pela norma é a incolumidade pública, para que exista o crime é necessário que o condutor do veículo não possua Permissão para Dirigir ou Habilitação, o que não inclui o condutor que, embora habilitado, esteja com a Carteira de Habilitação vencida.

COMPLEMENTAÇÃO DA RESPOSTA:

Candidato(a), é importante se atentar ao seguinte detalhe. Dirigir sem habilitação, por si só, não constitui crime, pois é preciso provar o risco concreto do comportamento do motorista. A lei expressamente afirma que o crime estará configurado "gerando perigo de dano", o que demonstra que se trata de crime de perigo concreto, e não somente um perigo abstrato, presumido.

Ausente provas acerca do perigo concreto, a conduta de dirigir sem habilitação será fato será atípico.

Por fim, ressalta-se que no XXI Encontro do FONAJE foi aprovado o Enunciado 98, segundo o qual os crimes previstos nos artigos 309 e 310 da Lei 9.503/1997 são de perigo concreto.

TEMA QUENTE!

A Terceira Turma do STJ (REsp 1986488), por unanimidade, reafirmou o entendimento de que a ausência da Carteira Nacional de Habilitação (CNH) do motorista envolvido em acidente de trânsito, por si só, não leva ao reconhecimento de sua concorrência de culpas – cuja caracterização depende de prova da relação de causalidade entre a falta de habilitação e o acidente.

TOME NOTA!

Código de Trânsito Brasileiro

Art. 309. Dirigir veículo automotor, em via pública, sem a devida Permissão para Dirigir ou Habilitação ou, ainda, se cassado o direito de dirigir, gerando perigo de dano:

Pena - detenção, de seis meses a um ano, ou multa.

CANDIDATO:

Se o condutor do veículo recebe ordem de parada do carro, mas não a cumpre, ele comete o crime de desobediência? **(Delegado/ Simulado 2022)**

RESPOSTA ADEQUADA:

Excelência, a desobediência à ordem legal de parada, emanada por agentes públicos **em contexto de policiamento ostensivo**, para a prevenção e repressão de crimes, constitui conduta penalmente típica, prevista no art. 330 do Código Penal Brasileiro.

COMPLEMENTAÇÃO DA RESPOSTA:

A desobediência a ordem de parada dada pela autoridade de trânsito ou por seus agentes, ou por policiais ou outros agentes públicos no exercício de atividades relacionadas ao trânsito, não constitui crime de desobediência, pois há previsão de sanção administrativa específica no art. 195 do CTB, o qual não estabelece a possibilidade de cumulação de punição penal.

22. CRIMES FALIMENTARES (LEI 11.101/05)

CANDIDATO:

Qual a natureza jurídica da sentença em relação aos crimes falimentares? **(Delegado SC/15)**

RESPOSTA ADEQUADA:

Excelência, a doutrina[83] conceitua como condição objetiva de punibilidade que se constitui numa circunstância extrínseca ao delito, para a qual é estranha a culpa do agente a imposição da pena nos crimes falimentares. Assim, fica condicionada à declaração judicial da falência ou à sentença de concessão da recuperação judicial ou extrajudicial do empresário ou da sociedade empresária.

Ademais, quando o legislador se referiu, de forma explícita, à sentença de falência como condição objetiva da punibilidade dos crimes previstos na lei nº 11.101/05, acabou criando um instituto inédito no direito penal pátrio.

23. CONTRAVENÇÃO PENAL (DECRETO-LEI 3.688/41)

CANDIDATO:

Qual a diferença entre crime e contravenção penal? **(Delegado MG/11)**

RESPOSTA ADEQUADA:

Excelência, na contravenção penal há a previsão de prisão simples e multa, em tese, a ação é pública incondicionada; já o crime é punido com pena de reclusão ou detenção, cumulada ou não com multa, a ação penal é pública ou privada.

COMPLEMENTAÇÃO DA RESPOSTA:

Vejamos o quadro sinótico a respeito do tema:

83. NORONHA, 1980, p. 115.

Crime	Contravenção
Reclusão e detenção (cumulados ou não com pena de multa)	Prisão simples e multa
Ação pública (incondicionada e condicionada) e privada	Ação pública incondicionada
Tentativa punida	Tentativa não é punida
Admite extraterritorialidade	Não admite extraterritorialidade
Competência Estadual e federal	Estadual
Máximo da pena é de 30 anos	5 anos
Sursis 2 a 4 anos regra	*Sursis* 1 a 3 anos regra
Pena: Fechado, semiaberto, aberto	Semiaberto ou aberto

24. CRIMES CONTRA A PESSOA IDOSA (LEI 10.741/03)

CANDIDATO:

O Estatuto da Pessoa Idosa – Lei nº 10.741/2003 – discrimina, nos seus arts. 96 a 108, delitos especiais em que a vítima é sempre pessoa idosa. **(Delegado SE/19)**

À luz das regras especiais estabelecidas no Estatuto da Pessoa Idosa com relação aos crimes contra pessoa idosa, discorra sobre:

1. a idade mínima para que uma pessoa possa ser considerada vítima dos crimes previstos no Estatuto da Pessoa Idosa;
2. o regramento do Estatuto da Pessoa Idosa com relação a escusa absolutória ou imunidade do autor de crime contra pessoa idosa;
3. a natureza da ação penal relativa a crime previsto no Estatuto da Pessoa Idosa;
4. os procedimentos a serem adotados considerando-se a pena máxima aplicada ao autor de crime previsto no Estatuto da Pessoa Idosa;
5. o entendimento do STF acerca da aplicabilidade do procedimento para os crimes com pena superior a dois anos e não maior que quatro anos de reclusão.

RESPOSTA ADEQUADA:

1. Excelência, para ser considerada vítima idosa, a pessoa deve ter idade igual ou superior a 60 anos (nos termos do art. 1.º do Estatuto da Pessoa Idosa).
2. inda que o delito seja cometido por ascendente, descendente, cônjuge ou companheiro, não existe qualquer escusa absolutória ou imunidade (art. 95 do

Estatuto da Pessoa Idosa). Deve ser ressaltado, ainda, que o Estatuto da Pessoa Idosa inseriu norma semelhante à do art. 183, III, do Código Penal, excluindo as imunidades nos crimes contra o patrimônio de pessoa idosa, mesmo que cometidos por uma das pessoas citadas.

3. A ação será sempre pública incondicionada, ainda que o delito tenha sido cometido por algum familiar da vítima (art. 95 do Estatuto da Pessoa Idosa).
4. Quanto aos procedimentos:
   a) Pena máxima de até dois anos – são aplicáveis todos os benefícios da Lei nº 9.099/1995, e não apenas o rito sumaríssimo.
   b) Pena máxima de dois anos a quatro anos – afasta-se o rito sumário e adota-se o sumaríssimo após o oferecimento da denúncia. Impossibilidade de aplicação de quaisquer medidas despenalizadoras e de interpretação benéfica ao autor do crime.
   c) Pena máxima superior a quatro anos – rito comum ordinário, sem normas despenalizadoras.
5. O STF, ao julgar a ADI 3.096/DF[84], aplicou interpretação conforme a Constituição Federal de 1988, no sentido de aplicar-se aos crimes do Estatuto da Pessoa Idosa apenas o rito sumaríssimo quando a pena for de dois anos a quatro anos de reclusão, não se permitindo a aplicação de quaisquer medidas despenalizadoras nem interpretação benéfica ao autor do crime cuja vítima seja idosa.

COMPLEMENTAÇÃO DA RESPOSTA:

O entendimento do STF no julgamento da Ação Direta de Inconstitucionalidade (ADI 3096) ajuizada pelo procurador-geral da República contra o artigo 94 do Estatuto da Pessoa Idosa (Lei nº 10.741/03), que determina a aplicação dos procedimentos e benefícios relativos aos Juizados Especiais aos crimes cometidos contra idosos, cuja pena máxima não ultrapasse quatro anos, é de que o dispositivo legal deve ser interpretado em favor do seu específico destinatário – o próprio idoso – e não de quem lhe viole os direitos. Com isso, os infratores não poderão ter acesso a benefícios despenalizadores de direito material, como conciliação, transação penal, composição civil de danos ou conversão da pena. Somente se aplicam as normas estritamente processuais para que o processo termine mais rapidamente, em benefício do idoso.

Ao acompanhar a ministra Cármen Lúcia Antunes Rocha, o ministro Ayres Britto procurou resumir numa frase o entendimento da ministra relatora em relação ao equívoco cometido pelos legisladores na confecção do Estatuto da Pessoa Idosa. "Autores de crimes do mesmo potencial ofensivo serão submetidos a tratamentos diversos, sendo que o tratamento mais benéfico está sendo paradoxalmente conferido ao agente que desrespeitou o bem jurídico mais valioso: a incolumidade e a inviolabilidade do próprio idoso", afirmou. Por maioria de votos, vencidos os ministros Eros Grau e Marco Aurélio,

84. STF, ADI 3096, Plenário, Rel. Cármen Lúcia, julgado em 16/06/2010.

o Plenário decidiu que os benefícios despenalizadores previstos na Lei nº 9.099/95 e também no Código Penal não podem beneficiar os autores de crimes cujas vítimas sejam pessoas idosas.

A lei que criou os Juizados Especiais permite a aplicação de procedimentos e benefícios como a transação penal e a composição dos danos civis nas infrações penais de menor potencial ofensivo. O Estatuto da Pessoa Idosa previu a aplicação dos atos processuais da Lei dos Juizados Especiais para os crimes cometidos contra idosos, cuja pena máxima não ultrapasse quatro anos. Para a relatora do processo, a interpretação conforme à Constituição do artigo 94 do Estatuto implica apenas na celeridade do processo e não nos benefícios. Na sessão de julgamento, o único a divergir foi o ministro Marco Aurélio. O ministro Eros Grau havia divergido na sessão inicial por entender que não compete à Corte analisar a razoabilidade da lei, por isso votou pela improcedência da ADI.

O ministro Marco Aurélio manifestou sua tese contrária à relatora. "Creio que quanto ao procedimento da lei, partiu-se para uma opção político-normativa. Não podemos atuar como legisladores positivos e fazer surgir no cenário uma normatização que seja diversa daquela aprovada pelas duas Casas do Congresso Nacional". Por isso, o ministro Marco Aurélio considerou o dispositivo integralmente inconstitucional, tendo em vista que o Estatuto ampliou para pena não superior a quatro anos a aplicação de benefício que a Lei dos Juizados Especiais limita a pena não superior a dois anos. "Eu me pergunto: se não houvesse o Estatuto da Pessoa Idosa, o que se teria? A aplicação pura e simples da Lei nº 9.099 e aí só seriam realmente beneficiados pela lei agentes que a lei beneficia, ou seja, aqueles cujas penas máximas não ultrapassem dois anos. A meu ver, na contramão dos interesses sociais, se elasteceu a aplicação da Lei nº 9.099", concluiu o ministro.

CANDIDATO:

Em relação aos crimes contra a pessoa idosa, o autor goza dos benefícios do Juizado? **(Delegado SC/15)**

RESPOSTA ADEQUADA:

Excelência, a Suprema Corte[85] firmou entendimento que não, porquanto o artigo 94 do Estatuto da Pessoa Idosa (Lei nº 10.741/03), que determina a aplicação dos procedimentos e benefícios relativos aos Juizados Especiais aos crimes cometidos contra idosos, cuja pena máxima não ultrapasse quatro anos deve ser interpretado em favor do seu específico destinatário – o próprio idoso – e não de quem lhe viole os direitos.

Com isso, os infratores não poderão ter acesso a benefícios despenalizadores de direito material, como conciliação, transação penal, composição civil de danos ou conversão da pena. Somente se aplicam as normas estritamente processuais para que o processo termine mais rapidamente, em benefício do idoso.

85. <http://www.stf.jus.br/portal/cms/verNoticiaDetalhe.asp?idConteudo=154576>, acessado em 06 marc. 17.

COMPLEMENTAÇÃO DA RESPOSTA:

Ao acompanhar a ministra Cármen Lúcia Antunes Rocha, o ministro Ayres Britto procurou resumir numa frase o entendimento da ministra relatora em relação ao equívoco cometido pelos legisladores na confecção do Estatuto da Pessoa Idosa. "Autores de crimes do mesmo potencial ofensivo serão submetidos a tratamentos diversos, sendo que o tratamento mais benéfico está sendo paradoxalmente conferido ao agente que desrespeitou o bem jurídico mais valioso: a incolumidade e a inviolabilidade do próprio idoso", afirmou. Por maioria de votos, vencidos os ministros Eros Grau e Marco Aurélio, o Plenário decidiu que "os benefícios despenalizadores previstos na Lei nº 9.099/95 e no Código Penal não podem beneficiar os autores de crimes cujas vítimas sejam pessoas idosas".

25. CRIMES HEDIONDOS (LEI 8.072/90)

CANDIDATO:

Discorra sobre os efeitos negativos do "mandamento constitucional de criminalização" na Lei de Crimes Hediondos. **(Delegado PF/13)**

RESPOSTA ADEQUADA:

Excelência, destaque-se que os efeitos negativos se evidenciaram em 1994 com a inclusão na Lei de Crimes Hediondos do crime de "homicídio qualificado e o simples praticado em atividade típica de grupo de extermínio, ainda que praticado por um único agente".

No entanto, o legislador não trouxe a definição de grupo de extermínio, criando uma celeuma no direito pátrio. Ainda, a lei nº 8.930/94 ocasionou a retirada da forma de "envenenamento de água potável ou de substância alimentícia ou medicinal qualificado pela morte". Destarte, por exemplo, envenenar água de uso coletivo, vindo a matar muitas pessoas não é mais considerado crime hediondo.

COMPLEMENTAÇÃO DA RESPOSTA:

Ainda sobre a temática:

À luz da Constituição Federal de 1988 são inafiançáveis e insuscetíveis de graça ou anistia a prática da tortura, o tráfico ilícito de entorpecentes e drogas afins, o terrorismo e os definidos como crimes hediondos (art. 5º, XLIII,). Nesta toada, trata-se de uma vontade do legislador constituinte de punir, mais severamente, os referidos crimes que são considerados mais graves que os demais. Por isso, se existir mais de uma forma de interpretar algum aspecto relacionado com esses delitos, deve-se levar em consideração a vontade do legislador constitucional de punir mais gravemente esses delitos.

CANDIDATO:

O crime de homicídio qualificado-privilegiado é equiparado ao hediondo? **(Delegado PF/13)**

RESPOSTA ADEQUADA:

Excelência, não, visto que firmou entendimento o STF e STJ[86] por considerar incompatível de forma axiológica tal possibilidade, bem assim não há previsão legal do homicídio qualificado-privilegiado para integrar o rol dos denominados crimes hediondos.

COMPLEMENTAÇÃO DA RESPOSTA:

Nesta toada, há três Sistemas:

1. Legal: cabe à lei definir quais são os crimes considerados hediondos;
2. Judicial: cabe ao juiz, de acordo com o caso concreto, estabelecer os delitos que serão considerados hediondos; e,
3. Misto: como o próprio nome sugere neste sistema, a lei define os crimes hediondos, facultando ao juiz diante do caso em concreto, estabelecer outros delitos.

Na legislação brasileira, foi adotado o Sistema Legal, como regra, ou seja, para ser hediondo o crime depende de previsão na Lei 8.072/90. Destarte, o rol, como exemplo, não poderá ser dilatado pelo magistrado, apenas pelo poder legiferante, como ocorreu com a inclusão do Feminicídio no Código Penal (art. 121, § 2º, VI), pela Lei nº 13.104, de 2015.

CANDIDATO:

Quais foram as modificações da Lei Anticrime na Lei de Crimes Hediondos? **(Delegado/ Simulado 2022)**

RESPOSTA ADEQUADA:

Excelência, as modificações e inclusões na Lei 8.072/90 de forma clara e objetiva, já que a vigência da Lei 13.964/13 são:

A modificação e inclusão do Art. 1º, II - Crime de Roubo: a circunstanciado pela restrição de liberdade da vítima - art. 157, § 2º, V do CP, b circunstanciado pelo emprego de arma de fogo - art. 157, § 2º-A, I do CP ou pelo emprego de arma de fogo de uso proibido ou restrito - art. 157, § 2º-B do CP e o chamado latrocínio - art. 157, § 3º do CP.

86. STJ, HC 36317-RJ, Rel. Min FELIX FISHER, Quinta Turma, 01/03/2005.

Ainda, a modificação do art. 1º, III Extorsão qualificada pela restrição da liberdade da vítima, ocorrência de lesão corporal ou morte - art. 158, § 3º do CP;

A inclusão do Art. 1º, IX - Furto qualificado pelo emprego de explosivo ou de artefato análogo que cause perigo comum - art. 155, § 4º-A do CP.

A modificação do Art. 1º, §º único - Desmembrado em incisos: I. genocídio - Lei 2.889/56, II. posse ou porte ilegal de arma de fogo de uso proibido- art. 16 da Lei 10.826/03, III. comércio ilegal de arma de fogo - art. 17 da Lei 10.826/03, IV. tráfico internacional de arma - art. 18 da Lei 10.826/03, V. organização criminosa quando praticado crimes hediondos ou equiparados - Lei 12.850/13;

A revogação do Art. 2º, § 2º sobre Progressão de pena devidamente regulamentado agora no art.112 da Lei 7.210/84.

TEMAS POLÊMICOS!

Primeiro caso: Note-se que a dicção da legislação anterior considerava crime hediondo o porte ou posse de arma de fogo de **uso restrito**. Entretanto, a Lei Anticrime passou a considerar crime hediondo **somente** a posse ou porte de arma de fogo de **uso proibido**, deixando de lado a arma de uso restrito.

Ainda, até então a Lei nº 10.826/03 tratava-se de ambos os objetos (arma de fogo de uso restrito e de uso permitido) no *caput* do mesmo artigo 16, também houve alteração pela Lei nº 13.964/2019, passando a criminalizar a posse ou porte de cada de arma de uso restrito ou proibido **em dispositivos separados**.

A partir de agora, o Estatuto do Desarmamento passa a tratar da criminalização em dispositivos distintos (arma de fogo de uso restrito no caput do art. 16 e as de uso proibido no § 2° do mesmo artigo). A rigor, trata-se de *novatio legis in mellius* neste ponto, com efeitos em processos findos e em curso, além de impacto nas investigações em andamento.

Vejamos julgado recente:

A Sexta Turma do Superior Tribunal de Justiça (HC 525249) afirmou que a posse ou o porte de arma de fogo de uso permitido, mas com numeração, marca, ou qualquer outro sinal de identificação raspado, suprimido ou adulterado, **não possui** o caráter de crime hediondo.

Segundo caso: Atente-se que, o crime de extorsão somente era considerado hediondo quando qualificado pela morte (art.158, §2º do CP), tal como ocorria no crime de roubo, que somente era considerado hediondo quando se tipificasse como latrocínio.

Incluso pela Lei Anticrime: (...) III - extorsão qualificada pela restrição da liberdade da vítima, ocorrência de lesão corporal ou morte (art. 158, § 3º). Grifamos.

Note-se que, em que pese a descrição do dispositivo parecer ampliar as hipóteses de hediondez de extorsão (restrição da liberdade da vítima, ocorrência de lesão grave ou morte), a tipificação utilizada na rotulação ou etiquetamento, por esquecimento ou pela péssima mania de se remendar a lei sem nenhum requinte, **faz menção apenas ao sequestro relâmpago, i.e., a figura típica do art. 158, § 3º, do Código Penal.**

O crime do art. 158, § 2º, do Código Penal continua a ser hediondo?

A resposta a este questionamento nos parece ser **negativa**. O crime descrito no art. 158, § 2º, do Código Penal, em homenagem ao princípio da legalidade **não pode** ser considerado hediondo.

TEMAS QUENTES!

No fim de 2019, foi aprovada a Lei 13.964 (denominada "Pacote Anticrime") modificando substancialmente os Direitos Penal e Processual Penal. À época, foram vetados dispositivos pelo Presidente da República. Entretanto, em abril de 2021, ocorreram profundas alterações no Pacote Anticrime após a derrubada de vetos pelo Congresso Nacional.

Quais foram os Vetos da Lei Anticrime derrubados pelo Congresso? (Delegado/ Simulado 2022)

1) HOMICÍDIO QUALIFICADO PELO EMPREGO DE ARMA DE FOGO DE USO RESTRITO OU PROIBIDO

O ponto foi vetado com fundamento no princípio da proporcionalidade, pois previa, sem ressalvas, o emprego de tais armas de fogo como qualificadoras.

Assim, poderia gerar enorme insegurança jurídica, notadamente aos agentes de segurança pública que poderiam ser processados criminalmente por utilizarem suas armas no exercício de suas funções.

Todavia, o Congresso Nacional, entendendo de forma diversa do Presidente da República, decidiu pela derrubada do veto, com a consequente alteração ao Pacote Anticrime. Nesse sentido:

Homicídio qualificado

§ 2º Se o homicídio é cometido

VIII – **com emprego de arma de fogo de uso restrito ou proibido**:

2) CAUSA DE AUMENTO DE PENA NOS CRIMES CONTRA A HONRA PRATICADOS POR REDES SOCIAIS

Originalmente, **o Projeto de Lei previa a aplicação da pena em triplo nos crimes contra a honra cometidos ou divulgados** pelas **redes sociais.**

Entretanto, o dispositivo havia sido vetado por violação ao princípio da proporcionalidade.

Após a rejeição do veto, o Código Penal passa a atribuir uma causa de aumento de pena aos crimes de calúnia, injúria ou difamação:

Art.141, § 2º Se o crime é cometido ou divulgado em quaisquer modalidades das **redes sociais** da rede mundial de computadores, **aplica-se em triplo a pena.**

3) JUIZ DAS GARANTIAS E AUDIÊNCIA DE CUSTÓDIA POR VIDEOCONFERÊNCIA – ART. 3º-B, § 1º, CPP

O Pacote Anticrime inovou ao trazer **a figura do juiz das garantias**, responsável pelo controle da legalidade da investigação criminal.

Inicialmente, o Projeto de Lei vedava o emprego de videoconferência para a realização da audiência de custódia:

Art. 3º-B, § 1º O preso em flagrante ou por força de mandado de prisão provisória será encaminhado à presença do juiz de garantias no prazo de 24 (vinte e quatro) horas, momento em que se realizará audiência com a presença do Ministério Público e da Defensoria Pública ou de advogado constituído, **vedado o emprego de videoconferência.**

Entretanto, **o dispositivo foi vetado** pelo Presidente da República por ser incongruente com outros dispositivos, a exemplo dos arts. 185 e 222 do Código de Processo Penal, os quais permitem a adoção do sistema de videoconferência em atos processuais de procedimentos e ações penais.

Não se convencendo das razões alegadas, o Legislativo rechaçou o veto aposto, **proibindo a audiência de custódia por videoconferência**, alterando o Pacote Anticrime.

Ressalta-se que, consoante a legislação processual, a audiência de custódia **não se aplica apenas aos casos de prisão em flagrante, mas também nas demais espécies de prisão, como a prisão preventiva e a prisão temporária** (art. 13 da Resolução 213/2015 do CNJ).

Por fim, segundo o STF, a **implantação do juiz das garantias está suspensa por prazo indeterminado** (ADIs 6.298, 6.299, 6.300 e 6.305).

4) INDICAÇÃO DE DEFENSOR PARA AGENTES DA SEGURANÇA PÚBLICA

Após a Lei 13.964/2019, o CPP passou a prever, em seu art.14-A, a **obrigatoriedade da defesa** nos casos em que **servidores vinculados à segurança pública figurarem como investigados em inquéritos policiais,** inquéritos policiais militares e demais procedimentos extrajudiciais, cujo objeto for a investigação de fatos relacionados ao uso da força letal praticados no exercício profissional, de forma consumada ou tentada.

De acordo com o rito estabelecido pela lei processual o investigado deve ser citado da instauração do procedimento, podendo **constituir defensor no prazo de até 48 (quarenta e oito) horas** (§ 1º).

Em caso de inércia do investigado, a autoridade responsável pela investigação deverá intimar a **instituição a que estava vinculado à época da ocorrência dos fatos**, para que essa, no prazo de 48 (quarenta e oito) horas, indique defensor (§ 2º).

5) PRIORIDADE DA DEFENSORIA PÚBLICA

Ademais, os parágrafos 3º, 4º e 5º estabeleciam a **prioridade de indicação da Defensoria Pública, na hipótese supracitada.**

Entretanto foram vetados sob o argumento de violação ao disposto no art. 5º, inciso LXXIV, combinado com o art. 134, bem como os arts. 131 e 132, todos da Constituição da República, que conferem à Advocacia-Geral da União e às Procuradorias dos Estados e do Distrito Federal, a representação judicial das respectivas unidades federadas e de seus agentes públicos.

Derrubado o veto, os seguintes parágrafos são inseridos no art. 14-A do CPP:

§ 3º Havendo necessidade de indicação de defensor nos termos do § 2º deste artigo, **a defesa caberá preferencialmente à Defensoria Pública,** e, nos locais em que ela não estiver instalada, a União ou a Unidade da Federação correspondente à respectiva competência territorial do procedimento instaurado deverá disponibilizar profissional para acompanhamento e realização de todos os atos relacionados à defesa administrativa do investigado.

§ 4º A indicação do profissional a que se refere o § 3º deste artigo deverá ser precedida de manifestação de que **não existe defensor público lotado na área territorial** onde tramita o inquérito e com atribuição para nele atuar, **hipótese em que poderá ser indicado profissional que não integre os quadros próprios da Administração.**

6) IDENTIFICAÇÃO DE PERFIL GENÉTICO – ART. 9º-A, CAPUT E §§ 5º, 6º E 7º, LEI DE EXECUÇÃO PENAL – ALTERAÇÃO PACOTE ANTICRIME

Posteriormente às mudanças realizadas pela 12.654/12 à Lei de Execução Penal, os condenados por crime doloso praticados com violência de natureza grave contra pessoa, ou por qualquer dos crimes previstos no art.1º da Lei de Crimes Hediondos, passaram a ser submetidos obrigatoriamente à identificação do perfil genético (art. 9º-A).

Em sua redação original, o Pacote Anticrime alterou o caput do art. 9º-A, **submetendo o condenado por crime doloso praticado com violência grave contra a pessoa, bem como por crime contra a vida, contra a liberdade sexual ou por crime sexual contra vulnerável à identificação do perfil genético**, por ocasião do ingresso no estabelecimento prisional.

Além disso, foi inserto o § 5º ao art. 9º-A, prevendo que a amostra biológica coletada **somente poderia ser utilizada para o único e exclusivo fim de permitir a identificação pelo perfil genético,** não estando autorizadas as práticas de fenotipagem genética ou de busca familiar,

Outrossim, os §§6º e 7º estabeleciam que uma vez identificado o perfil genético, **a amostra biológica deveria ser correta e imediatamente descartada, de maneira a impedir a sua utilização para qualquer outro fim** e que a coleta da amostra biológica e a elaboração do respectivo laudo seriam **realizadas por perito oficial.**

Contudo, os dispositivos foram vetados pelo Presidente da República sob o fundamento de contrariedade ao interesse público, já que a excluíam diversos crimes hediondos.

Com a rejeição dos vetos, os pontos supracitados passam a ter vigência.

7) BOM COMPORTAMENTO PARA FINS DE PROGRESSÃO DE REGIME – ART. 112, § 7º, LEI DE EXECUÇÃO PENAL

O ordenamento jurídico pátrio adota o **sistema progressivo no cumprimento da pena privativa de liberdade.** Assim, após **lapso temporal** previsto em Lei (art. 112, da Lei nº 7210/84), caso o apenado ostente **boa conduta carcerária** (art.112, § 6º) passará ao regime subsequente.

Segundo disciplina o referido artigo, o **cometimento de falta grave** durante a execução **interrompe o prazo para a obtenção da progressão** de regime, caso em que o reinício da contagem do requisito objetivo terá como base a pena remanescente.

O entendimento também está consolidado por meio da súmula 534 do STJ.

O texto original do Pacote Anticrime trazia a seguinte previsão:

Art. 112, § 7º **O bom comportamento é readquirido após 1 (um) ano da ocorrência do fato, ou antes, após o cumprimento do requisito temporal exigível para a obtenção do direito.**

Todavia, **o dispositivo foi vetado** sob a justificativa de que a concessão da progressão de regime depende da satisfação de requisitos **não apenas objetivos, mas também subjetivos.**

Com a rejeição do veto, **a redação inicial passa a integrar a Lei de Execução Penal**, alterando o Pacote Anticrime.

8) CAPTAÇÃO AMBIENTAL - ART.8º-A, §§ 2º E 4º, LEI 9.296/96 – ALTERAÇÃO PACOTE ANTICRIME

Anteriormente, o instituto não possuía rito detalhado pela legislação, apesar de sua previsão como meio de obtenção de prova (art.3º, II, da Lei 12850/2013).

A nova norma admite a sua utilização nos casos em que a **prova não puder ser feita por outros meios disponíveis** e houver elementos probatórios razoáveis de autoria e participação em infrações criminais cujas **penas máximas sejam superiores a 4 (quatro) anos ou em infrações penais conexas.**

Com o afastamento dos vetos, ao citado **artigo são acrescentados (dois) parágrafos:**

§ 2º A instalação do dispositivo de captação ambiental poderá ser realizada, quando necessária, por meio de operação policial disfarçada ou no período noturno, **exceto na casa,** nos termos do inciso XI do **caput** do art. 5º da Constituição Federal.

§ 4º A captação ambiental feita por um dos interlocutores sem o prévio conhecimento da autoridade policial ou do Ministério Público **poderá ser utilizada, em matéria de defesa, quando demonstrada a integridade da gravação.**

26. CRIMES DE PRECONCEITO DE RAÇA OU COR (LEI 7.716/89)

CANDIDATO:

Os atos homofóbicos e transfóbicos são considerados crime de racismo? **(Delegado/ Questão Simulada)**

RESPOSTA ADEQUADA:

1. Excelência, em decisão emblemática, o STF firmou que até que sobrevenha lei emanada do Congresso Nacional destinada a implementar os mandados de criminalização definidos nos incisos XLI e XLII do art. 5º da Constituição da República, as condutas homofóbicas e transfóbicas, reais ou supostas, que envolvem aversão odiosa à orientação sexual ou à identidade de gênero de alguém, por traduzirem expressões de racismo, compreendido este em sua dimensão social, **ajustam-se**, por identidade de razão e **mediante adequação típica**, aos preceitos primários de incriminação definidos **na Lei nº 7.716, de 08.01.1989**, constituindo, também, na hipótese de homicídio doloso, circunstância que o qualifica, por configurar motivo torpe (Código Penal, art. 121, § 2º, I, "in fine").

COMPLEMENTAÇÃO DA RESPOSTA:

Em continuação:

2. A repressão penal à prática da homotransfobia não alcança nem restringe ou limita o exercício da liberdade religiosa, qualquer que seja a denominação confessional professada, a cujos fiéis e ministros (sacerdotes, pastores, rabinos, mulás ou clérigos muçulmanos e líderes ou celebrantes das religiões afro-brasileiras, entre outros) é assegurado o direito de pregar e de divulgar, livremente, pela palavra, pela imagem ou por qualquer outro meio, o seu pensamento e de externar suas convicções de acordo com o que se contiver em seus livros e códigos sagrados, bem assim o de ensinar segundo sua orientação doutrinária e/ou teológica, podendo buscar e conquistar prosélitos e praticar os atos de culto e respectiva liturgia, independentemente do espaço, público ou privado, de sua atuação individual ou coletiva, desde que tais manifestações não configurem discurso de ódio, assim entendidas aquelas exteriorizações que incitem a discriminação, a hostilidade ou a violência contra pessoas em razão de sua orientação sexual ou de sua identidade de gênero;

3. O conceito de racismo, compreendido em sua dimensão social, projeta-se para além de aspectos estritamente biológicos ou fenotípicos, pois resulta, enquanto manifestação de poder, de uma construção de índole histórico-cultural motivada pelo objetivo de justificar a desigualdade e destinada ao controle ideológico, à dominação política, à subjugação social e à negação da alteridade, da dignidade e da humanidade daqueles que, por integrarem grupo vulnerável (LGBTI+) e por não pertencerem ao estamento que detém posição de hegemonia em uma dada estrutura social, são considerados estranhos e diferentes, degradados à condição de marginais do ordenamento jurídico, expostos, em consequência de odiosa inferiorização e de perversa estigmatização, a uma injusta e lesiva situação de exclusão do sistema geral de proteção do direito.

STF. Plenário. ADO 26/DF, Rel. Min. Celso de Mello; MI 4733/DF, Rel. Min. Edson Fachin, julgados em 13/6/2019 (Info 944).

INOVAÇÃO LEGISLATIVA!

A **nova legislação 14.532, de 2023** tipifica como racismo o crime de injúria racial. Para tanto, ela retira o tipo do nosso Código Penal (art. 140, § 3º) e o insere na Lei 7.716 (Lei do Crime Racial), cujo art. 2º-A passa a ter a seguinte redação:

"Art. 2º-A. ***Injuriar*** *alguém, ofendendo-lhe a dignidade ou o decoro,* ***em razão de raça, cor, etnia ou procedência nacional.***

Pena: ***reclusão****, de 2 (dois) a 5 (cinco) anos, e multa.*

Parágrafo único. ***A pena é aumentada*** *de metade se o crime for cometido mediante* ***concurso de 2 (duas) ou mais pessoas.****"*

Observe que o novo tipo incriminador, em relação àquele previsto no art. 140, § 3º, do CP, possui pena majorada (antes era de reclusão de 1 a 3 anos e multa).

Além disso, comparando o antigo tipo penal ao novo, percebemos que a injúria qualificada por **preconceito religioso, etarismo** (pela condição de pessoa idosa) **ou capacitismo** (contra a pessoa com deficiência) **continua tipificado na nova redação dada ao § 3º do art. 140 do CP.**

Mas, as mudanças na Lei do Crime Racial não param por aí. O art. 20 da Lei 7.716 teve alterada a redação de alguns de seus parágrafos e ganhou outros para prever situações especiais em que o cometimento do crime de racismo é punido com penas majoradas. Vejamos:

"Art. 20. ...

§ 2º Se qualquer dos crimes previstos neste artigo for cometido ***por intermédio dos meios de comunicação social, de publicação em redes sociais, da rede mundial de computadores ou de publicação de qualquer natureza****:*

Pena: ***reclusão*** *de dois a cinco anos e multa.*

§ 2º-A Se qualquer dos crimes previstos neste artigo for cometido no ***contexto de atividades esportivas, religiosas, artísticas ou culturais destinadas ao público****:*

Pena: reclusão, de 2 (dois) a 5 (cinco) anos, e ***proibição de frequência, por 3 (três) anos, a locais destinados a práticas esportivas, artísticas ou culturais destinadas ao público****, conforme o caso.*

§ 2º-B Sem prejuízo da pena correspondente à violência, ***incorre nas mesmas penas previstas no caput deste artigo quem obstar, impedir ou empregar violência contra quaisquer manifestações ou práticas religiosas.***

§ 3º No caso do § 2º deste artigo, o juiz poderá determinar, ouvido o Ministério Público ou a pedido deste, ainda antes do inquérito policial, sob pena de desobediência:

Temos, ainda, a inserção de novos dispositivos na Lei 7.716 que trazem causas de aumento de pena para os crimes de injúria racial e racismo, além de inclusão de outras disposições. Note:

"Art. 20-A. Os crimes previstos nesta Lei terão as ***penas aumentadas de 1/3 (um terço) até a metade, quando ocorrerem em contexto ou com intuito de descontração, diversão ou recreação."***

"Art. 20-B. Os ***crimes*** *previstos nos arts. 2º-A e 20 desta Lei terão as* ***penas aumentadas de 1/3 (um terço) até a metade, quando praticados por funcionário público****, conforme definição prevista no Decreto-Lei nº 2.848, de 7 de dezembro de 1940 (Código Penal),* ***no exercício de suas funções ou a pretexto de exercê-las."***

"Art. 20 C. Na interpretação desta Lei, o juiz deve considerar como discriminatória ***qualquer atitude ou tratamento dado à pessoa ou a grupos minoritários que***

***cause constrangimento, humilhação, vergonha, medo ou exposição indevida**, e que usualmente não se dispensaria a outros grupos em razão da cor, etnia, religião ou procedência."*

*"Art. 20-D. Em todos os atos processuais, cíveis e criminais, **a vítima dos crimes de racismo deverá estar acompanhada de advogado ou defensor público**."*

Destaca-se que essa alteração legislativa revela-se como uma adequação da legislação ao entendimento do Supremo fixado no julgamento do HC 154.248/SP. Naquela oportunidade, o STF pôs fim a uma discussão antiga da jurisprudência e da doutrina brasileira, considerando a injúria racial como uma espécie de crime de racismo.

REFERÊNCIAS BIBLIOGRÁFICAS

AgRg no Ag 1.388.953/SP, Rel. Ministra MARIA THEREZA DE ASSIS MOURA, 6ª T., DJe 28/06/2013.

AgRg no RESP. n. 1.207.006/RS, rel. Ministro Sebastião Reis Júnior, 6ª T., DJe 9/4/2012.

ANDRADE, Rosane Maria Scuzziatto de. Crime de Lavagem de Dinheiro e o Problema da Prova do Delito Prévio. p. 215. <http://www.anima-opet.com.br/pdf/anima8/10-Crime-de-Lavagem-de-Dinheiro-e-o-Problema-da-Prova-do-Delito-Previo.pdf>.

BADARÓ, Gustavo. Processo Penal. Rio de Janeiro. Campus: Elsevier. 2012, p. 270.

BRASIL, Constituição Federal, 1988, art. 85, caput e incisos.

CALLEGARI, André Luís e WEBER, Ariel Barazzetti. Lavagem de Dinheiro. São Paulo, ed. Atlas, 2014, p. 93-100. Apud, RAGUÉS i VALLÈS Ramón. La responsabilidad penal del testaferro en delitos cometidos através de sociedades mercantiles: problemas de imputación subjetiva. InDret. Revista para el Análisis del Derrecho, Barcelona, nº 3, jul. 2008. Disponível em http://www.raco.cat/index.php/InDret/article/viewFile/124290/172263. Acesso em 19 set. 12.

CARLI, Carla Veríssimo de. Lavagem de dinheiro: prevenção e controle penal. Porto Alegre: Verbo Jurídico, 2011, p. 475.

DELMANTO, Roberto; DELMANTO JR., Roberto; DELMANTO, Fabio M. de Almeida. Leis Penais Especiais Comentadas. Editora Renovar, 2006, pp. 552-553.

Disponível em: http://www.coaf.fazenda.gov.br/links-externos/fases-da-lavagem-de-dinheiro, acessado em 02 abr. 17.

Disponível em: http://www.dizerodireito.com.br/2015/12/analise-juridica-da-decisao-do-stf-que.html#more, acessado em 20 fev. 17.

Disponível em: http://www.norbertoavena.com.br/noticia.php/intercepta-o-telef-nica-por-prospec-o-16, acessado em 02 jan. 17.

Disponível em: http://www.stf.jus.br/portal/cms/verNoticiaDetalhe.asp?idConteudo= 154576, acessado em 06 mar. 17.

Disponível em: http://www.stf.jus.br/portal/cms/verNoticiaDetalhe.asp?idConteudo= 322468, acessado em 02 abr. 17.

HC 113.856.

HC 339.254.

Inq 2471, Tribunal Pleno do STF, rel. Min. Ricardo Lewandowski. DJe-043 publicado em 01-03–2012.

LIMA, Marcellus Polastri. Juizados especiais criminais: o procedimento sumaríssimo no processo penal. 2 ed. São Paulo. Atlas, 2013.

LIMA, Renato Brasileiro de. Legislação Criminal Especial Comentada. Niterói: Impetus, 2013, p. 321.

LIMA, Renato Brasileiro de. Legislação especial criminal comentada – volume único. 4ª ed. Salvador: Juspodivm, 2016, p. 330.

LIMA, Renato Brasileiro de. Op. cit. p. 323.

NORONHA, Magalhães. Direito penal. São Paulo: Saraiva, 1980, p. 115.

NUCCI, Guilherme de Souza. Leis penais e processuais penais comentadas, 5. ed. – São Paulo: RT, 2010, p. 1202.

PRADO, Fabiana Lemes Zamalloa do. A ponderação de interesses em matéria de prova no processo penal. São Paulo: IBCCRIM, 2006.

RE 430.105-9– RJ.

RE 635659.

RESP. n. 1.111.847/TO, rel. Ministro Honildo Amaral de Mello Castro (Desembargador convocado do TJ/AP), 5ª T., DJe 18/10/2010.

REsp 1.329.088 sob o rito dos recursos repetitivos.

REsp 1234097/PR, 5ª turma do STJ, rel. Min. Gilson Dipp, DJe 17/11/2011.

STF, RE 641320/RS, Rel. Min. Gilmar Mendes, Plenário, julgado em 11/5/2016 (repercussão geral).

STF, Súmula Vinculante 35.

STF. 1ª Turma. AP 971, Rel. Min. Edson Fachin, julgado em 28/06/2016.

STF. 1ª Turma. HC 108135, Rel. Min. Luiz Fux, julgado em 05/06/2012.

STF. 1ª Turma. Inq 3674/RJ, Rel. Min. Luiz Fux, julgado em 7/3/2017.

STF. 1ª Turma. RE 548181/PR, Rel. Min. Rosa Weber, julgado em 6/8/2013 (Informativo 714).

STF. 1ª Turma. RHC 122774/RJ, Rel. Min. Dias Toffoli, julgado em 19/5/2015 (Informativo 786).

STF. 2ª Turma. HC *95073*/MS, red. p/ o acórdão Min. Teori Zavascki, 19/3/2013 (Info 699).

STF. 2ª Turma. HC 95073/MS, red. p/ o acórdão Min. Teori Zavascki, 19/3/2013 (Informativo 699).

STF. 2ª Turma. Inq 3731/DF, Rel. Min. Gilmar Mendes, julgado em 2/2/2016.

STF – AI 769.637-ED-ED-AgR/MG.

STJ, 3ª Seção. Aprovada em 22/06/2016, DJe 27/06/2016.

STJ, 5ª Turma. RHC 43.558-sp, Rel. Min. Jorge Mussi, julgado em 5/2/2015 (Informativo 555).

STJ, 6ª Turma, REsp 1451397/MG, Rel. Min. Maria Thereza de Assis Moura, julgado em 15/09/2015.

STJ, HC 349945/PE, Rel. para acórdão Min. Rogerio Schietti Cruz, 6ª Turma, julgado em 06/12/2016.

STJ, HC 36317-RJ, Rel. Min FELIX FISHER, Quinta Turma, 01/03/2005.

STJ. 3ª Seção. AgRg nos EAREsp 260.556/SC, Rel. Min. Sebastião Reis Júnior, julgado em 26/03/2014.

STJ. 3ª Seção. AgRg nos EAREsp 260.556/SC, Rel. Min. Sebastião Reis Júnior, julgado em 26/03/2014.

STJ. 3ª Seção. EREsp 1.431.091-SP, Rel. Min. Felix Fischer, julgado em 14/12/2016.

STJ. 3ª Seção. HC 379.269/MS, Rel. para acórdão Min. Antonio Saldanha Palheiro, julgado em 24/05/2017.

STJ. 5ª Turma. AgRg no REsp 1217773/RS, Rel. Min. Marco Aurélio Bellizze, julgado em 20/05/2014.

STJ. 5ª Turma. AgRg no REsp 1453259/PR, Rel. Min. Felix Fischer, julgado em 05/02/2015.

STJ. 5ª Turma. REsp 1640084/SP, Rel. Min. Ribeiro Dantas, julgado em 15/12/2016.

STJ. 6ª Turma. HC 377.711/SC, Rel. Min. Nefi Cordeiro, julgado em 09/03/2017.

STJ. 6ª Turma. RHC 70.141-RJ, Rel. Min. Rogério Schietti Cruz, julgado em 7/2/2017.

STJ. 6ª Turma. RMS 39.173-BA, Rel. Min. Reynaldo Soares da Fonseca, julgado em 6/8/2015 (Informativo 566).

STJ. Corte Especial. APn 657-PB, Rel. Min. João Otávio de Noronha, julgado em 21/10/2015.

STJ – HC n. 13.1337 – RJ, DJU 13.08.01, Seção 1, p. 841, j. 15.05.01.

TJ-MG, Apelação Criminal APR 10216110006477001, Relator Júlio César Lorens, 5ª CÂMARA CRIMINAL, Julgado em 10/06/2014.

TRF, Rel. Tourinho Neto, APELAÇÃO CRIMINAL N. 2007.35.02.004171-1/GO, 3ª Turma, Julgado 14/01/2013.

PARTE

III

APRENDENDO NA PRÁTICA

1. PLANEJAMENTO ESTRATÉGICO PARA PROVA DISCURSIVA DE DELEGADO DE POLÍCIA

Para fins didáticos, irei realizar perguntas e respostas sobre Planejamento e Estruturação estratégicos, com ênfase nas dúvidas mais corriqueiras para provas discursivas.

Destaco que esse método desenvolvi em minha longa caminhada, tendo propiciado várias aprovações para o cargo de Delegado de Polícia.

1. Devo utilizar a folha de rascunho para desenvolver minha resposta e depois passá-la para a folha definitiva?

Resposta: Lógico que não, porquanto você perderá tempo e se cansará sem necessidade. Estrategicamente, a folha de rascunho será utilizada para você planejar sobre e como irá escrever, ou seja, você irá destacar, na ordem pedida pela banca, conforme as perguntas ou indagações, os pontos relevantes a respeito do tema (exemplos: conceitos/capitulações/posicionamentos dos tribunais e/ou doutrina etc.), de forma sucinta e objetiva. Depois dessa organização, você começará a escrever na folha de resposta definitiva.

2. O que fazer para manter uma dialogia na hora de escrever?

Resposta: Esse ponto é muito importante, pois, na minha longa jornada no mundo dos concursos já realizei várias provas discursivas, mas só comecei a obter sucesso quando desenvolvi a "técnica da pirâmide" para a prova discursiva.

2.1. Como funciona?

Resposta: Quando estamos fazendo uma prova discursiva e lemos sobre certo tema, nesse exato momento, ocorrerá uma "tempestade de ideias". A partir daí será crucial que você aplique essa técnica para efetivamente organizar o que escreverá. Faça isso na folha de rascunho. Se for preciso, desenhe a pirâmide.

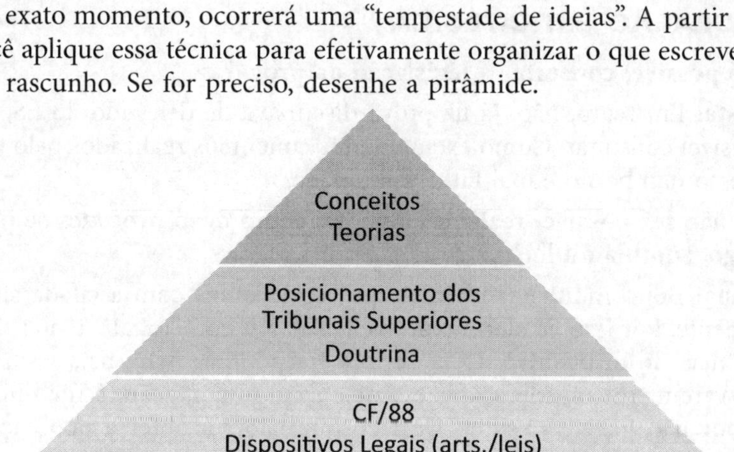

Observe que nas provas discursivas da Cebraspe, Vunesp, Instituto Acesso, entre outras bancas, é seguida a ordem abaixo, que coincide com a referida técnica.

3. Como identificar com exatidão o que a banca está pedindo?

Resposta: Primeiramente, leia com muita calma e atenção o "comando da questão discursiva"; aí estará o "alvo", ou seja, o examinador dirá exatamente o que quer, seja entendimento da doutrina, jurisprudência, citação de artigos do CP, da CF/88 etc. Por isso destaco a importância da leitura atenta em comunhão com uma interpretação impecável do enunciado.

3.1. Mas o que seria "comando da questão"?

Resposta: É o local em que a banca, logo depois do casinho hipotético ou texto, irá expor as perguntas ou pedir definição de determinado assunto. Por exemplo: "Qual é o entendimento do STJ?"

Neste ponto, você terá que parar, identificar qual assunto a banca abordou e tentar se recordar se há uma súmula ou informativo relacionado. Neste sentido, no exemplo, não irá adiantar falar sobre o entendimento do STF. Desse modo, repito que **a interpretação do comando da questão discursiva será fundamental.**

4. Como gabaritar a questão, atendendo exatamente o que a banca trará como resposta no espelho?

Resposta: Sinceramente, é muito difícil "fechar a discursiva". Digo com propriedade, uma vez que só consegui gabaritar, até hoje, uma prova, que foi a de delegado de SC. Com minha experiência posso afirmar que não é prudente o candidato ter esse desejo em mente, pois há o risco do efeito contrário.

Mas nada impede que você consiga fazer uma boa prova e obtenha êxito em sua empreitada. Para isso, coloque em prática as estratégias da "técnica da pirâmide" + a leitura atenta do "comando da questão". Ademais, na hora da prova, circule, risque, destaque e escreva na folha de rascunho de forma organizada o que está sendo pedido, fazendo os apontamentos de forma resumida e, **posteriormente, passe para a folha de resposta definitiva.**

2. ESTRUTURAÇÃO ESTRATÉGICA

1. Será possível consultar a legislação na prova?

Resposta: Em regra, não. Já fiz prova discursiva de delegado do ES, SC e da PF e não foi possível consultar. Como exemplo, nos concursos realizados pelo CEBRASPE, Instituto Acesso não há no edital tal possibilidade.

2. Por não ser possível realizar consulta, como devo proceder se não me lembrar do artigo, súmula ou lei?

Resposta: Bom, muitos candidatos que se deparam com a citada situação "travam" literalmente. Por isso, já alerto para controlar seu emocional e tentar discorrer sobre a inteligência do dispositivo. Com certeza irá pontuar bem, haja vista os espelhos das bancas levarem em consideração a essência da argumentação técnico-jurídica, principalmente por não haver consulta. Destaco que não irá obter a pontuação máxima, mas conseguirá pontuar bem.

ATENÇÃO!

Não perca tempo em decorar. Aja com estratégia e armazene o conteúdo, ou seja, a inteligência do regramento legal. Isso evitará qualquer surpresa e que você fique frustrado em não se lembrar, causando uma reação em cadeia que poderá te reprovar.

3. Caso me lembre de detalhes como número da súmula, artigos e leis, devo citá-los?

Resposta: Sim, pode citar, e inclusive explicitar as cortes superiores (**STF e/ou STJ**), caso seja necessário. Mas se for um informativo, HC ou REsp, não precisa escrever a numeração, bem como nome do ministro ou turma. Mesmo raciocínio se aplica quanto ao nome de doutrinador; página de doutrina ou criador de determinada teoria.

4. Preciso me preocupar com aspectos gramaticais nas questões discursivas?

Resposta: No geral, sim, pois uma boa escrita e o domínio da língua portuguesa são importantes; inclusive, a CEBRASPE "apertou" bastante na correção gramatical na última prova de Delegado da PF.

5. Como devo responder as questões discursivas?

Resposta: Inicialmente você fará uma leitura dinâmica, identificando qual a disciplina e o assunto abordado. Em ato contínuo, escolha o tema em que acredite ter mais conhecimento.

Observe que a CEBRASPE, VUNESP, Instituto Acesso, entre outras bancas, trarão, normalmente, um caso concreto, em seguida, um comando e, na sequência, perguntas.

Atente-se para um detalhe importante: siga, em regra, a ordem das perguntas ligadas às questões no momento de responder. Lembre-se da dica que forneci em relação ao rascunho.

6. Caso não consiga desenvolver o raciocínio em uma das questões, o que farei?

Resposta: Boa pergunta! As bancas examinadoras estruturam as questões dessa forma justamente para que isso aconteça, pois o candidato tende a se desesperar. Se não consegue responder uma questão, "cola a placa total".

Preste muita atenção: não haverá, em regra, apenas uma questão. Normalmente a banca trará de duas até quatro perguntas ligadas ao tema principal. Assim, foque no que você se lembrar e desenvolva o que for possível; não adiantará ficar agarrado a um ponto que não saiba.

7. Preciso responder todas as linhas destinadas à prova discursiva?

Resposta: Se você dominar o tema, vá até o limite, mas não fique "enchendo linguiça", escrevendo coisas sem pertinência temática, pois o examinador não vê isso com bons olhos. Até porque a pontuação negativa das linhas que não forem preenchidas será mínima.

3. QUESTÕES DISCURSIVAS SIMULADAS COM ESPELHO

Vamos praticar?

Orientações: realize sua simulação em uma folha com até 30 linhas. Oportuno dizer que é importante marcar seu tempo de prova. Tente não ultrapassar o período de uma hora e meia, contando desde o planejamento estratégico na folha de rascunho até o preenchimento da folha de resposta definitiva.

Disciplina: Direito Constitucional

QUESTÃO SIMULADA:

Na Constituição de determinado estado da Federação, constam trechos que tratam da definição de crimes de responsabilidade, bem como sobre normas de processo e julgamento de acusações populares, objetivando a decretação de impeachment de governador e que condicionam à prévia autorização da Assembleia Legislativa a instauração, perante o STJ, de ação penal em caso de crime comum supostamente cometido por governador.

Com base na situação hipotética acima apresentada, discorra sobre a constitucionalidade da previsão quanto à definição, normas de processo e julgamento de crime de responsabilidade na Constituição Estadual à luz do STF [**valor: 1,00**], abordando a validade que condiciona a abertura de ação penal contra governador à autorização prévia da Assembleia Legislativa do respectivo estado [**valor: 1,00**] e as formas previstas na CF/88 sobre crime de responsabilidade, agentes ativos e conceito sedimentado pela doutrina [**valor: 1,60**].

ATENÇÃO:

só consulte o espelho de resposta a seguir **depois** que você fizer seu teste.

Vamos à correção?

SUGESTÃO DE RESPOSTA DO PROF. ALISON

No que concerne à referida previsão, destaca-se que a súmula vinculante nº 46 do STF explicita que a definição dos crimes de responsabilidade e o estabelecimento das respectivas normas de processo e julgamento são de competência legislativa privativa da União, mesmo que haja previsão na Constituição do Estado. Destarte, a Excelsa Corte firmou entendimento de que a definição, processo e julgamento dos crimes de responsabilidade e a previsão das regras dessas infrações significa legislar sobre direito penal e processual penal, matérias que são de competência privativa da União, sendo assim, a lei da respectiva unidade federativa é considerada inconstitucional [**valor 1,00**]. Ademais, o Supremo decidiu ser vedado às unidades federativas instituírem normas que condicionem a instauração de ação penal contra governador, por crime comum, a autorização prévia da casa legislativa, cabendo ao STJ receber denúncia ou queixa proposta contra o governador e seguir com a ação penal, sem necessidade de autorização prévia da Assembleia Legislativa. Neste viés, o STF invocou cinco argumentos principais para fundamentar sua decisão: ausência de previsão expressa e inexistência de simetria; princípio republicano; princípio da separação dos poderes; competência privativa da União; e princípio da igualdade **[valor 1,00]**. Nesta toada, os crimes de responsabilidade podem ser perpetrados pelo Presidente da República, com fulcro no art. 85 da CF/88; por exemplo: o exercício dos direitos políticos, individuais e sociais; a segurança interna do País e a probidade na administração. Ainda há previsão na Lei 1.079/50, que inclui governador, e no DL 201/67, o prefeito. Quanto à definição do crime de responsabilidade, a doutrina elenca que são infrações político-administrativas praticadas por pessoas que ocupam determinados cargos públicos, desta forma, se o agente for condenado por crime de responsabilidade, ele não receberá sanções penais, como prisão, mas sim sanções político-administrativas, de perda do cargo e inabilitação para o exercício de função pública **[valor 1,60]**.

PADRÃO DE RESPOSTA DEFINITIVA

(...) discorra sobre a constitucionalidade da previsão quanto à definição, normas de processo e julgamento de crime de responsabilidade na Constituição Estadual à luz do STF [valor: 1,00]

Súmula vinculante 46-STF: "A definição dos crimes de responsabilidade e o estabelecimento das respectivas normas de processo e julgamento são da competência legislativa privativa da União".

CF/88, art. 22: "Compete privativamente à União legislar sobre: I - direito civil, comercial, penal, processual, eleitoral, agrário, marítimo, aeronáutico, espacial e do trabalho;".

CF/88, art. 85: "São crimes de responsabilidade os atos do Presidente da República que atentem contra a Constituição Federal e, especialmente, contra: (...) Parágrafo único. Esses crimes serão definidos em lei especial, que estabelecerá as normas de processo e julgamento.".

(...) abordando a validade que condiciona a abertura de ação penal contra governador à autorização prévia da Assembleia Legislativa do respectivo estado [valor: 1,00]

Não há necessidade de prévia autorização da Assembleia Legislativa para que o STJ receba denúncia ou queixa e instaure ação penal contra governador de estado, por crime comum.

Vale ressaltar que se a Constituição Estadual exigir autorização da ALE para que o governador seja processado criminalmente, essa previsão é considerada inconstitucional. Assim, é vedado às unidades federativas instituir normas que condicionem a instauração de ação penal contra governador por crime comum à prévia autorização da Casa Legislativa.

Se o STJ receber a denúncia ou queixa-crime contra o governador, ele não ficará automaticamente suspenso de suas funções. Cabe ao STJ dispor, fundamentadamente, sobre a aplicação de medidas cautelares penais, inclusive afastamento do cargo. (1. STF. Plenário. ADI 5540/MG, Rel. Min. Edson Fachin, j. 3/5/2017, Info 863. 2. STF. Plenário.

ADI 4764/AC, ADI 4797/MT e ADI 4798/PI, Rel. Min. Celso de Mello, red. p/ o ac. Min. Roberto Barroso, j. 4/5/2017, Info 863).

(...) as formas previstas na CF/88 sobre crime de responsabilidade, agentes ativos e conceito sedimentado pela doutrina. [valor: 1,60]

Crime de responsabilidade é uma ação ilícita cometida por um agente político. Ao contrário do que o nome indica, o crime de responsabilidade não é considerado um "crime", mas sim uma infração político-administrativa.

De acordo com a Constituição Federal de 1988, entende-se como crime de responsabilidade qualquer tipo de conduta que contraria as normas estabelecidas na Constituição, além de ações cometidas pelos agentes políticos que sejam contra: a existência da União, o livre exercício dos Poderes de Estado, a segurança interna do país, a lei orçamentária, o exercício dos direitos políticos, individuais e sociais, o cumprimento das leis e decisões judiciais, entre outras.

Como punição, de acordo com a legislação brasileira, por exemplo, o político que cometeu crime de responsabilidade perde o cargo público e fica inabilitado de voltar a exercer atividades no âmbito da administração pública. Outra sanção que também pode ser aplicada é a inelegibilidade para qualquer tipo de cargo político.

Dependendo do cargo político, existem leis específicas que regulam o crime de responsabilidade.

A Lei nº 1.079, de 10 de abril de 1950, define os crimes de responsabilidade, assim como o respectivo julgamento, cometidos pelo presidente da República, os ministros de Estado e do Supremo Tribunal Federal, governadores e secretários de Estado.

Já o Decreto-Lei nº 201/1967 rege os crimes de responsabilidade praticados pelos prefeitos e vereadores.

Caso o presidente da República seja acusado de crime de responsabilidade, este **poderá** (posicionamento do STF) ser julgado pelo Senado Federal, após o processo ter sido admitido em votação na Câmara dos Deputados.

Em 2016, a presidente da República Dilma Rousseff foi acusada de ter cometido crimes de responsabilidade fiscal (popularmente conhecidos por "Pedaladas Fiscais") durante o seu governo. Devido à intensa pressão dos seus opositores, a presidente sofreu o processo de *impeachment* e foi afastada do seu cargo, ocupando-o o vice-presidente Michel Temer, na função de interino.

Disciplina: Direito Administrativo

A Súmula 473 do Supremo Tribunal Federal foi editada nos seguintes termos: "a administração pode anular seus próprios atos, quando eivados de vícios que os tornam ilegais, porque deles não se originam direitos; ou revogá-los, por motivo de conveniência ou oportunidade, respeitados os direitos adquiridos, e ressalvada, em todos os casos, a apreciação judicial".

Considerando que o texto apresentado tem caráter estritamente motivador, elabore uma dissertação a respeito dos atos administrativos e da segurança jurídica no direito administrativo brasileiro, abordando, necessariamente, os seguintes aspectos:

1. Requisitos de validade do ato administrativo e possível convalidação; **[valor: 1,50 pontos]**

2. Formas de convalidação adotadas pela doutrina; **[valor: 1,00 ponto]**

3. Possibilidade de controle de ofício pela administração pública sobre seus atos e previsão legal. **[valor: 1,10 pontos]**

SUGESTÃO DE RESPOSTA DO PROF. ALISON ROCHA

No que concerne à doutrina, os elementos ou requisitos dos atos são: competência, finalidade, forma, motivo e objeto. Define-se o primeiro elemento como àquele atribuído por lei ou pela CF ao servidor público para exercer suas funções; o segundo se resume pelo alcance ao interesse público; o terceiro é o revestimento exteriorizado do ato administrativo; o quarto é a situação de fato ou de direito que autoriza ou determina a prática de um ato administrativo e o objeto consiste no efeito jurídico imediato que o ato administrativo produz **[valor: 1,50 pontos]**. Nesta testilha, prevalece na doutrina que apenas a competência que não seja exclusiva ou relacionada à matéria e a forma que não seja a essencial a prática do ato podem ser convalidadas dos atos anuláveis que tenham vícios sanáveis de menor gravidade. Diante disso, um ato administrativo, mesmo que dotado de ilegalidade, pode ser mantido pela Administração Pública, por meio da utilização do instituto da sanatória. As modalidades de saneamento do ato administrativo são: convalidação, ratificação e conversão. A convalidação é o ato administrativo que suprime um defeito de ato administrativo anteriormente editado, retroagindo seus efeitos a partir da data da edição do ato convalidado. Enquanto a ratificação é o ato por meio do qual é expurgado ou corrigido um defeito relativo à competência, declarando-se sua validade desde o momento em que foi editado. Não podem ser ratificados atos cuja competência para edição é exclusiva de autoridades indicadas na Constituição Federal. Por fim, a conversão é o ato editado com aproveitamento de elementos válidos de outro ato primitivamente dotado de ilegalidade, para a mesma finalidade deste, com retroação dos seus efeitos ao momento da edição do ato original **[valor: 1,00 pontos]**. Neste contexto, deflagram-se os mecanismos constitucionais e legais de controle interno da administração pública, bem como o atributo da autoexecutoriedade do ato administrativo e do poder da autotutela da administração enquanto dimensões do dever de agir e de prestar contas, inclusive o poder-dever de cautela, assim como de revogar, anular e convalidar os atos administrativos, como preceituado nos artigos 53, 54 e 55 da Lei 9.784/99, em respeito aos princípios da segurança jurídica e proteção da confiança e boa-fé objetiva dos administrados **[valor: 1,10 pontos]**.

ESPELHO DE RESPOSTA DEFINITIVA

1. Requisitos de validade do ato administrativo e possível convalidação; [valor: 1,50 pontos]

Quanto ao primeiro item, espera-se que o candidato aponte e conceitue os elementos ou requisitos de validade dos atos administrativos (competência, finalidade, forma, motivo e objeto) e considere quais deles são sujeitos à convalidação (competência não exclusiva e forma não essencial).

2. Formas de convalidação adotadas pela doutrina; [valor: 1,00 pontos]

A doutrina define que:

> Um ato administrativo, entretanto, embora dotado de ilegalidade, pode ser mantido pela Administração Pública, através da utilização do instituto da sanatória. As modalidades de saneamento do ato administrativo são: convalidação, ratificação e conversão. A convalidação é o ato administrativo que suprime um defeito de ato administrativo anteriormente editado, retroagindo seus efeitos a partir da data da edição do ato administrativo convalidado. A ratificação é o ato por meio do qual é expurgado ou corrigido um defeito relativo à competência, declarando-se sua validade desde o momento em que foi editado. Não podem ser ratificados atos cuja competência para edição é de competência exclusiva de autoridades indicadas na Constituição Federal. Conversão é o ato editado com aproveitamento de elementos válidos de outro ato primitivamente dotado de ilegalidade, para a mesma finalidade deste, com retroação dos seus efeitos ao momento da edição do ato original.[1]

3 Possibilidade de controle de ofício pela administração pública sobre seus atos e previsão legal. [valor: 1,10 ponto]

Por fim, o terceiro item exige do candidato uma explanação mais geral sobre o controle da administração sobre seus próprios atos, que pode explorar os mecanismos constitucionais e legais de controle interno da administração pública, mas deve, necessariamente, mencionar o atributo da autoexecutoriedade do ato administrativo e do poder de autotutela da administração enquanto dimensões do dever de agir e de prestar contas, inclusive o poder-dever de cautela, assim como de revogar, anular e convalidar os atos administrativos, como tratado nos arts. 53, 54 e 55 da Lei 9.784/1999.

A 1ª Turma do STJ aprovou nova súmula no dia 12/06/2019 (publicação no Diário Eletrônico de 18.06.2019).

Súmula 633-STJ: "A Lei 9.784/99, especialmente no que diz respeito ao prazo decadencial para revisão de atos administrativos no âmbito da administração pública federal, pode ser aplicada de forma subsidiária aos Estados e municípios se inexistente norma local e específica regulando a matéria".

4. NOVAS QUESTÕES DISCURSIVAS SIMULADAS COM ESPELHO APRIMORADO

Disciplina: legislação penal especial – lei 11.343/06

À noite, Carlos estava fazendo uso de maconha (cannabis sativa) na praça da cidade. Policiais militares, em policiamento ostensivo, visualizaram a conduta e promoveram a abordagem em Carlos. Em pesquisa de seus antecedentes, os policiais identificaram que ele já havia sido condenado anteriormente pelo consumo de droga ilícita. Neste contexto, Carlos interpelou os policiais dizendo que "fumar maconha" não era

1. DI PIETRO, Maria Sylvia Zanella. Direito administrativo. 6.ed. São Paulo: Atlas, 1996.

mais crime. Na sequência, os PMS conduziram-no até à delegacia local para as providências cabíveis.

Considerando o entendimento do STF e STJ, responda, de forma fundamentada, aos seguintes questionamentos a respeito da situação hipotética acima descrita.

1 A argumentação de Carlos sobre a descriminalização da "maconha" é verdadeira? **[valor: 1,60 ponto]**

2 A condenação anterior na conduta de consumir droga ilícita gera reincidência? **[valor: 3,40 pontos]**

3 Os milicianos agiram corretamente na condução de Carlos à Delegacia? **[valor: 5,00 pontos]**

Observação: destaque uma folha para simular, no máximo 30 linhas, no tempo de 50 minutos.

Pois bem, vamos à sugestão de resposta pontuada?

Antes de conferir o espelho, o(a) candidato(a) deve estar com o texto de avaliação impresso ou visualizar pelo site, aquele que contém os quesitos ou caso hipotético ou a pergunta, bem como a folha de resposta a qual você desenvolveu o tema, para **realizar as devidas comparações com a sugestão de resposta a seguir.**

PONTUAÇÃO:

ESPELHO DE CORREÇÃO		
Quesito 1	A argumentação de Carlos sobre a descriminalização da "maconha" é verdadeira?	**1,60 ponto**
Quesito 2	A condenação anterior na conduta de consumir droga ilícita gera reincidência?	**3,40 pontos**
Quesito 3	Os milicianos agiram corretamente na condução de Carlos à Delegacia?	**5,00 pontos**
Nota da resposta do(a) candidato(a)		**40 pontos**

ATENÇÃO!

As respostas abaixo estão pautadas na **autonomia** de nossa banca constituída por nossos professores, levando-se em consideração as tendências das temáticas envolvidas, nível de dificuldade e perfil das principais bancas de concursos com foco na **carreira** de **Delegado de Polícia**.

A sugestão de resposta abaixo foi confeccionada pelo delegado e professor Alison Rocha.

5. SUGESTÃO DE RESPOSTA

O STF[2] decidiu que o art. 28 da Lei de Drogas, mesmo sem prever pena privativa de liberdade, continua definindo conduta criminosa. Assim, não houve uma descriminalização da conduta (abolitio criminis), mas sim uma despenalização. A despenalização ocorre quando o legislador prevê sanções alternativas para o crime que não sejam penas privativas de liberdade. Desta forma, não há dúvidas de que o art. 28 da Lei de Drogas **possui natureza jurídica de crime**, mas não enseja, em nenhuma hipótese, a aplicação de pena privativa de liberdade. Mesmo sendo crime, o STJ entende que a condenação anterior pelo art. 28 da Lei nº 11.343/2006 **não configura reincidência**, assim como o STF[3] decidiu que viola o princípio da proporcionalidade a consideração de condenação anterior pelo delito do art. 28 da Lei nº 11.343/2006, "porte de droga para consumo pessoal", para fins de reincidência. O delito previsto no art. 28 da Lei nº 11.343/2006 não comina pena privativa de liberdade, mas tão somente "advertência sobre os efeitos das drogas"; "prestação de serviços à comunidade" e "medida educativa de comparecimento à programa ou curso educativo". Por isso, não se afigura razoável, portanto, permitir que uma conduta que possui vedação legal quanto à imposição de prisão, a fim de evitar a estigmatização do usuário de drogas, possa dar azo à posterior configuração de reincidência. Deve-se ponderar, ainda, que a reincidência depende da constatação de que houve condenação criminal com trânsito em julgado, o que não ocorre em grande parte dos casos de incidência do art. 28 da Lei nº 11.343/2006. Ademais, o STF[4] firmou que se considerando que o **termo circunstanciado não é procedimento investigativo**, mas sim uma mera peça informativa com descrição detalhada do fato e as declarações do condutor do flagrante e do autor do fato, deve-se reconhecer que a possibilidade de sua **lavratura pela autoridade judicial** (magistrado) **não ofende** os §§ 1º e 4º do art. 144 da Constituição, **nem interfere** na imparcialidade do julgador. As normas dos §§ 2º e 3º do art. 48 da Lei nº 11.343/2006 foram editadas em benefício do usuário de drogas, visando afastá-lo do ambiente policial quando possível e evitar que seja indevidamente detido pela autoridade policial. Neste contexto, havendo disponibilidade do juízo competente, o autor do crime previsto no art. 28 da Lei nº 11.343/2006 **deve ser até ele encaminhado imediatamente**, para lavratura do termo circunstanciado e requisição dos exames e perícias necessários. Se **não houver** disponibilidade do juízo competente, deve o autor ser encaminhado à autoridade policial, que então adotará as providências previstas no § 2º do art. 48 da Lei n. 11.343/2006.

ESPELHO DE RESPOSTA PONTUADA

Leia as orientações a seguir:

1) Como regra, a **banca examinadora é soberana** quanto ao conteúdo a ser considerado na pontuação do espelho;

2. STF. 1ª Turma. RE 430105 QO, Rel. Min. Sepúlveda Pertence, julgado em 13/02/2007.
3. STF. 2ª Turma. RHC 178512 AgR/SP, Rel. Min. Edson Fachin, julgado em 22/3/2022 (Info 1048).
4. STF. Plenário. ADI 3807, Rel. Cármen Lúcia, julgado em 29/06/2020 (Info 986 – clipping).

2) Em sua prova simulada, o(a) concurseiro deve ler e interpretar os quesitos (casinhos ou perguntas) com muita atenção para conseguir desenvolver sua escrita e se aproximar ao máximo do que constará no espelho de resposta padrão;

3) Veja abaixo os fragmentos de textos pontuados e **compare com o que escreveu para que consiga identificar seu desempenho** e saber **sua pontuação**. Esse processo é fundamental para identificar seus pontos fracos e poder corrigir a tempo.

ATENÇÃO!

Observe que **a pontuação** no quadro abaixo segue **a lógica da resposta mais completa**, ou seja, observe que cada fragmento vai destacando os conteúdos, quanto **mais completo maior será a pontuação** atribuída no quadro de cima pra baixo.

Quesito 1	A argumentação de Carlos sobre a descriminalização da "maconha" é verdadeira?
Pontuação máxima deste quesito: 1,60 ponto	
Vejamos os fragmentos pontuados no espelho da banca:	
0,00 ponto	Não apresentou informações relacionadas à sugestão de resposta.
0,50 ponto	Discorreu de **forma parcial** sobre a criminalização do art.28 da Lei 11.343/06.
1,00 ponto	Discorreu de **forma satisfatória** sobre a criminalização do art.28 da Lei 11.343/06, mas **não citou** a decisão do STF.
1,60 ponto	Discorreu de forma satisfatória sobre a criminalização do art.28 da Lei 11.343/06, **citando** a decisão do STF.
Qual pontuação acima o(a) candidato(a) se aproximou comparando com o que discorreu?	

Quesito 2	A condenação anterior na conduta de consumir droga ilícita gera reincidência?
Pontuação máxima deste quesito: 3,40 pontos	
Vejamos os fragmentos pontuados no espelho da banca:	
0,00 ponto	Não apresentou informações relacionadas à sugestão de resposta.
0,50 ponto	Discorreu de **forma parcial** sobre a Reincidência do usuário, **não mencionou** o posicionamento do STJ e STF.

1,50 ponto	Discorreu de **forma satisfatória** sobre a Reincidência do usuário, **não mencionou** o posicionamento do STJ e STF.
2,00 pontos	Discorreu de forma satisfatória sobre a Reincidência do usuário, **mencionando** o posicionamento do STJ **OU** STF.
3,40 pontos	Discorreu de forma satisfatória sobre a Reincidência do usuário, **mencionando** o posicionamento do STJ **E** STF.
Qual pontuação acima o(a) candidato(a) se aproximou comparando com o que discorreu?	

Quesito 3	Os milicianos agiram corretamente na condução de Carlos à Delegacia?
Pontuação máxima deste quesito: 5,00 pontos	
Vejamos os fragmentos pontuados no espelho da banca:	
0,00 ponto	Não apresentou informações relacionadas à sugestão de resposta.
2,00 pontos	Discorreu de **forma parcial** sobre o posicionamento do STF com argumentos **incompletos**.
3,00 pontos	Discorreu de **forma satisfatória** sobre o posicionamento do STF com argumentos **incompletos**.
5,00 pontos	Discorreu de **forma satisfatória** sobre o posicionamento do STF com argumentos **completos**.
Qual pontuação acima o(a) candidato(a) se aproximou comparando com o que discorreu?	

SEGUNDA QUESTÃO

Disciplina: Direito Penal – Parte Especial

Márcio, residente em Maceió/AL, através do seu smartphone, por contato telefônico, simulando que se trata de ligação da operadora de crédito consignado, oferecendo um empréstimo com baixas taxas de juros. No dia 05 de maio de 2021, Lúcio, com 70 anos, capaz e saudável, morador de Campinas/SP, recebeu a ligação e respondeu demonstrando interesse pelo serviço ofertado. A fim de consolidar o empréstimo, Márcio pediu as informações pessoais e bancárias de Lúcio, inclusive as senhas, e um depósito inicial de dois mil reais. Animado com a proposta, Lúcio compartilhou tudo que lhe foi solicitado, bem como depositou o valor solicitado. Mas para o espanto dele, na mesma data verificou, em sua conta corrente, um empréstimo consignado no valor de R$17.000,00 (dezessete mil reais), além de uma transferência bancária para Fabiana (pessoa por ele desconhecida), no valor de R$7.435,00 (sete mil quatrocentos e trinta e cinco reais). Diante desses acontecimentos a conta de Lúcio ficou negativada, motivo que o fez contato com Márcio pelo número registrado, que não respondeu a nenhum de seus chamados. Após veiculação no programa de TV, o delegado de polícia da localidade (Campinas) instaurou IP para investigações necessárias.

Com relação aos entendimentos dos tribunais superiores e a legislação vigente, responda, de forma fundamentada, aos seguintes questionamentos tendo como parâmetro o caso hipotético precedente.

1 Qual a tipificação das condutas perpetradas pelo meliante? **[valor: 2,60 pontos]**

2 Possibilidade jurídica de o delegado de polícia instaurar inquérito policial de ofício; **[valor: 2,40 pontos]**

3 Exceção à natureza da ação penal e sua repercussão no inquérito policial; **[valor: 3,00 pontos]**

4 Questão do direito intertemporal ligado à ação penal no caso em apreço. **[valor: 2,00 pontos]**

Observação: destaque uma folha para simular, no máximo 30 linhas, no tempo de 50 minutos.

Pois bem, vamos à sugestão de resposta pontuada?

Antes de conferir o espelho, o (a) candidato (a) deve estar com o texto de avaliação impresso ou visualizar pelo site, aquele que contém os quesitos ou caso hipotético ou a pergunta, bem como a folha de resposta a qual você desenvolveu o tema, para **realizar as devidas comparações com a sugestão de resposta a seguir.**

PONTUAÇÃO:

ESPELHO DE CORREÇÃO		
Quesito 1	Qual a tipificação das condutas perpetradas pelo meliante?	**2,60 pontos**
Quesito 2	Possibilidade jurídica de o delegado de polícia instaurar inquérito policial de ofício.	**2,40 pontos**
Quesito 3	Exceção à natureza da ação penal e sua repercussão no inquérito policial	**2,50 pontos**
Quesito 4	Questão do direito intertemporal ligado à ação penal no caso em apreço.	**2,50 pontos**
Nota da resposta do(a) candidato(a)		**10 pontos**

ATENÇÃO!

A sugestão de resposta abaixo foi confeccionada pelo delegado e professor Alison Rocha. Foco na **carreira** de Delegado de Polícia.

SUGESTÃO DE RESPOSTA

No que concerne ao caso em apreço, Márcio praticou as condutas que se amoldam a Lei 14.155/2021 que inseriu, no **art. 171 do CPB, o § 2º-A**, prevendo a qualificadora do estelionato mediante fraude eletrônica, c/c **§ 4º** a pena aumenta-se de um terço ao dobro, pelo crime ser cometido contra idoso, considerada a relevância do resultado gravoso. Quanto à instauração do IP de ofício pelo delegado de polícia, pode-se afirmar que, em regra, não está em consonância com a atual legislação penal, haja vista que com o advento da Lei nº 13.964, de 2019 (Lei Anticrime), a natureza da ação penal, no crime de estelionato, passou de pública incondicionada para condicionada a representação da vítima, sendo assim, a autoridade policial **não poderia** ter instaurado IP conforme **art.5º, inciso II, §4º do CPP**. Além disso, sobre a atribuição local para investigação não há empecilho de acordo com **art.70, §4º, do CPP** que dispõe nos crimes previstos no art. 171 do Código Penal, quando praticados mediante depósito, mediante emissão de cheques sem suficiente provisão de fundos em poder do sacado ou com o pagamento frustrado ou mediante transferência de valores, **a competência** será definida pelo **local do domicílio da vítima**. Nesse sentido, o delegado de polícia agiu consoante a legislação atual por ser de Campinas, mesmo lugar da vítima.

Ademais, referente à ação penal no crime em tela e sua repercussão no inquérito policial, destaca-se que se a vítima tivesse **mais de** setenta anos, haveria aplicação da exceção preceituada no §5º, inciso IV, do CPB, desta forma, a ação penal passaria a ser pública incondicionada e o IP poderia ser instaurado de ofício pelo delegado, estando em obediência à legislação penal e processual penal pátria.

No tocante ao direito intertemporal ligado à natureza da Ação Penal no caso em apreço, pode-se afirmar que existe uma celeuma entre o STF e STJ. Nesse contexto, o STF decidiu que "a inovação trazida pela Lei 13.964/2019, que alterou a natureza da ação penal para pública condicionada à representação, é norma penal de caráter mais favorável ao réu e, nos termos do art. 5º, inciso XL, da Constituição Federal, **deve ser** aplicada de **forma retroativa** a atingir tanto investigações criminais quanto ações penais em curso até o trânsito em julgado". Enquanto a Terceira Seção Criminal do STJ consolidou (HC 610201) os entendimentos das 5ª e 6ª Turmas criminais do STJ ao definir que a exigência de representação da vítima como pré-requisito para a ação penal por estelionato – introduzida pelo Pacote Anticrime – **não pode** ser aplicada **retroativamente** para beneficiar o réu nos processos que já estavam em curso. O Pacote Anticrime alterou a natureza jurídica da ação penal no delito de estelionato e passou a exigir a representação da vítima, como **condição de procedibilidade**, tornando-a, assim, ação pública condicionada à representação.

ESPELHO DE RESPOSTA PONTUADA

Leia as orientações a seguir:

1) Como regra, a **banca examinadora é soberana** quanto ao conteúdo a ser considerado na pontuação do espelho;
2) Em sua prova simulada, o concurseiro deve ler e interpretar os quesitos (casinhos ou perguntas) com muita atenção para conseguir desenvolver sua escrita e se aproximar ao máximo do que constará no espelho de resposta padrão;

3) Veja abaixo os fragmentos de textos pontuados e compare com o que escreveu para que consiga identificar seu desempenho e saber sua pontuação. Esse processo é fundamental para identificar seus pontos fracos e poder corrigir a tempo.

ATENÇÃO!

Observe que **a pontuação** no quadro abaixo segue **a lógica da resposta mais completa**, ou seja, observe que cada fragmento vai destacando os conteúdos, quanto **mais completo maior será a pontuação** atribuída no quadro de cima pra baixo.

Quesito 1	Qual a tipificação das condutas perpetradas pelo meliante?
Pontuação máxima deste quesito: 2,60 pontos	
Vejamos os fragmentos pontuados no espelho da banca:	
0,00 ponto	Não apresentou informações relacionadas à estruturação do quesito.
0,60 ponto	Discorreu **parcialmente** sobre a tipificação correta de Márcio, mas citou os dispositivos legais OU conceituou, destacando o crime de estelionato mediante fraude eletrônica, não mencionando o aumento da pena pela vítima ser idosa.
1,60 ponto	Discorreu de forma satisfatória sobre a tipificação correta de Márcio, citando os dispositivos legais E conceituou, destacando o crime de estelionato mediante fraude eletrônica, não mencionando o aumento da pena pela vítima ser idosa.
2,60 pontos	Discorreu que sobre a tipificação correta de Márcio, citando os dispositivos legais e conceituação, destacando o crime de estelionato mediante fraude eletrônica e o aumento da pena pela vítima ser idosa.
Qual pontuação acima o(a) candidato(a) se aproximou comparando com seu simulado?	

Quesito 2	Possibilidade jurídica de o delegado de polícia instaurar inquérito policial de ofício.
Pontuação máxima deste quesito: 2,40 pontos	
Vejamos os fragmentos pontuados no espelho da banca:	
0,00 ponto	Não apresentou nenhuma característica relacionada à estruturação do quesito conforme "sugestão de resposta".
0,60 ponto	Discorreu de **forma parcial** que o delegado de polícia agiu erroneamente ao instaurar o IP sem representação da vítima em decorrência da ação penal ter passado de incondicionada para a exigir a representação da vítima, como condição de procedibilidade. **Não citou** quanto ao local, art.70, §4º, do CPP e a competência a ser definida pelo local do domicílio da vítima que é o mesmo do delegado, este agindo corretamente.

1,60 ponto	Discorreu de **forma satisfatória** que o delegado de polícia agiu erroneamente ao instaurar o IP sem representação da vítima em decorrência da ação penal ter passado de incondicionada para a exigir a representação da vítima, como condição de procedibilidade. **Não citou** quanto ao local, art.70, §4º, do CPP e a competência a ser definida pelo local do domicílio da vítima que é o mesmo do delegado, este agindo corretamente.
2,40 pontos	Discorreu de forma satisfatória que o delegado de polícia agiu erroneamente ao instaurar o IP sem representação da vítima de acordo com a atual legislação em decorrência da ação penal ter passado de incondicionada para a exigir a representação da vítima, como condição de procedibilidade. Quanto ao local, art.70, §4º, do CPP e a competência ser definida pelo local do domicílio da vítima ser o mesmo do delegado, agindo corretamente.
Qual pontuação acima o(a) candidato(a) se aproximou comparando com seu simulado?	

Quesito 3	Exceção à natureza da ação penal e sua repercussão no inquérito policial.
Pontuação máxima deste quesito: 2,50 pontos	
Vejamos os fragmentos pontuados no espelho da banca:	
0,00 ponto	Não apresentou nenhuma característica relacionada à estruturação do quesito conforme "sugestão de resposta".
0,50 ponto	Discorreu de **forma parcial** sobre a exceção do §5º do art.171 do CP, **mas não mencionou** o reflexo no IP possibilitando sua instauração de ofício pelo delegado de polícia.
1,50 ponto	Discorreu de **forma satisfatória** sobre a exceção do §5º do art.171 do CP, **mas não mencionou** o reflexo no IP possibilitando sua instauração de ofício pelo delegado de polícia.
2,50 pontos	Discorreu de **forma satisfatória** sobre a exceção do §5º do art.171 do CP **E** o reflexo no IP possibilitando sua instauração de ofício pelo delegado de polícia.
Qual pontuação acima o(a) candidato(a) se aproximou comparando com seu simulado?	

Quesito 4	Questão do direito intertemporal ligado à ação penal no caso em apreço.
Pontuação máxima deste quesito: 2,50 pontos	
Vejamos os fragmentos pontuados no espelho da banca:	
0,00 ponto	Não apresentou nenhuma característica relacionada à estruturação do quesito conforme "sugestão de resposta".
0,50 ponto	Discorreu de **forma parcial não mencionando** a celeuma entre o STF e STJ, além disso, **não destacou** de forma clara e concisa o posicionamento de cada tribunal superior sobre o direito intertemporal ligado à ação penal no crime de estelionato.

1,50 ponto	Discorreu de **forma parcial mencionando** a celeuma entre o STF e STJ, mas **não destacou** de forma clara e concisa o posicionamento de cada tribunal superior sobre o direito intertemporal ligado à ação penal no crime de estelionato.
2,50 pontos	Discorreu de **forma satisfatória** mencionando a celeuma entre o STF e STJ, destacando de forma clara e concisa o posicionamento de cada tribunal superior sobre o direito intertemporal ligado à ação penal no crime de estelionato.
Qual pontuação acima o(a) candidato(a) se aproximou comparando com seu simulado?	

6. TERCEIRA QUESTÃO – LEGISLAÇÃO PENAL ESPECIAL – LEI 11.340/06

Discorra sobre a natureza jurídica da Medida Protetiva de Urgência. Vinculação ao inquérito policial. Constitucionalidade do afastamento feito pela autoridade policial ou o agente policial. Cabimento para transexual.

Observação: destaque uma folha para simular, no máximo 30 linhas, no tempo de 50 minutos.

Pois bem, vamos à sugestão de resposta pontuada?

Antes de conferir o espelho, o(a) candidato(a) deve estar com o texto de avaliação impresso ou visualizar pelo site, aquele que contém os quesitos ou caso hipotético ou a pergunta, bem como a folha de resposta a qual você desenvolveu o tema, para **realizar as devidas comparações com a sugestão de resposta a seguir.**

PONTUAÇÃO:

ESPELHO DE CORREÇÃO		
Quesito 1	Natureza jurídica da Medida Protetiva de Urgência.	**8,00 pontos**
Quesito 2	Vinculação ao inquérito policial.	**10,00 pontos**
Quesito 3	Constitucionalidade do afastamento feito pela autoridade policial	**12,00 pontos**
Quesito 4	Cabimento para transexual.	**10,00 pontos**
Nota da resposta do(a) candidato(a)		**40 pontos**

ATENÇÃO!

As respostas abaixo estão pautadas na **autonomia** de nossa banca constituída por nossos professores, levando-se em consideração as tendências das temáticas envolvidas, nível de dificuldade e perfil das principais bancas de concursos com foco na **carreira** de **Delegado de Polícia SP.**

SUGESTÃO DE RESPOSTA

São medidas de natureza eminentemente cautelar, destinadas à preservação da integridade física, da liberdade de ir e vir, da guarda dos filhos e do patrimônio da vítima. Como consequência dessa "cautelaridade", a concessão das medidas reclama a presença dos dois pressupostos tradicionalmente apontados pela doutrina processualista, quais sejam: "Periculum in mora": receio que a demora da decisão judicial cause dano grave ou de difícil reparação. "Fumus boni iuris": indício de que o direito pleiteado de fato existe. Quanto à vinculação do IP, em conformidade com a doutrina mais autorizada, as medidas protetivas de urgência, previstas no art. 22 da Lei 11.340/2006, não se destinam à utilidade e efetividade de um processo específico. Sua configuração remete à tutela inibitória, visto que tem por escopo proteger a vítima, **independentemente** da existência de inquérito policial ou ação penal, **não sendo necessária** a realização do dano, mas, apenas, a probabilidade do ato ilícito. Destarte, as medidas protetivas têm caráter autônomo, o juízo tramitará o pedido com rapidez para que a proteção seja efetiva. O(a) juiz(a) decidirá sobre esse pedido antes mesmo de ouvir a outra parte. Recentemente, o plenário do Supremo Tribunal Federal decidiu de forma unânime pela possibilidade de a autoridade policial ou o agente policial afastar o agressor da convivência com a vítima, quando constatado **risco à sua vida ou integridade física**, declarando a constitucionalidade dos incisos II e III e do parágrafo 1º do artigo 12-C da Lei Maria da Penha, introduzidos pela Lei 13.827/2019, destacando que a medida é **razoável, proporcional e condizente com o sistema internacional de proteção das mulheres, não há violação** a reserva de jurisdição. A alteração legislativa em questão prevê a possibilidade de que delegados, quando o município não tiver vara judicial, e policiais, quando o município não tiver vara judicial e não houver delegado presente no momento da denúncia, afastem agressores da convivência com as mulheres caso eles representem uma **ameaça à vida ou integridade física da vítima**. Nestes casos, os policiais deverão comunicar o juiz em até 24 horas, que decidirá, em igual prazo, pela manutenção ou revogação da medida. Por unanimidade, a Sexta Turma do STJ estabeleceu que a Lei Maria da Penha se aplica aos casos de violência doméstica ou familiar contra mulheres transexuais. Considerando que, para efeito de incidência da lei, mulher trans é mulher também. No entanto, o juízo de primeiro grau e o Tribunal de Justiça de São Paulo (TJSP) negaram as medidas protetivas, entendendo que a proteção da Maria da Penha seria **limitada à condição de mulher biológica**. Ao STJ, o Ministério Público argumentou que não se trata de fazer analogia, mas de aplicar simplesmente o texto da lei, cujo artigo 5º, ao definir seu âmbito de incidência, refere-se **à violência "baseada no gênero"**, e não no sexo biológico, tendo prevalecido esta tese.

ESPELHO DE RESPOSTA PONTUADA

Leia as orientações a seguir:

1) Como regra, a **banca examinadora é soberana** quanto ao conteúdo a ser considerado na pontuação do espelho;

2) Em sua prova simulada, o(a) concurseiro deve ler e interpretar os quesitos (casinhos ou perguntas) com muita atenção para conseguir desenvolver sua escrita e se aproximar ao máximo do que constará no espelho de resposta padrão;

3) Veja abaixo os fragmentos de textos pontuados e **compare com o que escreveu para que consiga identificar seu desempenho** e saber **sua pontuação.** Esse processo é fundamental para identificar seus pontos fracos e poder corrigir a tempo.

ATENÇÃO!

Observe que **a pontuação** no quadro abaixo segue **a lógica da resposta mais completa**, ou seja, observe que cada fragmento vai destacando os conteúdos, quanto **mais completo maior será a pontuação** atribuída no quadro de cima pra baixo.

Quesito 1	Natureza jurídica da Medida Protetiva de Urgência.
Pontuação máxima deste quesito: 8,00 pontos	
Vejamos os fragmentos pontuados no espelho da banca:	
0,00 ponto	Não apresentou informações relacionadas à sugestão de resposta.
2,00 pontos	Discorreu de **forma parcial** que são medidas de natureza eminentemente cautelar, destinadas à preservação da integridade física, da liberdade de ir e vir, da guarda dos filhos e do patrimônio da vítima. **Mas não destacou** que como consequência dessa "cautelaridade", a concessão das medidas reclama a presença dos dois pressupostos tradicionalmente apontados pela doutrina processualista, quais sejam: "Periculum in mora": receio que a demora da decisão judicial cause dano grave ou de difícil reparação. "Fumus boni iuris": indício de que o direito pleiteado de fato existe.
4,00 pontos	Discorreu de **forma satisfatória** que são medidas de natureza eminentemente cautelar, destinadas à preservação da integridade física, da liberdade de ir e vir, da guarda dos filhos e do patrimônio da vítima. **Mas não destacou** que como consequência dessa "cautelaridade", a concessão das medidas reclama a presença dos dois pressupostos tradicionalmente apontados pela doutrina processualista, quais sejam: "Periculum in mora": receio que a demora da decisão judicial cause dano grave ou de difícil reparação. "Fumus boni iuris": indício de que o direito pleiteado de fato existe.
6,00 pontos	Discorreu de forma satisfatória que são medidas de natureza eminentemente cautelar, destinadas à preservação da integridade física, da liberdade de ir e vir, da guarda dos filhos e do patrimônio da vítima. **Mas destacou parcialmente** que **destacou** que como consequência dessa "cautelaridade", a concessão das medidas reclama a presença dos dois pressupostos tradicionalmente apontados pela doutrina processualista, quais sejam: "Periculum in mora": receio que a demora da decisão judicial cause dano grave ou de difícil reparação. "Fumus boni iuris": indício de que o direito pleiteado de fato existe.

8,00 pontos	Discorreu de forma satisfatória que são medidas de natureza eminentemente cautelar, destinadas à preservação da integridade física, da liberdade de ir e vir, da guarda dos filhos e do patrimônio da vítima. Como consequência dessa "cautelaridade", a concessão das medidas reclama a presença dos dois pressupostos tradicionalmente apontados pela doutrina processualista, quais sejam: "Periculum in mora": receio que a demora da decisão judicial cause dano grave ou de difícil reparação. "Fumus boni iuris": indício de que o direito pleiteado de fato existe.
Qual pontuação acima o(a) candidato(a) se aproximou comparando com o que discorreu?	
Quesito 2	Vinculação ao inquérito policial.
Pontuação máxima deste quesito: 10,00 pontos	
Vejamos os fragmentos pontuados no espelho da banca:	
0,00 ponto	Não apresentou informações relacionadas à sugestão de resposta.
2,00 pontos	Discorreu de **forma parcial** que sua configuração remete à tutela inibitória, visto que tem por escopo proteger a vítima, **independentemente** da existência de inquérito policial ou ação penal, **não sendo necessária** a realização do dano, mas, apenas, a probabilidade do ato ilícito. **Mas não destacou** que as medidas protetivas têm caráter autônomo, o juízo tramitará o pedido com rapidez para que a proteção seja efetiva. O(a) juiz(a) decidirá sobre esse pedido antes mesmo de ouvir a outra parte.
5,00 pontos	Discorreu de **forma satisfatória** que sua configuração remete à tutela inibitória, visto que tem por escopo proteger a vítima, **independentemente** da existência de inquérito policial ou ação penal, **não sendo necessária** a realização do dano, mas, apenas, a probabilidade do ato ilícito. **Mas não destacou** que as medidas protetivas têm caráter autônomo, o juízo tramitará o pedido com rapidez para que a proteção seja efetiva. O(a) juiz(a) decidirá sobre esse pedido antes mesmo de ouvir a outra parte.
10,00 pontos	Discorreu de forma satisfatória que sua configuração remete à tutela inibitória, visto que tem por escopo proteger a vítima, **independentemente** da existência de inquérito policial ou ação penal, **não sendo necessária** a realização do dano, mas, apenas, a probabilidade do ato ilícito. Destarte, as medidas protetivas têm caráter autônomo, o juízo tramitará o pedido com rapidez para que a proteção seja efetiva. O(a) juiz(a) decidirá sobre esse pedido antes mesmo de ouvir a outra parte.
Qual pontuação acima o(a) candidato(a) se aproximou comparando com o que discorreu?	

Quesito 3	Constitucionalidade do afastamento feito pela autoridade policial ...
Pontuação máxima deste quesito: 12,00 pontos	
Vejamos os fragmentos pontuados no espelho da banca:	
0,00 ponto	Não apresentou informações relacionadas à sugestão de resposta.
2,00 pontos	Discorreu de **forma parcial** que Discorreu de forma satisfatória que o plenário do Supremo Tribunal Federal decidiu de forma unânime pela possibilidade de a autoridade policial ou o agente policial afastar o agressor da convivência com a vítima, quando constatado **risco à sua vida ou integridade física**, declarando a constitucionalidade dos incisos II e III e do parágrafo 1º do artigo 12-C da Lei Maria da Penha, introduzidos pela Lei 13.827/2019. **Mas não destacou** que a medida é razoável, proporcional e condizente com o sistema internacional de proteção das mulheres, **não há violação** a reserva de jurisdição. A alteração legislativa em questão prevê a possibilidade de que delegados, quando o município não tiver vara judicial, e policiais, quando o município não tiver vara judicial e não houver delegado presente no momento da denúncia, afastem agressores da convivência com as mulheres caso eles representem uma **ameaça à vida ou integridade física da vítima.**
4,00 pontos	Discorreu de **forma satisfatória** que o plenário do Supremo Tribunal Federal decidiu de forma unânime pela possibilidade de a autoridade policial ou o agente policial afastar o agressor da convivência com a vítima, quando constatado **risco à sua vida ou integridade física**, declarando a constitucionalidade dos incisos II e III e do parágrafo 1º do artigo 12-C da Lei Maria da Penha, introduzidos pela Lei 13.827/2019. **Mas não destacou** que a medida é razoável, proporcional e condizente com o sistema internacional de proteção das mulheres, **não há violação** a reserva de jurisdição. A alteração legislativa em questão prevê a possibilidade de que delegados, quando o município não tiver vara judicial, e policiais, quando o município não tiver vara judicial e não houver delegado presente no momento da denúncia, afastem agressores da convivência com as mulheres caso eles representem uma **ameaça à vida ou integridade física da vítima**.
6,00 pontos	Discorreu de forma satisfatória que o plenário do Supremo Tribunal Federal decidiu de forma unânime pela possibilidade de a autoridade policial ou o agente policial afastar o agressor da convivência com a vítima, quando constatado **risco à sua vida ou integridade física**, declarando a constitucionalidade dos incisos II e III e do parágrafo 1º do artigo 12-C da Lei Maria da Penha, introduzidos pela Lei 13.827/2019. **Mas destacou parcialmente** que a medida é razoável, proporcional e condizente com o sistema internacional de proteção das mulheres, **não há violação** a reserva de jurisdição. A alteração legislativa em questão prevê a possibilidade de que delegados, quando o município não tiver vara judicial, e policiais, quando o município não tiver vara judicial e não houver delegado presente no momento da denúncia, afastem agressores da convivência com as mulheres caso eles representem uma **ameaça à vida ou integridade física da vítima**.
12,00 pontos	Discorreu de forma satisfatória que o plenário do Supremo Tribunal Federal decidiu de forma unânime pela possibilidade de a autoridade policial ou o agente policial afastar o agressor da convivência com a vítima, quando constatado **risco à sua vida ou integridade física**, declarando a constitucionalidade dos incisos II e III e do parágrafo 1º do artigo 12-C da Lei Maria da Penha, introduzidos pela Lei 13.827/2019, destacando que a medida é **razoável, proporcional e condizente com o sistema internacional de proteção das mulheres**, **não há violação** a reserva de jurisdição. A alteração legislativa em questão prevê a possibilidade de que delegados, quando o município não tiver vara judicial, e policiais, quando o município não tiver vara judicial e não houver delegado presente no momento da denúncia, afastem agressores da convivência com as mulheres caso eles representem uma **ameaça à vida ou integridade física da vítima**.
Qual pontuação acima o(a) candidato(a) se aproximou comparando com o que discorreu?	

7. ESTATÍSTICA DOS TEMAS MAIS COBRADOS NAS PEÇAS PARA DELEGADO

Levando-se em consideração minha experiência, assim como as pesquisas das últimas provas de Delegado de Polícia, percebemos que as bancas, no geral, "gostam" dos seguintes temas para a **Peça Processual de Representação:**

1. **Prisão preventiva** (cobrado para Delegado BA/17, Delegado PF/18, Delegado PA/2020);
2. **Prisão temporária** (cobrado para Delegado BA/13, Delegado CE/15 e Delegado SP/18);
3. **Infiltração de agentes** (cobrado para Delegado AP/12 e MS/17);
4. **Interceptação telefônica/quebra do sigilo de dados** (cobrado para Delegado PE/16 e Delegado SC/14);
5. **Prorrogação da interceptação telefônica e prisão preventiva ou temporária** (cobrado para Delegado da PF/13);
6. **Relatório final cumulado com outras medidas** (cobrado para Delegado DF/15);
7. **Medida de busca domiciliar** (cobrado para Delegado AC/17 e Delegado PA/16);
8. **Medidas protetivas de urgência da Lei 11.340/06** (cobrado para Delegado AP/17);
9. **Auto de Prisão em Flagrante (APFD) (cobrado para Delegado BA/2022);**
10. **Portaria de instauração para IP (cobrado para Delegado PB/2021 e RO/2022);**
11. **Prisão preventiva cumulada com Busca e apreensão (cobrado para Delegado MS/2021);**
12. **Representação para Condução Coercitiva (cobrado para Delegado AM/2021);**
13. **Conversão de flagrante em Preventiva (cobrado para Delegado RN/2020);**
14. **Infiltração de agente virtual crimes sexuais ECA (cobrado para Delegado Federal 2021).**

Observe a importância deste mapeamento para guiar seus estudos, haja vista poder direcionar aos temas mais abordado nas peças. Por outro lado, podemos perceber que temas como **infiltração virtual em organização criminosa, captação ambiental, sequestro de bens, quebra do sigilo telemático, bancário e fiscal e medida cautelar diversa da prisão**, as bancas não deram atenção, por isso **sugiro que redobre sua atenção,** por haver uma tendência de abordagem em futuras provas como elemento surpresa.

8. PLANEJAMENTO ESTRATÉGICO PARA PEÇA DE DELEGADO DE POLÍCIA

MODELO CAVEIRÃO focado para Peça de Delegado

Eu, prof. e delegado Alison Rocha, já participei de 5 segundas fases com peça, além de participar como examinador e corretor de peças há anos.

O intuito deste tópico é desmistificar a feitura de peças para você que acha difícil por nunca ter visto ou feito uma peça. Por isso, ensinarei passo a passo de como fazer de forma didática e objetiva.

Preparado(a)? Vamos que vamos...

Por experiência, siga minhas orientações estratégicas antes de começar a **escrever qualquer coisa na folha definitiva da peça.** Neste contexto, aconselho que pare e leia com atenção o texto apresentado pelo examinador, a partir daí você fará o seguinte **na sua folha de rascunho:**

Na primeira leitura, procure se familiarizar com o contexto apresentado.

Já **na segunda leitura**, comece a marcar termos e palavras e a responder as perguntas que explicitarei no MODELO CAVEIRÃO que criei de forma bem objetiva que fará você confeccionar 100% das Peças para Delegado.

Explicarei em apenas DOIS passos:

PRIMEIRO PASSO!

Antes de começar a escrever qualquer coisa na folha definitiva da peça **faça o planejamento na folha de rascunho** da seguinte forma:

Na primeira leitura comece a marcar termos e palavras na folha de avaliação e a escrever, na folha de rascunho, as perguntas seguidas de respostas, dessa forma:

1) Qual o juízo competente? (Endereçamento)

2) Onde ocorreram os fatos (local/hora)? (Dos Fatos)

3) Qual crime foi praticado? (Dos Fatos e/ou Da Tipificação)

4) Quem e quantos são os criminosos? (Dos Fatos)

5) Tem vítima (s)? Quem ou Quais? (Dos Fatos)

6) Existem os pressupostos e fundamentos de representação de Prisão? Qual será a prisão? (Preâmbulo/ Dos Fundamentos/ Dos Pedidos)

7) Há fundamento para alguma medida assecuratória? Qual? Interceptação? Busca e apreensão? Sequestro? Infiltração de agente? (Preâmbulo/ Dos Fundamentos/ Dos Pedidos)

ATENÇÃO!

Para montar seu MODELO CAVEIRÃO precisará responder as perguntas expostas acima. Como já orientado, você fará isso na folha de rascunho.

Todas as peças, nos concursos, de Delegado possuem essa "macroestrutura".

LEMBRE-SE: As respostas que alimentarão os "campos" principais da Peça processual.

SEGUNDO PASSO!

Quais são os principais "campos" estruturais da Peça?

São 6 campos, sendo:

1. Endereçamento

2. Elemento de Referência

3. Preâmbulo (Qualificação e Denominação)

4. Dos Fatos/Tipificação

5. Dos Direito ou Dos Fundamentos que justifiquem a Medida

6. Dos Pedidos

Macro e microestrutura da peça para Delegado

MODELO CAVEIRÃO – PEÇA PROCESUAL

O concurseiro precisará ter noção da MACROESTRUTURA das peças, assim como da MICROESTRUTURA que se resume aos dispositivos legais das medidas e representações, bem como dos crimes de maior incidência nas peças e/ou nas discursivas.

DA MACROESTRUTURA!

1. ENDEREÇAMENTO

EXCELENTÍSSIMO DR. JUIZ DE DIREITO DA VARA CRIMINAL DA COMARCA DE

EXCELENTÍSSIMO DR. JUIZ DE DIREITO DA VARA DO JÚRI DA COMARCA DE

Admite-se as formas abreviadas:

EXMO. DR. JUIZ DE DIREITO DA VARA CRIMINAL DA COMARCA DE

EXMO. DR. JUIZ DE DIREITO DA VARA DO JÚRI DA COMARCA DE

9. ELEMENTOS DE REFERÊNCIA

Inquérito Policial nº /2022.

10. PREÂMBULO

A Polícia Civil do Estado do , por meio do seu Delegado de Polícia, ao final assinado, no uso de suas atribuições, que lhe são conferidas, dentre outros dispositivos, pelo art. 144, §4º, da Constituição Federal, pelo art. 2º, §1º, da Lei nº 12.830/2013, bem como pelo art. **(Dependerá da medida a ser representada)**, vem, respeitosamente, à presença de Vossa Excelência, representar pela **(Colocar explicitamente a MEDIDA CAUTELAR)**, pelos fundamentos de fato e de direito que a seguir passa a expor.

11. DOS FATOS

"Em relação aos fatos (...)"

Resumir com suas palavras, focando em:

a) Fatos que fundamentam tipificação; e

b) Fatos que fundamentam a medida cautelar.

12. DOS FUNDAMENTOS

"Em relação aos fundamentos que justifiquem a (...)"

a) **Cautelares restritivas de liberdade (temporária e preventiva)**

- O *fumus comissi delicti* se verifica pela narração dos fatos e do que foi exposto até aqui, estando caracterizados a prova da materialidade e os indícios de autoria e de perigo gerado pelo estado de liberdade do imputado.

- O *periculum libertatis* se caracteriza (...).

PRISÃO PREVENTIVA (art. 312 CPP): 1. garantia da ordem pública, **2.** da ordem econômica, **3.** por conveniência da instrução criminal, **4.** para assegurar a aplicação da lei penal, **5.** em caso de descumprimento de qualquer das obrigações impostas por força de outras medidas cautelares.

CUIDADO!

Lembre-se para **não confundir**: **conveniência da instrução criminal** (ameaça a testemunha, risco de destruição de provas etc.) **com aplicação da lei penal** (Evadir-se do município da culpa, fugir para outro estado ou país etc.) e **garantia da ordem pública** (risco de voltar a praticar mais crimes, extensa ficha criminal etc.).

Esses pressupostos para decretação da prisão preventiva são os mais cobrados pelas bancas de concurso, fique atento.

PRISÃO TEMPORÁRIA (art. 1° da Lei n° 7.960/89): 1. quando imprescindível para as investigações do inquérito policial, **2.** quando o indicado não tiver residência fixa ou não fornecer elementos necessários ao esclarecimento de sua identidade. **1** ou **2** sempre com o **3.** houver fundadas razões de autoria ou participação do indiciado.

O STF trouxe dois novos fundamentos para decretação de prisão temporária (STF. Plenário. ADI 4109/DF e ADI 3360/DF):

1) for justificada em fatos novos ou contemporâneos;

2) for adequada à gravidade concreta do crime, às circunstâncias do fato e às condições pessoais do indiciado;

b) **Cautelares probatórias** (interceptação telefônica, busca e apreensão, afastamento de sigilo etc.) - **comprovação dos requisitos legais**

Pode indicar o *fumus comissi delicti* e o *periculum in mora*. Pode também fazer direto, sendo necessário apenas justificar de forma organizada.

c) Pontos comuns a todas as cautelares:

a) Tipificação das condutas;

b) "Os elementos presentes no procedimento indicam que o fato não foi praticado sob o manto de uma causa excludente de ilicitude ou de culpabilidade, nem tampouco está extinta a punibilidade."

13. PEDIDOS

"Neste diapasão, pelo o que foi carreado em epígrafe e pelos fundamentos e pressupostos jurídicos, esta autoridade policial REPRESENTA pela (...)"

LOCAL E DATA

DA MICROESTRUTURA!

Professor, qual os preceitos legais do PREÂMBULO E DAS FUNDAMENTAÇÕES QUE JUSTIFIQUEM A MEDIDA?

Vejamos as legislações do preâmbulo das principais peças práticas do Delegado de Polícia:

PEÇA - DELEGADO	
PREÂMBULO	
Legislação comum em todas as peças processuais:	
Art. 144, §4°, da Constituição Federal.	Art. 2°, §1°, da Lei n° 12.830/2013.

Você precisará decorar os artigos das principais medidas a seguir:

PEÇA - DELEGADO	
Legislação específica exigida quando a representação envolver:	
PORTARIA DE INSTAURAÇÃO DE IP	**Art. 5°, I, do CPP**
TERMO DE FIANÇA	**Art. 5°, inciso LXVI, da Constituição Federal.**
	Art. 319, VIII, e art. 322 do CPP.
DESPACHO	**De indiciamento:** Art. 2°, §6º, da Lei n° 12.830/2013.
	De diligências (saneadores): Art. 6º, incisos I e/ou X do Código de Processo Penal.

<table>
<tr><td rowspan="2">CONDUÇÃO COERCITIVA PARA RECONHECIMENTO PESSOAL/ TESTEMUNHA</td><td>Referência às consequências da inobservância do art. 226 do CPP, no reconhecimento pessoal e seus efeitos na investigação preliminar e na ação penal.</td></tr>
<tr><td>Referência às recentes decisões do STJ e do STF, sobre reconhecimento pessoal, presencial ou por fotografia: o reconhecimento de pessoas, presencial ou por fotografia, deve observar o procedimento previsto no art. 226 do CPP, cujas formalidades constituem garantia mínima para quem se encontra na condição de suspeito da prática de um crime e para uma verificação dos fatos mais justa e precisa.
Prevalece que a autoridade policial não tem capacidade de determinar a condução coercitiva, submetida à cláusula de reserva de jurisdição.</td></tr>
<tr><td rowspan="5">BUSCA E APREENSÃO</td><td>PREÂMBULO</td></tr>
<tr><td>Art. 5°, inciso XI, da Constituição Federal.</td></tr>
<tr><td>Art. 240, §1º, e art. 242, ambos do Código de Processo Penal.</td></tr>
<tr><td>FUNDAMENTAÇÃO QUE JUSTIFIQUE</td></tr>
<tr><td>Art. 240, §1º e alíneas de “a” a “h” a depender do caso hipotético na prova.
Código de Processo Penal.</td></tr>
<tr><td rowspan="3"></td><td>PREÂMBULO</td></tr>
<tr><td>Art. 5°, inciso LXI, da Constituição Federal.</td></tr>
<tr><td>Art. 2°, caput, da Lei n° 7.960/89.
OBS: no caso de crime hediondo – art. 2º, §4°, da Lei n° 8.072/90.</td></tr>
</table>

<table>
<tr><td rowspan="2">PRISÃO TEMPORÁRIA</td><td>FUNDAMENTAÇÃO QUE JUSTIFIQUE</td></tr>
<tr><td>Pressupostos: Art. 1°, c/c inciso I e/ou II da Lei n° 7.960/89.
Sempre seguido do fundamento:
Art.1, inciso III da Lei n° 7.960/89, c/c com algum (s) crime (s) do rol taxativo (alínea "a" até "p")
Novos requisitos estipilados pelo STF:
1) A prisão temporária deve, ainda, ser adequada à gravidade concreta do crime, às circunstâncias do fato e às condições pessoais do indiciado, nos termos do art. 282, inciso II, CPP;
2) For justificada em fatos novos ou contemporâneos nos termos do art. 312, § 2º do CPP.</td></tr>
<tr><td rowspan="5">PRISÃO PREVENTIVA</td><td>PREÂMBULO</td></tr>
<tr><td>Art. 5°, inciso LXI, da Constituição Federal.</td></tr>
<tr><td>Art. 13, IV, art. 282, §2°, e art. 311, todos do Código de Processo Penal.</td></tr>
<tr><td>FUNDAMENTAÇÃO QUE JUSTIFIQUE</td></tr>
<tr><td>Art.312, caput, c/c §2º ambos do Código de Processo Penal.

Art.313, inciso I (o mais cobrado) ou II ou §1º todos do Código de Processo Penal.</td></tr>
<tr><td rowspan="5">INTERCEPTAÇÃO TELEFÔNICA</td><td>PREÂMBULO</td></tr>
<tr><td>Art. 5°, inciso XII, da Constituição Federal.</td></tr>
<tr><td>Art. 2º e 3º, inciso I, da Lei n° 9.296/96.</td></tr>
<tr><td>FUNDAMENTAÇÃO QUE JUSTIFIQUE</td></tr>
<tr><td>Art. 4º e 8º da Lei n° 9.296/96.</td></tr>
<tr><td rowspan="4">CAPTAÇÃO AMBIENTAL</td><td>PREÂMBULO</td></tr>
<tr><td>Art. 8-Aº incisos I e II da Lei n° 9.296/96.</td></tr>
<tr><td>FUNDAMENTAÇÃO QUE JUSTIFIQUE</td></tr>
<tr><td>Art. 8º, §2º da Lei n° 9.296/96.</td></tr>
</table>

QUEBRA DO SIGILO TELEFÔNICO	**PREÂMBULO**
	Art. 5°, inciso XII, da Constituição Federal.
QUEBRA DO FLUXO TELEMÁTICO	**PREÂMBULO**
	Art. 5º, incisos X e XII, da Constituição Federal – Leis nº os 9.296/96 e 12.965/2014 (Marco Civil da Internet - art. 22, inciso I, do Marco Civil)
MEDIDAS CAUTELARES DIVERSAS DA PRISÃO	**PREÂMBULO**
	Art. 282, §2°, do Código de Processo Penal.
	FUNDAMENTAÇÃO QUE JUSTIFIQUE
	Art. 283, §1°, do Código de Processo Penal.

	Art. 319, incisos I e/ou IX, do Código de Processo Penal.
QUEBRA DE SIGILO BANCÁRIO E FISCAL	**PREÂMBULO**
	Art. 1º, §4°, da Lei Complementar n° 105/2001.
	Art. 198, § 3°, do Código Tributário Nacional.
SEQUESTRO DE BENS (Medida Assecuratória)	**PREÂMBULO**
	Art. 127 do Código de Processo Penal.
	Art.60 da Lei nº 11.343/06 (bens móveis e imóveis)
	Art.4º da Lei nº 9.613/98 (Lei de Lavagem)
	FUNDAMENTAÇÃO QUE JUSTIFIQUE
	Bens imóveis: Art. 125 do Código de Processo Penal. **Bens móveis: Art. 132 do Código de Processo Penal.**

INFILTRAÇÃO DE AGENTES POLICIAIS	**PREÂMBULO**
	Presencial: Art. 10, caput, da Lei n° 12.850/13. Virtual: Art. 10-A da Lei n° 12.850/13.
	Presencial: Art.53, I, da Lei nº 11.343/06.
	Presencial: Art.1º, §6º da Lei 9.613/98
	Virtual: Art.190-A, I, II e III da Lei nº 8.069/90.
	FUNDAMENTAÇÃO QUE JUSTIFIQUE
	Presencial: Art. 10, §2º, da Lei n° 12.850/13. Virtual: Art. 10-A, §3º, da Lei n° 12.850/13.
	Art.53, parágrafo único, da Lei nº 11.343/06.
	Art.190-A, §3, da Lei nº 8.069/90.
Regra: RELATÓRIO FINAL CONCLUSIVO DO INQUÉRITO POLICIAL	**PREÂMBULO**
	Art. 10, §1º, do Código de Processo Penal.
	FUNDAMENTAÇÃO QUE JUSTIFIQUE
	Art. 2°, §6º, da Lei n° 12.830/2013.
Lei de Drogas: RELATÓRIO FINAL CONCLUSIVO DO INQUÉRITO POLICIAL	**PREÂMBULO**
	Art. 52, I, da Lei n° 11.343/06.
	FUNDAMENTAÇÃO QUE JUSTIFIQUE
	Art. 52, parágrafo único, I, II, da Lei n° 11.343/06.

DOS CRIMES MAIS COBRADOS NAS PEÇAS PARA DELEGADO

Concurseiro(a), normalmente, no "case" da Peça para concursos de delegado, o examinador apresenta condutas que se desdobram em práticas delitivas. Nos espelhos, a identificação, capitulação e tipificação desses crimes recebem uma pontuação relevante.

Além disso, boa parte dos concursos para delegado de polícia, as bancas **não admitem consulta** na hora da prova, dificultando bastante para os(as) candidatos(as). Por este motivo, fizemos pesquisas e análises das peças anteriores e destacamos de forma didática os crimes e seus respectivos artigos para facilitar sua leitura e aprendizado.

Vejamos o quadro esquemático subsequente:

CONCEITOS	TIPIFICAÇÕES
Homicídio qualificado por motivo torpe	**CP, art. 121. Matar alguém:** §2º, I -
(É crime hediondo, o prazo da prisão, se for	mediante paga ou promessa de
temporária será de 30 dias)	recompensa, ou por outro motivo
	torpe;
Homicídio qualificado por motivo fútil (É crime hediondo, o prazo da prisão, se for temporária será de 30 dias)	**CP, art. 121. Matar alguém:** §2º, II - por motivo fútil;
Homicídio qualificado (feminicídio) (É crime hediondo, o prazo da prisão, se for temporária será de 30 dias)	**CP, art. 121. Matar alguém:** §2º, VI - contra a mulher por razões da condição de sexo feminino.
	Leia a causas de aumento **de pena do §7º**
Homicídio qualificado (Homicídio contra menor de 14 (quatorze) anos) (É crime hediondo, o prazo da prisão, se for ,temporária será de 30 dias)	**CP, art. 121. Matar alguém:** §2º, IX - contra menor de 14 (quatorze) anos.
Homicídio qualificado (emprego de arma de fogo de uso restrito ou proibido) (O prazo da prisão, se for temporária será de 30 dias)	**CP, art.121. Matar alguém:** §2º VIII - com emprego de arma de fogo de uso restrito ou proibido.
Homicídio qualificado (agente de	**CP, art. 121. Matar alguém: §2º,** VII
segurança)	– contra autoridade ou agente
(É crime hediondo, o prazo da prisão, se for	descrito nos arts.142 e 144 da
temporária será de 30 dias)	Constituição Federal, integrantes do
	sistema prisional e da Força Nacional
	de Segurança Pública, no exercício
	da função ou em decorrência dela, ou

CONCEITOS	TIPIFICAÇÕES
	contra seu cônjuge, companheiro ou
	parente consanguíneo até terceiro
	grau, em razão dessa condição:
Furto qualificado com utilização de	**CP, art.155,** § 4º-A A pena é de
explosivo (É crime hediondo, o prazo da	reclusão de 4 (quatro) a 10 (dez) anos
Prisão, sefor temporária será de 30 dias)	e multa, se houver emprego de
	explosivo ou de artefato análogo que
	cause perigo comum.
Roubo circunstanciado com emprego de arma de fogo (É crime hediondo, o prazo da prisão, se for ,temporária será de 30 dias)	**Lei de Crimes Hediondos, art.1º, inciso II,** b) circunstanciado pelo emprego de arma de fogo (art. 157, § 2º-A, inciso I) **CP, art.157, § 2º-A** A pena aumenta- se de 2/3 (dois terços): I – se a violência ou ameaça é exercida com emprego de arma de fogo;
Roubo circunstanciado com utilização	**CP, art.157, § 2º-A** A pena aumenta-
de explosivo	se de 2/3 (dois terços): II – se há
	destruição ou rompimento de
	obstáculo mediante o emprego de
	explosivo ou de artefato análogo que
	cause perigo comum.
Roubo circunstanciado com utilização de arma de fogo de uso restrito e proibido (É crime hediondo, o prazo da prisão, se for ,temporária será de 30 dias)	**Lei de Crimes Hediondos, art.1º, inciso II,** b) (...) pelo emprego de arma de fogo de uso proibido ou restrito (art. 157, § 2º-B); **CP, art.157, § 2º-B.** Se a violência ou
	grave ameaça é exercida com
	emprego de arma de fogo de uso
	restrito ou proibido, aplica-se em

CONCEITOS	TIPIFICAÇÕES
	dobro a pena prevista no caput deste
	artigo.
Latrocínio (É crime hediondo, o prazo da	**CP, art.157, § 3º** Se da violência
prisão temporária será de 30 dias)	resulta: II – morte, a pena é de
	reclusão de 20 (vinte) a 30 (trinta)
	anos, e multa.
	CP, art. 317 - Solicitar ou receber, para si ou para outrem, direta ou

Lei de Drogas	**Art. 34.** Fabricar, adquirir, utilizar, transportar, oferecer, vender, distribuir, entregar a qualquer título, possuir, guardar ou fornecer, ainda que gratuitamente, maquinário, aparelho, instrumento ou qualquer objeto destinado à fabricação, preparação, produção ou transformação de drogas, sem autorização ou em desacordo com determinação legal ou regulamentar:
	Art. 35. Associarem-se duas ou mais pessoas para o fim de praticar, reiteradamente ou não, qualquer dos crimes previstos nos arts. 33, caput e § 1º, e 34 desta Lei:
	Art. 36. Financiar ou custear a prática de qualquer dos crimes previstos nos arts. 33, caput e § 1º e 34 desta Lei:
Estatuto do Desarmamento	**Lei 10.826/03 - art. 16.** Possuir, deter, portar, adquirir, fornecer, receber, ter em depósito, transportar, ceder, ainda que gratuitamente, emprestar, remeter, empregar, manter sob sua guarda ou ocultar arma de fogo, acessório ou munição de uso restrito, sem autorização e em desacordo com determinação legal ou regulamentar. **Leia os §§ 1º e 2º.**
	Comércio ilegal de arma de fogo: Art. 17. Adquirir, alugar, receber, transportar, conduzir, ocultar, ter em depósito, desmontar, montar, remontar, adulterar, vender, expor à venda, ou de qualquer forma utilizar, em proveito próprio ou alheio, no exercício de atividade comercial ou industrial, arma de fogo, acessório ou munição, sem autorização ou em desacordo com determinação legal ou regulamentar: (É crime hediondo, o prazo da prisão temporária será de 30 dias)
	Tráfico internacional de arma de fogo: Art. 18. Importar, exportar, favorecer a entrada ou saída do território nacional, a qualquer título, de arma de fogo, acessório ou munição, sem autorização da autoridade competente: (É crime hediondo, o prazo da prisão temporaria será de 30 dias)

Lavagem de Capital	Lei 9.613/98 - art. 1º Ocultar ou dissimular a natureza, origem, localização, disposição, movimentação ou propriedade de bens, direitos ou valores provenientes, direta ou indiretamente, de infração penal. **Leia os §§ 1º e 2º**
Crime contra a Ordem Tributária (Só ocorrerá esses crimes quando houver o lançamento definitivo do crédito tributário). Veja a súmula vinculante 24 do STF.	Art. 1° Constitui crime contra a ordem tributária suprimir ou reduzir tributo, ou contribuição social e qualquer acessório, mediante as seguintes condutas: - omitir informação, ou prestar declaração falsa às autoridades fazendárias; - fraudar a fiscalização tributária, inserindo elementos inexatos, ou omitindo operação de qualquer natureza, em documento ou livro exigido pela lei fiscal; - falsificar ou alterar nota fiscal, fatura, duplicata, nota de venda, ou qualquer outro documento relativo à operação tributável; - elaborar, distribuir, fornecer, emitir ou utilizar documento que saiba ou deva saber falso ou inexato; - negar ou deixar de fornecer, quando obrigatório, nota fiscal ou documento equivalente, relativa a venda de mercadoria ou prestação de serviço, efetivamente realizada, ou fornecê-la em desacordo com a legislação.
	Art. 3° Constitui crime funcional contra a ordem tributária, além dos previstos no Decreto-Lei n° 2.848, de 7 de dezembro de 1940 - Código Penal (Título XI, Capítulo I): **II -** exigir, solicitar ou receber, para si ou para outrem, direta ou indiretamente, ainda que fora da função ou antes de iniciar seu exercício, mas em razão dela, vantagem indevida; ou aceitar promessa de tal vantagem, para deixar de lançar ou cobrar tributo ou contribuição social, ou cobrá-los parcialmente. **Cuidado, se envolver servidor que seja, por exemplo, fiscal da receita, este não responderá pelo CP, mas** **por este artigo.**

Professor, se eu apenas conceituar e não colocar o artigo do crime, vou pontuar tudo ou zerarei?

Pois bem, nas provas que não forem admitida consulta, normalmente, os examinadores das bancas cobram a descrição do artigo mesmo assim.

O que irá acontecer é que você irá pontuar uma fração do total da pontuação, não chega a zerar não.

Por exemplo: Na situação hipotética da peça, um dos personagens cometeu o crime de homicídio qualificado pelo feminicídio. Pressupondo que você tenha esquecido o artigo, só tenha conceituado.

No espelho de resposta do examinador, estavam pontuadas a conceituação com a tipificação, valendo **1 ponto**. Você irá pontuar, aproximadamente, **0,4.**

Não se desespere, estude os principais crime acima que dará certo, mas no pior cenário de não lembrar da legislação e do dispositivo legal, pelo menos conceitue adequadamente, já estará pontuando.

Vamos lá? Preparado(a)?

Orientações iniciais: faça sua simulação em **duas horas** e utilize no **máximo 150 linhas** na folha definitiva. Lembre-se de utilizar sua folha de rascunho para planejar conforme ensinado em epígrafe.

PEÇA PROCESSUAL SIMULADA

Em 21/02/2021, por volta de 0h20 min, Fulano foi alvejado fatalmente por disparos de arma de fogo quando se encontrava à frente da casa de sua namorada, Maria, na rua XXXXX, casa X, no bairro XXXXX, no centro de PA. A ação teria sido intentada por dois indivíduos que, em um veículo, placa XXXXXX, mediante a ameaça de armas de fogo portadas por eles, cobravam determinada dívida de Fulano, proveniente de jogo ilícito, pois este não havia efetuado o devido pagamento. Foi instaurado o competente inquérito policial, tombado, na Delegacia de Polícia, sob o n.º AB/2021, para apurar a autoria e as circunstâncias da morte de Fulano, constando no expediente que, na noite, por volta das 21h, a vítima se encontrou com a namorada, Maria, e, após passarem por determinada festa de amigos, seguiram para a casa dela, no bairro XXXX, onde Fulano a deixaria. O casal estava em um veículo utilitário de cor branca, placa XXXXXX, de propriedade da vítima. Na madrugada do dia seguinte, por volta de 0h40 min, quando já estavam parados à frente da casa de Maria, apareceu na rua um veículo de cor prata, em que se encontravam dois rapazes, que cobraram Fulano e ameaçaram o casal com armas nas mãos. Então um dos rapazes deu dois tiros para o alto, momento em que Fulano e Maria se deitaram no chão. Em ato contínuo, um dos rapazes desceu do carro, em seguida, desferiu três disparos em sua direção, atingindo-lhe fatalmente a cabeça e o tórax. Fulano faleceu ainda no local e os autores se evadiram logo após a conduta, lá deixando o carro e as armas utilizadas. Nos autos do inquérito, consta que foram ouvidos dois vizinhos de Maria que se encontravam, na ocasião dos fatos, à janela do prédio vizinho e narraram, em auto próprio, a conduta da dupla, indicando as características físicas dos indivíduos. Na ocasião, foram apresentadas fotografias de possíveis suspeitos às duas testemunhas, que reconheceram formalmente, conforme auto de reconhecimento fotográfico, os rapazes envolvidos nos fatos: Ricardo e Carlos. Maria foi ouvida em termo de declarações e alegou conhecer os dois que desferiram os tiros. Ao final, noticiou que se sentia ameaçada, relatando que, logo depois do crime, à frente de sua residência, dois rapazes desceram de uma moto e, com os rostos cobertos pelos capacetes, fizeram menção de que a machucariam caso relatasse à polícia o que sabia, e eles tinham o aspecto físico parecido com o de Carlos e Ricardo. Juntaram-se aos autos o laudo de exame de local de morte violenta, que evidencia terem sido recolhidas as armas de fogo e dois estojos, e o laudo de perícia papiloscópica, realizado no veículo encontrado no local e na arma de fogo, em que foram constatados fragmentos digitais de palmares. Lançadas as digitais em banco de dados, confirmou-se pertencerem a Ricardo. Também se juntou ao feito o laudo cadavérico da vítima, no qual foi constatado que os projéteis encontrados no corpo da vítima são compatíveis com as armas apreendidas no local deixada pelos meliantes.

No formulário de antecedentes criminais de Ricardo e Carlos, também anexados aos autos, consta a prática de inúmeros delitos, entre os quais dois homicídios, roubos etc.

Procurados pela polícia para esclarecerem os fatos, Carlos e Ricardo não foram localizados, tampouco seus familiares forneceram quaisquer notícias de seus paradeiros. Sendo informado que se encontravam escondidos em SP, na casa de um de seus familiares.

O inquérito policial tramitou pela delegacia, em diligências, encontrando-se concluso e relatado pela autoridade policial que preside o feito, em apartado, que representou pela medida.

Em face do relato em apreço, proceda, na condição de delegado de polícia que preside o feito, à remessa dos autos ao Poder Judiciário, representando pela(s) medida(s) pertinente(s) ao caso. Fundamente suas explanações, tipifique as condutas e não crie fatos novos.

ATENÇÃO!

Veja a **sugestão de resposta** somente quando já tiver terminado sua simulação.

Sugestão de resposta do prof. Alison

EXMO. SR. DR. JUIZ DE DIREITO DO TRIBUNAL DO JÚRI DE PA.

IP nº: AB/2021

A polícia civil de PA, por intermédio do Delegado de Polícia subscritor, matrícula ____, no uso de suas atribuições legais e constitucionais, preceituadas nos arts. 6º e 13, ambos do CPP, bem como na Lei 12.830/13, c/c art. 144 da CRFB/88, com fulcro nos arts. 311, c/c 312 e 313, I, todos do CPP, vem, respeitosamente, expor a Vossa Excelência:

Representação pela prisão preventiva

Em desfavor de Ricardo e Carlos, imputáveis e ora qualificados no IP em questão, consoante os fundamentos legais a serem expostos subsecutivamente.

Dos fatos

Após a instauração do IP, com apoio em diligências sobre as condutas perpetradas dos criminosos Carlos e Ricardo, ficou cristalizado que são responsáveis pela morte de Fulano, posto que o veículo que foi abandonado no local do homicídio foi periciado e o laudo da papiloscopia realizado constatou fragmentos digitais da palmar de Ricardo, além de a testemunha do crime, Maria, namorada da vítima, declarar que se sentiu ameaçada, relatando que, depois do crime, à frente de sua residência, dois rapazes desceram de uma moto e, com os rostos cobertos pelos capacetes, fizeram menção de que a machucariam caso relatasse à polícia o que sabia, e eles tinham o aspecto físico parecido com o de Carlos e Ricardo, inclusive outras duas testemunhas (vizinhos) os reconheceram, conforme auto de reconhecimento fotográfico. Também se juntou ao feito o laudo cadavérico da vítima, no qual se constatou a retirada de três projéteis compatíveis, consoante a perícia, com as armas de fogo encontradas no local do crime e os encontrados no corpo da vítima: um alojado no tórax e dois, no crânio. Ademais, nos registros criminais de Carlos, constam várias passagens por roubo e tráfico de drogas. No formulário de antecedentes criminais de Ricardo, consta a prática de inúmeros delitos, dentre os quais há dois homicídios. Procurados pela polícia para esclarecerem os fatos, Carlos e Ricardo não foram localizados, tampouco seus familiares forneceram quaisquer notícias de seus paradeiros. Destaca-se que o IP se encontra em curso para diligências.

Das tipificações

Os criminosos, Ricardo e Carlos, perpetraram os seguintes crimes:

1. Homicídio qualificado doloso – art. 121, § 2º, II, c/c art. 29, *caput*, ambos do CP;

2. Crime considerado hediondo – art. 1º, I, parte final, da Lei 8.072/90.

Dos requisitos necessários à medida de prisão preventiva – pressupostos e fundamentos

À luz da CF/88, a prisão, no Estado Democrático de Direito, é uma medida que foge à regra, por ferir o direito à liberdade de locomoção; no entanto, excepcionalmente, para resguardar e manter os ditames legais, conforme o preenchimento dos seus pressupostos e fundamentos, passa a ser permitida.

Da prisão

a) *Fumus commissi delicti* se comprova com as testemunhas e a perícia, explicitando que Ricardo e Carlos executaram o plano criminoso.

b) *Periculum libertatis* se concretiza quando imprescindível para as investigações do inquérito policial, com intuito de elucidar todas as ações perpetradas pelos coautores, inclusive para assegurar a Ordem Pública e a Conveniência da Instrução Criminal, que respectivamente foram explicitados os requisitos quando se revelou a extensa ficha criminal de Ricardo e Carlos, bem como a ameaça à testemunha.

c) Fundamento legal: com base nos artigos 311, c/c 312 e 313, I, todos do CPP. Oportuno mencionar que a pena do crime doloso praticado ultrapassa quatro anos, locupletando-se a exigência legal em concurso praticados ultrapassa quatro anos, locupletando a exigência legal.

Do pedido

Neste diapasão, levando-se em consideração os indícios e a materialidade carreados, reitero à Vossa Excelência pelo deferimento da REPRESENTAÇÃO da Prisão

Preventiva dos indiciados ora qualificados e consequente comunicação para manifestação do *Parquet* e lançamento, após a expedição do mandado, no banco do CNJ.

Nestes termos,

Pede deferimento.

________/PA, _______2021.

Delegado de Polícia de PA

____

Vejamos o quadro abaixo com o **espelho de correção para que você possa ter noção de sua pontuação.**

Quesitos	Critérios	Pontuação Prevista	Respostas esperadas
1. ENDEREÇAMENTO	**Vara/Comarca**	**(4,0)**	EXMO. SR. DR. JUIZ DE DIREITO DO TRIBUNAL DO JÚRI DE PA.
2. QUALIFICAÇÃO DELEGADO DE POLÍCIA UNIDADE DE LOTAÇÃO E DENOMINAÇÃO: NOME DA PEÇA E FUNDAMENTO LEGAL	**Qualificação Nome da peça e Fundamento Legal**	**(1,0) (3,0)**	**IP nº: AB/2021** A polícia civil de PA, por intermédio do Delegado de Polícia subscritor, matrícula: ___, no uso de suas atribuições legais e constitucionais, preceituadas nos arts. 6º e 13, ambos do CPP, bem como na lei 12.830/13, c/c art. 144 da CRFB/88, com fulcro nos arts. 311, c/c 312 e 313, I, todos do CPP, vem, respeitosamente, expor a Vossa Excelência: **REPRESENTAÇÃO PELA PRISÃO PREVENTIVA** em desfavor de Ricardo e Carlos, imputáveis e ora qualificados no IP em tela, consoante os fundamentos legais a serem expostos subsecutivamente.
3. FATOS	**Narrativa sucinta dos fatos**	**(0,0)**	Narrar de forma objetiva e sucinta os fatos mais relevantes que ocorreram – **0 pontos. NÃO PONTUEI** os dizeres nos fatos; adotei o critério da banca **CEBRASPE** e outras bancas examinadoras.
4. DAS TIPIFICAÇÕES	**Tipificação das condutas**	**(10,0)**	Os criminosos, Ricardo e Carlos, perpetraram os seguintes crimes: **1.** Homicídio qualificado doloso – art. 121, § 2º, II, c/c art. 29, *caput*, ambos do CP; **2.** Crime considerado hediondo – art. 1º, I, parte final, da lei 8.072/90.

5. DOS REQUISITOS NECESSÁRIOS	Pressupostos e fundamentos	(8,0)	**DOS REQUISITOS NECESSÁRIOS À MEDIDA DE PRISÃO PREVENTIVA – PRESSUPOSTOS E FUNDAMENTOS** À luz da CF/88, a prisão, no Estado Democrático de Direito, é uma medida que foge à regra, por ferir o direito à liberdade de locomoção; no entanto, excepcionalmente, para resguardar e manter os ditames legais, conforme o preenchimento dos seus pressupostos e fundamentos passa a ser permitida. **a)** *FUMUS COMMISSI DELICTI* comprova-se com as testemunhas e a perícia, explicitando que Ricardo e Carlos executaram o plano criminoso e praticaram o crime de homicídio qualificado doloso. **b)** *PERICULUM LIBERTATIS* se concretiza quando imprescindível para as investigações do inquérito policial, com intuito de elucidar todas as ações perpetradas pelos coautores, inclusive para assegurar a Ordem Pública e a Conveniência da Instrução Criminal, que respectivamente foram explicitados os requisitos quando se revelou a extensa fixa criminal de Ricardo e Carlos, bem como a ameaça a testemunha. **d)** FUNDAMENTO LEGAL: Com base nos artigos 311, c/c 312 e 313, I, todos do CPP. Oportuno mencionar que a pena do crime doloso praticado ultrapassa quatro anos, locupletando-se a exigência legal. em concursos praticados ultrapassam quatro anos, locupletando a exigência legal.
6. REQUERIMENTO ESPECIFICAÇÃO DO PEDIDO	Pedido	(3,0)	**DO PEDIDO** Neste diapasão, levando-se em consideração os indícios e materialidade carreados, reitero a Vossa Excelência pelo deferimento da REPRESENTAÇÃO da **Prisão Preventiva** dos indiciados ora qualificados e consequente comunicação para manifestação do *Parquet* e lançamento, após a expedição do mandado, no banco do CNJ.
7.FINAL NOMENCLATURA DO CARGO	Cargo	(1,0)	DELEGADO DE PC/PA
TOTAL		(30)	

PADRÃO DE RESPOSTA COM MACETES.

1. Endereçamento

EXMO. SR. DR. JUIZ DE DIREITO DA __ DO TRIBUNAL DO JÚRI DE PA

Lembre-se de que, em regra, crime doloso contra a vida será julgado pelo Tribunal do Júri. A ressalva ocorrerá para casos peculiares que envolvam agente com foro por prerrogativa de função.

Por quê?

Simples, o constituinte quis dessa forma. Vejamos: art. 5º, XXXVIII, da CF/88.

Continuando com o espelho...

Aqui, pule apenas duas linhas.

IP nº: AB/21

Não invente numerações. **NÃO CRIE FATOS NOVOS.** Caso o examinador não traga no texto da prova a numeração do IP, não coloque nada.

Entre o IP e o requerimento pule apenas duas linhas. Lembre-se de que o exagero de pular diversas linhas pode custar caro, pois a parte mais importante para a pontuação virá mais abaixo, por isso você precisa ser estrategista, deixar espaço para tipificar corretamente, assim como fundamentar as prisões e outras medidas cautelares, em decorrência do maior peso quanto à pontuação na sua prova.

Detalhe: caso você não pule linhas, NÃO PERDERÁ PONTOS, no entanto, se você deixar de tipificar ou não fundamentar a cautelar por falta de espaço, tenha certeza que custará a sua vaga.

2. Qualificação do delegado de polícia/unidade de lotação/denominação: nome da peça/fundamento legal

A polícia civil de PA, por intermédio do Delegado de Polícia subscritor, matrícula ____, no uso de suas atribuições legais e constitucionais, preceituadas nos arts. 6º e 13, ambos do CPP, bem como na Lei 12.830/13, c/c art. 144 da CRFB/88, com fulcro nos arts. 311, c/c 312 e 313, I, todos do CPP, vem, respeitosamente, expor a Vossa Excelência:

REPRESENTAÇÃO PELA PRISÃO PREVENTIVA

Aqui, você trará os personagens que serão atingidos pela medida. **NÃO** CRIE FATOS NOVOS. Se não houver endereço ou informações sobre estado civil etc., não invente.

Entre a representação e a narrativa dos fatos PULE APENAS uma linha.

3. Fatos e relatoria. Descrição dos fatos. Síntese dos documentos produzidos nos autos

DOS FATOS

Aqui não há necessidade de perder linhas, mas a FUNCAB e a VUNESP (também INSTITUTO AOCP e FGV) costumam pontuar, já a **CEBRASPE, em regra, não**

dá importância, mas na última prova de Delegado da PF a banca trouxe em seu espelho os fatos misturados com outros pontos avaliados.

Destarte, faça uma síntese com as datas dos fatos praticados, vítimas, criminosos e os proveitos do crime, bem como se há testemunha, prova pericial etc.; isso será o suficiente.

Oportuno destacar que o candidato poderá trazer a tipificação em conjunto com os fatos. Não há uma regra absoluta.

14. DAS TIPIFICAÇÕES. CITAÇÃO DOS ARTIGOS PERTINENTES

Aqui tente pormenorizar, ou seja, separar de forma organizada todas as condutas e tipificações, pois o examinador dá muito valor a isso. Pode enumerar ou pôr letras sequenciais, como: *1, 2, 3* ou *a), b), c)* ou *1º, 2º, 3º* etc.

Entre as tipificações e a fundamentação dos requisitos NÃO PRECISA PULAR LINHA, pois pode faltar no final.

5. Fundamentação e requisitos da medida pleiteada

Neste campo, é imprescindível que você demonstre objetividade, entrelaçando, conforme o caso apresentado, os requisitos legais para justificar a medida de prisão.

DOS REQUISITOS NECESSÁRIOS ÀS MEDIDAS – DA PRISÃO PREVENTIVA – PRESSUPOSTOS E FUNDAMENTOS

Organize sempre uma síntese antes de abordar os pressupostos e fundamentos legais das medidas cautelares. Tenha como parâmetro a estruturação que apresentei no espelho de resposta sugerido.

DA PRISÃO

a) *Fumus comissi delicti*

b) *Periculum libertatis*

Essa é uma das partes que vale mais pontos na peça, uma vez que o examinador cobrará uma estruturação objetiva e bem fundamentada, que justifique a medida de exceção.

c) Fundamento legal

A citação dos dispositivos legais é importante. Tente decorar os artigos-chaves, que efetivamente caem nas peças, até porque nos concursos da, como regra, não se admite consultas.

Entre a medida acima e o pedido NÃO PRECISA PULAR LINHA, pois pode faltar no final.

MACETE PARA NÃO CONFUNDIR PRISÃO PREVENTIVA E TEMPORÁRIA

Nunca mais você errará na prova por trocar prisão preventiva **por** temporária.

Pois bem, com três aprovações para delegado e vasta experiência que me ajudaram a construir esse macete.

Vamos direto ao ponto: sabemos que para representarmos pela preventiva ou temporária precisamos fundamentar legalmente, bem como que haja pressupostos, assim, acreditando que você já saiba as principais diferenças para a aplicação das prisões, irei destacar o ponto que considero mais relevante. **Qual?** Identificar a expressão **temporal**, por exemplo: **"IP instaurado com prazo findo"**, bem como expressões de **"não há mais investigações a serem feitas"** ou **"o IP encontra-se concluso"** (lógico que haverá a demonstração da imprescindibilidade da prisão), neste caso, será prisão *preventiva*, pois não há que se falar em prisão *temporária* se o IP não está em curso.

Ainda, mesmo que não haja **explicitação de alguma expressão temporal de finalização das diligências (IP), considere a prisão** preventiva **como ideal a título de prova para concurso.**

Desconstrua o que vários delegados ensinam por aprenderem na prática, visto que para fins de prova para concurso o raciocínio é outro.

Agora, tenha cuidado, pois se houver **expressões de prazo (dias)**, ou que **denotem isso**, será prisão *temporária*.

Neste viés, **quando você se deparar com pressupostos das duas prisões** em tela, ainda que tenhamos mais pressupostos da prisão *preventiva*, tenha cuidado, preste atenção, risque e separe, uma vez que o examinador irá colocar no rodapé do caso hipotético **algum critério temporal em dias**, como a CEBRASPE fez na prova de delegado da Bahia e a FUNCAB no PA (primeira prova anulada). Desta forma, as bancas entendem que **prevalecerá a prisão temporária**, mesmo que haja um maior número de pressupostos da prisão preventiva, como: necessidade da manutenção da ordem pública (reiteração das condutas criminosas/habitualidade) ou aplicação da lei penal etc.

15. REQUERIMENTO. ESPECIFICAÇÃO DO PEDIDO

Aqui, o ideal é que você seja breve e faça referências para não precisar reescrever os detalhes novamente, além de enfatizar o pedido para deferimento da representação de prisão.

Entre os pedidos e a data etc. NÃO PRECISA PULAR LINHA, pois pode faltar no final.

16. FINAL. NOMENCLATURA DO CARGO

SE FOR CITADO NO TEXTO, ponha o local e data, mas não invente. Não vá colocar a data do dia da prova.

NÃO ASSINE, NUNCA!

Se o examinador trouxer no texto o nome do delegado de polícia, aí você colocará o nome dele, sem rubricar, do contrário, NÃO CRIE FATOS NOVOS.

NOVAS SIMULAÇÕES COM APRIMORAMENTO DO ESPELHO PONTUADO

PRIMEIRA PEÇA PROCESSUAL

1) Elaboração de uma peça profissional, de **até 60 linhas**, com valor máximo de **50,00** pontos;
2) Na avaliação, serão considerados com elevado grau de importância a **organização macroestrutural** e o **conhecimento jurídico**;
3) Por critérios didáticos, nesta simulação, não haverá avaliação do domínio da modalidade escrita, tais como: ortografia, morfossintaxe e propriedade vocabular;
4) Será desconsiderado, para efeito de avaliação, qualquer fragmento de texto que for escrito fora do local apropriado ou que ultrapassar a extensão máxima de linhas estabelecida;
5) A referida prova terá duração de **até 2 horas**, tempo em que o candidato deverá ler e desenvolver sua resposta na folha definitiva online, digitando no campo próprio em nossa plataforma ou de forma impressa com caneta transparente de cor preta;
6) O candidato **não poderá**, durante a realização da prova, utilizar máquinas calculadoras ou similares, livros, anotações, impressos ou qualquer outro material de consulta, ou, ainda, fazer qualquer anotação.

No dia 26/10/2022, os policiais civis da equipe de investigação da 1° Delegacia de Polícia informaram à autoridade policial, por meio de um relatório de investigação, a prática do crime de tráfico de drogas cometido no interior da universidade "X" do Estado YZ, endereço AB, nº XY. Consoante à investigação, a venda do entorpecente é chefiada pelo direito do estabelecimento de ensino, Senhor Tales, que se reúne semanalmente na sala da coordenação com dois professores, Zenão e Parmênides, para a entrega do entorpecente e o recolhimento dos valores decorrentes das vendas. As informações chegaram ao conhecimento dos investigadores por meio de uma denúncia do professor Protágoras, que estava inconformado com a situação e temia que qualquer hora poderia ocorrer uma intervenção policial e o prejudicasse. Esclareceu também que entre os suspeitos, Tales era o mais experiente e proibia que seus parceiros se comunicassem por qualquer meio que não fosse pessoalmente, na sala da direção em turnos intercalados de manhã e à tarde. Confidenciou também que, apesar da grande quantidade de entorpecente vendida, os suspeitos eram discretos, cautelosos e pela eficiência da operação, praticavam a mercancia há vários anos. O relatório de investigação aportou ao conhecimento da autoridade policial subsidiado com diversos termos circunstanciados elaborados após a abordagem e constatação de alguns alunos que portavam entorpecente para o consumo nas proximidades da referida unidade de ensino. O decorrer do inquérito policial, confirmou a veracidade das informações, contudo ficou claro também a grande dificuldade em colecionar os elementos indiciários para materializar e individualizar as condutas delitivas, haja vista a grande cautela adotada pelos suspeitos.

Em face do relato, na condição de delegado de polícia, redija a peça cabível, dirigindo-a a autoridade competente e represente, se for o caso, pela(s) medida(s) pertinente(s). Na peça, fundamente as tipificações dos crimes perpetrados e **não crie fatos novos.**

SUGESTÃO DE RESPOSTA

EXMO. DR. JUIZ DE DIREITO DA VARA CRIMINAL DA COMARCA DE **YZ**

IP nº:___/2022

A Polícia Civil do Estado do Estado YZ, por meio do Delegado de Polícia Civil que este subscreve, no exercício das suas atribuições funcionais definidas no art. 144, §4°, da Constituição Federal, bem como no art.2º, §1º, Lei nº 12.830/13 e art.4° e seguintes do Código de Processo Penal, vem, respeitosamente, à presença de Vossa Excelência REPRESENTAR pela **CAPTAÇÃO AMBIENTAL** de sinais eletromagnéticos, ópticos ou acústicos com fulcro no art. 8º-A da Lei 9.296/96, c/c **BUSCA EXPLORATÓRIA** constante no art.8-A, §2º da Lei 9.296/96.

DOS FATOS

Aportou nesta unidade policial, no dia 26/10/2022, por meio de um relatório de investigação, a informação minudenciada dos crimes tráfico de entorpecente e associação para o tráfico de drogas levadas a efeitos em uma unidade universitária X do Estado YZ em seu interior, endereço AB, nº XY. A associação para tráfico investigada é composta por Tales, Zenão e Parmênides, sendo que aquela figura como líder da atividade ilícita (conforme dados coletados pela equipe de investigação) e ocupa o cargo de diretor do curso de Direito. Já, Zenão e Parmênides são professores universitários. A notícia foi veiculada por meio de um professor do referido estabelecimento de ensino, Senhor Protágoras, que detalhou, inclusive, que há uma extrema cautela imposta por Tales, sendo obstada qualquer comunicação via telefone, assim, as tratativas e operações do tráfico ocorrem pessoalmente e no interior de sua sala, na coordenação, semanalmente. O relatório aponta que os narcotraficantes são muito discretos e toda esta cautela, combinada com a eficiência da operação estruturada na universidade "X", resulta na continuidade e vulto da mercancia de drogas. É imprescindível consignar que o relatório de investigação foi munido com diversos termos circunstanciados lavrados pela constatação de alunos que estavam portando entorpecente para consumo nas proximidades da universidade "X". Durante o tramitar do inquérito policial, esta equipe constatou a veracidade das informações, entretanto, a perspicácia dos suspeitos remete uma grande dificuldade na colheita de elementos indiciários idôneos a individualizar a conduta e coletar a materialidade necessária para o correto andamento da persecução criminal. Ademais, das informações que aportaram na unidade policial, através da denúncia do Senhor Protágoras confirmadas pelas diligências que constataram a verossimilhança das informações, é possível decantar as conduta de associação para o tráfico de drogas (art. 35 da Lei 11.343/06), considerando que há unidade de desígnios de maneira estável para o cometimento da venda de substância estupefaciente (art. 33, caput, da Lei 11.343/06), em concurso material. Não se pode olvidar que as condutas delitivas em tela foram cometidas em uma entidade estudantil, portanto o ordenamento jurídico aponta maior desvalor nas condutas, materializando tal juízo pela causa de aumento de pena do art. 40, inciso III, do mesmo diploma normativo. A gravidade da conduta também é ressaltada pela equiparação aos crimes hediondos, art. 5°, inciso XLIII, da CF e art. 2° da Lei 8.072/90.

DOS FUNDAMENTOS QUE JUSTIFIQUEM AS MEDIDAS

É importante destacar que há provas da materialidade colecionada nos autos do inquérito policial por meio de termos circunstanciados elaborados em virtude da infração à norma proibitiva esculpida no art. 28 da Lei 11.343/06. A precisão de detalhes fornecidos pelo denunciante corroborada por diligência apuratórias efetuadas no transcorrer do inquérito policial são elementos idôneos para afirmar que existem robustos indícios de autoria. Noutro giro, a imprescindibilidade da presente medida cautelar é gritante, pois não há outro modo para apurar e individualizar as condutas que perduram por um longo tempo em ambiente estudantil. Insta registrar que a investigação não tem mais como prosperar sem a decretação das medidas cautelares de captação ambiental e busca exploratória, pois a eficaz estrutura desenvolvida dentro da universidade atrelada ao pouco número de pessoas envolvidas na prática delitiva (Tales, Zenão e Parmênides) e as orientações de Tales que empecilham conversas telefônicas e determinam que as tratativas sejam feitas pessoalmente culminam na continuidade da associação para o tráfico, ou seja, existe uma vulneração contínua da saúde pública. Neste diapasão, é inegável a presença do *fumus comissi delicti* e do *periculum in mora.*

Quanto à necessidade da **captação ambiental** de sinais eletromagnéticos, ópticos e acústicos, a subsidiariedade exigida pelo **art. 8°-A, inciso I**, salta aos olhos, pois não há outro meio igualmente eficaz para investigar. Ainda, os crimes cometidos extrapolam em muito o patamar mínimo de 4 anos exigidos pelo **inciso II do art. 8°-A** da Lei 9.296/96.

Quanto à **busca exploratória** encontra amparo no **art. 8º-A, §2º**, da Lei 9296/96, tratando-se de um meio de obtenção da prova consistente no registro dos elementos do ambiente ou na instalação de equipamentos para a escuta ambiental. Assim, é uma medida que **busca explorar o local, de maneira sigilosa e preservando suas características originais**, com o objetivo de colher elementos de prova destinados a subsidiar à persecução penal. Nesse contexto, a autorização judicial é conferida aos agentes policiais para realizarem a diligência sem qualquer arrecadação ou apreensão de elementos informativos.

DOS PEDIDOS

Ante o exposto, fulcrado nos fundamentos de fato e de direito supramencionados, representa-se:

1) Pela expedição de mandado de medida cautelar de **captação ambiental** de sinais eletromagnéticos, ópticos e acústicos pelo **prazo de 15 dias** de acordo com art.8-A, §3º da Lei 9296/96;

2) Pela expedição de **mandado de busca exploratória** na sala de Tales, localizada dentro da universidade "X" do Estado YZ, em seu interior, endereço AB, nº XY, com **expressa autorização** de entrada **no período noturno** e se necessário para **entrada forçada** ou **arrombamento**, sem deixar vestígios;

3) Pleiteia-se a manifestação do órgão do Ministério Público, consoante ao art. 6º da Lei 9.296/96, assim como o deferimento no prazo de 24 horas, art.4º, §2º da Lei 9.296/1996.

Nestes termos,

Pede deferimento.

Local: YZ /Data:........2022.

DELEGADO DA POLÍCIA CIVIL

ESPELHO DE RESPOSTA PONTUADO

Leia as orientações a seguir:

1) Como regra, a **banca examinadora é soberana** quanto ao conteúdo a ser considerado na pontuação do espelho da peça processual;

2) Em sua **peça simulada**, o(a) concurseiro(a) deverá ter atenção nos quesitos para conseguir desenvolver **sua resposta** e se aproximar ao máximo do que constará no espelho de resposta padrão;

3) Veja abaixo os **critérios objetivos** pontuados e compare com o que você desenvolveu na sua folha de resposta. Esse processo é fundamental para que consiga identificar seus pontos fracos e corrigir a tempo.

ATENÇÃO!

Observe que **a pontuação** no quadro abaixo segue **a lógica da resposta mais completa**, ou seja, observe que cada fragmento vai destacando os conteúdos, quanto **mais completo maior será a pontuação** atribuída no quadro de cima pra baixo.

Na avaliação da peça processual, serão considerados os seguintes critérios com suas respectivas pontuações do **total de 50,00 pontos:**

ESPELHO DA AVALIAÇÃO DA PEÇA PROCESSUAL	
Representação: CAPTAÇÃO AMBIENTAL c/c BUSCA EXPLORATÓRIA	
ASPECTO MICROESTRUTURAL	
Quesito 1	Endereçamento do juízo competente

Pontuação máxima deste quesito: 5,00 pontos	
0,00 ponto	Não apresentou o endereçamento adequado.
1,00 ponto	Apresentou o endereçamento, mas faltou explicitar a comarca.
5,00 pontos	Apresentou o endereçamento completo e de forma satisfatória (EXMO. SR. DR. JUIZ DE DIREITO DA ____° VARA CRIMINAL DA COMARCA DO YZ

ESPELHO DA AVALIAÇÃO DA PEÇA PROCESSUAL	
Representação: CAPTAÇÃO AMBIENTAL c/c BUSCA EXPLORATÓRIA	
ASPECTO MICROESTRUTURAL	
Quesito 2	Preâmbulo (Qualificação e Denominação)
Pontuação máxima deste quesito: 5,00 pontos	
0,00 ponto	**Não apresentou** a introdução adequada com os respectivos dispositivos legais.
1,00 ponto	Apresentou a introdução adequadamente, **mas não** citou os respectivos dispositivos legais.
2,00 pontos	Apresentou a introdução adequadamente com a citação dos respectivos dispositivos legais, **mas sem** identificar a respectiva medida.
3,00 pontos	Apresentou a introdução adequadamente, com a citação dos respectivos dispositivos legais com a identificação da medida, **mas sem** a correta correlação com os fatos.
5,00 pontos	Apresentou a introdução adequadamente, com a citação dos respectivos dispositivos legais, assim como a identificação das medidas com a correta correlação com os fatos: **CAPTAÇÃO AMBIENTAL** de sinais eletromagnéticos, ópticos ou acústicos com fulcro no art. 8º-A da Lei 9.296/96, c/c **BUSCA EXPLORATÓRIA** constante no art.8-A, §2º da Lei 9.296/96

ESPELHO DA AVALIAÇÃO DA PEÇA PROCESSUAL	
Representação: CAPTAÇÃO AMBIENTAL c/c BUSCA EXPLORATÓRIA	
ASPECTO MICROESTRUTURAL	
Quesito 3	Dos Fatos/Tipificação
Pontuação máxima deste quesito: 15,00 pontos	
0,00 ponto	**Não houve** a devida síntese, nem as tipificações adequadas.

3,00 pontos	Desenvolveu a síntese dos fatos adequadamente, **mas não** conceituou as condutas delitivas **nem** tipificou corretamente.
6,00 pontos	Desenvolveu a síntese dos fatos adequadamente, bem como tipificou de forma conceitual corretamente, **mas sem** a explicitação dos dispositivos legais.
10,00 pontos	Desenvolveu a síntese dos fatos adequadamente, bem como tipificou corretamente, mas houve a explicitação **apenas parcial** dos dispositivos legais e do respectivo conteúdo.
15,00 pontos	Desenvolveu a síntese dos fatos adequadamente, bem como tipificou corretamente com a explicitação dos dispositivos legais e conteúdo de **forma satisfatória** conforme consta na "sugestão de resposta".

ESPELHO DA AVALIAÇÃO DA PEÇA PROCESSUAL	
Representação: CAPTAÇÃO AMBIENTAL c/c BUSCA EXPLORATÓRIA	
ASPECTO MICROESTRUTURAL	
Quesito 3	Fundamentação jurídica da medida
Pontuação máxima deste quesito: 15,00 pontos	
0,00 ponto	Não apresentou os pressupostos e fundamentos da medida principal de Captação Ambiental ou a secundária de Busca Exploratória.
3,00 pontos	Apresentou **parcialmente** os pressupostos (*Fumus comissi delicti e Periculum in mora)* e fundamentos da Captação Ambiental **OU** Busca Exploratória
6,00 pontos	Apresentou **parcialmente** os pressupostos (*Fumus comissi delicti e Periculum in mora)* e fundamentos da Captação Ambiental **E** Busca Exploratória.
8,00 pontos	Apresentou de **forma satisfatória** os pressupostos (*Fumus comissi delicti e Periculum in mora)* e fundamentos da Captação Ambiental **E** Busca Exploratória.
12,00 pontos	Apresentou de **forma satisfatória** os pressupostos (*Fumus comissi delicti e Periculum in mora)* e fundamentos da Captação Ambiental **E** Busca Exploratória. **Mas houve a menção precária** dos dispositivos legais que justificassem a medida.
15,00 pontos	Apresentou de **forma satisfatória** os pressupostos (*Fumus comissi delicti e Periculum in mora)* e fundamentos da Captação Ambiental **E** Busca Exploratória. Além de **mencionar de forma assertiva** e explicita os dispositivos legais que justificassem a medida.

ESPELHO DA AVALIAÇÃO DA PEÇA PROCESSUAL	
Representação: CAPTAÇÃO AMBIENTAL c/c BUSCA EXPLORATÓRIA	
ASPECTO MICROESTRUTURAL	
Quesito 3	Dos Pedidos/ Desfecho final
Pontuação máxima deste quesito: 10,00 pontos	
0,00 ponto	**Não apresentou** o **prazo da Captação Ambiental**, nem mencionou a **Busca Exploratória e** a necessidade de **manifestação do MP**.
2,00 pontos	Discorreu sobre o prazo da Captação Ambiental de **forma errada. Não** mencionou a **Busca Exploratória e** a necessidade de **manifestação do MP**.
4,00 pontos	Discorreu sobre o prazo de 15 dias da Captação Ambiental. **Não** mencionou a **Busca Exploratória e** a necessidade de **manifestação do MP**.
7,00 pontos	Discorreu sobre o prazo de 15 dias da Captação Ambiental. **Mencionou** a **Busca Exploratória**, mas não destacou a necessidade de **manifestação do MP**.
10,00 pontos	Discorreu sobre o prazo de 15 dias da Captação Ambiental. **Mencionou** a **Busca Exploratória**, destacou-se a necessidade de **manifestação do MP**.

ESPELHO DA AVALIAÇÃO DA PEÇA PROCESSUAL		
Representação:		
ASPECTO MACROESTRUTURAL		
Quesitos Avaliados	**Faixa de valor**	**Nota**
1) Endereçamento	**0,00 a 5,00**	
2) Preâmbulo (Qualificação e Denominação)	**0,00 a 5,00**	
3) Dos Fatos/Tipificação	**0,00 a 15,00**	
4) Fundamentação jurídica da medida	**0,00 a 15,00**	
5) Do(s) Pedido(s)/ Desfecho	**0,00 a 10,00**	
RESULTADO		
NOTA TOTAL CALCULADA PELO CONCURSEIRO(A)		

SEGUNDA PEÇA SIMULADA

No dia doze de março de 2022, Epicuro foi preso pela equipe de investigação carregando pela rodoviária em Salvador/BA, em uma bolsa de viagem, três fuzis desmontados. Nesta ocasião, Epicuro estava com uma bolsa, tentou evadir, jogou-a em uma lixeira e, em uma desorganizada correria, atravessou toda a rodoviária. Ocorre que os policiais civis se posicionaram de modo a cercar todo o perímetro, conseguindo capturar o investigado. Após horas de procura, conseguiram localizar a bolsa e o armamento que estava sendo transportado. Dentro dela, havia uma lista ordenando a entrega a determinado endereço. Neste elemento de informação, ficou claro que existe um líder do grupo e que há uma divisão de tarefas entre os integrantes, inclusive há aqueles que cuidam de cobrar dívidas por meio de ameaças com arma de fogo. Diante da ilicitude da sua conduta, Epicuro foi encaminhado à delegacia, onde foram adotadas as medidas de polícia judiciária. Em solo policial, acompanhado por seu advogado, Epicuro resolveu enlaçar um acordo de colaboração premiada, respeitada todas as formalidades legais, devidamente homologado o acordo, a autoridade policial passou a sopesar e averiguar o seu conteúdo. A colaboração esclareceu que o investigado atua em um grupo composto por dez pessoas e tem como atividade a venda e aluguel de fuzis em um site, que somente pode ser acessado por meio de uma senha e um login específico. Ainda, não pode precisar a identificação dos seus parceiros do grupo, mas forneceu alguns logins e senhas, por meio do qual é possível se passar por alguém interessado na aquisição, ou aluguel de fuzis.

Em face do relato, na condição de delegado de polícia, redija a peça cabível, dirigindo-a a autoridade competente e representando, se for o caso, pela(s) medida(s) pertinente(s). Na peça, fundamente as tipificações dos crimes perpetrados e **não crie fatos novos.**

SUGESTÃO DE RESPOSTA

EXMO. DR. JUIZ DE DIREITO DA ____ VARA CRIMINAL DA ____________ SALVADOR/BA

IP nº: ____

A Polícia Civil do Estado de Salvador/BA, por meio de sua Delegada de Polícia Civil que esta subscreve, no exercício das suas atribuições funcionais definidas no art. 144, §4°, da Constituição Federal, bem como no art. 2º, §1º, Lei nº 12.830/13 e art. 4° e seguintes do Código de Processo Penal, assim como (citação da norma da Constituição Estadual), vem, respeitosamente, à presença de Vossa Excelência **REPRESENTAR PELA AUTORIZAÇÃO PARA AÇÃO DE AGENTE DE POLÍCIA INFILTRADO VIRTUAL NA INTERNET**, constante o art. 10-A, inserto na Lei 12.850/13, pelos fundamentos de fato e direito que a seguir passa a expor:

DOS FATOS

No dia doze de março de 2022, foi preso em situação flagrancial, Epicuro, em decorrência de estar portando em uma bolsa de viagem, na rodoviária em Salvador/BA, três fuzis desmontados. Na unidade policial, acompanhado por seu advogado, Epicuro, por meio de um acordo de colaboração premiada devidamente homologado, e respeitada todas as formalidades legais, denunciou a estrutura de uma organização criminosa, composta por dez pessoas, especializada na venda e aluguel de fuzis. Foi realizado o cotejamento com a lista encontrada dentro da bolsa do investigado, que ordenou a entrega a determinado endereço e que apontou para existência de um líder do grupo e para divisão de tarefas entre os integrantes, em destaque para aqueles que cuidam de cobrar dívidas por meio de ameaças com arma de fogo. A informação reduzida na colaboração aponta a existência de um site utilizado para a comercialização do armamento, que somente pode ser acessado por meio de uma senha e um login específico. Insta ressaltar que Epicuro não precisou a identificação dos demais integrantes do grupo, porém forneceu logins e senhas, por meio dos quais é possível acessar o site onde é feito a compra e locação dos armamentos.

DAS TIPIFICAÇÕES

De toda narrativa, é possível decantar a existência de uma organização criminosa enquadrada com precisão no modelo do §1° do art. 1° da Lei 12.850/13, pois existe uma pluralidade de integrantes, atuantes com divisão de tarefas, para obter vantagens ilícitas mediante a prática do crime constante no art. 17 da Lei 10.826/03 e do crime do art. 2º da Lei 12.850/13, com a pena aumentada por haver emprego de arma de fogo, consoante o §2º do referido artigo.

Logo os integrantes desta organização devem responder pelos crimes do art. 2°, §2º da Lei 12.850/13 e pelo crime do art. 17, majorado pelo art. 19, da Lei 10.826/03, considerando que o armamento comercializado é de uso restrito, em concurso material, art. 69 do CP.

Insta ressaltar que a gravidade da conduta do art. 17 da Lei 10.826/03 e do art. 2º, §2º da Lei 12.850/13 é ressaltada pelo art. 1°, parágrafo único, incisos III e V, da Lei 8.072/90 que os fazem constar no rol de crimes hediondos. Este tratamento mais árido do ordenamento jurídico aos crimes hediondos e equiparados é a reverberação do mandado constitucional de criminalização expresso no art. 5°, inciso XLIII, da Constituição Federal, que pela gravidade para pacificação social exige um efetivo e duro combate.

DOS FUNDAMENTOS NECESSÁRIOS QUE JUSTIFIQUEM A MEDIDA

Fumus comissi delicti: consta no caderno investigatório elementos suficientes do cometimento da conduta proibida pelo art. 17 da Lei 10.826/03 pela organização criminosa investigada, o que é possível haurir pelo auto de prisão em flagrante delito do Senhor Epicuro que foi surpreendido transportando o armamento proibido e pelo interrogatório do mesmo que delatou a organização criminosa. Há de salientar que o acordo de colaboração premiada que apontou para o número de integrantes, além de informar logins e senhas, por meio do qual será possível a infiltração virtual.

Periculum in mora: Na mesma esteira, como já pontuado, as condutas proibidas são levadas a efeito por meio de um site na rede mundial de computadores, portanto é urgente a autorização para infiltração virtual dos agentes policiais na referida organização para colher elementos de informação suficientes para imputar a responsabilidade às pessoas que promovem a comercialização do armamento proibido. Ressalta-se a gravidade da conduta delitiva, uma vez que pela Internet é possível difundir em larga escala a oferta, abrindo o acesso ao armamento a um número incontável de pessoas.

É importante frisar que o pleito da autorização para infiltração de agentes policiais está em harmonia com a cláusula de subsidiariedade expressa no §3° do art. 10-A da Lei 12.850/13, pois não restam maneiras para colher os elementos de informação para subsidiar a continuidade da perquirição criminal. Consoante o regramento do art. 11 da Lei 12.850/13, o alcance das tarefas do policial infiltrado será delimitado pela exclusiva colheita de informações que proporcione levar até o Poder Judiciário a identificação dos integrantes da organização criminosa, inclusive os líderes e a individualização das condutas.

Não se pode olvidar que se faz necessária a providência do parágrafo único do art. 11 da Lei 12.850/13, cujo conteúdo permite a inscrição dos dados necessários à efetividade da medida nos órgãos de registros e cadastros públicos, pois os integrantes da organização criminosa podem vir a consultar as informações fornecidas pelo agente infiltrado e desta feita não comprometer a eficácia da medida que visa apurar, também, toda a tratativa ilícita e a exposição contundente da materialidade.

DOS PEDIDOS

Ante o exposto, fulcrado nos fundamentos de fato e de direito supramencionados, representa-se:

Pela autorização para infiltração virtual na internet de agentes da polícia civil pelo **prazo de 6 meses,** consoante art.10-A, § 4º, principiando a atuação por meio da utilização de logins e senhas fornecidos pelo suspeito;

Pela requisição da autoridade judiciária para que os órgãos de registros e cadastros públicos incluam, nos respectivos bancos de dados, as informações necessárias para garantir a efetividade da identidade fictícia criada;

Pela manifestação do Ministério Público e decisão em 24 horas consoante ao art. 12, §1°, da Lei 12.850/13.

Nestes termos,

Pede deferimento.

Local: Salvador/BA/Data:........2022.

Delegada de PC BA

ESPELHO DE RESPOSTA PONTUADA

Leia as orientações a seguir:

1) Como regra, a **banca examinadora é soberana** quanto ao conteúdo a ser considerado na pontuação do espelho da peça processual;

2) Em sua **peça simulada**, o(a) concurseiro(a) deverá ter atenção nos quesitos para conseguir desenvolver **sua resposta** e se aproximar ao máximo do que constará no espelho de resposta padrão;

3) Veja abaixo os **critérios objetivos** pontuados e compare com o que você desenvolveu na sua folha de resposta. Esse processo é fundamental para que consiga identificar seus pontos fracos e corrigir a tempo.

ATENÇÃO!

Observe que **a pontuação** no quadro abaixo segue **a lógica da resposta mais completa**, ou seja, observe que cada fragmento vai destacando os conteúdos, quanto **mais completo maior será a pontuação** atribuída no quadro de cima pra baixo.

Na avaliação da peça processual, serão considerados os seguintes critérios com suas respectivas pontuações do **total de 50,00 pontos:**

ESPELHO DA AVALIAÇÃO DA PEÇA PROCESSUAL	
Representação: AUTORIZAÇÃO PARA AÇÃO DE AGENTE DE POLÍCIA INFILTRADO VIRTUAL NA INTERNET	
ASPECTO MICROESTRUTURAL	
Quesito 1	Endereçamento do juízo competente
Pontuação máxima deste quesito: 5,00 pontos	
0,00 ponto	Não apresentou o endereçamento adequado.
1,00 ponto	Apresentou o endereçamento, mas faltou explicitar a comarca.
5,00 pontos	Apresentou o endereçamento completo e de forma satisfatória (EXMO. SR. DR. JUIZ DE DIREITO DA ____° VARA CRIMINAL DA COMARCA DE SALVADOR-BA).

ESPELHO DA AVALIAÇÃO DA PEÇA PROCESSUAL	
Representação: AUTORIZAÇÃO PARA AÇÃO DE AGENTE DE POLÍCIA INFILTRADO VIRTUAL NA INTERNET	
ASPECTO MICROESTRUTURAL	
Quesito 2	Preâmbulo (Qualificação e Denominação)
Pontuação máxima deste quesito: 5,00 pontos	

0,00 ponto	**Não apresentou** a introdução adequada com os respectivos dispositivos legais.
1,00 ponto	Apresentou a introdução adequadamente, **mas não** citou os respectivos dispositivos legais.
2,00 pontos	Apresentou a introdução adequadamente com a citação dos respectivos dispositivos legais, **mas sem** identificar a respectiva medida.
3,00 pontos	Apresentou a introdução adequadamente, com a citação dos respectivos dispositivos legais com a identificação da medida, **mas sem** a correta correlação com os fatos.
5,00 pontos	Apresentou a introdução adequadamente, com a citação dos respectivos dispositivos legais, assim como a identificação da medida com a correta correlação com os fatos (art. 10-A, inserto na Lei 12.850/13).

ESPELHO DA AVALIAÇÃO DA PEÇA PROCESSUAL	
Representação: AUTORIZAÇÃO PARA AÇÃO DE AGENTE DE POLÍCIA INFILTRADO VIRTUAL NA INTERNET	
ASPECTO MICROESTRUTURAL	
Quesito 3	Dos Fatos/Tipificação
Pontuação máxima deste quesito: 15,00 pontos	
0,00 ponto	**Não houve** a devida síntese, nem as tipificações adequadas.
3,00 pontos	Desenvolveu a síntese dos fatos adequadamente, **mas não** conceituou as condutas delitivas **nem** tipificou corretamente.
6,00 pontos	Desenvolveu a síntese dos fatos adequadamente, bem como tipificou de forma conceitual corretamente, **mas sem** a explicitação dos dispositivos legais.
10,00 pontos	Desenvolveu a síntese dos fatos adequadamente, bem como tipificou corretamente, mas houve a explicitação **apenas parcial** dos dispositivos legais e do respectivo conteúdo.
15,00 pontos	Desenvolveu a síntese dos fatos adequadamente, bem como tipificou corretamente com a explicitação dos dispositivos legais e conteúdo de **forma satisfatória** conforme consta na “sugestão de resposta”.

ESPELHO DA AVALIAÇÃO DA PEÇA PROCESSUAL	
Representação: AUTORIZAÇÃO PARA AÇÃO DE AGENTE DE POLÍCIA INFILTRADO VIRTUAL NA INTERNET	
ASPECTO MICROESTRUTURAL	
Quesito 3	Fundamentação jurídica da medida
Pontuação máxima deste quesito: 15,00 pontos	
0,00 ponto	Não apresentou os pressupostos e fundamentos da medida principal de prisão temporária.
5,00 pontos	Apresentou **parcialmente** os pressupostos (*Fumus comissi delicti e Periculum in mora)* e fundamentos da infiltração virtual em crime organizado.
8,00 pontos	Apresentou de **forma satisfatória** os pressupostos (*Fumus comissi delicti e Periculum in mora)* e fundamentos para a infiltração virtual em crime organizado. **Mas faltou** manter a concisão e explicitação dos dispositivos legais que justificassem a medida.
12,00 pontos	Apresentou de **forma satisfatória** os pressupostos (*Fumus comissi delicti e Periculum in mora)* e fundamentos para a infiltração virtual em crime organizado. **Mas houve a menção precária** dos dispositivos legais que justificassem a medida.
15,00 pontos	Apresentou de **forma satisfatória** os pressupostos (*Fumus comissi delicti e Periculum in mora)* e fundamentos para a infiltração virtual em crime organizado. Além de **mencionar de forma assertiva** e explicita os dispositivos legais que justificassem a medida.

ESPELHO DA AVALIAÇÃO DA PEÇA PROCESSUAL	
Representação: AUTORIZAÇÃO PARA AÇÃO DE AGENTE DE POLÍCIA INFILTRADO VIRTUAL NA INTERNET	
ASPECTO MICROESTRUTURAL	
Quesito 3	Dos Pedidos/ Desfecho final
Pontuação máxima deste quesito: 10,00 pontos	
0,00 ponto	**Não apresentou** o **prazo da infiltração virtual de agente em organização criminosa**, **nem pela** requisição da autoridade judiciária para que os órgãos de registros e cadastros públicos incluam, nos respectivos bancos de dados, as informações necessárias para garantir a efetividade da identidade fictícia criada E pela manifestação do Ministério Público e decisão em 24 horas consoante ao art. 12, §1°, da Lei 12.850/13.

2,00 pontos	Discorreu sobre o **prazo da infiltração virtual de agente em organização criminosa de forma incorreta**, **mas ressaltou** pela requisição da autoridade judiciária para que os órgãos de registros e cadastros públicos incluam, nos respectivos bancos de dados, as informações necessárias para garantir a efetividade da identidade fictícia criada. **Não mencionou** pela manifestação do Ministério Público e decisão em 24 horas consoante ao art. 12, §1°, da Lei 12.850/13.
4,00 pontos	Discorreu sobre o **prazo da infiltração virtual de agente em organização criminosa de forma correta (6 meses)**, **mas ressaltou** pela requisição da autoridade judiciária para que os órgãos de registros e cadastros públicos incluam, nos respectivos bancos de dados, as informações necessárias para garantir a efetividade da identidade fictícia criada. **Não mencionou** pela manifestação do Ministério Público e decisão em 24 horas consoante ao art. 12, §1°, da Lei 12.850/13.
7,00 pontos	Discorreu sobre o **prazo da infiltração virtual de agente em organização criminosa de forma correta (6 meses)**, **ressaltou** pela requisição da autoridade judiciária para que os órgãos de registros e cadastros públicos incluam, nos respectivos bancos de dados, as informações necessárias para garantir a efetividade da identidade fictícia criada. **Não mencionou** pela manifestação do Ministério Público e decisão em 24 horas consoante ao art. 12, §1°, da Lei 12.850/13.
10,00 pontos	Discorreu sobre o **prazo da infiltração virtual de agente em organização criminosa de forma correta (6 meses)**, **ressaltou** pela requisição da autoridade judiciária para que os órgãos de registros e cadastros públicos incluam, nos respectivos bancos de dados, as informações necessárias para garantir a efetividade da identidade fictícia criada. **Mencionou** pela manifestação do Ministério Público e decisão em 24 horas consoante ao art. 12, §1°, da Lei 12.850/13.

ESPELHO DA AVALIAÇÃO DA PEÇA PROCESSUAL		
Representação: AUTORIZAÇÃO PARA AÇÃO DE AGENTE DE POLÍCIA INFILTRADO VIRTUAL NA INTERNET		
ASPECTO MACROESTRUTURAL		
Quesitos Avaliados	**Faixa de valor**	**Nota**
1) Endereçamento	**0,00 a 5,00**	
2) Preâmbulo (Qualificação e Denominação)	**0,00 a 5,00**	
3) Dos Fatos/Tipificação	**0,00 a 15,00**	
4) Fundamentação jurídica da medida	**0,00 a 15,00**	
5) Do(s) Pedido(s)/ Desfecho	**0,00 a 10,00**	
RESULTADO		
NOTA TOTAL CALCULADA PELO CONCURSEIRO(A)		

Por fim, vejamos uma peça cobrada, recentemente, pela CEBRASPE, no concurso de Delegado RO/ 2022.

PEÇA PROCEDIMENTAL

Jonas Andrade, oficial de justiça da Vara de Delitos de Tóxicos de Porto Velho, solicitou de Bento Vaz o pagamento de dez mil reais, garantindo-lhe que a quantia seria suficiente para que o juiz competente tomasse conhecimento dos fatos e soltasse Lara, filha de Bento, ré em processo na vara em que Jonas trabalha, sendo parte da quantia paga por Bento supostamente destinada ao juiz. As tratativas ocorreram por ligações telefônicas e pessoalmente, tendo sido parte do pagamento realizada por meio da transferência de um veículo e o restante feito em dinheiro.

Bento, pessoa com pouca instrução, acreditou que esse procedimento poderia de fato resolver a situação de sua filha, pois tinha ouvido falar em fiança e acordo na justiça, e alguns conhecidos lhe tinham indicado Jonas por terem obtido êxito com seus serviços. Entretanto, após a audiência de instrução e julgamento, Lara não só permaneceu presa como foi condenada por tráfico de drogas, conforme as provas dos autos.

Inconformado, Bento procurou Jonas após a audiência para tirar satisfações quando, então, o oficial de justiça o ameaçou com uma arma de fogo legalmente portada, na presença de um compadre de Bento, Aldo de Tal.

Sentindo-se enganado com toda a situação, Bento resolveu recuperar o carro que havia dado a Jonas, ao ver o veículo no lava-jato ao lado do fórum. No dia seguinte, Bento foi parado em uma blitz na companhia de Aldo, tendo sido ambos conduzidos a uma delegacia para esclarecimento dos fatos.

Bento detalhou à autoridade policial toda a situação processual de sua filha Lara, o acordo feito com Jonas e o motivo da subtração do veículo, fatos confirmados pelo compadre.

Com base na situação hipotética apresentada, elabore, na condição de delegado de polícia, a peça procedimental cabível ao caso. Ao redigir o documento, aborde toda a matéria de direito pertinente ao caso e não crie fatos novos.

ESPELHO DE RESPOSTA DISPONIBILIZADO PELA BANCA

PORTARIA DE INSTAURAÇÃO DE INQUÉRITO POLICIAL

Delegado de Polícia, lotado na Delegacia de Polícia Civil de Porto Velho-RO, no uso das atribuições conferidas pelo art. 144, § 4º, da Constituição da República de 1988 e pelo art. 4º e seguintes do Código de Processo Penal, considerando as informações contidas na notitia criminis, resolve:

Instaurar inquérito policial para apurar a prática de crime de exploração de prestígio previsto no art. 357 do CP, com o aumento de pena previsto no parágrafo único do mesmo artigo, que teria sido em tese praticado por Jonas Andrade, oficial de justiça do TJRO, ao solicitar o pagamento de R$ 10.000,00 (dez mil reais) a pretexto de que a quantia seria utilizada para liberar Lara Vaz, ré no processo criminal n. em curso na Vara de Delitos de Tóxicos de Porto Velho, em que ele trabalha. O valor foi pago pelo pai da ré, Bento Vaz, com a transferência de um veículo e quantia em dinheiro, mas, como a ré não foi solta e acabou sendo condenada na ação penal, Bento percebeu que fora enganado e, para não ficar no prejuízo, retomou o veículo que havia dado a Jonas como parte do pagamento. Ao ser flagrado dirigindo o carro no dia seguinte, foi conduzido até esta delegacia, oportunidade em que noticiou o presente fato. Os fatos foram testemunhados por Aldo de Tal.

Assim sendo, determino que sejam realizados os registros e anotações de praxe, bem como a autuação desta e das informações iniciais. Cumpridas as determinações supra, adotem-se preliminarmente as seguintes medidas:

I – Proceda-se à apreensão, em auto próprio, do veículo subtraído até que se esclareça a sua propriedade e se requeira a sua restituição conforme o que determinam o art. 120 e seguintes do CPP;

II – Reduzam-se a termo as declarações de Aldo de Tal e Bento Vaz, dados os indícios de eventual prática do crime de exercício arbitrário das próprias razões (CP, art. 345). Contudo, como a subtração do veículo ocorreu sem violência, estaria caracterizado crime de ação penal privada, razão por que não caberia instauração de inquérito policial sem manifestação da vítima;

III – Intime-se para prestar esclarecimentos Jonas Andrade, já qualificado na noticia criminis;

IV – Requisitem-se, junto às operadoras de telefonia, os registros telefônicos dos últimos meses de Jonas e Bento;

V – Requisitem-se, junto à Diretoria do Fórum Criminal de Porto Velho, as imagens das câmeras de segurança do dia da audiência de instrução e julgamento que flagrem o encontro de Jonas, Bento e Aldo;

VI – Oficie-se ao Exmo. Juiz da Vara de Delitos de Tóxicos de Porto Velho para tomar ciência e prestar esclarecimentos como testemunha, em observância ao procedimento previsto no art. 221 do CPP;

VII - Após distribuição, oficie-se ao juízo da vara criminal desta comarca, encaminhando representação pela prisão preventiva de Jonas Andrade, visto que preenchidos os requisitos previstos nos arts. 313, I, e 312 do CPP, em face da ameaça a Bento bem como haver indícios de reiteração da prática criminosa. Alternativamente, represente-se pela medida cautelar de suspensão de Jonas Andrade do exercício do cargo público por haver justo receio de sua utilização para a prática de infrações penais previstas no art. 319, VI, do CPP;

VIII - Expeça-se ordem aos agentes de polícia desta delegacia para identificar e qualificar outras testemunhas deste crime e de outros crimes pretéritos, bem como identificar outros elementos de prova.

Após, retornem-se os autos para análise.

Local, data.

Delegado de Polícia

EDITORA JusPODIVM
www.editorajuspodivm.com.br

Impresso por:
Docuprint
CNPJ 01.036.332/0001-99

JUS2424